Hintergründe & Infos

Westliche
① Obersteiermark

Östliche
② Obersteiermark

Das Murtal
③ bis Graz

Graz
④ und Umgebung

⑤ Oststeiermark

⑥ Weststeiermark

Kleiner Wanderführer

UNTERWEGS MIT ANDREAS HALLER

Die Mittagszeit ist schon fast vorbei, und einmal mehr liege ich nicht im Zeitplan. Die Erkundung der Zirbitzkogel-Region hat weitaus länger gedauert als veranschlagt. Schuld trugen wieder einmal nicht enden wollende und nicht asphaltierte Zufahrtswege zu irgendwelchen abseitigen Adressen. Überdies bin ich zweimal falsch abgebogen. Es ist drückend heiß, und ich habe Kohldampf. Das gottverlassene Dorf, durch das ich hungrig streife, bietet auf den ersten Blick keine Einkehrmöglichkeit. Bleiben oder weiterfahren?

Ich entscheide mich für Ersteres, wie sich herausstellen wird, zu meinem Glück. Denn das hinter einer Hausecke verborgene Restaurant erweist sich als Volltreffer. Landestypische Kost mit Anspruch, trotzdem bodenständig, alles frisch, Biozutaten aus der Region, freundlicher Familienbetrieb. Ich freue mich: Denn es werden nicht nur die allzu menschlichen Bedürfnisse des recherchierenden Autors befriedigt; für das Reisehandbuch über die Steiermark springt zudem auch noch eine rundweg empfehlenswerte Einkehradresse heraus, und bereits während des Essens formuliere ich in Gedanken den Eintrag. Manchmal erweist es sich als günstig, wenn Autoren nicht im Zeitplan liegen ...

Text und Recherche: Andreas Haller **Lektorat:** Nikola Braun, Anja Elser **Redaktion:** Annette Melber **Layout:** Steffen Fietze, Mirko Graf, Sven Talaron **Karten:** Carlos Borrell, Judit Ladik, Annette Seraphim, Gabor Sztrecska **Fotos:** Andreas Haller (außer S. 49: Oper Graz, S. 80/81 und S. 398: Lipizzanergestüt Piber) **GIS-Consulting:** Rolf Kastner **Grafik S. 10/11:** Johannes Blendinger **Covergestaltung:** Karl Serwotka **Covermotive:** oben: Hängebrücke auf dem Dachstein unten: Ursprungalm in den Niederen Tauern gegenüberliegende Seite: St. Anna am Aigen

1. AUFLAGE 2014

STEIERMARK

ANDREAS HALLER

Steiermark – Reiseziele 80

Oststeiermark 286

Weststeiermark 358

Kleiner Wanderführer für die Steiermark 404

Alle Wanderungen sind mittels GPS kartiert. Waypoint-Dateien zum Downloaden unter: www.michael-mueller-verlag.de/gps

Mit dem grünen Blatt haben unsere Autoren Betriebe hervorgehoben, die sich bemühen, regionalen und nachhaltig erzeugten Produkten den Vorzug zu geben.

Vielen Dank! Herzlichen Dank für die Mithilfe und Unterstützung: Margot Bachbauer (Steirische Tourismus GmbH), Andrea Jöbstl-Prattes (Steiermark-Card), Dr. Werner Rinner (Stift Rein), Eva Bucht (Oper Graz), Ernst Nerstheimer (JUFA Judenburg), Dr. Christian Bachhiesl (Karl-Franzens-Universität Graz), Familie Schrempf (Hotel Annelies in Ramsau am Dachstein), Lena Correll und Valentin Coenen (für schöne Tage im Steirischen Salzkammergut) sowie Eva, Michael und Alex aus der Grazer Studenten-WG. Außerdem danke ich – wie immer – den Mitarbeiterinnen und Mitarbeitern der örtlichen Infobüros.

Kartenverzeichnis

Zeichenerklärung für die Karten und Pläne

Autobahn	Berggipfel	Information
Hauptverkehrsstraße	Aussichtspunkt	Parkplatz
vierspurige Schnellstraße	Hütte	Bushaltestelle
Landstraße	Schutzhütte	Allgem. Sehenswürdigkeit
Nebenstraße	Wasserfall	Museum
Mautstraße	Quelle	Kirche
Piste	Naturattraktion	Burg/Schloss
Wanderweg	Post	Burgruine
Eisenbahn	Krankenhaus	Kloster/Stift
Seilbahn	Flughafen	

Alles im Kasten

Wohin in der Steiermark?

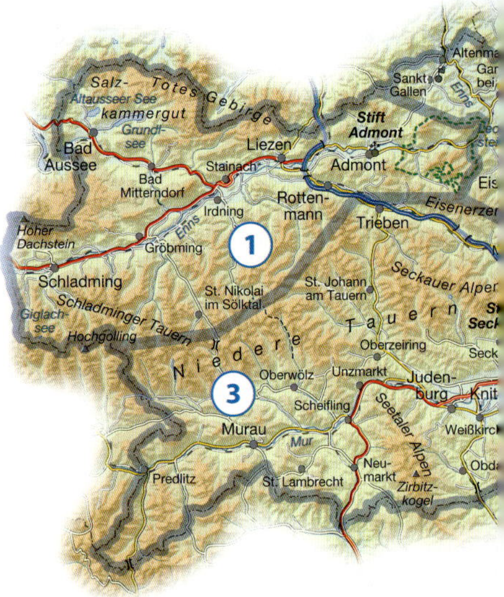

① Westliche Obersteiermark → S. 82

Zwischen Dachstein, Tauern, Salzkammergut und Gesäuse tummeln sich die Schwergewichte der Obersteiermark: die lebendige Skimetropole Schladming, das Ramsauer Plateau an der sonnigen Dachstein-Südseite, die kristallklaren Bergseen im idyllischen Ausseerland sowie die gewaltigen Berge des Gesäuse-Nationalparks. Eine vortreffliche Urlaubsregion für Naturliebhaber und Aktivurlauber, die eine niveauvolle touristische Infrastruktur zu schätzen wissen!

② Östliche Obersteiermark → S. 144

Eine Gebirgsregion, so vielfältig wie kaum eine andere: Der östliche Teil der Obersteiermark erstreckt sich von den Kalkalpen bis zu den waldreichen Hängen der Fischbacher Alpen und vom Semmering bis zum Zusammenfluss von Mürz und Mur. Die meisten Gästezahlen verzeichnet die Wallfahrtsdestination Mariazell, Wahrzeichen der Region ist der imposante Eisenerzer Erzberg – Dreh- und Angelpunkt industrieller Aktivitäten in längst vergangenen Zeiten.

③ Das Murtal bis Graz → S. 196

Eine beliebte Reiseroute folgt dem Lauf der Mur, dem wichtigsten steirischen Fluss, von der Quellregion in den Tauern bis ins südliche Alpenvorland und in die Landeshauptstadt Graz. Sehenswerte Städte geben sich im Tal der Mur die Klinke in die Hand: Murau, Judenburg, Leoben, Bruck an der Mur und Frohnleiten. Und wem es im Anschluss an den Kulturgenuss nach unberührter Natur zumute ist, macht einen Abstecher in die Krakau, ins Zirbenland oder in die Seckauer Alpen.

4 Graz und Umgebung

→ S. 248

Am Südrand der Alpen wartet die zweitgrößte Stadt Österreichs mit einer Fülle von Sehenswürdigkeiten und einer intakten Altstadt, vor allem jedoch mit einer Lebensqualität auf, die ihresgleichen sucht. Hier lässt es sich nach Gusto flanieren oder entspannt in einem Café sitzend das Treiben in den Straßen und Gassen beobachten. Den schönsten Blick auf Graz genießt man vom Schlossberg mit dem Uhrturm, dem Wahrzeichen der steirischen Landeshauptstadt.

5 Oststeiermark → S. 286

Die meisten Feriengäste verbinden mit dem oststeirischen Hügelland gehobene Genusskultur und das erfrischende Bad in einer der zahlreichen Thermen. Das vielleicht beste Fortbewegungsmittel in der Oststeiermark ist der Drahtesel, mit dem sich auf markierten Fahrradwegen spielend leicht die imposante Riegersburg, Zotters süßes Schokoladenparadies oder die historischen urbanen Zentren Hartberg, Fürstenfeld sowie Bad Radkersburg erkunden lassen.

6 Weststeiermark → S. 358

Kürbiskernöl und Schilcherwein sind die bekanntesten Botschafter des weststeirischen Hügellands, das sich von der slowenischen Grenze im Süden bis zu den steirischen Randgebirgen im Norden erstreckt. Während im Norden die Lipizzanerheimat Pferdenarren in großen Scharen anlockt, treffen Besucher im Süden auf die „steirische Toskana“ – eine grandiose Kulturlandschaft, die von einem warmen Klima und natürlich von reichlich Wein geprägt ist.

Steiermark: Die Vorschau

Hinter dem Semmering

Erkundigt man sich in der Schweiz oder in Deutschland danach, was die Menschen mit der Steiermark verbinden, erntet man häufig ein entschuldigendes Achselzucken. Der erwähnte Dachstein ist dem Namen nach vertraut, Schladming kennt man von der Wintersportberichterstattung, der eine oder andere Urlauber war sogar schon einmal am Grundlsee oder in Bad Mitterndorf. Eventuell ohne sich im Klaren darüber zu sein, dass beide Orte in der Steiermark liegen. Selbst die Wiener verbanden mit den Steirern jahrzehntelang das Bergvolk „hinter dem Semmering", eigenwillig und spröde, den Segnungen der Zivilisation eher unaufgeschlossen, zumal wenn diese ihren Ursprung in der Donaumetropole hatten. Hinterwäldlerisch präsentiert sich die Steiermark heutzutage mitnichten, auch wenn manch abgeschiedenes Alpental dieses Image vielleicht noch befördern mag.

Kein schöner Land

Kenner schwören darauf, dass es keinen schöneren Flecken als das „grüne Herz" Österreichs gibt. Schwierigkeiten bereitet allenfalls die Frage, wo es innerhalb der Steiermark am schönsten ist. Im Ausseerland mit seinen eiszeitlichen Seen im Schatten der Kalkalpen? In der kühnen Gebirgswelt des Gesäuses? Oder vielleicht auf dem kargen Gipfelplateau des Hochschwab-Massivs? Die Steiermark bietet indes weit mehr als Alpenerlebnisse. Der steirische Süden punktet mit einer abwechslungsreichen Natur- und Kulturlandschaft, die wie kaum eine andere mitteleuropäische Region von reichlich Sonne und warmen Temperaturen profitiert. Manch einer verliebt sich auf den ersten Blick in das mediterrane Weinland an der slowenischen Grenze. Andere wiederum bevorzugen das hügelige Vulkanland rund um die Riegersburg oder das waldreiche Joglland am Südhang der Fischbacher Alpen. In der

Tat fällt es schwer, sich für die eine oder andere Region zu entscheiden. Viele Reisende enthalten sich daher eines Urteils und kehren immer wieder zurück: um Liebgewonnenes wiederzusehen oder um abseits der ausgetretenen Pfade Neues zu entdecken.

Graz – City of Design

Die Altstadtgassen bersten förmlich vor Lebensqualität – tagsüber beim Einkaufen und Flanieren, abends beim ausgiebigen Kneipenbummel. Hier trifft alpenländische Tradition auf moderne Urbanität, neben barocken Turmhelmen und Häusergiebeln setzt frisches Design ab und an einen Kontrapunkt oder bricht mit Sehgewohnheiten.

Seit dem Kulturhauptstadtjahr 2003 ist Graz um mindestens eine Attraktion reicher: Das stylishe Kunsthaus an der Mur mit seiner avantgardistischen Dachhaube gehört heute zu den meistfotografierten Motiven in der zweitgrößten Stadt Österreichs. Ein weiteres Überbleibsel aus jenem Jahr ist die künstliche Mur-Insel, die wie ein Raumschiff auf dem Wasser schwimmt. Zu den Highlights in der rundum entspannten Metropole des südlichen Alpenvorlands gehören natürlich auch die Kirchen, Museen und anderen Baudenkmäler, mit denen Graz sich keineswegs hinter Salzburg oder Innsbruck zu verstecken braucht. Zum Ankommen empfiehlt es sich, in einem Straßencafé Platz zu nehmen und die heitere urbane Atmosphäre bei einem großen Braunen zu genießen.

Wandern und Wellness

Ob auf Schusters Rappen, mit oder ohne Bergsteigerausrüstung, oder auf dem Drahtesel – die Steiermark bietet mannigfaltige Möglichkeiten, den Körper zu stärken und die Schönheit der Natur zu genießen. Einer der schönsten Glücksmomente bei einer Wanderung ist die wohlverdiente Pause, z. B. am Gebirgssee, in dem sich dramatisch

Steiermark: Die Vorschau

die Berge spiegeln. Ein unbeschreibliches Erlebnis ist auch die Ankunft am Gipfelkreuz, von dem der unverstellte Panoramablick über Berg und Tal fällt. Falls nicht eine Seilbahn die Urlauber in luftige Höhen katapultiert, muss man sich diese Erlebnisse jedoch im Schweiße seines Angesichts verdienen. Einige Gegenden, z. B. rund um Schladming, punkten mit einer ausgereiften touristischen Infrastruktur, andere in der gebirgigen Obersteiermark bieten Bergenthusiasten Gipfelerlebnisse in ungestörter Ruhe.

Etwas anders sieht die Sache im steirischen Süden aus: Zwar lässt es sich z. B. auch im oststeirischen Thermenland prima wandern – und noch besser radeln. Allerdings fließt hier der Schweiß gewöhnlich eher in der Sauna. Sechs hochmoderne und großzügig dimensionierte Badetempel sorgen im Thermenland für das seelische und körperliche Wohlbefinden. Die meisten Kurorte – z. B. Bad Radkersburg oder Bad Blumau – erhielten das Prädikat „Bad" erst in der zweiten Hälfte des 20. Jh. Der Kurort Bad Waltersdorf vermarktet sich u. a. recht geschickt mit dem Label „Traditionelle Steirische Medizin" – eine Mischung aus traditionellen Gesundheitsrezepturen und zeitgemäßen Wellness-Anwendungen.

Der Bauch Österreichs

Die Steiermark ist eine ausgewiesene Genussregion. Das bekannteste Produkt „Made in Styria" ist das Kürbiskernöl. Das „grüne Gold" ist aber nicht das einzige Erzeugnis dieser überwiegend agrarisch geprägten Region. Auch köstlicher Schinken aus dem Vulkanland, saftig-zartes Rindfleisch aus dem Ennstal oder dem Almenland, spritziger Schilcherwein aus der Weststeiermark und herrlich mundender Most aus dem Apfelland sind auf der überreich gedeckten steirischen Tafel zu finden. Der beste Ort, um von den heimischen Erzeugnissen zu kosten, ist

die Buschenschenke. Die Heurigenlokale mit rustikalen Holztischen und -bänken im Garten und bodenständig-geselliger Atmosphäre sind besonders in den Obst- und Weinbauregionen anzutreffen. Wegen der zahlreichen gesunden Produkte, die die südsteirischen Landwirte häufig in Bioqualität auf den Markt bringen, wird der Süden völlig zu Recht als „Bauch Österreichs" bezeichnet. Außerdem wird v. a. in Graz sowie in der West- und Oststeiermark auch die hohe Genusskultur gepflegt. Kein anderes österreichisches Bundesland, sieht man von Wien ab, nennt so viele Haubenlokale sein Eigen.

Land der Rekorde

In der Steiermark steht der größte Klapotetz der Welt. Bitte, wer? – Ein Klapotetz ist ein klapperndes Windspiel aus Holz, das im Sommerhalbjahr die Vögel aus den Weingärten vertreibt. Klapotetze können einige Meter hoch sein und sind ein Wahrzeichen des südsteirischen Weinlands. Zudem befindet sich hier auch die höchstgelegene Weinbaukommune Österreichs. Doch nicht genug der Rekorde: Im Thermenland ist die mutmaßlich älteste Eiche Europas beheimatet; Gröbming im Ennstal ist stolz auf die längste Zipline der Alpen; die Fischbacher Alpen sind das waldreichste Terrain Mitteleuropas; in Judenburg befindet sich das mutmaßlich modernste Planetarium Europas; und in der Lurgrotte kann der größte Tropfstein der Welt begutachtet werden. Nicht jeder Rekord wird hier mit vollem Ernst der steirischen Landesfahne gutgeschrieben. Denn die Steirer gelten im Grunde als ein bodenständiges Volk bar jeglichen Größenwahns. Daher schwingt bei der Erwähnung der Rekorde häufig auch eine Portion Selbstironie mit. Ein wenig Stolz auf die Schönheit des Landes und die Errungenschaften seiner Bewohner darf man jedoch schon sein …

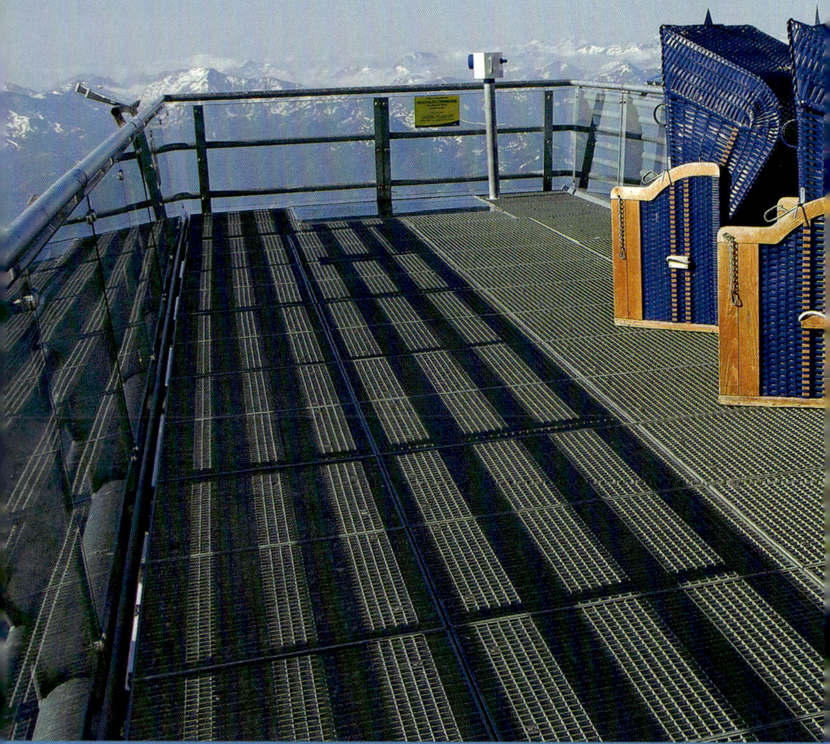

Strandkörbe auf knapp 3000 Meter Höhe: der Dachstein-Skywalk

Hintergründe & Infos

Der Dachstein im Spiegel eines Bergsees in den Niederen Tauern

Landschaft und Geologie

Felsen, Almen, Schluchten, Hochplateaus, Talauen, Hügel und Ebenen – die Steiermark zeigt buchstäblich Charakter und bietet für jeden Geschmack eine entsprechende Landschaftsform.

Mehr landschaftliche Abwechslung geht kaum: Die „Grüne Mark“, wie das österreichische Bundesland im Volksmund auch genannt wird, vereinigt so ziemlich alle Landschaftstypen, die in einer Alpenregion vorstellbar sind. Reist man von Norden nach Süden durch die Steiermark, gelangt man zunächst in die Zone der Nördlichen Kalkalpen. Schroffe Grate, spitze Zacken und karstige Hochplateaus prägen diesen Streifen, der vom Dachstein im Westen bis zur Rax im Osten reicht. Kaum weniger imposant erheben sich weiter im Süden die Niederen Tauern, die bereits zu den Zentralalpen gehören und sich daher von den Kalkalpen signifikant unterscheiden. Den südöstlichen Abschluss der Obersteiermark bilden die Seetaler und Fischbacher Alpen, die von der Ferne eher Mittelgebirgen als hochalpinen Landschaften ähneln. Ganz im Süden ergänzen die flachhügelige Ost- und Weststeiermark die unterschiedlichen Landschaftsformen.

Nördliche Kalkalpen

Im Kalkalpengürtel läuft die Obersteiermark zur Hochform auf. Kühne Felszacken, beeindruckend steile Bergwände, von der Eiszeit geprägte Seen und scheinbar von allen guten Geistern verlassene Hochplateaus lassen die Herzen der Bergwanderer, Alpinkletterer und Mountainbiker höherschlagen. Daher verwundert es nicht, dass sich viele der namhaftesten Urlaubsreiseziele gerade in diesem Gürtel befinden: die

Dachsteinregion, das Salzkammergut oder das Mariazeller Land. Auch der einzige Nationalpark der Steiermark, das Gesäuse, liegt im Einzugsbereich der Kalkalpen. Nördlich und südlich der Enns, die hier eine tiefe Schlucht in den Felsen gegraben hat, stemmen sich gewaltige Massive in die Höhe. Für normalsterbliche Wanderer erscheinen sie kaum bezwingbar. Und dennoch enden die markierten Bergpfade an bewirtschafteten Schutzhütten, die grandiose Ausblicke bieten. Kaum weniger beeindruckend präsentieren sich die archaischen Urlandschaften im Toten Gebirge, auf dem Steirischen Dachsteinplateau oder am Hochschwab. Auch die Rax und die Schneealpe zählen noch zu den Nördlichen Kalkalpen; aufgrund ihrer Nähe zur Donaumetropole zählen sie zu den beliebten Tages- und Wochenendausflugszielen.

Die geologischen Grundingredienzen der Nördlichen Kalkalpen sind Schalen und Skelette toter Tiere, die am Grund des Ur-Ozeans Schlammbänke bildeten und sich unter Druck verfestigten. Der Druck der Platten stemmte die Sedimente wieder in die Höhe. Das ungewöhnlich helle Kalkgestein am Dachstein ist dergestalt typisch, dass die Geologen dafür eigens den Namen **Dachsteinkalk** kreierten. Er ist vor etwa 220 Mio. Jahren im Erdzeitalter des Obertrias entstanden. Auch die Gesäuse-Berge, das Tote Gebirge sowie das Hochschwab-Massiv bestehen meist aus Dachsteinkalk. Unter Einwirkung von Wasser und Kohlendioxid löst sich der Kalk, ein Prozess der Verwitterung, der als Verkarstung bezeichnet wird. Typische Karstphänomene der Nördlichen Kalkalpen sind Karrenfelder – bizarre Spalten und zerfurchte Klüfte – sowie Höhlen, Schlünde und Dolinen. Letztere sind im Grunde nichts anderes als zusammengestürzte Höhlen, wobei die nachsackenden Erd- und Gesteinsschichten trichterförmige Vertiefungen gebildet haben.

Auf die Existenz des Ur-Ozeans gehen auch die gewaltigen **Salzvorkommen** zurück. Das Besucherbergwerk in Altaussee informiert über die Geschichte des Salzabbaus im Steirischen Salzkammergut. Hier wird das „weiße Gold“ noch immer gefördert, während in Hall bei Admont der Salzabbau längst Geschichte ist.

Das Hochschwab-Plateau gehört zu den Kalkalpen

Zentralalpen

Die Niederen Tauern zwischen dem Ennstal im Norden und dem Murtal im Süden markieren den östlichen Abschluss des Alpenhauptkamms. Denn besagte Bergkette ist nichts anderes als die Fortsetzung der wesentlich berühmteren Hohen Tauern. Von der Ferne betrachtet wirkt dieser Gebirgszug um ein Vielfaches sanfter als die schroffen Kalkalpen. Dennoch darf man die Zentralalpen keinesfalls unterschätzen. Denn auch wenn der Name die Vermutung nahelegt, „niedrig" sind die Tauern auf steiermärkischem Terrain mitnichten. Abgesehen vom Hohen Dachstein (2995 m) befinden sich hier die höchsten Gipfel des österreichischen Bundeslands: der 2863 m hohe Hochgolling und die 2747 m hohe Hochwildstelle. Die Niederen Tauern, die sich in kleinere geografische Einheiten wie die Schladminger oder Wölzer Tauern zerlegen lassen, sind ein extrem ergiebiges Sommer- und Winterwandergebiet. Signifikantes Merkmal sind die zahlreichen hoch gelegenen **Gebirgsseen.** Im Unterschied zu den großen Salzkammergutseen und den Seen im nördlichen Alpenvorland verdanken sie ihre Entstehung den Karen – von eiszeitlichen Gletschern ausgehobelte Gruben, die sich im Frühsommer mit Schmelzwasser füllen.

Die Niederen Tauern bestehen im wesentlichen aus Gneis und Glimmerschiefer. Im Gegensatz zum Kalk entstand das kristalline Gestein mittels Druck und Hitze der aufeinanderlagernden Platten. Derselbe Prozess, der vor etwa 135 Mio. Jahren für die Auffaltung der Nördlichen Kalkalpen verantwortlich war, brachte daraufhin auch die Zentralalpen in Position und hob das Umwandlungsgestein nach oben. Ein weiteres typisches Kennzeichen der Zentralalpen sind die reichhaltigen **Bodenschätze.** Der exzellente Ruf, den die Steiermark als Hochburg des Bergbaus genießt, verdankt sie größtenteils den in der Tiefe schlummernden Edelmetallen wie Eisen erz, Kupfer, Silber, Gold sowie Nickel. Namhafte Bergarbeiterstädte in den Tauern sind Schladming, Oberzeiring und Hohentauern. Das Symbol der steirischen Montanhistorie liegt hingegen noch etwas weiter östlich: Die Rede ist vom **Erzberg** an der Steirischen Eisenstraße. Die riesige Pyramide wird auch als „Steirischer Brotlaib" bezeichnet, da seine beinah unerschöpflichen Eisenerzvorkommen eine ganze Region in Lohn und Brot hielten. Die Eisenerzer Alpen, in denen der Erzberg liegt, gehören zu einem Streifen zwischen Kalkalpen und Zentralalpen, den Geologen als Grauwackenzone bezeichnen. Dieser Streifen zieht sich quer durch den Ostalpenraum vom Arlberg bis zum Semmering und besteht meistenteils aus Schiefer, metamorphen Vulkaniten und metamorphen Kalksteinen.

Steirische Randgebirge

Der dritte steirische Landschaftsraum bezieht sich größtenteils auf die Gebirgszüge am südöstlichen Alpenrand und an der Grenze zu Kärnten: die Seetaler Alpen, die Stubalpe und Gleinalpe, die Fischbacher Alpen, der Wechsel, die Koralpe sowie das Poßruckgebirge. Die **Mur-Mürz-Furche** trennt besagte Randgebirge von der Obersteiermark ab – eine markante geologische Störungslinie und mit einer Länge von rund 150 km eines der wichtigsten Längstäler im Ostalpenraum. Das verhältnismäßig dicht besiedelte und an einigen Stellen stark industrialisierte Alpental ist selbst auf Satellitenbildern deutlich zu erkennen. Auch wichtige historische Städte wie Bruck an der Mur, Leoben, Judenburg, Murau und Kapfenberg liegen in dieser Furche.

Eine geologisch-topografische Besonderheit ist das Aichfeld, eine Schwemmebene im Oberen Murtal mit den Städten Zeltweg und Knittelfeld. Es handelt sich um das

Mittelgebirgsflair mit Alpenpanorama: die Fischbacher Alpen

größte inneralpine Becken der Steiermark, entstanden durch eine Absenkung der Erdkruste in der erwähnten Störungszone. Den Boden bilden größtenteils Sedimente, die sich im Erdzeitalter des Tertiär abgelagert haben.

Die Randgebirge erstrecken sich nach Süden bis zur slowenischen Grenze und legen sich hufeisenförmig um das weststeirische Hügelland. Auf den ersten Blick ähneln sie Mittelgebirgen, was zuvorderst an den dichten Wäldern liegt. Die Fischbacher Alpen gelten als eines der größten zusammenhängenden Waldgebiete Mitteleuropas. Nur die Gipfelregionen, z. B. der 2396 m hohe Zirbitzkogel oder das 1782 m hohe Stuhleck, sind baumfrei und gewähren weite Ausblicke. Die Gletscher der Eiszeit sowie Erosion haben die Gebirgszüge geglättet. Sie ermöglichen deshalb ein gefahrloses Wandern, auch wenn die Infrastruktur hinsichtlich markierter Wege und bewirtschafteter Schutzhütten einem Vergleich mit den Zentralalpen oder den Nördlichen Kalkalpen nicht standhält.

Die vorherrschenden Gesteinsarten sind in der Erdtiefe durch Metamorphose entstandene kristalline Schiefer (Seetaler Alpen, Stub- und Gleinalpe sowie Koralpe) oder Gneise in verschiedensten Ausprägungen (Wechsel und Fischbacher Alpen). Geologenherzen schlagen ferner beim Anblick des engen Durchbruchstals der Mur höher: In Bruck an der Mur verändert der Fluss seine Richtung, strebt im Mittellauf schnurstracks nach Süden und durchbricht die Kette der Randgebirge. Östlich des Murtals schließt sich das Grazer Bergland an, wo ausnahmsweise nicht mehr Urgestein überwiegt, sondern der erdgeschichtlich jüngere **Schöcklkalk.** Benannt ist die Gesteinsart nach dem Grazer Hausberg, dem Schöckl. Schluchten, steile Bergwände und eine stupende Anzahl von Höhlen und Grotten verweisen auf die veränderten geomorphologischen Bedingungen.

Ost- und Weststeirisches Hügelland

Die Ketten der Randgebirge grenzen die Obersteiermark vom Hügelland im Süden der Steiermark ab. In der Übergangsregion, dem **südlichen Alpenvorland,** formen Teich- und Sommeralm das größte zusammenhängende Almgebiet Mitteleuropas. Den ultimativen Abschluss der Bergregion bilden markante „Signalberge“ wie der

975 m hohe Kulm oder der 789 m hohe Ringkogel. Blickt man von den Gipfeln nach Süden, liegt dem Betrachter das Hügelland wie ein welliger Teppich zu Füßen. Sorgsam teilt der Mittellauf der Mur das Terrain in zwei Hälften: die Oststeiermark und die Weststeiermark. Dichte Kastanienwälder wechseln sich mit Kulturland ab, auf dem u. a. Mais, Kürbisse und Wein kultiviert werden.

Das schönste und touristisch ergiebigste Areal der **Oststeiermark** ist das Vulkanland: Aufgrund der Ausdehnung der Erdkruste vor Millionen von Jahren kam es hier zu vehementen vulkanischen Ausbrüchen. Als vor rund 2 Mio. Jahren die letzte Periode vulkanischer Aktivitäten endete, blieben steile Basaltfelsen sowie abgerundete Kogel aus Basalt, Trachyt und Tuffgestein zurück. Einen markanten Felsen krönt die Riegersburg im Zentrum des oststeirischen Vulkanlands, höchste Erhebung ist der 609 m hohe Stradner Kogel. Vor über drei Jahrzehnten wurden bei Rohölbohrungen Thermalquellen entdeckt, die ebenfalls ein Relikt vergangener vulkanischer Aktivitäten sind. Der Fund bildete den Startschuss für einen touristischen Boom in der Stück um Stück entstehenden Thermenregion an der Grenze zum Burgenland.

Während die Oststeiermark ganz im Süden und Südosten flach ausläuft, grenzt die **Weststeiermark** an das Steirische Randgebirge. Die wahrscheinlich schönste Landschaft hier ist das Weinanbaugebiet rund um die älteste steirische Weinstraße, das im Volksmund häufig als „steirische Toskana“ bezeichnet wird. Die Gründe für diese Zuschreibung liegen auf der Hand, denn das Südsteirische Weinland punktet nicht nur mit einem mediterranen Klima, sondern mit einer Landschaft, die stellenweise tatsächlich an die Toskana erinnert. Die von Wald und Weingärten bedeckten Windischen Bühel sind ein wunderbares Ferienparadies, das Aktiv- und Genussurlauber gleichermaßen befriedigt. Während das Grenzgebirge zu Slowenien dem Weinland einen stabilen topografischen Rahmen verleiht, lehnt sich weiter im Westen das Schilcherland an die Koralpe an. Auch dieses Areal ist überwiegend agrarisch geprägt, wobei die Weingärten hier fast übergangslos in die waldreichen Ostabhänge des steirischen Randgebirges übergehen.

Zahlen und Fakten zur Steiermark

Fläche: Die Steiermark ist mit 16.400 km^2 nach Niederösterreich das zweitgrößte österreichische Bundesland.

Bevölkerung: In der Steiermark leben etwa 1,2 Mio. Menschen, was einer Bevölkerungsdichte von 74 Einwohnern pro km^2 entspricht.

Länge der steirischen Landesgrenze: Die Grenzlänge beträgt 870 km, davon bilden 145 km die Außengrenze zu Slowenien.

Landeshymne: Das „Dachsteinlied“ wurde 1844 erstmals aufgeführt und 1929 vom steiermärkischen Landtag zur offiziellen Landeshymne erhoben (Musik: Ludwig Carl Seydler, Text: Jakob Dirnböck).

Die größten Städte: Graz (ca. 266.000 Einwohner), Leoben (24.500 Einwohner) und Kapfenberg (21.500 Einwohner).

Die höchsten Berge: Hoher Dachstein (2995 m), Hochgolling (2863 m) und Hochwildstelle (2747 m).

Die längsten Flüsse: Mur (291 km), Enns (130 km), Feistritz (99 km) und Raab (96 km).

Nationalpark: Der 2002 gegründete Nationalpark Gesäuse ist mit 110 km^2 der drittgrößte Nationalpark Österreichs.

Naturparks: Steirische Eisenwurzen (586 km^2), Almenland (428 km^2), Südsteirisches Weinland (380 km^2), Sölktäler (277 km^2), Mürzer Oberland (226 km^2), Zirbitzkogel-Grebenzen (220 km^2) und Pöllauer Tal (124 km^2).

Kühe auf der Reiteralm, im Hintergrund der Dachstein

Pflanzen und Tiere

Unter den Wildblumen der Obersteiermark tummeln sich zahlreiche Stars. Darunter befindet sich natürlich auch das Edelweiß, das nicht zufällig das Signet des Österreichischen Alpenvereins ist. Das Symbol alpenländischer Flora schmückt zahlreiche Gipfelkreuze, Flaggen und Berghütten.

So abwechslungsreich sich die Landschaft präsentiert, so unterschiedlich gestaltet sich auch die Welt der Flora und Fauna. Der von der steirischen Landesregierung herausgegebene Katalog geschützter Pflanzen ist 140 Seiten dick und listet botanische Raritäten von der einfachen Flechte bis zu zweikeimblättrigen Samenpflanzen wie Alpenmohn, Küchenschelle oder das vom Aussterben bedrohte Johanniskraut. Selbstverständlich ist das Pflücken dieser Pflanzen streng untersagt. Neben Spaziergängen oder Wanderungen über Wildwiesen bietet der Besuch eines Alpengartens eine vortreffliche Gelegenheit, den komplexen Kosmos einheimischer Pflanzen näher kennenzulernen. Neben den Gärten in der Umgebung von Graz sind in dem Zusammenhang die wunderbaren Anlagen in der Umgebung von Bad Aussee und bei St. Kathrein am Offenegg zu empfehlen. Auch am Grazer Stadtrand lohnen zwei Privatgärten unbedingt den Besuch. Was hingegen die Tierbegegnung betrifft, sollten Wanderer ihre Erwartungen nicht allzu weit nach oben schrauben. Denn die Tiere sind scheu und ziehen sich bei menschlicher Annäherung umgehend zurück. Einen Ersatz bieten die steirischen Tierparks, zuvorderst der Tierpark Herberstein, die Abenteuerwelt Mautern sowie das Bärengehege bei Ehrenhausen.

Fauna

Von den klassischen **Wildtieren** in der gebirgigen Obersteiermark sind Steinböcke, Gämsen und Murmeltiere am bekanntesten. Jedoch werden Wanderer hinsichtlich der Wildbegegnung zumeist enttäuscht werden, denn mit Saisonbeginn ziehen sich die Tiere vor den Menschen in die höher gelegenen, schwer zugänglichen Regionen zurück. Steinböcke lassen sich eventuell am besten an der Roten Wand bei Mixnitz im Grazer Bergland beobachten, wo seit jeher eine berühmte Kolonie ihr Zuhause hat. Die Wahrscheinlichkeit einer Gämsenbegegnung ist hingegen in der südlichen Hochschwab-Region relativ hoch, denn das touristisch wenig frequentierte Terrain beherbergt den größten Gämsenbestand Europas. Murmeltiere wiederum sind fast so klassisch wie das Edelweiß, um sie jedoch in freier Wildbahn anzutreffen, braucht man eine große Portion Glück. „Zahme" Murmeltiere, die sich an die Anwesenheit von Menschen gewöhnt haben und sich sogar füttern lassen, wohnen u. a. unterhalb der Bachlalm in der Umgebung von Ramsau am Dachstein und oberhalb von Trofaiach in den Eisenerzer Alpen. Besagte Murmeltierwiesen sind beliebte Ausflugsziele für Familien mit Kindern. Zu den in der Steiermark verbreiteten Wildsäugetieren zählt ferner der Rothirsch. Wildschweine indessen werden immer wieder regelrecht zur Plage und wurden sogar bereits in Graz gesichtet. Interessant ist der Umstand, dass sich die einst in Mitteleuropa ausgestorbenen Wölfe und Luchse vereinzelt wieder vermehren. Der Wolf dürfte aus Italien, der Schweiz und aus dem osteuropäischen Raum zugewandert sein. Den Vorwurf, dass Tierschützer ihn ganz bewusst ausgesetzt hätten, weisen Naturschutzorganisationen wie der WWF vehement zurück. Rund um das Obere Murtal sollen Wölfe bereits einige Rehe und Schafe gerissen haben. Die Einzelfälle zeigen, dass auch die Steiermark nicht umhin kommt, das Verhältnis des Menschen zur streng geschützten Tierart grundlegend zu überdenken. Ähnliches gilt für den Luchs, der vereinzelt im Raum Bruck an der Mur gesichtet wurde. Das Naturschutzzentrum am Stadtrand von Bruck installierte Fotofallen, die Nachweise über Vorkommen der eurasischen Raubkatze erbringen, und forciert mittels Ausstellungen und Tagungen die Aufklärungsarbeit. Auch Biber und Fischotter sind in der Steiermark wieder auf dem Vormarsch. Uneinig sind die Experten hingegen, ob es gelingt, Braunbären wieder heimisch zu machen.

Unter den **Vögeln** im hochalpinen Raum genießt das Alpenschneehuhn aufgrund der großen Verbreitung besondere Bedeutung. Das eiszeitliche Relikt aus der Familie der Fasane hat sein Habitat oberhalb der Baumgrenze. Schneehühner passen ihr Federkleid der Jahreszeit an – im Winter sind sie, wie der Name bereits sagt, schneeweiß – und sind daher mit bloßem Auge schwer auszumachen. Neben den natürlichen Feinden ist die gegenwärtige Klimaerwärmung die größte Bedrohung für das Schneehuhn. In der Ost- und Weststeiermark ziehen hin und wieder Weiß- und Schwarzstörche ihre Kreise, beide Stelzvogelarten sind Zugvögel und aufgrund des Rückgangs an natürlichen Lebensräumen – Wälder sowie Feuchtgebiete – stark bestandsgefährdet. An den steirischen Flüssen können mit einiger Geduld Eisvögel beobachtet werden, ab und an ziehen Fischadler und Rötelfalken ihre Kreise. Die beiden gefiederten Räuber haben ihren Lebensraum vorzugsweise in den Mur-Auen zwischen Spielfeld und Bad Radkersburg. Beste Gelegenheiten zur Beobachtung der Greif- und Raubvögel bieten die Falknereien: Die wichtigste Greifvogelwarte in der Steiermark befindet sich in der Riegersburg, eine weitere hat ihren Standort bei der Burg Oberkapfenberg.

Neben den wildlebenden Tieren sind natürlich auch die **Nutztiere** eine Erwähnung wert. In der Obsteiermark genießt seit jeher die Rinderzucht die größte Bedeutung für die Landwirtschaft, gefolgt von Schafen und Ziegen. In den Sommermonaten gehören die Rinder auf den Almen vor dem Hintergrund erhabener Bergriesen zum

Graz: Balzzeit im Schlosspark Eggenberg

vertrauten Bild. Sie bleiben bis Mitte oder Ende September auf der Höhe, bevor sie wieder talwärts getrieben werden und den langen Alpenwinter im Stall verbringen. Neben der Milchwirtschaft zählt die Fleisch- und Käseproduktion zu den wichtigen Erwerbszweigen der Almbauern. Rinder, Schafe und Ziegen sind jedoch nicht nur in den Gebirgsregionen, sondern auch im südlichen Alpenvorland und im ost- und weststeirischen Hügelland beheimatet, in der Oststeiermark genießt obendrein die Schweinezucht eine besondere Wertschätzung. Ein Juwel steirisch-österreichischer Pferdezucht ist das **Lipizzanergestüt Piber** in der Weststeiermark. Pferdeliebhaber können sich bei einer empfehlenswerten Gestütsführung über die edel-feurigen Lipizzanern – ein Symbol der K.-u.-k.-Monarchie – informieren. Übrigens gibt es in Piber ebenso einen Almauftrieb und -abtrieb wie in der Obersteiermark, denn im Sommer toben sich die jungen Hengste und Stuten auf den höher gelegenen Weiden der Stub- und Gleinalpe aus.

Flora

Während die Blütezeit im steirischen Süden auf das Frühjahr und den Frühsommer beschränkt ist, blüht es in der alpinen Obersteiermark den ganzen kurzen Sommer. Welche Bäume und Wildblumen Naturliebhaber entdecken, hängt jedoch nicht nur von der Jahreszeit und der Gegend, sondern auch von der exakten **Höhenstufe** ab. Auf die kolline Stufe bis 400 m, die von Laub- und Mischwald geprägt ist, folgt die submontane Stufe, wo Buchenwälder dominieren. Ab einer Höhe von etwa 1400 m beginnt die montane Stufe mit gemischtem Bergwald, gefolgt von der subalpinen Stufe mit ausschließlich Nadelwald sowie Krummholzgewächsen. Bis zu einer Höhe von 2500 m reicht schließlich die alpine Stufe, wo Zwergsträucher und Grasheide den Ton angeben. Darüber befinden sich nur noch subnivale sowie nivale Stufen – karges Fels- und Grasland, auf dem sich im Frühsommer noch lange der Schnee hält und nur noch äußerst witterungsbeständige Wildblumen gedeihen.

Ein auch in der Steiermark vorkommender Klassiker ist natürlich der blaue Enzian. Darüber hinaus sorgen im Juni und Juli die rosaroten Almrauschblüten für hübsche Kontraste zu zurückweichenden Schneefeldern, spiegelglatten Bergseen und einem klaren Alpenhimmel. Rund um das Obere Ennstal und im Gesäuse erfreuen sich im Frühjahr und Frühsommer die Narzissenwiesen großer Beliebtheit. Im Steirischen Salzkammergut sind sie dergestalt klassisch, dass alljährlich Ende Mai/Anfang Juni das populäre Ausseer Narzissenfest der gelb oder weiß blühenden Wildpflanze ein Denkmal setzt. Auch verschiedene **Orchideenarten** erfreuen in der Obersteiermark das Botanikerherz, darunter das gefleckte bzw. ungefleckte Knabenkraut und das in den Nördlichen Kalkalpen endemische Steirische Kohlröschen *(Nigritella stiriaca)*. Es wächst in Höhenlagen um 1800–2000 m und blüht von Juni bis August. Eine endemische Besonderheit auf der Rax ist das Norwegische Felsenblümchen *(Draba norvegica)*, mit einigem Glück ist in der gleichen Region die Rax-Glockenblume zu entdecken *(Campanula praesignis)*. Zu den ersten Wildblumen, die vorwiegend in den Nördlichen Kalkalpen im Frühjahr ihre Blüten öffnen, zählt der Petergstamm. Bis in den September hinein erfreuen Schafgarben, Alpenastern, Türkenbundlilien oder auch Weidenröschen das Auge. Auf der Stub- und der Gleinalpe sowie in den Seetaler Alpen gedeiht der **Echte Speik** *(Valeriana celtica)*, der aufgrund seiner ätherischen Öle auf den Märkten des Mittelalters Höchstpreise erzielte (→ S. 360). Eine rund um Graz wild gedeihende Rarität ist die Hunds-Zahnlilie *(Erythronium dens-canis)*. Weil sie gewöhnlich eher das mediterrane Klima bevorzugt, kommt sie nicht in Mitteleuropa vor. Die ganzjährig sehr milden Temperaturen am südlichen Alpenrand wirken sich auf ihr Wachstum förderlich aus. Ein weiteres Schmankerl ist die Feuer-Lilie *(Lilium bulbiferum)*, die auf der roten Liste der gefährdeten Arten steht. Sie bevorzugt sonnige Waldränder und ist u. a. auf der Koralpe zu finden. Der Pfeifenstrauch *(Philadelphus coronarius)* wiederum ist wild wachsend nur in der oststeirischen Weizklamm anzutreffen ist. Heimgärtnern ist er jedoch als weit verbreiteter Zierstrauch ein Begriff.

Unter den in der Steiermark beheimateten Bäumen kommt der **Zirbelkiefer** *(Pinus cembra)* eine große Bedeutung zu. Die Kiefernart wächst sehr langsam und erreicht dabei eine Höhe von bis zu 10 m. Als Standort bevorzugen die Bäume, die bis zu 1000 Jahre alt werden können, die subalpine und alpine Höhenstufe. Während das aromatisch duftende Holz aufgrund seiner dekorativen Maserung bevorzugt für die Möbelproduktion verwendet wird, wird aus den Zapfen ein populärer Schnaps gebrannt. Da indes die frostbeständigste Baumart der Alpen überhaupt nur alle drei Jahre Zapfen produziert und für einen Liter Schnaps drei bis vier der Zirbenzapfen benötigt werden, ist das Sammeln dieser begehrten Ware teilweise verboten. Immer wieder ist in den Tageszeitungen von Hobbybrennern die Rede, die von der Polizei erwischt wurden und mit empfindlichen Geldstrafen rechnen mussten. Die größten zusammenhängenden Bestände der Zirbe befinden sich in den Seetaler Alpen und an der Turracher Höhe im Grenzgebiet zu Kärnten.

Ein Biotop gänzlich anderer Art sind die flachen **Mur-Auen** an der slowenischen Grenze. Zwischen Spielfeld und Bad Radkersburg gedeihen auf einer Höhe von knapp über 200 m in feuchten Niederungen Erlen, Weiden, Hainbuchen sowie Kanadische Goldruten. Der größte Biotopverbund der Europäischen Union entlang des ehemaligen Eisernen Vorhangs ist von einem nicht immer unproblematischen Nebeneinander von einheimischen und eingeführten Arten geprägt. Zu Letzteren, den sog. Neophyten, zählen neben den Goldruten auch das Indische Springkraut sowie der Japanische Knöterich.

Alte Stadtansicht: Kapfenberg im Mürztal

Geschichte

Heute liegt die Steiermark in der Mitte Europas. Die meiste Zeit hingegen war die Alpenregion eine Grenzmark, die entsprechend häufig in den Sog der großen geschichtlichen Ereignisse hineingezogen wurde. Verschiedene Blütezeiten wechselten sich mit politischen und wirtschaftlichen Notzeiten ab.

Die wichtigsten Ereignisse in der steirischen Geschichte waren die slawischen und bajuwarischen Einwanderungsbewegungen, die Entwicklung der Ostalpenregion zur Grenzmark des Heiligen Römischen Reichs im frühen Mittelalter, die Blütezeit des Herzogtums Steiermark mit der Hauptstadt Graz als Residenz der Habsburger, die Rekatholisierung des Landes im Zeitalter der Gegenreformation sowie die Abwehr der Türken, Haiducken und Kuruzzen. Jede Epoche hinterließ dabei ihre spezifischen Spuren und prägte die steirische Identität; aufmerksame Reisende treffen allerorten auf Zeugnisse dieser wechselhaften Vergangenheit.

Vorgeschichte bis zu den Kelten und Römern

Die frühesten vorgeschichtlichen Funde hinterließen **altsteinzeitliche Jäger** in den Höhlen und Grotten nördlich von Graz sowie vereinzelt im Toten Gebirge. Mit der **Jungsteinzeit** beginnt die Epoche der Höhensiedlungen im steirischen Süden. Ganz besonders der Schlossberg bei Wildon an der Einmündung der Kainach in die Mur entpuppt sich als Brennpunkt des zivilisatorischen Geschehens. Zwar spielt die Ortschaft heute in touristischer Hinsicht lediglich eine Nebenrolle, aus archäologischer Perspektive blickt der Schlossberg auf eine 6000-jährige Geschichte zurück und zählt deshalb zu den bedeutendsten Ausgrabungsstätten im Ostalpenraum.

Weitere Siedlungszentren in der **Bronze- und Urnenfelderzeit** lagen auf dem Ringkogel bei Hartberg, am Kulm zwischen dem Stubenbergsee und dem Apfelland und auf dem Tieschener Königsberg. In der Obersteiermark sind aus der Bronzezeit erste Bergbauspuren belegt, u. a. entdeckte man auf dem Neuburgsattel zwischen Johnsbach und dem Radmertal Rohschlackenreste, die auf den Abbau von Kupfer deuten.

Den Übergang zum Zeitalter der Kelten bildet die **Hallstattzeit** bzw. die ältere Eisenzeit. Vom achten bis zum fünften vorchristlichen Jahrhundert gehörte die Steiermark zur östlichen Hallstattkultur, wichtigstes Ausgrabungsobjekt aus dieser Zeit ist der Strettweger Kultwagen (→ Kasten, S. 41), der bei Judenburg zutage gefördert wurde. Ein weiteres hallstattzeitliches Grabungsareal befindet sich bei Großklein in der Weststeiermark. Auch das Gräberfeld am Hallstätter See, das der Kulturepoche ihren Namen gab, liegt nur wenige Kilometer von der steirischen Grenze entfernt in Oberösterreich.

Möglicherweise waren **Kelten** die Träger der Hallstattkultur. Hinsichtlich der daran anschließenden La-Tène-Zeit besteht diesbezüglich kein Zweifel mehr, obwohl die Objektlage in dieser Epoche spärlich ausfällt. Ein Großteil der heutigen Steiermark gehörte seit 200 v. Chr. zum Königreich **Noricum,** das aus einem Zusammenschluss von mehreren keltischen Stämmen unter Führung der Noriker entstanden war. Ein Gegenstand leidenschaftlicher wissenschaftlicher Erörterung ist bis heute die Frage, wo die Hauptstadt Noreia lag. Unumstößliche Beweise für die eine oder andere Hypothese gibt es bislang keine, gleichwohl vermuten die meisten der heutigen Sachverständigen sie auf dem Magdalensberg in Kärnten. Bereits im 18. Jh. verorteten Wissenschaftler die verschwundene Metropole bei Mureck oder Neumarkt. Endgültig skurril wurde das Tauziehen um die Lokalisierung 1929, als man bei Grabungen in St. Margarethen am Silberberg im Naturpark Zirbitzkogel-Grebenzen – einen Steinwurf von der heutigen Grenze zu Kärnten entfernt – die Reste der legendären Stadt entdeckt zu haben glaubte. Im Eifer des Überschwangs wurde der Weiler daraufhin in Noreia umbenannt – dieser Name besteht bis heute auf Karten und in den Katasterämtern!

15 v. Chr. wurde das Königreich ins **römische Herrschaftsgebiet** inkorporiert und ging schließlich unter Kaiser Claudius in die Provinz Noricum über. Die neue Hauptstadt wurde Virunum bei Maria Saal in Kärnten, der östliche Teil der Steiermark hingegen fiel an die römische Ostprovinz Pannonien. Der wichtigste römische Siedlungsschwerpunkt auf steirischem Boden war **Flavia Solva** an der südlichen Peripherie der heutigen Stadt Leibnitz. 70 n. Chr. erhielt die von Kelten bewohnte Siedlung das Stadtrecht, ihr Einflussbereich reichte bis in die Obersteiermark. Das Kultareal lag auf dem Frauenberg, eine hinsichtlich ihrer wirtschaftlichen Bedeutung nachrangige römische Handelsstraße führte von Flavia Solva muraufwärts nach Norden. Um 170 n. Chr. fielen die Markomannen in die römischen Alpenprovinzen ein und zerstörten die Stadt. Nach dem prompten Wiederaufbau dauerte es bis zum Ende des 4. Jh., ehe sie – diesmal von Germanen – erneut dem Erdboden gleich gemacht wurde. Diese zweite Zerstörung bedeutete den endgültigen Untergang von Flavia Solva.

Von der Völkerwanderung bis zur Gründung der Steiermark

In der Epoche der Völkerwanderungen zerstoben die etablierten politisch-sozialen Strukturen unter den Einfällen von Hunnen, Goten, Rugiern und Langobarden. Die

Relikt mittelalterlicher Adelsherrschaft: das Steinschloss

darauffolgende unübersichtliche Zeit ist von zwei großen Einwanderungsschüben geprägt, die nacheinander die Karten im Ostalpenraum komplett neu mischten. Die erste Immigrationswelle begann in der zweiten Hälfte des 6. Jh., als die Vorfahren der Slowenen die ehemaligen Römerprovinzen bevölkerten. Zeugen der **slawischen Periode** sind zahlreiche überlieferte Orts- und Flussbezeichnungen: Feistritz, Graz, und Fladnitz sind ebenso slawischen Ursprungs wie Passail, Pöllau und Schladming. Die eingewanderten Slawen gründeten im 7. Jh. mit dem Fürstentum Karantanien, dessen politisches Zentrum in Kärnten lag, das erste stabile Herrschaftsgebilde seit dem Zusammenbruch des weströmischen Reichs (von Karantanien leitet sich auch der Name des heutigen Nachbarbundeslands ab). Bedrängt von den Awaren aus der Pannonischen Tiefebene, wandte sich der Herzog von Karantanien 743 in der Not an den Kollegen Odilo von Bayern. Letzterer sagte liebend gerne die Unterstützung zu, freilich unter der Bedingung, dass Karantanien künftig die fränkisch-bayrische Oberhoheit anerkenne.

Der ersten slawischen Besiedlung folgte vom 8. bis 10. Jh. die zweite Einwanderungsbewegung durch die Bayern: In der **bajuwarischen Periode** fühlten sich die Neuankömmlinge aus dem Norden immer mehr wie zu Hause; die slawischen Fürsten wurden durch Grenzgrafen bayrisch-fränkischer Abstammung ersetzt, gleichzeitig begann der Prozess der Christianisierung des Ostalpenraums. Eine wichtige historische Zäsur markierten die Einfälle der Ungarn. Als 907 in der Schlacht bei Pressburg das bayrische Heer eine vernichtende Niederlage einstecken musste, fiel in der Folge die Oststeiermark an die Magyaren. Erst der Sieg Kaiser Ottos des Großen 955 bei der Schlacht auf dem Lechfeld brachte die Dinge wieder ins Lot. Als unmittelbare Konsequenz der Bedrohung aus dem Osten verschob das noch taufrische Heilige Römische Reich seine Grenzen nach außen und bildete am südöstlichen Rand einen Gürtel von Grenzmarken. Auch die heutige Steiermark lag in dieser Pufferzone, das betreffende Gebiet nannte man wahlweise Karantanische Mark oder Mark an der mittleren Mur. Erst 1043, unter Kaiser Heinrich III., wurde die Grenze zur Lafnitz vorgeschoben und die heutige Oststeiermark ins Gebiet der Mark eingegliedert.

Die fränkische Oberhoheit in den Ostalpen war der Startschuss für die Etablierung der **feudalen Grundherrschaft.** Papst Zacharius hatte dem Erzbistum Salzburg das Gebiet Karantaniens bis zur Drau als Missionsgebiet vermacht, Schenkungen durch König Ludwig im Jahr 860 vermehrten schlagartig das klerikale Verwaltungsgebiet. Als Basis der künftigen Kirchenstruktur baute man Pfarren auf, unmittelbar nach der Jahrtausendwende erfolgten erste Klostergründungen – nacheinander das Stift Göss, das Kloster Admont, das Benediktinerstift St. Lambrecht, das Stift Rein, das Stift Seckau und das Stift Vorau. Parallel dazu entwickelten sich, ausgehend von den Aktivitäten der adeligen Familien aus bayrisch-fränkischer Abstammung, die ersten Herrschaftsterritorien. Die Traungauer, Aribonen und Eppensteiner traten auf den Plan; sie bewohnten zunächst fränkische Hofgüter *(curtes)* und bezogen später die frühesten steirischen Höhenburgen. Als erster Markgraf der Mark an der mittleren Mur wird anno 970 Markwart von Eppenstein genannt. Den Eppensteinern folgten Markgrafen aus der Familie der Wels-Lambacher, ehe 1056 mit Ottokar I. aus dem Chiemgau erstmals ein Mitglied der Traungauer die politischen Zügel ergriff. Weil der Stammsitz der Familie in Steyr lag, heute die drittgrößte Stadt Oberösterreichs, wurde in der Folge statt Mark Karantanien oder Mark an der mittleren Mur immer mehr die **Steiermark** als neuer politischer Terminus salonfähig.

In der Folge bauten die Ottokare aus dem Traungau in ihrer Funktion als steirische Markgrafen ihre landesfürstliche Herrschaftsgewalt Schritt um Schritt aus. Die Geburtsstunde des heutigen österreichischen Bundeslands lässt sich nicht auf ein bestimmtes Datum fixieren, auch wenn in der Literatur häufig das Jahr 1122 genannt wird. In diesem Jahr nämlich starben die Eppensteiner, die Herzöge von Kärnten, aus. Als Folge fielen deren obersteirische Territorien an die Traungauer, die somit auf einen Schlag einen großen Machtzuwachs erfuhren. Ottokar III. erbte obendrein Territorien in der Untersteiermark, die heute slowenisches Staatsgebiet ist. Mit der Ernennung des Markgrafen Ottokar IV. 1180 zum Herzog durch Kaiser Friedrich Barbarossa beginnt eine neue Epoche: Von nun an agiert die Steiermark als politisch eigenständiges, von Bayern abgelöstes Herzogtum unter der Oberlehensherrschaft des Heiligen Römischen Reichs.

Das Herzogtum Steiermark im Mittelalter

Die Traungauer konnten sich indes nicht lange am neuen Herrschaftstitel erfreuen, denn bereits 1192 verstarb Herzog Ottokar IV. im Alter von nur 29 Jahren kinderlos. Als Konsequenz belehnte Kaiser Heinrich VI. die **Babenberger** mit der Steiermark, neuer Herzog wurde auf diese Weise Leopold V. von Österreich. Der letzte Traungauer hatte dies zu Lebzeiten selbst eingefädelt, als er einen Erbfolgevertrag mit seinem Nachbarregenten schloss. Diese Zäsur ist nicht unwichtig, denn erstmals wurden die Ostalpenländer zu einem politischen Verband „Österreich" vereinigt.

Von jetzt an verläuft die weitere Entwicklung der Steiermark stets im Zusammenhang mit der gesamtösterreichischen Historie. Die Babenberger stammten wohl ursprünglich aus Bamberg und sind demzufolge ebenfalls fränkischer Herkunft. Als Markgrafen herrschten sie über die Marchia Orientalis, die Ostmark, aus der sich das Herzogtum Österreich herauskristallisierte. Trotz des oben erwähnten Belehnungsakts von Heinrich VI. blieb das noch junge Herzogtum Steiermark politisch unangetastet. Faktisch änderte sich am Status nichts, lediglich die politische Führungsebene wurde ausgewechselt. In die Epoche der Babenberger fiel die Gründung der Diözese Seckau 1218. Zwar wurden die neuen Bischöfe vom Salzburger Erzbischof eingesetzt, die klerikale Verwaltung der Steiermark lag indes in den Händen der Seckauer Herren.

Nach dem Tod des letzten Babenbergers 1246 folgten die politisch unübersichtlichen Jahre des **Interregnums.** In diese Epoche fiel auch das Leben und Wirken des steirischen Ritters und Minnesängers Ulrich von Liechtenstein (→ Kasten, S. 32). Bis zum Ende des Interregnums 1276 war das Herzogtum ein Zankapfel der politischen Mächte Böhmen und Ungarn. Die Schuld daran trugen zum Großteil die steirischen Adelsstände, weil sie sich uneinig waren, wem sie die Herrschaft antragen sollten. Eine Hälfte plädierte für den böhmischen König Ottokar II., die andere kürte König Bela IV. von Ungarn zum neuen Herzog. Der Papst intervenierte höchst selbst und vermittelte im Frieden von Ofen 1254 die Aufteilung des steirischen Territoriums zwischen Böhmen und Ungarn. Die beiden Regenten gaben sich damit jedoch nicht zufrieden, sondern beharkten sich auf dem Schlachtfeld. Nach der Niederlage der Ungarn wurde Ottokar II. auch offiziell mit dem Herzogtum belehnt, worauf sich ein Teil der Adelsstände im „Reiner Schwur“ gegen den böhmischen König verbündete. Mit Rudolf von Habsburg, der 1273 zum römisch-deutschen König gewählt wurde, beteiligte sich nun ein neuer Big Player am Geschehen: Der im Stift Rein nordwestlich von Graz versammelte Adel schloss sich nämlich dem Habsburger an, der just in diesem Moment den Böhmern auf dem Schlachtfeld eine entscheidende Niederlage zufügte. Anschließend belehnte Rudolf von Habsburg seine eigenen Söhne mit den alpenländischen Territorien. Abgesehen von kürzeren Unterbrechungen blieb die Steiermark bis 1918 unter der **Herrschaft der Habsburger.**

In der Folge kurbelten die Habsburger in der Obersteiermark den Bergbau an. Ganz besonders rückten die Salzproduktion in Hall bei Admont und Altaussee sowie der Erzabbau am Erzberg in den Blickpunkt. Auch die Silberminen in Oberzeiring und bei Schladming erwiesen sich für die neuen Regenten als lukrativ. Deutsche Siedler wanderten verstärkt in die Region um Graz und in die bis dahin spärlich besiedelte Oststeiermark ein. Wälder wurden gerodet, Felder urbar gemacht, neue Städte und Dörfer entstanden. Graz entwickelte sich zum wichtigen habsburgischen Zentrum, von dem aus die alpenländischen Territorien inklusive der Steiermark, Kärnten und anderer Grafschaften verwaltet wurden. In der Folge bürgerte sich als Bezeichnung besagter Ländereien der Terminus **Innerösterreich** ein. Der Habsburgerkaiser Friedrich III. hielt sich die längste Zeit seiner politisch aktiven Laufbahn in Graz auf und machte die Stadt im 15. Jh. zur blühenden Residenz. Unter seine Ägide fiel der Neubau des spätgotischen Doms und die Erweiterung der Grazer Burg. Dessen Nachfolger und Sohn, Kaiser Maximilian I., fügte der Burg die gotische Doppelwendeltreppe hinzu und vertrieb 1496 per Dekret die jüdische Bevölkerung aus den innerösterreichischen Landen. Unter seiner Herrschaft stiegen die Habsburger zur unumstrittenen Weltmacht auf und die Steiermark rückte ganz allmählich vom Zentrum an die Peripherie des politischen Geschehens.

Mitte des 14. Jh. hatte eine verheerende Pestpandemie für eine beispiellose Entvölkerung zahlreicher Landstriche gesorgt. Heuschrecken, Einfälle der Ungarn, Hungerkatastrophen und der Söldneraufstand unter Leitung von Andreas Baumkircher 1469 fügten einer ansonsten prosperierenden Region einschneidende Rückschläge zu. Außerdem tauchte zur gleichen Zeit mit den Osmanen ein neuer Gegner am Horizont auf.

Die Steiermark im Mittelalter: Protagonisten des Minnesangs

Eine der schillerndsten Figuren in der steirischen Geschichte war der Ritter und Minnesänger **Ulrich von Liechtenstein** (um 1200 bis 1275). Die Familie Liechtenstein zählte zu den einflussreichen Adelshäusern der Steiermark, ihr Stammsitz war die gleichnamige Burg über der Stadt Judenburg im Oberen Murtal. Der Lieblingsaufenthaltsort Ulrichs soll hingegen die Frauenburg oberhalb von Unzmarkt gewesen sein. Neben den politischen Ämtern, die er bekleidete, machte sich der fahrende Rittersmann v. a. durch seine Minnelyrik einen Namen. Sein bedeutendstes Werk ist der „Frauendienst“, ein Opus aus 1850 epischen Strophen. Die Erzählung aus der Ich-Perspektive vermischt autobiografische mit fiktiven Elementen; zentrales Thema ist die unbedingte Hingabe an die Liebe (Minne). Besonderes Signum seiner Lyrik sind heiter-groteske Szenen und im richtigen Leben sein Hang zur Exzentrik: Eine Passage erzählt überaus detailreich von einer Lippenoperation (der ersten literarisch verbürgten Schönheitsoperation!), ein anderes Mal ritt er als „Dame Venus“ mit kostbaren Frauengewändern und perlenverzierten Zöpfen von Turnier zu Turnier. Die Aufnahme in den Heidelberger Codex Manesse machte den „Frauendienst“ zum Klassiker.

Im Unterschied zum „Frauendienst“, wo die Liebe als Huldigung für ein hohes und unerreichbares Frauenideal verstanden wird, zielt die Liebeslyrik **Hugos von Montfort** (1357–1423) auf die Ehegattin und somit auf eine konkrete Person. Ursprünglich stammten die Grafen von Montfort aus dem Vorarlberg. Den steirischen Zweig der Familie begründete Hugo von Montfort durch seine Heirat mit Margarethe von Pfannberg. Fortan residierte der Staatsmann in Diensten der Habsburger in der Burg Pfannberg bei Frohnleiten im mittleren Murtal. Anno 1395 wurde er für seine Verdienste in Jerusalem zum Ritter vom Heiligen Grab geschlagen. Bekannt wurde er durch die Politik, das Dichten betrieb Hugo von Montfort nebenbei als Hobby. Immerhin war zu seinen Lebzeiten die große Zeit der Minnelyrik bereits Vergangenheit. Überliefert sind von ihm 40 Gedichte, die er selbst in „Reden“, „Briefe“ und „Lieder“ kategorisierte. 1414 ließ er von seinen Elaboraten eine Prachthandschrift anfertigen, die in der Heidelberger Universitätsbibliothek zu begutachten ist.

Der dritte Minnedichter heißt **Herrand II. von Wildon** (1245–1278) und war ebenfalls Politiker und Minnesänger. Der Schwiegersohn Ulrichs von Liechtenstein wendete sich mit der Beteiligung am „Reiner Schwur“ gegen die böhmische Herrschaft, die Reste seiner Burg haben sich bis heute auf dem Wildoner Schlossberg erhalten. Minnegedichte und Versnovellen kennzeichnen das Opus Herrands II.: „Die Katze“ ist das bekannteste Gedicht und handelt von einem Kater, der auf der Suche nach einer besseren Partie von Hinz zu Kunz gelangt, um schlussendlich reumütig zu seiner Katzendame zurückzukehren.

Das Zeitalter der Glaubenskämpfe

Zu Beginn der frühen Neuzeit fielen die lutherischen Lehren in der Steiermark auf fruchtbaren Boden. Missstände innerhalb der römisch-katholischen Kirche trugen die Hauptschuld daran, dass die neue Lehre großen Anklang fand. Diese wurde von Handlungsreisenden, Handwerksgesellen und Bergarbeitern aus dem süddeutschen Raum popularisiert und verbreitete sich allmählich von Norden nach Süden. Auch der Adelsstand witterte in der **Reformation** eine Chance, sich gegenüber Reich und Kirche künftig stärker zu profilieren, und konvertierte reihenweise zum Luthertum. Nach dem Augsburger Religionsfrieden 1555, dessen Ergebnisse Erzherzog Karl II. von Innerösterreich durch einen Freiheitsbrief zähneknirschend bestätigte, war die Steiermark faktisch protestantisch. Andererseits berief der Regent, der wie fast alle Habsburger gläubiger Katholik war, die Jesuiten nach Graz und spannte diese in der Folge als kampferprobte Speerspitze für das Projekt der **Gegenreformation** ein. Die Hauptstadt Innerösterreichs wurde derweil unter seiner Herrschaft zur glanzvollen Residenz ausgebaut: Neue Prunkbauten schossen in der Grazer Altstadt gleichsam wie Pilze aus dem Boden, das Gewerbe blühte, zahlreiche Einwanderer aus Italien importierten ihre zum damaligen Zeitpunkt überlegene Kultur in den Alpenraum. Nebenbei stärkte Erzherzog Karl II. auch den Anteil der Katholiken in der Grazer Stadtbevölkerung. Sein Sohn und Nachfolger, der spätere Kaiser Ferdinand II., machte nach der Machtübernahme 1596 mit der Rekatholisierung der Steiermark endgültig ernst. Den Freiheitsbrief des Vaters annullierte er, unter der Leitung des Seckauer Bischofs Martin Brenner zogen Trupps systematisch durch das Land, die ketzerische Werke verbrannten, evangelische Kultstätten zerstörten sowie Prediger des Landes verwiesen. Die gewaltsame Rekatholisierung gipfelte in der Vertreibung der Protestanten, die nicht willens waren, den katholischen Glauben anzunehmen. Prominentester Emigrant jener Tage war der Mathematiker Johannes Kepler, der seinen Grazer Lehrerposten aufgeben musste und nach Prag ging. Der Erfolg dieser Maßnahmen war durchschlagend: Ferdinand II. stellte die religiöse Einheit wieder her, lediglich in abgelegenen Alpentälern der Obersteiermark – z. B. in Ramsau am Dachstein – überdauerte der Protestantismus im Verborgenen. Erst 1781, als Kaiser Joseph II. mit seinem Toleranzpatent die Glaubensfreiheit wieder einführte, sollten für Protestanten wie Angehörige anderer Religionen bessere Zeiten anbrechen. Als König von Böhmen und Ungarn und Kaiser des Heiligen Römischen Reichs verlegte Ferdinand II. schließlich seine

Evangelische Kirche in der Ramsau

Residenz von Graz nach Wien: Das letzte großartige Bauwerk, das unter seiner Ägide in Graz entstand, war das Mausoleum neben dem Dom. In der Folge ließ die Bautätigkeit spürbar nach, Graz wurde zur nachrangigen Provinzstadt.

Die Rekatholisierung hatte zunächst das einfache Volk mehr betroffen als den Adel. Erst anno 1628 wurde auch der steirische Adelsstand vor die Alternative gestellt, entweder auszuwandern oder zu konvertieren. Grund für diese „Rücksichtnahme" war die **Bedrohung durch die Türken,** die weitgehend parallel zur Reformation und Gegenreformation das außenpolitische Denken und Handeln bestimmte. Sämtliche Kräfte des Landes, auch die des Adels, wurden zur konzertierten Gefahrenabwehr benötigt. Wegen der leeren Kassen erhob man Sondersteuern, mit denen Graz und andere Frontstädte zu waffenstarrenden Festungen ausgebaut und Soldaten für die Heere rekrutiert wurden. Die Belastungen für die Landbevölkerung waren immens und eine wesentliche Ursache für den Bauernaufstand, der 1525 in der Festsetzung des Landeshauptmanns Siegmund von Dietrichstein in Schladming kulminierte. Im Jahr 1529 bestürmte die mächtige Armee Sultan Süleymans Wien. Zwar konnte die Einnahme der Donaumetropole gerade noch verhindert werden, einige versprengte Truppenteile durchstreiften jedoch das Mürztal sowie Teile der Oststeiermark und richteten nicht unerhebliche Zerstörungen an. Nach der Eroberung Ungarns Mitte des 16. Jh. mussten die Habsburger eine beinah 1000 km lange Grenzlinie gegen das Osmanische Reich verteidigen. Zu allem Überfluss erhoben sich 1604 die Haiducken, aufständische Ungarn, und bedrohten einmal mehr die Oststeiermark. Erst der Sieg Prinz Eugens von Savoyen in der Schlacht bei Zenta 1697 dämmte die Türkengefahr entscheidend ein. Die Kriegsgefahr war dennoch nicht gebannt, denn zu Beginn des 18. Jh. fielen die national gesinnten ungarischen Rebellen gegen die Habsburger, die **Kuruzzen,** wiederholt in die Steiermark ein. Der verbreitete Fluch „Kruzitürken" hat wahrscheinlich in jener Epoche seinen Ursprung.

Die Industrialisierung der Steiermark

Nach den Kuruzzenkriegen und der erfolgreichen Eindämmung der Pestepidemien kehrte vorübergehend Ruhe ein. Unter der Herrschaft Kaiserin Maria Theresias im 18. Jh. begann das Zeitalter des **aufgeklärten Absolutismus.** Überfällige Reformen modernisierten die Verwaltung sowie das Bildungs-, Rechts- und Steuerwesen. Unter ihrer Ägide wurden zahlreiche steirische Klöster und Stiftskirchen im spätbarocken Stil umgebaut. Ihr Nachfolger Joseph II. trieb den aufklärerischen Impetus auf die Spitze, indem er das traditionelle Brauchtum rigoros abschaffte, den Jesuitenorden und nicht weniger als 32 steirische Klöster auflöste, darunter die ehrwürdigen Stifte Göss, St. Lambrecht und Seckau. Auch Wallfahrten standen unter seiner Regierungszeit auf dem Verbotsindex. Als strenger Absolutist erwies er sich, indem er die Selbstverwaltungsrechte der Städte beschnitt und mit mehreren Maßnahmen einen zentral regierten Einheitsstaat zu schaffen versuchte. Mit dem Tod des Kaisers 1790 endete die Epoche der großen Reformen.

Im anschließenden **Zeitalter der Revolutionen,** das den Aufstieg und Fall Napoleons mit sich brachte, wurde die Steiermark mehrfach in den Konflikt zwischen Österreich-Habsburg und Frankreich hineingezogen. 1797 überschritt zum ersten Mal ein französisches Heer unter Führung des Korsen die steirische Grenze und zog über Judenburg Richtung Bruck an der Mur. Österreich sah sich darauf zu Verhandlungen gezwungen, die in der zweitgrößten Stadt der Steiermark stattfanden und im „Vorfrieden von Leoben" gipfelten. Anschließend zog sich Napoleon durch

Vordernberg: Rauminstallation im Radwerk IV

die Südsteiermark wieder zurück, was natürlich nicht ohne Plünderungen geschah. Für Österreich noch fataler verlief der zweite Koalitionskrieg 1809. Ein weiteres Mal rückten französische Truppen in die Steiermark ein und zwangen die österreichischen Armeen zum Rückzug. Der folgende Waffenstillstand vereinbarte u. a. auch die Übergabe der Festung Graz an die Franzosen; von den Sprengungen am Schlossberg blieben lediglich der Uhrturm und der Glockenturm verschont. Das Zeitalter der Koalitionskriege endete mit der Niederlage Napoleons in der Schlacht von Waterloo. Der Wiener Kongress 1814/15 stellte den vorrevolutionären Status quo in Europa wieder her, die konservative Zeit des **Biedermeier** begann. In Wien regierte Fürst Metternich mit eiserner Hand und unterdrückte mit rigiden Mitteln jegliche freiheitlichen und nationalen Bestrebungen. Die Epoche des Vormärz gipfelte in der kurzlebigen Revolution von 1848, die noch im gleichen Jahr in Wien humorlos niedergeschlagen wurde.

Seit dem Mittelalter fungierte der Bergbau als Schrittmacher für die wirtschaftliche Prosperität der Steiermark. In der frühen Neuzeit geriet die bisherige „Leitbranche" wegen der zunehmenden Erschöpfung eigener Vorkommen und der gleichzeitigen Erschließung außereuropäischer Rohstoffquellen in eine Krise. Zu den wichtigsten Stützen der inneralpinen Ökonomie schwangen sich stattdessen die Eisenindustrie und die Holzwirtschaft auf. Das Rückgrat der Eisenproduktion war der Erzberg, der zwischenzeitlich halb Europa mit dringend benötigtem Eisenerz versorgte. Südlich und nördlich der gewaltigen Erzberg-Pyramide, die bis heute das Wahrzeichen der obersteirischen Eisenstraße ist, entstanden zunächst primitive Schmelzöfen, wobei das Hammerwesen in der Obersteiermark bis ins 19. Jh. von dezentral organisierten Kleinbetrieben geprägt war. Nach dem Wiener Kongress änderte sich die Situation: Als unmittelbare Folge der Napoleonischen Kriege lag die Wirtschaft am Boden, die Landbevölkerung lebte z. T. in unvorstellbarer Armut. Bei der Hungersnot 1816/17 wurde vielerorts der Notstand ausgerufen.

Alpenkaiser ohne Thron: Erzherzog Johann (1782–1859)

Über kurz oder lang stoßen alle Steiermarkreisende auf ein Denkmal, das an die mit großem Abstand wichtigste Persönlichkeit der Steiermark erinnert. Erzherzog Johann bestieg Zeit seines Lebens nie einen Thron, als Liebling der steirischen Herzen blieb sein Ansehen indes bis heute bewahrt. Rund drei Dutzend Volkslieder rühmen seine Taten, es gibt einen Erzherzog-Johann-Jodler, das Konterfei des Habsburgers schmückte Silbermünzen und Briefmarken, selbst ein Schiff wurde nach ihm benannt. Mit wechselhaftem Geschick beteiligte er sich an diversen antinapoleonischen Bewegungen und unterstützte Andreas Hofers Tiroler Freiheitskampf. Seine Intimfeindschaft mit Metternich war wiederum ein Grund dafür, dass der Erzherzog am Ende der Vormärzrevolution von der Frankfurter Nationalversammlung zum Reichsverweser gewählt wurde. Damit stand er 1848 für eine kurze Zeit der provisorischen gesamtdeutschen Exekutive vor. Nach diesem politischen Intermezzo kehrte Johann in die Steiermark zurück und knüpfte umgehend da an, wo er zuvor aufgehört hatte. Insgesamt wirkte der „Alpenkaiser“ von 1807 bis 1859 in der österreichischen Provinz: Er liebte die Natur und das Landleben, den Lodenrock machte er weit über die Landesgrenzen hinaus bekannt, „um ein Beyspiel der Einfachheit in Sitte zu geben“, wie er in einem Brief schrieb. Er wanderte durch das Gebirge, gab volkskundliche Studien in Auftrag und förderte die touristische Erschließung seiner Wahlheimat. Eine Orchideenart, das Erzherzog-Johann-Kohlröschen, ist nach ihm benannt.

Im Sommer 1819 begegnete Johann auf einem Spaziergang am Toplitzsee im Salzkammergut der Postmeistertochter **Anna Plochl.** Bei mehreren geheimen Treffen vertiefte sich die Liebesbeziehung zwischen dem Habsburger und der 22 Jahre jüngeren Bürgerlichen aus Bad Aussee. Bis zur Eheschließung sollte allerdings ein geschlagenes Jahrzehnt vergehen; sie wurde 1829 in aller Heimlichkeit auf dem Schloss Brandhof zwischen Aflenz Kurort und Mariazell vollzogen, nachdem der Bruder des Erzherzogs, Kaiser Franz I., endlich sein Plazet gegeben hatte. Noch länger sollte es dauern, bis Anna Plochl einen vererbbaren Adelstitel erhielt und sich Gräfin von Meran nennen durfte. Die letzten Lebensjahre verbrachte das Paar im Grazer Palais Meran, das heute die Kunstuniversität beherbergt. Es liegt auf der Hand, dass die Hochzeit mit einer Bürgerlichen vom habsburgischen Hof in Wien nicht goutiert wurde. Hinzu kam die Teilnahme des Erzherzogs an den oben erwähnten Freiheitskämpfen. Beides führte schließlich dazu, dass Johann auf Thron und Zepter verzichtete und sein steirisches Engagement als – freilich nicht unbetuchter – Privatier ableistete. Im Volk hingegen wurde die Liaison der beiden in der Folge verklärt und romantisiert. Mehrfach wurde der Stoff verfilmt: 1929 machte ein Stummfilm von Max Neufeld Furore und 2010 wurde der Streifen „Geliebter Johann Geliebte Anna“ (mit Tobias Moretti und Anna Maria Mühe) mit einem Romy in der Kategorie Bester TV-Film gewürdigt.

Die Entwicklung der Alltagskultur dokumentiert das Grazer Volkskundemuseum

In diese schwierige Zeit fiel das Wirken von Erzherzog Johann (→ Kasten, S. 36), der mit wirksamen Maßnahmen „seine“ Steiermark geradewegs ins **Industriezeitalter** zu befördern half. 1819 begründete er die Steiermärkische Landwirtschaftsgesellschaft, er führte neuartige Samen ein und rationalisierte das Erntewesen. In Vordernberg bei Eisenerz erwarb er ein Radwerk und nötigte die Radmeisterkollegen zur Bildung von Einkaufs- und Absatzkartellen zur Steigerung der eigenen Konkurrenzfähigkeit. Auch der Eisenbahnbau von Wien über Graz zum Mittelmeer geschah auf seine Initiative. In Vordernberg betrieb der „steirische Prinz“ die Gründung der Montanuniversität, in Graz wiederum legte er den Grundstein für das Joanneum, aus dem später die Technische Hochschule und das heutige Universalmuseum hervorgingen. Nach der gescheiterten Revolution von 1848 nahm die Industrialisierungszug endgültig an Fahrt auf. Begleitet von einem Bevölkerungszuwachs bis zum Ausbruch des Ersten Weltkriegs von 50 % schossen Industriebetriebe aus dem Boden. Zuvorderst in der obersteirischen Mur-Mürz-Furche investierten Entrepreneurs in moderne Stahlunternehmen; Bruck an der Mur, Leoben, Mürzzuschlag und Kapfenberg entwickelten sich zu bedeutenden Produktionsstandorten. An der Wende vom 19. zum 20. Jh. war die Steiermark eine der innovativsten Wirtschaftsregionen Europas. Höhepunkte einer faszinierenden Reise zu den Zeugen der obersteirischen Industriekultur sind der Eisenerzer Erzberg sowie das Vordernberger Hochofenmuseum im Radwerk IV.

Vom Ersten Weltkrieg bis zur Gegenwart

Der aufkeimende Nationalismus seit der Französischen Revolution ergriff vor dem Ersten Weltkrieg viele Gesellschaftsschichten und erhob ein Thema zum Politikum, das auf die Völkerwanderungen nach dem Ende des Römischen Reichs zurückgeht. Die Rede ist vom Verhältnis der slawischen und deutschen Bevölkerung, das in der zweiten Hälfte des langen 19. Jh. bis zum Ende des Ersten Weltkriegs zunehmend problematisch wurde. Während eine multiethnische Staatsidee von vornherein die Unterschiede zwischen den Bevölkerungsgruppen hinsichtlich Sprache, Kultur und Herkunft berücksichtigt, muss eine auf kulturelle Homogenität zielende Nation in einem Vielvölkerstaat zwangsläufig zu Konflikten führen. Vor dem Ersten Weltkrieg zählten etwa zwei Drittel der Menschen in der Steiermark zur deutschsprachigen Mehrheit, während ein Drittel der **slowenischen Minderheit** angehörte. Zwar war die Gleichberechtigung aller Nationen qua Verfassung garantiert, dennoch fühlten sich die deutschnational gesinnten Bürger den Slawen kulturell überlegen. Letztere monierten insbesondere die ungenügende politische Repräsentation im steirischen Landtag. Das Ende des Weltkriegs führte zum Zusammenbruch der österreichisch-habsburgischen Monarchie. Auch das Herzogtum Steiermark bestand nicht mehr, denn mit der Proklamation der Ersten Republik Österreich war die Steiermark zum Bundesland geworden. Als weitere Folge des Zusammenbruchs gründete sich 1918 mit dem SHS-Staat ein protojugoslawisches Gebilde, dem Slowenen, Kroaten und Serben angehörten. Umgehend schloss sich die damalige mehrheitlich slowenische Untersteiermark diesem neuen Staat an, was letztlich dazu führte, dass dem jungen Bundesland auf einen Schlag ein Viertel seines Territoriums verloren ging. Besiegelt wurde dieser Verlust ein Jahr darauf durch den Friedensvertrag von Saint-Germain.

Der wirtschaftlich schwierigen Nachkriegszeit folgte eine leichte Aufschwungphase, in der u. a. 1925 der Schilling eingeführt wurde, bevor die Weltwirtschaftskrise vier Jahre später sämtliche Maßnahmen zum Wiederaufbau torpedierte. Das politische Klima radikalisierte sich zunehmend, der **Nationalsozialismus** machte sich in der Folge immer stärker bemerkbar. 1934 reagierte der christlichsoziale Bundeskanzler Engelbert Dollfuß auf die verschärfte Konfliktsituation, indem er auf Grundlage des Notverordnungsrechts den autoritären Ständestaat ausrief. Es folgten Proteste und sozialdemokratische Aufstände, zudem beteiligten sich Angehörige der verbotenen NSDAP an diversen Putschversuchen. Nachfolger des beim nationalsozialistischen Juliputsch in Wien erschossenen Kanzlers wurde Kurt Schuschnigg. Dieser fuhr im Schicksalsjahr 1938 zum Obersalzberg und machte in einem Gespräch mit Adolf Hitler Zugeständnisse, die dem unmittelbar bevorstehenden **Anschluss Österreichs** ans Deutsche Reich den Boden bereiteten. Als das Ergebnis der Unterredung publik wurde, brach in vielen steirischen Städten lautstarker Jubel aus, am Grazer Rathaus wurde eine Hakenkreuzflagge gehisst. Das Ereignis brachte der Landeshauptstadt den zweifelhaften Ruhm ein, die „Stadt der Volkserhebung“ zu sein. Etwa 40 % der

Naziterror: Mahnmal auf dem Präbichl

steirischen Bevölkerung waren zu diesem Zeitpunkt entweder Mitglied der NSDAP oder sympathisierten im Stillen mit der Partei. Mit dem Einmarsch der Deutschen Wehrmacht in Österreich 1938 wurde der Anschluss faktisch vollzogen und in einer „Volksabstimmung" mit einer Zustimmungsquote von nahezu 100 % bestätigt. Daraufhin wurde die bisherige steirische Landesregierung durch einen nationalsozialistischen Reichsstatthalter ersetzt, jüdische Geschäfte mussten schließen, die Gleichschaltung des Landes wurde begleitet von einer beispiellosen Propagandawelle, die steirische Stahlproduktion auf Kriegswirtschaft umgestellt.

Symbol steirischen Einfallsreichtums: Motorrad Marke „Puch"

In den letzten zwei Jahren des **Zweiten Weltkriegs** wurde auch die Steiermark zum Kriegsschauplatz. Graz und einige Industriestädte in der Mur-Mürz-Furche waren 1944 das Ziel alliierter Bombenangriffe, im Frühjahr 1945 halfen Tausende jüdische Zwangsarbeiter beim Aufbau des „Südostwalls" gegen die anrückende Rote Armee. Dabei ereignete sich am Präbichl während eines Todesmarschs mit Häftlingen des KZ Mauthausen ein Massaker, bei dem 200 Juden ihr Leben verloren. Ein Denkmal auf der Passhöhe weist auf dieses Ereignis hin. Als Widerstandshochburg gegen den Nationalsozialismus entpuppte sich das Salzkammergut. Unter Führung des erprobten Spanien-Söldners Sepp Plieseis entzogen sich Partisanen dem Zugriff durch die Wehrmacht, indem sie in das weglose Gelände zwischen Dachstein und Totem Gebirge entwichen. Bereits 1944 entdeckten Kunstexperten aus Deutschland, dass sich die Stollen im Altausseer Salzbergwerk hervorragend für die Verwahrung wertvoller Kunstschätze eigneten. Auf über 4 Mrd. US-Dollar wird der Wert der Schätze beziffert, die in der Endphase des Weltkriegs im Berg eingelagert wurden.

Nach der bedingungslosen deutschen Kapitulation im Mai 1945 erfolgte eine erneute **Phase des Wiederaufbaus.** Die Steiermark entwickelte sich zum populären Touristenziel. Besonders im Großraum Graz blühte die Wirtschaft, derweil die Zonenrandgebiete im Süden und Osten sowie die klassischen Industriegebiete in der Obersteiermark teilweise unter chronischer Strukturschwäche litten. Das Zeitalter der individuellen Mobilität veränderte das Reiseverhalten, zudem führte bis 1991 der Transitverkehr zwischen Mitteleuropa und dem Balkan mitten durch das Bundesland. Mit Öffnung der Ostgrenzen nach dem Zusammenbruch der UdSSR und des Warschauer Pakts rückte die Steiermark schlagartig vom Rand in die Mitte Europas, die Beziehungen mit Slowenien und Ungarn intensivierten sich in der Folge. Das in der **steirischen Verfassung** verankerte Proporzsystem ermöglicht jeder Partei ab einer bestimmten Anzahl von Mandaten die Mitwirkung an der Landespolitik. Bis 2005 war die ÖVP (Österreichische Volkspartei) stärkste Partei und stellte den Landeshauptmann, bei den beiden Wahlen 2005 sowie 2010 erreichte die SPÖ (Sozialdemokratische Partei Österreichs) die knappe Stimmenmehrheit. Bei der jüngsten Nationalratswahl 2013 hingegen machten die Steirer ihr Kreuz am häufigsten bei der rechtspopulistischen FPÖ (Freiheitliche Partei Österreichs).

Irdning: Skulpturenpark vor der Kulisse des Grimming

Kunst und Kultur

Die größte Zahl kunsthistorisch bemerkenswerter Sehenswürdigkeiten und kultureller Events entdecken Reisende in der steirischen Landeshauptstadt. Aber auch in der Provinz wartet das eine oder andere kulturelle Schmankerl darauf, von interessierten Gästen ausgiebig begutachtet zu werden.

Wie bei der Landschaft besticht die Steiermark auch hinsichtlich der Kultur durch Vielfalt. Freskengeschmückte Landkirchen, üppig ausstaffierte Barockaltäre in den Klöstern, ehrwürdige Burgen und Ruinen auf steilen Bergspornen und nicht zuletzt die zahlreichen Museen als Bewahrer des kulturellen Erbes der Steiermark sorgen für manches Highlight auf der Rundreise durch das österreichische Bundesland. Im weiteren Sinn gehören zum kulturhistorischen Erbe natürlich auch die Städte, allen voran die UNESCO-geschützte Grazer Altstadt. Mit einem sehenswerten Zentrum warten darüber hinaus Bad Radkersburg, Fürstenfeld, Hartberg, Bruck an der Mur, Leoben, Judenburg, Frohnleiten, Oberwölz, Murau, Eisenerz und Mariazell auf.

Ein typisches Kennzeichen vieler historischer Städte im ganzen alpenländischen Raum ist der **Sgraffito-Schmuck** an den Fassaden. Darunter ist eine Stucktechnik zu verstehen, mittels derer verschiedenfarbige Putzschichten auf die Hausfassade aufgetragen werden. Besonders ansprechende Sgraffito-Verzierungen findet man beispielsweise rund um den Bergmannsplatz in Eisenerz.

Archäologisches

Den besten Einblick in die Resultate der verschiedenen Ausgrabungen bietet das archäologische Landesmuseum am Schloss Eggenberg in Graz. Das unangefochtene Schmuckstück der Schausammlung ist das vielleicht spektakulärste Fundobjekt der österreichischen Archäologie: der **Strettweger Kultwagen** (→ Kasten unten). Auch andere Museen verfügen häufig über eine Abteilung zur Vor- und Frühgeschichte, die bedeutendste Sammlung außerhalb von Graz präsentiert das Museum Archeo Norico in der Burg Deutschlandsberg. Zwei Kleinmuseen abseits der ausgetretenen touristischen Pfade mit einer ausschließlich archäologischen Ausrichtung sind das Keltenmuseum in Großklein sowie ein Römermuseum zwischen Mureck und Bad Radkersburg. Von Ausnahmen abgesehen sind die eigentlichen Ausgrabungsstätten entweder nicht öffentlich zugänglich oder bieten für den Laien wenig Interessantes. Das bedeutendste archäologische Grabungsareal auf steirischem Boden ist die römerzeitliche Stadt **Flavia Solva** bei Leibnitz. Ebenfalls in der urbanen Peripherie von Leibnitz befindet sich mit dem Tempelmuseum Frauenberg ein archäologischer Leckerbissen der besonderen Art: Das Museum steht auf dem Fundament eines antiken Isis-Noreia-Tempels; es handelt sich um das älteste frei stehende Gemäuer der Steiermark. Ebenfalls aus der Römerzeit stammen die einen oder anderen Brücken sowie Reste einer Villa in der Umgebung von Hartberg.

Mit viel Aufwand ins Jenseits: Der Kultwagen von Strettweg

Bis heute ist es der bekannteste Fund der österreichischen Frühgeschichte: ein 46 cm hoher Bronzewagen, getragen von vier Speichenrädern, in der Mitte eine schlanke Frauengestalt, die mit beiden Armen ein schweres schalenförmiges Gefäß über ihren Kopf stemmt. Ihr zu Füßen tummeln sich zahlreiche Gestalten, ebenfalls aus Bronze, berittene Krieger, ein Hirsch mit Geweih, dazu diverse Frauen und Männer. Eine Opferprozession? Mit einer Göttin oder Kultpriesterin als zentralem Element? Wahrscheinlich, aber die ursprüngliche Funktion des „Kultwagens" ist unbekannt. Fest steht lediglich, dass es sich um ein kunsthandwerkliches Meisterwerk aus dem 7. Jh. v. Chr. handelt. Wegen seines außerordentlich hohen Werts ist das gute Stück heute mit einer Summe von 50 Mio. Euro versichert! Gefunden wurde es 1851 rein zufällig: Beim Planieren eines Hügels am Fuß des Falkenbergs nördlich von Judenburg stieß der Bauer Ferdinand Pfeffer auf ein Fürstengrab aus der Hallstattzeit. Zwar ging bei den darauffolgenden Grabungen vieles verloren, jedoch waren sich die Archäologen bald im Klaren darüber, dass es sich um ein ungewöhnlich reich ausgestattetes Grab handelte. Auch mussten offenbar die Menschen im 7. Jh. v. Chr. weitreichende Handelsbeziehungen gepflegt haben, denn besagter Wagen wurde vermutlich im Mittelmeerraum gefertigt und gelangte dann ins Murtal. Seit 2011/12 wird am Strettweger Falkenberg erneut nach Fürstengräbern gefahndet, die Fundstücke sind im Judenburger Stadtmuseum ausgestellt (www.fuerstengrab-strettweg.at).

Das Original des Kultwagens befindet sich im Archäologiemuseum Schloss Eggenberg zu Graz, zwei Kopien können in Judenburg besichtigt werden: die eine steht im Stadtmuseum, die zweite im Innenhof des ehemaligen Franziskanerklosters.

Burgen und Schlösser

Die mit Abstand bedeutendste **Festungsanlage** ist die Riegersburg im oststeirischen Vulkanland. Die nach Urteil eines österreichisch-habsburgischen Feldmarschalls im

Vor den Toren der Stadt Feldbach befindet sich das Schloss Kornberg

17. Jh. „stärkste Feste der Christenheit" erhebt sich kühn auf einem steilen Felsgrat und hat das ganze oststeirische Hügelland im Blick. Mehrere sehenswerte Museen, eine Falknerei sowie vor allem kulinarisch interessante Ausflugsdestinationen in der unmittelbaren Umgebung machen die Riegersburg zu einem der populärsten Ziele in der Steiermark überhaupt. Kaum weniger imposant beherrscht die Burg Strechau das Paltental in der Obersteiermark. Dass im Gegensatz zur Riegersburg signifikant weniger Touristen den Weg hierher finden, hat mehrere Gründe: Zum einen ist die Burg Strechau lediglich im Rahmen einer Führung zu besichtigen, zweitens fehlen weitere Attraktionen in der Umgebung; das Paltental ist kein Urlaubsziel, sondern Durchreisestation. Gleichwohl lohnt sich eine Führung aufgrund der Kunstschätze in den Innenräumen unbedingt. Selbiges gilt auch für die Burgen Deutschlandsberg in der Weststeiermark oder Oberkapfenberg im Mürztal, die jeweils mit wichtigen kulturhistorischen Museen sowie weiteren Attraktionen aufwarten.

Der Übergang von der mittelalterlichen Burg zur frühneuzeitlichen Schlossanlage ist fließend, weil nicht wenige Festungsanlagen, darunter die erwähnte Riegersburg, im Verlauf ihrer Geschichte mehrfach die Gestalt veränderten und in der Renaissance zu Schlössern umgewandelt wurden. Geschah dies nicht, wie z. B. beim Steinschloss im Naturpark Zirbitzkogel-Grebenzen oder bei der Wolkenburg im Ennstal, wurden sie verlassen und teilweise abgetragen. Gleichwohl sind die (meistens nur auf Schusters Rappen erreichbaren) Ruinen ein Erlebnis auf der Rundwanderung und zudem naturgemäß signifikante Aussichtspunkte.

Eine kulturhistorische Besonderheit sind die **Wehrkirchen:** Sakralbauten mit Burgcharakter sind in jenen Regionen häufig zu finden, die im 15. Jh. am meisten unter osmanischen Invasionen litten. Für diesen Typus stehen exemplarisch in der Oststeiermark die Taborkirche in Weiz oder der Feldbacher Tabor. Beim Begriff „Tabor" handelt es sich um ein militärtechnisches Lehnwort aus Böhmen, das während der Hussitenzeit in den deutschen Wortschatz gelangte. Ein Tabor ist demzufolge nichts anderes als eine spätmittelalterliche oder frühneuzeitliche Befestigungsanlage, die einen Sakralbau ummantelt. Das vielleicht beste Beispiel einer solchen steirischen Kirchenburg befindet sich ironischerweise in Eisenerz, wo nie ein Türkenheer die Sicherheit der Stadt bedroht hat.

Unter den **Schlössern** der Steiermark ist ganz besonders das Schloss Eggenberg in Graz hervorzuheben. Die Bedeutung der Barockanlage unterstreicht der Umstand, dass das Schloss Eggenberg Teil des UNESCO-Welterbes Graz ist. Für einen Besuch von Park und Schloss mitsamt Museen und Ausstellungen kann man gut und gerne einen kompletten Tag einplanen. Ein signifikantes Merkmal vieler Schlösser ist ein mediterraner und überaus fotogener Arkadenhof aus der Renaissance oder aus dem Barockzeitalter. Zuweilen werden die Innenhöfe, u. a. im Schloss Piber bei Köflach, im Sommer für Kulturevents genutzt. Ein Schlossbesuch lohnt sich natürlich dann, wenn Führungen oder geführte Rundgänge eine Besichtigung von innen erlauben. Dies ist vor allem in den Schlössern Stainz und Trautenfels der Fall, wo jeweils das Grazer Universalmuseum Joanneum eine sehenswerte Zweigstelle eingerichtet hat. Ein ebenfalls sehr lohnender Rundgang erschließt das museal eingerichtete Schloss im Tierpark Herberstein: Architekturliebhaber finden hier einen munteren Stilmix vom Mittelalter bis zur Barockzeit vor, obendrein zählt der repräsentative Innenhof zu den bemerkenswertesten Beispielen profaner Architektur in der Steiermark. Das Schloss Herberstein liegt in der Oststeiermark, wo sich die fürstlichen Residenzen geradezu ballen. Manche Schlösser dümpeln mehr oder weniger vergessen vor sich hin, etwa das Schloss Hainfeld bei Feldbach, welches nicht nur das größte steirische Wasserschloss, sondern auch sagenumwobene Heimstatt einer Vampirlegende ist (→ Kasten, S. 338). Weitere Herrschaftssitze in der Umgebung von Feldbach wurden zu feudalen Hotels bzw. zu Ausflugsrestaurants umgewandelt, beispielsweise die Schlösser Kapfenstein sowie Kornberg. Eine Ausnahmerolle gebührt dem Schloss Pöllau: Dieses weist auf den ersten Blick sämtliche Eigenschaften eines typischen Schlosses auf, entpuppt sich aber bei näherem Hinsehen als ehemaliges Augustiner-Chorherrenstift, das im Zuge der Josephinischen Reformen gegen Ende des 18. Jh. aufgelöst wurde. Im Gegensatz zu anderen Klöstern kehrten nach der Rücknahme der Reformen die Mönche nicht mehr nach Pöllau zurück und das Stift wurde in ein Schloss umgewandelt.

Das typische italienische Erscheinungsbild zahlreicher steirischer Profanbauten aus der Renaissance und dem Barockzeitalter ist häufig oberitalienischen Baumeistern geschuldet, die ihr Know-how nach Mitteleuropa exportierten. Eine herausragende Stellung gebührt dabei dem genialen Militärbaumeister **Domenico dell'Allio,** der im 16. Jh. die Festungsarchitektur in Graz und in den Grenzstädten Radkersburg, Feldbach und Fürstenfeld modernisierte. Während die Batterien neuen Typs in Feldbach später gänzlich zurückgebaut wurden, sind sie in Fürstenfeld und in Bad Radkersburg noch heute zu bewundern. Nebenbei schuf er mit dem Grazer Landhaus das großartigste Renaissancebauwerk der Steiermark.

Sakrale Kunst

Die meisten steirischen Sakralbauten aus dem Mittelalter wurden in späteren Epochen erweitert oder umgebaut. Häufig führten zudem Stadtbrände, wie z. B. in der Wallfahrtsbasilika Mariazell, zur Zerstörung der ursprünglichen Bausubstanz. Das erhabenste und kulturhistorisch bedeutendste Gotteshaus aus **romanischer Zeit** ist die Abteikirche des Stifts Seckau in den Seckauer Alpen. Prominente Beispiele aus der **Gotik** sind der Grazer Dom mit dem Gottesplagenbild an der Außenseite sowie dem spätgotischen Tafelbild von Conrad Laib als wichtigste Kunstschätze oder die Wallfahrtskirche in Judendorf-Straßengel wenige Kilometer nordwestlich von Graz. Der knapp 50 m hohe Turm mit seinem kunstvoll durchbrochenen Helm weist Letztere schon von Weitem als gotisches Gotteshaus aus. Weitere besuchenswerte gotische Kirchen sind das Neuberger Münster im Mürzer Oberland, die Stadtpfarrkirche von Murau im Oberen Murtal oder die Stiftskirche des ehemaligen Stifts Göss in Leoben. Eine Ausnahmestellung gebührt der Johanneskapelle im Bergdorf Pürgg. Der Sakralbau ist wegen seiner Fresken aus dem 12. Jh. berühmt, die zu den besterhaltenen und wertvollsten in Europa zählen.

Eine Besonderheit einiger mittelalterlicher Kirchen, nicht nur in der Steiermark, ist der **Karner:** Darunter versteht man ein Beinhaus, das i. d. R. als Friedhofskapelle diente. Im Mittelalter fungierte der Kirchhof gleichzeitig als Grabstätte für die Gläubigen, derer wiederum im Karner gedacht wurde. Der Karner ist ein eigenständiger Bau, sein trutziges Erscheinungsbild und die runde Form lassen ihn häufig als wehrhafte Rundkirche erscheinen. Einen Karner gibt es u. a. in Hartberg, in St. Lambrecht und in Aflenz Kurort.

Wandmalereien gehören häufig zu den kunstgeschichtlich bedeutenden Schätzen im Kircheninnern. Besonders die Sakralbauten im alpenländischen Raum prunken fast schon in beneidenswerter Form mit Wandfresken, die Szenen aus den Evangelien oder aus dem Leben der Heiligen illustrieren. Nicht selten finden sich in ein und demselben Gotteshaus Fresken aus spätgotischer Zeit und Wandmalereien aus der **Renaissance.** Abgesehen davon sind hochwertige Renaissanceschätze in der Steiermark vergleichsweise dünn gesät. Zumindest im Bereich der Sakralkunst, bei der profanen Baukunst stellt sich die Sachlage schon gänzlich anders dar (→ S. 43). Wer sich für sakrale Werke aus dieser Epoche interessiert, wird am ehesten in der Alten Galerie im Schloss Eggenberg am Grazer Stadtrand fündig, die einen reichen Fundus an Skulpturen, Tafelbildern und weiteren Kunstschätzen präsentiert. In der zum Universalmuseum Joanneum gehörenden Ausstellung sind überdies zahlreiche Werke aus dem Mittelalter und aus dem Barock zu besichtigen.

Der „steirische Petersdom" in Pöllau: Meisterwerk steirischen Barocks

Im **Barock** läuft die steirische Kirchenkunst zur Hochform auf: Zu den berühmtesten und produktivsten Baukünstlern jener Epoche zählen der aus Südtirol stammende Bildhauer Veit Königer, der oberitalienische Architekt und Maler Giovanni Pietro de Pomis sowie der in Graz geborene Bildhauer Josef Thaddäus Stammel. Letzterer stand die meiste Zeit seines Lebens in Diensten der Benediktiner von Admont in der Obersteiermark; sein vielleicht profundester Beitrag zur steirischen Kunstgeschichte ist der Skulpturenschmuck in der berühmten Klosterbibliothek zu Admont, die zu den großen Meisterwerken des Spätbarock in der Steiermark zählt. Giovanni Pietro de Pomis wiederum wurde 1595 unter Erzherzog Ferdinand, dem späteren Habsburgerkaiser Ferdinand II., zum Hofbaumeister von Innerösterreich berufen und wirkte maßgeblich bei der barocken Ausstattung der Mariahilferkirche und des Doms in Graz sowie der Wallfahrtskirche in Radmer mit. Auch im Schloss Eggenberg hinterließ der Meister seine Spuren. Sein wichtigstes Werk ist indes die Katharinenkirche nebst Mausoleum des erwähnten Regenten in Graz. Der Bau, dessen Kuppeln die Grazer Silhouette prägen, bildet den Übergang von der Renaissance zum Barock. Kunsthistoriker bezeichnen diesen als **Manierismus.** Die Grazer Katharinenkirche gilt als wichtigstes Baudenkmal der Alpenrepublik jener Epoche. Ein weiteres manieristisches Kunstwerk aus der Hand des Hofbaumeisters ist das Mausoleum in Ehrenhausen.

Alte Galerie im Schloss Eggenberg: Schutzmantelmadonna (um 1430)

Weitere sehenswerte Kunstwerke im Stil des Barocks sind im Augustinerstift Vorau, in der abgeschiedenen Festenburg, in der Weizbergkiche, im Stift Rein oder in der Klosterkirche des Stifts St. Lambrecht zu bewundern. Die Letztgenannte befindet sich im Naturpark Zirbitzkogel-Grebenzen und gehört zu jenen Bauten, die auf einen Vorgängerbau aus romanisch-gotischer Epoche zurückgehen und später im zeitgenössischen Geschmack des Barocks generalüberholt wurden. Zu diesem Typus ist auch die Wallfahrtsbasilika Mariazell zu rechnen; beide grandiosen Kirchen verbindet, dass mit Domenico Sciassia ein weiterer namhafter Maestro des barocken Stils beim Umbau maßgeblich mitwirkte. Eine Sonderstellung gebührt in vielfacher Hinsicht dem Pöllauer „Petersdom“: Das Konzept für den Umbau stammt einmal mehr von Domenico Sciassia, die Arbeiten führten indessen andere prominente Künstler aus. Auf Stuck wurde – untypisch für den Barockstil – weitgehend verzichtet.

Die Meisterwerke steirischen Hochbarocks wirkten dergestalt stilprägend, dass Kunsthistoriker für die Innenausstattung eigens den Begriff **steirischer Barock** kreierten. Die vielleicht namhaftesten Architekten dieses spezifischen Baustils sind Johann Fuchs und Josef Hueber. Ersterer wirkte beim Umbau der Wallfahrtskirche Frauenberg bei Leibnitz und bei der Errichtung des Mausoleums in Ehrenhausen mit, Letzterer schuf u. a. die Mariahilferkirche in Graz, die Admonter Klosterbibliothek sowie die imposante Wallfahrtskirche in St. Veit am Vogau. Außerdem leitete Josef Hueber den aufwendigen Umbau des Schlosses Eggenberg zur feudalen Barockresidenz.

Kreative Baukunst im Vulkanland: die Hundertwassertherme

Design und moderne Architektur

Wer bei den beiden Stichwörtern „Steiermark“ und „Kultur“ vorwiegend an barocke Landkirchen und biederes Brauchtum denkt, wird der kulturellen Vielfalt nicht gerecht. Denn überraschenderweise hat sich das Bundesland auch auf dem Gebiet der modernen Architektur einen Namen gemacht. Ein wichtiger Schrittmacher für diese Entwicklung war das Kulturhauptstadtjahr 2003, das Graz der Öffentlichkeit als zwar traditionsbewusste, aber auch weltoffene und moderne Metropole präsentierte. Sichtbares Symbol dieser Entwicklung ist das Kunsthaus am Ufer der Mur, dessen fließend-kurvige **Blob-Architektur** der Stadt ein völlig neues Image verpasste. Der „Friendly Alien“ – so der Spitzname – ist beileibe nicht das einzige futuristische Andenken an jenes Jahr: Bereits in der Bahnhofshalle werden Neuankömmlinge von der großformatigen Installation des österreichischen Multimediakünstlers Peter Kogler begrüßt. Eigentlich sollte das Werk nach Ende des Kulturhauptstadtjahrs wieder verschwinden, die Grazer bestanden aber auf dessen Erhalt. Auch die Gleisunterführung aus den späten 1990er-Jahren hat es in sich; das Design wurde mit dem renommierten Brunel Award prämiert, zudem kürten die Österreicher den Grazer Verkehrsknoten 2003 und 2004 zum schönsten Bahnhof Österreichs. Ein weiteres populäres Überbleibsel aus dem Kulturhauptstadtjahr ist die avantgardistische Mur-Insel aus Stahl und Glas des New Yorker Star-Designers Vito Acconci. Auch diese wollten die Bürger partout behalten. Inzwischen ist die nachts blau schimmernde Mur-Insel ein etabliertes urbanistisches Wahrzeichen, das den Grazer Ruf als **City of Design** untermauert. Weitere Beispiele moderner Architektur sind der – ebenfalls mystisch blau beleuchtete – Schlossberglift mit dem benachbarten „Dom im Berg“, das avantgardistische Veranstaltungszentrum Mumuth der Grazer Kunstuniversität oder das Ausstellungsentree im Joanneumsviertel. Weitere signifikante Beispiele formschönen und funktionalen Designs befinden sich außerhalb des Zentrums, u. a. das Institut für molekulare Biowissenschaften der Karl-Franzens-Universität. Jedes Jahr setzt der Steirische Herbst, das große

Avantgarde-Kunstfestival der steirischen Landeshauptstadt, Impulse und hält die Auseinandersetzung mit zeitgenössischen urbanen (Bau-)Ideen lebendig.

Dass die zweitgrößte österreichische Stadt mit Design und moderner Architektur punktet, überrascht im Grunde kaum. Bemerkenswerter ist die Tatsache, dass auch auf dem Land die eine oder andere Perle avantgardistischer Baukunst zu entdecken ist: Ein prominentes Beispiel ist der futuristische Neubau des Weinguts Erwin Sabathi im Leutschacher Rebenland. Das Haus des Grazer Architekten Igor Skacel fügt sich harmonisch in die Landschaft ein und ist beileibe nicht das einzige Renommierweingut in der populären Ferienregion, das sich eine moderne bauliche Visitenkarte verschafft hat. Nicht weit von Leutschach entfernt setzt am Übergang zum Schilcherland das Kunst- und Kulturhaus in St. Ulrich im Greith einen ähnlich verblüffenden Akzent. Architektonisch bemerkenswerte Ausstellungshäuser gibt es ferner in Leoben, in Mürzzuschlag und in Weiz. Das meistbesuchte Symbol moderner Baukunst in der gebirgigen Obersteiermark ist mit Sicherheit der **Skywalk** auf dem Dachstein. In ähnlich luftiger Höhe befindet sich das 2154 m hoch gelegene Schiestlhaus unterhalb des Hochschwab-Gipfels, wobei in diesem Fall nur eingefleischte Berggänger in den Genuss dieser Einrichtung kommen. Bei dem 2005 neu eröffneten Alpenvereinsschutzhaus handelt es sich um ein ökologisch einzigartiges Passivhaus, das sich mitsamt Trinkwasseraufbereitung und Abwasserversorgung zu 100 % aus erneuerbaren Energien versorgt.

Das mit Abstand bekannteste Beispiel moderner Baukunst ist jedoch die **Hundertwassertherme** in Bad Blumau. Auch bei diesem Architekturjuwel im Grünen wird Ökologie großgeschrieben, wie eine Fata Morgana wachsen die bunten Fassaden und gold glänzenden Kuppeltürme aus der Auenlandschaft des oststeirischen Thermenlandes. Die Barbarakirche in Bärnbach ist ein weiteres Beispiel für die Produktivität des Wiener Künstlers und Architekten Friedensreich Hundertwasser. Die Hundertwasserkirche ist längst nicht das einzige Schmuckstück im Dreieck Voitsberg-Köflach-Bärnbach, das in diesem Kontext von Interesse ist: Liebhaber moderner Baukunst sollten sich keinesfalls das Voitsberger Rathaus mit der ästhetisch piekfeinen Arik-Brauer-Fassade oder die farbenprächtig von Franz Weiss gestaltete Tregister Dorfkapelle entgehen lassen. Beinah schon am Stadtrand von Graz befindet sich die ebenfalls sehenswerte Pfarrkirche St. Jakob in Thal. Gestaltet wurde der Sakralbau von Ernst Fuchs im Stil der Wiener Schule des Phantastischen Realismus. Schließlich verdient in diesem Zusammenhang noch die grandiose Engelkapelle in der Seckauer Klosterabtei mit der **Seckauer Apokalypse** von Herbert Boeckl Erwähnung. Der Sakralraum in der Obersteiermark gehört zu den bedeutendsten Kunstwerken Österreichs nach 1945.

Die „Seckauer Apokalypse" im Stift Seckau

Literatur

Jeder aufmerksame Steiermark-Reisende stößt über kurz oder lang auf den Namen Peter Rosegger. Das Andenken an den Säulenheiligen der steirischen Literatur wird allerorten lebendig gehalten, zuvorderst natürlich dort, wo der Heimatdichter lebte und wirkte: in der Waldheimat in Krieglach-Alpl. An den waldreichen Hängen der Fischbacher Alpen wuchs der „Waldbauernbub“ auf, im Mürztal verbrachte er die letzten Lebensjahre bis zu seinem Tod 1918. Peter Rosegger war für die Bildung der steirischen Identität mindestens so prägend wie der Alpenkaiser Erzherzog Johann und führte obendrein den Beweis, dass Heimatdichtung große Literatur sein kann. Nicht umsonst wurde der steirische Nationaldichter 1913 für den Nobelpreis für Literatur nominiert (ausgezeichnet wurde allerdings dann der bengalische Dichter Rabindranath Tagore). Ähnlich wie der Erzherzog bereiste der Dichter regelmäßig seine steirische Heimat. Fast jede Stadt ehrt ihn mit einem Denkmal, Gasthöfe und Hotels benennen sich nach ihm, selbst ein Klettersteig schmückt sich mit seinem Namen. Wer mehr über Rosegger erfahren möchte, sollte die Gedenkstätten in Alpl und Krieglach aufsuchen, empfehlenswerte Reiseliteratur finden Sie auf S. 79.

Eine Hochburg der Autorenzunft war ganz im Norden das Ausseerland, auch wenn die meisten Dichtergranden lediglich zu Besuch in der Obersteiermark weilten. Der idyllische Luftkurort Altaussee fungierte jahrzehntelang als Treffpunkt und beliebte Sommerfrische namhafter Dichter wie Hugo von Hofmannsthal, Franz Grillparzer, Arthur Schnitzler und Jakob Wassermann (→ Kasten, S. 88). Ein **Literaturmuseum** dokumentiert die intellektuelle Geselligkeit vergangener Zeiten.

Die namhafteste zeitgenössische Schriftstellerin ist die 1946 in Müzzuschlag geborene Dramatikerin und Erzählerin **Elfriede Jelinek.** Die wegen ihres oftmals provokanten und vulgär-blasphemischen Stils umstrittene Autorin erhielt 2004 den Literatur-Nobelpreis. Kaum weniger bedeutend ist der aus Graz stammende Literat **Gerhard Roth,** der neben vielen weiteren Auszeichnungen 2012 den Jakob-Wassermann-Literaturpreis erhielt. Gerhard Roth lebte viele Jahre im südlichen Schilcherland und verwob die vor Ort gewonnen Eindrücke in seine Romane und Erzählungen. 1973–1978 war er zudem Mitglied in der neu gegründeten **Grazer Autorenversammlung** (GAV). Die wichtigsten Gründungspersönlichkeiten waren Ernst Jandl, bekannt durch seine experimentelle Lyrik, und Ernst Kolleritsch aus Mureck. Letzterer erlangte u. a. als Herausgeber der österreichischen Literaturzeitschrift „manuskripte“ größere Bekanntheit. Heute hat die GAV, mit 600 Mitgliedern größter österreichischer Schriftstellerverband, ihren Sitz in Wien.

Musik

Zu den populärsten steirischen Volksmusikformationen gehören die Stoakogler aus Gasen nördlich der Teichalm, die Edelseer aus Birkfeld bei Weiz sowie die Seer vom Grundlsee im Steirischen Salzkammergut. Den – mittlerweile aufgelösten – Stoakoglern ist im Naturpark Almenland sogar ein eigenes Museum gewidmet, das eine viel besuchte Pilgerstätte für Fans aus nah und fern ist. Gleiches gilt für die Edelseer-Ausstellung in Birkfeld. Die drei genannten Bands treten zwar im traditionellen Outfit auf, ihre schmissigen Rhythmen gehen nichtsdestoweniger weit über das Niveau bierzeltseliger Stimmungsmache hinaus. Die Musik ähnelt oft dem, was man gemeinhin als Weltmusik bezeichnet, nicht selten verbinden sich die Klänge von Waldhorn oder Harmonika mit poppigen oder gar rockigen Elementen. Im weitesten Sinn stehen die innovativen steirischen Bands irgendwo im Spektrum zwischen

Grazer Oper: Mekka klassischen Musikschauspiels

traditioneller Volksmusik und **Austropop.** Zu den namhaften Vertretern der Stilrichtung, die Mundart mit moderner Pop- und Rockmusik verknüpfen, gehört u. a. das oststeirische Trio S.T.S., das 1984 mit dem Ohrwurm „Fürstenfeld“ Furore machte. Ein weiterer Vertreter des Austropops aus der Steiermark sind die Ausseer Hardbradler (das Wort „Bradlmusi“ entstammt den traditionellen Bradlgeigern, die im Gasthaus aufmusizierten und zur Entlohnung einen Braten kredenzt bekamen). Obwohl der Begriff Austropop inzwischen ein wenig aus der Mode gekommen ist, muss das jüngste musikalische Phänomen namens Andreas Gabalier im Grunde ebenfalls diesem Genre zugerechnet werden. Der 1984 in Graz geborene Sänger debütierte in durchaus klassischer Manier beim populären Musikantenstadl und belegte anschließend bei der nationalen Vorentscheidung für den Grand Prix der Volksmusik einen respektablen zweiten Platz. Mittlerweile ist er weit über die Grenzen der Alpenrepublik hinaus bekannt, erhielt zahlreiche Preise und Auszeichnungen und verkaufte über 700.000 Tonträger.

Auch die Liebhaber klassischer Musik kommen durchaus auf ihre Kosten. Konzerte und Aufführungen finden, sieht man einmal von der Grazer Oper ab, jedoch nicht regelmäßig statt, sondern sind auf bestimmte Events beschränkt. Deutschlandsberg in der Weststeiermark bietet eine große Palette musikalischer Veranstaltungen; die Stadt hat sich insbesondere im **Belcanto** einen Namen gemacht. Ansonsten sind die hochwertigen Konzertreihen im Stift Admont, im Schloss Eggenberg, im Neuberger Münster oder im Stift St. Lambrecht ein guter Tipp, zumal diese Ereignisse teils in historischen Räumlichkeiten stattfinden, die Besuchern ansonsten nicht zugänglich sind. Zu den Konzertreihen gesellen sich diverse Sommerfestivals und Konzerte im Schlosshof, genauere Angaben finden Sie im Reiseteil bei den jeweiligen Orten.

Tradition und Brauchtum

Wie in anderen Alpenregionen sind auch in der Steiermark vielerorts Traditionen und Brauchtum noch überaus lebendig. Hochburgen steirischen Brauchtums sind das Ausseerland, das Obere Ennstal und die Krakau auf der Tauern-Südseite. Auch in der südlichen Hochschwab-Region, im Oberen Murtal sowie im oststeirischen Joglland kommt man ab und an der unverfälschten Tradition auf die Spur. Wer sich für ländliches Brauchtum interessiert, sollte die lokalen Veranstaltungen besuchen, Hinweise darüber finden Sie im Reiseteil bei den jeweiligen Orten und im Veranstaltungsteil der Grazer „Kleinen Zeitung" (→ Auf einen Blick, S. 79). Weil sich das Landleben an den jahreszeitlichen Zyklen orientiert, sind auch die meisten Brauchtumsevents an kalendarisch wiederkehrende Ereignisse gekoppelt.

Bestes Beispiel ist der sattsam bekannte **Almabtrieb** Mitte bis Ende September, der den offiziellen Abschluss der Sommersaison markiert. Sobald die festlich geschmückten Rinder von den höher gelegenen Almen talwärts getrieben werden, schließen die bewirtschafteten Hütten oder öffnen nur noch an sonnigen Wochenenden. Nach traditioneller Art wird der Almabtrieb noch heute in Oberwölz-Lachtal, im Radmertal sowie am Hochwechsel gefeiert.

Einige Teile des Steirischen Salzkammerguts und des Oberen Ennstals sind v. a. wegen des **Winterbrauchtums** interessant. Dazu gehört beispielsweise das Nikolospiel in und um Bad Mitterndorf mit holzgeschnitzten Masken am Vorabend des Nikolaustages. Ähnlich archaisch präsentiert sich wenige Kilometer weiter der traditionelle Stainacher Glöcklerlauf am Vorabend des Dreikönigstags. Ein typisch alpenländisches Brauchtum sind die **Perchtenläufe.** Auch hier bestimmen hässliche Fratzen das Bild, die in den meisten Fällen jedoch den Menschen Glück bringen. Woher der seltsam archaische Ritus stammt, ist ungeklärt, in den meisten Regionen sollen die Perchten die kalte Jahreszeit vertreiben. Perchtenläufe werden bis heute im Ausseerland, im Oberen Enns- und Murtal sowie – überraschenderweise – im steirischen Süden in Leibnitz und Umgebung veranstaltet. Eine Faschingshochburg ist ebenfalls das Ausseerland, ganz besonders lohnen die Ortschaften Altaussee und Bad Aussee an den tollen Tagen einen Besuch. Wer sich die aufwendigen Kostüme auch zu anderen Jahreszeiten besehen möchte, sollte dem Kammerhof-Museum in Bad Aussee einen Besuch abstatten.

Oststeiermark: Volksmusikkultur in Straden

Eine Besonderheit ist das Samsontragen in der Steirischen Krakau: Alljährlich am Patronatstag des hl. Oswald – die Patronatstage werden in manchen inneralpinen Regionen Österreichs als **Prangtage** bezeichnet – wird der Samson, eine 6 m hohe und 75 kg schwere Figur, durch das Dorf getragen (→ Kasten, S. 209). Auch das **Kirchweihfest,** der **Kirtag,** ist eine in vielen Orten noch überaus lebendige Brauchtumsveranstaltung. Der berühmteste steirische Kirtag findet alljährlich am ersten Septemberwochenende in Altaussee auf der Fischerwiese statt und zählt mit rund 20.000 Besuchern zu den bestbesuchten Kirchweihevents in ganz Österreich.

Volkstümlicher Wegweiser in Tragöß

Am Altausseer Kirtag haben natürlich auch **Trachten** Hochkonjunktur. Überhaupt ist die Steirertracht im Ausseerland weit verbreitet, ablesbar etwa an der Vielzahl an Trachtenmodenläden in Bad Aussee. Eine durchgängig verbreitete Tracht gibt es in der Steiermark nicht, allein bei den Frauen sind rund 270 regional unterschiedliche Dirndl verbreitet, zudem gibt es eine Alltags-, Sonntags- und Festtagstracht. Das klassische Dirndl besteht aus einem ärmellosen Leibl mit eng anliegender Passform, das über eine weiße Bluse angezogen wird. Das Leibl bildet mit dem Kittel, dem auf der Taille sitzenden Rock, einen zusammenhängenden Leibkittel. Über den Rock wird schließlich noch die farblich abgesetzte Schürze gebunden. Den Steireranzug für die Männer rief anno 1820 kein Geringerer als der Erzherzog Johann ins Leben. Der Anzug besteht aus einer ledernen kurzen Hose oder Kniebundhose (wahlweise auch aus einer Langhose aus grauem Lodenstoff), hinzu kommt als wichtigstes Element der grau-grüne Lodenrock mit Steh- oder Umlegkragen sowie der typische Steirerhut, der auf den klassischen Ausseerhut zurückgeht. Der Steireranzug wurde dergestalt stilbildend, dass er im Zuge der anwachsenden Trachtenbegeisterung in veränderter Form auch von anderen österreichischen Bundesländern übernommen wurde. Die traditionelle Steirertracht ist nicht mit Trachtenmode zu verwechseln: Letztere ist ein zeitgenössisches Phänomen und verwendet die Tracht als Element für modische Neuschöpfungen, die verschiedene Stil- und Geschmacksrichtungen von elegant bis kernig bedienen. Einen hervorragenden Einblick in das, was Tracht als Modeartikel zu leisten vermag, bietet das Grazer Festival Aufsteirern im Herbst.

Neben den einschlägigen Veranstaltungen bieten die **Freilichtmuseen** des Landes einen hervorragenden Einblick ins traditionelle Landleben. Das größte Museum dieser Art befindet sich in Stübing nördlich von Graz, ebenfalls empfehlenswert ist der Besuch des Freilichtmuseums in Vorau. Darüber hinaus verfügen die Stadt- und Heimatmuseen häufig über eine volkskundliche Abteilung mit Exponaten, die den Alltag auf dem Land illustrieren. Die umfangreichste Sammlung zum Thema präsentiert das Volkskundemuseum in Graz.

Klima und Reisezeit

Die Steiermark ist grundsätzlich eine Ganzjahresdestination. Die Wahl der richtigen Reisezeit richtet sich mithin nach den individuellen Vorlieben sowie nach der Auswahl des Ferienziels. Denn in klimatischer Hinsicht unterscheiden sich die steirischen Regionen teils beträchtlich.

Die **Obersteiermark** ist eine alpine Gebirgsregion mit den bekannten klimatischen Charakteristiken: sinkende Temperaturen in höheren Lagen, Schnee im Winter und ein relativ warmer Sommer. Bei näherem Hinsehen hingegen gibt es zahlreiche Unterschiede zwischen den einzelnen Bergregionen. Das Ausseerland ganz im Nordwesten steht z. B. voll und ganz im Einflussbereich der nördlich-inneralpinen Klimazone. Feuchte Atlantikluft, die vom Wind aus Westen an den Alpennordrand gedrückt wird, staut sich an den Bergen und entlädt sich. Der berühmte „Salzburger Schnürlregen" steht als Chiffre für dieses Wetterphänomen, das Bergwanderern hin und wieder einen dicken Strich durch die Tourenplanung macht. Andererseits sorgt das Wetter im Winter für exzellente Schneeverhältnisse. Südlich der Kalkalpen und erst recht südlich des Zentralalpenkamms nimmt die Regenwahrscheinlichkeit ab, obgleich auch diese Region den Westwinden ausgesetzt ist. Bis jedoch die feuchten Luftmassen in die Ostalpen gelangen, haben sie sich häufig bereits an anderer Stelle abgeregnet. Schon ein oberflächlicher Blick auf die Klimatabelle (→ unten) zeigt die unterschiedlichen Niederschlagsmengen zwischen Bad Aussee ganz im Norden und Zeltweg südlich der Tauernkette. Der östliche Rand der Obersteiermark hingegen ist klimatisch gesehen eine typische Übergangszone, mit wechselweise ozeanischen oder kontinentalen Einflüssen aus dem Osten.

	Bad Aussee (665 m)				Zeltweg (669 m)			
	Ø Lufttemperatur (Min./Max. in °C)		Ø Niederschlag (in mm), Ø Tage mit Niederschlag ≧ 1 mm		Ø Lufttemperatur (Min./Max. in °C)		Ø Niederschlag (in mm), Ø Tage mit Niederschlag ≧ 1 mm	
Jan.	-5,7	2,0	111	11	-9,2	0,8	26	5
Febr.	-4,7	4,7	82	10	-6,7	4,2	27	4
März	-1,3	9,1	112	13	-2,4	9,3	40	6
April	1,8	13,1	96	12	1,1	13,4	52	8
Mai	6,5	18,9	121	13	5,7	18,6	79	10
Juni	9,5	21,2	180	16	9,1	21,7	116	12
Juli	11,4	23,4	212	16	10,9	23,9	124	11
Aug.	11,4	23,5	167	14	10,7	23,6	109	11
Sept.	8,1	19,5	129	12	7,1	19,8	82	8
Okt.	3,9	14,6	89	10	2,5	14,1	63	6
Nov.	-1,1	6,7	110	12	-2,8	6,5	48	7
Dez.	-4,4	2,4	124	13	-7,0	1,4	33	6
Jahr	**3,0**	**13,3**	**1532**	**153**	**1,6**	**13,1**	**800**	**94**

Daten: ZAMG, Wien, Periode 1971 bis 2000

Schladminger Tauern: „Eiszeit" am Oberen Giglachsee

Die klassischen Wintersportgebiete wie z. B. die Schladming-Dachstein-Region erfreuen sich zweier Hauptreisezeiten, wobei die Übernachtungspreise im Winter geringfügig höher als in der Wandersaison liegen. In den Übergangszeiten – zwischen Ostern und Pfingsten sowie im November – gestattet sich der eine oder andere Tourismusbetrieb eine Verschnaufpause. Die meisten Berghütten und bewirtschafteten Almen haben von Mai bis Mitte Oktober geöffnet, wobei in den höheren Lagen auch schon im September Schluss sein kann, sobald der erste Schneefall einsetzt. In Hochlagen um 2000 m liegt andererseits zuweilen bis in den Juli hinein Schnee, ein Umstand, der bei der Tourenplanung zu berücksichtigen ist. Eine gute Jahreszeit zum Wandern oder Fahrradfahren ist auch der Oktober, wenn sich die Laubbäume gelb färben und die Berge mit einer frischen Schneeschicht bedeckt sind.

Anders ist die Situation im steirischen Süden, denn die **Ost- und Weststeiermark** befinden sich im Einflussbereich der Pannonischen bzw. der Illyrischen Klimazone. Letztere bringt – ähnlich wie im Nachbarbundesland Kärnten – feuchte Warmluft aus dem Mittelmeerraum nach Norden und sorgt für milde Winter, teils sehr heiße Sommer und im Jahresmittel für nicht geringe Niederschlagsmengen. Je weiter man nach Osten gelangt, desto mehr setzt sich das trockene Pannonische Klima durch. Für die Bezeichnung der Klimazone stand das Pannonische Becken am Mittellauf der Donau südöstlich von Wien Pate, wo ein kontinentales und gemäßigtes Klima mit geringen Niederschlagsmengen und reichlich Sonne herrscht. Alles andere als zufällig punktet Bad Radkersburg im Südosten an der slowenischen Grenze mit der längsten Sonnenscheindauer in ganz Österreich! Was Sonnenanbeter freut, erweist sich für Wintersportenthusiasten als ungünstig, denn selbst die höheren Lagen des Grazer Berglands, der Fischbacher Alpen und des Hochwechsels sind alles andere als schneesicher. Was des Skifahrers Leid ist wiederum des Bauern Freud, denn die ganzjährig milden Temperaturen haben nicht unwesentlich zum Ruf des steirischen Südens als „Bauch Österreichs" beigetragen. Die Erntezeit ist die schönste Reisezeit in den Genussregionen der Ost- und Weststeiermark; dann biegen sich die rustikalen

Holztische in den Buschenschenken unter der Last der frischen Früchte des Feldes. In den klassischen Weinbauregionen – im Klöcher Traminerland, im Schilcherland und im Naturpark Südsteirisches Weinland – ist die Hauptsaison sogar explizit der Herbst. Zur Rebenlese oder wenn im Buschenschank der Sturm oder der Steirische Junker ausgeschenkt werden kann es bei der Quartiersuche schon einmal eng werden. Anders als in der Obersteiermark machen in der Südsteiermark zahlreiche Hotels und Restaurants häufig in den österreichischen Sommerferien ihren Betrieb für einige Tage oder zwei Wochen zu. Andere Betriebe wiederum öffnen um Ostern und schließen Ende Oktober, wenn die letzten Feriengäste abgereist sind.

Der **Großraum Graz** liegt am Übergang vom flachen Süden zum gebirgigen Norden der Steiermark und wird daher von den milden Luftströmungen der Illyrischen und Pannonischen Klimazone beeinflusst. Ein besonderes Phänomen der Region ist die starke Gewitterneigung, nicht selten verbunden mit heftigen Hagelschauern. Eine weitere Besonderheit, die Inversionswetterlagen, teilt sich Graz mit anderen inneralpinen Becken: Vor allem im Herbst werden die Kaltluftseen am Talgrund von milden Schichten überlagert, mit der Folge, dass in den höher gelegenen Gefilden die Sonne lacht, während sich in den Niederungen hartnäckiger Bodennebel hält oder sich Raureif bildet. An solchen Tagen ist es am besten, aus der Stadt zu flüchten und mit der Seilbahn auf den Schöckl zu fahren. Vom Grazer Hausberg ist der Blick auf die Herbstnebelfelder in den Niederungen schlichtweg grandios! Die geschilderten Wetterphänomene sollen indes keineswegs den Eindruck verbreiten, als sei die steirische Landeshauptstadt ein von Hagel und Nebel gebeutelter Ort. Das Gegenteil trifft zu: Die ganzjährig milden Temperaturen sowie zahlreiche Sonnentage machen Graz auch in klimatischer Hinsicht zu einem attraktiven Städtereiseziel – und zwar zu jeder Jahreszeit.

	Graz (366 m)				Bad Gleichenberg (303 m)			
	Ø Lufttemperatur (Min./Max. in °C)		Ø Niederschlag (in mm), Ø Tage mit Niederschlag ≧ 1 mm		Ø Lufttemperatur (Min./Max. in °C)		Ø Niederschlag (in mm), Ø Tage mit Niederschlag ≧ 1 mm	
Jan.	-3,7	2,8	24	5	-4,6	2,4	31	5
Febr.	-2,4	5,8	30	5	-3,3	5,4	34	6
März	1,0	10,7	44	7	0,2	10,8	49	7
April	4,9	15,3	49	8	3,9	15,4	57	8
Mai	9,5	20,5	86	11	8,6	20,6	82	11
Juni	12,7	23,4	118	12	12,0	23,5	113	12
Juli	14,4	25,3	125	11	13,7	25,5	113	10
Aug.	14,3	24,7	113	10	13,4	24,9	94	10
Sept.	10,6	20,4	81	8	10,0	20,8	80	8
Okt.	5,9	14,6	62	6	5,3	14,8	69	8
Nov.	0,9	7,7	52	6	0,3	7,6	63	7
Dez.	-2,3	3,6	35	5	-3,4	3,0	46	7
Jahr	**5,5**	**14,6**	**819**	**92**	**4,7**	**14,6**	**831**	**99**

Daten: ZAMG, Wien, Periode 1971 bis 2000

Moderner Brückenbogen in Bruck an der Mur

Anreise

Mit der Öffnung des Eisernen Vorhangs gegen Ende des 20. Jh. rückte die Steiermark vom Rand in die Mitte Europas. Straßen und Schienen führen aus allen Richtungen nach Graz sowie in die verschiedenen Ferienregionen des österreichischen Bundeslandes.

Allen Diskussionen um Nachhaltigkeit und steigenden Treibstoffpreisen zum Trotz ist die individuelle Mobilität nach wie vor das Nonplusultra im Urlaub. Wichtigster Grund für dieses Reiseverhalten sind die Lücken im öffentlichen Nahverkehrsnetz der Steiermark. Wer ein abgelegenes Ferienquartier in den Alpen wählt und zudem gerne wandert, ist meistens auf den eigenen fahrbaren Untersatz angewiesen. Wer andererseits einen Städtetrip nach Graz plant, sollte das Auto lieber am Heimatort lassen und mit der Bahn oder dem Flieger anreisen, denn in der Landeshauptstadt ist das eigene Fahrzeug eher hinderlich. Auch in einigen ländlichen Ferienregionen, z. B. in der Schladming-Dachstein-Region oder im oststeirischen Thermenland, ist das Nahverkehrssystem alles in allem zufriedenstellend.

Für die Wiener liegt die Steiermark quasi vor der Haustüre, die klassische Route in die Berge führt über den Semmering ins Mürztal. Die Semmering Schnellstraße S 6 katapultiert die Urlaubsgäste binnen einer Stunde von der Donaumetropole in die Obersteiermark. Straße und Bahnlinie folgen dabei einer bedeutenden historischen Handelsroute. Von Oberösterreich und einigen Gebieten Deutschlands erweist sich die Anfahrt auf der Pyhrn-Autobahn (A 9) als direktester Weg ins Zielgebiet. Für die Durchquerung des über 5 km langen Bosrucktunnels an der Grenze zur Steiermark müssen Autofahrer eine Sondermaut entrichten. Von Salzburg führt die Tauern-Autobahn (A 10) schnurstracks nach Süden und nimmt Kurs auf Kärnten. Sie führt zwar knapp an der Obersteiermark vorbei, die Schladming-Dachstein-Region ist von der Ausfahrt „Altenmarkt im Pongau“ ebenso rasch erreichbar wie das Obere Murtal von der Ausfahrt „St. Michael im Lungau“. Letztere liegt bereits jenseits des ebenfalls mautpflichtigen Tauerntunnels. Eine landschaftlich attraktive Alternative zur Autobahn ist von Salzburg bzw. von Vöcklabruck die Salzkammergutstraße ins Ausseerland. Sie passiert zunächst den Kurort Bad Ischl und quert anschließend am knapp 1000 m hohen Pötschenpass die Bundeslandgrenze zur Steiermark. Reisen in den Süden der Steiermark geschehen rasch und direkt von Wien auf der Süd-Autobahn (A 2), von Klagenfurt und Kärnten ebenfalls auf der A 2 sowie auf der Verlängerung der Pyhrn-Autobahn (A 9) von Maribor in Slowenien.

Anreise mit dem Auto Die Nutzung der Autobahnen und Schnellstraßen ist kostenpflichtig. Gebühren und weitere Informationen unter www.asfinag.at.

Entfernungen: Klagenfurt–Graz 137 km, Wien–Graz 194 km, Linz–Graz 220 km, Salzburg–Graz 257 km, Frankfurt am Main–Graz 713 km, Zürich–Graz 726 km, Hamburg–Graz 1098 km.

Alpenpässe: Etwas Vorsicht ist beim Überqueren der Alpenpässe angebracht, denn einige Strecken sind bis in den Juni hinein wegen Schnee gesperrt. Auch in den Sommermonaten kann es bei kalter Witterung in höheren Lagen schneien. Tagesaktueller Überblick über den Zustand der Alpenpassstraßen unter www.alpenpaesse.co.

Vignette: Ein Pickerl benötigen alle Autofahrer für die Benutzung der Autobahnen und Schnellstraßen. Sie sind u. a. bei den einschlägigen Automobilclubs sowie in (grenznahen) Tankstellen und Autobahnraststätten erhältlich. Eine 10-Tages-Vignette für Pkw und Wohnmobile bis 3,5 t kostet 8,50 €, für zwei Monate 24,80 € und für ein Jahr 82,70 €. Motorradfahrer zahlen ungefähr die Hälfte.

Sondermaut: Für bautechnisch aufwendige Straßenabschnitte wird zusätzlich zur Vignette eine Sondermaut erhoben. Dies betrifft die Tauernautobahn (A 10) für das Durchfahren des Tauern- und Katschbergtunnels (11 €) sowie die Pyhrn-Autobahn (A 9): Das Durchfahren des 5,5 km langen Bosrucktunnels zwischen Liezen und Windischgarsten kostet 5 €, die Nutzung des 8,3 km langen Gleinalmtunnels zwischen St. Michael und Graz kostet 8 €.

Anreise mit der Bahn Die Faktenlage hinsichtlich Tickets und Ermäßigungsangeboten ändert sich schnell. Es lohnt sich daher die Eigenrecherche im Internet, die Anfrage im Reisebüro mit Bahnkompetenz oder der Gang zum Reisezentrum im Bahnhof. Für den Streckenbetrieb in Österreich ist der ÖBB-Konzern verantwortlich. Einige Sonderstrecken werden von privaten Trägern betrieben.

Information und Buchung: Österreichische Bundesbahnen (www.oebb.at), Deutsche Bahn (www.bahn.de) sowie Schweizer Bundesbahnen (www.sbb.ch). Ein Online-Streckenplaner gehört in allen drei Ländern zum Standard.

Ermäßigungen: Bei Bahnreisen innerhalb Österreichs lässt es sich mit der „Sparschiene" preiswert reisen. Trotz begrenzter Kontingente ist bei Reisen von Deutschland das Ticket „Europa-Spezial" einen Versuch wert. In Betracht kommen sowohl die Österreich- als auch die Slowenien-Variante (ab 39 €).

Fahrradmitnahme: In den meisten österreichischen Nah- und Fernverkehrszügen ist die Mitnahme des Fahrrads gegen Aufpreis erlaubt. Eine Fahrradkarte kostet 10 % des Preises für das reguläre Ticket. Im Fernverkehr ist zudem eine kostenpflichtige Reservierung vonnöten (3–3,50 €). In den Zügen der DB kostet die internationale Fahrradkarte 10 €, im ICE ist die Fahrradmitnahme allerdings bislang noch nicht möglich.

Anreise mit dem Flugzeug Der einzige internationale Verkehrsflughafen der Steiermark liegt bei Graz und ist mit rund 50 Destinationen nonstop verbunden (IATA-Code: GRZ). Infos zum Flughafen finden Sie im Graz-Kapitel (→ S. 276).

Verbindungen: Austrian Airlines (www.austrian.com) fliegt mehrmals tägl. von Wien nach Graz (Flugdauer: 40 Min.) und verbindet zudem mindestens 1-mal tägl. jeweils nonstop Graz mit Düsseldorf (1:30 Std.) und Stuttgart (1:15 Std.). Ebenfalls nonstop und mind. 1-mal tägl. fliegt Lufthansa (www.lufthansa.com) von Frankfurt am Main und von München. Bei rechtzeitiger Buchung günstige Nonstop-Flüge bietet Airberlin (www.airberlin.com) von der deutschen Hauptstadt nach Graz an (1:30 Std.). Einzelflüge ab 99 € bietet die österreichische Regionalgesellschaft Intersky (www.flyintersky.com) von Zürich nach Graz, die Gesellschaft verkehrt bis zu 3-mal tägl. nonstop (1:30 Std.).

Flugpläne: Einen guten Überblick über die aktuellen Flugzeiten vermittelt die Internetseite des Flughafens Graz (www.flughafen-graz.at). Bei der Suche nach günstigen Tickets helfen einschlägige Websites wie z. B. www.skyscanner.at oder www.swoodoo.at.

Salzkammergut: Solarschiff auf dem Altausseer See

Unterwegs in der Steiermark

Die Steiermark ist ein Reiseziel, das entdeckt werden will. Völlig egal, ob mit dem eigenen fahrbaren Untersatz, mit Bus und Bahn, mit dem Fahrrad oder auf Schusters Rappen. Die spannendsten Hilfsmittel der Fortbewegung sind vielleicht die Bergbahnen und die Ausflugsschiffe auf den Seen.

Die Vielfalt der Fortbewegungsoptionen, die das österreichische Bundesland bietet, macht nicht nur viel Spaß, sondern lässt die landschaftlichen Reize der Steiermark aus unterschiedlichen Perspektiven erleben. Die Art und Weise ist allerdings saisonabhängig, denn die Bergbahnen stehen meist in den Übergangszeiten still, während die Drahteseltour oder eine Bootsfahrt lediglich im Sommerhalbjahr möglich sind.

Mit dem eigenen Auto

Das dicht geknüpfte und zudem übersichtlich strukturierte Straßennetz erleichtert die Fortbewegung mit dem eigenen fahrbaren Untersatz. Im ländlichen Raum geht es obendrein auf den Straßen ziemlich entspannt zu. Achten sollten Autofahrer vor allem im Ortsverkehr auf die flächendeckend ausgewiesenen Tempo-30-Zonen. In der Obersteiermark wird auf einige Streckenabschnitte eine Straßenmaut erhoben: Abgesehen vom Bosrucktunnel und Gleinalmtunnel der Pyhrn-Autobahn (→ S. 55) sind dies wenige Stichstraßen, die von den Tälern zu den höher gelegenen Ausflugszielen führen. Nicht selten handelt es sich dabei um schmale, geschotterte Forstwege mit teils nicht unerheblichen Steigungen. In der Tourismusregion rund um Schladming sind Mautstraßen häufig anzutreffen, während sie in touristisch weniger frequentierten Regionen oft ganz fehlen. Hinweise auf gebührenpflichtige Straßenabschnitte finden Sie im Reiseteil bei den jeweiligen Orten.

Kühe genießen Vorfahrt

Parken In größeren Städten und Orten ist das Prinzip fast immer gleich: Das Zentrum um den Hauptplatz ist eine Kurzparkzone mit kostenpflichtigen (Parkuhr) oder gebührenfreien Parkplätzen (Parkscheibe). Die Höchstparkdauer beträgt i. d. R. 1:30 Std.; die Stunde kostet 0,60–1,50 €. Kostenlose oder gebührenpflichtige Dauerparkplätze in der Nähe des Zentrums sind ausgeschildert.

Verkehrsbestimmungen **Tempolimit**: Im Ortsgebiet 50 km/h, auf Landstraßen 100 km/h und auf Autobahnen 130 km/h.

Spezielle Bestimmungen: Das Mitführen einer reflektierenden Warnweste ist Pflicht. Seit 2012 muss bei Staus auf Autobahnen eine Rettungsgasse gebildet werden. Von Nov. bis Mitte April sind Winterreifen verpflichtend, außerdem können wetterbedingt Schneeketten für bestimmte Strecken vorgeschrieben werden.

Pannenhilfe/Notruf Bei Autopannen oder Unfällen hilft der ÖAMTC, ✆ 120, www.oeamtc.at. Feuerwehr ✆ 122, Polizei ✆ 133, Rettung ✆ 144.

Mietwagen Im Flughafen Graz sowie in der Stadt sind die namhaften europäischen Mietwagenagenturen präsent (→ S. 276). Darüber hinaus betreiben Firmen wie Avis, Budget, Europcar, Hertz oder Sixt auch in anderen steirischen Städten eine Filiale. Wer beim Kauf eines Flug- oder Bahntickets nach günstigen Mietwagenangeboten fragt, kann u. U. sogar ein Schnäppchen machen.

Mit Bus und Bahn

Auf den Hauptreiserouten existieren effiziente Verbindungen mit dem Zug, der S-Bahn oder mit dem öffentlichen Bus, z. B. im Ennstal, im Mur- und Mürztal sowie auf den S-Bahn-Linien, die sternförmig von Graz in verschiedene Richtungen führen. In anderen Landesteilen sieht es hingegen mit den Verbindungen und Anschlüssen magerer aus. Die gesamte Steiermark ist ein **Verbundgebiet,** dem die Bahn- und S-Bahn-Linien und die meisten Buslinien angehören. Wichtigste Busgesellschaft ist der ÖBB-Postbus, der einen großen Teil des überregionalen Linienverkehrs durchführt. Zudem operieren in einigen Teilgebieten regionale Verkehrsgesellschaften, z. B. der Tälerbus auf der Tauern-Südseite. Einen exzellenten Service bietet die **Sommercard** der Schladming-Dachstein-Region, welche die Nutzung öffentlicher Verkehrsmittel großteils mit einschließt. In den strukturschwachen Regionen der Obersteiermark hingegen – im Gesäuse oder an der Steirischen Eisenstraße – hält der Anrufbus die öffentlichen Verbindungen in rudimentärer Form aufrecht. Hier müssen Reisegäste einige Stunden oder einen Tag vorher ihre Fahrten anmelden.

Ein Erlebnis der ganz besonderen Art bieten **nostalgische Bahnfahrten** mit Plätzen in historischen Waggons bzw. mit der guten alten Dampflokomotive. Einen ausgezeichneten Ruf bei Eisenbahnliebhabern genießen die Murtalbahn, die Feistritztalbahn sowie der Stainzer Flascherlzug. Viel Spaß und unverwechselbare Landschaftserlebnisse bieten darüber hinaus Fahrten mit der Erzbergbahn und mit der Mariazeller Museumstramway. Das namhafteste Schienenabenteuer ist die Semmeringbahn, die überdies als UNESCO-Welterbe einen ganz besonderen Status genießt. Die praktischen Informationen zu den historischen Strecken finden Sie wie immer im Reiseteil dieses Buches.

Tickets und Informationen Bahnfahrkarten gibt es im Internet, am Bahnschalter sowie am Automaten an den Bahnhöfen. Busfahrkarten werden beim Einsteigen beim Fahrer gelöst. Bahn: ✆ 05-1717, www.steiermark.oebb.at. ÖBB-Postbus: ✆ 0810-222333, www.postbus.at.

Verbindungssuche im Internet: www.verbundlinie.at, www.oebb.at.

Ermäßigung: Das „Einfach-Raus-Ticket" der österreichischen Bundesbahnen (ÖBB) gilt für 2–5 Pers. in allen Zügen des Nah- und Regionalverkehrs und kostet 35 €. Sa/So ganztägig, Mo–Fr ab 9 Uhr.

Regionalgesellschaften **Tälerbus**. Die Gesellschaft verbindet abgelegene Regionen in den Niederen Tauern, im Oberen Murtal, im Lungau sowie im Naturpark Zirbitzkogel-Grebenzen (www.taelerbus.at).

Graz-Köflacher Bahn. Das Unternehmen betreibt die Eisenbahnstrecke Graz–Köflach und mehrere Buslinien in der Weststeiermark (www.gkb.at).

Steiermärkische Landesbahnen. Die Gesellschaft ist mit mehreren Bahn- und Buslinien in unterschiedlichen Gegenden aktiv, v. a. jedoch im Oberen Murtal und in der Oststeiermark (www.stlb.at).

Gseispur. Dieser Begriff bezeichnet ein Mobilitätskonzept in der Gesäuse-Region, das aus Anrufbussen sowie Taxifahrten zu vergünstigten Tarifen besteht (www.gseispur.at).

Fahrradmitnahme **Radler-Ticket**. Das Ticket umfasst die Personen- und Radbeförderung in Nahverkehrszügen und einigen wenigen Bussen mit Radtransport. Es kostet 15 € und gilt innerhalb dreier verschiedener Regionen in der Steiermark: entweder in

Murtalbahn: Nostalgie auf Schienen

der Oststeiermark, in der Weststeiermark oder in der Obersteiermark.

Einfach-Raus-Radticket. Das Gruppenticket gilt einen Tag lang für 2–5 Pers. in allen Zügen des Nah- und Regionalverkehrs der ÖBB und kostet inkl. Drahtesel 44 €. Sa/So ganztägig, Mo–Fr ab 9 Uhr.

Seilbahnen und Sessellifte

Mit einer Ausnahme, der Schöcklbahn in der Umgebung von Graz, befinden sich die Bergbahnen allesamt in der Obersteiermark. Es handelt sich dabei in aller Regel um Kabinenbahnen, die in den Sommermonaten und zur Schneesaison verkehren, im Sommer allerdings nicht selten nur an ausgewählten Tagen bzw. zu eingeschränkten Zeiten. In den Übergangsperioden im Frühjahr und im Herbst ruht in den meisten Fällen der Betrieb. Den spektakulärsten Lift in eisige Höhen bietet die Dachstein-Gletscherbahn mit hinreißenden Ausblicken auf die Südwand des höchsten Gipfels der Steiermark.

Schiffstouren und Boot fahren

Fahrplanmäßige Bootstouren finden in der Sommersaison auf dem Altausseer See, auf dem Grundlsee und auf dem Stubenbergsee statt. Darüber hinaus bieten einige Freizeitgewässer die Möglichkeit, sich ein Ruder-, Tret- oder Elektroboot zu leihen, u. a. der Leopoldsteiner See bei Eisenerz oder der Erlaufsee im Mariazeller Land. Ein Eldorado für Wildwasserfahrer ist die Mariazeller Salza im Naturpark Steirische Eisenwurzen, während es in den Mur-Auen zwischen Spielfeld und Bad Radkersburg auf dem Boot eine Spur sanfter zur Sache geht.

Infos zum **Radfahren**: → Sport und Aktivitäten, S. 63 f.
Infos zum **Wandern**: → Kleiner Wanderführer, ab S. 404 ff.

Über den Wolken: Hängebrücke am Dachstein

Versicherter Wegabschnitt im Gesäuse

Sportliche Aktivitäten

Wandern, Skifahren und Radfahren sind die wichtigsten Freizeitaktivitäten, wobei der Übergang zwischen Hochleistungssport und Freizeitspaß fließend ist. Die größte Bandbreite an Optionen bietet die bergige Obersteiermark. Allerdings entpuppt sich auch das Hügelland der Oststeiermark hinsichtlich sportlicher Aktivitäten als erstaunlich vielseitig.

Wandermöglichkeiten sind fast unbegrenzt vorhanden, nicht nur im Hochgebirge, sondern auch im steirischen Süden und sogar im Stadtgebiet Graz. Informationen hierzu finden Sie wie immer bei den einzelnen Orten im Reiseteil sowie im „Kleinen Wanderführer“ (→ ab S. 404). Fast ähnlich unübersichtlich gestaltet sich die Situation beim Radeln, schließlich hat sich die Steiermark auf diesem Gebiet in jüngerer Zeit am stärksten profiliert. Wintersport und Klettern sind natürlich – von Ausnahmen abgesehen – beinah ausschließlich auf die Obersteiermark beschränkt, während die anderen Freizeitaktivitäten wie Golfen, Reiten, Baden und Wassersport überall in der Steiermark möglich sind. Hinsichtlich Quantität und Qualität der Angebote haben auch hier die „großen“ Tourismusregionen wie das Schladming-Dachstein-Gebiet, das Ausseerland, das Mariazeller Land sowie das Thermenland eindeutig die Nase vorn.

Angeln

Die zahlreichen Flüsse und Seen der Steiermark sind ein Eldorado für Angler. Voraussetzung ist eine Fischerkarte bzw. Fischergastkarte, zu beachten sind ferner gültige Schonzeiten sowie die Mindestmaße für die jeweiligen Fischfamilien. Ausführliche Informationen geben die Fremdenverkehrsbüros der Gemeinden und auf Angelurlaub spezialisierte Beherbergungsbetriebe. Ein beliebter Freizeitsport in der Obersteiermark ist das Fliegenfischen.

Baden und Wellness

Die erste Adresse für einen klassischen Wellnessurlaub ist das **Thermenland**, wo nicht weniger als sechs moderne Thermalbäder um Gäste konkurrieren. Je nach Thermenausrichtung ergänzen heiltherapeutische Anwendungen oder Angebote sportlicher Art das übliche Bade- und Wellness-Portfolio. Ein Bio-Restaurant sowie ein Hotel sind fast immer an das Bad angeschlossen. Darüber hinaus gibt es weitere Thermen in Bad Aussee, Bad Mitterndorf, Fohnsdorf und Köflach. Zudem verfügen auch einige Luxusquartiere über einen großzügig dimensionierten Wellnessbereich mit Innen- und Außenpool.

Das größere Badevergnügen bieten jedoch im Sommer die klaren und sauberen **Bergseen.** Sie befinden sich größtenteils in der westlichen und östlichen Obersteiermark und erwärmen sich auf bis zu 24 °C. Während einige Gewässerperlen frei zugänglich sind, verfügen andere über ein eintrittspflichtiges Strandbad. Kommunale Freibäder ergänzen das Badeangebot in der Steiermark.

Gleitschirmfliegen

Die meisten Abflugrampen befinden sich in der Obersteiermark, besonders häufig sind die bunten Gleitschirme am Himmel über Altaussee oder über Schladming zu sehen. Der Loser bei Altaussee bietet eine ausgezeichnete Thermik und imposante Ausblicke auf den Dachsteingletscher. Interessierte können zudem das Paragliding in Sommerkursen der Flugschule in Ramsau am Dachstein von der Pike auf lernen. Im Grazer Umland bietet der Schöckl beste Voraussetzungen für einen Flug über das südliche Alpenvorland.

Golfen

24 Golfplätze sprechen eine deutliche Sprache: Die Steiermark ist für einen erholsamen Golfurlaub wie geschaffen. Informationen zu den Besonderheiten der Anlagen, die zumeist in grandiose Natur eingebettet sind, bietet die Homepage des Steirischen Golfverbands unter www.steiermark-golf.at.

Klettern

Die ergiebigsten Klettergebiete befinden sich im Bereich der Nördlichen Kalkalpen. Hochburgen der Bergsteigerszene mit zahlreichen **Klettersteigen** in unterschiedlichen Schwierigkeitsgraden und mit hinreißenden Ausblicken sind u. a. Ramsau am Dachstein, Eisenerz und das Gesäuse. Der Nationalpark Gesäuse war im 19. Jh. die Wiege der alpinen Kletterszene (→ Kasten, S. 141). Zu den meist jederzeit frei zugänglichen Klettersteigen und Kletterfelsen gesellen sich **Klettergärten,** die in der Hauptsaison täglich sowie in der Vor- und Nachsaison zumeist an Wochenenden geöffnet haben. Hier können sich Interessierte in der Praxis der Klettergriffe üben, die Ausrüstung wird gegen Entgelt gestellt, der Eintritt ist kostenpflichtig. Die Klettergärten bieten häufig auch Übungsparcours für Kinder und Jugendliche an, einen ausgewiesenen Kinderklettersteig gibt es u. a. am Dachstein. Die Internetseite www.via-ferrata.de vermittelt einen exzellenten Überblick über die Klettersteige im Alpenraum.

Radfahren

Die Steiermark ist eine ausgewiesene Radregion. Zu den Landesradwegen gesellen sich die Fahrradrundwege der Gemeinden und Tourismusregionen, die i. d. R. mit Tourenrädern befahren werden können. In der Obersteiermark kommen auch noch die **Mountainbike-Runden** hinzu. Letztere sorgen vor allem dafür, dass sich in den Bergen Wanderer und Radfahrer nicht unnötig in die Quere kommen. Inzwischen gibt in vielen Regionen – in den höher gelegenen Tälern der Obersteiermark oder im west- und oststeirischen Hügelland – das **E-Bike** bzw. das Pedelec den Ton an. Das in Graz ansässige Unternehmen Velovital zählt mittlerweile zu den umsatzstärksten Verleihfirmen Österreichs und hat in der gesamten Steiermark ein dicht geknüpftes Netz an Verleih- und Akkuladestationen installiert. Im Steirischen Salzkammergut sowie rund um den Dachstein hat die Firma Movelo bundeslandübergreifend Stationen zum Akku-Austausch geschaffen, was den Aktionsradius der Radler entscheidend vergrößert.

Grundsätzlich kann man einen Fahrradurlaub in der Steiermark überall verbringen, selbst in Graz ist der Drahtesel ein brauchbares Fortbewegungsmittel. Am beliebtesten sind Ferien mit dem Zweirad jedoch im oststeirischen Thermen- und Vulkanland: Orte wie Feldbach oder Bad Radkersburg wetteifern nachgerade um den Titel der steirischen Fahrradmetropole, zahlreiche Quartiere im Raum Bad Radkersburg haben sich auf den Aktivtourismus eingestellt und verleihen Räder an eigene und auswärtige Gäste. Tourentipps finden Sie im Reiseteil bei den jeweiligen Orten, Broschüren und spezielle Fahrradkarten erhalten Sie zudem in den örtlichen Fremdenverkehrsbüros.

Eine Alternative zum Standorturlaub mit dem Zweirad sind **Radfernwanderwege** von Quartier zu Quartier. Der längste und mit Sicherheit bekannteste Radfernweg ist der Murradweg, den alljährlich etwa 30.000 Zweiradenthusiasten vom Ursprung des Flusses in den Hohen Tauern bis nach Bad Radkersburg an der österreichischen

Eisenerzer Reichenstein: mit dem Radl über die Berge

Grenze zu Slowenien hinabradeln. Er zählt somit zu den populärsten Radrouten im Alpenraum. Weil es meist sanft bergab geht, ist die Route auch für Familien mit älteren Kindern interessant, obendrein bietet sie den Vorteil, dass man jederzeit in den Zug steigen kann, um einen Regentag zu überbrücken oder eine verdiente Pause einzulegen. Eine Woche sollten Urlauber für den Murradweg veranschlagen, denn unterwegs bieten sich immer wieder Möglichkeiten für Besichtigungen, ganz zu schweigen von der Hauptstadt Graz, die ebenfalls eine Etappenstation ist. Auch durch andere steirische Flusstäler, sei es im Alpenraum oder im hügeligen Süden, führen Fernradwege, z. B. entlang der Raab, der Enns, der Salza, der Sulm oder der Feistritz. Jedoch sind diese längst nicht so populär wie der Murradweg, obendrein hakt es noch bei der einen oder anderen Route an einer verlässlichen Beschilderung.

Information **Radkarte**: Eine Karte ist kostenlos bei der Grazer Steiermark Tourismus GmbH erhältlich (→ S. 79).

Informationen im Internet: Die offizielle Internetseite der steirischen Landesregierung listet die Landesradwege inkl. einer kurzen Beschreibung auf und gibt zahlreiche Tipps u. a. zum Thema Rad und Bahn (www.radland.steiermark.at). Eine ganz wunderbare Privatseite über Radfernwanderwege in den Alpen zeichnet sich dadurch aus, dass der stets kritische Autor tatsächlich alle Strecken selbst abgefahren ist (www.fahr-radwege.com). Radeln mit dem Pedelec: www.velovital.com und www.movelo.com.

Rad und Bahn: → „Unterwegs mit Bus und Bahn", S. 59.

Feistritztal-Radweg (R8) Die 84,5 km lange Route zählt zu den schönsten österreichischen Radwegen und verbindet das Joglland mit Fürstenfeld im oststeirischen Thermenland. Die Beschilderung ist ausgezeichnet, bei Regen könnten hin und wieder die Schotterpartien zu Problemen führen. In Fürstenfeld besteht Anschluss zum Thermenradweg (R12).

Murradweg (R2) Der landschaftlich abwechslungsreiche Fahrradweg verbindet die hochalpine Welt der Tauern mit dem südlichen Alpenvorland und den Ebenen am Unterlauf des Flusses, bevor er die Grenze nach Slowenien überschreitet. Seine Länge beträgt 457,3 km, längere Steigungen sind Mangelware, ein Umstieg in den Zug ist immer wieder möglich. Der Radweg beginnt im Bundesland Salzburg auf einer Höhe von 1765 m, viele beenden die Tour bereits in Graz. Informationen unter www.murradweg.com.

Skilift auf der Aflenzer Bürgeralm

Salzkammergut-Radweg (R19) Der landschaftlich faszinierende, durchgängig beschilderte Radweg verbindet die Steiermark via Bad Ischl in Oberösterreich mit Salzburg. Die Länge beträgt insgesamt 345 km, davon 50 km in der Steiermark. Am Schloss Trautenfels besteht Anschluss an den Ennstal-Radweg (R7).

Thermenradweg (R12) Sehr eindrücklich ist auch der 152,2 km lange Thermenradweg, der vom Hochwechsel im Norden nach Bad Radkersburg im Süden führt. Auch hier kann man bei Bedarf immer wieder einige Etappen mit der Bahn zurücklegen, ein Regentag lässt sich mit einem Thermenbesuch überbrücken. Das Terrain ist überwiegend hügelig.

Reiten

Auch beim Reiturlaub geht die Obersteiermark voran, denn hier führen zahlreiche ausgewiesene Reitwege entlang klarer Bäche, romantisch gelegener Seen und über grüne Almen. Die unangefochtene Hauptstadt des Pferdefreizeitsports ist Ramsau am Dachstein, die Gemeinde führt sogar den Titel „Pferdefreundlichste Gemeinde Österreichs". Allein auf dem Plateau oberhalb Schladmings gibt es vier Reiterhöfe, zwei Reithallen und 200 km Reitwege in der Natur. Eine Liste mit Reitspezialisten, die gleichzeitig Urlaubsgäste unterbringen, finden Pferdeliebhaber im Internet unter www.steiermark.com/reiten.

Infos zum **Wandern**: → Kleiner Wanderführer, ab S. 404 ff.

Wassersport

Das wildromantische Salzatal im Naturpark Steirische Eisenwurzen entpuppt sich als grandioser Abenteuerspielplatz für **Wildwasserfahrten** mit dem Kajak oder dem Raftingboot. Mehrere Kanu- und Raftingschulen bieten hier Kurse und Fahrten für Anfänger und Fortgeschrittene an. Auch die beeindruckende Enns-Schlucht mitten im Gesäuse-Nationalpark ist ein herausforderndes Revier für Wassersportler. Etwas ruhiger geht es hingegen am flachen Unterlauf der Mur zwischen Spielfeld und Bad Radkersburg zu. Von den großen **Bade- und Freizeitseen** bieten der Grundlsee im Steirischen Salzkammergut, der Erlaufsee im Mariazeller Land und der Freizeitpark am Stubenbergsee in der Oststeiermark die meisten Möglichkeiten. Am Grundlsee und Erlaufsee gibt es obendrein auch **Tauchstationen.** Die nach eigenen Angaben höchstgelegene Tauchstation Europas befindet sich am Präbichl zwischen Eisenerz und Vordernberg. Wenn es lediglich darum geht, sich für einige Stunden ein Ruder- oder Tretboot zu mieten, lohnt sich darüber hinaus ein Abstecher zum Altausseer oder Leopoldsteiner See.

Erlaufsee: Segeln im Mariazeller Land

Wintersport

Während die Obersteiermark als relativ schneesicher gilt, besonders das Steirische Salzkammergut und die Schladming-Dachstein-Region, trifft dies für andere Teile des österreichischen Bundeslands nur bedingt zu. Die Nähe zur Bundeshauptstadt machte die heutige Bezirkshauptstadt Mürzzuschlag zur Wiege des Skirennsports, das Wintersportmuseum im Zentrum dokumentiert die glorreiche Vergangenheit. Heute liegen die wichtigsten **Wintersportgebiete** nicht mehr im Mürztal, sondern weiter im Westen: am Kreischberg im Oberen Murtal sowie rund um Schladming (→ Kasten unten). Die namhafte Stadt im Oberen Ennstal genießt nicht nur wegen diverser Skiweltmeisterschaften – die letzte fand 2013 statt – bei Abfahrtsskifreunden einen exzellenten Ruf. **Langlaufmetropolen** sind Ramsau am Dachstein, Gröbming und Bad Mitterndorf. Die weniger bekannten, kleinen Skigebiete überzeugen indes häufig mit Familienfreundlichkeit und vergleichsweise preiswerten Tagesskipässen. Trendsportarten im Winter sind Skitourengehen und Schneeschuhwandern. Auch das **Winterwandern** erfreut sich steigender Beliebtheit. Für das Skiwandern bestens geeignet erweisen sich die Niederen Tauern, auch der Naturpark Mürzer Oberland, die südliche Hochschwab-Region und das Gesäuse bieten exzellente Möglichkeiten. **Rodler** kommen u. a. in Schladming, im Mariazeller Land sowie am Kreischberg auf ihre Kosten; hier gibt es ausgewiesene Rodelstrecken, Schlitten können ausgeliehen werden. Die Wintersportsaison beginnt Mitte/Ende Dezember und endet im März. Der Dachsteingletscher ist das einzige Ganzjahresskigebiet der Ostalpenregion.

Die wichtigsten Wintersportgebiete im Überblick

Galsterberg: 1200 m lange Vorderkarpiste, großes Kinderskigebiet, preiswerte Tagespässe, das Loipenparadies Gröbming ist nicht weit entfernt (→ S. 123).

Hohentauern: Mit 5 Liften von überschaubarer Größe, schneesicher (1200–1750 m), familienfreundlich mit Kinderskischule (→ S. 217).

Kreischberg: Mit 40 Pistenkilometern das größte Skigebiet im Oberen Murtal, auch Langlauf und reichlich Spaß und Action (→ S. 206).

Lachtal: 25 exzellent präparierte Pistenkilometer in den Niederen Tauern auf 1600–2200 m, 8 Bergbahnen bzw. Lifte (→ S. 211).

Loser: Bis weit ins Frühjahr hinein sehr schneesicheres Abfahrtsskigebiet im Ausseerland, 29 Pistenkilometer (→ S. 90).

Mariazeller Land: 2 Skigebiete, Gemeindealpe mit 15 Pistenkilometern und Bürgeralpe mit weiteren Abfahrtspisten und langer Rodelstrecke (→ S. 170).

Planneralm: Höchstgelegenes Skidorf der Steiermark, bis ins Frühjahr hinein sehr schneesicher, 15 Pistenkilometer (→ S. 130).

Präbichl: 20 Pistenkilometer unterschiedlicher Schwierigkeitsgrade auf 1100–1800 m, Loipenparadies in der Eisenerzer Ramsau (→ S. 156).

Ramsau am Dachstein: Größtes nordisches Skigebiet in der Obersteiermark, 150 Loipenkilometer, Biathlon, Winterwandern, Zugang mit der Bergbahn zum Dachsteingletscher (Langlauf, Snowboard- und Skiabfahrten; → S. 111).

Riesneralm: Eines der attraktivsten Skigebiete der Steiermark, familien- und kinderfreundlich, 30 Pistenkilometer (→ S. 130).

Schladming: Das bekannteste Alpinskigebiet der Steiermark, 4 klassische Skiberge, zahllose Bergbahnen und Lifte, Nachtabfahrt, Rodelstrecke, Après-Ski, ausgezeichnete Infrastruktur (→ S. 117 f. und 120 f.).

Semmering: Wintersportgebiet mit Tradition an der niederösterreichischen Grenze, 14 Pistenkilometer, Nachtabfahrt, Rodelbahn, Après-Ski (→ S. 179).

Stuhleck: 24 Pistenkilometer und 9 Bergbahnen bzw. Lifte am südöstlichen Alpenrand (→ S. 179).

Tauplitzalm: Abgesehen von Schladming größtes und attraktivstes Skigebiet mit 42 Pistenkilometern, sehr schneesicher, die Skiflugschanze Kulm und die Loipen rund um Bad Mitterndorf liegen gleich um die Ecke (→ S. 104).

Tragöß: Campingplatz in wildromantischer Umgebung

Übernachten

In der Steiermark gibt es genügend Quartiere für jeden Anspruch und für jeden Geldbeutel. Die Feriengäste können zwischen Hotels und Pensionen, Familien- und Jugendgästehäusern, Campingplätzen sowie Berghütten und bewirtschafteten Almen wählen. Obendrein gibt es Ferienwohnungen und Privatzimmer.

Zwischen den steirischen Regionen schwankt das Preis- und Qualitätsniveau und nicht immer glänzen örtliche Unterkunftsverzeichnisse mit Ausgewogenheit. Im Ausseerland und in der Schladming-Dachstein-Region liegen die Preise höher als in der übrigen Obersteiermark. Ähnliches gilt für den steirischen Süden, wo sich in den touristischen Vorzeigeregionen – etwa entlang der Südsteirischen Weinstraße oder im Thermenland – reichlich Qualität im gehobenen Preissegment ballt. In den touristisch weniger frequentierten Regionen lässt es sich entsprechend preiswerter nächtigen, wobei Reisende dann auch hinsichtlich der Qualität eventuell Abstriche machen müssen. Eine nicht nur auf die Steiermark bezogene Entwicklung betrifft das schleichende Ende der klassischen inhabergeführten Dorfpension mit Zimmern im Zwei- oder Drei-Sterne-Bereich: Entweder schließt sie für alle Zeiten oder wird zu Ferienapartments mit Küchenzeile für Selbstversorger umgebaut. Die Lücken im Unterkunftsverzeichnis schließen neuerdings Jugend- und Familiengästehäuser mit preiswerten Mehrbettzimmern für Schulklassen oder Jugendgruppen sowie Einzel- und Doppelzimmern im Hotelstandard für Individualreisende mit oder ohne Kind und Kegel.

Eine Besonderheit in den Weingebieten im steirischen Süden sind die zu Hotelbetrieben umgebauten **Weingüter:** Nicht selten handelt es sich um komfortable Unterkünfte in ruhiger Alleinlage mit Außenpool und ganz ausgezeichnetem Restaurant.

Weststeiermark: Hotelpool im Zentrum von Eibiswald

Besonders häufig stößt man im Naturpark Südsteirisches Weinland auf solche Quartiere; die Übernachtung im Weingut gehört hier nachgerade zum guten Ton.

Im Reiseteil dieses Buches sind die Unterkünfte zusammen mit den Einkehrmöglichkeiten gelistet, da Erstere meist auch über ein Restaurant verfügen und Letztere das eine oder andere Gästezimmer vermieten.

Unterkunftsverzeichnisse Auf Anfrage verschicken die örtlichen und regionalen Infobüros die vollständigen Quartierverzeichnisse, die Adressen finden Sie im Reiseteil des Buches.

Unterkunftssuche im Internet: Hotels und Pensionen: www.steiermark.com. Jugend- und Familiengästehäuser: www.jufa.eu. Privatzimmer und Ferienwohnungen: www.urlaubganzprivat.at. Ferien auf dem Bauernhof: www.urlaubambauernhof.at. ÖAV-Schutzhütten: http://huetten.alpenverein.at/huetten. Campingplätze: www.camping-steiermark.at.

Wohnmobilstellplätze: Eine ausführliche Beschreibung der Stellplätze mit GPS-Koordinaten bietet das Buch „Mit dem Wohnmobil nach Österreich", wobei die Steiermark sowohl im Band über den Westen (von Rainer Klee) als auch im Band über den Osten Österreichs auftaucht (von Harald Nowak und Christine Vacha). Weitere Informationen und Bestellung unter www.womo.de.

Saison und Preise Hauptsaison ist i. d. R. der Sommer, in den Wintersportgebieten auch der Zeitraum Mitte Dez. bis Anfang/Mitte März. In diesen Perioden liegen die Zimmerpreise am höchsten, vergleichsweise preisgünstig nächtigt man in der Vor- und Nachsaison. Von dieser Faustregel nicht betroffen sind Quartiere in Graz und in anderen steirischen Städten. In den Weinbauregionen und im Thermenland gibt es keine signifikanten Preisunterschiede zwischen den Jahreszeiten.

Die im Reiseteil dieses Buches genannten Preise gelten für die Nebensaison und jeweils für eine Nacht. Falls nicht anders angegeben, ist das Frühstück mit enthalten.

Ortstaxe/Gästekarten Einige Fremdenverkehrsdestinationen und v. a. die Kurorte erheben auf den regulären Zimmerpreis eine Steuer von 1–2 €/Nacht. Dieser Betrag wird i. d. R. von den Vermietern vom Gast eingezogen und abgeführt. Einige Regionen bieten als Ausgleich eine Gästekarte mit zahlreichen Ermäßigungsangeboten an.

Sie gibt es häufig kostenlos, allerdings bietet nicht jedes Quartier diesen Service an. Vorbildlich sind u. a. die Sommerkarte in der Schladming-Dachstein-Region (www.sommercard.info) oder die Genusskarte im oststeirischen Thermen- und Vulkanland (www.genusscard.at).

Hotels und Pensionen

Die meisten Unterkünfte auf dem Land sind familiengeführt und verfügen über ein Restaurant, in dem – von ganz wenigen Ausnahmen abgesehen – auch Nicht-Gäste willkommen sind. Wer sich in den Hauptreisezeiten auf sein Wunschquartier festgelegt hat, sollte möglichst frühzeitig buchen, zumal einige Quartiere nur über wenige Gästezimmer verfügen. Bei den luxuriöseren Hotels im Vier-Sterne-Bereich lohnt sich oft die Suche auf der Hotel-Homepage nach preiswerten Paketangeboten. Generell gewährt die übliche Sterne-Klassifizierung eine gute Erstorientierung bei der Auswahl, wobei besonders in der steirischen Landeshauptstadt einige Hoteliers von einer solchen Kategorisierung nichts wissen wollen und auf Sterne verzichten. Dieser Trend betrifft zuvorderst Hotels im gehobenen Bereich.

Ferienhäuser und Privatzimmer

Gästezimmer und Ferienwohnungen mit Küchenzeile für Selbstversorger sind ein zunehmender Trend. Die Vermietung erfolgt i d. R. wochenweise, in wenigen Fällen handhaben die Eigentümer diese Angelegenheit in der Vor- und Nachsaison flexibel und vermieten ihre Zimmer und Wohnungen gegen Aufpreis auch für eine kürzere Periode. Eine vor allem für Familien mit Kindern rundweg attraktive Variante sind **Ferien auf dem Bauernhof:** Unterkünfte dieser Art gibt es in der gesamten Steiermark, nicht selten bieten Bauernhöfe auch eine Mahlzeit mit Produkten der eigenen Landwirtschaft.

Ferienhaus am Altausseer See

Jugend- und Familiengästehäuser

In der Steiermark gibt es keine Jugendherberge, die den zwei offiziellen Verbänden Österreichs angehört. Lediglich in Graz existiert ein privat geführtes Hostel, für das die Gäste keine Mitgliedschaft benötigen. Viele ehemalige Jugendherbergen wurden modernisiert und eröffneten in neuem Outfit als Jugend- und Familiengästehäuser (JUFA). Es handelt sich i. d. R. um gepflegte Holzhausensembles, die vom Standard zwischen Herberge und Mittelklassehotel angesiedelt sind. Fast immer sind diverse Indoor- oder Outdoor-Optionen für sportive Betätigungen vorhanden, der Preis für die Übernachtung variiert je nach aktueller Belegungsquote.

Campingplätze

Bei den Campingplätzen reicht die Bandbreite vom familiären Naturzeltplatz mit Basisinfrastruktur bis hin zum Komfortcampingplatz mit mehr als 200 Stellplätzen. Nicht selten liegen die Plätze an einem Badesee, der an heißen Sommertagen eine angenehme Erfrischung bietet. In den Wintersportgebieten haben sie oft ganzjährig geöffnet, hin und wieder ist sogar eine Pension oder ein Hotel angeschlossen, die Campinggästen ein Frühstück anbieten. Auffallend viele Plätze in der westlichen Obersteiermark stehen unter holländischer Leitung. Einige Gebiete, z. B. das Obere Murtal und die Steirischen Eisenwurzen, verfügen über eine bemerkenswerte Dichte an Zeltplätzen, in anderen Regionen wiederum sucht man danach vergebens. Einige Campingplätze sind überdies mit Ver- und Entsorgungsstationen für **Wohnmobile** ausgestattet.

Berghütten und bewirtschaftete Almhütten

In der Obersteiermark betreibt der Österreichische Alpenverein Schutzhütten, die in den meisten Fällen nur zu Fuß erreichbar sind. Sie stehen prinzipiell jedem offen, wobei Alpenvereinsmitglieder das Privileg eines ermäßigten Übernachtungspreises in Anspruch nehmen dürfen. Zu den Alpenvereinsschutzhütten gesellen sich Berg- und Almhütten, die sich in privatem Eigentum befinden und wie Erstere i. d. R. der Zwischenübernachtung dienen und nicht dem längeren Ferienaufenthalt. Die Berg- und Almhütten entpuppen sich häufig als rustikale Holzhäuser mit Restaurant und einfachen Doppelzimmern, zuweilen dürfen Gäste auch mit einem Matratzenlager Vorlieb nehmen. In den Nördlichen Kalkalpen sowie in den Niederen Tauern ist die Dichte der bewirtschafteten Hütten vergleichsweise hoch, in anderen Bergregionen wie z. B. den Fischbacher oder Lavanttaler Alpen sind sie seltener anzutreffen. Im Sommer und an schönen Wochenenden empfiehlt sich eine vorherige telefonische Reservierung des Übernachtungsplatzes.

Einladender Campingplatz im oststeirischen Vulkanland

Alpenvereinshütte in den Schladminger Tauern

Essen und Trinken

Die Steiermark ist eine ausgewiesene Genussregion mit ausgezeichneten Restaurants und einer Vielzahl regionaler kulinarischer Schmankerln. Eine Besonderheit sind die Buschenschenken im steirischen Süden, bekannteste Spezialität ist das herkunftsgeschützte Kürbiskernöl.

Einige Teile der Ost- und Weststeiermark werden als „steirische Toskana" bzw. auch als „Bauch" oder „Garten Österreichs" bezeichnet. Diese Attribute deuten allesamt darauf hin, dass die Steiermark ihren Gästen in kulinarischer Hinsicht einiges zu bieten hat. Nirgends sonst in Österreich entstehen aus landwirtschaftlichen Erzeugnissen derart viele Produkte regionaler Herkunft. Die Kochkünstler in den Restaurants veredeln sie zu schmackhaften Gerichten, die Bauernmärkte oder die Kühlregale in den Lebensmittelmärkten machen sie Verbrauchern wie Urlaubern zugänglich.

Die traditionelle steirische Küche ist deftig und bodenständig, die Portionen sind mehr als sättigend. Unter dem Label „gutbürgerlich" bieten volkstümliche Restaurants meist klassische steirisch-österreichische Hausmannskost zu günstigen Preisen an. Etwas anspruchsvoller ist die Küche i. d. R. in den zertifizierten Gaststätten, die auf Stil und Niveau achten sowie beim Einkauf Zutaten aus heimischer Herstellung den Vorzug geben. Die Gastro-Labels, an denen sich der Gast orientieren kann, heißen „Gute steirische Gaststätte" (www.gutesteirischegaststaette.at) sowie „Kulinarium" (www.kulinariumsteiermark.at).

An der Spitze stehen exquisite Haubenrestaurants, die die hohe Kochkunst zelebrieren und nicht selten über ein angeschlossenes Hotel mit Gästezimmern im Vier-Sterne-Bereich verfügen. Nicht immer müssen Gäste in diesen Kochtempeln tief in die Tasche greifen, denn häufig bieten auch die Sterne- und Haubenrestaurants mittags sowie abends preiswerte Menüs an. Heute verfügen die meisten anspruchsvollen Restaurants über einen abgetrennten Raucherbereich oder sind gänzlich rauchfrei. Demgegenüber führt die in Österreich traditionell laxe Rauchergesetzgebung in ländlicher gelegenen Lokalen häufig noch zu verqualmten Schankstuben. Steirische Genusshochburgen sind die Hauptstadt Graz, die Region links und rechts der südsteirischen Weinstraße sowie das oststeirische Vulkan- und Thermenland. Auch in der gebirgigen Obersteiermark gibt es die eine oder andere kulinarische Perle, besonders häufig dort, wo der Fremdenverkehr auf eine längere Tradition zurückblickt, z. B. in der Schladming-Dachstein-Region.

Spezialitäten aus der Steiermark

Namhafteste steirische Spezialität ist das köstliche **Kürbiskernöl** mit seinem typisch röstig-nussigen Geschmack (→ Kasten, S. 73). Einen hervorragenden Ruf weit über die steirischen Grenzen hinaus genießt auch der **Vulcano-Schinken.** Die Spezialität kommt geräuchert, luftgetrocknet oder als Ingredienz feiner Würstel oder Salami auf den Tisch. Produziert wird der Edelschinken im oststeirischen Vulkanland, wo sich die Bauern u. a. durch die artgerechte Zucht von Schweinen verdient machen. Recht beliebt ist inzwischen das aus Ungarn stammende Mangalitza-Schwein, auch Wollschwein genannt, das ganzjährig im Freien gehalten werden kann und dessen Fleisch ungewöhnlich zart, saftig und aromatisch ist. Zwischenzeitlich war die alte Nutztierrasse vom Aussterben bedroht, nun wenden sich die Landwirte ihr wieder in verstärktem Maße zu.

Etwas weiter nördlich, im oststeirischen Alpenvorland, werden nach biologischen Kriterien Schafe und Rinder gezüchtet. Die Marken, die für hochwertige Qualität bürgen, sind das Weizer Berglamm sowie das Fleisch vom Almochsen (ALMO). Fleischprodukte des oststeirischen Lebensmittelproduzenten Schirnhofer füllen mittlerweile sogar die Kühlregale bundesdeutscher Discounter; die Firma betreibt in Kaindorf bei Hartberg eine gläserne Fabrik, wo interessierte Reisende sich selbst ein Bild über die Produktion machen können (www.feinkost-schirnhofer.at). In der Obersteiermark sind u. a. das Ennstaler Rind oder Wild aus der Gesäuse-Region Kennern ein Begriff. Die ganze Steiermark ist ferner für ihre schmackhaften und hochwertigen **Fischspezialitäten** – Forellen, Saiblinge, Karpfen u. v. m. – bekannt.

Die Oststeiermark ist der „Bauch Österreichs"

Einer der bekanntesten steirischen Genussbetriebe ist Zotters Schokoladenmanufaktur, die ebenfalls im oststeirischen Vulkanland angesiedelt ist und zu den größten Besuchermagneten in dieser Region zählt. Die Liste steirischer Produkte lässt sich beinah beliebig fortführen: Kuhmilch-, Schafs- und Ziegenkäse, Erzeugnisse aus Stutenmilch, Käferbohnen, Meerrettich, die Hirschbirne aus dem Pöllauer Tal und altehrwürdige **Apfelsorten,** darunter Kulturpflanzen wie „Kronprinz Rudolf" oder „Geflammter Kardinal". Das Zentrum des Obstanbaus ist das Apfelland nordöstlich von Weiz. Es befindet sich einmal mehr in der kulinarisch so ergiebigen Oststeiermark.

Kürbiskernöl – der populärste steirische Exportschlager

In einem Liter steirischen Kürbiskernöls stecken rund 2,5 kg Kürbiskerne, für die 30–35 Kürbisse benötigt werden. Erstmals urkundlich erwähnt wurde das „grüne Gold" 1735, allerdings wurde das Kernöl in jener Zeit zumeist als Heilmittel verwendet. In einem Erlass Kaiserin Maria Theresias hieß es noch 1773, das Kernöl sei viel zu wertvoll für die Verwendung in der Küche. Heute ist das steirische Kürbiskernöl ein geschütztes Markenprodukt, das als eines von 14 Erzeugnissen aus der Alpenrepublik im Herkunftsregister der Europäischen Union gelistet wird. Das 100 % reine Kernöl aus Erstpressung heimischer Ölmühlen ist anhand der weißgrünen Banderole erkennbar, die mit einer individuellen, fortlaufenden Kontrollnummer versehen ist. Das Öl wird heute vorzugsweise für Salate oder als würzige Zugabe für verschiedene warme und kalte Gerichte verwendet.

Grundlage der Ölgewinnung ist der **Steirische Ölkürbis** *(Cucurbita pepo var. styriaca)*. Die Sorte zeichnet sich durch schalenlose Kerne aus, die lediglich durch ein dünnes Häutchen geschützt sind. Entstanden ist sie im Verlauf von rund 100 Jahren durch natürliche Mutation aus dem gewöhnlichen Kürbis, einer uralten Kulturpflanze aus dem Süden von Mexiko. Mittlerweile wird der Steirische Ölkürbis auch in Niederösterreich, im Burgenland sowie in Ungarn und Slowenien angebaut. Der erwähnte Herkunftsschutz bezieht sich hingegen ausschließlich auf Produkte aus Anbaugebieten, die eine lange Tradition vorweisen können. Und diese Gebiete befinden sich im steirischen Süden, wo sich etwa 3000 Landwirte dem Kürbisanbau verschrieben haben und rund 40 Ölmühlen bei der Pressung auf die Beibehaltung der hohen Qualitätsstandards achten. Selbst Agrarbetriebe im Murtal müssen zu ihrem Verdruss auf die begehrte Banderole verzichten, weil man hier erst 2007 mit dem Anbau von Kürbissen begann. Nach der Ernte der goldgelben Kürbisfrüchte im Herbst werden die Kernsamen entweder von Hand oder mittlerweile auch maschinell aus der Frucht gelöst, gewaschen und bei etwa 50 °C getrocknet. Kürbiskerne werden entweder als Ganzes geröstet und anschließend in unterschiedlichen Geschmacksrichtungen von süß bis pikant vertrieben oder gerieben als Zutat für steirische Küchenschmankerln verwendet: Karpfen in Kürbiskernkruste, Kürbiskern-Marillentorte, Eis mit Kürbiskernkrokant und Kürbiskernschmarrn.

Für die Weiterverarbeitung zu Öl hingegen werden die lagerfähigen Kerne vor der Pressung gemahlen und dann mit Salz und Wasser angereichert. Der Brei wird anschließend solange geröstet, bis das Wasser verdunstet ist, wobei sich das Eiweiß vom Öl trennt. Zurück bleibt ein kompakter Ölkuchen, der in der Mühle gepresst wird. Die traditionelle Pressmethode geschah mittels „Aufschlagen" eines Holzkeils auf den Ölkuchen, der zuvor zwischen zwei massive Holzstücke, die „Steirische Ölkuh", geklemmt wurde. Heute geschieht das Pressen meist mit modernen Zylinderpressen unter einem Druck von etwa 300 bar. Die Pressrückstände, auch „Presskuchen" oder „Ölkaas" genannt, wandern nicht auf den Kompost, sondern werden ihrer hochwertigen Inhaltsstoffe wegen an Tiere verfüttert.

Einige Bezugsquellen für herkunftsgeschütztes und hochwertiges steirisches Kürbiskernöl sind im Reiseteil bei den jeweiligen Orten in der Ost- oder Weststeiermark gelistet. Weitere Informationen zum Kürbiskernöl finden Sie im Internet unter www.steirisches-kuerbiskernoel.eu.

Souvenir aus der Wallfahrtsmetropole: Mariazeller Magenlikör

Regionaltypische Getränke

Denkt man hinsichtlich der flüssigen Nahrung an die Steiermark, kommt einem als erstes der **Wein** in den Sinn. Längst passé sind die Zeiten, als die steirischen Weine als Kopfwehfusel oder „Heckenklescher" verspottet wurden. Inzwischen setzen die Winzer kompromisslos auf Qualität, die freilich auch ihren Preis hat und die jedes Jahr bei der Präsentation der besten Weine in der Grazer Landwirtschaftskammer auf dem Prüfstand steht (www.landessieger.at). Die spezifischen Bodenverhältnisse im steirischen Süden befeuern zuvorderst die Kultivierung von weißen Rebsorten, die roten Tropfen befinden sich eindeutig in der Minderheit. Das mit rund 2400 ha flächenmäßig größte Weinanbaugebiet ist der Naturpark Südsteirisches Weinland an der Grenze zu Slowenien. Es handelt sich um jene Gegend, die aufgrund ihrer kleinteiligen Hügelstruktur häufig auch als „steirische Toskana" bezeichnet wird. Die Hauptsorten sind Sauvignon blanc, Welschriesling, Chardonnay, Weißburgunder und Blauer Zweigelt. Eine kaum fassbare Dichte an Weingütern und romantischen Buschenschenken zeichnet diese Region aus. Das zweitgrößte Anbaugebiet liegt im Südosten im Dreiländereck Steiermark-Slowenien-Burgenland. Die kleinparzelligen Weingärten eignen sich vorzugsweise für die Bewirtschaftung durch Kleinbetriebe. Typisches Kennzeichen hier sind die vulkanischen Basaltböden, eine Besonderheit rund um das Winzerdorf Klöch ist der Rote Traminer. Das mit einer Rebfläche von 540 ha kleinste Weinanbaugebiet ist die weststeirische Schilcherregion. Hier bilden Gneis und Schiefer den Untergrund, der sich insbesondere für das Wachstum des Blauen Wildbachers förderlich auswirkt. Der Schilcherwein, der aus dieser Traube gewonnen wird, ist ein herkunftsgeschützter, fruchtig-spritzig schmeckender Rosé. Er zählt zu den namhaftesten kulinarischen Erzeugnissen der Steiermark.

Bei allem Hype um den Wein wird zuweilen vergessen, dass auch das steirische **Bier** großes Renommee genießt. Die mit Abstand bekannteste Biermarke heißt Gösser, gefolgt vom Murauer und Schladminger Bier. Eine weitere Großbrauerei befindet sich in Graz-Puntigam. In Leutschach an der slowenischen Grenze liegt obendrein eines der wichtigsten Hopfenanbaugebiete Österreichs. Neben den Großbrauereien gibt es mehrere kleine Privatbrauereien, die Bezugsquellen finden Sie wie immer im Reiseteil bei den einzelnen Orten.

Die Getränkekarte vervollständigen zwangsläufig die diversen hochprozentigen **Destillate,** denn wo Äpfel und Birnen wachsen, gibt es natürlich auch Gebranntes zu kosten. Marillenschnaps, Vogelbeerschnaps oder der berühmte, in der Obersteiermark gewonnene Zirbenschnaps vervollständigen das reichhaltige Portfolio der kleinen steirischen Familienbrennereien.

Natürliche und gesunde Fruchtsäfte dürfen an dieser Stelle ebenfalls nicht unerwähnt bleiben. Bei den Heißgetränken hält man sich in den österreichischen Bundesländern häufig an die Klassiker der **Wiener Kaffeehauskultur.** Zu den in der Steiermark erhältlichen Kaffeespezialitäten zählt u. a. ein Verlängerter – ein mit Wasser verdünnter kleiner Mokka – sowie der kleine und große Braune. Unter den beiden Letztgenannten versteht man einen einfachen bzw. doppelten Mokka, hinzu kommen Milch oder Obers (Sahne) in einem Extrakännchen.

Hauben- und Sternerestaurants

Die wichtigsten Gastronomieführer sind der Guide Michelin und der Gault-Millau. Während Ersterer als Auszeichnungen Sterne vergibt, adelt Letzterer die kulinarisch ausgezeichneten Einkehradressen mit Hauben. Indessen ist für Österreich seit 2009 kein eigener Michelinführer mehr erschienen, weshalb heute Gourmettempel auch im allgemeinen Sprachgebrauch als **Haubenrestaurants** bezeichnet werden. Nicht immer verbleiben jedoch die Spitzenköche an einem Ort, ein Grund dafür, dass die Hauben alljährlich neu vergeben werden. Das Ergebnis der Vergabe 2013/14 kann sich sehen lassen, denn die Steiermark verfügt demnach nach Wien über die höchste Dichte an Haubenlokalen in Österreich. Es ist deshalb kein Wunder, dass das Bundesland in kulinarischer Hinsicht einen exzellenten Ruf genießt. Der namhafteste Chef de Cuisine aus der Steiermark ist der Fernsehkoch Johann Lafer, der allerdings in seinem Heimatbundesland kein Restaurant betreibt. Viele Haubenrestaurants interpretieren die steirische klassische Küche auf hohem Niveau und verfremden sie auf kreative Art und Weise. Häufig veredeln dabei mediterrane Akzente die ursprünglich auf dem Prinzip der Einfachheit basierende alpenländische Küche. Die Haubenrestaurants öffnen häufig erst am Abend oder an Wochenenden, andere wiederum kredenzen mittags leichte Bistro-Gerichte zu ermäßigtem Preis. Eine Tischreservierung ist in den meisten Fällen dringend zu empfehlen! Auch der **Slow Food-Führer** listet für die Steiermark nicht weniger als 300 Einkehradressen, auch dies ist ein Beleg für die nicht unerhebliche Bedeutung des Bundeslandes in kulinarischer Hinsicht.

Almhütten und Jausenstationen

In den Schutzhütten des Österreichischen Alpenvereins, Naturfreundehäusern und privat betriebenen Alm- und Berghütten listen die Speisekarten die einschlägigen deftigen Klassiker wie Kasnockn, Blunz'n Gröstl, Kaiserschmarrn und verschiedene kalte Jausen. Nach der anstrengenden Bergtour munden sie auf der Sonnenterrasse oder in der rustikalen holzgetäfelten Stube trefflich! Unter einer Jause versteht man i. d. R. eine kleine Zwischenmahlzeit im Stil einer Vesper oder einer Brotzeit. Auch viele Restaurants bieten inzwischen nachmittags eine reduzierte Jausenkarte an, die – neben den Kaltgerichten – auch schmackhafte Suppen und einige warme Speisen enthalten können. Jausengerichte sind fast immer überaus preiswert, ein Klassiker ist die zünftige Brettljause mit frischem Bauernbrot, Selchfleisch, Wurst, Schinken, Käse, Kren und einer Essiggurke. Serviert werden die Zutaten auf einem Holzteller, manchmal gibt es im Anschluss an die Mahlzeit noch ein kleines Schnapserl.

Buschenschenken

Die Buschenschenke ist eine kulinarische Besonderheit der Steiermark und einiger anderer österreichischer Bundesländer und entspricht dem Heurigenlokal oder der Straußenwirtschaft. Die Institution geht auf ein Gesetz des Reformkaisers Joseph II. aus dem Jahr 1784 zurück, das den Weinbauern den Verkauf ihrer eigenen Produkte auf dem Hof erlaubte. Inzwischen hat jedes österreichische Bundesland ein eigenes Buschenschankgesetz, in der Steiermark dürfen z. B. die betreffenden Betriebe nur kalte Speisen und Getränke anbieten. Außerdem dürfen nur Besitzer bzw. Pächter von Wein- und Obstgärten eine Schenke betreiben. Die Begriffe „Buschenschenke“ und „Buschenschank“ werden synonym verwendet, ebenso wird bei der Wahl des Artikels für „Buschenschank“ häufig wahllos verfahren: Manchmal heißt es der Buschenschank, manchmal die Buschenschank. Die meisten der insgesamt über 1400 Buschenschenken befinden sich natürlich in den Weinregionen im steirischen Süden. Sie sind nicht selten populäre Ausflugsziele in stimmungsvoller Alleinlage, man sitzt an rustikalen Holztischen im Garten oder unter einer Weinpergola, die Innenräume wirken häufig ein wenig karg. Auf der Speisekarte stehen auch hier einschlägige Jausenklassiker, nur mit dem Unterschied, dass die Produkte ausschließlich aus eigener Produktion oder aus der Nachbarschaft stammen müssen. Seltener stehen Strudel und andere Mehlspeisen zur Auswahl, für eine kurze Kaffeepause sollten sich Gäste daher an die klassischen Café-Restaurants halten. Ein Fehler wäre es, aufs Geratewohl eine Buschenschank aufzusuchen: Die Öffnungszeiten sind mitunter kompliziert, meistens handelt es sich um Saisonbe-

Viel Wein im Leutschacher Rebenland

triebe, die im Sommerhalbjahr zu ganz bestimmten Perioden oder lediglich an ausgewählten Tagen öffnen. Kommunen sowie Tourismusregionen mit einer Vielzahl von Buschenschenken publizieren daher einen eigenen Kalender mit exakten Öffnungszeiten. Einen guten Anhaltspunkt gibt ferner die Internetseite www.buschen schank.at. Gäste, die auf Qualität achten, können sich zudem bei der Auswahl am steirischen Gütesiegel „Ausgezeichneter Buschenschank" orientieren.

Kleines Glossar steirisch-österreichischer Zutaten und Gerichte

Blunz'n Gröstl: Der Jausenklassiker ist auf fast jeder Berghütte zu haben und besteht aus Blutwurst, Sauerkraut sowie gebratenen Erdäpfeln (Kartoffeln).

Eierschwammerl: Pfifferlinge kommen ab dem Spätsommer auf den Tisch und sind eine klassische Beilage zu Fleisch-, Wild- und Knödelgerichten.

Ennstaler Steirerkas: Der hartbröselige Mürbekäse wird aus Topfen (Quark), Salz und Milch gewonnen und mit Kümmel und Pfeffer gewürzt. Populär sind die Steirerkasnockn (Käsespätzle).

Germknödel: Der alpenländische Klassiker ist eine gekochte oder gedämpfte Mehlspeise, die mit unterschiedlichen Füllungen und Zutaten warm serviert wird.

Grammelschmalz: Grammeln sind Schweinespeck-Grieben, die als Füllung für Strudel oder Germknödel verwendet werden. Vermischt mit Schmalz sind sie ein schmackhafter Brotaufstrich für die kalte Jause.

Käferbohnen: Die steirische Spezialität ist eine Hülsenfrucht, die besonders rund um Bad Radkersburg, Leibnitz, Feldbach und Fürstenfeld kultiviert wird. Besonders gut schmecken Käferbohnen im Salat mit Kürbiskernöl.

Kren: Der steirische Meerrettich ist für seine beißende Schärfe bekannt und in geriebenem Zustand eine fast schon obligatorische Zutat zur Brettljause. Wie beim Kernöl handelt es sich um eine herkunftsgeschützte Spezialität.

Marillen: Marillen bzw. Aprikosen werden vorzugsweise zu Strudel, Kuchen, Marmelade, Likör oder Schnaps verarbeitet.

Mohr im Hemd: Der österreichische Dessert-Klassiker klingt politisch höchst unkorrekt, schmeckt jedoch wunderbar. Ein brauner Gugelhupf aus Zucker, Brotbrösel, Ei und Schokolade wird mit Schlagobers (Schlagsahne) garniert.

Murtaler Steirerkas: Das Grundprinzip ist das Gleiche wie bei der Ennstaler Variante (→ oben), nur dass es sich hier um einen schnittfesten Schmelzkäse handelt. Der Steirerkas wird u. a. als Zutat für die Käsesuppe verwendet.

Palatschinken: Die Eierpfannkuchen oder Crêpes kommen in verschiedenen Varianten auf den Tisch.

Schilcher: Nur Roséweine, die in der Steiermark aus dem Blauen Wildbacher gekeltert werden, dürfen diese geschützte Herkunftsbezeichnung tragen.

Steirischer Junker: Der markenrechtlich geschützte Begriff bezeichnet einen qualitativ hochwertigen jungen Wein. Zu erkennen ist er am Markenzeichen – dem Junkerhut mit Gamsbart.

Sterz: Das ehemalige Armeleuteessen findet sich mittlerweile sogar auf der Speisekarte von Haubenrestaurants. Türkensterz besteht aus Maisgries und ähnelt der Polenta, Heidensterz wiederum ist kleinbröckelig und wird auf der Basis von Buchweizenmehl zubereitet.

Verhackertbrot: Diese deftige Spezialität ist der Jausenklassiker schlechthin; Zwiebeln sowie geräucherter und durch den Wolf gedrehter Schweinebauch kommen auf eine dicke Scheibe Bauernbrot.

Vogerlsalat: Vogerlsalat ist nichts anderes als Feld- oder Ackersalat. In der steirischen Variante kommen häufig Käferbohnen (→ oben), Eier, Knoblauch, Speck oder Kartoffeln hinzu. Das Dressing besteht natürlich aus Kürbiskernöl.

Auf einen Blick

Ärztliche Versorgung

Krankenhaus: In Graz und den größeren Städten der Steiermark existieren Krankenhäuser mit Unfallstationen, die Adressen finden Sie im Reiseteil bei den jeweiligen Orten.

Ärzte/Apotheken: Ärzte und Apotheken gibt es in jeder größeren und mittelgroßen Stadt, die einheitliche Rufnummer für den Ärzte-Notdienst lautet ✆ 141.

Notfallrufnummern: Feuerwehr ✆ 122, Polizei ✆ 133, Erste Hilfe ✆ 144, Bergrettung ✆ 140. Darüber hinaus gilt die allgemeine Euro-Notrufnummer ✆ 112.

Ermäßigungen

Kinder, Jugendliche und Studenten sowie Rentner erhalten in Museen und anderen Einrichtungen häufig ermäßigten Eintritt.

Öffentliche Verkehrsmittel im Verbundbereich Steiermark kosten für Kinder bis 15 J. 50 %, bis zum 19. Geburtstag sowie ab 61 Jahren 40 % des regulären Ticketpreises.

Wer viel unterwegs ist oder zahlreiche eintrittspflichtige Sehenswürdigkeiten und Museen besucht, sollte sich eine **Steiermark-Card** besorgen. Sie erlaubt freien Eintritt in über 100 Attraktionen und ist von April bis Okt. gültig. Je nach Kaufzeitpunkt kostet die Karte ab 59 € für Erwachsene, ab 55 € für Senioren und ab 29 € für Kinder. Erhältlich ist sie an diversen Vorverkaufsstellen sowie unter www.steiermark-card.net. Zudem bieten verschiedene Regionen mit Tourismustradition Gästekarten mit vielen Preisnachlässen an.

Feiertage

Neujahr (1. Januar), Hl. Drei Könige (6. Januar), Ostermontag, Internationaler Tag der Arbeit (1. Mai), Christi Himmelfahrt, Pfingstmontag, Fronleichnam, Maria Himmelfahrt (15. August), Nationalfeiertag (26. Oktober), Allerheiligen (1. November), Weihnachten (25./26. Dezember).

Geld

Österreich gehört seit 1999 zur Euro-Zone, Barabhebungen am Bankautomaten bis 400 € mit EC- bzw. Maestro-Karte sind i. d. R. problemlos möglich. Bei größeren Abhebungen lohnt sich eine Rücksprache bei der eigenen Hausbank vor Urlaubsantritt. Gängige Kreditkarten gelten in den meisten Hotels, Restaurants und Geschäften in den Städten; in der Berghütte oder in der Buschenschenke wird selbstverständlich nur Bares angenommen.

Die **telefonische Sperrnummer** für verlorene oder gestohlene Maestro- oder Kreditkarten lautet für Österreich ✆ 0043-12048800 und für Deutschland ✆ 0049-116116. Staatsbürger aus der Schweiz wählen die Sperrnummer ihres Kreditkarteninstituts.

Internet/WLAN

In Grazer Quartieren zählt WLAN mittlerweile fast ausnahmslos zum Standard. Ähnliches gilt für die klassischen Tourismusgebiete, z. B. die Schladming-Dachstein-Region oder das Thermenland. Andernorts zählt WLAN häufig nur in den gehobenen Hotels zum Service. Nicht immer ist das Netz flächendeckend, manchmal ist die Nutzung kostenpflichtig.

Internetseiten für die Reiseplanung

www.steiermark.com: Das offizielle Tourismusportal der Steiermark ist eine hervorragende Informationsquelle für den ersten Überblick. Wie bei den Internetseiten der Regionen sind viele Angebote nach Jahreszeiten sortiert.

www.steiermark.net: Das Portal des Bundeslandes Steiermark bietet aktuelle Nachrichten aus den Bereichen Politik, Wirtschaft und Vermischtes.

www.zamg.ac.at: Die vielleicht zuverlässigste Wettervorhersage, von der österreichischen Zentralanstalt für Meteorologie und Geodynamik.

www.events.steiermark.com: Unverzichtbare Informationsquelle für tagesaktuelle Events und Veranstaltungen in der gesamten Steiermark.

www.bergfex.at: Nützliche Internetseite für Aktivurlauber mit zahlreichen Informationen zu Wanderungen, Klettersteigen und Radrouten sowie exaktem Kartenmaterial.

Ländervorwahlen

Österreich ✆ 0043, Deutschland ✆ 0049, Schweiz ✆ 0041.

Landkarten

Eine detaillierte Straßenkarte im Maßstab 1:200.000 gibt der Verlag Freytag & Berndt heraus. Dasselbe Unternehmen publiziert Wanderkarten im Maßstab 1:25.000 und 1:50.000, die in deutschen, österreichischen und schweizerischen Buchhandlungen erhältlich sind. Gleiches gilt für die topografischen Wanderkarten aus dem Kompass-Verlag. Nützlich ist der **digitale Atlas** des Geoportals GIS-Steiermark mit Adressensuchfenster, Routenplaner und Zoom-Funktion auf unterschiedliche Maßstabsgrößen (www.gis.steiermark.at).

Öffnungszeiten

Faustregel für allgemeine Geschäftsöffnungszeiten: Mo–Fr 9–18 Uhr und Sa bis 13 Uhr. In kleineren Orten gibt es i. d. R. eine zweistündige Mittagspause von 12 bis 14 Uhr.

Banken öffnen werktags von 8 bis 15 Uhr, Supermärkte haben abends häufig länger geöffnet. In kleineren Städten haben zahlreiche Läden mittwochnachmittags geschlossen, beliebte Restaurant-Ruhetage sind Montag und Dienstag.

Post

Postämter gibt es in jedem größeren Ort, kleinere Dörfer verfügen oft zumindest über eine Poststelle, die häufig in ein Ladengeschäft integriert ist. Die Briefkästen sind an der gelben Farbe zu erkennen, die Ansichtskarte ins europäische Ausland kostet 0,70 € (www.post.at).

Reiseliteratur

Gruber, Reinhard P.: Aus dem Leben Hödlmosers. Ein steirischer Roman mit Regie, Salzburg-Wien 2006. Eine ultraleichte Bergschnurre um einen tragikomischen Bauern aus dem Oberen Murtal. Skurriler Sprachwitz und reichlich Kolorit.

Haas, Wolf: Der Knochenmann, Reinbek bei Hamburg 1997. Der zweite der sieben Brenner-Krimis spielt im Weindorf Klöch in der Südoststeiermark, die Kriminalgroteske wurde 2008 erfolgreich verfilmt.

Jontes, Günther: Kurioses aus der Steiermark, Graz 2013. Rätselhafte Vorkommnisse und ihre Spuren entschlüsselt der Autor an zahlreichen Orten auf detail- und kenntnisreiche Weise.

Rosegger, Peter: Als ich noch ein Waldbauernbub war (verschiedene Ausgaben, u. a. der Universalbibliothek des Reclam-Verlags). Die Kindheitserinnerungen des bedeutendsten Schriftstellers der Steiermark spielen in Alpl sowie im Mürztal und sind ein Klassiker.

Rosegger, Peter: Jakob der Letzte. Eine Waldbauerngeschichte aus unseren Tagen, Leipzig 1994. Der gesellschaftskritische Roman beleuchtet das Sterben der obersteirischen Almhöfe während der Industrialisierung.

Schleich, Johann: Die Steiermark unter der Gürtellinie, Graz 2011. Vahockatbrot, Nudelwalkertanz und Quellgeister – mal ernsthaft, mal bissig-ironisch entwirft der Autor ein ethnografisches Bild des „Landes hinter dem Semmering".

Die Altaussee-Krimis des oberösterreichischen Schriftstellers **Herbert Dutzler** mit dem schrulligen Dorfpolizisten Gasperlmaier sowie die Steiermark-Krimis um die Grazer Inspektorin Sandra Mohr von **Claudia Rossbacher**.

Telefonieren

Bei Anrufen aus dem Ausland nach Österreich wird die erste Null der Ortsnetznummer weggelassen. Das österreichische Mobilfunknetz arbeitet flächendeckend, lediglich in tief eingeschnittenen Tälern und abgelegenen Bergregionen gibt es ein paar Lücken. Seit 2009 beschränkt der Eurotarif die Mobilfunkkosten für Besucher aus dem Ausland.

Touristeninformationen

Die Adressen der örtlichen Fremdenverkehrsbüros finden Sie im Reiseteil dieses Buches. Das Infobüro für die gesamte Steiermark versendet auf Anfrage nützliche Broschüren und Karten und bietet bei allgemeinen Fragen Unterstützung. Steirische Tourismus GmbH, St.-Peter-Hauptstr. 243, 8042 Graz, ✆ 0043-(0)316-4003, www.steiermark.com.

Zeitungen/Medien

Ein gutes Informationsmedium mit Hinweisen auf aktuelle Veranstaltungen, Wetterbericht und vielen Nachrichten aus Politik, Wirtschaft und Kultur bietet die Grazer „Kleine Zeitung", die u. a. am Kiosk erhältlich ist (www.kleinezeitung.at).

Im Sommer halten sich die Lipizzaner auf den Almen auf

Reiseziele in der Steiermark

Paradeblick über den Spiegelsee zum Dachstein

Westliche Obersteiermark

Das Ennstal strukturiert die faszinierende Gebirgswelt und teilt sie in zwei Hälften. Nördlich des Flusses liegen die Kalkalpen mit dem Dachstein, im Süden erheben sich die Niederen Tauern, die bereits zu den Zentralalpen gehören.

Schloss Trautenfels, der bildschöne Weiler Pürgg mit seinen Kirchen, Burg Strechau und das Benediktinerkloster Admont mit der grandiosen Bibliothek sind die kulturellen Leuchttürme in einer Bergregion, die sich ansonsten fast vollständig dem Freizeitsport verschrieben hat. In der Schneesaison locken Pisten und Loipen Wintersportenthusiasten an, im Sommer sind es Wanderer, Radfahrer oder Bergsteiger, die das gesunde Klima in den Bergen schätzen. Zwischen Tauern, Dachstein, Salzkammergut und Gesäuse ist das Freizeitangebot schlichtweg riesig, weswegen es nicht verwundert, dass die Gäste Jahr für Jahr wiederkehren.

Im „Oberland", wie die **Schladming-Dachstein-Region** zuweilen genannt wird, befinden sich die höchsten Gipfel der Steiermark: der Hohe Dachstein (2995 m), der Hochgolling (2862 m) und die Hochwildstelle (2747 m), wobei lediglich der letztgenannte Berg gänzlich auf steirischem Terrain liegt. Die anderen beiden Gipfel muss sich die Steiermark mit Oberösterreich bzw. dem Bundesland Salzburg teilen. Abgesehen von den touristischen Zentren ist das Ennstal heute stark vom Verkehr geprägt: Die Ennstalstraße (B 320) sowie die Eisenbahnlinie verbinden die Region mit Graz und in die Gegenrichtung mit der Tauernautobahn und mit Salzburg. Die beiden urbanen Fixpunkte sind Schladming im Westen und die Bezirkshauptstadt Liezen im Osten. Während sich Schladming als pulsierende Wintersportmetropole ungebrochener Beliebtheit erfreut, setzt Liezen keinerlei Maßstäbe. Das Verwaltungszentrum liegt strategisch günstig am Zusammenfluss mehrerer Täler, weshalb sich hier die Reisewege in alle Richtungen verzweigen. Der wichtigste Verkehrsweg ist die Pyhrn-Autobahn nach Oberösterreich bzw. in die Gegenrichtung durch das Paltental nach Graz.

Westliche Obersteiermark

Im Norden wird das Ennstal von den mächtigen Riffen der Kalkalpen flankiert. Hier können sich Bergwanderer und Kletterer nach Gusto austoben; im Winter sind die erhöhten Plateaus zwischen dem Tal und den alpinen Gipfelzonen fest in der Hand der Skilangläufer und Schneewanderer. Eine in allen Jahreszeiten Respekt einflößende Erscheinung ist v. a. der **Grimming.** Nur geübte Berggeher wagen sich an ihn heran, um nach vollbrachter Arbeit das Gipfelglück ungestört zu genießen. Ganz anders die Situation am **Dachstein:** An Spitzentagen bevölkern bis zu 5000 Besucher die Aussichtsplattform an der Bergstation der Dachstein-Gletscherbahn. Gläserner Skywalk, Eispalast, Hängebrücke oder Restaurant – in der Vergangenheit haben die Tourismusmacher wenig unversucht gelassen, den Dachstein zum „Premiumberg der Ostalpen" auszubauen. Trotz allen Kommerzes ist die Dachstein-Region jedoch ein lohnendes Reiseziel geblieben, zumal man sich jederzeit schnell davonmachen kann. Eine fast schon sibirische Einsamkeit umfängt Wanderer auf dem Steirischen Dachsteinplateau; der eiszeitlich geformte, im Durchschnitt 1600 m hoch gelegene Karststock ist seit 1991 Naturschutzgebiet. Während der Anblick der Gletscher v. a. vom Ausseerland beeindruckt, entfaltet das steile Gebirgsmassiv nach Süden hin seine größte Wirkung.

Einen wunderbaren Blick auf das Dachstein-Massiv genießt man von den **Niederen Tauern.** Das zum Zentralalpenkamm gehörige Grundgebirge auf der südlichen Seite des Ennstals teilt sich in Abschnitte wie Schladminger, Rottenmanner, Wölzer Tauern oder die Seckauer Alpen. Die beiden letztgenannten sind bequem vom Murtal aus zugänglich und werden aus diesem Grund an anderer Stelle beschrieben (→ S. 196 ff.). Im Gegensatz zu den Kalkalpen setzte die touristische Erschließung hier erst recht spät ein; einige Tauernregionen sind noch immer wenig frequentiert und ein Gebiet für Individualisten. Dies gilt hingegen nicht für die Regionen im Einzugsbereich von Schladming: Aufgrund der guten Zugänglichkeit per Bergbahn oder Mautstraße tummeln sich zwischen Reiteralm im Westen und Planneralm im Osten an sonnigen Tagen die Gäste. Landschaftlich typisch für die Tauern sind ihre eiszeitlich geprägten Hochgebirgsseen. Sie liegen teils über 2000 m hoch und sind bis in den Hochsommer mit Eis bedeckt. Am intensivsten ist das Landschaftserlebnis auf den sieben Etappen des **Schladminger-Tauern-Höhenwegs** von der Hochwurzen ins Sölktal.

In mehrfacher Hinsicht eine Sonderrolle gebührt dem **Steirischen Salzkammergut** und dem **Ausseerland.** Die Eröffnung der Salzkammergutbahn vom Ennstal nach Bad Ischl 1877 leistete den wichtigsten Beitrag zur touristischen Erschließung der Gegend, wobei die Bahn zunächst überwiegend dem Abtransport des Salzes und der Versorgung der Ausseer Salinen mit Braunkohle diente. Die Bedeutung der Salzgewinnung war so groß, dass die Erzherzöge aus dem Hause Habsburg den Landstrich als Staatsdomäne bzw. als „Kammergut" betrachteten. Daher rührt auch der heutzutage gebräuchliche Name Salzkammergut, das in Anlehnung an den Literaten Hans Weigel auch als „zehntes Bundesland Österreichs" bezeichnet wird. Neben der Bahnlinie verbinden ein Rad- und ein Wanderweg die Region mit Obertraun und Hallstatt in Oberösterreich. Die Salzkammergut teilt sich in zwei unterschiedliche Landschaften auf: das Ausseerland mit seinen klaren, eiszeitlich geprägten Bergseen und das Hinterberger Tal rund um die Ortschaft Bad Mitterndorf. Die dominanten Gebirgsstöcke sind der Grimming und das **Tote Gebirge,** dessen abrupt abfallende Flanken im Spiegel der Salzkammergutseen einen erhebenden Anblick bieten. Ganz so mausetot, wie der Gebirgsname vorgibt, ist das teilweise unter Naturschutz stehende Karstplateau nicht, denn selbst in den Hochlagen gedeihen noch seltene Pflanzen. Eine andere Besonderheit sind die Höhlen: Die Salzofenhöhle diente z. B. steinzeitlichen Jägern als Unterschlupf, neben Werkzeugen fand man dort Tierskelette. Aufsehen erregten die Knochen der ausgestorbenen Höhlenlöwen und -bären. Das Schönberg-Höhlensystem wiederum ist mit einer Länge von 130 km die zwölftlängste Höhle weltweit!

Ganz im Osten bieten die steilen und schroffen Kalkgipfel der Gesäuseberge einen fast schon unwahrscheinlichen Anblick. Kein Wunder, dass diese Region 2002 zum Nationalpark erklärt wurde. Obwohl im **Gesäuse** der Alpintourismus seinen Anfang nahm, befindet sich die Gebirgsregion heutzutage eher im Windschatten der touristischen Ströme. Wer die Einsamkeit sucht, den wird es freuen: Mit einer Ausnahme in Admont sind luxuriöse Urlaubsdomizile rar, keine Bergbahn bringt Wanderer und Skifahrer in höhere Gefilde, in den Schutzhütten herrscht ein persönliches Flair. Bei der Tourenplanung in der schroffen Landschaft sollten Bergwanderer jedoch die großen Höhenunterschiede und die Steilheit des Terrains einkalkulieren. Im Vergleich zu den Gipfelhöhen in der Dachstein-Tauern-Region nimmt sich zwar das Hochtor, mit 2369 m die höchste Erhebung im Gesäuse, eher bescheiden aus,

wie viele andere Gesäuseberge ist es jedoch ein reiner Klettergipfel. Der **Nationalpark Gesäuse,** der jüngste der Alpenrepublik, umfasst eine Fläche von 110 km^2 und bildet bereits den geografischen Übergang zur Steirischen Eisenstraße und zu den Eisenwurzen, die im Kapitel zur östlichen Obersteiermark besprochen werden (→ S. 144 ff.).

Informationen im Internet: www.ausseerland.at, www.salzkammergut.at, www.schladming-dachstein.at, www.gesaeuse.at.

Altaussee

ca. 1800 Einwohner

Spätestens am Ufer des **Altausseer Sees** stellen sich heiter-ernste Urlaubsgefühle ein: Ruhig und auch etwas geheimnisvoll liegt das Wasser zwischen grünem Schilf und den waldreichen Ausläufern des Toten Gebirges. Einen Traumblick bietet die steile Trisselwand im Hintergrund. Der von der Eiszeit geformte See im Zusammenspiel mit der naturschönen Umgebung ist der Hauptgrund, warum der Luftkurort zu den namhaften Reisezielen im Steirischen Salzkammergut gehört. Auch Prominente wie der aus Bad Aussee stammende Schauspieler Klaus Maria Brandauer fühlen sich hier sichtlich wohl. Er steht in einer langen Tradition von Künstlern, die in der Vergangenheit den Leumund Altaussees als Sommerfrische geprägt haben (→ Kasten, S. 88). Dementsprechend versprüht die Örtlichkeit heute einen Hauch von Exklusivität: Wer hinsichtlich des Quartiers ein Faible für Charme, Nostalgie und Stil hat, liegt hier genau richtig, muss jedoch dafür ein wenig tiefer als anderenorts in die Tasche greifen. Der erste Eindruck bei der Anreise ist der eines beschaulichen Dorfs mit der typisch-ruhigen Lage eines Erholungsortes. Auf der Durchfahrt durch den Ort passiert man nacheinander den bescheidenen Kurpark, die katholische Pfarrkirche und gelangt schließlich zur **Seepromenade.** Im Zentrum zweigt die im oberen Abschnitt gebührenpflichtige Loserstraße von der Ortsdurchfahrt ab. Sie steuert serpentinenreich den **Loser** an, der zu den schönsten Aussichtsbergen im Ausseerland gehört. Außerdem führt eine Abzweigung von der Mautstraße zu den **Salzwelten** oberhalb von Altaussee. Das Schaubergwerk weist darauf hin, dass sich in Altaussee vieles um das Salz dreht, das mindestens seit dem Mittelalter im Bergstock des Sandling gewonnen wird. Heute zählen die Salzwelten zu den wichtigsten Besucherattraktionen im Salzkammergut. Altaussee ist im Sommerhalbjahr ein exzellenter Ausgangspunkt für Bergtouren ins Tote Gebirge oder für Spaziergänge in die Umgebung, im Winter ist auf dem Loser grenzenloses Skivergnügen angesagt.

Geschichte: Wann in Altaussee mit dem Salzabbau begonnen wurde, ist ungewiss; erstmals urkundlich verbürgt ist eine bergmännische Tätigkeit 1147. Die römischen Siedlungsspuren am Sandling sowie die Nähe zur Keltenmetropole Hallstatt lassen jedoch vermuten, dass das Salz schon in der Frühgeschichte von großer Bedeutung war. Die ersten Siedler verwendeten Sole, um Speisen zu würzen und um das Vieh zu tränken. Später erfand man das „Salz brenna", zunächst legte man einfach heiße Steine in die Sole, später verwendete man Metallpfanne und Holzfeuer. Ein Themenwanderweg vermittelt weitere Fakten zur Geschichte der Salzgewinnung. Seit dem Mittelalter residierten wechselnde Herrschaften auf der Burg Pflindsberg. Die Festung schützte die Saline sowie die Transportwege nach Norden. 1755 zog der letzte Vogt aus und die Burg verfiel. Heute befindet sich unmittelbar neben den spärlichen Resten eine Aussichtswarte. Das Salz war zudem ein Grund, warum Altaussee zu Beginn des 19. Jh. mehrfach hohen Besuch aus der Wien bekam: Kaiser Franz I. und die Erzherzöge Johann und Karl inspizierten das Bergwerk. Bis heute unvergessen sind zudem die Besuche der **Kaiserin Sisi,** die von Bad Ischl hierher gewandert war und mehrfach auf den Loser und Tressenstein stieg. An die berühmte Naturfreundin erinnern heute eine Aussichtswarte auf dem Tressenstein und der Klettersteig am Loser. Auch der spätere deutsche Reichskanzler Chlodwig zu Hohenlohe Schillingsfürst machte Altaussee zu seiner zweiten Heimat. Seine Familie erwarb hier 1864 ein Haus und ließ die Promenade am See anlegen.

Literaturmuseum

Im Zentrum des 1970 gegründeten Museums im Kurhaus steht die mit der Region verbundene künstlerische Prominenz. Jakob Wassermann, Klaus Maria Brandauer und andere Maler, Schauspieler, Dichter und Denker geben sich die Ehre und kommen teils ausführlich zu Wort. Weitere Räume widmen sich der Ortsgeschichte sowie dem regionalen Brauchtum. Ein Schmuckstück der Sammlung ist eine Grafik von Horst C. Jandl. Sie zeigt die Literaten Jakob Wassermann, Raoul Auernheimer, Arthur Schnitzler und Hugo von Hofmannsthal. Die vier Granden rudern über den Altausseer See, von Auernheimer liebevoll-ironisch als „Tintenfass" verspottet.

Juni bis Sept. tägl. außer So 10–12 und 14.30–18 Uhr, Okt. bis Mai 14.30–17 Uhr. 3 €. Fischerndorf 61, ✆ 0664-4898221, www.literaturmuseum.at.

Altausseer See

Stimmungsvoller Altausseer See

Der 2,5 km lange und 1 km breite Alpensee ist ein Naturreservoir und schließt sich unmittelbar an den Kurort an. Eine dramatische Wirkung entfaltet die Trisselwand, die zum Toten Gebirge gehört und auf der Ostseite 600 m senkrecht zum Ufer abfällt. Unterirdische Quellen aus dem Toten Gebirge speisen das Gewässer, das wiederum von der Altausseer Traun entwässert wird. Der gemütliche Spaziergang um den See oder eine Rundfahrt auf einer Plätte aus Holz (→ S. 89 f.) oder mit dem Solarschiff gehören zu den Urlaubshöhepunkten im Steirischen Salzkammergut. Eine Rarität ist die **Gradieranlage** am Westufer: Die Sole aus dem nahen Salzbergwerk tropft über Tannenreisig und setzt ätherische Öle frei – eine Wohltat für Asthmatiker und Entspannungssuchende. Ebenfalls am Westufer befinden sich mondäne Villen, die anspruchsvolle Feriengäste mit einem exklusivem Ambiente verwöhnen. Die Atmosphäre der kaiserlichen Zeiten ist hier noch immer spürbar. Die übrigen Uferpartien sind ansonsten weitgehend der Natur überlassen. Bootsfahrer und Spaziergänger steuern über kurz oder lang eine der drei Jausenstationen in göttlicher Lage am See an. Im Gegensatz zu den Luxushotels stehen sie jedem Geldbeutel offen und sind seit jeher zuverlässige Einkehrtipps.

Loser

An klaren Tagen ist der Ausblick vom Gipfelkreuz auf Dachstein, Totes Gebirge und Tauern berückend. Kein Wunder, dass der 1837 m hohe Hausberg von Altaussee zu den beliebtesten Alpinzielen im Steirischen Salzkammergut zählt. Der Hochbetrieb an Wochenenden ist der Mautstraße geschuldet, die in Altaussee beginnt und nach 9 km auf 1600 m Höhe endet. Vom Parkplatz und vom Ausflugsrestaurant ist der kristallklare **Augstsee** zu Fuß binnen Kurzem erreichbar. Mühsamer gestaltet sich der Aufstieg über das **Loserfenster,** ein mehrere Meter hohes Felsentor, zum karstigen Gipfelplateau. Gleich einem Kastell stemmt sich die Gipfelkrone aus Jurakalk in die Höhe und erhebt den Berg zum topografischen Wahrzeichen der Region. Während der letzten Eiszeit ragte der Gipfel frei über die Gletscheroberkante; Glaziologen nennen dieses Phänomen Nunatak, benannt nach den noch heute aus dem Gletschereis hervorragenden Bergspitzen auf Grönland.

Salzwelten

Das größte Salzbergwerk Österreichs hat eine Gesamtstollenlänge von 50 km. Noch heute fördern die rund 60 Bergarbeiter der Salinen Austria AG in den Lagerstätten das „weiße Gold“. Eine Leitung transportiert die Sole, in Wasser gelöstes Salz, zur weiteren Verarbeitung nach Ebensee in Oberösterreich. Während des Zweiten Weltkriegs versteckten die Nationalsozialisten in den Stollen einen gewaltigen Kunstschatz. In Zahlen liest sich das wie folgt: 6577 Gemälde, 230 Zeichnungen und Aquarelle, 954 Grafiken, 137 Plastiken, 122 Tapisserien und fast 2000 Kisten mit Büchern und sonstigen Kunstschätzen. Das wertvollste Stück war der Genter Altar der Gebrüder van Eyck. Um zu verhindern, dass die Schätze den Alliierten in die Hände fielen, plante die Wehrmacht die Sprengung des Kunststollens. Das beherzte Eingreifen der Bergwerksleitung verhinderte den barbarischen Akt. Ein Teil der Salzlagerstätte ist heute ein **Schaubergwerk** und kann im Rahmen einer ca. einstündigen Führung besichtigt werden. Der Zugang erfolgt über den 1319 angelegten Steinbergstollen.

Ende Mai bis Mitte Sept. tägl. 9–16 Uhr Führungen zu jeder vollen Stunde; Mitte April bis Ende Mai und Mitte Sept. bis Ende Okt. Führungen um 9, 11, 13 und 15 Uhr; ganzjährig Mi abends eine Führung jeweils um 19 Uhr. 16 €, erm. 8 €. Lichtersberg 25, ✆ 06132-2002400, www.salzwelten.at.

Eine Krankheit, die man nie mehr los wird: Sommerfrische in Altaussee

Seit der Mitte des 19. Jh. entwickelte sich Altaussee zur Sommerfrische für Dichter, Denker, Musiker und Maler. Den Anstoß zu dieser Entwicklung gab kein Geringerer als Adalbert Stifter, der seinen Künstlerkollegen Joseph Christian von Zedlitz für die Idee begeisterte, sich auf einem Filetgrundstück am See eine Sommervilla zu bauen. Die Familie Zedlitz pflegte seit jeher weitreichende Kontakte, sodass es nicht lange dauerte, bis sich alljährlich im Sommer illustre Gäste aus der Wiener Kunst- und Kaffeehausszene einstellten. Unter den prominenten Besuchern waren neben Stifter auch Joseph von Eichendorff und Franz Grillparzer. Auch das deutsche Ehepaar Binzer zog es im Sommer in ein eigenes Haus an den Altausseer See: Die adelige Schriftstellerin Emilie von Binzer und ihr Gatte, der Dichter und Burschenschafter August Daniel von Binzer, waren mit der Familie Zedlitz und auch mit Stifter eng befreundet. Gegen Ende des 19. Jh. zog es auch die Protagonisten der Gruppe Jung-Wien um Arthur Schnitzler und Hugo von Hofmannsthal nach Altaussee. Hofmannsthal fasste seine Eindrücke vom Ausseerland in der Geschichte „Ein Dorf im Gebirge“ zusammen, die 1896 in der renommierten Zeitschrift „Simplicissimus“ erschien. Der Redakteur, der das Manuskript in die Hand bekam, war damals noch ein völlig Unbekannter und hieß Jakob Wassermann. Er war von der Lektüre höchst beeindruckt, schwang sich kurz entschlossen in den Sattel und radelte von München ins Salzkammergut. „Altaussee ist kein Dorf“, notierte Jakob Wassermann später, „sondern eine Krankheit, die man nie mehr los wird!“ 1919 erfolgte sein endgültiger Umzug an den Altausseer See. Hier verfasste er einige seiner größten Erfolge, u. a. die Romane „Laudin und die Seinen“ und „Der Fall Maurizius“. 1934 starb der Literat; zu diesem Zeitpunkt waren seine Bücher im nationalsozialistischen Deutschland längst verboten. Sein Grab befindet sich auf dem Friedhof in Altaussee und ist eine der vielen Stationen des Themenwegs **Via Artis,** der sich heute auf die Spuren der Altausseer Künstler begibt.

Auf dem Gipfel des Loser

Westliche Obersteiermark → Karte S. 84/85

Basis-Infos Altaussee und Umgebung

Information Das Infobüro befindet sich im Kurhaus in der Ortsmitte. Mo–Fr 9–12 und 13–18 Uhr. Fischerndorf 61, ✆ 03622-71643, www.altaussee-tourismus.at.

Hin & weg Bus: Der Postbus verbindet das Zentrum mit Irdning-Stainach im Ennstal und Bad Ischl in Oberösterreich. Mo–Fr regelmäßige Verbindungen, Sa/So 1-mal tägl.

Mautstraße: Eine 9 km lange Panoramastraße verbindet das Ortszentrum mit dem Loser. Mai bis Okt. 15 €, ab 18 Uhr 6,50 €. ✆ 03622-71315, www.loser.at.

Einkaufen Buch & Boot. Gut sortierte Buchhandlung, der Inhaber ist Bootsbauer und vermietet traditionelle Plätten am Grundlsee und Altausseer See. Eine selbstgebaute Plätte ziert den Verkaufsraum. Mo–Fr 9–13 und 15–19 Uhr, Sa bis 14 Uhr. Altaussee 11, ✆ 03622-71400, www.buch-boot.at.

Veranstaltungen Altausseer Fasching. Am Faschingsmontag ziehen die Trommelweiber – Frauen in blütenweißen Nachtgewändern – durch den Ort. Dem Obertrommelweib werden sogenannte Beugel'n, ein traditionelles Fastengebäck, an die Fahne gehängt. Die Verbindung zum Salz stellt das Knopferlflinserl mit seinen charakteristischen Salzknöpfen her.

Kirtag. Seit über 50 Jahren das größte Herbstfest der Region. Bierzelt, Musik und Trachten satt. Ein Stelldichein zahlreicher Prominenter. Anfang Sept. (www.bierzelt-altaussee.at).

Sport und Aktivitäten in und um Altaussee

Baden/Bootstouren Badestellen am Altausseer See befinden sich neben der Seevilla, an der Jausenstation Kahlseneck sowie neben dem Strandcafé.

Auf dem See verkehrt das erste Solarschiff Österreichs. Das Boot legt am hinteren Seeufer am Jagdhaus Seewiese an – eine beliebte Einkehradresse. Rundfahrt 11 €, erm. 5,50 €. Mai bis Okt. je nach Wetter tägl. 11–18 Uhr. ✆ 03622-20501, www.altausseeschifffahrt.at.

Bootsverleih: Eine Fahrt auf den traditionellen Holzbooten, den Plätten, ist ein Erlebnis.

Ca. 25 €/Std. Der Kiosk am Bootsanleger verleiht auch Elektro-, Ruder-, Tret- und Segelboote sowie Surfbretter. Mai Sa/So 10–18 Uhr, Juni bis Aug. tägl. 9–20 Uhr, Sept. Sa/So 10–16 Uhr. ✆ 0676-7559873, www.boote-salzkammergut.at.

Gleitschirmfliegen Abflugrampen befinden sich am oberen Ende der Loser-Mautstraße.

Klettern **Hochseil-Kletterpark**. Parcours in luftiger Höhe, individuell oder als geführte Tour, geeignet für Kinder ab 7 J. Individuell mit Einführung und Ausrüstung ab 15 €. Mai/Juni Fr–So 10–17 Uhr, Juli/Aug. tägl. 10–18 Uhr, Sept. bis Mitte Okt. Sa/So 10–17 Uhr. Zufahrt über die Loserstraße, ✆ 03622-71558, www.loser-outdoor.at.

Sisi-Klettersteig. Der 400 m lange, panoramareiche Aufstieg zum Loser wurde 2007 eröffnet (Schwierigkeitsstufe D).

Radeln Sportlich Ambitionierte wagen sich mit dem Drahtesel die **Loserstraße** hinauf – und freuen sich auf die anschließende Abfahrt. Einfacher ist der **Ausseer Radweg** (R61), der auf 19 km Länge Altaussee mit der Blaa-Alm sowie mit Kainisch im Hinterberger Tal verbindet.

Radverleih: Touren- und Mountainbikes für 15 €/Tag verleiht die Kfz-Werkstatt Günther Kohl schräg gegenüber der Kirche. Mo–Fr 9–12 und 13–18 Uhr, Sa 9–12 Uhr, Mi nachmittags geschlossen. Fischerndorf 13, ✆ 03622-71980.

Wandern Klassiker ist der **Rundweg um den See** mit zahlreichen Einkehroptionen, leichtes Schuhwerk ist ausreichend (Gehzeit: ca. 2 Std.).

Loser-Gipfelbesteigung: Eine klassische Aufstiegsroute führt von der Loserhütte steil zum Gipfel, der Abstieg geht dann über Loserfenster und Augstsee zum Ende der Loserstraße. Trittsicherheit ist erforderlich (Gehzeit: ca. 3 Std.).

Aussichtswarten: Kürzere Touren verbinden Altaussee mit der Ruine Pfindsberg und mit dem Tressenstein. Aussichtstürme erlauben jeweils einen wunderbaren Rundblick.

Themenwege: Jeweils am Kurpark beginnen die Via Salis zum Thema Salz (Gehzeit: ca. 2–3 Std.) sowie die Via Artis, die sich auf die Spuren der Künstler begibt (Gehzeit: ca. 2 Std.).

Wintersport Aufgrund der relativ großen Schneesicherheit ist das **Skigebiet Loser-Sandling** ein beliebtes Wintersportziel. Knapp 30 km Pisten und Abfahrten für Anfänger und Fortgeschrittene, vier Sessel- und drei Schlepplifte.

Übernachten/Essen & Trinken in und um Altaussee

Preiswerte Quartiere sind in Altaussee die große Ausnahme, wobei die Faustregel lautet: je näher am Wasser, desto teurer die Übernachtung. Selbst das Hüttenlager kostet hier mehr als andernorts. Ein exzellenter und günstiger Alternativtipp sind z. B. die Ferienwohnungen im Reiterhof Schartner (www.ponyhofschartner.com).

****S **Seevilla**. Das beste Haus am Ort befindet sich direkt an der Seepromenade. Gustav Mahler wohnte hier, Beethovens Klaviertrio C-Dur und Frühlingsquintett in F-Dur wurden hier uraufgeführt. 45 gediegene Zimmer und 6 Apartments, Hallenbad mit Spa-Bereich, Restaurant mit Sonnenterrasse und Seeblick. DZ ab 216 €. Fischerndorf 60, ✆ 03622-71302, hotel@seevilla.at, www.seevilla.at.

***S **Villa Salis**. Empfehlenswertes Mittelklassequartier im Zentrum an der Ortsdurchfahrt. Die Inhaberin Marianne Goertz ist bestens mit der Altausseer Geschichte vertraut. Gemütliche Zimmer, Suiten und Ferienwohnungen. Gutes Restaurant mit Gastgarten, eine Spezialität des Hauses ist auf Buchenspänen geräucherter Saibling für 21,50 € (Mo geschlossen). DZ ab 130 €. Altaussee 21, ✆ 03622-71773, mariannegoertz@gmx.at, www.villa-salis.at.

JUFA. Das Jugend- und Familiengästehaus befindet sich 4 km außerhalb am Eingang zu den Salzwelten. Großzügig konzipierte Anlage mit Café, Restaurant, Sauna und WLAN. Die Abfahrtspiste vom Loser endet direkt hinterm Haus, daher ein exzellentes Winterquartier. Lichtersberg 67, ✆ 05708-3560, altaussee@jufa.eu, www.jufa.eu.

Camping Temel. Wunderschön gelegene Platzanlage auf einer sonnigen Anhöhe zwischen Altaussee und Grundlsee, kurzer Fußweg zur Seepromenade. Familiäre Atmosphäre mit Bauernhof-Ambiente. Mai bis Sept. geöffnet. 2 Pers. mit Zelt ab 15 €. Puchen 137, ✆ 03622-71986, liga.temel@gmx.at, www.camping-altaussee.com.

Kantine 191. Der ehemaligen und hochdekorierten „Wirtschaft Altaussee" konnte auch die Namensänderung nichts anhaben, nur wenige Tische (reservieren ist ratsam!), kleine Karte, steirische Küche mit mediterranen Einschlägen. Zwar etwas teurer, aber der Weg lohnt sich. Nur abends, Mo Ruhetag. Fischerndorf 191, ✆ 0676-4487518.

Strandcafé. Restaurant und Jausenstation am Südufer des Altausseer Sees, hinreißende Terrasse, gepflegtes Ambiente. Fischspezialitäten und klassische österreichische Küche zu ehrlichen Preisen, auch Kaffee und Kuchen sowie ausgesuchte Weine. Mai/Juni und Sept. Do–So, Juli/Aug. tägl. Puchen 197 (nur zu Fuß in ca. 15 Gehminuten von der Seepromenade zu erreichen), ✆ 0664-2129309, www.strandcafe.at.

Blaa-Alm. Die Almwirtschaft ist eher ein Restaurant als eine Jausenstation und mitnichten ein Geheimtipp. Großzügige Terrasse, Spielplatz, Kaffee und Kuchen, die Steirerkasnockerln mit Kraut gibt's für 9 €. Gästezimmer (DZ ab 90 €, Bettenlager ab 25 €). Mitte Mai bis Okt. und Mitte Dez. bis März. Lichtersberg 73 (ab Loser-Mautstraße ausgeschildert), ✆ 03622-71102, www.blaa-alm.co.at.

Loserhütte. Die ÖAV-Hütte auf 1510 m ist nicht mit der Loser-Alm am Ende der Panoramastraße zu verwechseln. Herrlicher Blick auf Dachstein und Ausseer Becken, der Wanderweg zum Loser-Gipfel beginnt direkt am Haus. Klassische Hüttenkost mit Niveau, auch Gästezimmer und Bettenlager (33 €/Pers.). Durchgehend warme Küche, kein Ruhetag. Loser-Panoramastraße, ✆ 03622-71202, www.loserhuette.at.

Westliche Obersteiermark → Karte S. 84/85

Bad Aussee

ca. 4900 Einwohner

Der Kurort ist unbestritten das Herz des Steirischen Salzkammerguts und darüber hinaus eine durchaus angenehme Flanier- und Einkaufsstadt. Das einzige Manko ist der Stadtverkehr: Zwar führt die Salzkammergutstraße in einem Bogen an der Stadt vorbei, wer jedoch den Grundlsee ansteuert, quält sich i. d. R. mit dem Auto durch das Zentrum. Zahlreiche Trachtengeschäfte weisen die Gäste darauf hin, dass das Ausseerland ein Hort gepflegten Brauchtums ist. Auch Ausseer Lebkuchen werden an allen Ecken und Enden verkauft. Die Auslagen sind geschmackvoll dekoriert, das Niveau der Cafés und Restaurants ist hoch. Der gepflegte und zentral gelegene **Kurpark** lädt zu Spaziergängen ein, obendrein gibt es in Bad Aussee eine Handvoll Sehenswürdigkeiten, von denen der **Kammerhof** besonders hervorzuheben ist. Bis weit ins 20. Jh. prägten Sudhäuser zur Salzgewinnung mit ihren rauchenden Schloten die Silhouette. Größter Arbeitgeber heute ist die Rigipsfabrik am südlichen Stadtrand. Dem Status einer Kurstadt entsprechend, bietet Bad Aussee zahlreiche Unterkünfte. Dennoch ziehen die meisten Feriengäste ein außerhalb im Grünen gelegenes Quartier vor oder bevorzugen einen Standort an den zwei großen Salzkammergutseen und besuchen die Stadt im Rahmen eines Tagesausflugs. Die zentrale Lage und gute Erreichbarkeit machen Bad Ausseee zu einem exzellenten Ausgangspunkt zur Erkundung der Umgebung. Bemerkenswert zudem: Bad Aussee liegt genau in der geografischen Mitte Österreichs und wurde 2010 zur „Alpenstadt des Jahres" gekürt.

Geschichte: Seine Entstehung verdankt der Ort dem florierenden Salzgewerbe und der günstigen Lage am Zusammenfluss von Grundlseer und Altausseer Traun. Seit 1280 leitete man die Sole von Altaussee hierher, während auf den besagten Flüssen das Holz geflößt wurde, das die Sudhäuser zur Salzgewinnung benötigten. Erst 1983 wurde die Saline in Bad Aussee stillgelegt, das Sieden der Sole findet heute jenseits der Bundesstaatengrenze in Oberösterreich statt. Die Bedeutung des Salzgewerbes für Bad Aussee unterstreicht das Stadtwappen: auf rotem Grund zwei goldene Perkufen, konische Zuber aus Holz zur Aufbewahrung des gesottenen Salzes. Während die Bedeutung des Salzgewerbes im 19. Jh. schwand, wurde Aussee sukzessive zur Kurstadt ausgebaut. 1870–73 entstand der Kurpark, der Titel „Bad" veredelt den Stadtnamen allerdings erst seit 1911. Berühmteste Tochter der Stadt ist zweifellos **Anna Plochl**, die 1819 am Toplitzsee dem Erzherzog Johann begegnete und ihn nach langem Tauziehen zehn Jahre später ehelichte (→ Geschichte, S. 36). Anna Plochl, die aus einer Postmeisterfamilie stammte, ist beinahe allgegenwärtig. Ihr Geburtshaus, in dem sie ihre letzten Jahre als Witwe verbrachte, entpuppt sich als stattliches Palais am Meranplatz. Auch der Platz erinnert an sie, denn ihr wurde später der Titel Gräfin von Meran verliehen.

Kurhaus und Kurpark

Das architektonisch auffälligste Gebäude auf dem Areal rund um den Kurpark ist das alte Kurmittelhaus aus dem Jahr 1870. Die meiste Zeit diente es als Badehaus mit Wandelgängen und mehreren Wannen für Sole- und Kohlensäurebäder. Nach jahrelangem Verfall wurde es pünktlich zur Landesausstellung 2005 restauriert und erweitert. Heute dient der multifunktionale Komplex allerdings nicht mehr als Bad (das 2013 eröffnete Narzissenbad befindet sich außerhalb des Stadtzentrums an der Salzkammergutstraße). Das eigentliche Kurhaus liegt wenige Schritte vom Kurmittelhaus entfernt am zentralen Verkehrsdreieck, ist im gleichen Zeitraum wie das Kurmittelhaus entstanden und dient als Veranstaltungszentrum. Nebenan machen im Park mehrere Denkmäler auf sich aufmerksam, u. a. überlebensgroß in Bronze Erzherzog Johann sowie ein 2,5 m hoher Gedenkstein, der Bad Aussee als geografischen Mittelpunkt der Alpenrepublik ausweist. Ein Kuriosum am Rande ist sicherlich die Mercedesbrücke: Die Fußgängerbrücke am Zusammenfluss von Altausseer und Grundlseer Traun stellt einen der größten Mercedessterne weltweit dar.

Das Kurhaus markiert das Zentrum von Bad Aussee

Kolorit satt auf dem Wochenmarkt

Kammerhof (Museum)

Der Kammerhof aus der Spätgotik und Renaissance gehört zu den bedeutendsten Profanbauten der Steiermark. Einst residierten hier die Salzverweser, die Verwalter des städtischen Salzwesens und Salinenvorstände. Prächtigster Innenraum ist das mit Fresken verzierte Kaiserzimmer, das an die Besuche Friedrichs III. im Jahr 1442 und Maximilians I. im Jahr 1511 erinnert. Heute befindet sich in den Räumen ein sehenswertes Museum zur Geschichte und Volkskultur des Ausseerlands. Themen sind u. a. das Brauchtum, die Salzgewinnung sowie die berühmte Liaison zwischen Erzherzog Johann und Anna Plochl. Ein bemerkenswertes Schaustück ist ein 3200 Jahre alter Bronzeschlüssel aus der Urnenfelderkultur, der 2003 im Wald gefunden wurde. An gleicher Stelle befanden sich nebst kleineren Gegenständen auch zwei Bronzebeile. Der Schlüssel in Gestalt einer Fibel ist mit aufwendigen Verzierungen versehen und diente offenbar kultischen Zwecken. Im Sommer 2013 eröffnete eine weitere Abteilung zur Entwicklung des Fremdenverkehrs im Salzkammergut.

Juni bis Sept. tägl. 10–12 und 15–18 Uhr, im Winter geschlossen, in der Übergangszeit Di und Sa 16–18 Uhr, Fr und So 10–12 Uhr. 4 €. Chlumeckyplatz 1, ✆ 03622-5372513, www.aussee.at.

Spitalskirche

Auch wenn aufgrund ihrer Größe die gotische Pfarrkirche St. Paul automatisch die Blicke auf sich lenkt, gebührt der unscheinbaren Salinenspitalskirche zum Heiligen Geist der erste Rang unter den städtischen Sakralbauten. Bis weit ins 20. Jh. sorgte das Spital für die Kranken und Alten unter den Salinenarbeitern und ihren Angehörigen. Erhalten blieb einzig die spätgotische Kirche mit dem achteckigen Giebelturm. Der Gnadenstuhlaltar aus dem Jahr 1449 ist das wertvollste Ausstattungsstück und geht auf eine Stiftung Kaiser Friedrichs III. zurück. Kunsthistorisch bemerkenswert ist auch der im gleichen Jahrhundert entstandene Nothelferaltar in der Seitenkapelle.

Juli/Aug. Mo und Do 10–12 Uhr sowie nach Vereinbarung. ✆ 0676-3939960.

Alpengarten

Das außerhalb an der B 145 Richtung Pötschenpass gelegene **Naturerlebniszentrum** Alpengarten zeigt rund 2000 Pflanzen aus aller Welt. Es handelt sich um den ersten Schaugarten dieser Art in der Steiermark (seit 1913). Der Schwerpunkt liegt auf der heimischen Gebirgsflora, die auf 800 m prächtig gedeiht. Ein einstündiger, aussichtsreicher Rundweg verbindet die Naturoase mit dem **Sommersbergsee,** der im Sommer badetauglich ist.

Mai bis Sept. tägl. 8–18 Uhr. 4 €, erm. 2 €. Ischlbergstr. 67, ✆ 03622-52511, www.neza.at.

Basis-Infos Bad Aussee

Information Die Zentrale des Tourismusverbandes Ausseerland-Salzkammergut befindet sich im Gebäude der Post. Mo–Fr 9–12 und 13–18 Uhr, Sa 9–12 Uhr. Ischler Str. 94, ✆ 03622-54040, www.aussee.at.

Hin & weg Bahn: In Bad Aussee hält die Salzkammergutbahn von Stainach-Irdning nach Oberösterreich. Der Bahnhof befindet sich außerhalb der Stadt.

Bus: zentrale Haltestelle vor dem Kurhaus, ÖBB-Postbusse nach Altaussee, Bad Ischl, Bad Mitterndorf und zum Grundlsee.

Ärztliche Versorgung Das Landeskrankenhaus befindet sich an der B 145. ✆ 03622-525550, www.lkh-rottenmann.at.

Einkaufen Ausseer Hut 7 Der hiesige Trachtenhut ist ein Markenartikel und wird in diesem Betrieb unter wechselnden Inhabern seit 1523 von Hand gefertigt – traditionell wie modern, für Männer und Frauen. Klassiker ist der „Altsteirer" aus schwarzem Haarfilz mit grünem Seidenband. Mo–Fr 8–12 und 14.30–18 Uhr, Sa 8.30–12 Uhr. Bahnhofstr. 129, ✆ 03622-528180, www.ausseer-hut.at.

Mayers Genussladen 4 Bio-Käsespezialitäten, Vulcano-Schinken, steirische Weine und Öle, darüber hinaus Ausseer Bergkernsalz in vielen Varianten. Empfehlenswertes Mittags-Bistro mit steirisch-mediterraner Kost (um 10 €). Mo–Fr 10–18 Uhr, Sa bis 14 Uhr. Kammerhofgasse 227, www.genussladen.at. ■

Wochenmarkt. Stimmungsvoll auf dem Chlumeckyplatz. Do 7–12 Uhr.

Post Mo–Fr 8–12 und 14–18 Uhr. Ischler Str. 94.

Veranstaltungen Ausseer Fasching. Die „heiligen drei Faschingstage" sind der Höhepunkt des Winterbrauchtums, den größten Zuspruch erntet traditionell der Flinserlumzug (Flinserl sind in kunterbunte Patchwork-Kostüme gehüllte Frühlingsgestalten, die bereits Ende des 18. Jh. ihr Unwesen trieben) am Faschingsdienstag. Außerdem gehen zahlreiche Pless um – mit einem Korb als Kopfschutz und mit einem Fetzenstock bewaffnet.

Narzissenfest. Österreichs größtes Blumenfest findet seit über 50 Jahren im Ausseerland statt, sogar Chinas Staatsfernsehen berichtete 2011 darüber. Im Mittelpunkt steht die weiß blühende, im Ausseerland verbreitete Stern-Narzisse. Üppiger Blumenschmuck allerorten, Wahl der Narzissenkönigin. Höhepunkte sind der sonntägliche Autokorso in der Stadt und der anschließende Bootskorso auf dem Grundlsee bzw. Altausseer See. Jährlich kommen rund 25.000 Besucher. Ende Mai/Anfang Juni (www.narzissenfest.at).

Sport und Aktivitäten in und um Bad Aussee

Baden/Wellness Narzissenbad. Funkelnagelneue Entspannungs- und Gesundheitsoase, im Zentrum steht natürlich die Altausseer Sole. Saunalandschaft, Gastronomie, über 500 m² Wasserfläche. Die Therme wurde 2013 eröffnet, rund 20 Mio. € investiert. Gut bei Erkrankungen der Atemwege, der Verdauungsorgane und des Bewegungsapparats. Tägl. 10–22 Uhr. Tageskarte 24 €. Pötschenstr. 172, ✆ 03622-55300, www.narzissenbadaussee.at.

Radeln Der Salzkammergut-Radweg (R19) verbindet das Ennstal mit Oberösterreich. Die Route verläuft parallel zur Bahnlinie. Bad Aussee bietet auch einen günstigen Einstieg für die Mountainbike-Dachsteinumrundung (Länge: 182 km).

Radverleih: Das Sportgeschäft Käfmüller verleiht Tourenräder (15 €/Tag) und E-Bikes (18 €/Tag). Mo–Fr 8.30–12.30 und 15–18 Uhr, Sa vormittags geöffnet. Ischler Str. 121, ✆ 03622-54911, www.sport-kaefmueller.at.

Wandern Eine bequeme Tour führt vom Zentrum zum Grundlsee. Allerdings verläuft der Weg oft direkt neben bzw. parallel zur Straße (Gehzeit: ca. 1:30 Std.).

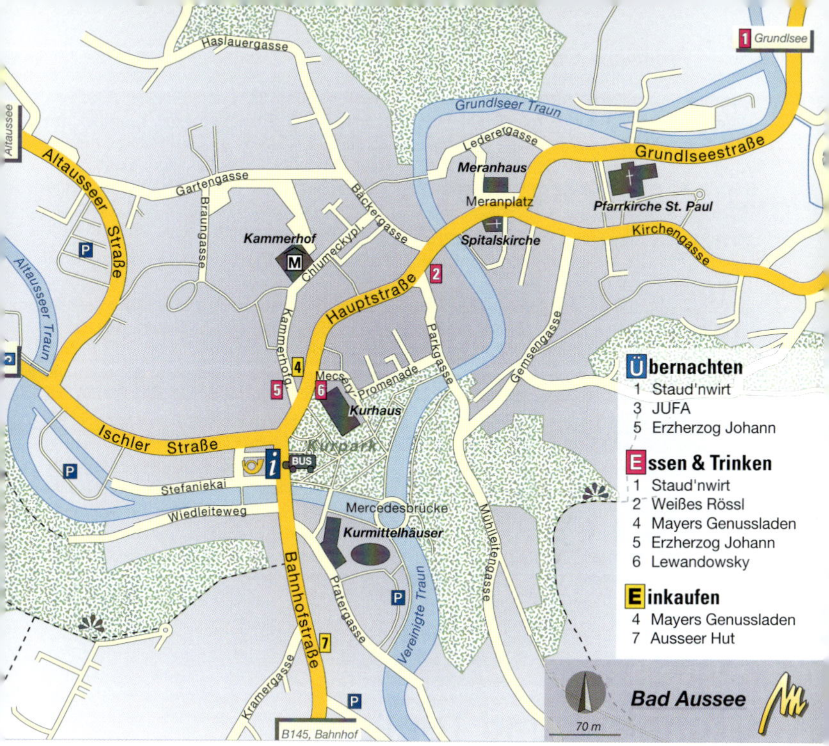

Koppentalweg: Eine charmante Route verbindet Bad Aussee mit Obertraun am Hallstätter See in Oberösterreich. Die romantische Schlucht zwischen Zinken (1854 m) und Sarstein (1975 m) bietet auch die eine oder andere Einkehrmöglichkeit, zurück zum Ausgangspunkt geht es mit dem Zug (Gehzeit: ca. 2–3 Std.).

Ausseer Zinken: Etwa 1200 Höhenmeter liegen zwischen Bad Aussee und dem Zinken, die Besteigung erfordert daher Kondition und Trittsicherheit. Der Aussichtsberg gehört bereits zum Dachsteinplateau. Ausgangspunkt ist der Bahnhof (Gehzeit: ca. 7 Std.).

Übernachten/Essen & Trinken in und um Bad Aussee

Neben Mariazell und Seckau haben auch in Bad Aussee die Lebkuchen Tradition. Die Geschäfte, die das lecker duftende Gebäck aus Roggenmehl, Honig, Mandeln und Gewürzen vertreiben, sind aus dem Stadtbild kaum wegzudenken – und nicht nur zur Adventszeit. Der erste hiesige Lebzelter war bereits Ende des 16. Jh. aktiv.

****S **Die Wasnerin**. Das moderne und gut geführte Wellnesshotel zeichnet sich durch eine ruhige Lage in der Nähe des Golfplatzes aus. Der Blick fällt auf Dachstein und Loser, tadellose Zimmer mit viel Naturholz, gutes Restaurant (nur für Hotelgäste), Frühstücksbüfett u. a. mit vegetarischen und veganen Speisen. Hunde sind nach Voranmeldung willkommen. DZ ab 220 € inkl. Halbpension. Sommersbergseestr. 19, ✆ 03622-52108, info@diewasnerin.at, www.diewasnerin.at.

*** **Staud'nwirt** **1** Das bodenständige Mittelklassehotel im alpenländischen Stil befindet sich zwischen Bad Aussee und dem Grundlsee. Angeschlossen ist ein schöner **Campingplatz**. Die 14 frisch renovierten Gästezimmer machen einen nüchternen

Gesamteindruck, teils mit Balkon. Gutbürgerliches Restaurant mit Sitzplätzen im Hof. Do–So ab 17 Uhr, Juli/Aug. tägl. geöffnet. DZ ab 80 €, 2 Pers. inkl. Zelt 18 €. Grundlseer Str. 21, ✆ 03622-54565, karin@wilpernig.net, www.staudnwirt.at.

JUFA **3** Das Jugend- und Familiengästehaus liegt in Gehentfernung zum Zentrum. Doppel- und Mehrbettzimmer, Sauna, Fitnessstudio und Café mit Sonnenterrasse. Günstige Lage für Ausflüge in die Umgebung, weil auch der Bahnhof zu Fuß gut erreichbar ist. DZ ab 67 €. Jugendherbergsstr. 148, ✆ 05708-3520, badaussee@jufa.eu, www.jufa.eu.

Erzherzog Johann **5** Restaurant im gleichnamigen Nobelhotel im Stadtzentrum. Die Küche erreicht Gourmetniveau, ausgewählte Weine, verarbeitet wird viel Frisches aus der Region. Das Ennstal-Lamm mit Blattspinat und Polenta kostet 24 €, 3-Gang-Menüs ab 30 € (vegetarisch) bzw. 40 € (Fisch/Fleisch). Tägl. mittags und abends. Kurhausplatz 62, ✆ 03622-52507, www.erzherzogjohann.at.

Weißes Rössl **2** Unprätentiöse Gastwirtschaft im Stadtzentrum mit grundsolider steirischer Küche. Die Chefin kocht selbst, alles kommt frisch auf den Tisch. Das Naturschnitzel mit Reis gibt's für 17 €. Keine Sitzplätze draußen. Mi nachmittags und Do geschlossen. Hauptstr. 156, ✆ 03622-52177.

Lewandofsky **6** Das Café im Kurhaus ist eine Bad Ausseer Institution. Wiener-Kaffeehaus-Charme seit 1900, dazu leckere Kuchen sowie das legendäre Speiseeis des Commerzialrats Charles Temmel (→ S. 275). Sitzplätze auf der Piazza vor dem Kurhaus. Im Sommer tägl. bis 22 Uhr, im Winter bis 19 Uhr. Kurhausplatz 144, ✆ 03622-53013, www.lewandofskytemmel.com.

Lebzelterei. Rührige Lebkuchen-Manufaktur an der B 145, jährlich werden 13 t Honig verarbeitet. Lockere Teig-Lebkuchen nach traditionellen Rezepturen, Lebkuchen vom Blech oder weiche Elisen-Lebkuchen in großer Auswahl. Shop, Panoramacafé und Pinte. Tägl. 8–18 Uhr, Wirtshaus Mo geschlossen. Pötschenstr. 146, ✆ 03622-52943, www.lebkuchen.at.

Grundlsee und Toplitzsee

Mit einer Länge von fast 6 km ist der **Grundlsee** das größte Gewässer im steirischen Salzkammergut. Majestätisch ragt im Hintergrund das Tote Gebirge auf und trägt zum beeindruckenden Landschaftserlebnis bei. Am besten lässt sich das Schauspiel bei einer Bootsfahrt genießen. An warmen Sommertagen erreicht das Wasser angenehme Temperaturen und lädt zum Baden auf 700 m ein. Das vielfältige Freizeitangebot lockt zur Ferienzeit und am Wochenende zahlreiche Urlauber und Erholungssuchende an. Dennoch hat sich die Gegend ihren ursprünglichen Charakter bewahrt und wer Ruhe und Einsamkeit sucht, steuert auf schmalen Pfaden ganz einfach die höher gelegenen Regionen an.

Von Bad Aussee kommend, erreicht man zuerst den gleichnamigen Ort Grundlsee, folgt danach dem Nordufer und gelangt nach **Gößl,** einer herrlich am östlichen Ende des Sees gelegenen Streusiedlung. Von hier geht es über einen Fußweg in rund 20 Min. zum geheimnisumwitterten **Toplitzsee.** Letzterer ist im Vergleich zum Grundlsee kaum größer als ein Teich, ein Denkmal erinnert daran, dass sich hier Erzherzog Johann und Anna Plochl erstmals begegneten (→ S. 36).

Im 19. Jh. lockte die traumhafte Landschaft begüterte Adelige und Industrielle in Scharen an. Bekannteste Hinterlassenschaft aus jenen Tagen ist die **Villa Castiglioni** am Südufer des Grundlsees. Benannt ist das 1881 erbaute und inzwischen sichtlich in die Jahre gekommene Anwesen nach dem Unternehmer, Spekulanten und Luftfahrtpionier Camillo Castiglioni, dessen Familie zeitweilig hier wohnte.

Unmittelbar östlich schließt sich an den Toplitzsee der winzige **Kammersee** an, der nicht zu Fuß, sondern nur per Boot erreichbar ist.

Agenten, Abenteurer und augenlose Würmer: der Toplitzsee

Ein Stoff wie aus Agentenromanen: In der Nacht vom 29. April 1945 luden Bauern am Toplitzsee von einem Laster schwere Kisten ab und verfrachteten sie auf Boote. Von unbekannter Hand gesteuert, trieben die Boote danach auf den See hinaus und die Kisten verschwanden im nachtschwarzen Gewässer. Hitlers Reich lag in den letzten Zügen, verantwortlich für die Aktion war die Waffen-SS. Was aber gelangte in jener Nacht tatsächlich auf den Grund des Toplitzsees? Bereits unmittelbar nach Kriegsende kursierten erste Gerüchte. Man raunte über einen wertvollen Schatz, immerhin hatte das NS-Regime in den Altausseer Salzstollen massenhaft Kunstwerke gelagert. Bald pilgerten Abenteurer mit Taucherausrüstung zum Toplitzsee, um den vermeintlichen Schatz zu heben. Allerdings erfolglos. Sollten die Nazis bei ihrer Flucht je etwas zurückgelassen haben, dann haben sie es vergraben oder versteckt. Nachdem amerikanische Militärtaucher mit professionellem Equipment das Gewässer absuchten, sollte 1959 eine Tauchexpedition des Stern-Magazins das Rätsel lösen: Gold wurde zwar nicht entdeckt, wohl aber förderte man mit britischen Pfundnoten gefüllte Kisten zutage. Es handelte sich um handwerklich hervorragende Fälschungen, die im Zuge der „Operation Bernhard" 1942–45 im KZ Sachsenhausen durch jüdische Häftlinge hergestellt worden waren. Statt als Goldtresor hätten die Nazis den See als „Mülleimer" verwendet, wurde anschließend gespottet.

Die zuweilen bizarre Suche nach Reichtümern war mitnichten ungefährlich. Als am 6. Oktober 1963 wieder einmal ein Freizeitabenteurer bei einem nicht genehmigten Tauchversuch ertrank, verhängten die zuständigen Behörden ein Tauchverbot.

Bis heute förderten die offiziellen Expeditionen nur Kriegsgut zutage. Eine Ausnahme waren 1983–87 die wissenschaftlichen Untersuchungen des Biologen und Tierfilmers Hans Fricke. Mit seinem Forschungsboot „Geo" machte er eine Entdeckung, die allerdings weitgehend unbeachtet blieb: Fricke fand heraus, dass ein Egel ohne Augen aus der Familie der Erpobdellidae, der Toplitzseewurm, in der Tiefe des Sees ohne Sauerstoff und mit reichlich Schwefelwasserstoff lebt. Eine biologische Sensation!

Basis-Infos Grundlsee und Toplitzsee

Information Das Infobüro der Gemeinde Grundlsee liegt an der unteren Ortsdurchfahrt. Mo–Fr 9–12 und 14–17 Uhr, im Sommer länger und an Wochenenden geöffnet. Mosern 25, ✆ 03622-8666, www.grundlsee.at.

Hin & weg Gebührenpflichtige **Parkplätze** am See sind ausgewiesen (ca. 4 €/Tag).

Bus: Der ÖBB-Postbus von Bad Aussee (Linie 956) hält u. a. vor dem Infobüro und in Gößl.

Einkaufen **S'Gschäft**. 25 Bauern haben sich zu einem Verein zur Vermarktung der eigenen Produkte zusammengeschlossen. Das Ladengeschäft der Kooperative bietet Frisches aus der Region: Wurst, Speck, Marmelade, diverse Säfte sowie Kunsthandwerkliches. Fr 15.30–18.30 Uhr. Bräuhof 216 (an der unteren Ortsdurchfahrt in Grundlsee), ✆ 0680-1240123.

Veranstaltungen **SEER Open Air**. Die Kultband aus dem Ausseerland wechselt seit Jahren erfolgreich zwischen Mundart und Popmusik. Open-Air-Event in der Naturarena Zloam mit viel Prominenz, u. a. 2013 mit Wolfgang Ambros. Anfang Aug. (www.dieseer.at).

Westliche Obersteiermark → Karte S. 84/85

Sport und Aktivitäten an Grundlsee und Toplitzsee

Baden/Tauchen Die schönste **Badestelle** befindet sich am Ende der Straße in Gößl. FKK-Baden ist am Nordufer in der Nähe der Murbodenhütte gestattet.

Tauchschule: Die Basis der Tauchschule Grundlsee befindet sich am Badestrand in Gößl: Ausrüstungsverleih, geführte Tauchgänge und Kurse (Mitglied im Verband IDIC). Juli/Aug. tägl. 9–18 Uhr, in der Vor- und Nachsaison auf Anfrage. Gößl 231, ✆ 0664-4321241, www.ts-grundlsee.at.

Bootstouren Ein Klassiker ist die **3-Seen-Tour** mit dem Motorschiff nach Gößl und dann zu Fuß zum Toplitzsee, um schließlich per Boot zum Kammersee weiterzufahren. 23 €, erm. 12 €; Rundfahrt Grundlsee mit tägl. bis zu fünf Abfahrten 15 €, erm. 8 €. ✆ 03622-8613, www.3-seen-tour.at.

Bootsverleih: Eine Fahrt mit den Plätten ist ein besonderes Erlebnis. Bootsanleger u. a. am Gasthaus zum Rostigen Anker in Gößl. Eine Fahrt mit der Plätte kostet 25 €/Std., auch Verleih von Elektro-, Ruder- und Tretbooten sowie Surfbrettern. Mai/Juni Sa/So 10–18 Uhr, Juli/Aug. tägl. 9–20 Uhr, Sept. Sa/So 10–16 Uhr. ✆ 0676-7559873, www.bootesalzkammergut.at.

Radeln Der Grundlsee ist ein hervorragender Ausgangspunkt für Touren in die Umgebung, sportlich Veranlagte schaffen es mit dem Mountainbike sogar bis auf die Tauplitz. **Mieträder** gibt es bei den oben genannten Hotels und Pensionen.

Wandern Ein Klassiker ist die **Seeumrundung** zu Fuß, wobei die schönsten Abschnitte auf der weniger bebauten Südseite des Sees liegen. Familientauglich; wer mag, kann abkürzen und von Gößl mit dem Schiff zurückfahren (Gehzeit: ca. 3–4 Std.).

Von Gößl führen mehrere anspruchsvollere Gebirgssteige ins **Tote Gebirge**, u. a. zu den Lahngangseen, zur Salzofenhöhle (höchstgelegene Alpinhöhle, prähistorische Funde) oder zur 1637 m hoch gelegenen **Pühringer Hütte** (Gehzeit: ca. 7 Std.). Die ÖAV-Schutzhütte ist eine wichtige Etappenstation entlang des Weitwanderweges 01 (Nordalpenweg).

Übernachten/Essen & Trinken an Grundlsee und Toplitzsee

**** **Mondi-Holiday**. Die traumhaft über dem Westufer des Grundlsees gelegene luxuriöse Ferienanlage bietet Zimmer und Suiten im Haupthaus sowie Apartments in einzeln stehenden komfortablen Holzhäusern. Pool, Sauna, Radverleih und Restaurant mit schöner Terrasse. Hier schwingt der bekannte Koch Stefan Haas das Szepter, er und sein Team bürgen für Qualität. DZ ab 120 €. Archkogl 31, ✆ 03622-8477, info@grundlsee.mondiholiday.at, www.grundlsee.mondiholiday.at.

*** **Backenstein**. Das Mittelklassehotel liegt etwas abseits und erhöht über dem Nordufer des Grundlsees. 15 nett eingerichtete Zimmer, teils mit Balkon und Seeblick, kleine Sauna, Verleih von E-Bikes, familiäre Atmosphäre. Auch Vermietung von Ferienwohnungen, kein Restaurant. DZ ab 88 €. Bräuhof 156, ✆ 0664-4419637, office@backenstein.at, www.backenstein.at.

JUFA. Das gute geführte und freundliche Jugend- und Familiengästehaus befindet sich in erhöhter Alleinlage am Ostende des Grundlsee-Südufers. 24 Doppel- und Mehrbettzimmer, teils mit abgetrenntem Schlafbereich für die Kleinen, Restaurant, Internet, Fußballplatz am Haus und Radverleih. DZ ab 70 €. Gößl 149, ✆ 05708-3530, grundlsee@jufa.eu, www.jufa.eu.

Camping Gößl. Von der kleinen, familiären Platzanlage eröffnet sich ein Traumblick aufs Tote Gebirge. Von zahlreichen Automobilclubs empfohlene Anlage, guter Ausgangspunkt für Touren in die Umgebung. Nur wenig Schatten, kein Seeblick. 2 Pers. mit Zelt ab 19 €. Gößl 201, ✆ 03622-8181, office@campinggoessl.com, www.campinggoessl.com.

Post am See. Schickes Feinschmeckerlokal mit schöner Seeterrasse auf der anderen Straßenseite und fein gedeckten Tischen. Frische Zutaten aus der Region, kreative Rezepte (Backleber im Weißbrotmantel) und ausgesuchte Weine. Die Hauptgerichte kosten um 20–25 €. Mo/Di geschlossen, Mi–Fr ab 18 Uhr, Sa/So mittags und abends. Bräuhof 94 (an der unteren Ortsdurchfahrt in Grundlsee), ✆ 03622-20104, www.postamsee.com.

Der Grundlsee ist der größte See der Steiermark

Westliche Obersteiermark → Karte S. 84/85

Max Schraml. Beliebter Alpengasthof mit schattigem Kastaniengarten in etwas erhöhter Lage am Nordufer, bester Seeblick, auch Zimmervermietung. Gutbürgerliche Küche, den Zwiebelrostbraten mit Bratkartoffeln und Salat gibt's für 14,20 €. Do Ruhetag. Bräuhof 14, ✆ 03622-8642.

››› Mein Tipp: **Veit**. Landgasthof in traumhafter Lage am Wanderweg von Gößl zum Toplitzsee. Stube mit hoher Holzdecke, Terrasse mit einfachem, ländlichem Charme, Zimmervermietung (DZ ab 68 €). Gute, bodenständige Küche, das Veitsschnitzel mit Pommes und Gemüse kostet 15 €. Di Ruhetag. Gößl 13, ✆ 03622-8212, www.gasthof-veit.com. ‹‹‹

Fischerhütte. Die gastronomische Institution am Toplitzsee wurde mit dem AMA-Siegel für die Verwendung regionaler Produkte ausgezeichnet. Längst kein Geheimtipp mehr, hier wurden sogar mehrere Filme gedreht. Die Spezialität sind Forellen und Saiblinge frisch aus dem See. Souvenirkiosk und naturschöner Gastgarten, Kaffee und Kuchen, nachmittags kleine Jausenkarte. Mi Ruhetag, Nov./Dez. geschlossen. Gößl 172, ✆ 03622-8296, www.toplitzsee.at. ■

Bad Mitterndorf

ca. 3000 Einwohner

Vom 800 m hoch gelegenen Kurort im Hinterberger Tal ist der Blick auf das lang gestreckte Grimming-Massiv atemberaubend. Dass der Berg seine Umgebung nicht gänzlich erdrückt, ist der weiten und offenen Landschaft geschuldet, die ein Gefühl der Enge überhaupt nicht entstehen lässt. Bad Mitterndorf selbst gibt sich bei näherem Hinsehen unspektakulär. Viel gibt es rund um den Hauptplatz und die Pfarrkirche nicht zu entdecken, sieht man einmal vom kuriosen Sammelsurium im **Heimatmuseum Strick** ab, das sich oberhalb der Ortsdurchfahrt befindet und das nach Vereinbarung besichtigt werden kann (Eintritt gegen Spende. Bad Mitterndorf 67, ✆ 03623-2217).

Dass Bad Mitterndorf dennoch über ein volles Quartierverzeichnis verfügt, hat zwei Gründe: erstens die Therme und der mit ihr zusammenhängende Kurbetrieb;

Das Naturdorf Krungl, im Hintergrund der Grimming

zweitens der Wintersport. Das Hinterberger Tal ist ein Loipenparadies, zudem sind die Wege zum Abfahrtsskigebiet auf der Tauplitz kurz (→ S. 102 ff.). Hinzu kommt der **Kulm,** steirisches Mekka der Skiflieger und sportliches Aushängeschild mit erklecklicher Strahlkraft. Es verwundert daher kaum, dass hier einige Wintersportgranden beheimatet sind, z. B. der Skispringer Wolfgang Loitzl, mit neun Goldmedaillen einer der erfolgreichsten österreichischen Athleten. Seit 1972 darf sich der Ort mit dem Prädikat „Bad" schmücken, was ein wenig darüber hinwegtäuscht, dass bereits die Kelten die Heilquelle kannten und wohl zu kultischen Zwecken nutzten. Während das ehrwürdige Vitalbad Heilbrunn am Eingang zur Salzaschlucht bereits bessere Tage erlebt hat, erfreut sich die 2009 eröffnete **GrimmingTherme** regen Zuspruchs. Neun Jahre zuvor war man bei einer Tiefenbohrung in 2413 m Tiefe auf Thermalwasser gestoßen. Der Mineraliengehalt wirkt wohltuend auf erkrankte Muskeln, Knochen und Gelenke und lindert Herz-Kreislauf-Beschwerden.

Naturdorf Krungl

Der hübsche Bauernweiler Krungl unterhalb des Grimming im Hinterberger Tal ist nur etwa 3 km vom Mitterndorfer Ortszentrum entfernt – und ist doch eine eigene Welt. Friedlich plätschert der Brunnen in der Dorfmitte, ein Schild verweist auf natürlich-artgerechte Hochlandrinderzucht, die Loipe und der Salzkammergut-Radweg sind bequem erreichbar. Kurioserweise liegt die Ortschaft auf einem bajuwarischen Gräberfeld: Bislang identifizierte man über 250 Gräber aus dem 8.–10. Jh., die Fundobjekte geben Historikern und Archäologen wertvolle Aufschlüsse über die Besiedelung der Ostalpen im frühen Mittelalter. Das Urlaubsidyll ist von der B 145 über eine eigene Ausfahrt erreichbar.

Ödensee

Der friedliche Waldsee mit Badestegen, Picknickplätzen und einer zünftigen Hütte zur Einkehr liegt 10 km westlich von Mitterndorf, die Zufahrt von der B 145 ist ab

Pichl-Kainisch ausgeschildert. In der 20 ha großen Wasserperle tummeln sich u. a. Hechte, Rotaugen, Regenbogenforellen, Barsche und Seesaiblinge. Westlich des Sees schließt sich ein weitläufiges Hochmoor an, durch das Spazierwege führen. Bis 1975 wurde hier Torf als Heizmaterial für die Bevölkerung gestochen.

Basis-Infos Bad Mitterndorf

Information Das Infobüro befindet sich im Gemeindeamt am Hauptplatz. Mo–Fr 8–12 und 14–17 Uhr. Bad Mitterndorf 59, ✆ 03623-2444, www.bad-mitterndorf.at.

Hin & weg Ein günstig gelegener **Parkplatz** ist über die Ausfahrt Mitterndorf-Zentrum von der B 145 erreichbar. Vom Pendlerparkplatz sind es 10 Min. zu Fuß ins Zentrum.

Mautstraße: In Mitterndorf-Zauchen zweigt die Straße zur Tauplitzalm (→ S. 103) von der Ortsdurchfahrt ab.

Bus: Mitterndorf ist Haltepunkt des ÖBB-Postbusses vom Ennstal nach Bad Aussee.

Bahn: Der Bahnhof liegt 1,5 km östlich vom Hauptplatz auf der anderen Seite der B 145. Mit der Salzkammergutbahn nach Stainach-Irdning und in die Gegenrichtung nach Bad Aussee.

Einkaufen **Kaufhaus Köstler**. Im Nostalgiegeschäft am Hauptplatz (seit 1865) gibt es neben allerlei Ramsch und Kurzwaren auch Schnäpse, Lebkuchen etc. Mo–Fr 8–12 und 15–18 Uhr, Sa 8–12 Uhr. Bad Mitterndorf 5, ✆ 03623-2224.

Bauern- und Wochenmarkt. Mitte Mai bis Mitte Sept. auf dem Hauptmarkt, im Sommer wöchentlich, sonst alle 2–3 Wochen. Sa 9–12 Uhr.

Veranstaltungen **Nikolospiel**. Seit über einem Jahrhundert führen junge Männer in holzgeschnitzten Masken mit langen Hörnern ein bäuerliches Jedermannspiel vor, in dem sich heidnischer Aberglaube mit christlichen Vorstellungen mischt. Schwarze Dämonen, Krampen genannt, bilden mit ihren weiß gewandeten Antagonisten eine heilig-unheilige Allianz und wagen sich auch in Obersdorf und Tauplitz auf die Straße. Einige Masken und Kostüme zeigt die heimatkundliche Sammlung der Familie Strick. 5. Dez.

Sport und Aktivitäten in und um Bad Mitterndorf

Baden/Wellness **GrimmingTherme**. Der Neubau am Ortsrand mit luxuriösem Hotelanbau öffnet sich nach hinten mit hoher Glasfassade zum Grimming. Innen- und Außenbecken, großzügige Saunalandschaft, Liegewiese, abgetrennter Kinderbereich, Café und Bistro. Am Vormittag ist der Aufenthalt am schönsten. Tägl. 9–22 Uhr. Tageskarte 20 €, Kinder 10 €, mit Sauna kostet es mehr, ermäßigte Preise bei Kurzaufenthalten. Neuhofen 182, ✆ 03623-21010, www.grimming-therme.com.

Radeln Der **Salzkammergut-Radweg** (R19) vom Ennstal nach Bad Aussee verläuft durchs Hinterberger Tal. Relativ einfach zu bewältigen ist die Strecke von Bad Mitterndorf zum Salzastausee und zur Salzaschlucht, die das Hinterberger Tal mit dem Ennstal verbindet.

Mountainbiking: Die anspruchsvolle Tour rund um den Grimming (70 km) existiert auch als abgespeckte Variante für Tourenräder (48 km). Außerdem bietet sich Bad Mitterndorf gut als Einstieg zur schwierigen Dachsteinumrundung an (182 km).

Radverleih: Eine Radverleihstation befindet sich in der GrimmingTherme. Tourenräder (15 €/Tag), Mountainbikes (17 €), auch geführte Radtouren im Angebot. Mai bis Mitte Nov. tägl. geöffnet. Neuhofen 183, ✆ 03623-21000, www.aldiana-salzkammergut.com.

Wintersport Ein **Loipennetz** von 130 km Länge, ausgezeichnet mit dem steirischen Loipen-Gütesiegel, spricht für sich. 10 verschiedene Loipen von leicht bis anspruchsvoll.

Alpin: Das Skigebiet Tauplitzalm (→ S. 104) ist von Mitterndorf bequem erreichbar. Im Winter fährt der Skibus von der Mautstelle in Bad Mitterndorf-Zauchen auf die Tauplitz (7 €, erm. 4 €).

Übernachten/Essen & Trinken in und um Bad Mitterndorf

Als Kurort und Wintersportmekka verfügt Mitterndorf über große Hotelkapazitäten. In der kalten Jahreszeit übersteigen die Gästezahlen sogar die von Bad Aussee und Altaussee. Ultramodern und unangefochten ist das Hotel Aldiana mit Direktzugang zur GrimmingTherme (www.aldiana-salzkammergut.at). Ferienwohnungen vermittelt die Firma FiS (www.fis.at).

Schloss Grubegg. Das exklusive und stilvolle Landpalais im ehemaligen Forsthaus liegt in Gehentfernung zur GrimmingTherme. Innen Stilmöbel und Antiquitäten satt. 8 Zimmer, jedes davon anders eingerichtet und geschnitten. Kinderfreundlich, großer Garten, himmlische Ruhe. Kein Restaurant. DZ ab 180 €. Neuhofen 23, ✆ 03623-26545, mfloy@schlossgrubegg.at, www.schlossgrubegg.at.

***S **Kanzler**. Das gediegene Nichtraucherhotel liegt im Naturdorf Krungl. 18 behagliche und komfortable Zimmer, kompetente Beratung bei Wanderungen, großzügige Sauna- und Wellnesslandschaft mit Teich und Aussichtsturm. Gutes Restaurant, die Ente mit Blaukraut und Knödel gibt's für 16,50 €. Mo–Mi ab 15.30 Uhr, sonst mittags und abends. DZ ab 125 €. Krungl 2, ✆ 03623-2260, info@landhotel-kanzler.at, www.landhotel-kanzler.at.

*** **Zauchenwirt**. Der freundliche und familiäre Bauernhof mit Pension und Restaurant liegt günstig zwischen Mitterndorf-Zentrum und dem Anfang der Tauplitz-Mautstraße. 14 ordentliche Nichtraucherzimmer mit runderneuerten Bädern, teils mit Balkon. Zwei Gaststuben, eine nostalgisch, die andere modern. Die gutbürgerliche Küche verwendet u. a. Fleisch- und Milchprodukte vom eigenen Bauernhof. Mo Ruhetag. DZ ab 70 €. Zauchen 1, ✆ 03623-2911, info@zauchenwirt.at, www.zauchenwirt.at.

Camping Grimmingsicht. Familiäre Anlage mit nur 35 Stellplätzen mit fideler holländischer Inhaberin, die Loipe führt am Zeltplatz vorbei. Angeschlossen ist eine preiswerte Pension mit 5 einfachen Zimmern und Dusche/WC auf dem Gang. Ganzjährig geöffnet. 2 Pers. inkl. Zelt 17,50 €. Bad Mitterndorf 338, ✆ 03623-2985, camping@grimmingsicht.at, www.grimmingsicht.at.

Grimmingwurz'n. Bestes Mitterndorfer Restaurant in Gehentfernung zum Zentrum, opulent ausgestalteter Innenraum mit hoher Holzdecke. Gehobenes Ambiente. Steirische Küche mit vielen regionalen Produkten (Ennstalrind, Alpensaibling) und mediterranen Einschlägen (Trüffel, Rosmarin). Preiswerte Mittagsgerichte (um 15 €), abends etwas teurer (Menü oder à la carte). Di/Mi Ruhetag. Bad Mitterndorf 354, ✆ 03623-3132, www.grimmingwurzn.com.

Kohlröserlhütte. Zünftiges Restaurant direkt am herrlich gelegenen Ödensee. Terrasse mit Seeblick. Blunzngröstl mit Sauerkraut für 8,60 € und andere steirische Klassiker, leckere Desserts und Kuchen. Ganztägig warme Küche, gegen Abend Fischspezialitäten. Mai bis Okt. tägl. ab 10 Uhr, im Winter nur eingeschränkt geöffnet. ✆ 03624-213, www.kohlroeserlhuette.at.

Knödl-Alm. Von hier oben hat man das Hinterberger Tal und den Grimming fest im Blick. Zünftige Alm mit romantischer Terrasse. Biobauernhof mit einfacher Pension und eigener Schnapsbrennerei (2013 wurde der Bio-Wacholder-Schnaps prämiert). Hausspezialität sind Knödel, die in allen erdenklichen Varianten auf den Tisch kommen (mit Kraut ab ca. 6 €). Hier herrscht stets beste Stimmung! Do–So ab 11 Uhr. Knoppen 3 (ausgeschildert von Pichl-Kainisch), ✆ 03624-21132, www.urig.at. ■

Tauplitz und Tauplitzalm

Auf der Tauplitz herrscht sommers wie winters reichlich Betrieb. Die Tauplitzalm ist ein zum Toten Gebirge gehörendes Plateau auf 1600–1800 m. Bis in den Juni hinein liegt Schnee, der Ausblick auf den Grimming, die Niederen Tauern und den Dachsteingletscher ist berückend. Im Sommer laden die auf dem Plateau verteilten Gebirgsseen zu Wanderungen und Spaziergängen ein, im Winter ist die Tauplitz-

Auf der Tauplitz liegt bis in den Juni hinein Schnee

Westliche Obersteiermark → Karte S. 84/85

alm ein beliebtes Skigebiet. Eine zu jeder Jahreszeit befahrbare Mautstraße führt von Bad Mitterndorf auf die Tauplitzalm. Zusätzlich ist die Almregion durch eine bereits 1954 errichtete Sesselbahn mit dem Talort Tauplitz verbunden. Sie war mit einer Länge von 4 km lange Zeit die längste Sesselliftanlage der Welt. Auf dem Plateau gibt es ein dichtes Wanderwegenetz, zahlreiche Skilifte, mehrere Hotels und Almhütten. Der Talort Tauplitz wiederum befindet sich auf einer kleinen, leicht zugänglichen Anhöhe über dem Hinterberger Tal und ist wirklich nicht wesentlich mehr als eine Ansammlung weniger Häuser. Außerhalb der Wander- und Skisaison haben zahlreiche Quartiere geschlossen und es herrscht eine beinah schon gespenstische Stille.

Wanderung 1: Tauplitzalm – die 6-Seen-Wanderung → S. 409 ff.
Überwiegend leicht zu bewältigender Wanderklassiker im Toten Gebirge

Information Das Infobüro befindet sich im unteren Ortsteil an der Durchgangsstraße. Mo–Fr 8–12 und 14–17 Uhr, Sa 9–12 Uhr. Tauplitz 71, ✆ 03688-2446, www.tauplitz.at.

Hin & weg Bahn: Der Bahnhof der Salzkammergutbahn liegt im Hinterberger Tal etwas unterhalb von Tauplitz.

Bus: Zwischen Bad Mitterndorf und der Tauplitzalm verkehrt ein öffentlicher Bus. Juni bis Sept. Mo–Sa 4-mal tägl., Ende Dez. bis Mitte April 5-mal. 7 €, erm. 4 €. ✆ 03623-2264, www.alpenstrasse.at.

Mautstraße: Die 10 km lange Zufahrt von Bad Mitterndorf auf die Tauplitzalm ist ganzjährig befahrbar. 9,80 €/Auto bis 5 Pers. ✆ 03623-2264, www.alpenstrasse.at.

Bergbahn Der Vierer-Sessellift der Tauplitzbahn von Tauplitz zur Tauplitzalm ist in der Skisaison ab Anfang Dez. tägl. 9–16 Uhr und im Sommer von Juli bis Anfang/Mitte Sept. 8.30–12 und 13–16.30 Uhr in Betrieb (nur bei Wanderwetter). Im Sommer 14 €, erm. 9 €, im Winter ist die Fahrt im Skipass inbegriffen. ✆ 03688-2252, www.dietauplitz.com.

Klettern Der **Gamsblick-Klettersteig** führt aussichts- und erlebnisreich vom Steirerseethörl auf den 1984 m hohen Traweng (Schwierigkeitsgrad C).

Wandern Wanderwege verbinden die Tauplitzalm mit Tauplitz und dem Grundlsee. Beliebt ist die Besteigung des 1965 m hohen **Lawinenstein** (Gehzeit: ca. 2 Std.). Familiengerecht wandern lässt es sich zudem auf der **Gnanitzalm** (Zufahrt von Tauplitz).

Wintersport Ob nordisch oder alpin, die Tauplitzalm erweist sich als Skigebiet mit hoher Schneesicherheit.

Nordisch: Die Spechtensee-Loipe ist 7 km lang (mittlerer Schwierigkeitsgrad) und 6 km von Tauplitz entfernt.

Alpin: Neben der Tauplitzbahn gibt es eine Kabinenbahn, zwei Sessellifte und zwölf Schlepp-, Teller- und Seillifte. 30 Pisten von leicht bis schwierig. Skischulen, Skiverleih und Kinderland.

Übernachten/Essen »» Mein Tipp: ***S **Der Hechl**. Das komfortable und familiär geführte Hotel befindet sich im Zentrum von Tauplitz. 30 freundliche Gästezimmer und Suiten, die schönsten sind die mit Südblick und Balkon. Kleiner Pool, Wellnessbereich, Sonnenterrasse und gutes Restaurant. Herzliche Gastfreundschaft, professionell geführt. Zum Hotel gehört eine Almwirtschaft auf der Gnanitz. DZ ab 110 €. Tauplitz 64, ✆ 03688-2268, info@hotel-hechl.at, www.hotel-hechl.at. ««

*** **Dachsteinblick**. Der bodenständige Berggasthof befindet sich in erhöhter Alleinlage im Niemandsland zwischen Tauplitztal, Pürgg und Spechtensee. Traumblick auf Dachstein und Grimming, vielfältige Wandermöglichkeiten. 5 Zimmer sowie 2 Apartments, einfach, aber ordentlich. Grundsolides Restaurant mit steirischer Küche und leckeren Mehlspeisen, Hauptgerichte um 12 € (Mi geschlossen). DZ ab 60 €. Wörschachwald 87 (5 km vom Bahnhof Tauplitz), ✆ 03688-2328, info@gasthof-dachsteinblick.at, www.gasthof-dachsteinblick.at.

Hollhaus. Der Berggasthof des ÖAVs befindet sich oberhalb des Parkplatzes am Ende der Mautstraße zur Tauplitzalm. Sowohl Ski- als auch Wanderhütte, an guten Tagen reichlich Betrieb und gute Stimmung. Professioneller Service, Skiverleih, deftige österreichische Küche (Kasnocken, Kaiserschmarrn, Germknödel, Mohr im Hemd). 18 Doppel- und Mehrbettzimmer mit Dusche/WC auf dem Gang. DZ ab 56 €. Tauplitzalm 1, ✆ 03688-2302, info@hollhaus.at, www.hollhaus.at.

Grazer Hütte. Beliebte Einkehr auf der Tauplitzalm, nur zu Fuß erreichbar. Die Hütte liegt an der 6-Seen-Wanderung. Heinrich Harrer („Sieben Jahre in Tibet") wirkte hier 1933/34 als Hüttenwirt, Skilehrer und Bergsteigerpionier. Rustikales Ambiente, gekocht wird mit Herz, auf der Karte stehen die üblichen Almklassiker. Zimmer und Betten im Lager vorhanden. In der Skisaison und Juni bis Mitte Okt. geöffnet, im Sommer Di Ruhetag. Tauplitzalm 34, ✆ 03688-29397, www.grazerhuette.at.

Johnsleitnerhütte. Unprätentiöse und freundliche Jauseneinkehr auf der Gnanitz. Zünftige Stube, Terrasse, kleine Jausen und Getränke sowie hausgebrannter Schnaps. Auch uriges Bettenlager (bis 15 Pers.). Pfingsten bis Okt. tägl. ab 12 Uhr. Lessern 48 (Zufahrt von Tauplitz zum Parkplatz im Gnanitztal, dann 45 Min. zu Fuß), ✆ 0664-5737759.

Pürgg

Ein für Außenstehende eher unwichtiger Streit dreht sich um die Frage, ob der kleine Weiler Pürgg noch zum Ausseerland gehört oder ob er bereits dem Ennstal zugeschlagen werden muss. Für Ersteres spricht die Zugänglichkeit vom Hinterberger Tal, für die Gegenposition die geografische Lage auf einem Aussichtsbalkon oberhalb der Enns. Wie auch immer man sich entscheiden mag, der Abstecher nach Pürgg lohnt sich. Mittelalterliche Häuser im alpenländischen Stil mit Sgraffitoresten und hölzernen Speicheraufbauten gruppieren sich zu einem malerischen und beinahe schon museal anmutenden Flecken. Kein Wunder, dass der Schriftsteller Peter Rosegger den Ort als „Kripperl der Steiermark" adelte. Besonders sehenswert sind zwei Kirchen: Die **Pfarrkirche** aus dem 12. Jh. im romanisch-gotischen Stil steht auf einem älteren Beinhaus und ist von einem wehrhaften Pfarrhof umgeben. Bemerkenswert sind die 1953 freigelegten Fresken im Turm, der von der Katharinenkapelle zugänglich ist, sowie das Westportal mit den schmiedeeisernen Spiralen zur Abwehr böser Kräfte. Äußerlich unscheinbarer, aber fast noch bemerkenswerter ist die **Johanneskapelle** auf einem abseits gelegenen Hügel. Die romanischen Fresken im Innern zählen zu den bedeutendsten und ältesten des nördlichen Alpenraums. Einige Motive haben immer wieder zu Spekulationen geführt: das seltsame Geplänkel zwischen Katz und Maus (eine Allegorie, gründend auf die äsopische Fabelwelt) oder die nicht minder merkwürdigen arabischen Schriftzeichen am Chorbogen. Sogar Allah taucht einige Male wortwörtlich auf! Vermutlich gehörte die Kapelle einst zur heute nicht mehr existenten Burg Grauscharn, die Sitz einer Grafschaft war. Es handelt sich um einen der ältesten Herrschaftsmittelpunkte in der Steiermark überhaupt.

Hin & weg Bahn: Der Bahnhof befindet sich im Tal und ist mit Pürgg durch einen Fußweg verbunden (ca. 20 Min. Fußmarsch).

Baden Das **Naturbad Pürgg** mit Blick auf Grimming ist ein Kleinod. Das Wasser stammt aus einer eigenen Quelle und wird mit Solarzellen erhitzt. Liegewiese, Restaurant und Café. Pfingsten bis Mitte Sept. tägl. 10–19 Uhr (bis Ende Juni Mo/Di Ruhetag). 3,50 €, erm. 2,50 €. Pürgg 70, ✆ 0664-3870099.

Einkaufen **Schlömmer**. In der Gemischtwarenhandlung Anton Adam erwachen nostalgische Gefühle. Ideal, um sich für das Mittagspicknick einzudecken. Neben Artikeln für den täglichen Bedarf gibt's u. a. auch Spezialitäten vom steirischen Hochlandrind. Inhaberin Heidi Schlömmer gibt auf Nachfrage gerne Auskünfte. Tägl. außer So 8–12 und 16–18 Uhr (Do und Sa Nachmittag zu). Pürgg 7, ✆ 03682-22371.

Pürgg: Waldfreibad mit Grimming

Übernachten/Essen *** **Mössner**. Die bodenständige und familiäre Pension liegt im oberen Ortsteil von Pürgg. 8 einfache, aber insgesamt ordentliche Zimmer mit kleinen Bädern. Die Küche verarbeitet Bioprodukte aus der eigenen Landwirtschaft. Mi Ruhetag, ab 14 Uhr Kaffee und Kuchen sowie kleine Jausen. Die Inhaberfamilie vermietet auch 2 Ferienwohnungen. DZ 70 €. Pürgg 26, ✆ 03682-22472. ■

››› **Mein Tipp:** **Krenn**. Vorzeigegasthaus der Region mit hohem Kultfaktor, erstmals erwähnt wird ein Gastbetrieb im alten Schuhmacherzunfthaus im 14. Jh. Urige Nostalgiestube, Garten, steirische Schmankerln in bester Qualität, bereitet nach alten Hausrezepten (Brun'schuster Schnitzel, Schafkasstrudel, Vogerlsalat mit Speck, Gammelknödel). Hauptgerichte 10–20 €. Ein Spross der Familie, Natalie Krenn, ist seit 2007 mit Klaus Maria Brandauer verheiratet. Mo/Di geschlossen. Pürgg 11, ✆ 03682-22274. ‹‹‹

Ramsau am Dachstein

ca. 2800 Einwohner

Es ist erstaunlich, was sich auf dem Ramsauer Plateau im Sommer wie im Winter abspielt. Die Statistik verzeichnet über 650.000 Übernachtungen pro Jahr, vor 30 Jahren waren es sogar noch wesentlich mehr. Die Infrastruktur ist ausgereift bis zur Perfektion, die Zahl der Aktivangebote hat inzwischen ein beängstigendes Ausmaß erreicht. Wandern, Skiwandern, Langlaufen, Schwimmen, Klettern, Bogenschießen, Mountainbiken, Gleitschirmfliegen – jeder klassische Freizeitsport und beinahe alle Trendsportarten sind hier vertreten. Hotels und Pensionen, dazu Restaurants, Alm- und Berghütten kümmern sich um das Wohl der Gäste und erreichen ein Niveau, das in der Steiermark seinesgleichen sucht. Bei diesem ganzen Auftrieb verwundert es, dass die Ramsau sich selbst treu blieb: ein wunderbarer Flecken, überwölbt von der Traumkulisse des **Dachstein** und frei von landschaftsfressenden Hotelbunkern und anderen Bausünden. Die topografische Lage über dem Ennstal vermittelt ein Gefühl der Weite, der Blick schweift ab und an in die Ferne, um sich am Kamm der Zentralalpenkette zu verlieren. Die Ramsau ist eine klassische Streusiedlung mit einem erkennbaren Zentrum, Ramsau-Ort, und mehreren abgelegenen Teilorten. Den Namen erhielt die Talaue von der Hohen Rams (2551 m), die zum Dachstein-Massiv gehört. In der Umgangssprache hieß das etwa 1150 m hoch gelegene Areal einst Ahorntal. Hin und wieder treffen Spaziergänger noch auf die typischen Ahornreihen, die einst die Gemarkungen zerteilten und die Gehöfte gegen den Westwind schützten. Auch die Film- und Fernsehmacher haben den Ort für sich entdeckt: Seit Jahren werden hier die Staffeln der Serie „Die Bergretter“ gedreht; wer mag, pilgert zu den Originaldrehorten und hält dabei nach den Lieblingsstars Ausschau.

Ramsau: idyllischer Flecken im Hochgebirge

Geschichte: Das berühmte Lied „Die Gedanken sind frei“ ist symptomatisch für die wichtigste Periode der Ramsauer Ortsgeschichte. Bergleute aus Sachsen hatten im 16. Jh. neben ihrem beruflichen Know-how auch die lutherische Lehre in die Alpen gebracht. Im Zuge der Gegenreformation wurde diese jedoch von den Habsburgern verboten, woraufhin man sich nach außen zum Katholizismus bekannte, in Wirklichkeit aber weiter protestantisch blieb. Dieser **Geheimprotestantismus** blieb bis zum Erlass des Toleranzpatents 1781 bestehen. Noch heute leben in der Ramsau 78 % Protestanten und nur 18 % Katholiken. Und selbstverständlich handelt es sich beim Gotteshaus in

Ramsau-Ort mit seinen hübschen Holzemporen um eine evangelische Kirche. Auch ein Kapitel der Alpingeschichte wurde hier geschrieben: Im Sommer 1909 bezwangen die Brüder Georg und Franz Steiner als Erste die Dachstein-Südwand – mit einem Bergstock als einziges Hilfsmittel! Das nette **Alpinmuseum** in der Austriahütte illustriert diese und andere Episoden. In die Wintersporthistorie trug sich der Ort ein, als hier 1999 die nordische Skiweltmeisterschaft stattfand; aus jenen Tagen stammt u. a. die Sprungschanze am Kulmberg. Die ältesten Siedlungsspuren stammen übrigens aus der Römerzeit. Einheimische entdeckten sie am Burgstall oberhalb der Straße nach Weißenbach im Ennstal. Ein bescheidener **Lehrpfad** vermittelt Wissenswertes aus jener Epoche.

St. Rupert am Kulm

Wer auf direktem Weg von Schladming nach Ramsau fährt, gelangt zuerst in den Ortseil Ramsau-Kulm. Gegenüber der Traditionsgaststätte Kulmwirt, die bereits 1610 urkundlich erwähnt wurde, befindet sich die katholische Kirche St. Rupert. Es handelt sich um den ältesten Sakralbau im Hochtal, bemerkenswert im Innern sind die spätromanisch-gotischen Fresken im Chor und im Langhaus.

Museum Zeitroas

Das ansprechend gestaltete Heimatmuseum in Ramsau-Ort illustriert verschiedene Aspekte der Ortsgeschichte. Der Protestantismus nimmt eine wichtige Stellung ein, des Weiteren die Themen Jagd, Alpinismus sowie die touristische Erschließung des Ramsauer Plateaus. Sehenswert ist darüber hinaus das dreidimensionale Landschaftsrelief der Dachstein-Salzkammergut-Region aus den 1960er-Jahren.

Weihnachten bis Ostern und Mai bis Okt. Di und So 10–12.30 Uhr, Mi 10–12.30 und 15–18 Uhr, Do/Fr 15–18 Uhr. 5 €, erm. 4 €. Ramsau 227, ✆ 0664-3264137, www.zeitroas.at.

Rittisberg

Der Kulmberg (1245 m) und der Rittisberg (1565 m) trennen mit ihren bewaldeten Kuppen das Ramsauer Plateau vom tiefer gelegenen Ennstal ab. Der Rittisberg hat sich in den letzten Jahren zum ultimativen Freizeitberg für Familien gemausert – mit Sessellift, Sommerrodelbahn, Waldhochseilgarten, Barfuß- und E-Bike-Parcours sowie einem Märchenweg für die ganz Kleinen. Vom Aussichtsturm am Gipfelkreuz fällt der Blick auf die Kalk- und Zentralalpen. Trotz des Kommerzes finden auch Naturliebhaber hier das eine oder andere ruhige Fleckchen und an der Südseite des Bergs laden hinreißend gelegene Almhütten zur Mittagseinkehr oder Kaffeepause ein (www.rittisberg.at).

Dachstein

Die Ramsau liegt auf der südlichen Sonnenseite der Kalkalpenkette, dominiert vom knapp 3000 m hohen Dachstein. Fast senkrecht ragen die Wände in die Höhe, der gezackte Grat leuchtet im Licht der untergehenden Sonne. Zahlreiche Bergpfade führen von unten auf das Plateau, während andererseits die bequemere Variante die Gäste in nur wenigen Minuten über schwindelnde Abgründe nach oben bringt: Die Dachstein-Gletscherbahn verfügt über rundum verglaste Gondeln, die ohne jede Stützstrebe einen Höhenunterschied von 1000 m bewältigen. Oben erwartet dann die Besucher die Aussichtsplattform **Skywalk,** ein Selbstbedienungsrestaurant, eine über dem Abgrund schwebende Hängebrücke sowie der **Eispalast,** über dessen Nutzen und Schönheit man geteilter Meinung sein mag. Professionelle Eisschnitzer aus China schufen den unterirdischen Dom mit seinen mystisch illuminierten Skulpturen in wochenlanger Arbeit (ganzjährig bei Seilbahnbetrieb geöffnet. 10 €, erm. ab 5,50 €. ✆ 03687-22042810, www.derdachstein.at). Erst auf dem Aussichtsplateau sind auch die Dachsteingletscher erkennbar, die sich vom Kamm aus nach Norden ausbreiten; es handelt sich um die östlichsten Alpengletscher überhaupt. Auch im Sommer sind sie von Abfahrts- und Langläufern sowie von Snowboardern bevölkert.

Megamoderne Aussichtsplattform auf dem Dachstein

Kurzum, auf dem „Dach der Steiermark" ist einiges geboten. Der Hohe Dachstein, mit einer Höhe von 2995 m die eigentliche „Hauptperson", scheint in dem Rummel fast unterzugehen. Westlich der beiden Dirndln, den Charakterfelsen am Grat, bildet er mit Mitterspitz (2925 m) und Torstein (2948 m) ein Dreigestirn für die Ewigkeit.

Wanderung 2: Rundweg im Schatten der Dachstein-Südwand → S. 411 ff.
Almen, Hütten und faszinierende Ausblicke auf schroffe Kalksteinwände

Gedenken, um zu vergessen: das Dachstein-Projekt von Ai Weiwei

In einem Interview sagte der chinesische Künstler Ai Weiwei einmal, dass wir in einem „Zeitalter der Verrücktheit" lebten (fünf Tage danach wurde er in Peking von der Polizei festgenommen). Verrückt klingt auch die Geschichte, die sich mit seiner Beteiligung im Sommer 2010 am Dachstein zutrug. Beim Kunstfestival Regionale X ließ Ai Weiwei einen 4 t schweren Felsbrocken auf dem Gipfel installieren. Der Felsblock stammt aus der chinesischen Provinz Sichuan und hatte sich bei einem schweren Erdbeben 2008 aus einer Wand gelöst. Bei dem Beben starben 70.000 Menschen. Ai Weiwei gab an, er wolle mit dieser Aktion vor der menschenverachtenden Fortschrittsgläubigkeit in einem autoritären, von Korruption zerfressenen Schwellenland warnen und zum Nachdenken über das Verhältnis von Mensch und Natur anregen. Nach besagtem Beben in tektonisch sensiblem Gebiet zeigten sich nämlich gefährliche Risse an Staudämmen. Auch fielen einige der liederlich zusammengeschusterten Schulgebäude wie Kartenhäuser in sich zusammen und begruben chinesischen Quellen zufolge 5000 Kinder.

Doch das von Ai Weiwei geforderte Nachdenken erwies sich als Bumerang für das Kunstprojekt am Dachstein: Beim ÖAV gingen massive Beschwerden gegen das Projekt ein. Der Verband forderte daraufhin die Gipfelinszenierung aus ökologischen Gründen zu verbieten, denn für den Transport des Felsens seien Schwerlasttransporter sowie Spezialhelikopter vonnöten, der CO_2-Bilanz der Dachsteinregion sei beides nicht zuträglich. Die Beschwerde wendete sich auch grundsätzlich gegen den Trend alpiner Gipfelinszenierungen, die sich auf die natürlichen Ökosysteme auswirkten. Was letzteren Punkt betrifft, beruhigten sich die Gemüter immerhin wieder. Denn das umstrittene Corpus Delicti, das natürlich trotzdem auf den Dachsteingipfel gebracht wurde, ist weder gekennzeichnet noch äußerlich von den abertausend übrigen Kalksteinen zu unterscheiden. Doch wie lässt sich eine solche Kunst dann noch wahrnehmen? Ai Weiweis Antwort ist verblüffend einfach: Man solle den Stein schlicht vergessen.

Basis-Infos Ramsau und Umgebung

Information Das Infobüro befindet sich in Ramsau-Kulm. Das Foyer mit Prospekten und Bankautomat hat rund um die Uhr geöffnet. Mo–Fr 8–12 und 14–18 Uhr, Sa 10–12 und 16–18 Uhr, in der Hauptsaison ohne Mittagspause und So geöffnet. Ramsau 372, ✆ 03687-81833, www.ramsau.at bzw. www.derdachstein.at.

Hin & weg Die meisten Feriengäste fahren auf der B 320 bis Schladming und folgen dann der Ausschilderung zur Ramsau. Alternativ über die Tauernautobahn bis zur Ausfahrt Eben im Pongau und dann weiter über Filzmoos, landschaftlich reizvoll ist die Nebenstrecke von Weißenbach im Ennstal.

Mautstraße: Die Dachsteinstraße von Ramsau zur Talstation der Dachstein-Gletscherbahn ist ganzjährig befahrbar. 6 €/Pers., erm. 2,80 € (kostenlos bei Benutzung der Dachstein-Gletscherbahn). ✆ 03687-81222, www.rvb.at.

Bus: effiziente Verbindung zwischen Schladming und der Talstation der Dachsteinbahn via Ramsau-Kulm und Ramsau-Ort (Linie 960). Seltener fahren Busse zur Silberkarklamm, zum Wanderausgangspunkt am Gasthaus Dachsteinruhe sowie zur Reiteralm in den Niederen Tauern. ✆ 03687-81870, www.rvb.at.

Bergbahn **Dachstein-Gletscherbahn**. Abfahrt der Großraum-Kabinen alle 20 Min. von der Talstation Türlwandhütte, in der Hauptsaison lange Wartezeiten. Febr. bis Mitte April und Mitte Mai bis Nov. ca. 8–17 Uhr. Berg- und Talfahrt: 34 €, erm. 18 €. ✆ 03687-22042810, www.derdachstein.at.

Rittisbergseilbahn. Der Sessellift an der Sommerrodelbahn verkehrt nur bei gutem Wetter. Mitte Mai bis Juni und zweite Hälfte Sept. Mi und Sa/So, Juli bis Mitte Sept. Mi–So 9.30–16.30 Uhr. Berg- und Talfahrt: 10 €, erm. 6 €. ✆ 03687-81776, www.rittisberg.at.

Einkaufen **Verweilzeit**. Feinkostgeschäft im Zentrum mit Café und Bistro. Kreative Salate, leckere Kuchen, guter Kaffee. Modernes Design als wohltuender Kontrapunkt zur rustikalen Alpennostalgie. Zu kaufen gibt's steirische Spezialitäten: Weine, Öle, Schokolade, Schinken u. v. m. In der Nebensaison Mi geschlossen, sonst tägl. 10–19 Uhr. Ramsau 193, ✆ 03687-81793, www.verweilzeit.at.

››› Mein Tipp: **Lodenwalker**. Der bereits 1434 erwähnte Ramsauer Meisterbetrieb gilt als einer der ältesten steirischen Gewerbebetriebe. Schurwolle wird hier gewalkt und zu qualitativ hochwertiger Kleidung verarbeitet. Ein Betriebsrundgang bietet Einblicke in den Herstellungsprozess. Im Laden gibt's nicht nur traditionelle Walkjanker, sondern auch Hosen und Jacken u. v. m. in zeitgemäßem Chic. Mit Restaurant und Café. Mo–Do 8–12 und 13–17 Uhr, Fr 8–11 Uhr (Betrieb), Mo–Fr 8–18 Uhr, Sa 8–13 Uhr (Shop/Café). Rössing 122 (3 km in Richtung Weißenbach/Ennstal), ✆ 03687-81930, www.lodenwalker.at. ‹‹‹

Veranstaltungen **Frühlingsfest der Pferde**. Das wichtigste Jahresevent in der Ramsau ist zugleich das größte Frühlingsfest der Region. Seit über 25 Jahren mit viel Blumenschmuck, der Wahl der Dachsteinkönigin und als Höhepunkt eine große sonntägliche Pferdeparade mit Festwägen und reichlich Rahmenprogramm. Anfang/Mitte Juni.

Sport und Aktivitäten in der Ramsau

Urlauber mit einer Gästekarte können auch die zahlreichen Aktivangebote rund um Schladming nutzen (Bergbahnen, Mautstraßen, öffentliche Busse etc.). Allerdings ist nicht jeder Übernachtungsbetrieb an der Sommercard beteiligt (Juni bis Mitte Okt., www.sommercard.info).

Gleitschirmfliegen Verschiedene Absprungrampen von einfach bis schwierig, u. a. vom Rittisberg und vom Dachstein-Massiv.

Eine **Flugschule** vermittelt in mehrtägigen Kursen die Grundlagen des Gleitschirmfliegens. Auch Schnupper- und Auffrischkurse sowie Tandemsprünge. Der Basiskurs kostet 280 €. Ramsau 269, ✆ 03687-81880, www.aufwind.at.

Klettern Ramsau am Dachstein gilt als Wiege der Klettersteige, bereits 1843 entstand hier der erste Klettersteig der Alpen, benannt nach dem Geografen und „Dachstein-Professor" Friedrich Simony. Heute gibt es 17 Klettersteige, darunter auch welche für Kinder. Kombiniert man den Anna- mit dem Johann-Klettersteig (Schwierigkeitsgrad C/D) von der Dachsteinsüdwandhütte zum Gipfelgrat, begeht man den längsten Klettersteig Österreichs!

Radeln Zwei ausgewiesene, leichtere **Mountainbike-Touren** führen durch Ramsau-Ort: Die Ramsau-Runde (38,7 km) und die Panorama-Runde (56,6 km). Darüber hinaus führt auch die 182 km lange und anspruchsvollere Dachsteinrunde durch das Ramsauer Plateau.

Radverleih: Die Intersport-Filiale in Ramsau-Ort vermietet Mountainbikes und E-Bikes. Mo–Fr 8.30–12 und 14.30–18 Uhr, Sa 8.30–12 Uhr. Ramsau 167, ✆ 03687-819140, www.intersport-bachler.at.

Reiten Ramsau wurde 2010 von der Plattform PferdAustria der Titel „pferdefreundlichste Gemeinde Österreichs" verliehen. Neben Ausritten und Kutschfahrten werden auch Spring-, Dressurreiten und Reitunterricht mit Ponys angeboten. Eine empfehlenswerte Adresse für Reiterferien ist der Brandstätterhof (www.reiterlebnis.at).

Wandern Ramsau ist mit dem österreichischen Wandergütesiegel ausgezeichnet, 200 km umfasst das markierte Wegenetz. Wandern kann man auf drei Ebenen: auf dem Ramsauer Plateau, in der Almenregion und im hochalpinen Bereich der Kalkfelsen. Relativ einfache Übungen sind die Rundwege am **Kulm-** und **Rittisberg** (Gehzeit: jeweils ca. 3:30 Std.).

Jungfrauensteig: anspruchsvoller Steilaufstieg zur Austriahütte mit Alpinmuseum. Auf dem Weg trifft man auf die „Steinernen Jungfrauen" – bizarre Türme aus Konglomeratgestein (Gehzeit: 3–4 Std.).

5-Hütten-Weg: Der Klassiker unter den Rundwegen verbindet alle drei Wanderebenen und führt, wie der Name schon sagt, an zahlreichen Einkehrmöglichkeiten vorbei (Gehzeit: ca. 6 Std.).

Silberkarklamm: Das Wasser in der Schlucht stammt aus dem Silberkar- oder Höllsee auf dem Dachsteinplateau; über unterirdische Karstklüfte gelangt es ins Tal. Der Holzsteg zur Erschließung der Klamm wurde 1928 angelegt, auf der anderen Seite liegt die Silberkarhütte (Einkehrmöglichkeit). Eintritt: 2,90 €, erm. 1,50 € (Gehzeit mit Rückweg über Wurzelsteig: ca. 2–2:30 Std.).

Königsetappe: Der Rundwanderweg für Geübte führt durch die Silberkarklamm hinauf aufs Dachsteinplateau und zum Guttenberghaus. Hinunter geht's dann über die Lärchbodenalm zum Wanderparkplatz Feisterer (Gehzeit: ca. 6–8 Std.).

Gletscherwanderung: Von der Bergstation der Dachsteinseilbahn führen gespurte Routen zum Guttenberghaus, der höchstgelegenen steirischen ÖAV-Hütte, und zur Seethalerhütte mit der Dachsteinwarte (Gehzeit zur Seethalerhütte und zurück: ca. 1:30 Std.).

Besuch beim Lodenwalker

Wintersport Die Ramsau zählt zu den wichtigsten nordischen Wintersportorten der Alpen, das **Loipennetz** hat eine Gesamtlänge von 220 km. Zentrum aller nordischer Aktivitäten ist das Langlaufstadion bei Ramsau-Ort mit einer tägl. bis 21 Uhr ausgeleuchteten Nachtloipe. In der Ramsau gibt es 13 Loipen bis zu 30 km mit verschiedenen Schwierigkeitsgraden und einen Langlaufpark für Kinder.

Skitouren werden immer beliebter, ein Klassiker ist die – relativ einfach zu bewältigende – Dachstein-Überquerung von der Bergstation der Dachstein-Gletscherbahn zum Hallstätter See in Oberösterreich (Dauer: ca. 3–5 Std.).

Alpin: Die berühmteste Abfahrt am Dachsteinmassiv führt vom Dachsteinplateau über das Edelgrieß hinunter ins Ramsauer Tal. Weitere Pisten befinden sich auf dem Dachsteingletscher und können z. T. auch noch im Sommerhalbjahr befahren werden.

Übernachten/Essen & Trinken in der Ramsau

Eine Spezialität des Ortes sind Krapfen. Anders als im katholischen Ennstal werden sie traditionell aus Weizen statt Roggen gefertigt. Die Zubereitung der „Heilig-Geist-Krapfen", die zu Pfingsten sehr beliebt sind, erfordert besondere Sorgfalt: Der ausgerollte Mürbeteig wird mit Rum, Schmalz und Anis versetzt und dann solange gewendet, bis die typische Wellenform entsteht.

››› Mein Tipp: **** **Annelies**. Die gepflegte und familiengeführte Komfortherberge liegt in Ramsau-Kulm. Das einzige Manko, die Ortsdurchfahrt vor der Nase, wird durch die Bushaltestelle gleich um die Ecke wettgemacht. Professionell geführt. Schmucker Wellnessbereich, kleiner Pool im Garten, 50 tadellose Zimmer, überwiegend mit Balkon, ausgezeichnetes Restaurant, das Frühstücksbüfett lässt nur wenige Wünsche offen. DZ ab 110 €. Leiten 214, ✆ 03687-817750, info@www.hotel-annelies.at, www.hotel-annelies.at. ‹‹‹

*** **Peter Rosegger**. Das liebenswerte und kultivierte Alpengasthaus in ruhiger Alleinlage westlich von Ramsau-Ort ist ebenfalls ein guter Tipp. Freundlich und familiär, die Stube ist nostalgiegetränkt, behagliche Sonnenterrasse mit Blick auf das Dachstein-Massiv. Nur wenige Zimmer im Obergeschoss, ordentlicher Gesamteindruck, etwas kleine Bäder. Exzellentes Restaurant, der Klassiker am Abend ist der Hirschbraten mit Rotkraut und Schupfnudeln für 16,50 €. Auch kleine Jausen, teils mit Zutaten aus biologischem Anbau. Di Ruhetag. DZ ab 94 €. Ramsau 233, ✆ 03687-812230, info@alpengasthof-peter-rosegger.at, www.alpengasthof-peter-rosegger.at.

Das Zentrum von Ramsau-Kulm

*** **Haus am Bach**. Das sympathische Quartier mit Bauernhofflair liegt einsam und ruhig unterhalb von Ramsau-Ort und etwa 15 Gehminuten von Ramsau-Beach entfernt. 25 Zimmer und Apartments mit Balkon, teils mit Selbstversorgerküche. Restaurant, großer Garten mit Teich, ideal für Familien mit Kindern. DZ ab 80 €. Vorberg 6, ✆ 03687-81258, info@hausambach.at, www.hausambach.at.

** **Waldhof**. Die rustikale und urgemütliche Pension entpuppt sich als Holzblockhaus mit hohem Romantikfaktor. Ruhige Alleinlage, die Zimmer sind individuell mit Bauernmöbeln ausgestattet, Dusche/WC meist auf dem Gang. Naturbelassener Garten, Jausenstation. Die Zutaten – auch fürs Frühstück – kommen vom eigenen Biobauernhof. DZ ab 54 €. Leiten 49, ✆ 03687-81545, info@waldhof.ramsau.at, www.waldhof-ramsau.at. ■

Camping Dachstein. Die Anlage mit relaxter Atmosphäre ist unter holländischer Leitung und liegt etwas ab vom Schuss Richtung Filzmoos. Wem dies zu einsam ist, sollte den anderen Zeltplatz in Ramsau-Beach wählen. 25 Plätze, himmlische Ruhe, angeschlossen ist eine bescheidene Frühstückspension, Selbstversorgerhaus. Ganzjährig geöffnet. 2 Pers. inkl. Zelt ca. 20 €. Hierzegg 26, ✆ 03687-81280, info@camping-dachstein.at, www.camping-dachstein.at.

Kulmwirt. Traditionsgaststätte an der Ortsdurchfahrt in Kulm, Spezialität des Hauses sind „Necki", Nockerln in allen möglichen Varianten (um 10 €). Modern gestalteter Speiseraum, Nostalgiestube, schattiger Kastaniengarten, Pub und beliebter Ausgehtreff. Hin und wieder volkstümliche Theater- und Musikveranstaltungen, Vermietung von Apartments. Mo/Di Ruhetag (Hauptsaison nur Mo). Ramsau 39, ✆ 03687-21099, www.kulmwirt-ramsau.at.

Gruberstube. Idyllisch gelegene Jausenstation oberhalb von Ramsau-Ort, bereits im 15. Jh. erstmals erwähnt. Innen fast wie ein Museum, die Stube mit Kachelofen wurde bis heute kaum verändert. Drehort der Serie „Die Bergretter", hier fanden die Innenaufnahmen statt. Süßes (Krapfen) und Deftiges (z. B. frische Ofenkartoffeln mit Speck für 6 €), ausgewählte österreichische Weine und Schnäpse. Do Ruhetag. Vermietung von Apartments. Gruberhof 51, ✆ 03687-81759, www.gruberstube.at.

Austriahütte. Die freundliche ÖAV-Berghütte auf 1638 m Höhe ist von der Talstation der Dachsteinbergbahn zu Fuß in 30 Min. erreichbar. Die einschlägigen Jausenklassiker werden frisch zubereitet, leckerer Kaiserschmarrn, auch Kaffee und Kuchen. DZ 60 €, Bett im Lager 25 €/Pers. (ohne Frühstück). Im Untergeschoss präsentiert ein kleines **Alpinmuseum** Szenen aus der Bergsteigerhistorie und geologische Aspekte zur Dachsteinregion (tägl. 10–17 Uhr.). Mitte/Ende Mai bis Mitte Okt. Schildlehen 48, ✆ 0676-7063836, www.austriahuette.at.

Sonnenalm. Beliebte Almwirtschaft am aussichtsreichen Rittisberg-Südhang und zu Fuß über die Rittisberg-Runde erreichbar. Der Hüttenwirt erzählt launige Witze oder greift zur Ziehharmonika. Almklassiker vom Gröstl bis zum Kaiserschmarrn (jeweils um 8 €) in der Stube oder auf der Terrasse. Auch im Winter geöffnet. ✆ 06454-72614, www.die-sonnenalm.at.

››› Mein Tipp: **Halseralm**. Die rustikale Wirtschaft liegt nur einen Steinwurf von der Sonnenalm entfernt. Hier ist alles noch so wie früher: einfaches Holzhaus, gemütliche Stube und frei umherlaufende Tiere. Herzliche Gastlichkeit, im Sommer Liegestühle im Garten. Herzhafte Jausenkarte zu kleinen Preisen, eine Spezialität ist flambierter Kaiserschmarrn. Dez. bis Ostern und Mai bis Okt. (in der Nebensaison Mo geschlossen). Vorberg 101, ✆ 06454-7379, www.waldesruh-halseralm.at. ‹‹‹

Walcheralm. Ein Almidyll wie aus alten Zeiten an der Mautstraße zur Gletscherbahn. In der Käserei wird ab Ende Juni schmackhafter Bergkäse produziert. Erdäpfelnudeln, Bratwurst mit Kraut und andere deftige Spezialitäten in einem 300 Jahre alten Holzhaus. Mai bis Okt., Almabtrieb Mitte Sept. (großes Fest). Schildlehen 10, ✆ 03687-81243, www.walcherhof.at.

Schladming

ca. 4300 Einwohner

Das renommierte Wintersportzentrum im Ennstal ist nicht zuletzt dank mehrerer sportlicher Großereignisse einer der bekanntesten Orte der Steiermark. Während ein Stock höher in der Ramsau die nordischen Disziplinen beheimatet sind, hat sich Schladming den alpinen Abfahrtsläufen verschrieben. Der erste Wintersportverein wurde 1908 gegründet und 1973 fand hier das erste Weltcuprennen statt. Zweimal, 1982 und 2013, war Schladming Austragungsort der **alpinen Skiweltmeisterschaft.** Die Stadt ist Sitz einer eigenen Skihandelsschule und hat im Lauf ihrer Geschichte natürlich auch die ein oder andere Sportgröße hervorgebracht. Der Weltcupsieger und dreifache österreichische Meister Sepp Walcher ist ebenso ein Schladminger wie der Skirennläufer Charly Kahr, der nach Ende seiner aktiven Karriere für einige Zeit die österreichischen Nationalmannschaften trainierte. Letzterer betreibt heute einen Skiverleih sowie zwei gastronomische Betriebe und ist in dieser Eigenschaft unverkennbar *der* Platzhirsch schlechthin im Stadtzentrum. Dessen augenfälligstes Gebäude ist denn auch weniger die katholische oder protestantische Kirche, sondern die große Planai-Talstation, die vor der letzten Weltmeisterschaft der Öffentlichkeit übergeben wurde. Im Winter wie im Sommer bringt die Kabinenbahn die Gäste direkt vom Zentrum hinauf auf die 1906 m hohe **Planai.** Der Schladminger Hausberg ist den Tauern vorgelagert und Teil der „Schladminger Skischaukel", einem Zusammenschluss vier benachbarter Skiberge zu einem Mega-Wintersportgebiet.

Westliche Obersteiermark → Karte S. 84/85

Zu den Vorzügen Schladmings zählt zweifellos der Umstand, dass sich auch außerhalb der Schneesaison einiges abspielt. Der Hauptplatz strahlt reichlich Atmosphäre aus, an sonnigen Tagen stellen Cafés und Restaurants Tische und Stühle nach draußen und tragen somit zur Lebensqualität bei. Viel gibt es hier ansonsten nicht zu tun, sieht man einmal vom **Stadtmuseum** in der beschaulichen westlichen Vorstadt ab: Die Ausstellung über Bergbau und Volkskultur im Ennstal befindet sich im denkmalgeschützten Haus der „Bruderlade". Es wurde 1661 erbaut und diente ursprünglich der Unterbringung erkrankter Bergleute bzw. den Witwen verunglückter Knappen (Jan. bis Mitte April Di und Do 14–16 Uhr, Mi 10–12 Uhr; Juni bis Mitte Okt. Di–Fr 9–12 Uhr, Di und Do 13–17 Uhr. 3 €, erm. 2 €. Talbachgasse 110, ✆ 0676-6168768).

Geschichte: Dass Schladming im 14. Jh. das Stadtrecht erhielt, hatte man dem Bergbau zu verdanken. Abgebaut wurde hier so ziemlich alles, was damals von Wert war, außer Gold. Eine überregionale Bedeutung erlangte 1408 der **Schladminger Bergbrief,** der die Rechte der Knappen schriftlich fixierte und sogar einige Spuren demokratischer Selbstverwaltung enthielt. Der Vertrag diente anderen europäischen Bergbaugemeinden als Vorbild. Nichtsdestotrotz musste der Abbau in Schladming im Verlauf des 19. Jh. allmählich eingestellt werden.

1525 war das zentrale Jahr der Bauernkriege und wirkte sich auf das Städtchen verheerend aus: Um den Aufstand der Bauern, die sich mit den Bergleuten vereinigt hatten, niederzuschlagen, machte Erzherzog Ferdinand I. Schladming dem Erdboden gleich. Sicherheitshalber entzog er den Bürgern auch noch das Stadtrecht, ein Denkmal auf dem Hauptplatz weist auf diese Episode hin. Die heutigen Reste der Stadtbefestigung, vor allen Dingen das Salzburger Tor neben der katholischen Kirche, stammen aus dem 16. Jh., als Schladming längst wieder aus den Trümmern erstanden war.

Rund um Schladming

Viele Feriengäste übernachten nicht in Schladming, sondern in den umliegenden Ortschaften: in Ramsau am Dachstein, in Haus an der Enns oder in Pichl-Preunegg. Ein besonders im Winter beliebter Standort ist **Rohrmoos,** ein ehemaliges Bauerndorf oberhalb des Ennstals und mittlerweile stark vom Tourismus geprägt. Rohrmoos ist ein ausgezeichneter Ausgangspunkt für Abstecher in die Niederen Tauern. Kleine Nebenstraßen führen ins Unter- und Obertal sowie zur Ursprungalm. Kürzer noch ist der Weg mit der Gondelbahn auf die 1850 m hohe Hochwurzen. Ähnlich wie von der Planai und den anderen Gipfeln der Schladminger Skischaukel, ist von hier oben der Blick auf Dachstein und nördliche Kalkalpen fantastisch.

Preuneggtal und Reiteralm: Vom Bundesland Salzburg und Radstadt kommend ist Pichl der erste Ort im Ennstal auf steirischem Gebiet. Pichl ist Ausgangspunkt für Abstecher zur Reiteralm und ins Preuneggtal. Mächtig ragt am südlichen Ende des Tals die 2459 m hohe Steirische Kalkspitze auf. Sie ist bemerkenswert, weil der Kalk im Urgestein der Tauern eigentlich nichts zu suchen hat. Unterhalb liegt in einem wildromantischen Talkessel die **Ursprungalm,** die 1988 als Drehort für den Heimat- und Abenteuerfilm „Heidi auf der Flucht" (Originaltitel: „Courage Mountain") diente. In der Tat ist die Alm ein echtes Idyll aus vergangenen Tagen und zudem Anfangs- und Endpunkt für Wanderungen zu den Giglachseen in grandioser Landschaft auf knapp 2000 m Höhe. Ein zweiter Abstecher führt von Pichl, per Seilbahn oder auf der Straße, zur Reiteralm. Meistens steuern die Besucher vom westlichen Ende der Schladminger Skischaukel sogleich den **Spiegelsee** an und genießen an-

Die Steirische Kalkspitze in den Schladminger Tauern

Westliche Obersteiermark → Karte S. 84/85

schließend den Paradeblick zurück zum Dachstein (→ Foto, S. 18). Im Spätsommer allerdings, wenn der Wasserpegel sinkt, verschwindet mit dem Spiegelbild des Berges auch der grandiose Effekt.

Obertal: Die Erzlagerstätten im Obertal waren für den Aufstieg Schladmings im Mittelalter und in der frühen Neuzeit verantwortlich. Bereits im 3. Jh. v. Chr. wurden Kupfererze zutage gefördert, nach der christlichen Zeitenwende folgte der Abbau von Silber, Bleierz und Nickel. Die mit Abstand wichtigste Hinterlassenschaft des Bergbaus im Obertal ist ein **Nickelschmelzofen.** Bei dem Industriedenkmal aus dem Jahr 1840 handelt es sich um die einzige noch erhaltene Schmelzanlage für Nichteisenmetalle im Ostalpenraum. Außerdem kann man im Rahmen einer Führung einen **Silberstollen** besichtigen (Schmelzanlage: Anfang Juni bis Mitte Okt. Mi und Fr 10–14 Uhr. 2 €. Führungen durch den Stollen nach Vereinbarung unter ✆ 03687-2277722). Am hinteren Ende des Tals führen vielversprechende Einstiege in die höheren Regionen der Tauern: zum Duisitzkarsee, zu den beiden Giglachseen oder über die Keinprechthütte zum Hochgolling.

Wanderung 3: Zum Duisitzkarsee in den Schladminger Tauern → S. 414 f.
Ein hinreißend gelegener Bergsee mit Blick auf den Hochgolling

Untertal: Während es im Obertal noch ziemlich beschaulich zugeht, kann sich das Untertal an guten Tagen vor Besuchern kaum retten. Grund für den Auftrieb sind die **Riesachfälle,** die als höchste Wasserfälle der Steiermark gelten, sofern man gewillt ist, den kleinen und den großen Riesachfall zusammenzurechnen. Spektakulär ist der Aufstieg „durch die Höll“, ein gut ausgebauter Steig entlang der Wasserfälle; das Erlebnis komplettiert eine 50 m lange Hängeseilbrücke. Oben angekommen, weitet sich das Sichtfeld wieder und bewirtschaftete Almen rund um den **Riesachsee**

laden zur Rast ein. Der See wiederum ist ein guter Ausgangspunkt für Bergtouren zur Hochwildstelle und ins **Naturschutzgebiet Klafferkessel.** Letzteres ist das eigentliche Herz der Schladminger Tauern, einer Urlandschaft mit zahlreichen von der letzten Eiszeit geschaffenen Seen und namenlosen Tümpeln auf einem über 2000 m hoch gelegenen Plateau. Der **Schladminger Höhenweg** durchquert den Klafferkessel – ein Abschnitt, der nicht umsonst als Königsetappe gilt.

Basis-Infos Schladming und Umgebung

→ Karte S. 119

Information Das Infobüro befindet sich im Gemeindeamt Rohrmoos-Untertal an der Straße von Schladming nach Rohrmoos. Tägl. außer So 9–18 Uhr. Rohrmooser Str. 234, ✆ 03687-23310, www.schladming.eu und www.rohrmoos.co.at. Eine Infotheke in der Planai-Talstation hat darüber hinaus tägl. 8–17 Uhr geöffnet.

Hin & weg Der Postparkplatz (P3) liegt günstig in Gehentfernung zur Planai-Talstation. Ein **Parkhaus** befindet sich in der Planai-Talstation.

Bahn: Der Bahnhof bietet Anschluss an den überregionalen Bahnverkehr und liegt 500 m westlich des Zentrums.

Bus: Wichtigste Umsteigeknoten sind der Lendplatz zwischen Zentrum und Bahnhof und die Planai-Talstation (Planet Planai). Effiziente Verbindungen in die Ramsau (www.rvb.at), seltener fährt der Linienbus ins Untertal, Obertal bzw. Preuneggtal (www.planaibus.at).

Mautstraße: Die Straßen zur Ursprung- und Reiteralm sowie auf die Planai sind mautpflichtig.

Mietwagen: Firma Hechl, Ramsauer Str. 756, ✆ 03687-22641, www.hechl.at.

Bergbahn **Planai**. Die Gondelbahn mit ultramoderner Talstation im Zentrum mit Sportkaufhaus (Planet Planai) eröffnete 2010 zur bevorstehenden Ski-WM. Mitte Nov. bis Mitte April ca. 8–16 Uhr, Juni bis Anfang/Mitte Okt. 9–17 Uhr. Berg- und Talfahrt: 16,50 €, erm. 9 € im Sommer; 20 €, erm. 11 € im Winter. ✆ 03687-22042, www.planai.at.

Hochwurzen. 2013 runderneuerte Kabinenbahn mit Talstation in Rohrmoos-Untertal. Dez. bis Ostern ca. 8–16 Uhr, Mitte Juni bis Mitte Okt. 8–17 Uhr. Berg- und Talfahrt: 12,30 €, erm. 6,80 € im Sommer; 16 €, erm.

Die moderne Talsation der Planai-Bahn in Schladming

8,80 € im Winter. ✆ 03687-220420, www.planai.at.

Reiteralm. Zwei Gondelbahnen verbinden Pichl im Ennstal mit der Reiteralm. Die Talstation der Silver-Jet-Bahn liegt an der B 320, die Preunegg-Jet-Bahn oberhalb von Pichl in Richtung Preuneggtal. Letztere fährt auch im Sommer: Mitte Juni bis Sept. Di und Fr 9–17 Uhr. Berg- und Talfahrt: 13,50 €, erm. ab 9 €. ✆ 06454-7357555, www.reiteralm.at.

Ärztliche Versorgung Das **Krankenhaus** liegt westlich des Zentrums. Salzburger Str. 777, ✆ 03687-20200, www.diakonissen-krankenhaus-schladming.at.

Einkaufen **Biochi** **8** Kleiner Bioladen bei der evangelischen Kirche mit vielen guten und gesunden Dingen aus der Region. Angeschlossen ist ein Café-Bistro, Mittagsgerichte ab ca. 8 €, leckere Gemüsesäfte. Mo–Fr 8–18 Uhr, Sa bis 12 Uhr. Martin Luther Str. 32, ✆ 03687-23927, www.biochi.at. ■

Bauernmarkt. Jeden Fr vormittags ab 8 Uhr am Hauptplatz.

Post Mo–Fr 8–12 und 14–18 Uhr. Coburgstr. 44.

Veranstaltungen **Nightrace**. Der traditionsreiche Nachtslalom an der Planai ist seit Jahren der Höhepunkt der Schladminger Wintersportsaison, es kommen bis zu 50.000 Besucher. Tickets ab 12 €, Kinder frei. Ende Jan. (www.thenightrace.at).

Mid Europe. Bedeutendes internationales Blasmusikfestival mit 2500 Künstlern. Konzertiert wird an unterschiedlichen Standorten. Mitte Juli (www.mideurope.at).

Sport und Aktivitäten in und um Schladming

Klettern/Canyoning/Rafting Das Unternehmen Dachstein Tauern Adventure betreibt u. a. einen **Abenteuerpark im Großsölktal** (Klettern/Canyoning) und eine **Raftingstation** in Pichl. Kletterpark 20 €, erm. 15 €; Rafting 35 €, erm. 29 €. Das Schladminger Büro befindet sich neben dem Billa-Markt in der Rohrmoosstraße. ✆ 0676-6370970, www.dt-adventure.at.

Radeln Schladming liegt am **Ennstal-Radweg** (R7), Touren von Schladming führen darüber hinaus ins Unter- und Obertal.

Bikepark: Ein Mekka für versierte Mountainbiker sind die Downhillstrecken von der Planai nach Schladming, diverse Trails mit unterschiedlichen Schwierigkeitsstufen, zum Start auf 1830 m Höhe geht's mit der Kabinenbahn. Ende Mai bis Anfang Okt. Tageskarte 27 €, erm. 14 €. Coburgstr. 52, ✆ 03687-2410030, www.bikeparkplanai.at.

Radverleih: Das Alpreif-Bike-Center vor der Planai-Talstation vermietet Mountain- und E-Bikes, erstere in teils erstklassiger Qualität. Sicherheitsausrüstung vorhanden. MTBs ab 20 €/Tag, E-Bikes ab 30 €/Tag. Ende Mai bis Anfang Okt. tägl. 9–17 Uhr. Coburgstr. 52, ✆ 03687-2410030, www.bikeparkplanai.at.

Wandern **Reiteralm**: Am stärksten frequentiert ist der Kurzabstecher von der Bergstation zum Spiegelsee (Gehzeit: 1:30 Std.). Viele erweitern den Spaziergang zu einer Rundtour über die aussichtsreiche Gasselhöhe zurück zum Ausgangspunkt (Gehzeit: ca. 2:30–3 Std.).

Giglachseen: Die Ursprungalm am oberen Abschluss des Preuneggtals ist Ausgangspunkt für Expeditionen in die Schladminger Tauern. Den Unteren und Oberen Giglachsee erreicht man bereits nach einer Stunde (zwei Hütten zur Einkehr mit Übernachtungsmöglichkeit).

Planai: Der bestens erschlossene „Abenteuerberg“ bietet mannigfaltige Möglichkeiten für jede Altersstufe. Kinderwagentauglich ist die ca. einstündige Planai-Runde auf überwiegend eben verlaufenden Schotterwegen. Anspruchsvoller ist der Abstecher entlang dem Kamm zum 2134 m hohen Krahbergzinken (Gehzeit: ca. 2:30 Std.).

Riesachfälle: Vom Wanderausgangspunkt am Ende des Untertals (Parkticket: 7 €/Tag) führt ein bequemer Forstweg sowie ein abenteuerlicher Alpinsteig (Letzterer entlang der „wilden Wasser“) hoch zum Riesachsee (Gehzeit inkl. Rückweg: ca. 2–2:30 Std.).

Wintersport Das Premium-Skigebiet mit Planai, Hochwurzen und Reiteralm (hinzu kommt noch der Hauser Kaibling) bietet unzählige Möglichkeiten. Mit den Skigebieten jenseits der „Grenze“ im Bundesland Salzburg bildet das **Schladming-Dachstein-Gebiet** einen größeren Verbund mit insgesamt 760 km Skipisten und 270 Liften. Die längste Talabfahrt ist knapp 8 km lang

Westliche Obersteiermark → Karte S. 84/85

und befindet sich an der Hochwurzen (www.skiamade.com).

Nachtrodeln: An der Hochwurzen befindet sich auch die längste Nachtrodelstrecke der Alpen. Die 7 km lange Naturrodelbahn ist bis 23.30 Uhr beleuchtet; eine weitere, 3 km lange Piste ist dem Nachtskilauf vorbehalten (www.nachtrodeln.at).

Übernachten/Essen & Trinken in und um Schladming

Seit der Gründung der „Ersten Alpenländischen Volksbrauerei" 1909 ist Schladminger Bier ein Markenartikel. Klassiker ist der goldgelbe Schladminger Märzen, jüngste Innovation ist das naturtrübe Bio-Zwickl. Außerdem gibt es im Stadtzentrum seit 1994 eine Privatbrauerei, in der das Schwalbenbräu ausgeschenkt wird, ein naturtrübes Weizenbier.

**** **Schütterhof**. Die gut geführte Komfortbleibe im alpenländischen Stil befindet sich auf 930 m Höhe in Schladming-Rohrmoos. Abgelegen und daher vom Verkehr unbehelligt, nicht weit von der Skipiste, familiengeführt. Freundlich möblierte und komfortable Doppel- und Familienzimmer, großzügiger Sauna- und Wellnessbereich und tadelloses Restaurant. DZ ab 165 €. Wiesenweg 140, ✆ 03687-61205, hotel@schuetterhof.com, www.schuetterhof.com.

»» **Mein Tipp:** *** **Tetter**. Der gemütliche und exzellent geführte Alpengasthof im traditionellen Stil liegt im Untertal. Ruhige Alleinlage, 14 behaglich möblierte Gästezimmer, die meisten mit Balkon. Das gute Restaurant serviert landestypische Gerichte, der Saibling kommt frisch aus dem eigenen Teich, mit Zitronenbutter und Basmatireis für 16,50 €. Rindfleisch aus der eigenen Biolandwirtschaft. Innen- und Außenplätze. Mo geschlossen. DZ ab 112 €. Untertalstr. 24, ✆ 03687-215991, info@tetter.com, www.tetter.com. ««

*** **Zirngast** **1** Das gute Mittelklassehotel in einem modernen Haus liegt ruhig an der Enns in Gehdistanz zum Schladminger Zentrum. 30 modern ausgestattete Gästezimmer, mit angeschlossenem Campingplatz. Das Restaurant serviert steirische Küche mit Zutaten aus der Region sowie internationale Gerichte, die gefüllte Hühnerbrust kostet 15 €. DZ 100 €, 2 Pers. und Zelt ab 20 €. Linke Ennsau 633, ✆ 03687-23195, office@zirngast.at, www.zirngast.at.

JUFA **4** Das Jugend- und Familiengästehaus liegt günstig im Schladminger Stadtzentrum zwischen Hauptplatz und Planai-Talstation. Nach jüngstem Umbau mit Wellnessbereich, entspanntes Après-Ski im Café. 80 Nichtraucherzimmer, beheizbarer Skischuhraum. DZ ab 70 €. Coburgstr. 253, ✆ 05708-3330, schladming@jufa.eu, www.jufa.eu.

Camping Reiteralm. Neben dem zentral in Schladming gelegenen Campingplatz am Hotel Zirngast gibt es diesen weiteren Zeltplatz in Pichl-Preunegg, unweit der Skilifte der Reiteralm. Die Rezeption befindet sich im angeschlossenen Hotelrestaurant, das auch für Campinggäste ein Frühstücksbüfett anbietet. Spielplatz, Ski- und Schuhraum. Sommer und Winter geöffnet. 2 Pers. mit Zelt ab 21 €. Gleiming 1, ✆ 06454-73120, office@hotel-reiteralm.at, www.hotel-reiteralm.at.

Die Tischlerei **2** Das vielleicht beste Restaurant in Schladming erhielt zahlreiche Prädikate, eine Reservierung ist empfehlenswert. Gediegene Ausstattung mit viel modernem Design, nur wenige Innenplätze. Kreative österreichische Küche mit internationalen Anklängen, der Tischlerburger in Avocadocreme kostet 12 €. Hauptgerichte um 20 €, preiswerter mittags, auch Café und Bar. Weihnachten bis Ostern tägl. (Mo/Di erst ab 16 Uhr), sonst Mi–So mittags und abends, im Juni geschlossen. Roseggerstr. 676, ✆ 03687-22192, www.dietischlerei.co.at.

Brunner **5** Stilvolles Gasthaus mit Freiplätzen auf dem Hauptplatz und niveauvoller steirischer Küche. Gutes Preis-Leistungs-Verhältnis, das Saiblingsfilet mit Erdäpfeln gibt's für 14 €. Auch Kaffeehaus, Wein- und Bierbar draußen oder im kühlen Gewölbe. Tägl. außer So 9–23 Uhr. Hauptplatz 14, ✆ 03687-225130, www.gasthaus-brunner.at.

Schwalbenbräu **3** Rustikales Brauhaus im Zentrum, im Schankraum stehen die Braukessel. Deftige Brauhauskost mit bodenständigen Preisen (z. B. Bierkasnockerl mit Salat für 10 €), die eigentliche Spezialität ist aber das dunkle, unfiltrierte Bier aus reinen Naturprodukten. Tägl. außer So ab

11 Uhr. Siedergasse 89, ✆ 03687-24459, www.brauhaus-schladming.at.

Niederl 6 Gemütliches Café mit Freiplätzen auf dem Hauptplatz unter schattigen Kastanien. Leckeres Speiseeis aus eigener Herstellung, verschiedene Kaffee- und Teesorten, Kuchen, Salate und andere Gerichte. Tägl. außer So 9–22 Uhr. Hauptplatz 42, ✆ 03678-23164.

Schladminger Hütte 7 Das Traditionsgasthaus des ÖAVs auf der Planai ist bekannt für gute Küche. Steirerkasnockerl mit Krautsalat für 9 €. Große Sonnenterrasse, Übernachtung im DZ oder Bettenlager möglich. Planaistr. 35 (direkt an der Planai-Bergstation), ✆ 03687-22639, www.schladmingerhuette.com.

Gfölleralm. Ursprünglich gebliebene Jausenstation oberhalb der Riesachwasserfälle, nur zu Fuß zu erreichen (1 Std. vom Parkplatz am Ende des Untertals). Von der Terrasse fällt der Blick auf den Riesachsee. Freundlicher Empfang, auf der Karte stehen u. a. Biomilchprodukte sowie Enzian- und Lärcherlschnaps. Mai bis Okt. ab 9 Uhr. ✆ 03687-61599.

Waldhäuslalm. Familienfreundliches Almidyll im Untertal, Terrasse direkt am Forellenteich. Jausenkarte und exzellente Fischgerichte, die gebratene Forelle mit Kräuterbutter gibt's für 12 €. Mai bis Okt. tägl. ab 9 Uhr, Weihnachten bis Ostern ab 11.30 Uhr. Untertalstr. 100 (die Zufahrt ist mautfrei), ✆ 03687-61592, www.waldhaeuslalm.at.

Ursprungalm. Das fast schon museal wirkende Almparadies in den Niederen Tauern ist die Mutter aller steirischen Almen. Steirerkäse, Butter, Topfen und Kuchen sind hausgemacht, Übernachtung möglich. Die Mautstraße endet kurz vor der Alm auf 1610 m (in der Saison fährt 3-mal tägl. der Bus). Pfingsten bis Mitte Okt. ✆ 0664-9038038, www.ursprungalm.at.

Haus im Ennstal

ca. 2400 Einwohner

Das durch den Skisport überregional bekannt gewordene Dorf besticht durch sein hübsches und gepflegtes Zentrum. Häuser im alpenländischen Stil gruppieren sich um eine barocke **Kirche,** die allein schon deshalb erwähnenswert ist, weil Haus die älteste Pfarre im Ennstal ist. Wichtigstes sakrales Kleinod ist ein romanisches Kruzifix (um 1150). Es handelt sich angeblich um das älteste der Steiermark und befindet sich neben der Pfarrkirche in der **Katharinenkapelle.**

Die Anziehungskraft bei den Gästen gewinnt Haus jedoch eher mit seinen vielfältigen Freizeitangeboten: Zwei Bergbahnen verbinden das Tal mit dem **Kaibling,** dem 2015 m hohen Hausberg in den Niederen Tauern. Bereits 1914 veranstaltete hier die Wiener Alpingesellschaft Krummholz das erste Abfahrtsrennen und schuf die Grundlage für eine Tradition, die bis heute anhält. Das **Wintersportmuseum** im Ortszentrum dokumentiert die Entwicklung des Alpinsports (Jan. bis Ostern und Juli bis Mitte Sept. Di 10–12 Uhr, Mi 16.30–18.30 Uhr. 1,50 €, erm. 0,80 €. Schlossplatz 189, ✆ 03686-4441). Wegen seiner guten Infrastruktur und der fantastischen Fernsicht ist der Hauser Kaibling jedoch auch zur warmen Jahreszeit ein beliebtes Ziel. Ein zweites Ausflugsziel von Rang ist nur wenige Kilometer östlich der **Steirische Bodensee.** Das fischreiche, 1150 m hoch gelegene Naturreservat ist auf drei Seiten von Gebirge umschlossen und über zwei Mautstraßen zugänglich. Der Genuss einer frischen Forelle ist hier fast schon ein Muss, derweil der Blick auf den imposanten Wasserfall im Hintergrund fällt.

Basis-Infos Haus im Ennstal und Umgebung

Information Das Infobüro befindet sich im Gemeindeamt. Mo–Fr 9–12 und 14–18 Uhr, in der Hauptsaison auch So vormittags. Schlossplatz 47, ✆ 03686-223432, www.haus.at.

Hin & weg Haus liegt 7 km östlich von Schladming und ist über zwei Ausfahrten von der B 320 erreichbar. Vom Ortsteil **Weißenbach bei Haus** auf der anderen Talseite führt eine Nebenstrecke in die Ramsau und zum Dachstein.

Mautstraße: Eine 8 km lange und im oberen Abschnitt mautpflichtige Straße verbindet den Haus-Ruperting mit dem Bodensee, die Ausfahrt von der B 320 ist beschildert. 2,80 €/Pers., erm. 1 €. Eine weitere kostenpflichtige Straße verbindet den See mit Aich.

Bergbahn **Tauernseilbahn**. Kabinenbahn auf den Kaibling, die Talstation liegt oberhalb des Ortszentrums. Während der Skisaison und Ende Mai bis Mitte Okt. 8–16.45 Uhr, im Sommer 12–13 Uhr Mittagspause. Berg- und Talfahrt: 16,40 €, erm. 10,40 €. ✆ 03686-2287, www.sampl.at.

Die **Hauser-Kaibling-Bahn** ist ebenfalls eine Kabinenbahn und nur im Winter in Betrieb. Die Talstation mit ausreichend Parkplätzen befindet sich an der B 320. Tickets in Verbindung mit dem Tagesskipass 43 €, erm. ab 21 €. ✆ 03686-30300, www.hauser-kaibling.at.

Wandern Eine der leichtesten Übungen ist die Umrundung des **Steirischen Bodensees** (Gehzeit: ca. 1 Std.).

3-Seen-Wanderung: ein klassischer Einstieg vom Bodensee in die Schladminger Tauern, vorbei am Schleierwasserfall zum Hütten- und zum Obersee mit tollen Ausblicken auf die Hochwildstelle (Gehzeit: ca. 3:30 Std.).

Hochwildstelle: Der zweithöchste Gipfel der Schladminger Tauern ist für geübte Berggeher ebenfalls vom Bodensee erreichbar (Gehzeit zur Hans-Wödl-Hütte und zurück: ca. 7:30 Std.).

Hauser Kaibling: Von der Bergstation der Seilbahn sind es 30 Min. bis zum Gipfel. Von dort führt u. a. ein aussichtsreicher Höhenweg zum idyllisch gelegenen Moaralmsee (Gehzeit: ca. 3 Std.).

Wintersport Der Kaibling bildet den östlichen Abschluss der **Schladminger Ski-**

Beliebtes Ausflugsziel in den Tauern: der Steirische Bodensee

Westliche Obersteiermark → Karte S. 84/85

schaukel. Er ist gleichzeitig auch der höchste der vier Skiberge rund um Schladming und am Sendeturm erkennbar. Neben den zwei Kabinenbahnen aus dem Tal gibt es 7 Sesselbahnen und 2 Schlepplifte. Von den 16 Pisten sind die Hälfte leichte Abfahrten, zwei Pisten sind schwierig, die übrigen sind mittelschwer (www.hauser-kaibling.at).

Übernachten/Essen & Trinken in und um Haus im Ennstal

****S **Höflehner**. Das luxuriöse Hotel im alpenländischen Stil befindet sich in erhöhter Warte über dem Ennstal auf 1117 m. Traumblick auf die Kalkalpen, ausgezeichnet geführt, prämierter Spa- und Wellnessbereich mit Innen- und Außenpool. Die Küche verarbeitet Naturprodukte aus der Region. Geeignet als Sommer- und Winterquartier. DZ ab 198 €. Gumpenberg 2, ✆ 03686-2548, info@hoeflehner.com, www.hoeflehner.com.

Linharterhof. Der Bauernhof ist ideal für Familienferien mit Kindern. Ruhige Lage im hübschen Hauser Ortsteil Weißenbach. Milchwirtschaft seit drei Familiengenerationen. Ein Ereignis ist der Almabtrieb im Sept. 3 DZ ab 60 € und 4 großzügig geschnittene Apartments ab 110 € (ohne Frühstück). Weißenbach 35, ✆ 03686-5495, urlaub@linharterhof.at, www.linharterhof.at.

Kirchenwirt. Das Traditionsgasthaus mit Hotel im Ortszentrum ist in Familienhand. Gutbürgerliche Küche mit saisonal wechselnder Karte, den Zwiebelrostbraten nach Wiener Art gibt's für 13 €. Innenplätze und Außenplätze auf der Veranda. In den Übergangszeiten geschlossen, sonst tägl. mittags und abends. Zimmer mit Vier-Sterne-Standard ab 118 €. Haus 56, ✆ 03686-2228, www.familienhotel-kirchenwirt.at.

Krummholzhütte. Kultige Schutzhütte am Hauser Kaibling auf knapp 1900 m. Die Vorgängerin aus dem Jahr 1909 brannte 1921 ab, wurde aber umgehend wieder aufgebaut. Schmackhafte steirische Gerichte zu kleinen Preisen, z. B. das Gipfelomelett mit Pilzen für 8 €. Auch Zimmer und Bettenlager. 2013 wurde das Haus als beste Alpenskihütte prämiert. Hauser Kaibling 76, ✆ 03686-2317, www.krummholzhuette.at.

Forellenhof. Renommieradresse für guten Fisch am Steirischen Bodensee. Wintergarten und Terrasse zum Wasser, vom Parkplatz in 10 Min. erreichbar. Steirische Küche, herzhafte Jausen, Kaffee und Kuchen, das Fischfilet am Spieß gibt's für 14 €. Auch Bootsverleih (im Sommer tägl. ab 8 Uhr). Auch Zimmervermietung (DZ ab 60 €). Warme Küche im Sommer tägl. 11–20 Uhr, im Winter Mi geschlossen. Seewigtal 41, ✆ 03686-4697, www.forellenhof-bodensee.at.

››› **Mein Tipp: Speckhütte.** Urige Lokalität am Ortsausgang von Weißenbach in Richtung Dachstein mit zauberhafter Veranda über den Forellenteichen. Herzliche Gastlichkeit, zünftiges Ambiente. Das Hüttengröstl ist für 9,20 € zu haben, ansonsten ist die Spezialität des Hauses natürlich frischer Fisch. Tägl. außer Mi ab 17 Uhr, in der Nebensaison nur Sa/So, Okt. bis zum Anfang der Skisaison geschlossen. Weißenbach 17, ✆ 03686-5517, www.abenteuerhof.at. ‹‹‹

Gröbming

ca. 2800 Einwohner

Der Kurort auf einer flachen Anhöhe über dem Ennstal ist ein Verwaltungszentrum mit hoher Lebensqualität. Deshalb gehört Gröbming zu den wenigen Orten in der Obersteiermark, die stolz auf eine steigende Einwohnerzahl verweisen können. Im Winter stark vom Langlauftourismus geprägt, sorgt zu anderen Jahreszeiten u. a. ein **Abenteuerpark** für regen Gästezulauf. Der größte Kletterpark Österreichs liegt am Anfang der 13 km langen, mautfreien Panoramastraße von Gröbming auf den **Stoderzinken.** Vom Parkplatz am Ende der Straße ist es nur noch ein kurzes Stück zum 2048 m hohen, grandiosen Aussichtsgipfel, weshalb der Berg zu jeder Jahreszeit stark frequentiert ist. Wem hingegen das Ganze zuviel ist, wendet sich auf schmalen Pfaden in Richtung Kemetgebirge oder Dachsteinplateau und hat die gesamte Bergwelt für sich. Ohnehin steuern die meisten Besucher nicht das Gipfelkreuz an, sondern besuchen das berühmte **Friedenskircherl.** Die Holzkapelle wurde 1902 errichtet und blickt von einer Felsnase auf knapp 1900 m Höhe keck über das Ennstal hinweg auf die Niederen Tauern. Heute steht die Andachtsstätte unter Denkmalschutz und ist auf gut ausgebauten Wegen in 20 Minuten erreichbar. Seit 2003 befriedigt eine Zipline den Erlebnishunger von Jung und Alt: Mit der größten **Seil-Gleitfluganlage** der Alpen fliegt bzw. gleitet man mit einer Geschwindigkeit von bis zu 115 km/h vom Stoderzinken über die Baumwipfel ins Tal.

In Gröbming selbst herrscht eine eher gelassene Atmosphäre: Im **Kurpark** lädt eine Freiluft-Gradieranlage – ähnlich wie in Altaussee – zu tiefenentspanntem Atmen

Stoderzinken: Prachtblick vom Gipfelkreuz auf die Tauernkette

ein. Einige Schritte weiter befindet sich das **Heimatmuseum,** dessen größter Star ein Elch namens Alex ist. Es handelt sich um ein etwa 1000 Jahre altes Skelett, das in einer Doline auf der Neubergalm gefunden wurde (Juni bis Okt. Do 16–19 Uhr, Sa 10–12 Uhr. Eintritt gegen Spende. Hauptstr. 200, am Eingang zum Kurpark, ✆ 0664-9605006).

Information Das Fremdenverkehrsamt für Gröbming und Umgebung liegt in der Ortsmitte. Mo–Fr 8.30–12 und 14–17 Uhr. Kirchplatz 15, ✆ 03687-23310, www.groebming.at.

Hin & weg Der Bahnhof liegt auf der anderen Seite der Enns in Moosheim. **Busse** fahren nach Schladming und Liezen, zudem existieren wenige Verbindungen zum Stoderzinken und in die Sölktäler (www.taelerbus.at).

Einkaufen **Bauernladen**. Laden für Bauernbrot, Steirerkäse, Obst, Gemüse und andere regionale Erzeugnisse. Ein besonderes Schmankerl sind die Produkte vom Kräuterbauernhof Precht. Di und Fr 9–12.30 und 14.30–18 Uhr, Sa 9–12 Uhr. Hauptstr. 47, ✆ 03685-22751, www.bauernladen-groebming.at.

Klettern **Abenteuerpark**. 18 Parcours mit unterschiedlichen Schwierigkeitsgraden ergeben eine Gesamtkletterstrecke von 2 km. Mai/Juni und Mitte Sept. bis Okt. Mi–Fr 14–18 Uhr, Sa/So 10–18 Uhr; Juli bis Mitte Sept. tägl. 10–18 Uhr. 22 €, erm. 15 €. Stoderstr. 114, ✆ 03685-22245, www.abenteuerpark.at.

Veranstaltungen **Ennstal-Classic**. Große Wett- und Schaufahrt nostalgischer Flitzer auf wenig befahrenen Alpenstraßen rund um Gröbming. Seit 1993, Niki Lauda und Walter Röhrl waren auch schon dabei. Eine der wichtigsten Automobilveranstaltungen in Österreich. 3 Tage Mitte Juli. (www.ennstal-classic.at).

Wandern Der klassische Rundweg zum **Stoderzinken** beginnt am oberen Ende der Straße (Gehzeit mit Abstecher zum Friedenskircherl: ca. 2:30 Std.).

Auf der anderen Seite der Enns ist das 1200 m hoch gelegene Michaelerberghaus oberhalb von Moosheim (Bahnhof) ein guter Ausgangspunkt für Wanderungen in den Tauern. Durch das Satteltal zur **Hochwildstelle** (2747 m) ist der Weg allerdings weit (Gehzeit: ca. 7 Std. ab Satteltalalm).

Wintersport Der **Stoderzinken** und der **Galsterberg** in den Schladminger Tauern zählen zu den familientauglichen Geheimtipps für Skifahrer. Bekannter ist das Gröbmingerland jedoch für seine **Loipen** (www.stoderzinken.at, www.galsterberg.at).

Zipline Die Anmeldung zum Seil-Gleitflug erfolgt in der Saison im Abenteuerpark oder online. Winter- und Sommerbetrieb. 32 €, erm. 22 € inkl. Shuttle zur Bergstation. Stoderstr. 114, ✆ 03685-22622, www.zipline.at.

Übernachten/Essen ››› Mein Tipp: **** **Schloss Thannegg**. Das romantische Quartier mit Ritterflair liegt auf der anderen Seite des Ennstals unweit des Bahnhofs in einem 1150 n. Chr. erstmals erwähnten Schloss. 10 Gästezimmer sowie Apartments, die sich gut für Familien mit Kindern eignen. Restaurant und Café heißen auch auswärtige Gäste willkommen. Sitzplätze im kühlen Gewölbe, hübsche Plätze im Hof und Garten. Di Ruhetag. DZ ab 104 €. Schloss 1 in Moosheim, ✆ 03685-232100, info@schloss-thannegg.at, www.schloss-thannegg.at. ‹‹‹

*** **Steinerhaus**. Der Berggasthof liegt am oberen Ende der mautfreien Stoderzinkenstraße. Ordentliche Zimmer, Sauna, Panoramablick von der Sonnenterrasse auf Hochwildstelle, gutbürgerliche Küche, nachmittags hausgemachte Kuchen. Die Inhaberfamilie betreibt die 20 Min. entfernte und nur zu Fuß erreichbare Brünnerhütte mit Jausenstation und einfacher Übernachtungsgelegenheit (Juli bis Mitte Sept.). DZ im Steinerhaus ab 92 €. Stoderzinken 2 in Aich, ✆ 03686-2646, info@steinerhaus.at, www.steinerhaus.at.

Angermaier (Winklwirt). Der gemütliche Gasthof befindet sich in einem Bürgerhaus aus dem 18. Jh. im Ortszentrum. Einladender Hinterhof, rustikales Flair, steirische Spezialitäten und hausgemachte Kuchen, Hauptgerichte um 10 €. Auch Vermietung eines Ferienhauses. Mo Ruhetag, So nachmittags geschlossen. Hauptstr. 99, ✆ 03685-23231, www.groebming-urlaub.at.

Stüberl. Das freundliche Café im Kurpark entpuppt sich als Oase der Ruhe. Bauernsalate mit steirischen Käferbohnen und anderen Zutaten. Verschiedene Mittags- und Abendgerichte, schmackhafte Filetsteaks sowie Kaffee und Kuchen. Tägl. außer Mo ab 14 Uhr, Juli/Aug. ab 11 Uhr. Dr.-Franz-Xaver-Mayr-Str. 545, ✆ 03685-22743.

Westliche Obersteiermark → Karte S. 84/85

Naturpark Sölktäler

Stein an der Enns ist Ausgangspunkt für Abstecher in die beiden Sölktäler, die weit in die Niederen Tauern hineinführen. Sie sind das Herzstück eines Naturparks, der eine Fläche 277 km^2 umfasst. Im Gegensatz zum Trubel rund um Schladming geht es hier vergleichsweise beschaulich zu. Durch das **Großsölktal** verläuft die bei Motorradfahrern beliebte Erzherzog-Johann-Straße. Sie verbindet das Ennstal mit dem Murtal und überwindet dabei den 1788 m hohen Sölkpass. Am Pass entdeckten Archäologen bei Ausgrabungen jungsteinzeitliche Pfeilspitzen sowie einen Brandopferplatz aus der Bronzezeit. Die Funde belegen, dass durch das Großsölktal einst eine bedeutende Handelsroute verlief.

Im unteren Großsölktal ist im **Schloss Großsölk** das **Naturparkhaus** untergebracht (Mitte Mai bis Mitte Okt. Mi/Do und Sa–Mo 10–17 Uhr. 4 €, erm. 3 €. Großsölk 55, ✆ 03685-20903). Eine kleine Ausstellung beschäftigt sich mit diversen naturparkrelevanten Themen, u. a. gibt ein Raum Wissenswertes über den traditionsreichen Steirerkäse preis. Bereits um die erste Jahrtausendwende notierten die Akten an gleicher Stelle die Veste Selchstein. Die Fluchtburg wechselte in der Folge mehrfach den Besitzer, bevor sich im 17./18. Jh. die Jesuiten hier niederließen. Eine Hinterlassenschaft des Ordens ist der kleine Heilkräutergarten unterhalb der Wehranlage.

Im **Kleinsölktal** hingegen richtete im Jahr 2010 ein Unwetter schwere Verwüstungen an, die Auswirkungen sind noch heute zu spüren. Nichtsdestoweniger ist das hintere Ende des Tals ein Mekka für Wanderer, die vom Ende der mautpflichtigen Straße zumeist den **Schwarzensee** ansteuern. Am Anfang des Kleinsölktals passiert die Straße das Betriebsgelände der **Sölker Marmor GmbH**. Der Marmor, der hier abgebaut und geschliffen wird, besticht durch eine nuancenreiche Farbgebung, die von Weiß über Rosé bis Jadegrün changiert. Der Stein ist älter und widerstandsfähiger als z. B. der Marmor aus Carrara. Betriebsführungen geben Einblicke in die Produktionsabläufe (Mitte Juni bis Mitte Sept. Do 15 Uhr. 3 €, Kinder frei. Reith 279, ✆ 03685-8196, www.soelker.at).

Das Schloss Großsölk

Information Die Naturpark-Infostelle befindet sich in Stein an der Enns. Mo–Fr 8.30–12 und 13–15.30 Uhr. Stein/Enns 107, ✆ 03685-20903, www.soelktaeler.at.

Übernachten/Essen *** Zum Gamsjäger. Die bodenständige Wohlfühlpension befindet sich am hinteren Ende des Großsölktals. 15 mehr als akzeptable Gästezimmer mit viel Holz, teils mit Balkon. Sauna und ein gutes Restaurant mit durchgehend warmer Küche. Das Naturschnitzel mit Reis kostet 8,20 €. DZ ab 86 €. St. Nikolai im Sölktal 127, ✆ 03689-210, office@zumgamsjaeger.at, www.zumgamsjaeger.at.

Erzherzog-Johann-Hütte. Unterhalb des Sölkpasses gelegen, idyllische Außenterrasse, innen eher konventionell. Gutbürgerliche Küche, die Gerichte werden frisch zubereitet (Brettljause mit Speck, Wurst und Käse für 7,50 €). Auch Zimmervermietung, das DZ ist für 45 € zu haben, das Bettenlager kostet 15 €. Mai bis Okt., Mo ab 16 Uhr geschlossen. ✆ 03689-455.

Westliche Obersteiermark → Karte S. 84/85

Schloss Trautenfels

Der mächtige Rechteckbau im Ennstal vor der noch imposanteren Erscheinung des Grimming ist ein klassisches Postkartenmotiv. Obwohl die Fassade in ihrer spröden Schmucklosigkeit fast abweisend wirkt, kann man sich des erhabenen Eindrucks kaum entziehen. Trutzig bewachte das Schloss die Handelswege entlang der Enns und ins Salzkammergut und noch heute liegen die wichtigsten Verkehrsknoten des oberen Ennstals ihm zu Füßen. Die strategisch günstige Lage führte dazu, dass sich im Mittelalter Landesfürsten und Erzbischöfe um den Besitz zankten, der im 13. Jh. erstmals als „Schloss Neuhaus" in den Annalen auftauchte. Seine heutige Gestalt erhielt das Schloss allerdings erst in der zweiten Hälfte des 17. Jh., nachdem Graf Siegmund Friedrich von Trauttmansdorff, seines Zeichens steirischer Landeshauptmann, das Anwesen erworben hatte. Aus dieser Zeit stammt der dekorative Marmorsaal im ersten Stock mit den Barockfresken von Carpoforo Tencalla. Heute befindet sich in den Innenräumen ein **Museum** zur Natur- und Kulturgeschichte des steirisches Ennstals und des Salzkammerguts. Für die Besichtigung der Dauerausstellung sollte man genügend Zeit einplanen. Die Schaustücke der Sammlung kreisen um Themen wie Brauchtum, heimische Flora und Fauna, Mineralogie und Bergbau, Kunsthandwerk und Textilien sowie um diverse Aspekte des menschlichen Alltags. Zum Schluss winkt der Ausblick vom Schlossturm auf Grimming und Ennstal. Der Stiegenlauf zur Plattform ist übrigens mit Klaviersaiten bespannt – ein klingendes und beschwingendes Erlebnis!

Palmsonntag bis Okt. tägl. 10–17 Uhr. 8 €, erm. ab 3 €. ✆ 03682-22233, www.museum-joanneum.at.

Rund um Trautenfels

Eine klassische Ferienregion, die zum längeren Verweilen einlädt, ist die Umgebung von Trautenfels nicht. Das Schloss ist jedoch ein guter Ausgangspunkt für Ausflüge in die Umgebung. Für Kulturinteressierte sind die Rupertikirche in Niederhofen oder der Irdninger Skulpturenpark gute Tipps, während Naturfreunde die Schlucht bei Wörschach erkunden und sich anschließend im Putterersee erfrischen können. Trautenfels ist außerdem der Ausgangspunkt für Abstecher ins Donnersbachtal in den Niederen Tauern.

Grimming: Das imposante, bis zu 2351 m hohe Gebirgsmassiv ist die östlichste Erhebung der Dachstein-Gruppe und galt lange Zeit als höchster steirischer Berg *(Mons Styriae altissimus)*. Ganze 1700 Höhenmeter liegen zwischen Enns und Gipfel, womit der grimmige Grimming zu den höchsten freistehenden Gebirgsstöcken Europas zählt. Mit einer Länge von 9,3 km und einer Breite von 5,2 km ist er von allen Seiten eine beeindruckende Erscheinung, lange Zeit war er ein beliebtes Vermessungszeichen. Die touristische Erschließung setzte im frühen 19. Jh. ein, außerdem inspirierte der Berg zahlreiche Künstler. Anselm Kiefer fertigte 2011 ein Patchwork mit dem Titel „Il mystero delle cathedrali" und Paula Grogger publizierte bereits 1926 den Roman „Das Grimmingtor". Grundlage des Plots ist eine uralte Volkssage, der zufolge in den Bergtiefen märchenhafte Schätze verborgen liegen.

Legt sich um den Gipfel eine Nebelbank, schließen Einheimische auf einen Wetterwechsel: „Trägt der Grimming einen Hut“, lautet die populäre Bauernregel, „dann wird das Wetter gut“. Klassischer Ausgangspunkt für die anspruchsvolle Bergquerung ist die rund 1000 m hoch gelegene Grimming-Hütte.

St. Martin am Grimming: Am Fuß des Grimming verbreitet der malerische Flecken Alpennostalgie. Trotz der nahen Ennstalstraße ist hier die Dorfwelt noch intakt. Ein Abstecher führt von hier in die **Salzaschlucht,** die das Grimming-Massiv von der Kammspitze trennt. Der Durchbruch verbindet das Ennstal mit dem Hinterberger Tal bei Bad Mitterndorf. Um aus Wasserkraft Strom zu erzeugen, wurde nach 1945 die Salza zu einem 5 km langen, fjordartigen See aufgestaut. Seit 2003 ist die landschaftlich interessante Nebenstrecke ins Ausseerland entlang der Salza wegen Steinschlaggefahr für den Autoverkehr gesperrt.

Öblarn: Der gepflegte Ortskern mit seinen sorgfältig in Schuss gehaltenen, denkmalgeschützten Bürgerhäusern ist ein beliebtes Etappenziel am Ennstal-Radweg. Einst war Öblarn ein bedeutender Bergbauort, der Abbau von Kupfer im Walchental ist bereits Mitte des 15. Jh. belegt. Außerdem ist Öblarn die Heimat von Paula Grogger: Die Schriftstellerin ist u. a. Verfasserin des Stücks „Die Hochzeit“, das 1936 uraufgeführt wurde und alle fünf Jahre das Dorf zum unangefochtenen Zentrum des Laientheaters im Alpenraum macht.

Irdning: Abgesehen davon, dass sich in Irdnings Umgebung im Schloss Pichlarn das luxuriöseste Domizil der gesamten Region mit Golfplatz verbirgt, erweist sich der Ort als exzellentes Basislager für Abstecher in die Niederen Tauern. Außerdem haben hier im Rahmen des Grimming-Symposiums renommierte Kunstschaffende seit 1997 zahlreiche Skulpturen aus Holz und Stein geschaffen. Der Freizeitpark am Ortsausgang Richtung Trautenfels ist ein guter Ausgangspunkt für die Spurensuche in Sachen Kunst.

Aigen im Ennstal: Der **Kulm,** ein bewaldeter Kogel im Ennstal, trennt die hübsch gelegene Ortschaft von der ungemütlichen Hauptdurchgangsstraße. Bei Untersuchun-

Baderefugium: der Putterersee in Aigen im Ennstal

gen auf dem Berg wurden einige Gräber aus der Hallstattzeit entdeckt, die Wissenschaftler vermuten hier aus diesem Grund ein frühgeschichtliches Herrschaftszentrum, das vom Handel mit Salz profitierte. Im ansonsten ziemlich unspektakulären Ortszentrum setzt die moderne Florianikirche einen mutigen Akzent. Das meistbesuchte Ziel ist hingegen der **Putterersee** am westlichen Ortsrand. Der mutmaßlich wärmste Alpenmoorsee der Steiermark wird von unterirdischen warmen Quellen gespeist. Am hinteren, ruhig gelegenen Seeufer befindet sich ein empfehlenswerter Campingplatz (→ Übernachten/Essen & Trinken).

Rupertikirche: prachtvolle Fresken

Wörschach: Die über der Ortschaft thronende **Wolkenburg** galt als eine der stärksten und ältesten Festungen im Ennstal; bereits 1039 wurde ein gewisser Ulrich von Wolkenstein in den Annalen vermerkt. Die Blütezeit lag im 16. Jh., danach fiel die Festung ans Stift Admont, bevor sie seit Mitte des 18. Jh. allmählich verfiel. Wenige Besucher finden den Weg hierher, was für die zweite Attraktion des Ortes überhaupt nicht zutrifft: Die **Wörschachklamm** zählt zu den spektakulärsten Naturdenkmälern der nördlichen Kalkalpen. Durch die Schlucht führt ein Holzplankensteg, von dem aus u. a. Gletschermühlen – von Gletscherwasser ausgewaschene Felspfannen – zu sehen sind. Übrigens war Wörschach lange Zeit ein anerkanntes Kurbad. Die Quellen existieren zwar auch noch, das alte Schwefelbad wurde jedoch wegen Baufälligkeit abgerissen. Eine unscheinbare Ruine am Klammeingang und das Ortswappen, ein blauer Badezuber auf goldenem Grund, erinnern an die einstige Tradition.

Rupertikirche Stainach-Niederhofen: Ob es sich bei der spätgotischen Kirche tatsächlich um die „Urkirche des Ennstals“ handelt, wie gern behauptet wird, mag dahingestellt sein. Sehenswert ist sie jedoch allemal, besonders die prächtigen und gut erhaltenen Fresken im Chorbereich. Sie wurden Ende des 15 Jh. erschaffen und zeigen wie üblich biblische Motive. Stilistisch einzigartig, markieren sie den kunsthistorischen Übergang vom Mittelalter zur Renaissance. Außerdem verdient die originelle Netzrippenstruktur des Gewölbes im Langhaus Beachtung.

Basis-Infos Trautenfels und Umgebung

Information Das Infobüro befindet sich im Gemeindeamt Pürgg-Trautenfels unterhalb des Schlosses. Mo–Fr 8–12 Uhr. Trautenfels 52, ✆ 03682-229113, www.puergg-trautenfels.at.

Weitere Infostellen existieren in Irdning am Busbahnhof und im Aigener Gemeindeamt.

Hin & weg In Trautenfels zweigt die Salzkammergut- (B 145) von der Ennstalstraße (B 320) ab. Außerdem ist das Schloss Ausgangspunkt für Abstecher ins Donnersbachtal.

Bahn: Der wichtigste Bahnhof mit Umstieg in den Fernverkehr sowie ins Salzkammergut befindet sich am Ortsrand von Stainach. Weitere Haltestellen sind St. Martin am Grimming und Wörschach.

Bus: Das Drehkreuz für öffentliche Busse in alle Richtungen ist der Busbahnhof in Irdning.

Veranstaltungen **Glöcklerlauf**. Glöckler sind eigentlich eine oberösterreichische Tradition, beim Stainacher Glöcklerlauf handelt es sich jedoch um den ältesten Ritus dieser Art in der Region. Weiß gewandete Figuren tanzen in der Winternacht, die Glöckler tragen Lichtsterne und bimmeln mit Kuhglocken – ein Neujahrsbrauch. Am Vorabend von Dreikönig, 5. Jan.

Öblarner Festspiele. Mit über 300 Darstellern ist dieses Ereignis das größte Laientheater im Alpenraum. Bei der Zeitreise ins 19. Jh. wird der gesamte Ort zur Bühne. Gespielt wird „Die Hochzeit", ein Drama von Paula Grogger, das von der Begegnung des Erzherzogs Johann mit seiner späteren Frau Anna Plochl erzählt. Alle fünf Jahre Mitte Juli bis Mitte Aug., nächstes Spieljahr ist 2017 (www.festspiel.at).

Sport und Aktivitäten in und um Trautenfels

Baden **Strandbad Putterersee**. Mit Beachvolleyball, Surfbrettverleih und Café. Juni bis Mitte Sept. 9–19 Uhr. 3,90 €, erm. 2,20 €. Aigen im Ennstal, ✆ 03682-225521, www.putterersee.at.

Radeln Der **Ennstal-Radweg** (R7) führt durch Öblarn und am Schloss Trautenfels vorbei.

Tauernblick vom Hochtausing

Rundflüge Der Flugplatz der **Alpinflugschule Niederöblarn** (mit Hotel und Café) bietet kurze und längere Alpenrundflüge an. Der 20-minütige Grimming-Kurzflug im Motorsegler kostet 69 €/Pers. Auch Motorflugzeuge sind im Einsatz (1–3 Pers.). Niederöblarn 83, ✆ 03684-60660, www.club-sportunion.at.

Wandern Die wildromantische **Wörschachklamm** ist ein Highlight, das man sich nicht entgehen lassen sollte, der Weg von Wörschach ist ausgeschildert. 3 €, erm. 2 €. Ein Rundweg führt von Wörschach zur **Ruine Wolkenstein** (Einkehr in der Jausenstation Eselranch) und dann in einem Bogen zum hinteren Schluchtausgang (Gehzeit: ca. 1:30–2 Std.).

Langpoltenalm: Das Almgebiet oberhalb von Wörschach ist ein guter Ausgangspunkt für Abstecher ins Tote Gebirge. Ein versicherter Steig führt auf den 1823 m hohen Hochtausing, etwas weiter ist der Weg zur **Hochmölbinghütte**, einem wichtigen Alpintreffpunkt auf dem Karstplateau (Übernachtung möglich, Gehzeit von Wörschach: ca. 4–5 Std.).

Stainach ist ein guter Ausgangspunkt für leichte Wanderungen zum **Spechtensee** (Baden, Einkehr in der Spechtenseehütte, Gehzeit für den Rundweg: ca. 3:30 Std.).

Grimming: Ausgangspunkt für die anspruchsvolle Begehung ist die Grimming-Hütte, von Niederstuttern und Trautenfels erreichbar (einfaches Bettenlager). Von dort weiter über den Südostgrad (schwierig) oder über das Multereck (versicherte Wegabschnitte) zum Gipfel (Biwak für Notfälle vorhanden). Durch den Striblinggraben geht es dann hinunter ins Hinterberger Tal.

Übernachten/Essen & Trinken in und um Trautenfels

Das Schloss Pichlarn zwischen Irdning und Aigen ist eine der nobelsten Adressen der Steiermark; der Golfplatz liegt gleich nebenan (www.pichlarn.at). Mit dem Gasthaus Krenn bietet in Sichtweite zum Schloss Trautenfels die Ortschaft Pürgg (→ S. 104 f.) einen weiteren guten Einkehrtipp.

››› Mein Tipp: *** **Mayer**. Der Gasthof unterhalb des Grimming ist ein Traditionsidyll wie aus alten Tagen (seit 1854), jedoch ausgestattet mit zeitgemäßem Schick sowie mit Anspruch und Niveau. Romantische Außenplätze auf der ruhigen Dorfpiazza, heimeliges Stüberl, bodenständige Küche. 18 moderne Komfortzimmer im Haupthaus, 6 gute Apartments im umgebauten Kuhstall, Sauna. DZ ab 86 €. St. Martin am Grimming 9, ✆ 03684-2203, urlaub@mayer-grimming.at, www.mayer-grimming.at. ‹‹‹

Im Dörfl. Das romantische Hüttendorf liegt an einem Badesee am nördlichen Ortsrand von Irdning. In den Holzblockhäusern befinden sich Apartments für 2–6 Pers. Angeschlossen sind ein Campingplatz und ein gutes Ausflugsrestaurant. Schmackhaftes steirisches Essen, Hauptgerichte um 10 €, nachmittags kleine Jausen. Mi–Fr abends, Sa/So ganztägig. 4 Pers. ab ca. 100 €/Nacht, in der Hauptsaison nur wochenweise (ab 640 €). Falkenburg-Dörfl 273, ✆ 03682-22022, info@imdoerfl.at, www.imdoerfl.at.

Camping Putterersee. Die wunderschöne Platzanlage befindet sich in Aigen im Ennstal und verfügt über romantische Stellplätze am Wasser. Der Kulm lädt zu Spaziergängen ein, das Strandbad auf der anderen Seeseite ist zu Fuß erreichbar. WLAN und kleines Bistro. Mitte April bis Okt. geöffnet. 2 Pers. mit Zelt ab 15,30 €. Hohenberg 2a, ✆ 03682-22859, camping.putterersee@aon.at, www.camping-putterersee.at.

Grabenwirt. Familiäres steirisches Wirtshaus am Ortsrand von Irdning mit ausgezeichneter steirischer Landküche. Die Zutaten kommen teils aus eigener Landwirtschaft, das Pfand'l mit Grillsteak, Speck und Bratkartoffeln kostet 10 €. Innen- und Außenplätze sowie einige wenige Zimmer im einfachen Drei-Sterne-Standard. Di Ruhetag. Falkenburg 7 (in Richtung Donnersbachtal), ✆ 03682-22496, www.grabenwirt.at.

Schlossteichstüberl. Urige Einkehr an einer Fischzuchtanlage unterhalb des Schlosses und direkt von der Ennstalstraße zugänglich. Rustikales Holzhaus mit Tischen an den Teichen. Gute Fischküche, das Zanderfilet mit Mandelbutter und Gemüse kostet 13 €. Mo Ruhetag. Neuhaus 27, ✆ 03682-24767.

Donnersbachtal

Ein ganzes Tauerntal nebst umliegenden Höhen hat sich dem Aktivurlaub und v. a. der Zielgruppe Familien mit Kindern verschrieben. Zu den familiengerechten Angeboten zählt der Spaziergang durch die **Donnersbachklamm:** Abschmelzende Gletscher am Ende der letzten Eiszeit schufen diese Schlucht, durch die einst Holz talwärts getriftet wurde. Der 1936 angelegte Triftsteig diente ursprünglich dazu, die Baumstämme, die in den Engstellen hängen blieben, wieder zu lösen. Die letzte Trift fand 1961 statt, seit 1991 ist die Schlucht ein Naturdenkmal.

Der wichtigste Ferienort im Tal ist **Donnersbachwald.** Von hier katapultiert eine Kabinenbahn Besucher in Minutenschnelle auf die **Riesneralm:** Im Sommer lockt dort ein Barfußpfad auf den 1922 m hohen Riesnerkrispen sowie ein Erlebnispark mit begehbaren Tierskulpturen aus Holz. In der kalten Jahreszeit wird das Almenland zum Kinderskigebiet mit fünf Liftanlagen und ebenso vielen Pisten. Ein Skigebiet mittlerer Größe ist auch die von Donnersbach per Straße erreichbare **Planneralm.** Sie liegt auf 1600 m und gilt somit als höchstgelegenes Skidorf der Steiermark. Ausnahmsweise stehen hier nicht Kind und Kegel im Fokus der Tourismusplaner, sondern Aktivurlauber – Skifahrer im Winter, Wanderer im Sommer. Ganz im Süden, am **Glattjoch** auf 1988 m Höhe, markiert eine Kapelle den Übergang zwischen Rottenmanner und Wölzer Tauern. Auf der historischen Passroute, die Mittel- mit Südeuropa verband, wurden im Mittelalter Speik und Salz transportiert.

Information Das Infobüro befindet sich in Donnersbachwald. Mo 9–16 Uhr, Di–Fr bis 13 Uhr. Donnersbachwald 85, ✆ 03680-20124, www.donnersbachwald.at.

Hin & weg Donnersbach ist vom Schloss Trautenfels im Ennstal auf der B 75 erreichbar.

Bus: Von Stainach und von Idning fährt der öffentliche Bus nach Donnersbachwald und zur Planneralm (www.taelerbus.at).

Bergbahn Die Talstation der Kabinenbahn zur **Riesneralm** mit Winter- und Sommerbetrieb liegt hinter dem Ortsende Donnersbachwald. In der Skisaison tägl. sowie Juli bis Mitte Sept. Sa–Mo 9–16.30 Uhr. Berg- und Talfahrt: 13,40 €, erm. 6,80 €, im Winter im Skipass inbegriffen. ✆ 03680-606, www.riesneralm.at.

Bogenschießen Beliebter, 3,5 km langer Parcours auf der Planneralm mit Scheiben und dreidimensionalen Zielen. In Kursen kann zudem die Kunst des Bogenschießens erlernt werden. Mitte Juni bis Anfang Okt. 12 €, erm. 8 €. Planneralm 26, ✆ 03683-8175, www.bogenschiessen.at.

Einkaufen **Latschenbrennerei**. Die Brennerei verarbeitet das Öl aus der Latschenkiefer zu Salben, Tees, Bade- und Saunazusätzen u. v. m. Ewis-Hütte (beim Bogenschieß-Parcours), Planneralm 26, ✆ 03683-8175, www.latschenbrennerei.at.

Wandern Der Einstieg für den Rundweg durch die **Donnersbachklamm** befindet sich am Gasthof Leitner in Donnersbach (Gehzeit: ca. 2 Std.).

Planneralm: Die kurze Planneralmrunde steuert den Plannersee an (Gehzeit: ca. 1 Std.). Ein Klassiker für geübte Berggeher ist der Gratwanderweg mit tollen Ausblicken (ca. 5 Std.).

Riesneralm: Eine kürzere Tour führt mit zahlreichen Einkehroptionen von der Riesner- über die Mörsbachalm zurück nach Donnersbachwald (Gehzeit: 2:30 Std.).

Wintersport **Planneralm**. Sehr schneesicheres Familienskigebiet mittlerer Größe mit fünf Liften und einem Kinderskigebiet (www.planneralm.at).

Riesneralm. Ebenfalls schneesicheres Skigebiet (seit 40 Jahren) mit insgesamt 30 km Piste, die längste Abfahrt ist die 7 km lange Panoramaabfahrt. Mehrfache Auszeichnung mit dem internationalen Pistengütesiegel (www.riesneralm.at).

Übernachten/Essen ****/*** **Stegerhof**. Luxuriöses und gut geführtes Landhotel in Donnersbachwald. Kinderfreundlicher Betrieb, Sauna und Naturbadeteich. Hochwertige Gästezimmer im modernen Anbau, einfacher ist der Standard im Stammhaus. Sehr gutes Restaurant, ein Klassiker ist der Donnersbacher Buernbratl mit Knödel für 11 €. DZ ab 64 €. Donnersbachwald 46, ✆ 03680-287, hotel@stegerhof.at, www.stegerhof.at.

*** **Grimmingblick**. Bodenständiger Berggasthof auf der Planneralm. Die Atmosphäre ist familiär, die frisch renovierten Zimmer machen insgesamt einen etwas nüchternen Eindruck. Gute Küche, die Gäste fühlen sich sommers wie winters wohl. Biosauna, Dampfbad. Pisten und Wanderwege gleich vor der Haustür. DZ ab 112 € inkl. HP. Planneralm 18, ✆ 03683-8105, info@grimmingblick.at, www.grimmingblick.at.

JUFA. Das Jugend- und Familiengästehaus liegt ruhig am Ortsrand von Donnersbachwald. 3 Einzelgebäude mit viel Holz in der Nähe der Riesneralm, Wanderwege und Pisten sind bequem erreichbar. DZ ab 64 €. Donnersbachwald 190, ✆ 05708-3400, donnersbachwald@jufa.eu, www.jufa.eu.

Mörsbachwirt. Die Almhütte mit Restaurant ist sommers wie winters ein beliebter Treff. Der Saibling kommt frisch auf den Tisch, die Steirerkasnockerl mit Kraut gibt's für 7,50 €. Die Inhaberfamilie vermietet 4 tadellose Gästezimmer mit viel Holz (ca. 54 €). Pfingsten bis Okt. und in der Skisaison tägl. geöffnet. Donnersbachwald 184 (45 Min. zu Fuß vom Parkplatz, Feriengäste werden abgeholt), ✆ 03680-211, www.moersbachwirt.at.

Schrabachalm. Zünftiges Hüttenparadies auf 1336 m Höhe an der Auffahrt zur Planneralm. Nur wenige Plätze innen, rustikale Holztische auf der Veranda. Buttermilch und Steirerkäse stammen aus eigener Produktion, leckere Krapfen und herzliche Gastfreundschaft. Mitte Mai bis Mitte Sept. Erlsberg 14 in Donnersbach, ✆ 0664-3889150, www.schrabachalm.at.

Burg Strechau: Arkadenhof mit Sonnenuhr

Westliche Obersteiermark → Karte S. 84/85

Burg Strechau

Bei der lang gestreckten Wehranlage auf einem schmalen Sporn über dem Paltental handelt es sich um die zweitgrößte Festung der Steiermark. Nicht weit von Liezen und vom Gesäuse-Nationalpark entfernt, gibt sie vor dem Hintergrund der Rottenmanner Tauern ein eindrucksvolles Bild ab. Im Kern ist die 1074 erstmals urkundlich erwähnte Anlage romanisch und gotisch, allerdings mit bedeutenden Hinzufügungen in späteren Epochen: Aus der Zeit, als Strechau eine Hochburg des Protestantismus war, stammt der grandiose italienisch anmutende Arkadenhof mit dem gusseisernen Brunnen in der Hofmitte. Der im 16. Jh. erbaute **Renaissancetrakt** rund um den Hof kann heute nur im Rahmen einer Führung begutachtet werden. Innen sind der Festsaal mit barocker Stuckdecke (mit Motiven aus den Metamorphosen des Ovid) und das Arbeitsatelier des damaligen Schlossherrn sehr sehenswert: Die **Deckenmalereien** aus dem Jahr 1579 wurden noch nie restauriert und leuchten wie neu; es handelt sich um ein einzigartiges kulturhistorisches Juwel. Zur 330 m langen und nur 40 m breiten Festungsanlage, die in Teilen noch heute bewohnt ist, gehört ferner ein **Biedermeiergarten**, ein alter Weinkeller und seit 2007 eine **Oldtimerausstellung.** Herzstück der Sammlung sind einige betagte Steyr-Limousinen, u. a. ein Steyr 30 aus den 1930er-Jahren.

Geschichte: Eine häufig kolportierte Sage erzählt von einer Burgherrin, die einst auf ihren Geliebten wartete, der auf Kreuzzug im Heiligen Land weilte. Für den Fall, dass dieser nicht mehr zurückkehre, gelobte die Dame, in ein Kloster einzutreten. Sie brach ihren Schwur und heiratete einen anderen Mann, worauf sich beim Hochzeitsfest ihr Kopf in eine Totenkopffratze verwandelte und teuflische Mächte sie in die Hölle zerrten. Ein Gemälde aus dem 17. Jh., das sich heute im Stift Admont befindet, porträtiert die Strechauer Adelige mit Totenkopf. Historisch verbürgt ist diese Begebenheit allerdings nicht, auch nicht ein Burgfräulein oder ein in Glaubenskämpfe verstrickter Gatte. Der erste historisch notierte Lehnsherr war der Salzburger Erzbischof, seit dem 13. Jh. trat das Stift Admont als Verwalter in Erscheinung. Interessant wird es in der Zeit der Reformation, als nach mehreren Besitzerwechseln die Burg in den Besitz Hanns Hofmanns von Grünbühel gelangte. Dessen Familie protegierte den Protestantismus und musste schließlich in der Zeit der Glaubenskämpfe das Land verlassen, woraufhin die Admonter wieder das Ruder ergriffen. Im 19. Jh. traf sich hier mehrere Male Erzherzog Johann mit Anna Plochl. Ursprünglich beabsichtigten beide sogar in der Burgkapelle zu heiraten, mussten ihr Vorhaben dann aber aus bekannten Gründen verschieben. Heute gehört die Anlage einer Privatstiftung.

Mai bis Okt. Führungen tägl. außer Mo 10–16 Uhr, letzte Führung um 15 Uhr. 9 €, erm. 4 € (inkl. Oldtimerausstellung). ✆ 0650-2348461, www.burg-strechau.at.

Der Anfahrtsweg ist von der Pyhrn-Autobahn (A 9) ab der Ausfahrt Rottenmann ausgeschildert. Alternativ führen Nebenstraßen von Liezen und Aigen im Ennstal nach Lassing (→ Kasten unten) und zur Burg. Strechau-Ort und Hauswald sind über Wanderwege mit der Festung verbunden (Gehzeit: ca. 30–45 Min.).

Das Wunder von Lassing: Ende einer Bergbautradition

Zugänglich ist die Burg Strechau über ein abgeschiedenes Hochtal am Rand der Rottenmanner Tauern. Der Hauptort Lassing geriet am 17. Juli 1998 in internationale Schlagzeilen, als eine Sohle des Talkbergwerks einbrach und zehn Menschen das Leben kostete. Es handelte sich seinerzeit um das größte Grubenunglück in Österreich seit 1945. Dass nach zehn Tagen einer der elf Verschütteten unversehrt gerettet werden konnte, galt danach als „Wunder von Lassing“. Das Unglück zeitigte Konsequenzen: Es bedeutete erstens das Ende der Talkförderung im Lassingtal, zweitens führte man in den österreichischen Bergwerken neue Sicherheitsstandards ein.

Admont

ca. 2500 Einwohner

Schon von Weitem sind die beiden schlanken, 76 m hohen Türme der Stiftskirche in der weiten Talsenke zu erkennen. Der neugotische Sakralbau gehört zur mächtigen **Benediktinerabtei** unmittelbar daneben, die mit dem barocken Bibliothekssaal ein kulturhistorisches Kleinod birgt. Eine Besichtigung des Bücher- und Handschriftenmekkas ist ein Muss für jeden kulturell interessierten Reisenden. Die Stiftsgebäude enthalten darüber hinaus mehrere höchst interessante Museen und Ausstellungen, sodass man für den Besuch genügend Zeit mitbringen sollte. Außerdem verdienen die großzügigen Außenanlagen Beachtung: der barocke Löschteich, der schmucke achteckige Pavillon oder der klösterliche Kräutergarten mit über 1000 Nutz-, Heil- und Zierpflanzen. Zudem befinden sich auf dem Stiftsgelände eine Apotheke, ein Restaurant und die Klostergärtnerei. Rund 30 Mönche leben und arbeiten heute noch nach den Regeln des hl. Benedikt von Nursia im Klausurbereich der Abtei. Während sich unmittelbar östlich des Komplexes die grünen Flussauen anschließen, blickt die Westfassade der Stiftskirche zur Admonter Ortsdurchfahrt. Das öffentliche Leben spielt sich fast ausnahmslos links und rechts der Hauptstraße mit einer Handvoll Hotels und Cafés ab. Erreichbar ist das Ortszentrum von Norden über das enge Nadelöhr der Ennsbrücke.

Admont: Blick vom Stiftsgarten auf die Haller Mauern

Westliche Obersteiermark → Karte S. 84/85

Geschichte: Das älteste bestehende Kloster der Steiermark wurde vom Salzburger Erzbischof anno 1074 gegründet. Anlass war eine Stiftung der Kärntner Gräfin und Landespatronin Hemma von Gurk, die im Gurker Dom bestattet und 1938 heiliggesprochen wurde. Das Admonter Benediktinerkloster entwickelte sich in der Folge zum religiös-spirituellen Zentrum der Obersteiermark und zu einem Mittelpunkt der Gelehrsamkeit und des künstlerischen Schaffens. Die grandiose Klosterbibliothek, die u. a. auch die mittelalterlichen Handschriften der klostereigenen Schreibschule aufbewahrt, ist diesem Streben nach Wissen und Erkenntnis geschuldet. Über die vielseitigen künstlerischen Tätigkeiten geben die Stiftsmuseen Auskunft: Einen hohen Stellenwert genoss im 17./18. Jh. die Kunststickerei der stiftseigenen Schule unter der Leitung des aus Kopenhagen stammenden Fraters Benno Haan. Etwa zur gleichen Zeit profitierte die Bildhauerkunst von umfangreichen Baumaßnahmen, die das mittelalterliche Kloster in eine monumentale Barockanlage verwandelten. Ein bedeutender Künstler war Josef Thaddäus Stammel, der von 1726 bis zu seinem Tod im Auftrag des Stifts wirkte. Von ihm stammen u. a. die Skulpturen im großen Bibliothekssaal, in denen – typisch für seine Arbeiten – alpenländische und italienische Einflüsse verschmelzen. 1865 zerstörte eine verheerende Feuersbrunst das Kloster mit Ausnahme der Bibliothek, der Wiederaufbau begann umgehend im folgenden Jahr.

Stiftskirche

Der Brand im Jahr 1865 verschonte auch die Stiftskirche nicht, was das neugotische Erscheinungsbild des Gotteshauses erklärt. Dieses wurde bereits vier Jahre nach der Feuerkatastrophe geweiht und gehört zu den erhabensten steirischen Sakralbauten. Lediglich Teile des Fundaments und die Seitenportale an der Westfassade stammen aus der romanischen Zeit. Besonders bemerkenswert ist die große stilistische Geschlossenheit des dreischiffigen Kirchenraums: Das Mittelschiff strebt dem Hochaltar aus carrarischem Marmor zu, den wertvolle Wandteppiche aus der klostereigenen Stickereischule umgeben. Zu den wertvollsten Ausstattungsstücken gehört das große Kruzifix unter dem Chorbogen aus dem Jahr 1518. Am Kreuzaltar befindet sich eine alte Kopie der **Admonter Madonna.** Zur Zeit der Wirtschaftskrise in den 1930er-Jahren sollte das Original nach Nürnberg verkauft werden. Die Landesregierung schaltete sich daraufhin ein und erwarb das Stück aus dem frühen 14. Jh., weswegen es heute im Schloss Eggenberg zu sehen ist. Bemerkenswert sind ferner die Barockarbeiten des Künstlers Josef Thaddäus Stammel: die 15 geschnitzten Medaillons mit den Rosenkranzgeheimnissen am Marienaltar und die großartige Weihnachtskrippe in einer Seitenkapelle.

Stiftsbibliothek

Der barocke Bibliothekssaal zählt zu den wichtigsten kulturhistorischen Schätzen der Steiermark. Bereits die Ausmaße lassen staunen: Der Raum ist 70 m lang, 14 m breit und die Zentralkuppel erreicht eine Höhe von knapp 13 m. Der weltweit größte klösterliche Büchersaal beherbergt 70.000 Bände, die allerdings nur einen Teil des Gesamtbücherbestands des Klosters ausmachen. Die weiß-goldenen Bücherschränke an den Seitenwänden verschmelzen mit den Deckenfresken und mit der üppigen Skulpturenausstattung zu einem Gesamtkunstwerk, das seinesgleichen sucht. Die 48 Fenster sorgen im Sinne des von der Aufklärung beeinflussten Architekten Josef Hueber für reichlich Licht, sodass die Dreigliederung des 1776 vollendeten Saals mit seinen Kuppelgewölben hervorragend zur Geltung kommt. Vom Geist der Aufklärung sind auch die sieben Deckenfresken des Barockmeisters Bartolomeo Altomonte beseelt. Sie illustrieren die verschiedenen Stufen der menschlichen Erkenntnis, die – folgerichtig für eine christliche Institution – bei der göttlichen Offenbarung endet. Von den Skulpturen des Stiftsbildhauers Josef Thaddäus Stammel sind die „Vier letzten Dinge“ unter der Zentralkuppel besonders hervorzuheben. Die allegorischen Figuren stellen den Tod, das Jüngste Gericht sowie Himmel und Hölle dar. Um den Geheimnissen des Saals auf die Schliche zu kommen, empfiehlt sich ein geführter Rundgang!

Die prunkvolle Barockbibliothek im Kloster Admont

Die Museen im Stift

Für die vorbildliche Präsentation der modernen Kunst sowie der naturhistorischen und kulturhistorischen Sammlungen erhielt das Stift Admont den Österreichischen Museumspreis. Das **Naturmuseum** enthält einige bemerkenswerte Raritäten, u. a. 200 Früchte aus Wachs, die der 1864 verstorbene Benediktiner Constantin Keller gesammelt hatte. Rundweg erstaunlich sind die Insektenpräparate, wobei nur ein Teil der insgesamt 250.000 Exemplare gezeigt wird; die Fliegensammlung zählt zu den größten in Europa. Außerdem sind Präparate heimischer und exotischer Tiere sowie Mineralien und Gesteine zu sehen.

Das **kunsthistorische Museum** zeigt bedeutende Stücke aus dem Klosterfundus, sakrale Objekte aus dem Admonter Kirchenschatz sowie Skulpturen und Gemälde von der Romanik bis zum Barock. Erwerbungen aus jüngerer Zeit, u. a. zwei gotische Madonnenfiguren, werten die klostereigenen Bestände auf. Seit dem Ende der 1990er-Jahre baut das Stift darüber hinaus auch eine Sammlung von Werken österreichischer Gegenwartskünstler auf. Eine multimediale Schau über die Geschichte der Benediktiner und temporäre Ausstellungen ergänzen das ohnehin bereits üppige Angebot.

Stift Admont: Mitte März bis Anfang Nov. tägl. 10–17 Uhr, Anfang Nov. bis Dez. tägl. 10–14 Uhr, Jan./Febr. Do–Sa 10–12 Uhr, So bis 13 Uhr, bis Mitte März auf Anfrage. **Bibliotheksführungen** im Sommerhalbjahr 10.30 und 14 Uhr, im Winter um 11 Uhr. Der Shop verkauft neben Büchern und Kalendern auch Wein vom stiftseigenen Gut in Slowenien. 9,50 €, erm. ab 5,30 €, inkl. Führung. Admont 1, ✆ 03613-2312604, www.stiftadmont.at.

Rund um Admont

Stadt und Stift sind auf drei Seiten von schroffen Kalkalpengipfeln eingerahmt. Ein schöner Blick auf die Berge eröffnet sich am späteren Nachmittag oder Abend vom Stiftsteich: Der Hausberg, der 2251 m hohe Admonter Reichenstein, spiegelt sich im Wasser, während von Norden der gezackte Grat der Haller Mauern grüßt. Wie eine gigantische Filmkulisse begrenzen im Osten die Hochtor- und Buchsteingruppe das Becken. Unmittelbar südlich von Admont und dennoch weit entrückt thront das **Schloss Röthelstein** auf einer bewaldeten Nase: Die barocke Sommerresidenz der Äbte von Admont wurde Mitte des 17. Jh. erbaut und beherbergt heute ein Jugend- und Familiengästehaus (→ Übernachten / Essen & Trinken). Die rechteckige Anlage birgt einen Arkadenhof mit modernem Glasdach, eine Kapelle sowie den freskengeschmückten Rittersaal.

Frauenberg: 6 km westlich von Admont ruht weithin sichtbar auf einem Hügel im Ennstal die Wallfahrtskirche Mariä Opferung. Der Pilgerstrom setzte zu Beginn des 15. Jh. ein, nachdem das Ennshochwasser eine holzgeschnitzte Marienfigur mit sich geführt hatte, die sich just am Fuß des Hügels im Gestrüpp verfing und hängen blieb. Göttliche Fingerzeige im Anschluss an das wundersame Ereignis führten zu dem Entschluss, auf dem Kulm eine Gnadenkapelle zu errichten. Im Zeitalter der Gegenreformation wurde das Pilgerziel im barocken Stil umgebaut, wobei einmal mehr der Admonter Haus- und Hofbildhauer Josef Thaddäus Stammel seinen Teil beitrug und für das Gnadenbild den dreigeschossigen Hauptaltar schuf. Im Innern sind darüber hinaus der reiche Stuckschmuck von Giovanni Batista Corlone sowie die Deckenfresken von Bedeutung. Überlebensgroß bewacht eine Madonnenfigur aus dem frühen 15. Jh. das Langhaus. Die ebenfalls gotische Schutzmantelmadonna

Westliche Obersteiermark → Karte S. 84/85

auf der gegenüberliegenden Seite ist indessen nur eine Kopie, das Original befindet sich in der Alten Galerie zu Graz.

Kaiserau: Das 1100 m hoch gelegene Plateau zwischen Admont und dem Paltental ist ein Mekka für Wanderer und Wintersportler. Mitten auf der Almwiese steht das Jagdschloss der Äbte von Admont, in dem einst kaiserliche Gäste zu Besuch waren. Doch dies war für das Hochplateau nicht namensgebend: Das Wort Kaiserau leitet sich von den Käsereien der umliegenden Almbetriebe ab. Vom Parkplatz an der bewirtschafteten Sportalm fällt der Blick auf die Rottenmanner Tauern und den Dachsteingletscher. Von hier führt eine mautpflichtige Straße zur 1500 m hoch gelegenen Oberst-Klinke-Hütte – Ausgangspunkt für Touren auf den Kaibling oder zur Mödlinger Hütte am Johnsbacher Höhenweg. Die historische Bedeutung des landschaftlich bezaubernden Fleckens beweist der Umstand, dass die Kaiserau bereits vor 850 Jahren urkundlich erwähnt wurde.

Blick auf den Admonter Reichenstein

Hall und Weng im Gesäuse: Nur 3 km nördlich von Admont entpuppt sich Hall als älteste urkundlich belegte Salzquelle Österreichs. Die Sole diente hier nicht nur der Speisewürze, sondern wurde vor 2000 Jahren auch als Salzglasur zur Keramikproduktion verwendet. Im 15./16. Jh. nahm die Salzproduktion stetig ab und wurde schließlich ganz eingestellt. Gemeinsam mit dem östlichen Nachbarort Weng ist Hall ein guter Ausgangspunkt zur Erkundung der **Haller Mauern.** Das steile Grenzgebirge zu Oberösterreich ist ein Eldorado für Kletterer und Wanderer. Die höchste Erhebung ist mit 2244 m der Große Pyhrgas, einfacher zu erreichen sind die Admonter Warte oder der Mittagskogel. Das Admonter Haus zu Füßen der beiden letztgenannten Aussichtsgipfel ist die kleinste und höchstgelegene bewirtschaftete Schutzhütte im Gesäuse.

Basis-Infos Admont und Umgebung

Information Das Infobüro für das gesamte Gesäuse befindet sich schräg gegenüber der Stiftskirche. Eine 3D-Computeranimation erlaubt virtuelle Ausflüge in den Nationalpark. Mitte Mai bis Mitte Okt. Mo–Fr 8–18.30 Uhr, Sa 10–16 Uhr; sonst Mo–Fr 9–17 Uhr. Hauptstr. 35, ✆ 03613-2116010, www.gesaeuse.at.

Hin & weg **Bus**: Die Postbuslinie 910 verbindet Admont mit Liezen (seltener mit Altenmarkt), Linie 912 fährt nach Hieflau, Linie 917 (Anrufbus) nach Johnsbach.

Mautstraße: Die Benutzung der Straße von der Sportalm auf der Kaiserau zum Wanderausgangspunkt Oberst-Klinke-Hütte ist gebührenpflichtig. Je nach Witterung Mai bis Nov. 7 €/Pkw. ✆ 0664-60353550, www.kaiserau.at.

Einkaufen **Grabnerhof**. Seit 2011 befindet sich wenige Schritte unterhalb der Grabneralm (→ Übernachten / Essen & Trinken) eine Schaukäserei der steirischen Landesfachschule für Almwirtschaft. Hier wird aus reiner Ziegenmilch hochwertiger Käse gewonnen, der bei der Landesprämierung regelmäßig Preise gewinnt. Am Haus weiden die Ziegen, Verkauf ab Hof oder in der Fachschule im Tal. Schaukäserei: Mitte Juli bis Mitte Sept.; Hofladen: Do 14–16.30 Uhr an Schultagen. LFS Grabnerhof, Hall 225, ✆ 03613-2500, www.grabnerhof.com.

Veranstaltungen **Arcana Festival für Neue Musik**. Hochwertige Musikveranstaltungen mit Konzerten in der Admonter Stiftskirche und anderen Standorten im Gesäuse-Nationalpark und in Graz. Mitte/Ende Juli bis Anfang Aug. (www.arcanafestival.at).

Klostermarkttage. An zwei Hochsommertagen belebt sich das Stiftsgelände mit Ständen, regionaler Kulinarik, Musik und diversen Kulturprogrammen. Sa/So Mitte Aug.

Adventmarkt. Weihnachtszauber rund um das Stift Admont mit kulinarischen Schmankerln und Kunsthandwerk. Fr–So Mitte Dez. (www.advent-admont.at).

Sport und Aktivitäten in und um Admont

Klettern Die Berge der Reichenstein-Gruppe und die Haller Mauern sind Kletterparadiese. Der **Jungfernsteig** ist ein Klettersteig einfachen/mittleren Schwierigkeitsgrads (A/B) und führt vom Admonter Haus zum Grabnerstein (1847 m). Etwas länger ist der Zustieg vom Admonter Haus zum **Hexensteig** (B/C), der nicht durchgehend versichert ist und als Ziel den Hexenturm (2172 m) ansteuert.

Radeln Admont liegt am **Ennstal-Radweg** (R7).

Wandern **Kaiserau**: Die 1,5 km lange Panoramarunde ist kinderwagentauglich. Von der Oberst-Klinke-Hütte führt ein Wanderweg auf den Kaibling (2196 m), wer will kann auf dem Kamm bis zum Sparafeld (2247 m) weiterwandern (Gehzeit zum Kaibling inkl. Rückweg: ca. 4 Std.). Kürzer und v. a. einfacher ist der Weg zur Mödlinger Hütte (→ S. 143), der identisch mit dem Nordalpenweg ist (einfache Gehzeit: ca. 2 Std.).

Haller Mauern: Die klassische Aufstiegsroute zum Admonter Haus via Grabneralm beginnt am Buchauer Sattel oberhalb von Weng im Gesäuse an der B 117 Admont – St. Gallen. Von Hall dauert der Aufstieg aufgrund der zusätzlichen Höhenmeter länger. Am Admonter Haus gibt es verschiedene Wandermöglichkeiten, z. B. auf den Mittagskogel mit Dachsteinblick (Gehzeit Buchauer Sattel – Mittagskogel und zurück: ca. 5:30–6 Std.). Familientauglich und v. a. wegen der Narzissen und anderen Alpenblumen von Mai bis Juli schön ist der Almlehrpfad, der an der Grabneralm beginnt.

Wintersport Die **Kaiserau** ist ein kleines, familientaugliches Skigebiet mit Pisten für Anfänger und Fortgeschrittene, Liftbetrieb und Beschneiungsanlagen. Zudem gibt es eine gebührenpflichtige 5 km lange Loipe (www.kaiserau.at).

Übernachten/Essen & Trinken in und um Admont

**** **Spirodom**. Das 2012 eröffnete Hotel in einem Neubau nördlich des Konventsgartens ist ein stiftseigener Betrieb. Tadellose Zimmer im modernen Stil mit Balkon, die besseren blicken nach hinten raus. Nobles Restaurant, Wellnessbereich mit Pool. DZ ab 146 €. Eichenweg 616, ✆ 03613-36600, office@spirodom.at, www.spirodom.at.

*** **Buchner**. Gepflegte und familiäre Stadtpension in zweiter Reihe, daher unbehelligt vom Verkehr der Hauptstraße. Freundlich eingerichtete Zimmer, empfehlenswertes Restaurant mit gutbürgerlicher steirischer Küche, eine Spezialität ist das Xeis-Schnitzel mit Schinken und Käse überbacken für 10 €. Terrasse vor dem Haus, Mo geschlossen. DZ 68 €. Schmiedgasse 69, ✆ 03613-2801, landgasthof.buchner@aon.at, www.landgasthof-buchner.at.

››› **Mein Tipp:** **Schloss Röthelstein (JUFA)**. Das Jugend- und Familiengästehaus im schmucken Schloss oberhalb von Admont ist faktisch ein gutes Mittelklassehotel. 40 tadellose Zimmer, Sauna, gutes Café mit romantischen Außenplätzen im Hof, Restaurant, Seminarräume, Spiel- und Tennisplatz. DZ ab 82 €. Schlossstr., ✆ 03570-83320, roethelstein@jufa.at, www.jufa.eu. ‹‹‹

Villa Elisabeth. Die liebenswerte Privatvilla aus dem 19. Jh. befindet sich in einer ruhigen Seitenstraße südlich des Stifts. Die stilvoll und mit Geschmack möblierten Zimmer sind alle unterschiedlich, teils mit Dachschräge und teilweise mit Balkon. Reichhaltiges Frühstück, kein Restaurant. DZ ab 60 €. Paradiesstr. 86, ✆ 0664-4002703, villa.elisabeth.admont@a1.net, www.villa-elisabeth.at.

Zur Ennsbrücke. Das gutbürgerliche Restaurant auf der anderen Seite der Enns serviert steirisch-österreichische Klassiker mit vielen Zutaten aus der Gesäuseregion. Ein Klassiker sind die Schweinsmedaillons mit Kroketten für 12 €. Auf der saisonal wechselnden Karte stehen u. a. auch Fischgerichte und Salate sowie Desserts. Kleiner Gastgarten, Di Ruhetag. Hall 300, ✆ 03613-2291, www.pirafelner.at.

Stockhammer. Nettes Straßencafé im Admonter Ortszentrum, leckeres hausgemachtes Eis, Kuchen- und Lebkuchenspezialitäten. Auch Snacks für den kleinen Hunger, Bruschetta, u. v. m. Tägl. außer Di 8.30–18 Uhr, So ab 10 Uhr. Hauptstr. 346, ✆ 03613-2425.

Grabneralm. Die typische Almhütte auf knapp 1400 m Seehöhe ist in ca. 1:30 Std. von Weng im Gesäuse zu Fuß erreichbar. Herzlicher und freundlicher Empfang durch Eva Hornek und Gerhard Wallner, typische Almspezialitäten zu ehrlichen Preisen, von der Terrasse fällt der Blick auf Hochtor und Reichenstein. Die Alm ist ein guter Ausgangspunkt für Touren auf die Haller Mauern. Mitte Mai bis Okt. Buchau 34, ✆ 0660-4922566, www.grabneralmhaus.at.

Nationalpark Gesäuse

Während das Ennstal von Schladming bis Admont von bemerkenswerter Weite geprägt ist, rücken östlich der Klostermetropole die Kalkwände zusammen und bilden ein enges Durchbruchstal, durch das sich die Enns mühsam ihren Weg nach Osten bahnt. Der Fluss bildet gefährliche Stromschnellen, er tost, schäumt und gurgelt. Das weit vernehmbare „Säuseln" hat einer ganzen Region zu ihrem Namen verholfen. Streng genommen bezieht sich das „G'seis", wie die Einheimischen sagen, lediglich auf dieses 16 km lange West-Ost-Tal vom Gesäuseeingang bei Admont bis

Die Enns am Gesäuse-Eingang

zum 150 m tiefer gelegenen Gesäuseausgang bei Hieflau. Den vielleicht besten Blick auf die Nationalpark-Szenerie am Gesäuseeingang genießt man vom Holzsteg, der in der Nähe des Gasthofs Bachbrücke die Enns überquert und den Bahnhof auf der anderen Flussseite ansteuert. Wohin man auch schaut, zerklüftete Felswände bieten eine atemberaubende Kulisse: Das Hochtor ist mit 2369 m die höchste Erhebung im Gesäuse und lässt die Herzen der Alpinkletterer angesichts der fast senkrecht in die Höhe ragenden Felsen höher schlagen. Jenseits des Flusses gibt der 2224 m hohe Große Buchstein eine nicht minder imposante Erscheinung ab. Ein idealer Platz für ein Picknick ist das **Naturerlebniszentrum Weidendom** gegenüber dem erwähnten Gasthaus Bachbrücke. Ansonsten machen sich menschliche Siedlungsspuren in der steilen Schlucht ziemlich rar, sieht man einmal von den wenigen Häusern rund um den Nationalpark-Pavillon in Gstatterboden ab. Luxusdomizile, Kabinenseilbahnen und andere „Errungenschaften" des modernen Alpintourismus sucht man im Nationalpark vergebens. Abgesehen von der spektakulären Gebirgslandschaft macht genau dieser Umstand den spezifischen Reiz der Region aus. Wer auch immer ins Gesäuse fährt, möchte aktiv sein und sich bewegen: auf hohe Gipfel steigen, sich an steilen Felsen im Klettern üben oder Skitouren unternehmen. Bewirtschaftete Schutzhütten gibt es natürlich auch hier – klein, familiär und auf bodenständige Weise gastfreundlich. Ein beliebter Treffpunkt der Bergsteiger ist die Hesshütte, die nach dem verdienten österreichischen Alpinpionier und „Vater des Gesäuses" Heinrich Hess benannt ist (→ Kasten, S. 141).

Ennssteg und Admonter Reichenstein

Wanderung 4: Im Gesäuse – über die Gsengscharte ins Haindlkar → S. 415 f.
Rundwanderung für trittsichere Berggeher mit fantastischen Ausblicken

Gstatterboden

Von einer Siedlung zu sprechen ist angesichts der nur wenigen Häuser übertrieben. Gstatterboden bezeichnet kaum mehr als einen Flurnamen ziemlich genau in der Mitte zwischen Gesäuseeingang und -ausgang. Die zentrale Lage im Nationalpark und an der Enns macht Gstatterboden zu einem exzellenten Ausgangspunkt für Bergtouren: vom Wanderparkplatz an der Kummerbrücke über den Wasserfallweg zur Hesshütte, über das Buchsteinhaus zu den Klettersteigen der Buchstein-Gruppe

Westliche Obersteiermark → Karte S. 84/85

oder via Ennstaler Hütte – der ältesten Schutzhütte im Gesäuse – auf den aussichtsreichen Tamischbachturm (2035 m). Außerdem befindet sich hier der **Nationalpark-Pavillon** der Steiermärkischen Landesforste. Der architektonisch ansprechende Holz- und Glasbau beherbergt neben einem empfehlenswerten Café-Restaurant eine interaktive Ausstellung zur Geologie der Gesäuseregion.

Nationalpark-Pavillon: Mai bis Okt. tägl. 10–18 Uhr. 4 €, erm. 3 €. ✆ 03613-2116020.

Johnsbach

Das Johnsbachtal ist der Prototyp des paradiesischen und ursprünglich gebliebenen Alpentals mit zwei sehr unterschiedlichen Gesichtern: Vom Wirtshaus Bachbrücke am Gesäuseeingang bis Johnsbach zwängen sich Bach und Straße durch eine raue Schlucht, die zwischen Hochtor-Gruppe und Reichenstein-Gruppe im rechten Winkel von der Enns nach Süden führt. In Johnsbach, einer Handvoll Gehöfte rund um das Traditionsgasthaus zum Donner, lohnt die Besichtigung des **Bergsteigerfriedhofs** neben der Kirche am Waldrand (→ Kasten, S. 141). Hinter Johnsbach verändert sich die landschaftliche Szenerie: Das Tal knickt nach Osten ab und das Gebirge zeigt sich von seiner sanfteren Seite. Im Westen ist die Kalkspitze des Admonter Reichensteins die mit Abstand dominanteste Erscheinung, während die waldreiche Kette südlich des Johnsbachtals aus Grundgebirge besteht und daher bereits zu den Zentralalpen gehört. Die meisten Ferienquartiere der Gesäuseregion befinden sich in diesem Talabschnitt auf rund 850 m Höhe. Schlackenfunde aus der Bronzezeit im Almgebiet über dem hinteren Abschluss des Tals verweisen auf den Abbau von Kupfer und Eisenerz. Bergmännische Spuren finden sich ebenfalls in der **Odelsteinhöhle,** die v. a. wegen ihrer grünlich-blauen Aragonitkristallen bei Mineralienfreunden bekannt ist und im Rahmen einer Führung besichtigt werden kann.

Odelsteinhöhle: Führungen im Sommerhalbjahr nach Anmeldung mindestens einen Tag vorher Mi und Sa 9 Uhr. 15 €, erm. 12 €. Anmeldung/Treffpunkt beim Kölblwirt (→ Übernachten / Essen & Trinken).

Wohlverdiente Gipfelrast auf dem Tamischbachturm

Die Erschließung des Gesäuses und der Johnsbacher Bergsteigerfriedhof

Trotz des klangvollen Nationalpark-Labels ist das Gesäuse eine beschauliche Region geblieben, die von den touristischen Massenströmen verschont wird. Dies war in der Vergangenheit anders, denn das Gesäuse ist eine der Wiegen des Alpinismus. Als „Universität des Bergsteigens" wird die steile Gebirgswelt mit ihren mannigfaltigen Herausforderungen für Alpinkletterer häufig bezeichnet. Gründe für den Aufschwung im letzten Drittel des 19. Jh. waren die romantische Sehnsucht der Städter nach unverfälschter Natur und die Eröffnung der **Kronprinz-Rudolfs-Bahn** im Jahr 1872. Denn bevor die ersten Touristen eintrafen, waren hier lediglich Almbauern, Mönche aus Admont oder Wilderer umhergestreift. Ein legendärer Wilderer war der „Schwarze Peter", der seit 1850 immer wieder den Rosskuppengrat am Hochtor durchstieg, um erfolgreich seinen Verfolgern zu entfliehen. Vor seinem Tod soll er das Geheimnis dem Forstmeister preisgegeben haben, der wiederum 1877 den Bergsteigerpionier **Heinrich Hess** auf diesen „Pfad" hinwies. Heinrich Hess führte erstmals eine touristische Begehung des „Peternpfads" durch, wie die technisch anspruchsvolle Strecke auf den Spuren des Wilderers heute heißt. Dem Wiener Alpinisten gelangen zudem zahlreiche Erstbegehungen, durch die er das Gebirge für kommende Generationen erschloss. Sein 1884 erschienener „Special-Führer durch das Gesäuse" ist das erste deutschsprachige Handbuch über eine Alpenregion!

Trotz des zuverlässigen Gesäuse-Führers blieben Bergunglücke nicht aus: Den Pionieren mangelte es häufig an geeigneter Ausrüstung, oft fehlte auch die nötige Erfahrung, um schwierige Wegpassagen oder die Witterungsverhältnisse richtig einschätzen zu können. Das erste tödliche Unglück geschah 1885 und bildete den Auftakt einer langen Serie weiterer Tragödien mit Todesfolge. Weil aber der Rücktransport der Toten in ihre Heimatstädte zumeist an fehlenden finanziellen Mitteln scheiterte oder zu aufwendig gewesen wäre, wurden sie gleich an Ort und Stelle auf dem Johnsbacher Gottesacker begraben. Alsbald reichte der Platz neben der Pfarrkirche zum heiligen Ägidius nicht mehr aus, weswegen der Friedhof erweitert werden musste. Die Einheimischen wurden weiter auf dem südlichen Areal bestattet, während die Fremden ihre Plätze hauptsächlich im östlichen und nördlichen Teil des Friedhofs erhielten. Bis 1958 waren es 300 namentlich bekannte Verunglückte, ein Drittel von ihnen fand auf dem **Johnsbacher Bergsteigerfriedhof** ihre letzte Ruhe. Der prominentste Bergpionier, der in Johnsbach bestattet liegt, ist der Maler Gustav Jahn, der in Wien die Akademie der Künste absolviert hatte und mit plakativen Alpenansichten im Auftrag der Staatsbahnen einem weiteren Kreis bekannt geworden war. Am 17. August 1919 stürzte er an der Ödsteinkante mit seinem Seilgefährten ab und starb im Alter von nur 40 Jahren. Wie viele damalige Wiener Alpinisten war Gustav Jahn vorzugsweise ohne Bergführer unterwegs, die Absicherung technisch schwieriger Passagen erfolgte nur im Fall, wenn sie unumgänglich war. Der Friedhof ist heute ein nationales Kulturgut mit einem Sammelsurium unterschiedlicher Grabkreuze und -steine. Die Gedenkstätte für die Bergtoten an der Mauer wurde 1958 von der Gesellschaft der Alpinen Vereine Österreichs errichtet.

Basis-Infos Gesäuse

Information Das Nationalpark-Infobüro befindet sich in Admont (→ S. 136). Informationen sind zudem im Nationalpark-Pavillon in Gstatterboden erhältlich. www.nationalpark.co.at.

Hin & weg Die Ennstal- bzw. Gesäusestraße (B 146) trifft hinter dem Gesäuseausgang in Hieflau auf die Steirische Eisenstraße (→ S. 158).

Bahn: Die Eisenbahn durch das Ennstal fährt inzwischen nur noch Sa/So jeweils einmal in beide Richtungen mit Halt in Hieflau, Gstatterboden, Johnsbach und Admont.

Bus: Die Linie 912 verbindet Admont mit Hieflau, Linie 917 (Anrufbus) Admont mit Johnsbach.

Veranstaltungen Advent im Weidendom. Stimmungsvoller Weihnachtszauber mit Basteln, Lagerfeuer, Wanderungen und Schlittenfahrten. Kostenloser Busshuttle von Admont und St. Gallen/Hieflau. Sa/So um den Krampustag am 5. Dez.

Sport und Aktivitäten im Gesäuse

Klettern Wasserfallweg. Der versicherte Steig ist bereits 1891 erbaut worden, Alpinpionier Heinrich Hess vollbrachte (noch ohne Versicherungen) die Erstbegehung. Für geübte Wanderer machbar. Start ist an der Kummerbrücke im Ennstal, Ziel ist die Hesshütte.

Buchstein Südwandband. Vom Buchsteinhaus erreicht man den Einstieg zum Klettersteig in einer Stunde, das Buchsteinhaus ist von Gstatterboden oder vom Naturerlebniszentrum am Weidendom erreichbar (Schwierigkeitsstufe A/B).

Teufelsteig. Der Klettersteig ist nur für Geübte zu empfehlen (Schwierigkeitsgrad B/C), der Einstieg erfolgt in 30–45 Min. von der Ennstalerhütte oberhalb von Gstatterboden.

Nationalpark-Pavillon in Gstatterboden

Radeln Der Ennstal-Radweg (R7) führt durch die Ennsschlucht.

Hochscheibentour. Die ausgewiesene Mountainbikestrecke führt von Gstatterboden auf Forstwegen zur Hochscheibenalm unterhalb des Tamischbachturms und von dort hinunter nach Hieflau (15 km). Geöffnet Juni bis Aug. 7–20 Uhr, Mai und Sept./Okt. bis 18 Uhr.

Rafting Rafting- und Kajaktouren auf der Enns bieten mehrere Agenturen von Mai bis Mitte Okt. an, u. a. Outdoor-Adventures für 50 € (Dauer: 4 Std.). ✆ 03612-25343, www.rafting.at.

Wandern Bergtouren sind hier ohne Zweifel lohnend, aber fast immer mit der Bewältigung großer Höhenunterschiede verbunden. Neben Trittsicherheit ist eine gute Kondition daher unabdingbar.

Bachbrücke/Weidendom: Für Familien mit Kindern bietet sich der Au-Erlebnisweg und der Sagenweg an. Letzterer führt ins Johnsbachtal, Schautafeln erzählen von Geschichten um den „Wilden John". Ebenfalls familientauglicher Wanderweg nach Gstatterboden (Gehzeit: ca. 1:30 Std.).

Gstatterboden: Der 2035 m hohe Tamischbachturm ist ein klassischer Aussichtsgipfel (u. a. Hochschwab-Blick), der auch für Normalgeübte problemlos erreichbar ist, wenn man von dem Höhenunterschied von 1500 m einmal absieht (Gehzeit via Ennstaler Hütte: ca. 7 Std.).

Johnsbach: Vom Donnerwirt sind es ca. 2:30 Std. zur Mödlingerhütte auf dem

Kamm des Johnsbacher Höhenwegs. Von der Einkehr gelangt man auf dem Nordalpenweg in 2 Std. zur Oberst-Klinke-Hütte in der Kaiserau. Ein empfehlenswerter Abstecher führt von der Mödlingerhütte zum Aussichtspunkt Heldenkreuz (Gehzeit hin und zurück: ca. 1 Std.).

Kölblwirt/Oberes Johnsbachtal: Der Almrundweg verläuft großteils auf Forstwegen und ist auch mit mittlerer Kondition zu meistern. Zahlreiche Einkehrmöglichkeiten (Gehzeit: ca. 3 Std.). Der Aufstieg zur Hesshütte dauert ca. 3 Std. (www.hesshuette.at).

Westliche Obersteiermark → Karte S. 84/85

Übernachten/Essen & Trinken im Gesäuse

Kölblwirt. Der traditionelle Familienbetrieb am hinteren Abschluss des Johnsbachtals auf 860 m Höhe zählt zu den beliebtesten Quartieren im Gesäuse. Zahlreiche Wanderwege beginnen hier, u. a. auch der klassische Aufstieg zur Hesshütte. Seit vielen Generationen in Familienhand, gemütliche Zimmer mit Bauernstubenflair, gutbürgerliche Küche. Legendär ist das Styria-Beef aus hauseigener Biolandwirtschaft, z. B. gegrillt mit Erdäpfeltascherl für 12,80 €. DZ ab 80 €. Johnsbach 65, ✆ 03611-216, koelblwirt@aon.at, www.koelblwirt.at.

Ödsteinblick. Die familiäre Pension 2 km oberhalb von Johnsbach ist ebenfalls ein guter Wanderausgangspunkt. Ein Schmankerl sind die edlen Holzschnitzereien des Seniorwirts an den Zimmertüren. 14 DZ, teils mit Balkon, das Restaurant serviert steirische Hausmannskost. Taxiservice auch für auswärtige Gäste. DZ ab 70 €. Johnsbach 57, ✆ 03611-2150, oedsteinblick@aon.at, www.oedsteinblick.at.

Camping Forstgarten. Großzügige Anlage in naturschöner Waldlandschaft, Betreiber sind die Steiermärkischen Landesforste. Beachvolleyball, Spielplatz, Lagerfeuerstelle, einfache Sanitäreinrichtungen. Mai bis Okt. 2 Pers. mit Zelt 19 €. Johnsbach 105 (10 Gehmin. westlich von Gstatterboden auf der anderen Seite der Enns), ✆ 0664-8252323, www.landesforste.at.

Zum Donner. Das volkstümliche Dorfgasthaus im Johnsbacher Ortszentrum ist Ausgangs- und Endpunkt für Touren zur Mödlinger Hütte. Gemütliche Stube, schattiger Gastgarten unter Kastanien, ein Klassiker ist das mit Zwiebeln, Schinken und Pilzen gefüllte Donner-Schnitzel für 10,50 €. Im Winterhalbjahr Do Ruhetag. Gästezimmer, Ferienwohnung sowie Bettenlager (DZ 64 €). Johnsbach 5, ✆ 03611-218, www.donnerwirt.at.

Zur Bachbrücke. Ausflugsgaststätte am Weidendom in der Nähe des Gesäuseeingangs, besonders Sa/So ein beliebter Bikertreff, mit Pension. Großer und schattiger Biergarten mit zünftigen Holztischen und -bänken, der Krautstrudel mit Schnittlauchsoße kostet 8 €. Auch Kaffee und Kuchen. Mai bis Okt. Krumau 97, ✆ 03611-50036, www.bachbruecke.at.

Kölblalm. Ein Almidyll oberhalb des Johnsbachtals wie aus guten alten Zeiten auf 1100 m Höhe. Urig, gemütlich und biozertifiziert. Sehenswert ist im Innern die Rauchküche mit geschwärztem Gewölbe. Kleine Jausen, leckerer hausgemachter Kuchen, Almbuttermilch u. v. m. Mitte/Ende Mai bis Ende Sept., in der Vor- und Nachsaison nur am Wochenende. Herrliche Lage am Almrundweg, kurzer Aufstieg in 30 Min. vom Wanderparkplatz Ebnerhof am hintersten Abschluss des Johnsbachtals. ✆ 03611-216. ■

Haindlkarhütte. Herzlicher Empfang auf 1100 m Höhe nach schweißtreibendem Anstieg vom Parkplatz Haindlkar in der Ennsschlucht (Gehzeit: ca. 1:30 Std.). Fantastischer Blick von der Terrasse auf die Hochtorwand. Schmackhafte Jausen, den Schafskäse im Speckmantel mit Gemüse gibt's für 8 €. Zimmer und Bettenlager (DZ 76 €). Mai bis Okt. Johnsbach 100, ✆ 0664-1140046, www.haindlkar-huette.at.

Mödlingerhütte. Die ÖAV-Schutzhütte in aussichtsreicher Lage am Nordalpenweg bzw. Johnsbacher Höhenweg ist bekannt für ihre gute Küche auf 1523 m Höhe. Gemütliches Stüberl, verarbeitet werden vorzugsweise regionale Zutaten, eine Spezialität ist das Xseis-Wildbrettl. Leckere Strudelgerichte, gute Weine und Schnäpse. Die Mödlingerhütte ist die einzige umweltzertifizierte Gesäusehütte (Anstieg von Johnsbach/Donnerwirt: ca. 2:30 Std.). Übernachtung im DZ oder Bettenlager möglich. Mitte Mai bis Okt. und Silvester/Neujahr. Johnsbach 116, ✆ 0680-2057139, www.moedlingerhuette.at.

Auf dem Hochschwab-Plateau

Östliche Obersteiermark

Im Vergleich zur westlichen Obersteiermark geht es hier deutlich ruhiger zu. Eine Ausnahme hiervon bildet der quicklebendige Wallfahrtsort Mariazell. Als Highlight der Industriekultur entpuppt sich der Eisenerzer Erzberg, der geografische Ankerpunkt der Region ist das Hochschwab-Massiv.

Weite Teile der Gebirgsregion sind wie geschaffen für Individualisten, die für ihren entspannten Aktivurlaub nicht auf Luxusdomizile und andere „Annehmlichkeiten" wie Kabinenseilbahnen oder perfekt ausgeschilderte Wanderwege angewiesen sind. Topografischer Fixpunkt der östlichen Obersteiermark ist das majestätische Massiv des **Hochschwabs** – eine schwer zu überwindende Barriere, ein Terrain seltener Alpenflora und angeblich Europas größtes Habitat für Gämsen. Das Gipfelplateau verzaubert Bergenthusiasten mit einer gewaltigen Urlandschaft und einem Fernblick, der seinesgleichen sucht. Der „König der Ostalpen" ist in der Tat ein Juwel, das außerhalb der Alpenrepublik zu Unrecht wenig bekannt ist. Der Grund liegt vielleicht in seiner vergleichsweise bescheidenen Höhe von nur 2277 m. Allerdings bedeutet das nicht, dass der Gipfel leicht zu besteigen ist. Im Gegenteil, wer hier wandert, benötigt Trittsicherheit und Kondition. Eine beliebte Einkehr mit Übernachtungsmöglichkeit kurz unterhalb des Gipfels ist das Schiestlhaus. Bei der Schutzhütte des Österreichischen Touristenklubs (ÖTK) handelt es sich um ein hochmodernes Passivhaus im funktionalen Design mit Solartechnologie und biologischer Abwasserreinigung. Ausgangspunkte für den Gipfelsturm sind Seewiesen im Osten oder der Gasthof Bodenbauer in St. Ilgen bei Aflenz Kurort. Aber auch am Fuße des Bergriesen lässt es sich wandern, ohne dass sportliche Aspekte im Vordergrund stehen, z. B. am Leopoldsteiner See bei Eisenerz oder rund um den Grünen See in Tragöß. Beide Gewässer gehören zu den beliebtesten Ausflugszielen in der Hochschwab-Region.

Östliche Obersteiermark

Wie die meisten markanten Gebirgszüge der östlichen Obersteiermark gehört der Hochschwab zu den nördlichen Kalkalpen. Im Einzugsbereich der Kalkalpen liegen auch die zwei Naturparks der Region, die Steirischen Eisenwurzen und das Mürzer Oberland. Ersterer ist ein Eldorado für Geologen, Letzterer ein Mekka für Familien mit Kindern. Wandern und Radfahren nach Herzenslust lässt es sich in beiden Gegenden.

Selbiges gilt auch für das **Mariazeller Land,** das – auch aufgrund der Nähe zu Wien und Niederösterreich – eine Unmenge an Aktivangeboten bietet. Weiter im Südwesten gehören die **Eisenerzer Alpen** geologisch bereits zur Grauwackenzone, wohingegen die Fischbacher Alpen ganz im Süden wiederum aus Gneis bestehen und bereits ganz deutlich den Charakter eines stark bewaldeten Mittelgebirges zeigen. Der wichtigste Verkehrsweg ist das **Mürztal,** das sich vom Semmering-Pass bis zur Mündung der Mürz in die Mur wie ein schräger Balken quer durch das Terrain zieht. Abgesehen vom Semmering und diversen Seitentälern ist das Mürztal indessen keine Ferienregion, sondern ein klassisches Durchgangstal. Zumindest dem Namen nach eine Ausnahme bildet Krieglach im Mürztal: Das Städtchen ist bekannt als Heimat von Peter Rosegger, dem wichtigsten Dichter der Steiermark. Es ist ebenfalls das Zentrum seiner **Waldheimat** und aus diesem Grund Destination zahlreicher Rosegger-Fans aus nah und fern. Gedenkstätten in und um Krieglach widmen sich dem Schriftsteller und seinem Werk.

In der Vergangenheit war das Mürztal eine Hochburg der Industrieproduktion, was größeren Städten wie Kapfenberg oder Mürzzuschlag noch immer anzumerken ist. Seit dem Mittelalter profitierten die Gewerbebetriebe von den Rohstoffvorkommen des Erzbergs. Seine Pyramidenform ist das ultimative Wahrzeichen der östlichen Obersteiermark und obendrein eine touristische Hauptattraktion, zumal das historische Stadtzentrum von Eisenerz auch kulturinteressierten Reisenden einige bedeutende Schmankerln bietet. Eisenerz und der Erzberg sind eine Etappenstation auf dem Weg entlang der **Steirischen Eisenstraße:** Sie beginnt bzw. endet in Leoben im Murtal und führt über Vordernberg, Eisenerz und Hieflau in die Eisenwurzen an der Grenze zu Oberösterreich. Trotz der vielerorts spürbaren

Strukturschwäche – logische Folge des einstigen industriellen Booms – handelt es sich in der Tat um eine der interessantesten Reiserouten der Steiermark. Grandiose und faszinierende Denkmäler der Industriekultur reihen sich aneinander und liegen oft nur wenige Kilometer auseinander. Und das Wichtigste: Die Schmelzöfen, Schaubergwerke oder Ausstellungen sind zugänglich, wenn auch häufig nur nach telefonischer Voranmeldung. Neben dem Eisenerzer Erzberg ist das Vordernberger Radwerk IV das unbestrittene Highlight an der Steirischen Eisenstraße.

Informationen im Internet: www.hochsteiermark.at, www.eisenstrasse.co.at/portal/.

St. Peter-Freienstein und Trofaiach

Die beiden Gemeinden im geografischen Zentrum der Steiermark rechtfertigen auf den ersten Blick nicht unbedingt einen längeren Aufenthalt. Auf den zweiten Blick sieht das bereits etwas anders aus: Wenn man auf der Fahrt entlang der Steirischen Eisenstraße nach Westen abzweigt, gelangt man auf ein idyllisches Plateau zwischen Vordernberger Tal und Liesingtal. Dominiert wird es vom **Reiting-Massiv,** dessen Hauptgipfel – das 2214 m hohe Gößeck – gleichzeitig die höchste Erhebung der Eisenerzer Alpen ist. Ein vortrefflicher Ausgangspunkt für Spaziergänge und

Bergtouren ist überdies der Krumpengraben nördlich von Trofaiach; besonders für die Kleinen ist der Anblick der possierlichen Murmeltiere auf der Zölzalm ein unvergessliches Erlebnis.

Auch wenn es ansonsten an außergewöhnlichen Sehenswürdigkeiten mangelt, weisen beide Orte die eine oder andere Besonderheit auf: St. Peter-Freienstein wird von der trutzigen **Wallfahrtskirche Maria Freienstein** beherrscht, die den Charme einer Wehrburg versprüht und in der Tat im 17. Jh. eine landesfürstliche Festung an gleicher Stelle ersetzte.

Unterhalb der Kirchenburg erinnert eine Ausstellung im **Schloss Friedhofen** an die Bergbauvergangenheit. Mehrere Räume, die vom Arkadenhof zugänglich sind, zeigen zahlreiche historische Werkzeuge und Grubenlampen (Di und Do/Fr 10–12 Uhr. 1 €, Schüler frei. Hammergasse 2, ✆ 03842-29027, www.gut-friedhofen.at).

Mit einem Museum wartet ebenfalls der größere Nachbarort Trofaiach auf: Das **Schloss Stibichhofen** im Ortszentrum beherbergt eine interessante Ausstellung mit Funden aus der Vor- und Frühgeschichte und eine stattliche Trachtensammlung. Außerdem gibt es eine original eingerichtete Apotheke aus dem Jahr 1904 sowie Praxisutensilien des berühmten Pestdoktors Adam von Lebenwaldt, der im 17. Jh. gegen die verbreitete Kurpfuscherei zu Felde zog und es u. a. zum Leibarzt des Abts von Admont brachte (Sa 10–12 und 15–17 Uhr, So 10.30–12 Uhr. 1,60 €, erm. 1 €. Rebenburggasse 2a, ✆ 03847-3717, www.trofaiach.at).

Information Das Infobüro befindet sich im Ortszentrum von Trofaiach. Mo–Fr 8–12.30 und 13.30–16.30 Uhr. Luchinettigasse 6, ✆ 03847-34011, www.herzbergland.at.

Hin & weg In Trofaiach zweigt eine Nebenstrecke nach Tragößß und zum **Grünen See** ab (→ S. 190). Außerdem ist von der Region rund um Trofaiach und St. Peter-Freienstein auf kurzen Wegen das Liesingtal mit dem **Abenteuerpark Mautern** erreichbar (→ S. 231s).

Radeln Das Plateau am Reiting eignet sich gut zur Erkundung mit dem E-Bike. Fahrräder für 19,50 € verleiht die Touristeninformation.

Wandern **Gößeck**: Abgesehen vom Höhenunterschied von 1320 m bereitet der Aufstieg auf den höchsten Gipfel der Eisenerzer Alpen nur wenig Schwierigkeiten, Ausgangspunkt ist der „Parkplatz für Reitinggeher" am Gehöft Zeller (Gehzeit: ca. 5–6 Std.).

Hirnalm/Zölzalm: Vom Parkplatz am Ende des Krumpengrabens gibt es mehrere Optionen: Familientauglich ist der Spaziergang zur Zölzalm, die für ihre Murmeltierwiesen bekannt ist (Gehzeit für den Rundweg: ca. 3 Std.). Von der Hirnalm oberhalb des Parkplatzes führt ein landschaftlich schöner Abstecher zum **Krumpensee** (Gehzeit: ca. 3:30 Std.). Wer trittsicher ist, kann vom See aus den Gipfel des Eisenerzer Reichenstein erklimmen (Gesamtgehzeit: ca. 6:30–7 Std.).

Wintersport Die Trofaiacher **Krumpenloipe** ist ein insgesamt 10 km langes Loipennetz mit einer 2,5 km langen Trainingsloipe. Letztere ist mit einer Beschneiungsanlage und Flutlicht ausgestattet.

Übernachten/Essen *** Reitingblick. Das gut geführte Landhotel liegt in dörflich geprägter Umgebung am Fuß des Reiting-Massivs. Alteingesessener Familienbetrieb mit Gästezimmern in verschiedenen Kategorien von einfach bis luxuriös, Wellnessbereich und Sauna, das Restaurant verarbeitet u. a. Biozutaten vom eigenen Bauernhof. Auf der Karte stehen Fischgerichte und hausgemachte Strudel, den Schweinsbraten mit Semmelknödel gibt's für 10 €. Mo/Di Ruhetag. DZ ab 66 €. Schardorf 44 in Gai, ✆ 03847-2272, info@stegmueller.at, www.stegmueller.at.

Freiensteinerhof. Das familiengeführte Restaurant mit Pension liegt im Ortszentrum von St. Peter-Freienstein. Freundliche Atmosphäre, netter Biergarten, gutbürgerliche Küche mit großer Salatauswahl, der gedünstete Zwiebelrostbraten kommt für 15 € auf den Tisch. Eine Besonderheit ist das laktosefreie Speiseeis. DZ ab 70 €. Traidersbergstr. 14, ✆ 03842-25116, www.freiensteinerhof.at.

Vordernberg

ca. 1000 Einwohner

Vordernberg ist eine der schönsten und historisch interessantesten Ortschaften an der Eisenstraße und versprüht den Charme eines Freilichtmuseums. Zahlreiche hochrangige Denkmäler der Industriekultur weisen darauf hin, dass der ehemalige Eisenmarkt einst zu den bedeutendsten Industriestandorten Mitteleuropas gehörte. Angesichts der heute eindeutig dörflich geprägten Atmosphäre erscheint der Gedanke absurd, dass bis Ende des 19. Jh. mit Wasserkraft betriebene Holzkohlehochöfen, Radwerke genannt, die klare Bergluft mit ihrem Qualm verpesteten. Aus der langen Periode der wirtschaftlichen Prosperität stammen am Marktplatz u. a. das heutige **Rathaus** mit seinem schmucken Uhrenturm und der **Brunnen** mit der fotogenen schmiedeeisernen Laube aus dem Jahr 1668.

Das mit Abstand wichtigste Denkmal ist jedoch etwas oberhalb das **Radwerk IV,** dessen Fassade im Stil des industriellen Klassizismus zur Platzseite blickt. Es handelt sich um eines der 14 Radwerke Vordernbergs, die gemäß ihrer Lage eine be-

Einladender Wegweiser zum Radwerk IV

stimmte Ordnungsnummer zugewiesen bekamen. Nach Einstellung des Betriebs 1911 wurde der Holzkohlehochofen unter Denkmalschutz gestellt und kann im Rahmen einer Führung besichtigt werden (Mai bis Okt. zweistündige Führungen Fr–So 14 Uhr. 5,50 €, erm. ab 3,50 €, Mindestführungspauschale 16 €. Peter-Tunner-Str. 2, ✆ 0664-73491994, www.radwerk-vordernberg.at). Die technische Ausstattung aus den 1870er-Jahren blieb unangetastet, was den Besuch zum einzigartigen Erlebnis macht. Nach einer kurzen Multimediapräsentation sind u. a. das originale Wasserrad oder die Windzylinder zu sehen, mittels derer die Luft in den Hochofen eingeblasen wurde. Ein weiteres Highlight ist die oberschlesische Dampfmaschine aus dem Jahr 1853 – die allererste Dampfmaschine im Alpenland überhaupt!

Weitere industrielle Spuren finden Fußgänger am **Erzwanderweg** zum Präbichl: Es handelt sich um die Überreste eines aufwendigen und innovativen Systems, bestehend aus fünf Horizontal-Schienenbahnen und zwei Schrägaufzügen, mit dem das Eisenerz über den Präbichl nach Vordernberg transportiert wurde.

Geschichte: Die Ortsgeschichte ist eng mit dem nur 6 km entfernten Erzberg jenseits des Präbichls verknüpft. Vordernberg verdankt dem Berg sogar seine Entstehung, denn mit zunehmender Ausweitung der Roheisenproduktion im Mittelalter reichte der Raum am Erzberg nicht mehr aus. Deshalb wanderten die Schmelzofenbetriebe sukzessive talabwärts, ehe diese Bewegung im 15. Jh. auf Höhe des heutigen Ortszentrums zum Stehen kam. Beleg hierfür sind u. a. die beiden **spätgotischen Kirchen,** die errichtet wurden, als Vordernberg das Marktrecht erhielt (1453). Als zu Beginn des 19. Jh. die Eisenindustrie in eine Krise geriet, kam Erzherzog Johann gerade zum rechten Zeitpunkt: Der gerne auch Alpenkaiser Genannte (→ Kasten, S. 36) war als Radmeister auch ein Gewerke (Anteilseigner eines Bergwerks) und richtete das „Meranhaus" in der Hauptstraße als Wohnpalais her. Um Einkauf und Absatz effizienter zu steuern, ermunterte er die Radmeister-Kollegen zum Schulterschluss; 1840 gründete er mit der Bergmännischen Lehranstalt die Vorläuferin der Leobener Montanuniversität; den Schwager Johann Dulnig beauftragte er mit dem Bau eines Transportsystems – dem Vorläufer der späteren Erzbergbahn. Gegen Ende des 19. Jh. allerdings war die Zeit der Vordernberger Radwerke endgültig passé, die unaufhaltsam steigende Eisennachfrage befriedigten jetzt wenige Kilometer weiter im Süden die modernen Stahlkocher in Donawitz.

Nachrichten von anno dazumal: Das Hausbuch der Stampferin

Das später „Meranhaus" genannte Gebäude in der Hauptstraße 85, in dem seit 1822 Erzherzog Johann in seiner Eigenschaft als Radmeister für einige Zeit lebte, hatte im 17. Jh. dem Unternehmer Hans Adam Stampfer gehört. Dieser leitete neben dem Vordernberger0 Radwerk auch das Öblarner Kupferbergwerk und wurde 1685 für seine Verdienste geadelt. 1656 hatte er die zwölf Jahre jüngere Grazerin Maria Elisabeth Dellatore geheiratet, die über zwei Jahrzehnte hinweg weltpolitische Ereignisse sowie persönliche Alltagssorgen in ihrem Tagebuch vermerkte. 150 Jahre später entdeckte der Erzherzog ihre Aufzeichnungen und erkannte den Schatz, den er in den Händen hielt. 1887 veröffentlichte das Steiermärkische Landesarchiv das Dokument, das seither als „Hausbuch der Stampferin" einen festen Platz in der Kulturgeschichte des Alpenraums besitzt.

Östliche Obersteiermark → Karte S. 146/147

Information Das Infobüro befindet sich neben dem Rathaus und verfügt über einen Raum für Wechselausstellungen u. a. zur Geschichte der Eisenstraße. Mai bis Okt. Mo–Do 8–15.30 Uhr, Fr bis 14 Uhr. Viktor-Zack-Str. 1, ✆ 03849-832, www.vordernberg.steiermark.at.

Hin & weg **Erzbergbahn**: Die Fahrt mit dem Schienenbus auf der steilsten Normalspur-Bahnstrecke Österreichs über den Präbichl nach Eisenerz ist ein Erlebnis. Allerdings ist die Zukunft des Bahnbetriebs seit 2013 ungewiss (→ S. 155).

Bus: Die Linie 820 verbindet Vordernberg mit Leoben und mit Eisenerz.

Wandern Der **Erzwanderweg** verbindet Vordernberg mit dem Präbichl-Pass und vermittelt sehenswerte Einblicke in die Industriekultur. Er verläuft überwiegend auf den alten Trassen des Eisenerztransportsystems aus dem 19. Jh. (einfache Gehzeit: ca. 2–2:30 Std.).

Übernachten/Essen »» Mein Tipp: *** **Schwarzer Adler**. Das Traditionsgasthaus befindet sich im Ortszentrum und ist seit 30 Jahren in Familienbesitz. 8 behagliche Zimmer mit viel Holz, das Restaurant ist bekannt für die gute steirische Küche mit Zutaten aus der eigenen Bio-Landwirtschaft. Legendär sind die Gerichte nach Hausrezepten von Anna Plochl, der Frau Erzherzog Johanns, und die Wildgerichte im Herbst. Das Bierfleisch mit Kümmelkartoffeln gibt's für 15,70 €. Mi und So Nachmittag geschlossen. DZ 64 €. Hauptstr. 98, ✆ 03849-264, vordernb.-schwarzer-adler@aon.at, www.vordernb-schwarzer-adler.at. ««

Eisenerz

ca. 4700 Einwohner

Das urbane Zentrum an der Steirischen Eisenstraße steht voll und ganz unter dem Eindruck und Einfluss der mächtigen Pyramide des **Erzbergs.** Ein Jahrtausend lang hat der Tagebau am Berg genagt und dabei eine Terrassenlandschaft geschaffen, die zu allen Tageszeiten einen beinah unwirklichen Anblick bietet. Den Kosenamen „Steirischer Brotlaib" hat der Berg aber auch erhalten, weil die bedeutenden Erzlagerstätten seit jeher das Rückgrat der steirischen Industrieproduktion sind. Einen guten Eindruck vom kunstvollen Stufen- und Etagenwerk des Erzbergs bekommt man am Nachmittag oder frühen Abend vom Schichtturm auf einer Anhöhe über der Stadt. Ein weiterer Aussichtspunkt befindet sich direkt an der Eisenstraße auf dem Weg zum Präbichl.

Bei dem Trubel, der um den Erzberg herrscht, wird leicht der Umstand außer Acht gelassen, dass Eisenerz ein historisch gewachsener Ort mit einer sehr sehenswerten Altstadt ist. Die ehrwürdigen Häuser mit ihrem gefälligen Sgraffitoschmuck waren die Visitenkarte der örtlichen Radmeister. Über eine hübsche Fassade verfügt z. B. das Gewerkehaus aus dem 16 Jh. in der Dr.-Karl-Renner-Straße Nr. 4: Die Rundreliefs aus Stuck symbolisieren die vier Kontinente – Australien war damals noch nicht entdeckt. Die gute Stube der Stadt ist der **Bergmannsplatz** mit dem alten Rathaus und einem Brunnen, den standesgemäß eine Knappenfigur in typisch maximilianischer Tracht ziert.

Dennoch ist dem Städtchen auf Schritt und Tritt anzumerken, dass in den 1980er-Jahren die weltweite Krise der Stahl- und Eisenindustrie nicht spurlos vorübergegangen ist. Binnen weniger Jahrzehnte reduzierte sich die Zahl der Einwohner um mehr als die Hälfte. Auch wenn Experten damit rechnen, dass die Erzvorkommen im Jahr 2020 erschöpft sein werden, erzeugt die Diagnose schon längst keine Angstgefühle mehr, denn Eisenerz wandelt sich gegenwärtig nach dem Vorbild anderer Alpenstädte von der Bergarbeiterhochburg zur Fremdenverkehrsdestination.

Geschichte: Die Stadtgeschichte ist natürlich in erster Linie an den Erzberg gekoppelt. Bis heute halten sich hartnäckig Spekulationen, die den Beginn des Erzabbaus

Der monumentale Erzberg ist der Höhepunkt an der Eisenstraße

auf das Jahr 712 datieren. Eine heute nicht mehr vorhandene Inschrift in der Oswaldikirche kolportierte angeblich dieses Jahr. Erstmals urkundlich erwähnt wird der Bergbau allerdings erst im 12. Jh., was natürlich nicht bedeutet, dass nicht vielleicht schon zuvor nach Edelmetall geschürft wurde. Einige Flurnamen belegen die Existenz slawischer Siedler, später gründeten Bajuwaren aus dem süddeutschen Raum eine erste Siedlung am Fuß des Erzbergs. Im Mittelalter wurde der Abbau von zwei Seiten betrieben: „Vor dem Berge" waren diejenigen, die auf der südlichen bzw. dem Präbichl zugewandten Flanke das Erz zutage förderten – aus dieser Siedlung entwickelte sich Vordernberg jenseits des Passes (→ S. 148 ff.). Die Nordseite hingegen lag „inner dem Berge", wo die „Innerberger" das Erz gewannen und teils gleich an Ort und Stelle verhütteten. Seit dem 14. Jh. war die Trennung zwischen Vordernberg und Innerberg streng durch landesfürstliche Order geregelt, die Demarkationslinie lag auf 1186 m Höhe. Ein weiterer Erlass verfügte 1448 darüber hinaus die Aufteilung des Absatzes: Während Nordeuropa von Innerberg versorgt wurde, wurde das Erz aus Vordernberg in den südeuropäischen Raum geliefert. In der Neuzeit setzte sich für Innerberg der heute gebräuchliche Name Eisenerz durch.

Altes Rathaus (Stadtmuseum)

Das alte Rathaus ist das beherrschende Gebäude am Bergmannsplatz. Prunkvollster Raum im Obergeschoss ist der Ratsherrensaal mit dekorativer Stuckdecke, wo der Stadtrat als oberstes Gremium seine politischen Entscheidungen fällte. Der reiche Sgraffitoschmuck der Außenfassade ist mitnichten ein Original – der Künstler Max Tischhart schuf sie im Jahr 1977. Das Stadtmuseum stellt auf drei Stockwerken die Requisiten der verflossenen Bürgerwelt des 19. Jh. zur Schau. Einen Schwerpunkt bildet natürlich die Bergbaugeschichte, außerdem lohnt ein Blick in die alten Kerkerzellen.

Mai bis Okt. tägl. außer Mo 10–16 Uhr. 5 €, erm. 2,50 €. Bergmannplatz 1, ✆ 03848-251165, www.eisenerz.at.

Oswaldikirche

Die Kirchenburg thront über der Altstadt auf dem Vogelbichl, einem hügelartigen Ausläufer des Erzbergs. Ihre trutzige Wirkung wird durch die grauen, überwiegend freiliegenden Bruchsteinmauern verstärkt. Der Ausbau zur Wehrkirche im Stil der Spätgotik geschah auf Geheiß Kaiser Friedrichs III., um den Erzberg vor türkischen Invasionen zu schützen. Zwar kamen die Türken nicht bis hierher, dennoch spielte die Kirchenburg später eine gewisse Rolle, als sich während der Gegenreformation protestantische Bürger im Kampf gegen den Seckauer Bischof vergeblich auf dem Hügel verschanzten. Vieles erinnert an den Bergbau: Das Relief an der Außenseite über dem Portal zeigt die Vertreibung aus dem Paradies, wobei Adam kurioserweise als Bergmann dargestellt ist. Im Innern hängt über der Empore, mit bloßem Auge kaum erkennbar, ebenfalls ein kleines Bergmännchen. Hiesiger Erzbergstein findet sich im Sockel der um 1900 von einer Grazer Werkstatt geschmiedeten Kanzel und im Lesepult, das seit 1993 den Altarraum schmückt. Abgesehen von den modernen Ausstattungsstücken präsentiert sich der Sakralraum überwiegend noch so, wie es die Baumeister am Ende des 15. Jh. beabsichtigten. Bemerkenswert ist die 1517 vollendete Empore mit ihren fantasievollen Reliefs: üppige Ranken, wirbelnde Fischblasen oder von Hunden gehetzte Tiergestalten.

Wehrhaft: die Oswaldikirche

Schichtturm

Der mit Patina behaftete Renaissanceturm oberhalb der Altstadt ist zu Fuß in einer Viertelstunde erreichbar. Von erhöhter Warte fällt der Blick auf Erzberg, Eisenerzer Reichenstein und Pfaffenstein. Seinen Namen erhielt der 1581 errichtete Turm wegen der Glocke, ein Geschenk Erzherzog Karls, die täglich die Bergknappen zur Schicht rief. Am einfachen Viereckturm fallen die italienisch anmutenden Zwillingsfenster auf, die auch andernorts in der Eisenerzer Altstadt zu begutachten sind.

Erzberg

Der „Steirische Brotlaib“ erfüllt eine doppelte Funktion: Erstens wird noch immer im Tagebau Erz gewonnen, zweitens besuchen Touristen die Stollen und fahren mit dem Hauly – einem umgebauten Schwerlasttransporter mit 860 Pferdestärken – über die Terrassen. Die auffällige Pyramidenform ist durch den kontinuierlichen Erzabbau im Lauf eines Jahrtausends entstanden. Als Wahrzeichen der Obersteiermark und des Erzbachtals ziert sie den Hintergrund des Eisenerzer Stadtwappens. Im Vergleich mit alten Darstellungen des Erzbergs wird die „Verwandlung“ deutlich: Durch den beständigen Abbau verkleinerte sich der Berg auf die heute 1465 m hohe Pyramide. Seit der Tagebau jedoch auf den 14 oberen Etagen eingestellt wurde, hat der äußerlich messbare Schwund ein Ende. Insgesamt besteht der Bergkoloss aus 42 Stufen, die bis zu 24 m hoch sind und teils nach Heiligen, teils nach verdienten Bergleuten benannt sind.

Geologisch gehört der Erzberg bereits zur Grauwackenzone der Eisenerzer Alpen, manche Fachleute vermuten in ihm sogar einen erloschenen Vulkan. Zwar gibt es andernorts hochwertigeres Erz als hier, dafür wartet der Erzberg mit dem größten Siderit-Lager weltweit auf. Um die Entdeckung rankt sich eine populäre Sage, die natürlich auch während der Schaustollenführung erzählt wird: Ihr zufolge lebte am Leopoldsteiner See ein Wassermann, der von den Menschen einst gefangen genommen wurde. Um sich freizukaufen, stellte er seine Wächter vor die Alternative: entweder Gold oder Silber für nur wenige Jahre oder Eisen in unbegrenzter Menge. Die Menschen wählten, klug wie sie waren, Letzteres. Trotz dieses legendären Versprechens sind die Vorräte natürlich begrenzt. Die gute Tat des Wassermanns konnte selbstverständlich nicht die Krise in den 1980er-Jahren verhindern, in deren Folge der Untertagebau eingestellt wurde. 1988 wurde der Schaustollen für den Besucherverkehr geöffnet: Abenteuerlich ist die 1,5 km lange Fahrt mit dem ehemaligen Mannschaftszug ins Innere des Berges, bevor der Fußmarsch durch die Arbeitswelt der Knappen beginnt. Bei Familien mit aufgeweckten Kindern mindestens genauso beliebt ist die Tour mit dem Hauly über die Terrassen.

Abenteuer Erzberg: Die beiden Angebote Hauly-Fahrt und Schaubergwerk können gesondert oder als Kombipaket nach Voranmeldung gebucht werden. Mai bis Okt. tägl. 10–15 Uhr. 15 €, erm. ab 6,50 €, Kombiticket 26 €, erm. ab 12,50 €. Erzberg 1, ✆ 03848-3200, www.abenteuer-erzberg.at.

Wanderung 5: Auf den Gipfel des Eisenerzer Reichenstein → S. 417 f.
Anstrengender Aufstieg auf einen der schönsten Aussichtsberge der Region

Rund um Eisenerz

Wanderer, Kletterer, Radler und Skifahrer schöpfen rund um die Erzmetropole aus dem Vollen. Außerdem bietet an hochsommerlichen Tagen der traumhaft gelegene und badetaugliche **Leopoldsteiner See** eine schöne Möglichkeit zur Erfrischung. Zu den wichtigsten Erhebungen in der unmittelbaren Umgebung zählen der 2165 m hohe **Eisenerzer Reichenstein** sowie der 1871 m hohe **Pfaffenstein** auf der anderen Seite des Erzbachtals. Letzterer ist der Hausberg von Eisenerz und markiert den westlichen Ausläufer des Hochschwab-Massivs. Ein ganz besonderes Schmankerl ist die **Frauenmauerhöhle** im Hochschwab-Gebiet: Es handelt sich um eine 644 m lange Durchgangshöhle mit zwei Eingängen, die nur zu Fuß zu erreichen sind (→ Wandern, S. 155 f.). Das Naturdenkmal ist Teil eines weitaus größeren Höhlensystems und kann an wenigen Tagen besichtigt werden (Mitte Juni bis Mitte Sept. Führungen bei gutem Wetter Sa/So 11 und 13 Uhr am Westeingang, 12 und 14 Uhr am Osteingang. 5 €. ✆ 0664-5158247).

Präbichl: Die 1226 m hohe Passhöhe trennt das Erzbachtal vom Vordernberger Tal. Im Sommer ist der Präbichl ein beliebter Tourenausgangspunkt, im Winter ein

Östliche Obersteiermark → Karte S. 146/147

nicht minder beliebtes Abfahrtsskigebiet. Ein Sessellift bringt an den Wochenenden im Sommerhalbjahr die Bergwanderer zum 1798 m hoch gelegenen Polsterschutzhaus. Während des Zweiten Weltkriegs hetzten die Nazis ungarische Juden aus dem KZ Mauthausen in Todesmärschen über den Präbichl; sie sollten als Zwangsarbeiter beim Bau des Ostwalls gegen die Rote Armee eingesetzt werden. Dabei erschossen Mitglieder des Eisenerzer Volkssturms auf dem Pass 200 Juden. An die Opfer erinnert ein Mahnmal an der Eisenstraße.

Eisenerzer Ramsau: Von der Altstadt führt eine schmale Straße ins friedliche Seitental mit Blick auf den Erzberg. Schlackenhalden und andere Funde beweisen, dass die Menschen hier bereits in der Bronzezeit Kupfer in Öfen schmolzen. Die Ramsau liegt auf 1000 m und ist ein ausgezeichneter Ausgangspunkt für Exkursionen in die Eisenerzer Alpen. In der Schneesaison führt eine Langlaufloipe hindurch.

Leopoldsteiner See: Der smaragdgrüne Bergsee auf 628 m liegt 4 km nördlich von Eisenerz und ist ein beliebtes und an sonnigen Tagen auch recht belebtes Ausflugsziel. 2013 kürten Leser der Grazer „Kleinen Zeitung" das rund 1400 m lange und 370 m breite Gewässer mit großem Abstand zur „schönsten Wasserperle der Steiermark". Zwischen den Nadelwäldern und schroffen Kalkwänden der Hochschwab-Ausläufer kann man nach Herzenslust wandern, klettern, Boot fahren und schwimmen. Für das leibliche Wohl sorgen das Seestüberl am Parkplatz und ein romantisch gelegener Kiosk am hinteren Ende des Sees.

Klappe auf und Klappe zu: Eisenerz und der Erzberg im Film

Die malerische Altstadt im Verbund mit der grandiosen Kulisse des Erzbergs lockten immer wieder Filmteams zu Dreharbeiten nach Eisenerz. Den Anfang machten zu Beginn des 20 Jh. Industriedokumentarfilme wie z. B. 1911 der Streifen über die „Gewinnung des Eisens am steirischen Erzberg". Es folgten in den 1930er-Jahren Propagandafilme, die in Wochenschauen ausgestrahlt wurden. Der erste bekannte Spielfilm war das Stummfilmepos über Schuld und Sühne mit dem Titel „Sodom und Gomorrha" aus dem Jahr 1922. Zwar wurde dieser Monumentalstreifen hauptsächlich in Wien gedreht, allerdings erwählte der Regisseur Mihály Kertész alias Michael Curtiz für einige Szenen den Drehort Eisenerz. Rund 1000 Statisten wirkten mit und machten den Film zur bis heute noch immer aufwendigsten und teuersten Produktion in der österreichischen Geschichte. Bei der pyrotechnischen Sprengung des „Tempels von Sodom" – ein von drei Architekten konzipiertes, gigantisches Kulissenwerk – gab es leider einige Tote und Schwerverletzte. Den Umstand nutzten später die Nationalsozialisten für ihre antisemitische Hetze gegen den Regisseur. Heute weitaus bekannter ist die Verfilmung des Dramas von Friedrich Dürrenmatt „Der Besuch der alten Dame" mit Christiane Hörbiger aus dem Jahr 2008. Auch dieser Film wurde teilweise in Eisenerz gedreht, woran sich einige Einheimische noch gut erinnern können. Im Jahr 2012 war es wieder einmal so weit: Diesmal besuchte ein ORF-Team um den Regisseur Wolfgang Murnberger die Metropole an der Eisenstraße, um hier den Krimi „Steirerblut" von Claudia Rossbacher zu verfilmen. Buch und natürlich auch Film handeln von einer Grazer Kommissarin, die in die Provinz reisen muss, um einen ziemlich grausamen Mord aufzuklären.

Basis-Infos Eisenerz und Umgebung

Information Das Infobüro befindet sich im Stadtzentrum. Sommerhalbjahr Mo–Fr 9–12 und 15–17 Uhr, im Winter ab 10 Uhr. Theodor-Körner-Platz 1, ✆ 03848-3200, www.erlebnisregion-erzberg.at.

Hin & weg Bus: Die Linie 820 verbindet Eisenerz mit Leoben. Die Stadtbuslinie 925 verbindet die Ramsau via Zentrum mit dem Leopoldsteiner See, allerdings mit nur wenigen Verbindungen. Der Busbahnhof befindet sich an der B 115.

Bergbahn Polstersessellift. Der Einersessellift verbindet den Präbichl mit dem Polsterschutzhaus auf 1798 m Höhe. Zur Skisaison tägl. und Ende Mai bis Ende Okt. Sa/So 9–16 Uhr. ✆ 03849-6370, www.praebichl.at.

Ärztliche Versorgung Das Krankenhaus liegt zentrumsnah an der B 115. Radmeisterstr. 7, ✆ 03848-24440, www.lkh-leoben.at.

Post Mo–Fr 7.30–12 und 14–17.30 Uhr. Hieflauer Str. 21.

Ein beeindruckendes Landschaftserlebnis bietet die Fahrt über den Präbichl nach Vordernberg mit der **Erzbergbahn**. Die Bahnlinie ersetzte ab 1891 das alte Dulnig'sche Transportsystem aus den 1840er-Jahren (→ S. 149) und schloss als Zahnradbahn die Lücke der beiden Stichlinien von Hieflau nach Eisenerz und von Leoben nach Vordernberg. Nach der offiziellen Einstellung des Zugverkehrs betrieb der Verein Erzbergbahn die Strecke mit Schienenbussen im Sommer weiter. Seit 2013 schwebt jedoch das Damoklesschwert der Streckenstilllegung über der Erzbergbahn. Ob und wie es weitergeht, stand bei Drucklegung des Reiseführers nicht fest. Über den aktuellen Stand der Dinge informiert die Internetseite www.erzbergbahn.at.

Sport und Aktivitäten in und um Eisenerz

Baden/Bootstouren/Wassersport Der **Leopoldsteiner See** bietet an verschiedenen Stellen die Möglichkeit zum Sprung ins kalte Nass. Schlechtwetteralternative ist im Zentrum das **Vitalbad**.

Bootsverleih: Am Südwestufer des Leopoldsteiner Sees kann man Ruderboote für 6 €/Std. und Elektroboote für 10 €/Std. mieten. Im Sommer tägl. 10–18 Uhr. ✆ 0676-7959162.

Tauchen: Am Grüblsee direkt am Präbichl gibt es die Möglichkeit, Tauchkurse zu belegen oder Ausrüstung für eigene Tauchgänge zu leihen. Nach Betreiberangaben handelt es sich um die höchstgelegene Tauchbasis Europas. Die Fische sind so zutraulich, dass sie sogar gestreichelt werden können. Mai bis Okt. Der Schnupperkurs kostet 45 €. ✆ 0660-4638363, www.grueblsee.at.

Klettern Eisenerz verfügt über 4 attraktive **Klettersteige**, die allerdings alle schwierig bis extrem schwierig sind. Der Rosslochhöhlen-Klettersteig (Schwierigkeit E) sowie der Kaiser-Franz-Joseph-Klettersteig (C/D) sind vom Leopoldsteiner See zugänglich. Im Hochschwab-Gebiet liegt auch der Eisenerzer Klettersteig (B/C, teils D), während sich der Kaiserschild-Klettersteig (CD, teils D/E) oberhalb der Eisenerzer Ramsau befindet.

Die **Eisenerzer Alpinschule** führt u. a. zweitägige Kletterkurse für 150 €/Pers. unter fachkundiger Leitung durch. Blumau 2, ✆ 0664-2804242, www.eisenerz-alpin.at.

Wandern Familientauglich ist die kurze Runde um den **Leopoldsteiner See** (Gehzeit: ca. 1 Std).

Eisenerzer Rundwanderweg: Ausgehend von der Oswaldikirche erschließt die 15 km lange Runde einige Sehenswürdigkeiten (z. B. den Schichtturm), wobei sich immer wieder gute Ausblicke auf Stadt und Erzberg ergeben (Gehzeit: ca. 4–5 Std.).

Frauenmauerhöhle: Vom Präbichl ist der Westeingang in ca. 4 Std. erreichbar. Die Gehzeit reduziert sich um die Hälfte beim Start vom Polsterschutzhaus. Zum Osteingang

Östliche Obersteiermark → Karte S. 146/147

gelangt man in ca. 2 Std. von der Gsollkehre an der B 115.

Wildfeld und Stadelstein: Die mittelschwere Bergtour startet in der Ramsau und hat mit Stadelstein (2070 m) und Wildfeld (2043 m) zwei Aussichtsgipfel zum Ziel (Gehzeit: ca. 6 Std.).

Wintersport **Präbichl**. Das traditionsreiche Abfahrtsskigebiet liegt auf 1200–1900 m Höhe. Pisten für Anfänger und Fortgeschrittene, zivile Preise, mehrere Sessellifte, ein Schlepplift sowie ein Übungslift (www.praebichl.at).

Ramsau. Die Eisenerzer Ramsau ist ein kleines nordisches Skigebiet mit drei Loipen sowie einer Sportloipe und rundum familientauglichen Rahmenbedingungen.

Veranstaltungen in und um Eisenerz

Erzberg Rodeo. Das vermutlich härteste Enduro-Rennen der Welt ist ein Höhepunkt unter den steirischen Sportevents. Angesagter Treff der Motorsportszene mit 1500 Teilnehmern, großer Tross am Fr in der Innenstadt, Höhepunkt ist das Schlussrennen am So auf dem Erzberg. Am Wochenende nach Fronleichnam (www.erzberg rodeo.at).

Erzberglauf. Beim renommierten Gebirgslauf am Erzberg mit rund 1000 Läufern und Nordic Walkern werden 745 Höhenmeter überwunden. Anfang/Mitte Aug. (www.erzbergsport.at).

Rostfest. Das soziokulturelle Event bespielt verschiedene historische Orte in der Stadt mit Performances, Märkten, Lesungen, Konzerten und Happenings. Für ihre Kreativität und ihren Esprit erhielten die Veranstalter 2013 den österreichischen Leader-Innovationspreis. Sa/So Mitte Aug. (www.rostfest.at).

Weisen- und Echobläsertreffen. Jährliches Herbstevent der österreichischen Blasmusikszene am Leopoldsteiner See. Anfang Okt.

Krippenmuseum. Die Traditionsveranstaltung in einem ehemaligen Bergarbeiterhaus am Bergmannplatz präsentiert alljährlich liebevoll restaurierte alte Krippen, auch neue Krippen, Streichelkrippen, Figuren in heimischer Bergarbeitertracht u. v. m. 1. Advent bis Dreikönig tägl. 10–12 und 15–17 Uhr.

Eisenerz Art. Unter dem Label finden ganzjährig Kulturveranstaltungen an verschiedenen Standorten statt – Filmvorführungen, Theater, Lesungen, Kunstausstellungen und Festivals (www.eisenerz-art.at).

Übernachten/Essen & Trinken in und um Eisenerz

Domizile in der Luxusklasse sucht man in und um Eisenerz vergeblich. Neben den empfehlenswerten, wenn auch einfachen Quartieren in der Ramsau reduziert sich das Übernachtungsangebot im Zentrum auf eine Handvoll Frühstückspensionen in Familienhand.

Tegelhofer **3** Die familiengeführte Altstadtpension verfügt über einen modernen Anbau mit nicht gerade einladender Fassade. Die 5 Zimmer und die Ferienwohnung machen zunächst ebenfalls einen nüchternen Eindruck, sind aber insgesamt recht ordentlich. Kleine Sauna, kein Restaurant. DZ 63 €. Lindmoserstr. 8, ✆ 03848-2086, tegelhofer@twin.at, www.gaestehaus-tegelhofer.at.

Pichlerhof **5** Der bodenständige und familiäre Alpengasthof liegt in der Eisenerzer Ramsau. Loipenanschluss im Winter, die Wanderwege beginnen am Haus. Ordentliche Zimmer mit ausreichend großen Bädern, einfach, aber gemütlich. Restaurant mit gutbürgerlicher Küche und Freiplätzen auf der Veranda, das Hirschragout mit Butternockerln gibt's für 13 €. Di Ruhetag. DZ ab 60 €. Schlingerweg 19a, ✆ 03848-3414, info@www.pichlerhof.at, www.pichlerhof.at.

JUFA **6** Das Jugend- und Familiengästehaus in der Eisenerzer Ramsau ist bei Gästen im Sommer wie im Winter sehr beliebt. Almenflair und grüne Wiesen rundherum, Blick auf Erzberg. Die Loipe ist gleich vor der Haustüre, Spielzimmer und Kinderspielplatz vor dem Haus. DZ ab 62,50 €. Ramsau 1, ✆ 05708-3340, eisenerz@jufa.eu, www.jufa.eu.

Reichensteinhütte. Die ÖAV-Hütte kurz unterhalb des Eisenerzer Reichenstein auf 2128 m Höhe ist ein fantastischer Aussichtspunkt. Der Nord-Süd-Weitwanderweg Nr. 05 führt daran vorbei. Gästezimmer (DZ ca. 47 €) und Betten im Lager (15 €/Pers.), freundlicher Empfang, schmackhafte Jausen, selbst gebrannter Lärchenschnaps. Ein erstes Schutzhaus an dieser Stelle wurde bereits 1898 erbaut. Juni bis Okt. 2:30 Std. Gehzeit vom Präbichl. ✆ 0664-9836164.

››› Mein Tipp: **Erzberg Bräu** 2 Die Privatbrauerei am oberen Altstadtrand öffnet ihren Gastronomiebereich nur freitags. Schmackhafte, mit Liebe zubereitete Gerichte aus regionalen Biozutaten, ein Klassiker ist das Brauereigulasch für 8 €. Die Bierspezialitäten werden unfiltriert abgefüllt und kreativ etikettiert, ein Durstlöscher heißt z. B. „Gruamhunt" (Grubenhunt). Gemütliche Gaststube im Stil einer Schaubrennerei. Fr ab 11 Uhr. Trofengbachgasse 2, ✆ 0664-3202340, www.erzbergbraeu.at. ‹‹‹

Bräustüberl 4 Die gemütliche Altstadtpinte mit hemdsärmeligem Service befindet sich am Erzbergbach. Große deftige Portionen, schmackhafte Hausmannskost, das Naturschnitzel mit Reis kostet 10 €. Gastgarten, rustikale Stube mit nur wenigen Tischen. So Nachmittag und Mo geschlossen. Flutergasse 5, ✆ 03848-2335.

Barbarastub'n 1 Der hübsche Platz für eine geruhsame Kaffeepause versteckt sich oberhalb des alten Rathauses. Kaffee, Eis, kleine Snacks und hausgemachte Mehlspeisen, Sitzplätze auf der Terrasse, die Stube ziert ein Kachelofen. Mo–Fr 8–18 Uhr, Sa ab 9 Uhr, So ab 14 Uhr. Bergmannsplatz 2a, ✆ 0676-5415606.

Blick von Hieflau zum Nationalpark Gesäuse

Hieflau und das Radmertal

Kurz vor Hieflau zweigt das **Radmertal** von der Eisenstraße nach Süden ab. Straße und Bach zwängen sich durch einen eindrucksvollen Canyon, bevor sich das Tal auf einen Schlag wieder weitet. Entlegener geht es kaum noch: Tief unter dem 2217 m hohen **Lugauer**, der zu den Gesäusebergen gehört und aufgrund seiner markanten Spitze auch „steirisches Matterhorn" genannt wird, schlummert das Idyll eines Alpentals aus vergangenen Tagen. Die zwei Streusiedlungen werden von den Einheimischen schlicht und griffig Vorder- und Hinterradmer genannt. In Radmer an der Stube grüßen von erhöhter Warte die fotogenen Barocktürme einer **Wallfahrtskirche** ins Tal. Sie ist dem heiligen Antonius von Padua geweiht, dessen Figur den ansehnlichen Brunnen vor dem Gotteshaus ziert. In Radmer an der Hasel wiederum verweist der **Paradeisstollen** auf einen florierenden Kupferbergbau. Seit der Bronzezeit wurde hier das Metall aus dem Berg geholt, wobei besagter Stollen erst im späten Mittelalter angelegt wurde. Die Fahrt mit der Stollenbahn durch das Schaubergwerk ist ein Erlebnis! Allerdings sind Führungen nur nach Vereinbarung oder kurzfristig vor Ort per „Führerphon" möglich (Mai bis Okt. tägl. 9–18 Uhr. 9 €, erm. 5 €, Mindestführungspauschale 14 €. ✆ 0676-7106622, www.kupferschaubergwerk.at).

Wenige Kilometer weiter nördlich trifft die Eisenstraße in **Hieflau** auf die Enns und die aus Admont kommende Gesäusestraße. Der Blick vom Gesäuseausgang auf den Tamischbachturm und die Hochtorgruppe ist atemberaubend. Hieflau ist dennoch kein Urlaubsort, sondern eine Durchreisestation auf dem Weg in den Nationalpark (→ S. 138 ff.) oder den Naturpark Steirische Eisenwurzen. Wie Vordernberg verdankt der Ort seine Existenz dem Erzberg: Als gegen Ende des 15. Jh. rund um Eisenerz die Wälder für den Betrieb der Hochöfen abgeholzt waren, benötigte man dringend Nachschub. Holz in Fülle hatte das Obere Ennstal zu bieten, weswegen in der Folge Baumstämme auf der Enns talwärts getriftet wurden. Seit 1503 fing ein gewaltiger **Holztriftrechen** am Ennsknick die Baumstämme auf; bis zu 27.000 m^3 Holz wurde jährlich von Drehkränen ans Ufer gebracht und sogleich an Ort und Stelle verkohlt. Hinzu gesellten sich Kohlehochöfen und später auch eine Kokserei. Heute erinnert nur noch ein kleines **Köhlerzentrum,** das interessierte Besucher in die Technik der Holzkohlegewinnung einführt, an die vergangene Betriebsamkeit (Mai bis Okt. tägl. 10–12 und 15–17 Uhr. 4 €, erm. 1,50 €. Lend 2c, ✆ 03634-505, www.hieflau.at).

Information Das Infobüro für das Radmertal mit Poststelle befindet sich im Gemeindeamt. Mo/Di und Do 7–12 und 13.30–18 Uhr. Radmer an der Stube 31a, ✆ 03635-2110, www.radmer.at.

Veranstaltungen Almabtrieb. Traditionelles Brauchtumsfest mit geschmückten Rindern in Radmer an der Hasel. Sa Abend Almfest mit Musik und Tanz, am So dann der eigentliche Almabtrieb mit Festzug, Frühschoppen und Handwerksmarkt. Mitte Sept.

Wandern Radmertal: Nichts für schwache Nerven ist die Besteigung des Lugauer, oben ausgesetzte und mit Drahtseil versicherte Stellen (Gehzeit als Rundweg: ca. 8 Std.). Bis zum Gipfelkamm ist der Weg identisch mit dem Nordalpenweg (Weitwanderweg 01). Von Hinterradmer führt ein bequemer Wanderweg nach Westen, der im oberen Johnsbachtal auf den Almrundwanderweg stößt.

Von **Hieflau** sind die Wege in den Nationalpark Gesäuse kurz, u. a. zum Tamischbachturm, nach Gstatterboden oder zum Wasserfallklettersteig (→ S. 142).

Übernachten/Essen Zum Erzberg. Die kleine und familiäre Landpension liegt am hinteren Ortsausgang von Radmer an der Stube. Ruhige Lage, gemütliche Stube, die einfachen Gästezimmer taugen für eine Notübernachtung. Das Restaurant serviert ehrliche Hausmannskost, der Rehbraten mit Eierschwammerl kostet 11,50 €. Mo Ruhetag. DZ 54 €. Radmer an der Stube 51, ✆ 03635-2145, heiml.dora@gmail.com.

International. Der Name des Wirtshauses im Ortszentrum von Hieflau ist Programm: Die Inhaberfamilie stammt aus Bosnien und kredenzt Gästen feine steirisch-österreichische Gerichte sowie Klassiker aus der Balkanküche. Die Schweinemedaillons auf Kürbiskruste gibt's für 10,50 €, auch die Wildgerichte munden. Zimmer an der Ortsdurchfahrt. Tägl. offen. Hauptstr. 23, ✆ 03634-675, www.gasthof-international.at.

Harmonika Waldi. Das volkstümliche Wirtshaus an der Eisenstraße (B 115) 1,5 km nördlich von Hieflau ist eine Institution – urig, bodenständig, regelmäßig wird in der Stube zur Musi aufgespielt. Kleiner Gastgarten, gute Küche mit frisch zubereiteten Gerichten und Zutaten aus der Region. Saisonal wechselnde Karte, ein beliebter Klassiker sind die Steirerschnitzel (um 10 €). Im Winterhalbjahr Mi/Do Ruhetag. Wandau 9, ✆ 03634-247, www.xeiswaldi.at.

Östliche Obersteiermark → Karte S. 146/147

Naturpark Steirische Eisenwurzen

Die namhafteste Attraktion im flächenmäßig größten steirischen Naturpark ist die **Palfauer Wasserlochklamm.** Sie ist aber beileibe nicht die einzige Schlucht in dieser Region der nördlichen Kalkalpen: Zu ihr gesellt sich u. a. die **Spitzenbachklamm** bei St. Gallen, die bereits im 19. Jh. als Tummelplatz der Schmetterlinge ein Begriff war. Nachweislich 18 verschiedene Orchideenarten machen das Ausflugsziel auch für Botaniker interessant. Eine weitere Schlucht ist in Gams bei Hieflau die wildromantische **Nothklamm.** Durch das Naturjuwel führt eine 700 m lange Steiganlage bis zum Ausgang der Schlucht, wo eine archaische Steinkugelmühle noch im 19. Jh. der Herstellung von Kanonenkugeln diente. Ein Abstecher führt von der Schlucht zur **Kraushöhle** hinauf, die mit einigen beachtlichen Superlativen aufwartet: Sie ist weltweit die erste Höhle, die mit elektrischem Licht beleuchtet wurde, und zudem die einzige Gipskristallhöhle Europas (Sommerferien Mi–So 9–16 Uhr, Ostern bis Okt. nach Anmeldung. 5 €, erm. 3,50 €, Mindestführungspauschale 17 €. ✆ 03637-206, www.geoline.at).

Die Beispiele zeigen, dass die Ortschaft **Gams** ein Hotspot geologischer und mineralogischer Phänomene ist. Schichten verschiedener Erdzeitalter – Kalk und Dolomit, Sandstein und Ton sowie glaziale Ablagerungen – treffen hier zusammen. Das „Geodorf" pflegt seinen Ruf in der Fachzunft mit einer ständigen Ausstellung im **Geozentrum** und verschiedenen naturpädagogischen Angeboten für Schulklassen und Familien mit Kindern (April bis Okt. tägl. 9–12 und 13–16 Uhr. 3 €, erm. 2 €. Gams bei Hieflau 145, ✆ 03637-206, www.geoline.at). Das Alleinstellungsmerkmal „Geologie" gilt indes nicht nur für Gams im Besonderen, sondern ist für die gesamten Steirischen Eisenwurzen kennzeichnend. Der Ritterschlag erfolgte 2004 mit der Aufnahme in den erlauchten Kreis der **UNESCO-Geoparks.** Geografisch liegen die Steirischen Eisenwurzen am Übergang von den Alpen zum nördlichen Alpenvorland im Dreiländereck Steiermark, Ober- und Niederösterreich. Im Unterschied zu den beengten Verhältnissen rund um den Erzberg weitet sich die Landschaft; der Blick schweift in die Ferne und verweilt auf der unerhört schroffen Buchsteingruppe des Gesäuse-Nationalparks. Auch klimatisch ist der Landstrich begünstigt, schließlich liegen z. B. Weißenbach oder Altenmarkt, beide am Unterlauf der Enns, auf nicht einmal mehr 450 m Höhe.

St. Gallen und die Burg Gallenstein

Der geschichtsträchtige und streng genommen einzige Marktort in den Steirischen Eisenwurzen wurde bereits Mitte des 12. Jh. aktenkundig. Einige Bürgerhäuser am Hauptplatz und die außerhalb auf einem Hügel thronende Burg Gallenstein künden noch von der einstigen Bedeutung. Letztere gehört zu den markantesten Festungen

Die Krone der Eisenwurzen: die Burgruine Gallenstein

der Obersteiermark und wird von einem mächtigen Wohnturm dominiert. Erbaut wurde sie im letzten Drittel des 13. Jh. auf Veranlassung des Admonter Abts zum Schutz der klösterlichen Besitztümer. Nachdem sie im 19. Jh. nicht mehr benötigt wurde, verfiel sie, ehe der Steirische Burgenverein sich seit der Mitte des 20. Jh. um die schrittweise Wiederherstellung kümmerte. Heute wird das Baudenkmal v. a. im Sommer für Veranstaltungen genutzt.

Großreifling (Forstmuseum)

Ähnlich wie in Hieflau befand sich auch hier einst eine Vorrichtung zum Auffangen der Holzstämme, wofür sich der in einer Ennsschleife sowie an der Salzamündung gelegene Ort bestens eignete. Nach dem bedeutenden Wasserbaumeister Hans von Gasteiger wurde diese Triftvorrichtung aus dem 16. Jh. **Gasteiger Rechen** genannt; ein Hochwasser zerstörte 1861 das Werk. Heute erinnert an die Holzwirtschaft das **Forstmuseum** auf einem Hügel über dem Tal. Im ehrwürdigen ehemaligen Speicher der Eisenerzer Gewerkschaft entfaltet sich auf mehreren Etagen und mithilfe einer Fülle von Exponaten das Universum Holz: Neben Triftstiefeln, einer Holzbibliothek sowie alten Handzugschlitten ist auch ein Modell des Gasteiger Rechens zu sehen.

Forstmuseum Silvanum: Mai bis Okt. tägl. außer Mo 10–12 und 13–17 Uhr. 6 €, erm. 3,50 €. Kirchenlandl 64 in Großreifling, ✆ 03633-2201, www.forstmuseum.at.

Palfauer Wasserloch

Hinter dem nüchtern klingenden Begriff steckt nicht weniger als eine der größten und geheimnisvollsten Karstquellen überhaupt. Sie schüttet durchschnittlich etwa 2000 l Wasser pro Sekunde aus. Der Clou dabei ist, dass dies sehr unregelmäßig geschieht, zuweilen gelangt für Stunden nur ein kleines Rinnsal ans Tageslicht. Vor dem Austritt sammelt sich das Wasser nämlich in einem unterirdischen Siphonsee. Innerhalb nur weniger Minuten kann dessen Pegel signifikant ansteigen, woraufhin sich große Wassermengen ins Freie ergießen. Warum das so ist, bleibt vorläufig ein Geheimnis der Natur, denn lediglich 76 m dieser riesigen Wasserhöhle sind bislang erforscht. Wer das mysteriöse Spektakel auf 810 m Höhe erleben möchte, benötigt festes Schuhwerk und für den erlebnisreichen Aufstieg durch die Palfauer Wasserlochklamm genügend Ausdauer. Der Zugang von der Wasserlochschenke ist eintrittspflichtig, von einer 65 m langen Hängebrücke hat man einen schönen Blick auf die smaragdgrüne Salza (→ Wandern, S. 163).

Durch das Salzatal nach Wildalpen

Neben der Enns ist die **Salza** der wichtigste Fluss im Naturpark. Sie entspringt in Niederösterreich, quert das Mariazeller Land und ergießt ihr türkisgrünes Wasser nach insgesamt 88 km bei Großreifling in die Enns. Seit jeher genießt der Fluss bei Wildwassersportlern einen exzellenten Ruf, weshalb im Sommerhalbjahr Kajaks und Raftingboote zum vertrauten Anblick gehören. Die wunderschöne Landschaft zwischen den Ybbstaler Alpen im Norden und dem Hochschwab-Massiv im Süden schlägt darüber hinaus auch Radfahrer in ihren Bann, zudem bietet sich am Ufer hin und wieder eine Badestelle zum Sprung ins Wasser an.

10 km östlich der Wasserlochklamm gelangt man auf der Landstraße Richtung Mariazell nach **Wildalpen.** Die Gemeinde dürfte v. a. den Wienern ein Begriff sein, seitdem die ergiebigen Quellen am Hochschwab-Massiv Teile der österreichischen

Östliche Obersteiermark → Karte S. 146/147

Hauptstadt mit sauberem Trinkwasser versorgen. Die Wiener Hochquellenwasserleitung, die 1910 nach zehnjähriger Bauzeit feierlich eröffnet wurde, war für die Donaumetropole ein bedeutendes Infrastrukturprojekt sowie eine ingenieurtechnische Meisterleistung. In einem Hammerherrenhaus aus dem 17. Jh. informiert ein **Wasserleitungsmuseum** über die Hintergründe und die historische Entwicklung der Wasserversorgung seit der Römerzeit (Mai bis Okt. Mo–Fr 10–12 und 13–15 Uhr, So 10–12 Uhr. 3 €, erm. 1,50 €. Säusenbach 14, ✆ 03636-45131871, www.wasserleitungsmuseum.at). 1958 wurde das Quellgebiet unter Naturschutz gestellt; mit einer Fläche von 510 km^2 ist es eines der größten Schutzgebiete der Alpenrepublik.

Basis-Infos Naturpark Steirische Eisenwurzen

Information Das Naturparkbüro befindet sich am Hauptplatz in St. Gallen. Mo–Fr 8–12 Uhr. Markt 35, ✆ 03632-7714, www.eisenwurzen.com.

Hin & weg In den Eisenwurzen verzweigen sich Straßen und Routen in viele Richtungen. Die von Süden kommende **Steirische Eisenstraße** schwenkt an der Salza ostwärts ab und nimmt Kurs auf das Mariazeller Land. Die B 115 hingegen folgt der Enns flussabwärts und quert die Grenze zu Oberösterreich. Von St. Gallen wiederum ist es nur ein Katzensprung auf der B 117 nach Admont und in den Gesäuse-Nationalpark.

Einkaufen **Pfeiler**. Der renommierte Metzgerbetrieb unterhalb des Forstmuseums in Landl verkauft u. a. hausgemachte Hirschsalami, Wildschinken, Wildpastete und als besonderes Schmankerl die „Xeis-Maus" – klein gehacktes geräuchertes Pökelfleisch im Schweinsnetz verschnürt. Mo und Mi–Fr 7.30–12 und 15–18 Uhr, Di und Sa vormittags, im Winter i. d. R. nur am Vormittag. Kirchenlandl 43, Großreifling, ✆ 03633-3111, www.metzgerhandwerk.at.

Veranstaltungen **Festival St. Gallen**. Hochkarätiger Veranstaltungsreigen im Hochsommer mit Musik von der Klassik bis zur Moderne in der Pfarrkirche und in der Burg Gallenstein. Highlight Ende Aug. ist die lange Nacht im Burghof mit zeitgenössischer Musik und anschließender Session. Mitte/Ende Aug. (www.festival.stgallen.at).

Thomasniglo. Den einzigartigen Brauch gab es bereits im 19. Jh.: Alljährlich am Thomastag zieht bei Einbruch der Dunkelheit der weiße Thomas als Lichtbringer mit großem Gefolge durch Gams bei Hieflau. Geführt wird der Trupp vom Thomasniglo, einem Schnabelpelztier und Possenreißer, der vom Adventsgebäck nascht. Wintersonnenwende (21. Dez.).

Sport und Aktivitäten im Naturpark Steirische Eisenwurzen

Baden/Wassersport Bademöglichkeiten bieten u. a. der **Freizeitsee Landl** und die **Salza**.

Der **Wasserspielpark** an der Buchauer Straße Richtung Admont 2 km südlich von St. Gallen ist wider Erwarten kein Freibad, sondern ein Familien- und Kindererlebniszentrum rund ums nasse Element. Mit Bootsparcours, Hochseilgarten, Spielstationen für unterschiedliche Altersgruppen, Shop und Restaurant. Mai bis Sept. tägl. 9–17 Uhr, Juli/Aug. bis 19 Uhr. 11 €, Familienkarte 21 €. Bodenweg 64, ✆ 0664-5204426, www.wasserspielpark.at.

Wildwassertouren: Die gänzlich unverbaute Salza ist auf 55 km befahrbar. Drei Naturpark-Partner bieten Rafting-, Kanu- und Kajaktouren auf der Salza an: das Unternehmen Rafting Salza/Deep Roots (www.rafting-salza.at), die Sportagentur Gesäuse (www.salza.at) und das Palfauer Rafting Camp (www.raftingcamp.at). Der Halbtagestrip kostet ca. 50 €/Pers.

Eine trendige Innovation ist die Flussfahrt mit dem **Riverbug**, wobei das extrem wendige Boot mit Flossen und Paddelhandschuhen gesteuert wird. Start ist in Wildalpen, die 3-Std.-Schnuppertour kostet 49 €. ✆ 0680-2190584, www.riverbug.me.

Kinder Führungen entlang des Geopfads oder in der Kraushöhle sowie naturpädagogische Kurse in der **Geowerkstatt** bietet das Geozentrum Gams nach Vereinbarung an. Juli/Aug. Fr 10 Uhr ohne Voranmeldung (Werkstatt). Gams bei Hieflau 145, ✆ 03637-206, www.geoline.at.

Klettern/Bogenschießen Das **Outdoorzentrum** am Gasthaus Eschau zwischen Gams bei Hieflau und Palfau verfügt u. a. über einen Hochseilklettergarten und einen Bogenparcours. Die Einführung ins Bogenschießen inkl. Durchlauf und Übernachtung gibt's für 50 €/Pers. Eschau 102 (an der B 25), ✆ 03638-274, www.eschau.at.

Radeln Der Radweg durch das **Salzatal** zählt zu den schönsten Radfernrouten Österreichs (R 16). In Großreifling mündet er in den Ennstalradweg (R 7).

Buchsteinrunde. Die 147 km lange Mountainbikestrecke verbindet den Naturpark mit dem Gesäuse. Die drei Etappen überwinden dabei 4700 Höhenmeter, Start und Ziel der Rundtour ist St. Gallen.

Radverleih: E-Bikes, Mountainbikes und Trekkingräder gibt's u. a. im Gasthof Thalhuber, auf dem Campingplatz Weiberlauf, im Schloss Kassegg (→ Übernachten / Essen & Trinken) und im Wasserspielpark St. Gallen.

Wandern Ein Naturpark-Klassiker ist der 5 km lange **Geopfad** in Gams bei Hieflau. Er führt u. a. durch die **Nothklamm** (mit einem Abstecher zur Kraushöhle), an 48 Stationen erläutern Tafeln diverse geologische Phänomene. Der Weg beginnt am Geozentrum, die Nothklamm ist nur im Sommerhalbjahr begehbar und eintrittspflichtig (2 €).

Spitzenbachklamm: Das Tal der Schmetterlinge ist von Weißenbach an der Enns oder von St. Gallen zugänglich (Gehzeit als Rundweg über die Teufelskirche: ca. 4 Std.).

Hochkar: Der mit 1808 m höchste Gipfel in den Göstlinger Alpen ist von niederösterreichischer Seite gut erschlossen und im Winter ein Skigebiet. Startpunkt für den Steilanstieg von steirischer Seite ist Fachwerk östlich der

Wandersteig in der Nothklamm

Wasserlochklamm; zumeist wird aber die bequemere Variante von Niederösterreich gewählt (Gehzeit: ca. 3:30 Std.).

Wildalpen: Hier gibt es zahlreiche Wandermöglichkeiten, u. a. von Hinterwildalpen auf dem Weg Nr. 828 auf die Eisenerzer Höhe (einfache Gehzeit: ca. 3 Std.). Wer möchte, kann sogar bis zum Leopoldsteiner See bei Eisenerz weiterlaufen.

Wasserlochklamm: Mitte/Ende April bis Ende Sept./Mitte Okt. tägl. ab 9 Uhr. 5,50 €, erm. 3,50 €. Die Hängebrücke ist frei zugänglich. Gehzeit mit Rückweg: ca. 2:30–3 Std. Palfau 69 (auf der B 24 von Palfau 6 km Richtung Wildalpen), ✆ 0676-3752949, www.wasserloch.at.

Östliche Obersteiermark → Karte S. 146/147

Übernachten/Essen & Trinken im Naturpark Steirische Eisenwurzen

Der Naturpark verfügt über eine erstaunliche Zahl an Campingplätzen, welche die Lücken in den Hotelverzeichnissen schließen. Eine weitere Option sind Ferien auf dem Bauernhof, z. B. im hübsch gelegenen Reiter- und Biobauernhof Laussabauer (www.laussabauer.at). Zu den Spezialitäten der Region zählen u. a. der Alpenlachs und Wildbret, Letzteres kaufen Selbstversorger am besten in der hervorragenden Metzgerei Pfeiler (→ Einkaufen).

*** **Thalhuber**. Der gute Landgasthof liegt zentral in den Eisenwurzen und ist auch unter der Bezeichnung Stiegenwirt bekannt. 22 ordentliche Zimmer, im Obergeschoss mit Balkon; Sauna; einziges Manko ist die Straße, die direkt am Haus vorbeiführt. Restaurant mit gutbürgerlicher Küche, ein Schwerpunkt sind Pfannengerichte, das Flößer-Pfandl gibt's für 12 €. Mo Ruhetag, Mai bis Okt. und zur Schneesaison geöffnet. DZ ca. 90 €. Palfau 159, ✆ 03638-219, office@stiegenwirt.at, www.stiegenwirt.at.

*** **Schloss Kassegg**. Das romantische Jagdschloss in Tuchfühlung zur Buchsteingruppe und zum Gesäuse-Nationalpark liegt auf weiter Flur zwischen Großreifling und St. Gallen. 2011 nach gründlicher Sanierung als hochwertiges Naturhotel eröffnet. 33 Zimmer mit viel Holz und nach der Philosophie des Hauses ohne TV und Telefon. Frühstücksbüfett, Café und Restaurant (nur für Hotelgäste) mit zahlreichen Bioprodukten. Rundherum ein großer Park, das ideale Urlaubsdomizil! Mai bis Okt. geöffnet. DZ ab 84 €. Hocherb 18, ✆ 03632-20473, office@schloss-kassegg.at, www.schloss-kassegg.at. ■

*** **Hensle**. Das grundsolide Mittelklassehotel befindet sich im Zentrum von St. Gallen. Die Zimmer nach hinten sind ruhig und blicken teils auf die Burg Gallenstein. DZ 76 €. Das gute Restaurant serviert regionaltypische Küche mit Styria-Beef, Edelwildgerichten, auch der Alpenlachs kommt auf den Tisch. Sehenswerter, gut sortierter Weinkeller. Markt 43, ✆ 03632-7171, office@hensle.at, www.hensle.at.

Camping Weiberlauf. Der romantisch im Salzatal nahe der Mündung in die Enns gelegene Naturzeltplatz bietet 50 Stellplätze sowie ein Matratzenlager im Campinghaus. Direktzugang zum Salzastrand und zur Wildwassersport-Ausstiegsstelle. Mai bis Okt. offen. 2 Pers. inkl. Zelt ab 14 €. Krippau 35 in Großreifling (an der L 714 Richtung Palfau), ✆ 03633-2451, info@camping-weiberlauf.at, www.camping-weiberlauf.at.

Kirchenwirt. Das sympathische Dorfgasthaus liegt in Gehentfernung zum Geozentrum, der Gastgarten auf dem Dorfanger ist ein wahres Idyll. Grundsolide Landküche mit zahlreichen Zutaten aus der Region, u. a. heimischer Bio-Birnenmost. Viel Gegrilltes und kleine Jausen, die Käsenockerl mit Salat kosten 7,50 €. Di Ruhetag, im März zu. Gams 150, ✆ 03637-50350, www.kirchenwirt-gams.at.

››› Mein Tipp: **Wasserlochschenke**. Das Restaurant am Einstieg zur Wasserlochklamm ist landauf, landab für seine leckeren Ofenkartoffeln bekannt. Sie kommen in allerlei Varianten für 9–15 € auf den Tisch, riesige Portionen teils mit raffinierten Füllungen, auch Eis mit Waffeln u. v. m. Behaglicher Gastgarten über der Salza, an Ausflugstagen viel Betrieb. Mitte/Ende April bis Ende Sept./Mitte Okt. und Mitte Dez. bis Anfang Jan. tägl. geöffnet. Palfau 72, ✆ 03638-322, www.wasserloch.at. ‹‹‹

Forellenhof Buchau. Das bodenständige und familiäre Ausflugsrestaurant in der Nähe des Wasserspielparks ist auf Fisch aus eigenen Teichen spezialisiert. Es gibt aber auch Fleisch, Salate, Desserts und Eis. Fr abends ist das Fischbüfett für 12 €/Pers. beliebt (reservieren). Forellen zum Mitnehmen. April bis Sept. tägl. außer Mo ab 11 Uhr, März und Okt. warme Küche bis 20 Uhr. Buchau 117 (5 km von St. Gallen auf der B 117 Richtung Admont), ✆ 03632-20455, www.forellenhof-buchau.at.

Mariazell

ca. 1500 Einwohner

Mariazell ist nicht nur *der* österreichische Wallfahrtsort schlechthin, sondern auch eine der sehenswertesten Städtedestinationen der östlichen Obersteiermark. Über eine Million Pilger und Urlaubsgäste jährlich machen den Ort zum meistbesuchten steirischen Ziel, entsprechend präsentiert sich auch das Quartiersverzeichnis prall gefüllt. Der Grund für das Bohei ist eine **gotische Marienfigur** in der **Basilika,** der so viel Wunderkraft nachgesagt wird, dass sie noch heute als Magna Mater Austriae bezeichnet wird. Auch im Ortsnamen findet sie sich wieder, wobei der zweite Namensbestandteil auf die Gründung als „Cell" und somit indirekt auf die Ankunft der Benediktinermönche aus St. Lambrecht im Mittelalter verweist. Anlässlich des 850-jährigen Jubiläums im September 2007 besuchte sogar Papst Benedikt XVI. die Pilgermetropole. Dies ist insofern bemerkenswert, als es in der 2000-jährigen Geschichte des Heiligen Stuhls erst der fünfte Papstbesuch in der Alpenrepublik war. Ein knappes Vierteljahrhundert zuvor hatte Papst Johannes Paul II. auf dem Mariazeller Hauptplatz eine Messe vor 30.000 Besuchern gelesen, was bis heute als „Jahrhundertereignis“ gilt. Zu beiden Sternstunden ertönten auch die berühmten Glocken, deren größte – die 5700 kg schwere Christkönigsglocke – als **Große Mariazellerin** landauf, landab ein Begriff ist. Vor der Basilika erstreckt sich der malerisch eingefasste Hauptplatz mit zahlreichen Geschäften und Holzbüdchen. Letztere verkaufen u. a. Pilgerandenken, den legendären Mariazeller Kräuterbitter und Ramschware „Made in China“. Bereits im 14. Jh. hatten sich an dieser Stelle rund zwei Dutzend Stände befunden. Um das Wallfahrtszentrum hat sich eine ganze Reihe von Mittelklassehotels angesiedelt, die sich an den Hauptpilgertagen über mangelnde Auslastung nicht beklagen können. Insgesamt ist das gepflegte und lebhafte Zentrum von überschaubarer Größe. Hat man erst einmal den fahrbaren Untersatz auf den gebührenpflichtigen Parkplätzen abgestellt, lassen sich die einschlägigen Ziele, v. a. natürlich die Basilika, bequem zu Fuß erreichen.

Geschichte: Gleich drei Gründungslegenden zementieren den hohen Stellenwert Mariazells bei den Gläubigen. Die berühmteste spielt 1157 und handelt von einem Mönch und Abgesandten des Stifts St. Lambrecht, den das mitgeführte Marienidol kurz vor der Ankunft im Mariazeller Land zweimal auf wundersame Weise vor dem sicheren Ende bewahrte. Diese Figur steht heute im Zentrum der Pilgerverehrung in der Basilika. Die zweite Legende erzählt, wie König Ludwig I. von Ungarn einst ein zahlenmäßig überlegenes Türkenheer schlug und anschließend aus Dankbarkeit die gotische Wallfahrtskirche erbauen ließ. Eine dritte Wunderlegende kolportiert die Geschichte des mährischen Markgrafen Heinrich und seiner Frau, die beide von einer unheilbaren Krankheit befreit wurden und nach Mariazell pilgerten, um sich für den göttlichen Beistand zu bedanken. Der Markgraf und der König flankieren beide, überlebensgroß und in Blei, das Hauptportal der Basilika. Aufschlussreich für Historiker sind die Legenden deshalb, weil sie zeigen, dass der Wallfahrtsort bereits im hohen Mittelalter – auch in adeligen Kreisen – ein populäres Wallfahrtsziel war. Die erste und wichtigste Legende zeigt überdies, dass die Gründung Mariazells den Benediktinern von St. Lambrecht zu verdanken ist, denen das Mariazeller Land Mitte des 12. Jh. vom Salzburger Erzbischof als Eigentum zugesprochen worden war. Am Ende der Gegenreformation erklärte das Haus Habsburg Mariazell zum **nationalen Heiligtum.** Der Pilgerstrom nahm von Jahr zu Jahr zu, sodass Mitte des 17. Jh. ein barocker Erweiterungsbau verwirklicht wurde, der das Fassungsvermögen der Kirche verdoppelte. Der künstlerisch federführende Akteur war der St. Lambrechter Stiftsbaumeister Domenico Sciassia, der allerdings vier Jahre vor Vollendung starb und in der Kirche beigesetzt wurde. 1827 zerstörte eine Feuersbrunst die Stadt beinahe vollständig, wobei auch das Gotteshaus in Mitleidenschaft gezogen wurde. Selbst die Glocken schmolzen in der Hitze, während beherzter Einsatz die Gnadenstatue rettete.

Wallfahrtsbasilika

Der mächtige Sakralbau im Zentrum von Mariazell entpuppt sich als ursprünglich gotische Kirche, die bei der Erweiterung in der zweiten Hälfte des 17. Jh. vollständig in den barocken Neubau inkorporiert wurde. Dieser Sachverhalt spiegelt sich auch in der eigentümlichen Westfassade wider, die vom 90 m hohen gotischen Turm im

Östliche Obersteiermark → Karte S. 146/147

Zentrum und den beiden etwas niedrigeren Barocktürmen ein unverwechselbares Gepräge erhält. Aus gotischer Epoche stammt auch das zentrale Portal mit dem figurenreichen Kalksteinrelief. Es illustriert eine der drei Legenden, die Mariazell als Pilgerziel beglaubigen: den mirakulösen Sieg König Ludwigs I. von Ungarn über die Türken und dessen anschließende Votivspende. Im Kircheninnern lenkt ausnahmsweise nicht der Hochaltar im Chor umgehend alle Blicke auf sich, denn die Sichtachse wird von der **Gnadenkapelle** im Zentrum der Basilika verstellt. Die 1690 erbaute Kapelle birgt die spätromanische Gnadenstatue aus Lindenholz, ihr gilt das Hauptaugenmerk der Wallfahrer. Zwischen diesem spirituellen Herz Mariazells und dem Hochaltar thront auf einer 5 m hohen Marmorsäule eine zweite Marienstatue, die ebenfalls verehrt wird. Auf dem Weg zum Chor lohnt der Blick nach oben ins gewaltige Oval der Hochkuppel; die Fresken in der größten Kuppel der Steiermark zeigen die Hauptpatrone der Habsburgermonarchie. Der Hochaltar ist eine Schöpfung des in Wien durch zahlreiche Bauten wohlbekannten Meisters Johann Bernhard Fischer von Erlach, der zuvor lange Zeit in Rom gelebt hatte und sich dort u. a. von Bernini inspirieren ließ. Ein abschließender Blick zurück gilt dem ganzen Raumkunstwerk der Basilika und insbesondere der barocken Orgelempore.

Der Aufgang zu den Emporen befindet sich im Kircheninnern zur Linken und führt zu den Schatzkammern. Das wertvollste Exponat in der Nordschatzkammer ist der **Schatzkammeraltar** mit einem in Tempera auf Holz gemalten Mariengnadenbild, das Mitte des 14. Jh. vermutlich der Sieneser Künstler Andrea Vanni schuf. Neben der Maria in der Gnadenkapelle eine Etage tiefer, wird auch dieses Bildnis von den Wallfahrern verehrt; es soll sich nämlich um eben jenes handeln, das König Ludwig I. von Ungarn nach der gewonnenen Schlacht gegen die Türken aus Dankbarkeit gestiftet hatte. Die Wertschätzung seitens der Gläubigen zeigt sich auch an der Perlenkette, die von einer Adeligen anlässlich ihrer Hochzeit anno 1861 gestiftet wurde. Ursprünglich bestand der ganze Altar nebst Tabernakel aus Silber, das allerdings in den kargen Zeiten während des Krieges gegen die Franzosen 1794 eingeschmolzen wurde. Schatzkammern und Emporen zeigen außerdem kunstvolle Votivgaben aus verschiedenen Epochen, Mirakelbücher (Mönche vermerkten darin die Wundertaten Marias), die größte Votivgemälde-Sammlung Österreichs sowie zahlreiche weitere Requisiten der Volksfrömmigkeit.

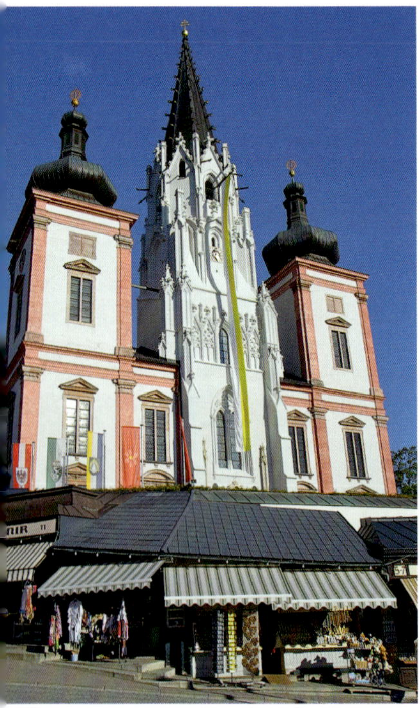

Wallfahrtsbasilika: Westfassade

Basilika (Schatzkammern): Di–Sa 10–15 Uhr, So 11–15 Uhr. 4 €, erm. ab 1 €. ✆ 03882-2595, www.basilika-mariazell.at.

Wallfahrts- und Heimatmuseum

Ein ehemaliges Bürgerspital aus dem frühen 17. Jh. im Stadtzentrum bietet heute die Gelegenheit, im Rahmen einer Führung der Geschichte Mariazells nachzuspüren. Neben Wissenswertem zur Wallfahrt illustrieren die Objekte Themen wie die Vor- und Frühgeschichte, die Eisenverarbeitung, das Alm- und Holzknechtwesen oder den Alltag der Frauen.

Führungen Mai Do 10 Uhr, Juni bis Sept. Di, Do/Fr 10 Uhr. 5 €, erm. 2,50 €. Wiener Str. 35, ✆ 03882-43126, www.mariazeller-heimathaus.at.

Bürgeralpe

Einen Steinwurf von der Basilika entfernt liegt die Talstation der Kabinenseilbahn, welche die Gäste in Minutenschnelle auf die aussichtsreiche, 1300 m hoch gelegene Bürgeralpe bringt. Bereits Mitte des 19. Jh. befand sich hier eine Aussichtswarte, die heute als runderneuerte **Erzherzog-Johann-Warte** einen Blick über das Mariazeller Land gestattet. Für das leibliche Wohl sorgen sommers wie winters Berghütten und Restaurants. Das Angebot auf der „großen Höh", wie der Erzherzog den Mariazeller Hausberg nannte, komplettieren eine Goldwaschanlage sowie ein Erlebniszentrum für Familien: Das **Holzknechtland** gibt auf spielerische Weise Einblicke in die harte Arbeitswelt der Holzknechte in vergangenen Tagen, eine Waldeisenbahn führt um einen Bergsee herum.

Holzknechtland und Aussichtswarte öffnen bei Seilbahnbetrieb (→ Bergbahn), das Goldwäscherland hat außerhalb der Sommerferien Sa/So geöffnet. 6,90 €, erm. 4,50 € (ohne Goldwäscherland), Kombiticket mit Berg- und Talfahrt 16,50 €, erm. 9,70 €. ✆ 03882-255512, www.mariazell-buergeralpe.at.

Östliche Obersteiermark → Karte S. 146/147

Rund um Mariazell

Das Mariazeller Land entpuppt sich als ein weites Becken auf 800–850 m inmitten wald- und wasserreicher Gebirgslandschaft. Zur Hälfte liegt der Landstrich bereits in Niederösterreich, was u. a. an der hier gepflegten Mundart erkennbar ist, die sich offensichtlich bereits an niederösterreichischen Idiomen orientiert. Auch die 1626 m hohe Mitterbacher **Gemeindealpe** liegt bereits auf dem Terrain des Nachbarbundeslands. Wie die Bürgeralpe genießt sie den Vorzug einer guten Erreichbarkeit mit der Bergbahn. Eine weitere Gemeinsamkeit sind die zahlreich vorhandenen Optionen für Spiel, Sport und Spaß. Wer von der Gemeindealpe nicht zurückwandern möchte, kann u. a. per Roller oder Mountaincart talwärts brausen.

Gußwerk: Der unscheinbare Ort bildet den Übergang vom Mariazeller Land zu den Eisenwurzen und zur Hochschwab-Region. Mit Gründung der Eisengießerei Mitte des 17. Jh. begann der Aufstieg zum bedeutenden Standort der Rüstungsproduktion. Die hier gefertigten Kanonen und andere Artilleriewaren waren im ganzen Einflussbereich der Habsburgermonarchie zu finden. Die Geschichte der Gießerei dokumentiert heute ein Montanmuseum, das im einstigen Amtshaus u. a. eine sehenswerte Sammlung von Kunsteisengussobjekten präsentiert. Zudem betreibt der örtliche Museumsverein eine Schaugießerei, in der nach traditioneller Methode neue Kunstgegenstände hergestellt werden können.

Montan- und Gießereimuseum: Besichtigung nach Vereinbarung. 4 €, erm. 3 €. Bahnhofstr. 7, ✆ 0664-3209218, www.kunstguss-gusswerk.at.

Erlaufsee: Die Wasserperle unterhalb der Gemeindealpe liegt bereits zur Hälfte in Niederösterreich. An warmen Sommertagen verwandelt sich die Uferzone bei

Heitere Morgenstimmung am Hubertussee

Wassertemperaturen um 20 °C in ein veritables Freizeitparadies mit Badestrand, Bootsverleih, Campingplatz und Gastronomie. Das saubere Wasser sorgt außerdem für einen reichen Fischbestand an Barsch, Hecht oder Forelle. Das spornt nicht nur Fischer, sondern auch die Taucher an, die regelmäßig den Bergsee erkunden. Eine Attraktion ist die nostalgische **Museumstramway** von St. Sebastian zum Erlaufsee.

Hubertussee: Die wunderbar gelegene Naturoase befindet sich ebenfalls im steirisch-niederösterreichischen Grenzgebiet und ist von der B 21 in Richtung Mürzer Oberland auf einer 5 km langen Zufahrt zu erreichen. Die waldreiche Umgebung ist wie geschaffen für Fahrradtouren und Spaziergänge. Das 15 ha große Gewässerjuwel wurde durch Aufstauung der Walster künstlich angelegt und war ein großzügiges Geschenk von Margret Krupp an ihren Mann Arthur anlässlich der Silberhochzeit anno 1906. Der Großindustrielle Arthur Krupp war ein Spross der berühmten rheinischen Unternehmerdynastie und hatte in den „Walstern" sein Jagdrevier, was auch den Namen des Sees erklärt: Hubertus ist der Schutzpatron der Jäger. Von seiner konservativen Gesinnung zeugt in der Umgebung das Denkmal für den von ihm verehrten Kaiser Franz Joseph I., an dem heute der Arthur-Krupp-Denkmalweg vorbeiführt.

Basis-Infos Mariazell und Umgebung

Information Das Infobüro befindet sich an der Wallfahrtsbasilika. Mai bis Sept. Mo–Fr 9–17.30 Uhr, Sa bis 16 Uhr, So bis 12.30 Uhr; Nov. bis März Mo–Fr 9–17 Uhr, Sa bis 12.30 Uhr; April und Okt. Mo–Fr geöffnet. Hauptplatz 13, ✆ 03882-2366, www.mariazell-info.at.

Hin & weg **Bahn**: Der Bahnhof befindet sich 1 km nördlich des Zentrums in St. Sebastian. Eine wunderbare Anreisemöglichkeit bietet die **Mariazellerbahn** von St. Pölten. Diese elektrifizierte Schmalspurbahn wurde für Pilger und Feriengäste gebaut; die hochmodernen Triebwägen heißen „Himmelstreppe". Tägl. bis zu 6 Fahrten. ✆ 02742-36099099, www.noevog.at.

Bus: Die Linie 172 verbindet Mariazell bis zu 6-mal tägl. via Seewiesen mit dem Bahnhof in Bruck an der Mur.

Ein besonderes Schmankerl für Eisenbahnfreunde ist die **Museumstramway**, die zwischen St. Sebastian und dem Erlaufsee verkehrt. Es handelt sich um keine stillgelegte Strecke, sondern um einen Neubau aus den 1980er-Jahren. Mittelfristig soll sie ins Zentrum verlängert werden. Die Normalspurbahn wird ehrenamtlich betrieben, zum Einsatz kommen mit großer Sorgfalt restaurierte historische Triebwägen und Waggons. Pfingsten und Juli bis Sept. Sa/So 7–8 Fahrten. 5 €, erm. 3 €. ✆ 03882-3393, www.museumstramway.at.

Bergbahn **Bürgeralpe**. Die Kabinenseilbahn vom Mariazeller Stadtzentrum verkehrt Dez. bis Mitte März und Ende April bis Ende Okt. tägl. 9–17 Uhr. Berg- und Talfahrt 13,30 €, erm. 8,50 €, Kombiticket mit Holzknechtland/Aussichtswarte 16,50 €, erm. 9,70 €. Wiener Str. 24, ✆ 03882-255512, www.mariazell-buergeralpe.at.

Gemeindealpe. Die Sessellift-Talstation befindet sich in Mitterbach (Niederösterreich). Zur Schneesaison und Mai bis Mitte/Ende Juni und Okt. Sa/So, Ende Juni bis Ende Sept. tägl. 9–17 Uhr. Berg- und Talfahrt 11 €, erm. 7 €, Kombitickets mit Roller- und Mountaincartfahrt. ✆ 03882-41720, www.gemeindealpe.at.

Ärztliche Versorgung Das Krankenhaus liegt nördlich des Stadtzentrums in St. Sebastian. Spitalgasse 4–8, ✆ 03882-22222800, www.lkh-muerzzuschlag.at.

Post Mo–Fr 8–12.30 und 13.30–17 Uhr. Ludwig-Leber-Str. 4.

Veranstaltungen **Bergwelle**. Einzigartige Konzertreihe unterschiedlicher Musikrichtungen auf 1300 m Höhe. Mit Gondelauffahrt, Büfett, dem Konzert und einer abschließenden Wassershow (Ton-, Licht- und Laserchoreografie). Tickets kosten ca. 55–75 €. Ende Juni bis Ende Aug. jeden Fr 20 Uhr (www.bergwelle.at).

Klostermarkt. 2013 wurde erstmals an drei Tagen das Beste aus den Klöstern Österreichs und verschiedenen europäischen Ländern am Hauptplatz präsentiert: Klosterkäse, leckeres Brot, Kräuteraufstriche, Holzspielzeug, Kunsthandwerk. Mitte/Ende Juni (www.mariazeller-klostermarkt.at).

Mariazeller Advent. Stimmungsvoller Weihnachtsmarkt an der Basilika mit geschmackvoll präsentierten Qualitätsprodukten, einem meterhohen Lebkuchenhaus und einem riesigen Adventskranz. Zahlreiche begleitende Veranstaltungen. An den vier Adventswochenenden Do–So (www.mariazeller-advent.at).

Östliche Obersteiermark → Karte S. 146/147

Einkaufen in und um Mariazell

→ Karte S. 171

Lebkuchen und Liköre sind die namhaftesten Aushängeschilder im kulinarischen Portfolio der Wallfahrtsmetropole. Das Lebzelten und Brennen blickt hier auf eine jahrhundertealtes Tradition zurück, wovon man sich u. a. in der Likörmanufaktur Arzberger überzeugen kann. Besonders der Mariazeller Magenbitter ist weit über die Grenzen der Stadt hinaus bekannt.

Kerner **11** Die alteingesessene Lebzelterei (seit 1860) liegt etwas versteckt hinter der Basilika. Die leckeren Kreationen – u. a. Rum-Trauben-Lebkuchen, Kuppeltorte (Sacherboden mit Früchten und Vanilleobers) oder erfrischendes Eis – beruhen auf ausgewählten Zutaten und alten Familienrezepten. Konditorei mit Café. Tägl. außer Mo 9–18 Uhr. Wiener Neustädter Str. 8, ✆ 03882-2249, www.lebzelterei-kerner.at.

Arzberger **8** Der alteingesessene Familienbetrieb ist am Hauptplatz kaum zu übersehen. Das Kaufhaus bietet ein buntes Sammelsurium – Pilgerdevotionalien, Trachten, Kunsthandwerk und Parfums. Die bekanntesten Produkte sind jedoch der Mariazeller Kräuterbitter und der Magenlikör aus der Hausmanufaktur, die Cajetan Arzberger 1883 begründete. Führungen für Gruppen nach Anmeldung. Tägl. geöffnet. Hauptplatz 6, ✆ 03882-2611, www.arzberger.co.at.

Zur Gnadenmutter **10** Die Apotheke gegenüber der Basilika ist ein Traditionsgeschäft (seit 1718). Historische Ladeneinrichtung, zahlreiche hochwertige Eigenprodukte auf pflanzlicher Basis, legendär sind die „echten" Mariazeller Magentropfen. Auch Kräuterlikör, Edelbitter etc. (auch Onlineshop). Mo–Fr 8–12 und 14–18 Uhr, Sa 8–12 Uhr. Hauptplatz 4, ✆ 03882-2102, www.zurgnadenmutter.at.

Pirker **9** Der ebenfalls traditionelle Familienbetrieb entpuppt sich als wahrer Alleskönner: Lebzelterei, Wachszieherei, Metsiederei und Destillerie in einem Haus. Zum Laden gesellt sich ein Café sowie ein Hotel mit Zimmern im Vier-Sterne-Standard. Verlässliche Qualität in allen Belangen, vielfach prämiert, inzwischen an zwei Standorten im Zentrum präsent. Tägl. außer Mo 9–19 Uhr. Hauptplatz 1 und Grazer Str. 10, ✆ 03882-2179, www.pirker-lebkuchen.at.

Sport und Aktivitäten in und um Mariazell

Bootstouren/Wassersport **Bootsverleih**: An der Jausenstation Strandbuffet am Erlaufsee gibt's Ruderboote (8 €/Std.), Tretboote ab 4 Pers. (ab 11 €) sowie Elektroboote ab 4 Pers. (15 €). Erlaufseestr. 74, ✆ 0676-9362399, www.erlaufsee-strandbuffet.at.

Tauchen: Harald Teltschik betreibt eine Tauchschule am Erlaufsee. Verleih von Ausrüstung und Tauchkurse. Eine Woche grenzenlos tauchen mit eigener Ausrüstung kostet 117 €. Die Tauchbasis befindet sich neben dem Seewirt am hinteren Ende des Sees. Mai bis Anfang Nov. Sa/So 9–18 Uhr, werktags nach Vereinbarung. ✆ 02783-7747, www.tauchschule.co.at.

Gleitschirmfliegen Startrampen gibt es auf der Bürgeralpe (für Geübte bei Südwest- und Nordwest-Wind) und auf der Gemeindealpe (Süd-, Nordwest- und Ost-Start).

Radeln Eine Fahrradkarte mit Tourenvorschlägen gibt's im Infobüro. Schön zu fahren sind insbesondere die beiden Strecken zum Hubertussee.

Radverleih: Trekking- und Mountainbikes für 12 €/Tag verleiht das Hotel Schwarzer Adler vor der Basilika (✆ 03882-2863, www.hotelschwarzeradler.at), E-Bikes für 20 €/Tag gibt's im Hotel Himmelreich hinter der Kirche (✆ 03882-34744, www.mariazell.at/himmelreich).

Rundflüge Der Flugplatz Mariazell hat einen vereinsbetriebenen Hangar in St. Sebastian. Der 30-minütige Alpenrundflug mit dem Motorsegler kostet 75 €, mit dem Motorflugzeug für 3 Pers. 160 €. Bundesstr. 47, ✆ 03882-2505, www.segelflugsportklub-mariazell.at.

Wandern Im Mariazeller Land gibt es 200 km markierte Wanderwege. Außerdem laufen hier aus allen Richtungen die **Mariazeller Pilgerwege** zusammen.

Besonders eindrücklich ist die Wanderung durch die wildromantischen **Ötschergräben**, die im Volksmund „Grand Canyon Österreichs" genannt werden. Ein guter Ausgangspunkt ist Mitterbach, zurück geht's von Wienerbruck mit der Mariazellerbahn, auf halbem Weg lädt die Jausenstation Ötscherhias zur Einkehr ein (Gehzeit: ca. 3:30–4 Std.).

Wintersport **Alpin**: Neben der Kabinenseilbahn gibt es auf der Bürgeralpe 4 Schlepplifte, 8 Pisten mit 11 km in jeder Schwierigkeitsstufe stehen zur Wahl. Beschneiungsanlagen, die Abfahrt von der Bürgeralpe ins Tal überwindet ca. 400 Höhenmeter und ist eine beliebte **Rodelstrecke**.

Auf der Gemeindealpe gibt es 15 km Pistenlänge, darunter die steilste Abfahrt Niederösterreichs (70 %). 2 Sessellifte, ein Schlepp- und ein Übungslift.

Nordisch: Im Mariazeller Land gibt es 7 Loipen, darunter die ca. 12 km lange St.-Sebastian-Loipe, auf der 2001 ein Weltmeisterschaftsrennen ausgetragen wurde.

Übernachten/Essen & Trinken in und um Mariazell

*** **Drei Hasen** **5** Ein Wahrzeichen der Stadt Paderborn ist das Drei-Hasen-Fenster und aus eben dieser Stadt stammen auch die Vorfahren der Inhaber des Mariazeller Hotels, die sich mit der Namensgebung ein Stück Heimatverbundenheit bewahrt haben.

45 tadellose Zimmer, Sauna, Hausbibliothek, Terrasse. Gemütliche und reich ausstaffierte Schankstube, saisonal wechselnde Speisekarte, preiswerte Menüs (um 15 €). Nov. und Mitte März bis Mitte April geschlossen. DZ ab 110 €. Wiener Str. 11, ✆ 03882-2410, dreihasen@aon.at, www.dreihasen.at.

*** **Goldenes Kreuz 6** Das zentral gelegene Hotel mit eleganter Gründerzeitfassade wurde bereits 1673 urkundlich als Quartier erwähnt. Größtes Plus ist die persönliche und herzliche Gästebetreuung, 22 komfortable Zimmer, neuer Spa-Bereich, gepflegter Garten. Gutes Restaurant mit regionaltypischer Küche. DZ ab 80 €. Wiener Str. 7, ✆ 03882-2309, scherfler@mariazell.at, www.hotelscherfler.at.

JUFA 1 Das Jugend- und Familiengästehaus liegt nur einen Steinwurf entfernt vom Erlaufsee, allerdings setzt das unmittelbare Umfeld der großzügigen Anlage keine Maßstäbe. Die Infrastruktur ist auf sportliche Betätigung wie Fitness, Tennis, Klettern und diverse Ballspiele ausgelegt. Sauna, der Skilift ist nicht weit entfernt. DZ ab 67 €. Erlaufseestr. 49, ✆ 05708-3390, erlaufsee@jufa.eu, www.jufa.eu.

Camping Erlaufsee **2** Die naturbelassene Anlage auf leicht welligem Terrain liegt nicht direkt am See, sondern wenige Schritte entfernt auf einer Waldwiese. Ruhige Lage, Tischtennis und Aufenthaltsraum. Anfang Mai bis Mitte Sept. geöffnet. 2 Pers. inkl. Zelt 13,60 €. ✆03882-4937, www.st-sebastian.at.

››› Mein Tipp: **Brauhaus** **7** Die kleine, aber feine Wirtshausbrauerei im Stadtzentrum vermietet zudem eine piekfeine Suite und ein komfortables Doppelzimmer im Vier-Sterne-Standard (ab 100 €). Die Stube im zünftigen Brauhausstil wirkt wie ein Museum, im Haus werden das obergärige helle „Zeller Gold" und das dunkle „Mönch Magnus" gebraut. Ausgezeichnete Traditionsküche, das Brauhausgulasch gibt's für 10,50 €. Mo/Di Ruhetag, März und Nov. bis Mitte Dez. geschlossen. Wiener Str. 5, ✆ 03882-2523, www.bierundbett.at. ‹‹‹

Herrenhaus **3** Im Traditionswirtshaus hat Franz Schubert 1817 das Gedicht „Erlafsee" seines Freundes Johann Baptist Mayrhofer vertont, auch Kaiser Franz Joseph I. war bereits hier. Schattiger Biergarten, stilvolles Innenleben, Spezialität des Hauses sind frische Forellen, auch leckere Mehlspeisen. Vermietung von 9 Apartments. Hauptgerichte um 15 €. Mai bis Sept. tägl., Okt. bei schönem Wetter. Erlaufseestr. 73, ✆03882-3138, www.herrenhaus-see.at.

Edelweißhütte **4** Die rustikale Einkehr befindet sich direkt am Aussichtsturm der Bürgeralpe. Hier begrüßt „Pfanni" alias Johann Pfannhauser seine Gäste, uriges Blockhaus mit reichlich Blumenschmuck, innen wie außen gemütlich, die Grammelknödel mit Kraut gibt's für 10 €. Zur Skisaison und Mai bis Okt. tägl. geöffnet. Bürgeralpe 3, ✆ 03882-4255.

Wuchtlwirtin. Die Einkehr im Grünen befindet sich 1 km hinter dem Hubertussee. Ansehnliches Holzhaus mit rustikalen Tischen und Bänken davor, kleiner Spielplatz hinterm Haus. Deftige Hauptgerichte (um 10 €), die eigentliche und überaus beliebte Spezialität des Hauses sind Wuchteln (Ofen- oder Rohrnudeln), die in allen erdenklichen Varianten auf den Tisch kommen (bis 5 €). April bis Okt. geöffnet, Mo Ruhetag, April und Okt. auch Di geschlossen. Walstern 18, ✆ 03882-2235.

Naturpark Mürzer Oberland

Der 2003 gegründete Naturpark am Oberlauf der Mürz bedeckt eine Fläche von 226 m^2. Der Landstrich ist nur dünn besiedelt; selbst der Hauptort, die Marktgemeinde **Neuberg an der Mürz,** zählt kaum 1300 Einwohner. Das „urbane" Zentrum wird vom einstigen mittelalterlichen Zisterzienserstift geprägt, dessen stattliches Münster ein Leckerbissen für Liebhaber der Hochgotik ist. Ein weiteres auffälliges Gebäude liegt direkt neben dem Stift an der Ortsdurchfahrt und ist ein Hotel, das augenblicklich an Friedensreich Hundertwasser erinnert. Die auffällig bunte Fassade stammt jedoch nicht von dem namhaften Künstler, der denn auch über die offenkundige Imitation seines unverwechselbaren Stils nicht begeistert war.

Die weiteren Ortschaften am Oberlauf der Mürz sind **Frein an der Mürz, Mürzsteg** und **Kapellen,** etwas abseits der Hauptroute liegen **Niederalpl** und **Altenberg.** Der letztgenannte Ort liegt bereits im Einzugsbereich von Rax und Schneealpe, die aus verschiedenen Gründen zu den prominentesten Bergstöcken im Naturpark zählen. Abgesehen vom Trubel auf beiden besagten Karstplateaus zeichnet sich der Naturpark durch besinnliche Ruhe inmitten ausgedehnter Fichtenwälder, dunkler Moore und schroffer Kalkformationen aus – ein ideales Habitat für Steinadler, Birk- und Auerwild, Fischotter oder Steinbock. Angesichts der natürlichen Bedingungen wird hier das praktiziert, was man gemeinhin unter „sanftem Tourismus" versteht. Besonders für die Zielgruppe Familien mit Kindern sämtlicher Altersstufen gibt es auffällig viele Angebote. Ein spektakuläres Beispiel ist die **Roßlochklamm** zwischen

Mürzsteg und Frein an der Mürz: Das in einem Landschaftsschutzgebiet verortete Naturjuwel erschließt ein interaktiver Themenweg über den Kreislauf des Lebens, der 2008 als kreativster Lehrpfad Österreichs ausgezeichnet wurde.

Stift Neuberg

Die ehemalige **Stiftskirche** gehört zu den bedeutendsten gotischen Hallenkirchen Österreichs und überwältigt bereits allein aufgrund ihrer gewaltigen Abmessungen. Die Maßwerkfenster sind kunsthistorisch beachtliche Steinmetzarbeiten und sorgen für die wunderbaren Lichteffekte im dreischiffigen Kirchenraum. Der reich vergoldete Hochaltar stammt, wie zahlreiche andere Ausstattungsstücke, aus dem 17. Jh. und ist ein Werk süddeutscher Künstler; es handelt sich um den ersten bedeutenden Barockaltar der Steiermark. Hervorhebenswert ist ferner die Neuberger Madonna, eine lebensgroße Steinfigur aus dem 14 Jh. im Marienaltar an der Kirchensüdseite. Ursprünglich zierte sie einmal die Fassade der Stiftskirche. An die Kirche schließen sich ein sehenswerter Kreuzgang sowie die Stiftsgebäude an, die sich um mehrere Höfe gruppieren. Gegründet wurde die Abtei anno 1327 von Zisterziensermönchen aus dem Mutterkloster Heiligenkreuz im Wienerwald. Nach Aufhebung des Stifts 1786 nutzte Kaiser Franz Joseph I. einen Teil des Komplexes als Jagdschloss. Neuberg blieb auch danach für Mitglieder der kaiserlichen Familie ein beliebtes Ausflugsziel, u. a. weilte Karl I. mit seiner Gattin Zita des Öfteren hier. Teile der Anlage, z. B. das Refektorium oder der grandiose gotische Dachstuhl, können nur im Rahmen einer Führung besichtigt werden.

Der namhafte Biologe und Naturmaler Herbert Schliefsteiner ist u. a. mit dem 1981 erschienenen „Naturführer Österreich“ über heimische Tiere und Pflanzen einem weiteren Kreis bekannt geworden. Seine umfangreiche Sammlung hat der gebürtige Neuberger seinem Heimatort vermacht: Das **Naturmuseum** im Stift zeigt Modelle verschiedenster Tiere aus allen fünf Kontinenten von Reptilien über seltene Vögel bis hin zu einer großen Anzahl kunterbunter Schmetterlinge. Sonderausstellungen ergänzen das Angebot.

Stift: Im Sommer tägl. 8–19 Uhr, im Winter 9–16 Uhr. Der Kreuzgang ist vor, während und nach den Gottesdiensten zugänglich. Führungen durch Kirche, Dachstuhl und Stift nach Vereinbarung, Führungspauschale 50 €. ✆ 0676-87426327, www.stift-neuberg.at.

Naturmuseum: Mai bis Okt. tägl. 10–12 und 14–16 Uhr. 5,50 €, erm. ab 3 €. Hauptstr. 13, ✆ 0650-2187230, www.naturmuseum-neuberg.at.

Neuberger Münster: Innenansicht

Rax und Schneealpe

Die markanten Kalkstöcke gehören zum Wiener Alpenbogen, der sich von der Schneealpe bis zum Wechsel erstreckt. Zudem bilden sie die Landesgrenze zu Niederösterreich und sind daher auch von der anderen Seite zugänglich, u. a. bringt von drüben die **Rax-Seilbahn** Wanderer und Naturliebhaber bequem in aussichtsreiche Höhen. Einen guten Leumund genießen die Bergmassive auch deshalb, weil seit 1873 eine Leitung die Donaumetropole mit Quellwasser aus der Region versorgt – ihr aufwendiger Bau war ein technisches Kabinettstück! Die Nähe zur Hauptstadt tat das Übrige dazu, dass auf den beiden Wiener Hausbergen der Alpintourismus früh einsetzte: Bereits 1894 erschien der erste Raxführer; zwei Jahre später nahm als Folge eines Lawinenunglücks der Alpine Rettungsausschuss Wien seine Arbeit auf. Es handelte sich um den ersten Bergrettungsdienst der Welt. Noch immer berichten Zeitungen sommers wie winters von Unglücksfällen auf der Rax; das 1936 von einem Kardinal geweihte **Raxkircherl** erinnert an die verstorbenen Alpinisten. Die große Tradition als alpine Destination erklärt auch die hohe Dichte an bewirtschafteten Schutzhütten auf den beiden karstigen Hochplateaus, die nach mehreren Seiten stark abfallen und daher als ein Klettermekka gelten. Die höchsten Erhebungen sind die Heukuppe (2007 m) auf der Rax und auf der Schneealpe der Windberg (1903 m); „Basislager" für Gipfeltouren auf steirischer Seite ist Altenberg an der Rax.

Basis-Infos Naturpark Mürzer Oberland

Information Das Infobüro befindet sich in Neuberg an der Ortsdurchfahrt. Mo–Fr 8–12 Uhr. Hauptplatz 9, ☏ 03857-8321, www.muerzeroberland.at.

Hin & weg **Mautstraße**: Die Zufahrt zum Parkplatz Kohlebnerstand (1462 m), Startpunkt für Touren auf die Schneealpe, ist kostenpflichtig. Die Abzweigung an den Urani-Teichen 2 km südlich von Neuberg (B 23) führt zur Mautstelle am Michlbauernhof (5 €/Fahrzeug).

Einkaufen **Alpaka Bergparadies**. Alpakas und Almen passen wunderbar zusammen – dies ist die Erkenntnis des Alpaka-Berghofs in Frein an der Mürz. Die kleine Boutique verkauft Alpaka-Decken (Schlafkomfort in jedem Temperaturbereich, selbstreinigend, antibakteriell), Kleidung, Kissen. Fr 15–18 Uhr, Sa 10–18 Uhr und nach Vereinbarung. Kaltenbach 1, ☏ 0664-3554575, www.alpaka-bergparadies.at.

Kaiserhof. Markenzeichen dieser Glasmanufaktur mit Schaubläserei im Kaiserhoftrakt des Neuberger Stifts ist die Tropfenform. Der Laden präsentiert zahlreiche Unikate in hoher Qualität. Mo–Fr 9–17 Uhr, Sa 10–16 Uhr, Jan. bis März Mo geschlossen. Hauptstr. 13, ☏ 03857-20159, www.kaiserhof-glas.at.

Veranstaltungen **Neuberger Kulturtage**. Hochkarätige Klassikkonzerte in der Stiftskirche und im Dormitorium. Zweite Julihälfte und mit dem Label Neuberger Herbst Anfang/Mitte Sept. (www.neuberger-kulturtage.org).

Zauberwald. U. a. als Feen, Hexen und Kobolde verkleidete Schauspieler entführen Kinder und Familien in die Welt der Märchen und Sagen. Jedes Jahr an einem anderen Ort im Oberland. 1. Wochenende im Sept. (www.zauberwald.at).

Sport und Aktivitäten im Naturpark Mürzer Oberland

Kinder **Wald der Sinne**. Anspruch dieses Themenwegs ist, Heranwachsende motorisch zu schulen und mit den Erkenntnis- und Kraftquellen der Natur vertraut zu machen. Mehrere Stationen vom Duftbett über Schwebebalken bis zum Barfußpfad in schönster Natur. Mai bis Okt. tägl. offen. 3,50 €, erm. 2,50 €. Steinwandtnerhof in Altenberg an der Rax, Greith 4 (an den Urani-Teichen von der B 23 abbiegen, nach 1 km rechts), ✆ 0650-7322166, www.wald-der-sinne.com.

Outdoor-Spielpark Appelhof. Das 80.000 m² große Gelände mit Streichelzoo, Kletterwand, Tarzan- und Drachenrutsche sowie zahlreichen Spielmöglichkeiten gehört zu einem Familienhotel in Mürzsteg. 6 €. (→ Übernachten / Essen & Trinken).

Klettern Eine Spezialität sportiver Art im Naturpark ist das **Eisklettern**. Wer mag, kann im Eisklettertum in Altenberg an der Rax üben; an jedem kalten Sa 14–16 Uhr geht das nach Anmeldung sogar kostenlos. ✆ 03857-2111, www.schneealm.at.

Radeln Durch das Oberland führt der 28 km lange **Mürztal-Radweg** (R5) von Frein an der Mürz nach Mürzzuschlag, wo Anschluss an die 48 km lange Hauptstrecke nach Bruck/Mur besteht.

Der Ort Kapellen an der Mürz ist Ausgangspunkt für zwei **Mountainbike-Runden**: die 14 km lange Urani-Runde und die 17 km lange Moassa-Runde.

Wandern **Roßlochklamm**: Trittsicherheit und festes Schuhwerk sind notwendig, zur Wahl stehen zwei Routen, bei Hochwasser ist eine Begehung nicht möglich. Der Klammeinstieg befindet sich 3 km nördlich von Mürzsteg an der B 23 (Gehzeit: ca. 1 bzw. 1:30 Std.).

Bleiweißgrube: Das Naturdenkmal entpuppt sich als frei zugängliche Höhle, die vermutlich von den Menschen der Steinzeit besiedelt war. Für den aussichtsreichen, aber steilen Weg ist Trittsicherheit erforderlich, Start ist am Gasthaus Zum Touristen in Kapellen (Gehzeit inkl. Rückweg: ca. 2 Std.; Stirnlampe nicht vergessen!).

Schneealpe: Vom Wanderausgangspunkt Kohlebnerstand (→ Hin & weg) führen mehrere Varianten auf das Schneealm-Plateau, u. a. über das Schneealpenhaus zum Windberg und auf teilweise alternativer Route wieder zurück (Gehzeit: ca. 3 Std.).

Kinderhüpfburg im Mürzer Oberland

Rax: Vom Wanderparkplatz Preiner Gscheid an der steirisch-niederösterreichischen Grenze gelangt man in 45 Min. zum Waxriegelhaus und in ca. 2–2:30 Std. zum Alpengasthof Moassa (→ Übernachten / Essen & Trinken). Die große Runde über Heukuppe und Habsburghaus ist hingegen ein Tagesausflug (Gehzeit: ca. 7–8 Std.).

Wintersport In **Niederalpl** befindet sich ein familienfreundliches Traditions-Skigebiet auf 1050–1450 m mit 4 Liften, Übungslift, Skischule sowie einer 10 km langen Loipe (www.niederalpl.at). Optionen für Skitouren und Langlaufen gibt es ferner auf der **Rax** und der **Schneealpe**.

Übernachten/Essen & Trinken im Naturpark Mürzer Oberland

Spezialitäten der Region sind u. a. Bergforellen und Saiblinge. Aber auch Bio-Rindfleisch steht in dieser spärlich besiedelten Alpenregion hoch im Kurs. Styria-Beef ist eine steirische Qualitätsmarke, die im Mürzer Oberland besonders häufig auf den Speisekarten zu finden ist (Infos unter www.styria-beef.at).

**** **Appelhof**. Die innovative All-Inclusive-Oase in Mürzsteg für die Zielgruppe Familien mit Kindern gehört zu den bekanntesten Hotels der Steiermark. Der 2007 verstorbene Künstler Milan Vukotic hat den zum Komforthotel umgebauten Bauernhof bis ins Detail gestaltet. Neuer Wellnessbereich, großer Indoor- und riesiger Outdoor-Spielpark (Letzterer ist so groß wie zwölf Fußballfelder) sowie komfortable und bunte Gästezimmer, die einfacheren liegen in einer Dependance schräg gegenüber. DZ ab 146 € inkl. Vollpension. Mürzsteg 4, ✆ 03859-2322, reception@appelhof.at, www.appelhof.at.

››› Mein Tipp: *** **Moassa**. Der auf 1200 m gelegene Alpengasthof ist ein abgeschiedenes Ferienidyll an der Rax und ein guter Ausgangspunkt für Bergtouren. Einfache, ansprechend eingerichtete Gästezimmer, teils mit Zugang zur Veranda. Restaurant mit guter Küche, Hausspezialität sind Forellen, auch leckere Strudelgerichte und Mehlspeisen. Hauptgerichte 10–20 € (Mo/Di Ruhetag). Einfache Holztische und -bänke auf der Veranda mit hinreißender Aussicht. DZ ca. 78 €. Kohlbachgraben 16 (von Kapellen Richtung Preiner Gscheid, am Schild links und die letzten 3 km auf einer Schotterpiste hoch), ✆ 03857-2225, office@moassa.at, www.moassa.at. ‹‹‹

Michlbauer. Der herrlich gelegene Bauernhof bietet 5 liebevoll möblierte Ferienwohnungen für 2–4 Pers., typisch sind die dekorativen Wandkacheln mit Steinen von der Schneealpe. Auf Wunsch wird köstlich gekocht, hausgemachtes Brot, Fleisch und andere Produkte stammen aus der eigenen Bio-Landwirtschaft. Naturbadeteich und Spielplatz vor dem Haus. DZ ab 90 €. Greith 1 (von den Urani-Teichen auf der Straße Richtung Schneealpe), ✆ 03857-8457, urlaub@michlbauer-holzer.at, www.michlbauer-holzer.at. ■

Holzer. Das Restaurant am Neuberger Münster ist die ideale Einkehr bei der Reise durchs Oberland. Niveauvolle österreichische Küche mit regionaltypischen Zutaten (z. B. mit Wildkräutern von der Schneealpe), im Herbst Wild- und Steinpilzgerichte. Stilvolle Innen- und Außenplätze, Hauptgerichte kosten um 10–25 €. Die Greißlerei nebenan verkauft u. a. Marmeladen, Edelbrände, eingelegtes Gemüse und Chutneys. 6 Gästezimmer. Mo/Di, im Winter auch Mi Ruhetag. Hauptstr. 9–11, ✆ 03857-8332, www.hubertholzer.com.

Poldi. Der Ausflugsgasthof in Alleinlage unterhalb des Preiner Gscheid ist auf schmackhaft-feine Regionalküche spezialisiert. Fangfrische oder geräucherte Bachsaiblinge, Styria-Beef, Wild von der Rax, Schwammerln aus den umliegenden Wäldern, auch das Wasser stammt aus eigener Quelle. Hauptgerichte 10–15 €. Gästezimmer und Apartments im Haus. Juli/Aug. tägl., Karfreitag bis Juni und Sept. bis Nov. Fr abends und Sa/So. Preiner-Gscheid-Str. 4 in Kapellen, ✆ 03857-2270, www.gasthofpoldi.com.

Semmering

Die Passhöhe von 984 m kann allein schwerlich beeindrucken. Dennoch gehört der Semmering zwischen Rax im Norden und Wechsel im Südosten zu den legendären Alpenübergängen. Der Semmering kann viele Geschichten erzählen: Bereits Ulrich von Liechtenstein beschrieb im 13. Jh. in seiner „Arthus-Reise“ die Reisestrapazen. Im Januar 1802 überquerte der sächsische Weitwanderer Johann Gottfried Seume auf seinem Weg nach Sizilien die Anhöhe. „Der Sömmering ist kein Maulwurfshügel“, notierte er in sein berühmtes Tagebuch, „der Schnee ging mir bis hoch an die Waden; ich wusste keinen Schritt Weg, und es war durchaus keine Bahn.“ 1912 überflog Eduard Nittner auf dem Weg von Wien nach Graz als erster Mensch überhaupt einen Alpenpass; an der höchsten Stelle befindet sich an der Straße das Denkmal für den Flugpionier. Die Eindrücke vieler Reisender in der Vergangenheit stimmen mit der Bedeutung des slawischen Worts „Semmerick“ überein, was so viel wie „der Unwirtliche“ heißt. Der Saumweg aus dem 12. Jh. wurde 1735 durch einen ersten Straßenübergang ersetzt. 1854 schloss die Semmeringbahn die Lücke zwischen Niederösterreich und dem Mürztal – sie wurde als erste Bahnlinie überhaupt als **UNESCO-Welterbe** geadelt (→ Kasten, S. 178). Mit dem Spatenstich für den Bau des 27,3 km langen Semmering-Basistunnels am 25. April 2012 hat das neue Eisenbahnzeitalter indessen längst begonnen: Wenn ab 2025 die Hochgeschwindigkeitszüge von Wien nach Graz durch die Tunnelröhren düsen, werden allenfalls noch Nostalgiezüge Reisende auf der historischen Strecke zum Semmering bringen. Im Straßenverkehr sind die neuen Zeiten längst Realität: Seit 2004 rollen die Motoren bequem durch den Semmeringtunnel und rücken „das wilde Volk hinter dem Semmering" näher an die Donaumetropole heran.

Denkmal für einen Flugpionier

Kurort Semmering

Während der Pass exakt die Grenze zwischen der Steiermark und Niederösterreich bildet, liegt oberhalb am Hang der Traditionskurort zur Gänze auf dem Territorium des Nachbarbundeslands. Ehrwürdige, mit Patina behaftete Villen erinnern daran, dass im 19. Jh. regelmäßig die „feine Gesellschaft" Wiens an der würzigen Alpenluft genas. Neben den Mitgliedern der Habsburgerfamilie verbrachten Künstler wie Oskar Kokoschka oder Karl Kraus ihre Ferien auf der Passhöhe. Letztere logierten standesgemäß im mondänen Hotel Panhans, dessen Fassade noch heute den Geist des Fin de Siècle atmet. Unter der Gästeprominenz sind weitere illustre Namen wie Gerhard Hauptmann, Stefan Zweig oder Heinz Rühmann zu vermelden; 1937 fand zudem in den heiligen Hallen die Schachweltmeisterschaft der Damen statt. Heute wirken der Ort und das malträtierte Kurhaus zwar ein wenig angestaubt, vielleicht wird sich dies in Zukunft jedoch ändern: Seit der Hauptverkehrsstrom unter die Erde verlegt wurde, ist es am Pass deutlich ruhiger geworden. Zudem hat 2013 eine Investorengruppe das oben erwähnte Luxusquartier erstanden und wälzt ehrgeizige Pläne für die Sanierung nebst Ausbau des Wintersportzentrums. Bereits jetzt schon fällt das Aktivangebot auch für ein junges Publikum ziemlich üppig aus!

Spital am Semmering

6 km unterhalb der Passhöhe entpuppt sich Spital als erste Ortschaft auf steirischer Seite. Der Name leitet sich von einem mittelalterlichen Hospiz ab, einer Herberge für wenig betuchte Reisende und Pilger. Spital am Semmering selbst war lange Zeit ein bedeutender Wallfahrtsort; anstelle des Hospizes steht heute die wuchtige romanisch-gotische Pfarrkirche. Der Ort liegt im Einzugsbereich des Wintersportgebiets am Stuhleck und fungiert ansonsten als Durchgangsstation.

Ein bahnbrechendes Projekt und ein Blick für 20 Schilling

Ein Lieblingsinfrastrukturprojekt der Habsburger im 19. Jh. war die Südbahn von Wien über Graz und Laibach (Ljubljana) ans Mittelmeer. Bereits in der Mitte des Jahrhunderts waren die meisten Streckenabschnitte fertiggestellt. Mit einer Ausnahme: dem ingenieurtechnisch anspruchsvollen Semmering-Übergang. Um die leidige Lücke zwischen Gloggnitz in Niederösterreich und Mürzzuschlag in der Steiermark endlich zu schließen, beauftragte man 1841 den Ingenieur Carlo Ghega mit der Streckenplanung. 13 Jahre danach wurde die Semmeringbahn feierlich dem Verkehr übergeben – die Lücke war endlich geschlossen. Die erste normalspurige Gebirgsbahn Europas galt bald als Meisterwerk der Technik, ausdrücklich lobend vermerkt wurde auch die harmonische Verbindung von Natur und Technik. Die 41 km lange Strecke – Luftlinie ist es nur die Hälfte – überwindet 457 Höhenmeter, die Steigung beträgt 20 %. Die Bahn fährt durch 15 Tunnels, über 16 Viadukte und über 100 gemauerte Brücken und schlängelt sich durch das Gebirge in eindrucksvollen Bögen. 1998 wurde das Gesamtkunstwerk von der UNESCO als Welterbe anerkannt; sein Schöpfer war bereits vor der Einweihung in den Ritterstand erhoben worden und durfte sich seitdem **Carl Ritter von Ghega** nennen. Seit 1923 steht die Semmeringbahn zudem unter Denkmalschutz.

Der einfachste Weg, das Weltkulturerbe kennenzulernen, ist die Zugfahrt (→ Hin & weg). Weil man vom Abteil aus zwar den Blick auf die Landschaft genießen kann, nicht jedoch den Blick auf Brücken, Viadukte und Bergwelt, empfiehlt sich der Bahnwanderweg. Kurz unterhalb der Doppelreiterwarte – einem Aussichtsturm auf dem 961 m hohen Wolfsberg – gibt es einen weiteren Aussichtspunkt, von dem man einen schönen Blick über den Adlitzgraben auf die Semmeringbahn genießt. Zu erkennen sind das Viadukt Kalte Rinne, das Krauselklause-Viadukt und die Galerie in der Weinzettelwand. Dahinter ragen der Schneeberg und die Rax auf. Ab 1968 zierte genau dieses Motiv die Rückseite der österreichischen 20-Schilling-Banknote, weshalb der Ausblick heute als **20-Schilling-Blick** der Höhepunkt am Bahnwanderweg von der Passhöhe nach Payerbach bzw. nach Gloggnitz ist (→ Wandern).

Ausstellungen und Museen zur Semmeringbahn: Im **Bahnhof Semmering** gibt es seit 2005 ein Informationszentrum über das Weltkulturerbe und die umliegenden Sehenswürdigkeiten. Mai bis Okt. tägl. 9–11.30 und 14–17 Uhr. Eintritt frei. ✆ 02664-84520.

Im niederösterreichischen Breitenstein widmet sich das **Ghega-Museum** dem Schöpfer der Semmeringbahn sowie der Baugeschichte. Mai bis Okt. Sa/So 10–16 Uhr. Eintritt gegen Spende. Kalte-Rinne-Str. 45, ✆ 0676-5248397, www.ghega-museum.at.

Das umfangreiche **Südbahnmuseum** in Mürzzuschlag widmet sich ebenfalls der Semmeringbahn (→ S. 181).

Basis-Infos Semmering und Umgebung

Information Das Infobüro mit Poststelle und Radverleih befindet sich auf der Passhöhe am Kreisverkehr. Mo–Fr 8–12 und 13–16 Uhr, Sa 9–12 Uhr. Semmering 248, ✆ 02664-20025, www.semmering.at.

Hin & weg Um auf der B 306 zum Pass zu gelangen, müssen Reisende die Schnellstraße S 6 an der Ausfahrt Maria Schutz/ Semmering bzw. Mürzzuschlag Ost verlassen. Schöner ist die schmale Nebenstraße von Gloggnitz (Niederösterreich) durch den **Adlitzgraben** zum Kurort Semmering. Bei Spital am Semmering zweigt die L 117 ins oststeirische **Joglland** von der Hauptverkehrsroute ab.

Bahn: Die **Semmeringbahn** zwischen Gloggnitz und Pass (mit Umstieg in Payerbach) bzw. weiter nach Mürzzuschlag wird von der ÖBB regulär mit mehreren Fahrten tägl. betrieben. Der Bahnhof liegt auf niederösterreichischer Seite unterhalb des Passes.

Über **Nostalgiefahrten** informiert die Internetseite www.semmeringbahn.at.

Bergbahn Die **Kabinenseilbahn** von der Passhöhe auf den 1340 m hohen Hirschenkogel mit Millenniums-Aussichtswarte fährt zur Schneesaison und Mitte Mai bis Ende Okt., Juli/Aug. tägl. 9–17 Uhr, sonst Do–So. Berg- und Talfahrt 14 €, erm. ab 9,50 €. Zauberberg 1, ✆ 02664-8038, www.zauberberg.at.

Veranstaltungen **Festival am Semmering**. Der Kulturverein Semmering belebt im Sommer das ehrwürdige Kurhaus mit Veranstaltungen – Konzerte, Theater, Opern und Operetten, Kleinkunst und Lesungen. Juli bis Anfang Sept. (www.festivalamsemmering.at).

Race the Night. Legendäres 24-Stunden-Downhill-Rennen am Bikepark mit umfangreichem Begleitprogramm, gekämpft wird 24 Std. bis zum Umfallen. Mitte Aug.

Sport und Aktivitäten in und um Semmering

Klettern **Kletterpark Stuhleck**. Der innovative und professionell geführte Sportkletterwald besteht aus Parcours bzw. Elementen unterschiedlicher Schwierigkeitsgrade. Mitte Mai bis Okt., in den Sommerferien tägl. 10–19 Uhr, sonst am Wochenende. 24 €, erm. ab 13 €. Der Kletterpark befindet sich an der Mittelstation der Stuhleckbahn bei Spital (hinter dem Parkplatz Stuhleckbahn links). ✆ 0664-4212599, www.stuhlecksport.at.

Radeln **Bikepark Semmering**. Die Mountainbike-Downhill-Strecke vom Hirschenkogel zur Passhöhe ist 3,3 km lang und überwindet 350 Höhenmeter. Hinauf geht's mit der Seilbahn, die Verleihstelle ist an der Talstation. 49 € für den halben Tag. Zauberberg 1, ✆ 02664-8038, www.bikeparksemmering.at.

Darüber hinaus sind 8 **Mountainbike-Strecken** ausgewiesen, die längste ist die 24 km lange Liechtensteinstrecke.

Wandern **Bahnwanderweg**: Auf steirischer Seite ist der Abstieg gemütlich und führt über Spital am Semmering nach Mürzzuschlag (Gehzeit: ca. 4–5 Std.). Der attraktivere Abschnitt mit dem berühmten 20-Schilling-Blick führt nach Niederösterreich entweder bis Payerbach (21 km) oder Gloggnitz (23 km), wobei man auch nach 9 km in Breitenstein wieder den Zug zurück nehmen kann. Ausgangs- und Endpunkt ist der Bahnhof Semmering (Gehzeit zum 20-Schilling-Blick: ca. 1 Std.).

Hirschenkogel: Von der Tal- oder Bergstation der Kabinenseilbahn (→ Bergbahn) eröffnen sich zahlreiche Wanderoptionen, Einstiegsklassiker ist die Hirschenkogel-Runde, Wanderkarten gibt's an der Bergbahn-Kasse oder im Infobüro (Gehzeit: ca. 3 Std.).

Wintersport Am Pass liegt das kleine Skigebiet Hirschenkogel/Zauberberg mit 14 km Piste, einer legendären beleuchteten **Nachtpiste** und einer Rodelbahn (www.zauberberg.at).

Stuhleck. Das 120 ha große Skiabfahrtsgebiet bei Spital am Semmering erstreckt sich bis auf ca. 1800 m Höhe. Mehrere Schlepp- und Sessellifte, 15 Pisten, Beschneiungsanlage (www.stuhleck.com).

Östliche Obersteiermark → Karte S. 146/147

Übernachten/Essen & Trinken in und um Semmering

**** **Wagner**. Vom Bio-Hotel in Alleinlage unweit des Bahnhofs hat man Niederösterreich fest im Blick. Hier stimmt einfach (fast) alles: klein, aber fein, nur 21 Zimmer, Garten, Sauna, Bibliothek, Bioladen im Erdgeschoss, alles mit viel Naturholz. Exzellentes Restaurant und Café. DZ ab 156 €. Hochstr. 267, ✆ 02664-2512, biowelt@panoramahotel-wagner.at, www.panoramahotel-wagner.at. ■

*** **Löffler**. Die Mittelklassepension befindet sich im Zentrum des Kurorts. Kurze Wege zum Pass und zum Bahnhof, innen wie außen dominiert jugendlich-frisches Design, 11 helle und freundliche Zimmer, teils mit Balkon. Terrasse vor dem Haus, das Restaurant hat sich auf Fisch spezialisiert, auch Pasta oder steirisches Backhendl für 11 €. DZ ab 80 €. Hochstr. 174, ✆ 02664-2304, office@pension-loeffler.at, www.pension-loeffler.at.

*** **Das Onkel Fritz**. Das romantische Landhotel am Ortsrand von Spital am Semmering ist trotz des teutonisch klingenden Namens ein steirisches Traditionshotel. Schöne Zimmer in warmen Farben, teils mit Balkon, gepflegter Garten, einziges Manko ist die Bahnlinie vor dem Haus. Sauna, Fitnessraum und Restaurant, den Rostbraten mit Spätzle gibt's für 14 €. Do–So ab 11 Uhr. DZ ab 80 €. Hochweg 6, ✆ 03853-217, office@hotel-onkelfritz.at, www.hotel-onkelfritz.at.

Seewirtshaus. Hochwertige Küche in einem holzvertäfelten Almgasthof aus dem 17. Jh. an der Talstation Hirschenkogel. Große Sonnenterrasse an einem künstlich angelegten See, rustikales Outfit, saisonale bodenständige Küche, im Spätsommer Eierschwammerlgerichte (mit Knödel für 13 €), andere Gerichte gerne auch etwas teurer. Gute Weinauswahl. April bis Aug. Mi–So, Sept. bis Nov. Do–So, Dez. bis März tägl. geöffnet. Zauberberg 2, ✆ 02664-20030, www.seewirtshaus.at.

Belvedere. Das Wirtshaus mit Pension ist eine typische Semmering-Villa mit Garten in der Nähe des Pass-Kreisverkehrs. Bodenständige österreichische Küche mit saisonal wechselnder Karte, Hauptgerichte 10–20 €, preiswerte Mittagsmenüs um 13 €. Hochstr. 60, ✆ 02664-2270, www.belvedere-semmering.at.

Zauberbar. Beliebte Après-Ski-Bar mit atemberaubender Barkeepershow am Pass. Snacks, Cocktails, regelmäßige Live-Acts, modernes Design. Zur Skisaison tägl. ab 10 Uhr bis tief in die Nacht geöffnet. Zauberberg 1, ✆ 02664-8038, www.zauberbar.at.

Mürzzuschlag

ca. 8500 Einwohner

In der Bezirkshauptstadt erhält die vom Oberland kommende Mürz den „Zuschlag" durch die von der Semmering-Region kommende Fröschnitz. Das Zentrum setzt in ästhetischer wie atmosphärischer Hinsicht keine Maßstäbe, sodass die Vorstellung schwer fällt, dass Mürzzuschlag einst ein Luftkurort mit florierendem Winter- und Sommertourismus gewesen ist. Andererseits war die Stadt seit dem Mittelalter ein bedeutendes Zentrum der Eisenverarbeitung und in der Neuzeit entzogen Ruß und Lärm der Schwerindustrie der touristischen Entwicklung den Boden. Der 1924 aus einer Fusion entstandene Name Schoeller-Bleckmann war jahrzehntelang das Synonym für Stahlerzeugung in der gesamten Mur-Mürz-Furche; schon vor dem Ersten Weltkrieg entwickelten Ingenieure hier den ersten rostfreien Stahl der Welt. Dennoch gibt es Gründe für eine Stippvisite, denn Mürzzuschlag ist eine wichtige Kulturhochburg mit nicht weniger als drei **Museen:**

Das **Wintersportmuseum** mit vorbildlichen Inszenierungen und einer Vielzahl von Exponaten verweist auf die Bedeutung der Stadt als Wiege des Freizeit- und Profi-Skisports im Alpenraum (tägl. außer Mo 9–12.30 und 14–17 Uhr. 5 €, erm. ab 3 €. Wiener Str. 13, ✆ 03852-3504, www.wintersportmuseum.com). Nicht zufällig war in den Fischbacher Alpen das 1782 m hohe Stuhleck der erste Gipfel, der im

Winter mit Skiern bestiegen wurde. Auch das erste Skirennen überhaupt fand 1893 in der Nähe statt. An beiden Unternehmungen war der in Mürzzuschlag geborene Pionier Toni Schruf beteiligt, der das Skifahren in Mitteleuropa salonfähig machte und obendrein den Tourismus im Mürztal ankurbelte.

Salonwagen im Südbahnmuseum

Warum es zu dieser Entwicklung im 19. Jh. kam, illustriert u. a. das **Südbahnmuseum** in der Nähe des Bahnhofs: Mürzzuschlag liegt genau in der Mitte zwischen Wien und Graz und war seit Eröffnung der Semmeringbahn bestens an die Metropolen angebunden (→ Kasten, S. 178). Besondere Leckerbissen sind ein begehbarer Salonwagen aus der Zeit der K.-u.-k.-Monarchie sowie der denkmalgeschützte Rundlokschuppen aus dem Jahr 1873 mit einer Fülle historischer Draisinen und Lokomotiven (Palmsonntag bis Okt. tägl. außer Di 10–13 und 14–17 Uhr. 7 €, erm. 5,50 €. Heizhausgasse 2, ✆ 0664-9108201, www.suedbahnmuseum.at).

Das dritte Museum ist dem Komponisten **Johannes Brahms** gewidmet, der 1884/85 in der Stadt die vierte Symphonie schrieb. Highlight hier ist der Musiksalon mit prachtvoller Stuckdecke und einem original Streicher-Flügel, auf dem der Maestro selbst eine Tonaufnahme eingespielt hat (Mai bis Sept. Mi–So 10–12 und 14–17 Uhr; Okt. bis April Fr–So 10–12 und 14–16 Uhr. 4 €, erm. ab 2,60 €. Wiener Str. 4, ✆ 03852-3434, www.brahmsmuseum.at). Das Portfolio kultureller Angebote komplettiert das moderne **Kunsthaus** im Zentrum der Stadt.

Information Das Infobüro befindet sich im Kassenfoyer des Wintersportmuseums. Wiener Str. 9, ✆ 03852-3399, www.muerzzuschlag.at.

Hin & weg In Mürzzuschlag zweigt die B 23 von der Hauptreiseroute ab und führt durch das Mürzer Oberland nach Mariazell.

Bahn: Regelmäßiger Zugverkehr nach Bruck/Mur bzw. Graz und in die Gegenrichtung zum Semmering bzw. nach Wien. Der Bahnhof liegt in Gehentfernung zum Zentrum.

Ärztliche Versorgung Das Krankenhaus befindet sich südlich des Stadtzentrums an der B 23. Grazer Str. 63–65, ✆ 03852-2080, www.lkh-muerzzuschlag.at.

Einkaufen Bauernmarkt auf dem Stadtplatz. Sa 7.30–11.30 Uhr.

Post Mo–Fr 8–18 Uhr, Sa 9–12 Uhr. Toni-Schruf-Gasse 9.

Veranstaltungen Kunsthaus Mürz. Das Kultur- und Ausstellungszentrum in der einstigen Franziskanerkirche ist am ultramodernen Vorbau aus Glas und Stahl leicht zu erkennen. Der Schwerpunkt liegt auf zeitgenössischer Kunst, wechselnde Ausstellungen zu Architektur und Design, dazu regelmäßige Lesungen, Konzerte u. v. m. Wiener Str. 35, ✆ 03852-56200, www.kunsthausmuerz.at.

Übernachten/Essen JUFA. Das Jugend- und Familiengästehaus befindet sich im Schloss Sommerau zwischen Mürzzuschlag und Spital am Semmering. Trotz des Parks ist der Verkehrslärm der Schnellstraße zu hören, daher nicht für einen längeren Aufenthalt geeignet. Mit Hallenbad, Lagerfeuer, Verleih von E-Bikes. DZ ab 73,50 €. Grautschenhof 7–9, ✆ 05708-3360, semmering@jufa.eu, www.jufa.eu.

Östliche Obersteiermark → Karte S. 146/147

Krainer/Café Wien. Das nette Kaffeehaus liegt wenige Schritte vom Hauptplatz entfernt, ruhige Außenplätze in der Fußgängerzone, die köstlichen Mehlspeisen kommen aus dem berühmten Hotel Krainer (→ S. 185). Hausgemachtes Eis (auch Straßenverkauf), Frühstück, Salate und Snacks, die Kernöl-Germknödel mit Apfelmus gibt's für 7 €. Mo–Fr 7.30–19 Uhr, Sa bis 18 Uhr. Toni-Schruf-Gasse 10, ✆ 03852-4813.

Krieglach

ca. 5100 Einwohner

Das kleinstädtisch geprägte Ortsbild ist eigentlich recht ansprechend. Andererseits bietet es nicht wirklich etwas Weltbewegendes – es sei denn, man wandelt auf den Spuren der **Waldheimat** von **Peter Rosegger** (→ Kasten, S. 184). In diesem Fall zählt Krieglach zur Pflichtdestination, die keinesfalls ausgelassen werden darf. Waldheimat und Peter Rosegger gehören untrennbar zusammen, seit 1877 sein Erzählband mit dem gleichnamigen Titel auf reges Interesse bei der Leserschaft stieß. Es handelte sich um die erste publizierte Sammlung der berühmten Kindheits- und Jugenderinnerungen des Schriftstellers. Die „Waldheimat" machte Karriere und wurde so populär, dass sie alsbald sogar auf Landkarten auftauchte. Dass eine dichterische Erfindung zu einer weit akzeptierten geografischen Bezeichnung wird, kommt nicht allzu häufig vor! Gemeint ist damit der Landstrich, in dem die Kindheitserinnerungen spielen: der Geburtsort Alpl, die Stadt Krieglach im Mürztal sowie die Fischbacher Alpen im unmittelbaren Umkreis dieser beiden Ortschaften. Drei Gedenkstätten, zwei in Alpl und eine in Krieglach, widmen sich dem steirischen Dichterfürsten. Zu diesen drei Rosegger-Gedenkstätten gesellt sich eine weitere in St. Kathrein am Hauenstein (→ S. 301). Wer mehrere Stätten besucht, löst am besten ein Kombiticket (9 €, erm. 4 €). Darüber hinaus pilgern in Krieglach Menschen zur Grabstätte, es gibt einen Peter-Rosegger-Park, mehrere Rosegger-Denkmäler (auch an anderen Orten), natürlich eine Roseggerstraße, ein Rosegger-Bankerl und auch ein Rosegger-Stüberl. Beinah schon bizarre Züge nahm der Kult im Jubiläumsjahr 2013 an – mit Dutzenden Events, die zumeist ein geglättetes Bild des Schriftstellers vermittelten und den Tourismus in der Region förderten. Abgesehen davon ist **Alpl** eine idyllische Streusiedlung, die einen Abstecher auch dann lohnt, wenn man mit dem Hype um den Dichter nichts zu tun haben möchte.

Rosegger-Gedenkstätte Krieglach

Das Anwesen in einem großen Park, in dem Rosegger seit 1877 die Sommermonate verbrachte, beherbergt heute ein Museum. Die Räume, u. a. das Studierstüberl und sein Sterbezimmer, sind weitgehend im originalen Zustand belassen. Zu besichtigen sind zahlreiche Rosegger-Devotionalien, z. B. das Meisterstück aus der Lehrzeit als Schneider oder seine Schreibmappe nebst Federkiel. Die Ausstellung zeichnet Roseggers Leben vom Waldbauernbub bis zum anerkannten Dichterfürsten nach. Ein angeschlossenes Heimatmuseum im „Studierhäusl" ganz aus Holz zeigt darüber hinaus Gegenstände aus dem Nachlass des Dichters, die den bäuerlichen Alltag der Waldheimat dokumentieren.

April bis Okt. tägl. außer Mo 10–16 Uhr. 4 €, erm. ab 2 €. Roseggerstr. 44, ✆ 03855-2375, www.museum-joanneum.at.

Alpl

Die kleine Streusiedlung ist genau das, was der Name verspricht – niedlich, hübsch. Schilder führen Neuankömmlinge von der Landesstraße Krieglach–Joglland in eine idyllische Senke und geradewegs zur herausgeputzten **Waldschule.** Es handelt sich um die Lehrinstitution, die dank der Spendenaufrufe Peter Roseggers seit 1902 für die Alphabetisierung der Landbauernjugend sorgte. Wegen Schülermangels wurde 1975 der Schulbetrieb eingestellt und das Gebäude nach gründlicher Renovierung als Museum und Gedenkstätte wiedereröffnet. Zu sehen gibt es das Klassenzimmer im Originalzustand, außerdem hat ein Wandermuseum hier seine Bleibe gefunden. Ein halbstündiger Spaziergang führt vom Schulhaus zum **Kluppeneggerhof** hinauf, wo der Dichter geboren wurde und seine Kindheit und Jugend verbrachte. Das Idyll eines Waldbauernhofs von beträchtlicher Dimension – die Familie besaß immerhin 34 ha Grund und Boden – ermöglicht einen wunderbaren Blick auf die waldreichen Fischbacher Alpen. Das mit großer Sorgfalt gehegte und gepflegte Anwesen im Stil eines Freilichtmuseums fungiert ebenfalls als Rosegger-Gedenkstätte und vermittelt einen guten Einblick ins Waldbauernleben vergangener Tage. 1868 waren die Eltern Roseggers so überschuldet, dass sie den Hof verkaufen mussten – ein Bespiel jener strukturellen Schwäche der Bauern im industriellen Zeitalter, die der Schriftsteller anprangerte. Eine zünftige Jausenstation am Eingang lädt zur Einkehr ein, u. a. gibt es „Roseggerbier".

Waldschule: April bis Okt. tägl. außer Mo 9–17 Uhr, Weihnachts- und Semesterferien 11–16 Uhr. 3 €, erm. 1,50 €. Alpl 2, ✆ 03855-8238, www.waldheimat.at.

Rosegger-Geburtshaus: April bis Okt. tägl. außer Mo 10–16 Uhr. 4 €, erm. ab 2 €. Alpl 42, ✆ 03855-8230, www.museum-joanneum.at.

Veitsch

Ein lohnenswerter Abstecher führt von Krieglach bzw. vom Nachbarort Mitterdorf nach Norden in die Veitsch am Fuße der 1981 m hohen Veitschalpe. Die kleine Marktgemeinde gelangte im 20. Jh. aufgrund der riesigen Magnesitvorkommen zu Bedeutung. Heute bezieht das Industriewerk den Rohstoff für die Herstellung hochwertiger feuerfester Baustoffe von auswärts. Die spätgotische Kirche mit dem benachbarten Arkaden-Stiftshof ist Ausgangspunkt für den etwa halbstündigen Aufstieg zum Wahrzeichen der Veitsch: einem monumentalen und begehbaren **Pilgerkreuz** aus Holz (jederzeit zugänglich. 2 € passend in Münzen. ✆ 03856-61887, www.pilgerkreuz.at). Das 2004 errichtete, über 40 m hohe Bauwerk besteht aus künstlerisch gestalteten Stockwerken, die mit den sieben alttestamentarischen Schöpfungstagen korrespondieren. Es soll an den Frieden sowie an die Verständigung der Völker gemahnen und befindet sich am Schnittpunkt mehrerer Fernwanderwege, u. a. dem Pilgerweg nach Mariazell. Eine Jausenstation am Eingang sorgt im Sommerhalbjahr für das kulinarische Wohl (Mo/Di Ruhetag, Mi–Fr ab 14 Uhr, Sa/So ab 10 Uhr).

Das Pilgerkreuz von Veitsch

Östliche Obersteiermark → Karte S. 146/147

Vom Waldbauernbub zum steirischen Nationaldichter: Peter Rosegger

Peter Rosegger war ein Dichter, der ein Leben lang seiner Heimat verbunden blieb. Mit über 15 Mio. verkauften Büchern und Übersetzungen in mehr als 20 Sprachen zählte er zu den meistgelesenen Autoren überhaupt, seine gesammelten Werke umfassen 43 Bände. Ein Motiv, das in seinen Romanen, autobiografischen Erzählungen und Gedichten (→ Literatur, S. 79) immer wieder auftaucht, ist das Werden und Vergehen der dörflichen Gemeinschaft im Zuge der sozialen Verschiebungen im bürgerlichen Zeitalter. Rosegger wusste, wovon er schrieb: Er wurde 1843 als das Älteste von sieben Kindern eines Waldbauernpaars geboren und wuchs auf dem 1144 m hoch gelegenen Kluppeneggerhof bei Krieglach auf. Die Kindheit des „Waldbauernbubs" war zwar nicht arm, aber aus heutiger Sicht sehr einfach gewesen. Eine reguläre Schulbildung genoss er nicht, die meisten Waldbauern waren Analphabeten. Früh zeigte sich, dass er für die körperlich schwere Arbeit der Bauern nicht geschaffen war, weshalb er im 6 km entfernten St. Kathrein eine Schneiderlehre begann. In dieser Zeit begann er auch zu schreiben, einem Redakteur der Grazer Tagespost fiel das Manuskript in die Hände, ein erster Schritt zu einer hoffnungsvollen Literatenkarriere war getan. Peter Rosegger verlegte seinen Lebensmittelpunkt nach Graz und gründete eine Familie. Als er 1876 von Kaiser Franz Joseph I. zum Herrenhausmitglied auf Lebenszeit geadelt wurde, war er längst ein etablierter Schriftsteller. Es folgten zahlreiche Lesereisen nach Deutschland, währenddessen der Traum von der Rückkehr in die Waldheimat allmählich festere Formen annahm. 1877 bezog er schließlich seine neue Landvilla in Krieglach, in der er bis zu seinem Tod regelmäßig den Sommer verbrachte. Das Anwesen in einem 5000 m^2 großen Park beherbergt heute die Rosegger-Gedenkstätte. 1918 starb der Autor, sein Grab befindet sich auf dem Friedhof in Krieglach.

Um die Bedeutung des „Phänomens Rosegger" zu verstehen, genügen diese dürren biografischen Hinweise nicht. Der Schriftsteller engagierte sich sozial für seine Heimat; bester Beleg ist das so sorgfältig in Schuss gehaltene Waldschulhaus in Alpl, das 1902 auf seine Initiative hin gebaut wurde. Auch wäre es verfehlt, Rosegger ausschließlich als Heimatdichter zu etikettieren – gegen den Begriff „Naturdichter" hat er sich Zeit seines Lebens gewandt. Die Auseinandersetzung mit zeitkritischen Fragen nimmt einen breiten Raum in seinem Schaffen ein. Er nahm Anstoß am ungehemmten Fortschritt und der damit einhergehenden Vernichtung der Lebensgrundlage der Almbauern; er wandte sich gegen moralische und sittliche Entgleisungen, wo immer er sie vorfand, bei den Mägden im Heustadl oder bei den Pastoren; stets war er von dem Bemühen durchdrungen, die Traditionen in schwierigen Zeiten zu bewahren oder vergessene Bräuche wieder einzuführen. Kurzum, er gab den Menschen der Steiermark eine Stimme. In dieser Hinsicht ist der „steirische Nationaldichter" heute beinah sakrosankt und genießt eine ähnliche Stellung wie der Erzherzog Johann. Über Kritik erhaben ist der Dichter deshalb nicht: Wer sich eingehender mit seinem Werk befasst, stolpert immer wieder über Ungereimtheiten und Widersprüche. So schloss er sich z. B. im Vorfeld des Ersten Weltkriegs zwar einerseits der Friedensbewegung Bertha von Suttners an, andererseits veröffentlichte er 1914 in einer Wiener Tageszeitung einen Aufruf zur Zeichnung von Kriegsanleihen. Da ist es denn auch kein Wunder, dass auch die NS-Propaganda während des Zweiten Weltkriegs bei Rosegger fündig wurde.

Basis-Infos Krieglach und Umgebung

Information Das Infobüro befindet sich im Ortszentrum von Krieglach. Mo–Fr 8–12 Uhr. Pestalozzistr. 12, ✆ 03855-2404, www.waldheimat.at.

Nebenan befindet sich die **Tourismuszentrale der Hochsteiermark**. Mo–Do 8–16 Uhr, Fr bis 14 Uhr. ✆ 03855-45570, www.hochsteiermark.at.

Hin & weg **Bahn**: Regelmäßige Verbindungen via Kapfenberg nach Bruck an der Mur und nach Mürzzuschlag, der Bahnhof befindet sich in Gehentfernung zum Zentrum.

Bus: Mit der Linie 187 2-mal tägl. vom Bahnhof oder vom Hauptplatz Krieglach via Alpl nach Ratten ins Joglland.

Radeln Krieglach liegt am **Mürztal-Radweg** (R5).

Radverleih: Das Jugend- und Familiengästehaus in Veitsch verleiht Mountainbikes (7 €/Tag) und E-Bikes für 20 € (→ Übernachten / Essen & Trinken).

Veranstaltungen Über Veranstaltungen zu **Peter Rosegger** – in der Waldheimat oder auch an anderen Orten – informiert die Internetseite www.rosegger.steiermark.at.

Veitscher Grenzstaffellauf. Der 54 km lange Gebirgsmarathon ist ein Traditionsevent und findet seit 30 Jahren statt. Ende Juni (www.grenzstaffellauf.com).

Wandern Die **Veitschalpe** ganz im Norden bietet vielfältige Wandermöglichkeiten rund um das bewirtschaftete Graf-Meran-Haus auf 1836 m Höhe.

Rosegger-Almrunde: Der Rundwanderweg in Alpl verbindet die Orte, die mit dem Wirken des Dichters zu tun haben, ein guter Einstieg ist die Waldschule, kürzere Varianten bis 2:30 Std. Gehzeit sind möglich (Gesamtgehzeit: ca. 3:30 Std.).

Magnesitwanderweg: Der 12 km lange Themenrundweg in der Veitsch führt zu Orten, die mit dem Magnesit-Bergbau zusammenhängen, zudem liegt das Pilgerkreuz auf dem Weg, die bevorzugte Gehrichtung ist gegen den Uhrzeigersinn, Start und Ziel ist die Pfarrkirche in Veitsch.

Wintersport Rund um Krieglach befinden sich **drei Abfahrtsskigebiete** mittlerer Größe: in Alpl (www.skialpl.at), bei Langenwang (www.skilammeralm.at) sowie auf der Veitschalpe (www.skiveitsch.at).

Östliche Obersteiermark → Karte S. 146/147

Übernachten/Essen & Trinken in und um Krieglach

››› **Mein Tipp:** **** **Krainer**. Eines der namhaftesten Hotelrestaurants im Mürztal befindet sich 6 km östlich von Krieglach in Langenwang. 13 freundliche, komfortable Zimmer, teils mit Dachschräge, Sauna. Kulinarisch hat der Gast die Wahl zwischen dem Café-Stüberl (Orangerie) und dem Haubenrestaurant. Legendär sind die Germknödel in allerlei Varianten, auch Mehlspeisen genießen einen ausgezeichneten Ruf, die Küche verwendet beste Zutaten aus der Region. Vier-Gänge-Menü ca. 40–50 €, Mo–Fr preiswerte Mittagsmenüs um 8 €. So Abend und Mo geschlossen. DZ ab 118 €. Grazer Str. 12, ✆ 03854-2022, restaurant@hotel-krainer.com, www.hotel-krainer.com. ‹‹‹

****/*** **Waldheimathof**. Zur Straße hin präsentiert sich das Hotel als rustikaler Almgasthof (Zimmer im Drei-Sterne-Bereich), nach hinten raus als modernes Komforthotel mit Innen- und Außenpool und Wellnessbereich (Zimmer im Vier-Sterne-Bereich). Restaurant mit uriger Almstube, Gastgarten im Stil einer Jausenstation, preiswerte Tagesmenüs um 10 €. DZ ab 128 € inkl. Halbpension. Alpl 4b, ✆ 03855-8251, office@waldheimathof.at, www.waldheimathof.at.

JUFA. Das tadellose Jugend- und Familiengästehaus befindet sich in Veitsch. Sportplätze, Hallenbad (auch für Auswärtige), Wellnessbereich, Sportplätze, Fahrradverleih, Zimmer mit Balkon, Bistro, Bar und Internetterminal in der Lobby. DZ ca. 80 €. Sportgasse 3, ✆ 05708-3350, veitsch@jufa.eu, www.jufa.eu.

Europa Camping. Der freundliche, familiäre und ruhig gelegene Platz liegt im Ortszentrum von Langenwang zwischen Krieglach und Mürzzuschlag. Ideal für Radfahrer, der Golfplatz am Schloss Feistritz liegt in Reichweite. Ganzjährig geöffnet. 2 Pers. mit Zelt 17 €. Siglstr. 5, ✆ 03854-2950, europa.camping.stmk@aon.com.

Kapfenberg

ca. 21.500 Einwohner

Die drittgrößte Stadt der Steiermark ist v. a. ein bedeutender Industriestandort. Der Paradeblick von der **Burg Oberkapfenberg** auf die Mürzfurche offenbart ausufernde Gewerbezonen und Wohnsiedlungen, die seit der vorletzten Jahrhundertwende für die wachsende Zahl der Stahlarbeiter errichtet wurden. Diese waren hauptsächlich in der Rüstungsproduktion beschäftigt, weswegen Kapfenberg im Zweiten Weltkrieg mehrfach bombardiert und stark beschädigt wurde. In den 1950er-Jahren wuchs am Neuen Platz, inzwischen in Frechener Platz umbenannt, das erste Hochhaus der Steiermark in die Höhe. Nicht wenige rümpften darob die Nase und noch 20 Jahre danach schrieb Reinhard P. Gruber in seinem Hödlmoser-Roman, dass Kapfenberg zu den „meistbeschimpften" Städten der Steiermark zähle. In ihrer Summe sind besagte Faktoren – Rüstungsindustrie, Weltkriegszerstörung, Hochhausbau – natürlich wenig geeignet, um Feriengefühle aufkommen zu lassen. Umso überraschender ist es, dass sich das Zentrum auf unaufgeregte Weise ansprechend präsentiert: Das kritisierte Hochhaus wurde inzwischen einem Fassaden-Facelifting unterzogen; im frischen Outfit setzen auch die Murpromenade und der Hauptplatz Maßstäbe in Sachen urbaner Lebensqualität; und seit die Semmering-Schnellstraße durch einen Tunnel an der Stadt vorbeiführt, hat sich die Verkehrssituation spürbar verbessert. Wie in Bruck an der Mur, der 5 km entfernten Nachbarstadt an der Einmündung der Mürz in die Mur (→ S. 238 ff.), ist der Hauptplatz nach dem sozialdemokratischen Arbeiterführer Koloman Wallisch benannt. Neben den zwei **Rathäusern** ist das mittelalterliche **Kandhaus** mit seiner bunt bemalten Fassade das auffälligste Gebäude am Platz. Die Entwürfe steuerte der Mürztaler Künstler Helmut Kand bei, der seinen Stil einmal als „poetischen Surrealismus" bezeichnete.

Geschichte: Wenn man von der Burg Oberkapfenberg den Ausblick genießt, kann man der These nur beipflichten, dass sich der Stadtname vom mittelhochdeutschen Wort „kapfen", was soviel wie „schauen" bedeutet, herleitet. Gesichert ist hingegen diese Herkunft nicht. Wohl aber, dass im Mittelalter die Grafen von Stubenberg die Burg erbauten und vier Jahrhunderte als Residenz nutzten; davor hatte die Familie ihren Stammsitz am Stubenberger See in der Oststeiermark gehabt. Am Fuße ihrer Festung legte das Geschlecht einen Meierhof an, um den herum sich in der Folge eine Marktsiedlung bildete. Im 15. Jh. sind die ersten Hammerwerkbetriebe belegt, die Roheisen aus Vordernberg verarbeiteten. Die Industrialisierung in der zweiten Hälfte des 19. Jh. ersetzte die bisherigen, mit Wasserkraft betriebenen Schmelzöfen durch moderne und dampfkraftbetriebene Gussstahlfabriken. Von den Anfängen der Stahlproduktion 1870 bis zur vorletzten Jahrhundertwende verdoppelte sich die Bevölkerung von 3000 auf 6000. Die Bedeutung der Rüstungsproduktion ließ die Zahlen in den beiden Weltkriegen noch mal signifikant ansteigen, ehe 1971 mit 26.300 Bewohnern der höchste Stand erreicht war. Wichtigste Arbeitgeber sind die **Böhler-Werke,** die heute zum Voestalpine-Konzern gehören. Der sechszackige Böhlerstern, unverwechselbares Markenzeichen des Unternehmens, leuchtet indes noch immer über Kapfenberg.

Kulturzentrum (Stadtmuseum)

Die Kultureinrichtung im Herzen der Stadt beherbergt die Stadtbücherei, das Café Qualtinger, eine Galerie für temporäre Ausstellungen sowie ein stadtgeschichtliches Museum. Ästhetisch ansprechende Schmuckstücke aus Eisen aus dem späten 9. Jh.,

Ausflugsziel im Mürztal: die Burg Oberkapfenberg

Bronzenadeln, mittelalterliche Glasfenster oder ein Richterstab aus dem Jahr 1696 entführen in die kulturelle Vergangenheit, ein Schwerpunkt widmet sich natürlich der Industriegeschichte und v. a. der Geschichte der Böhler-Werke.

Mo–Do 9–12 und 14–17 Uhr, Fr 9–12 Uhr. 2 €, bis 16 Jahre frei. Mürzgasse 3, ✆ 03862-22501, www.kapfenberg.at.

Burg Oberkapfenberg

Die 1173 erstmals in Quellen notierte Festung oberhalb von Kapfenberg gehört zu den schönsten und sehenswertesten Wehranlagen in der Obersteiermark. Mitte des 16. Jh. bauten die Herren von Stubenberg die mittelalterliche Burg im zeitgemäßen Stil der Renaissance um und verliehen der Burg ihre heutige Gestalt. In dieser Zeit hat sich ein Alchimist in einem unterirdischen Labor an der Herstellung von Silber versucht. Heute beherbergt die Anlage eine Falknerei, ein Restaurant bzw. Café und ein umfangreiches Museum zur Burggeschichte. Der Ausstellungsbesuch empfiehlt sich auch deshalb, weil man auf diese Weise die Prunkräume kennenlernt und von den Balustraden und Aussichtsterrassen einen schönen Blick aufs Mürztal genießt. Schwerpunkte des Museums sind neben der Burggeschichte die Kreuzzüge und die Fundstücke aus archäologischen Ausgrabungen ganz in der Nähe der Burg.

Ausstellung: April bis Okt. tägl. außer Mo 10–17 Uhr. 7 €, erm. 6,50 €. Schlossberg 1, ✆ 03862-27309, www.burg-oberkapfenberg.at. **Burgfalknerei**: Flugvorführungen April bis Okt. tägl. außer Mo 11 und 15 Uhr. 8 €, erm. ab 5 €.

Rund um Kapfenberg

Die Stadt ist ein guter Ausgangspunkt für Abstecher in die Hochschwab-Region – auf der B 20 nach Aflenz Kurort oder auf der L 111 nach Tragöß zum Grünen See. Auch das gotische Kornmesserhaus in Bruck an der Mur ist nicht weit entfernt. In entgegengesetzter Richtung gelangt man über St. Marein nach **St. Lorenzen:** Den

Östliche Obersteiermark → Karte S. 146/147

Status als älteste Pfarre des Mürztals belegt auf eindrucksvolle Weise die spätromanisch-gotische **Pfeilerbasilika** im Ortszentrum. Von der Freskenausstattung im Innern ist der „Feiertagschristus" an der Nordwand des Hauptschiffs besonders hervorzuheben. Das 1410–1420 entstandene Bildnis zeigt den gemarterten Christus umgeben von traditionellem Handwerkszeug. Wer an den Sonn- und Feiertagen das Werkzeug nicht aus der Hand legt, so die Botschaft, trägt zu den Qualen des Heilands bei.

Eine weitere Sehenswürdigkeit in der Umgebung ist die **Rettenwandhöhle:** Die Schauhöhle ist reich an Tropfsteinen und diversen Sinterbildungen und wurde bereits in den 1920er-Jahren erschlossen. Bekannt war sie aber bereits in der Steinzeit, wie archäologische Funde belegen. Man erreicht sie auf der B 20 Richtung Aflenz Kurort, nach 4 km am Pewag-Werk das Auto abstellen, dann zu Fuß in 20 Min. bis zum Höhleneingang (Pfingsten bis Ende Sept. So 9–16 Uhr. Führungen zu jeder vollen Stunde. ✆ 0676-7717766).

Basis-Infos Kapfenberg und Umgebung

Information Das Infobüro liegt im Stadtzentrum. Mo–Fr 8–12 und 14–17 Uhr. Grazer Str. 8, ✆ 03862-22501, www.kapfenberg.at.

Hin & weg Von Kapfenberg führt die B 25 in die südliche Hochschwab-Region und weiter nach Mariazell.

Bahn: Vom Bahnhof in Gehentfernung zum Zentrum bestehen regelmäßig Verbindungen nach Bruck an der Mur sowie in die Gegenrichtung nach Mürzzuschlag.

Bus: Die Linien der Mürztaler Verkehrsgesellschaft verbinden das Zentrum mit diversen Vororten sowie mit Bruck an der Mur. ✆ 050-678910, www.mvg-kapfenberg.com.

Ärztliche Versorgung Das Krankenhaus befindet sich an der B 116 Richtung Bruck an der Mur. Tragösser Str. 1, ✆ 03862-8950, www.lkh-bruck.at.

Einkaufen **Vinothek Schicker** (→ Übernachten / Essen & Trinken).

Wochenmarkt auf dem Hauptplatz (Koloman-Wallisch-Platz). Sa vormittags.

Post Mo–Fr 8–18 Uhr, Sa 9–12 Uhr. Wiener Str. 45.

Veranstaltungen **Hexenfest**. Beliebtes Kostüm-Event für die ganze Familie auf der Burg Oberkapfenberg in der Walpurgisnacht. Shuttlebus vom Europaplatz, im Anschluss After-Hexenparty in den Lokalen der Altstadt. 30. April ab 15 Uhr.

Ritterfest. Traditionsreiches Mittelalter-Event auf der Burg Oberkapfenberg an zwei Tagen mit Rittern, Spielleuten und Vaganten. Es handelt sich um eines der größten Ritterfeste der Steiermark. Ende Juni (www.ritterfest.at).

Air Challenge. Die Flugschau kann (und will) dem Vergleich mit dem Zeltweger Event im Oberen Murtal nicht standhalten, dennoch eine gut besuchte Veranstaltung mit Kunst- und Showflügen. Anfang Sept. (www2.flugplatz-kapfenberg.at).

Wandern Der steile Fußweg zur Burg Oberkapfenberg beginnt am Roseggerpark am Rand der Altstadt. Ein aussichtsreicher Rundweg, der **Wulfingweg**, heftet sich an die Spuren des Ritters Wulfing von Stubenberg; Beginn und Ende an der Burg (Gehzeit: ca. 2:30 Std.).

Übernachten/Essen & Trinken in und um Kapfenberg

Wegen der Nähe Kapfenbergs zu Bruck an der Mur sind auch die dort gelisteten Übernachtungs- und Gastronomiehinweise interessant (→ S. 242 f.). Zudem liegt mit dem Restaurant Steirereck am Pogusch eine der namhaftesten Einkehradressen in der Obersteiermark 8 km nördlich von St. Marein im Mürztal (→ S. 194).

Hölzl. Die Edelherberge zwischen Parschlug und St. Lorenzen ist etwas ganz Besonderes: 2001 baute der Tischlermeister Hölzl ein im Verfall befindliches historisches Bauernhaus auf der anderen Seite des Mürztals ab und an dieser Stelle wieder

Der Hauptplatz von Kapfenberg

auf. Holz überwiegt demzufolge in den unterschiedlich geschnittenen 21 Gästezimmern, alle mit Whirlpool, wunderschöne Möblierung, teils Zugang zur Balkonveranda, Sauna, Restaurant nebenan (s. u.). Jan. geschlossen. DZ ab 150 €. Pogierstr. 70, ✆ 0664-2144646, www.kompetenzzentrum-hoelzl.at.

**** **Böhlerstern**. Das Traditionshotel am Rand der Innenstadt gehört zu den Böhler-Werken und eröffnete zu Beginn des 20. Jh. als „Gasthof zur Kanone". Ein architektonisches Juwel in Neoklassizismus, Art déco und Industriedesign, hervorragend geführt und keineswegs angestaubt. 47 Gästezimmer, sehenswerte Jagdstube, Theatersaal, Sauna. Restaurant mit monatlich wechselnder Karte (Hauptgerichte 10–20 €, So geschlossen). DZ ab 128 €. Friedrich-Böhler-Str. 13, ✆ 03862-206375, reception@boehlerstern.at, www.boehlerstern.at.

Zum Kaiser Franz Joseph. Eine steiermarkweit einzigartige Adresse ist dieses Restaurant gegenüber dem Kandhaus im Zentrum: Ein nostalgiegetränktes Museum der verflossenen K.-u.-k.-Monarchie, Habsburger in Öl auf Leinwand, Büsten, Kristalllüster, Antikmöbel, stilvoll eingedeckte Tische, der Inhaber begrüßt seine Gäste in einer Kaiser-Franz-Joseph-Uniform. Klassische altösterreichische Küche, der Wiener Tafelspitz kostet 14 €, wochentags mittags preiswerte Menüs um 7 €. So/Mo geschlossen, abends besser einen Tisch reservieren. Grazer Str. 4, ✆ 03862-33333, www.kaiser-harrer.at.

››› **Mein Tipp: Schicker**. Der Alleskönner gegenüber vom Infobüro ist Feinkostladen, Restaurant und Café zugleich. Ein Traditionshaus (seit über 100 Jahren), viele gute Produkte aus der Region, die Karte wechselt tägl., Hauptgerichte 10–25 €, große vegetarische Auswahl, Kaffee aus der eigenen Rösterei. Sitzplätze zwischen Weinregalen der hauseigenen Vinothek. Mo–Fr ab 8 Uhr, Sa ab 9 Uhr, mittags und abends warme Küche, kurze Nachmittagspause im Sommer. Grazer Str. 9, ✆ 03862-22612, www.schicker-kapfenberg.at. ‹‹‹

Roanwirt. Ein Weinausschank an dieser Stelle ist bereits 1820 belegt, die heutigen Inhaber sind mit dem benachbarten Kompetenzzentrum Hölzl verwandt (s. o.). Schmackhafte und qualitativ hochwertige steirische Küche mit Backhendlsalat, steirischem Schnitzel und anderen Klassikern, darüber hinaus saisonal wechselnde Tagesgerichte, stilvoll-zünftiges Interieur, hochwertige Weine. Etwas teurer, aber der Weg lohnt sich. Mo/Di Ruhetag. Pogierstr. 75, ✆ 03864-2583, www.roanwirt.at.

Wanderl. Das Ausflugsrestaurant im Stil eines Buschenschanks befindet sich am Golfplatz

Östliche Obersteiermark → Karte S. 146/147

und in der Nähe des Kompetenzzentrums Hölzl (s. o.). Hausspezialität ist frischer Fisch aus dem eigenen Teich (Forellen, Zander, Saiblinge, Karpfen), das Karpfenfilet mit Gemüse kostet 13,50 €. Hausgemachte Kuchen. Mi–So ab 12 Uhr, So ab 20 Uhr geschlossen. Mödersdorf 4, ✆ 03864-3213.

Café Handl. Idealer Platz für eine Kaffeepause im alten Rathaus mit Außenplätzen auf dem Hauptplatz, hauseigene Konditorei mit einem verführerischen Tortenangebot, auch Eis (Straßenverkauf). Di–Sa 8–19 Uhr, So ab 10 Uhr. Koloman-Wallisch-Platz 6, ✆ 03862-98238, www.konditorei-handl.at.

Tragöß und der Grüne See

Literarisch versierten Reisenden ist die 20 km nordwestlich von Bruck an der Mur und Kapfenberg gelegene Ortschaft aus dem Roman „Der Gottsucher" von Peter Rosegger ein Begriff. Darin hat der Schriftsteller eine wahre Begebenheit verarbeitet, die sich 1493 in Tragöß zutrug, als aufrührerische Dorfbewohner den ihnen missliebigen Pfarrer Melchior Lang ermordeten. Die Täter wurden später am Galgen hingerichtet, für viele Rosegger-Verehrer zählt dieser Roman zu den besten Schriften des steirischen Nationaldichters. Eine Gedenktafel im Pfarrhof neben der sehenswerten Wehrkirche auf einem Hügel oberhalb von Tragöß-Oberort weist auf die Episode hin. Die meisten Ausflügler kommen allerdings nicht deswegen hierher, sondern wegen dem Grünen See, der sich am hinteren Ende des Tals auf 776 m Höhe befindet. Das smaragdgrüne Wasser zwischen immergrünen Tannen ist von den steilen Kalkriffen der Ostausläufer des Hochschwab-Massivs umgeben. Aus diesem Grund ist die Wasserperle auch ein exzellenter Startpunkt für Bergtouren. Die Mehrheit begnügt sich jedoch mit einer kurzen Runde um den See und genießt anschließend im Seehof die gutbürgerliche Küche. Ein Bergsturz in prähistorischer Zeit bildete den See, der sich alljährlich zur Schneeschmelze mit frischem Wasser füllt und im Verlauf von Hochsommer und Herbst allmählich wieder austrocknet.

Information www.tragoess-gruenersee.at.

Hin & weg Von den gebührenpflichtigen Parkplätzen 1,5 km hinter Tragöß-Oberort gelangt man auf kinderwagentauglicher Strecke in 15 Min. zum Grünen See.

Bus: Mit der Linie 175 von Bruck an der Mur nach Tragöß-Oberort, allerdings nur wenige Verbindungen.

Radeln Familientauglich ist der 6 km lange **Tragösser Radweg** (R41), der gleichzeitig den oberen Abschluss des Laming-Radwegs bildet, der am Bahnhof von Bruck an der Mur beginnt.

Hiaslegg-Runde. Der 15 km lange Mountainbike-Parcours beginnt und endet am Parkplatz Grüner See und führt auf das 1154 m hohe Hiaslegg.

Veranstaltungen **Weisenblasen und Volksmusik**. Seit über einem Jahrzehnt musizieren im Hochsommer ca. 20 Kapellen am Grünen See und sorgen für zauberhafte Stimmung. Sa Anfang Aug.

Wandern Der Klassiker unter den Bergtouren ist die Runde von Tragöß-Oberort über den Grünen See zum 1500 m hoch gelegenen Sonnschienalm-Plateau mit herrlichen Ausblicken auf den Karststock des Hochschwabs (Gehzeit: ca. 6–7 Std.).

Übernachten/Essen **Camping Freizeitsee Zenz**. Empfehlenswerte Platzanlage in einer wahren Bilderbuchlandschaft an einem Bade- und Freizeitsee. Ruhige Lage, Zelten direkt am Wasser, das Seestüberl ist – wie der Zeltplatz – ganzjährig geöffnet. 2 Pers. inkl. Zelt 20 €. Pichl-Großdorf 27, ✆ 03868-8410, freizeitsee.zenz@utanet.at, www.zenzsee.at.tf.

Lengger. Familiärer Dorfgasthof an der Ortsdurchfahrt in St. Katharein an der Laming genau zwischen Kapfenberg / Bruck an der Mur und dem Grünen See. Typisch steirische Gerichte von der gebratenen Leber über hausgemachte Strudelsuppe bis zum Mosthupferl. Gefüllte Kartoffelpuffer mit Pilzen und Frischkäse gibt's für 6,20 €. Mo Ruhetag, Ende Sept./Anfang Okt. Betriebsferien. Oberdorf 1, ✆ 03869-2213.

Aflenz Kurort

ca. 1000 Einwohner

Der freundliche Hauptort im 750–800 m hoch gelegenen Aflenzer Becken zwischen Mürztal und Hochschwab verfügt über ein kompaktes Zentrum zwischen Kurpark und **Pfarrkirche.** Das Gotteshaus aus der zweiten Hälfte des 15 Jh. lohnt den Besuch allein schon wegen der beiden großartigen Portale. Qualitätvolle Steinmetzarbeiten finden sich auch im Innern: als figurale Schlusssteine an der Gewölbedecke oder in Form der farbigen Reliefbüsten an den Langhauswänden, welche die zwölf Apostel darstellen. Unmittelbar neben dem Sakralbau befinden sich der achteckige Karner sowie das trutzige Propstei- und Pfarrhofgebäude.

Bereits der erste Eindruck macht deutlich, dass der Ort über eine gewisse Tradition verfügt. Dies bestätigen auch die historischen Eckdaten: Anno 1025 wurde ein „Avelniz" erstmals schriftlich erwähnt, ihr Marktrecht erhielten die Bürger Mitte des 15. Jh., 1920 schließlich erfolgte die Erhebung zum Luftkurort – eine Anerkennung für die zunehmende Beliebtheit der Ortschaft als Sommerfrische. Heute ist davon nicht mehr allzu viel zu spüren, denn das Aflenzer Becken ist, wie die gesamte südliche Hochschwab-Region, alles andere als eine pulsierende und massenkompatible Feriendestination. Den beschaulichen Charakter wissen v. a. die auf Individualität bedachten Naturfreunde zu schätzen, die in den weitläufigen Almen oberhalb von Aflenz voll und ganz auf ihre Kosten kommen. Wichtigstes Ausflugsziel ist die **Bürgeralm,** die via Mautstraße und zusätzlich mit einem Sessellift gut an das Zentrum angebunden ist. Begibt man sich vom oberen Ende der Mautstraße auf Schusters Rappen zum Endriegel auf 1800 m Höhe, eröffnet sich ein sensationelles Panorama, das selbstverständlich auch den Hochschwab im Norden mit einschließt.

Rund um Aflenz Kurort

Im Norden bildet das Hochschwab-Massiv eine mächtige Barriere und schirmt das Aflenzer Becken von entsprechenden Wind- und Wetterströmungen ab. Während sich in der Talsohle im Winter häufig Nebel bildet, zeichnen sich die Almregionen durch eine vergleichsweise hohe Zahl an Sonnenstunden aus. Neben wunderbaren Wandermöglichkeiten zählt die zentrale Lage zu den unbestrittenen Vorzügen des Aflenzer Beckens. Kurze oder längere Abstecher steuern hochinteressante Ziele an, u. a. führt von Thörl eine kleine Nebenstrecke über **Etmißl** ins Lamingtal und zum Grünen See. Die landwirtschaftlich geprägte Ortschaft **Turnau** im Osten des Aflenzer Becken ist wiederum Ausgangspunkt zweier Nebenstraßen zum Pogusch-Sattel und weiter ins Mürztal sowie über den Pretalsattel in die Veitsch.

Thörl: Richtung Kapfenberg bzw. Bruck an der Mur verengt sich das Becken zum Aflenztal. Der erste Ort ist Thörl, ein Straßendorf im Schatten der Burgruine Schachenstein, das durch einen eher herben Charme besticht. Trotz des sagenhaften Blicks auf den Hochschwab ist die Aufenthaltsqualität eher gering, weil sich der starke Verkehr von und nach Mariazell durch die enge Talschleuse zwängt. Einige Spuren zeugen noch von der großen Vergangenheit als Eisenverarbeitungs- und Bergbauzentrum. Im 16. Jh. war das Hammerwerk Sebald Pögls der wichtigste Kanonenlieferant König Maximilians I.; und im 19. Jh. wurde von Kapfenberg sogar eine Bahnlinie gebaut: Die Thörlerbahn sollte ursprünglich bis Mariazell verlängert werden, wovon man aber dann wieder Abstand nahm.

St. Ilgen: Von Thörl zweigt die L 125 von der Mariazeller Straße ab, durchquert die kleine Ortschaft St. Ilgen und endet als Sackgasse am Gasthaus Bodenbauer. Um

Östliche Obersteiermark → Karte S. 146/147

St. Ilgen und das Hochschwab-Massiv

1700 errichtete der „Bauer am Boden“ ein Rauchstubenhaus, in dem seit 2003 das **Hochschwabmuseum** untergebracht ist. Themen sind Flora und Fauna, die Beziehung der Einheimischen zur Bergwelt und nicht zuletzt das Wasser. Letzteres verdient deshalb erwähnt zu werden, weil seit 1993 zahlreiche Haushalte in Graz mit frischem Quellwasser vom Hochschwab versorgt werden. Außerdem ist das Alpengasthaus legendärer Ausgangspunkt für die Hochschwab-Besteigung und für zahlreiche weitere Bergtouren in die Umgebung.

Hochschwabmuseum: Juni bis Sept. Sa/So 13–18 Uhr. 3 €, erm. ab 1 €. St. Ilgen 60, ✆ 03861-81303, www.hochschwabmuseum.at.

Erdfunkstelle Aflenz-Land: Wendet man sich von Aflenz auf der Mariazeller Straße in Richtung Seewiesen, erkennt man nach 4 km am Berghang zur Linken drei große Parabolantennen. Sie gehören zur ersten und einzigen österreichischen Erdfunkstelle, welche die Datenübertragung zu den Satelliten im Weltraum managt. Die eigentlichen Betriebsräume liegen unterirdisch und sind daher unsichtbar. Das gelungene Konzept des Architekten Gustav Peichl wurde mehrfach ausgezeichnet, im Besucherzentrum informiert ein viertelstündiger Film über die architektonisch wie technisch innovative Anlage.

Tägl. 9–17 Uhr. Eintritt frei. Graßnitz 160, ✆ 050664-47200.

Basis-Infos Aflenz Kurort und Umgebung

Information Das Infobüro befindet sich im Zentrum an der Ortsdurchfahrt. Mo–Fr 9–12 und 16–18 Uhr. Kassecker Platzl 50a, ✆ 03861-3700, www.regionhochschwab.at.

Hin & weg Mautstraßen: Die 8 km lange Panoramastraße von Aflenz auf die 1500 m hoch gelegene Bürgeralm ist kostenpflichtig. Mai bis Okt. 9 €/Pkw, 5 €/Motorrad. Mautmünzen sind an der Oil-Tankstelle im Ort erhältlich. Eine weitere Mautstraße beginnt 3 km östlich von Aflenz an der Mariazeller Straße (B 20) und endet nach 7,5 km auf der Schießlingalm. Mitte Mai bis Ende

Okt. 7 €/Pkw (Münzeinwurf an der Schranke). ✆ 0664-5155665.

Bus: Die Linien 171/172 verbinden Aflenz mit Kapfenberg bzw. Bruck an der Mur bzw. in die Gegenrichtung mit Seewiesen bzw. Mariazell.

Bergbahn Die Doppelsesselbahn auf die Bürgeralm verkehrt zur Skisaison und Pfingsten bis Okt. Sa/So 9–17 Uhr (nicht bei Regen). Berg- und Talfahrt 11,50 €, erm. ab 7,50 €.

Veranstaltungen **Aflenzer Kulturspitzen**. Konzertreihe und Ausstellung in der Probstei und der benachbarten Pfarrkirche, überwiegend klassische Kammermusik, auch Chansons und Alte Musik. Mitte bis Ende Mai (www.kulturspitzen.com).

Sport und Aktivitäten in und um Aflenz Kurort

Die geschotterten Forstwege auf der Schießlingalm und Bürgeralm sind beliebte Mountainbike-Strecken. Die Bürgeralm bietet weitere Optionen für sportliche Aktivitäten, u. a. einen Skywalk, einen kleinen Klettersteig mit sämtlichen Schwierigkeitsstufen sowie eine Drachenflugrampe (www.aflenz-outdoorpark.at).

Wandern **Bürgeralm**: 4 leichte bis mittelschwere Rundwanderungen führen durch das Almgebiet mit zahlreichen bewirtschafteten Hütten, u. a. die Endriegel-Runde (Gehzeit: ca. 3 Std.). Wer mag, kann auf dem Kamm über die aussichtsreiche Mitteralm bis zum Gipfel des Hochschwabs oder aber bis Seewiesen wandern (Gehzeit bis Seewiesen: ca. 3:30 Std.).

Schießlingalm: Am Ende der Mautstraße auf 1500 m Höhe befindet sich das Gasthaus Schießling (Mo Ruhetag). Von hier erschließen familiengerechte Rundwege das Almgebiet.

Bodenbauer St. Ilgen: Ein Klassiker ist der mittelschwere Anstieg über den Sackwiesensee zur paradiesischen Sonnschienalm auf 1500 m Höhe (Gehzeit: ca. 5:30 Std.). Der Aufstieg zum Hochschwab über das Trawiestal ist nur für Geübte zu empfehlen, besonders bei der Variante über das G'hackte, einen versicherten Alpinsteig. Die Alternative über den Graf-Meran-Steig erfordert mehr Zeit, in beiden Fällen ist eine Übernachtung im Schiestlhaus in Gipfelnähe zu empfehlen (Gehzeit hin und zurück: ca. 8:30–9 Std.; www.schiestlhaus.at).

Bründlweg: Ein ganz besonderes Schmankerl ist der Barfußwanderweg vom Steirereck am Pogusch rund um die Himmelreichkapelle und das Hochegg. Ein Einstieg ist ebenfalls vom Kompetenzzentrum Hölzl (→ S. 188 f.) möglich. (Gehzeit: ca. 3:30 Std.; www.bruendlweg.at).

Wintersport **Bürgeralm**. Kleines und preiswertes Skiabfahrtsgebiet mit einem Sessel- und 4 Schlepp- bzw. Tellerliften. Neben den Pisten gibt's eine Rodelbahn und eine Berg- und Talloipe, allerdings nicht schneesicher (www.aflenz-buergeralm.at).

Die **Schießlingalm** eignet sich gut für Schneeschuhwanderungen.

Übernachten/Essen & Trinken in und um Aflenz Kurort

Rossmann. Wohnen in exklusiv hergerichteten Gästezimmern oder Ferienwohnungen auf dem Bauernhof am Ortsrand von Turnau. 2 Gästezimmer in einem ehrwürdigen Blockhaus, 2 Apartments in einer umgebauten Scheune, ein romantisches Wohnidyll! Für Selbstversorger vermieten die Inhaber eine Almhütte auf 1360 m Höhe. DZ 120 €. Turnau 255, ✆ 03863-2776, info@naturhaus-rossmann.net, www.naturhaus-rossmann.net.

**** **Post Karlon**. Das beste Hotel in Aflenz verfügt über viel Tradition (seit 1544), die Inhaber sind mit der berühmten Barockbaumeisterfamilie Carlone verwandt. Im Gartentrakt etwas angestaubte Zimmer mit Balkon (eher drei als vier Sterne) und vier stilvoll möblierte Suiten. Sehenswerte historische Gaststube, Restaurant mit guter steirisch-österreichischer Küche, Hauptgerichte 10–15 €, preiswerte Tagesmenüs um 11 €, in der Nebensaison Mi geschlossen. DZ ab 108 €. Mariazeller Str. 10, ✆ 03861-2203, hotel.post.karlon@aon.at, www.hotel-post-karlon.at.

*** **Hubinger**. Die Landpension in Etmißl ist bekannt für ihr erstklassiges, mit einer

Östliche Obersteiermark → Karte S. 146/147

Grünen Haube geadeltes Restaurant. 8 gemütlich möblierte Zimmer mit viel Holz, Balkon und teils mit Dachschräge. Sauna, Gastgarten hinterm Haus. Das Restaurant kredenzt hochwertige Vollwertküche mit regionalen Produkten, Eis- und Käsespezialitäten, die Gamsnüsschen in Haselnusskruste kosten z. B. 17 €. Mo/Di Ruhetag. DZ 86 €. Etmißl 25, ✆03861-8114, office@hubinger.com, www.hubinger.com. ■

Camping Rosskogler. Schöne Platzanlage an einem Naturbadesee mit viel Grün zwischen Aflenz und Turnau, ideal für Familienferien, einfacher Aufenthaltsraum, Beachvolleyballfeld, Stüberl (Do Ruhetag), ganzjährig geöffnet. 2 Pers. inkl. Zelt 18 €. Seebach 62, ✆ 0676-7576131, camping.rosskogler@aon.at, www.campweb.de.vu.

Steirereck. Die Gourmetinstitution (zwei Hauben) am Pogusch zwischen Turnau und dem Mürztal gehört zu den bekanntesten Restaurants der Steiermark. Zünftiger Almgasthof auf 1050 m Höhe, exquisite österreichisch-steirische Küche, jahreszeitlich wechselnde Karte, kreative Rezeptideen, und dies zu ganz normalen Preisen (Hauptgerichte 10–25 €). 5 Zimmer im feudal umgebauten Stall unterhalb des Restaurants (DZ ab 165 €). Mo–Mi geschlossen, sonst ab 10 Uhr, besser reservieren. Pogusch 21, ✆ 03863-2000, www.steirereck.at.

››› Mein Tipp: **Pierergut**. Das rustikale Wirtshaus mit Almenflair oberhalb von Aflenz liegt am Beginn der Mautstraße zur Bürgeralm. Schöner Blick über das Aflenzer Becken, schmackhafte Küche, der Grillteller nach Art des Hauses kostet 15 €, auch Fisch, Vegetarisches und Mehlspeisen. Zünftige Holztische und -bänke auf der Terrasse, Spielplatz am Haus. Mo und So Abend geschlossen, im Nov. drei Wochen geschlossen. Aflenz Kurort 63, ✆ 03861-32164, www.pierergut.at. ‹‹‹

Zum Hochschwab. Gutbürgerlicher Straßengasthof in Thörl mit Blick auf den Hochschwab von der Terrasse, Tageskarte mit steirischen und österreichischen Klassikern, Hauptgerichte um 10 €, werktags preiswerte Mittagsmenüs (um 6 €). Mo Nachmittag und Di geschlossen. Palbersdorf 7, ✆ 03861-2297.

Schönleitenhaus. Eine Wohlfühlzone auf 1800 m Höhe mit Weitblick von der Bürgeralm, Sonnenliegen auf der Wiese, im Winter endet der Sessellift direkt am Haus. Zünftiges Flair, hausgemachte Speisen mit Produkten von Bauernhöfen der Umgebung – Bohnengulasch, Schweinsbraten, Kaiserschmarrn oder süße Strudel. Auch Gästezimmer (DZ ab 50 €), 1 Std. Gehzeit vom Parkplatz am oberen Ende der Mautstraße. Mai bis Okt. Fr–So. ✆ 0664-3701165, www.schoenleitenhaus.at.

Moser-Fink. Das Café am Kurpark verfügt über eine hauseigene Konditorei, neben Torten auch hausgemachte Schokolade und Eis von hoher Qualität, Sonnenterrasse, Verkauf von Kräuterschnäpsen und Pralinen. 6 Gästezimmer im Drei-Sterne-Bereich. Tägl. außer Mi 8–19 Uhr. Aflenz Kurort 51, ✆ 03861-3600, www.moser-fink.at.

Seewiesen

ca. 60 Einwohner

Angesichts der majestätischen Kulisse von Hochschwab und Aflenzer Staritzen bleibt einem gar nichts anderes übrig, als die Wanderstiefel zu schnüren und sich auf den Weg zu machen: Vom klassischen Ausgangspunkt für Exkursionen zum **Hochschwab** quert der zunächst bequeme Weg das idyllische und im Frühjahr blumenreiche Seetal, bevor es ab dem Lettanger richtig zur Sache geht. Am 974 m hoch gelegenen Einstieg an der Mariazeller Straße erinnert ein Denkmal in Form eines überdimensionalen fragmentarischen Biedermeierbilderrahmens auf den Besuch Erzherzog Johanns 1803. Der steirische Landesvater genoss hier den Paradeblick auf das Gebirge und notierte ins Tagebuch sein berühmtes Bonmot über sich selbst, der erste Tourist in der Obersteiermark zu sein. Die Skulptur schuf der aus Bruck an der Mur stammende Künstler und Designer Martin Cremsner im Jahr 2005.

Oberhalb von Seewiesen liegt der 1246 m hohe Seebergsattel, den die gut ausgebaute Straße nach Mariazell quert. Jenseits der Passhöhe trifft man linker Hand auf den **Brandhof:** Das schlossähnliche Anwesen hängt historisch ebenfalls mit dem Habsburgerprinzen zusammen, denn 1818 erwarb der Erzherzog den Hof bei einer Auktion. Er wollte hier einen Musterhof für die Viehzucht einrichten und baute das Anwesen in den folgenden Jahren großzügig aus. In der Jagdsaison diente es ihm und seinen Waidmannskollegen als Basislager, in der hauseigenen Kapelle feierte er 1829 seine Hochzeit mit Anna Plochl. Das Anwesen ist noch immer Eigentum der Nachkommen dieser Verbindung – den Freiherren von Brandhofen und Grafen von Meran. Die Familiengrab- und Gedenkstätte befindet sich auf dem verwunschenen Friedhof an der gotischen **Kirche St. Leonhard** in Seewiesen (falls die Kirche verschlossen ist, kann man im Alpengasthof Schuster an der Spitzkehre der Straße nach dem Schlüssel fragen). Sie enthält eine Kopie der Mariazeller Madonna und heißt im Volksmund auch „steirisches Heiligenblut“.

Hin & weg Bus: Die Buslinien 171/172 verbinden Seewiesen mit Aflenz und dem Mürztal bzw. in die Gegenrichtung mit Mariazell.

Wandern Für familiengerechte Spaziergänge bieten sich das Seetal oder der unterhalb an der Mariazeller Straße (B 20) gelegene **Dürrsee** an. Bei schönem Wetter spiegeln sich die Aflenzer Staritzen im Wasser (Gehzeit für die Runde um den See: ca. 45 Min.).

Hochschwab: Für die meistbegangene Route von Seewiesen zum 2277 m hohen Gipfel sollten besser zwei Tage mit einer Übernachtung im Schiestlhaus eingeplant werden. Der Weg ist identisch mit den Weitwanderwegen 01 und 05 (Gehzeit hin und zurück: ca. 9 Std.; www.schiestlhaus.at).

Seebergsattel: Von der Passhöhe erreichen Geübte ebenfalls den Gipfelkamm der Aflenzer Staritzen (Gehzeit zum Hochschwabgipfel: ca. 6 Std.). Ein Weitwanderdenkmal erinnert daran, dass sich an diesem neuralgischen Punkt zahlreiche Fernwanderwege kreuzen.

Wintersport Am Seebergsattel befindet sich ein kleines Skigebiet.

Das Schloss Brandhof bei Seewiesen

Übernachten/Essen **** **Seeberghof**. Das familiengeführte Hotel an der Straße gegenüber dem Wandereinstieg Seetal / Hochschwab ist v. a. wegen dem exzellenten Restaurant berühmt. 15 Nichtraucherzimmer, Einrichtung mit viel Holz, teils mit Zugang zur Balkonveranda, die ruhigen Zimmer blicken nach hinten. Küche auf Gourmetniveau, das Spanferkelkotelett gibt's für 17 €, Tagesmenüs um 15–20 €. So–Di ab 14.30 Uhr geschlossen. DZ ab 84 €. Seewiesen 45, ✆ 0650-2823015, office@seeberghof.at, www.seeberghof.at.

Seebergpass. Die überaus freundliche und bodenständige Jausenstation am Seebergpass ist bekannt für steirischen Steckerlfisch (um 11,50 €). Zünftiges Ambiente, Hochschwabblick von der Terrasse, vollwertige Mahlzeiten, kleine Snacks und Mehlspeisen. Mi geschlossen. Seewiesen 42/1, ✆ 0676-4780224.

Maria Schnee: Pilgerkirche in den Seckauer Alpen

Das Murtal bis Graz

Von ihrer Quelle im Salzburger Lungau bis ins geografische Zentrum der Steiermark besteht die Mur einige Abenteuer. Und mit ihr auch die Reisenden, die dem Fluss zwischen den Niederen Tauern im Norden und den Lavanttaler Alpen im Süden folgen. Neben schöner Natur liegen auch einige sehenswerte Städte auf der Route.

Die Mur ist der längste und mit Abstand wichtigste steirische Fluss; ihr Ursprung liegt jenseits der Grenze im Salzburger Lungau auf 1900 m Höhe. Auf dem Weg bis Graz teilen sich Fluss und Tal in zwei Abschnitte: das **Obere Murtal** bis zur Mündung der Mürz in Bruck an der Mur und das **Mittlere Murtal.** Seit jeher ist das Tal ein wichtiger Verkehrsweg südlich des Tauerngebirges, wie nicht zuletzt geschichtsträchtige Städte wie Murau, Judenburg, Leoben oder Bruck zeigen. Während der Oberlauf der Vorstellung eines idyllischen Alpentals entspricht, wandelt sich in der Folge das Bild: Industriegebiete säumen das Ufer und viel befahrene Schnellstraßen lassen Ferienstimmung gar nicht erst aufkommen. Bis in die 1980er-Jahre hinein war die Mur ein ökologisches Desaster: Die Pölser Papierfabrik, das Donawitzer Stahlwerk, Staustufen und Kraftwerke sorgten für den zweifelhaften Ruf der Mur, Österreichs schmutzigstes Gewässer zu sein. Obwohl sich diese Situation mittlerweile grundlegend gewandelt hat, ist die ökologische Plattform „Rettet die Mur“ noch immer aktiv.

Im obersten Abschnitt ist das Tal stark von der Holzwirtschaft geprägt. Symbol des Erwerbszweigs ist die Holzeuropabrücke am Fuße des Kreischbergs. In ihr stecken satte 400 m^3 Lärchenholz, ausgezeichnet wurde sie 1993 mit dem Architekturpreis Geramb-Rose für vorbildliches Bauen. Im Unterschied zum Ennstal zwischen Schladming und Liezen fällt allerdings auch die Strukturschwäche der Region auf: Alles ist hier eine Spur bodenständiger, schmuckloser und somit auch preiswerter und weniger überlaufen als in der Gegend nördlich der Tauern. Eine Ausnahme

macht das Aichfeld östlich von Judenburg: Wo das enge Murtal einem weiten Beckenrund Platz macht, schlägt ein anderer Takt, erst recht, seit die Formel-1-Boliden auf dem einst ruhmreichen Österreichring wieder ihre Runden drehen. Inzwischen heißt die Strecke Red-Bull-Ring und es ist zu einem Gutteil dem Eigner dieser österreichischen Weltmarke zu verdanken, dass die Region spürbar im Aufwind ist. In freundlicher Anlehnung an den steirischen Landesvater wird Dietrich Mateschitz daher häufig als „Erzherzog des Murtals“ bezeichnet.

Geschichtsträchtig ist das Obere Murtal ohnehin, denn die Strukturschwäche von heute ist nichts anderes als der Boom von gestern: Einst wachten mittelalterliche Burgen über die Handelswege, an den Kreuzungspunkten alter Handelswege zeugen historische Städte von der verflossenen Macht weltlicher und geistlicher Herrscher und vom Tun der Kaufleute. Murau, Judenburg, Leoben und Oberwölz sind die attraktivsten Städtedestinationen. Zu ihnen gesellen sich die nicht minder attraktiven Überbleibsel monastischen Strebens und Einflusses, allen voran die Benediktinerabteien in Seckau und in St. Lambrecht. Die beiden Klöster liegen, anders als das Stift Göss bei Leoben, nicht im Murtal: Geschützt von Alpengipfeln ruhen sie in der zeitlosen Stille abgelegener Seitentäler und bewahren ihre Staunen erregenden Kunstschätze.

In Bruck ändert sich die landschaftliche Szenerie: Urplötzlich knickt der Fluss nach Süden ab und stößt dramatisch durch die Gebirgskette ins südliche Alpenvorland vor. Auch die Geologenherzen lässt das **Mittlere Murtal** mit seinen zahlreichen Schluchten, Höhlen und Grotten höherschlagen. Deutlich sichtbar wird dieser Durchbruchscharakter an der Badlwand zwischen Frohnleiten und Peggau: Hier steigen die Bergwände senkrecht nach oben und machen das Tal zur Schlucht. Bei der Badlwandgalerie am Rand der Landesstraße (L 121) handelt es sich um eine ehemalige Steinschlaggalerie der Eisenbahnlinie zwischen Wien und Triest, die Mitte des 19. Jh. dem Verkehr übergeben wurde. Die Trassierung erwies sich an dieser neuralgischen Stelle als ungeheuer kompliziert, täglich ackerten mehr als 10.000 Arbeiter auf der Baustelle. Heute verläuft die S-Bahn zwischen Graz und Bruck am anderen Murufer. Bereits in römischer Epoche führte durch die Talenge

ein wichtiger Verkehrsweg von der Obersteiermark nach Flavia Solva, einer römischen Stadt in der Südsteiermark. Reste einer römerzeitlichen Brücke aus dem 2./3. Jh. n. Chr. sind in der Nähe des Golfplatzes zwischen Peggau und Frohnleiten noch erhalten. Einen Paukenschlag setzt die Bärenschützklamm zwischen Mixnitz und der Teichalm. Neben der Lurgrotte oder der Drachenhöhle gibt es weitere Höhlen, die allerdings nicht öffentlich zugänglich sind: In der Repolusthöhle fand man Spuren menschlichen Daseins, die zu den frühesten Zeugnissen in Österreich gehören. In der Badlhöhle fielen die Artefakte hingegen weniger spektakulär aus, weil man hier während des Ersten Weltkriegs Phosphor zur Herstellung von Düngemittel abbaute und dabei vieles zerstörte.

Informationen im Internet: www.murtal.at.

Von der Turracher Höhe nach St. Ruprecht ob Murau

Im aus Graz-zentrischer Sicht entlegenen Predlitzwinkel stößt die noch junge Mur erstmals auf steirisches Terrain. Doch ganz so abgelegen ist besagte Region nicht, denn aus dem Salzburger Lungau und aus Kärnten führt jeweils eine Landesstraße nach **Predlitz** an der Mur. Letztere quert die knapp 1800 m hoch gelegene **Turracher Höhe**, im Winter ein Skigebiet, im Sommer ein Erholungsraum rund um den Turracher See. Die umliegenden Berge sind ein Lieblingshabitat der Zirbelkiefer *(Pinus cembra)*. Weil es sich um den größten zusammenhängenden Bestand Österreichs handelt, wurden die Gebiete über die Bundeslandgrenzen hinweg 2012 in den Stand eines UNESCO-Biosphärenparks erhoben. Auf dem Weg hinunter ins Murtal durchqueren Reisende den kleinen Bergbauort **Turrach,** wo ein Montanmuseum in die 250-jährige Geschichte der Eisengewinnung einführt (Mai bis Okt. Do 15–17 Uhr. 6 €, erm. ab 3,50 €. Predlitz 11, ✆ 03534-20349, www.montanmuseum-turrach.at). Das bemerkenswerteste Exponat ist ein zylindrisches feuerfestes Eisenblechgefäß zur Stahlgewinnung. Das Verfahren entwickelte Mitte des 19. Jh. ein gewisser Henry Bessemer und wegen der eigentümlichen Form des Gefäßes wird es deshalb schlicht Bessemerbirne genannt.

Hinter Predlitz folgt die Route der Mur ostwärts über Stadl nach **St. Ruprecht ob Murau.** Eine sehenswerte Museumserlebniswelt unterstreicht das Gewicht der Holzwirtschaft in der Region. Das Zentrum beschäftigt sich mit dem Rohstoff aus dem Wald und den Dingen, die der Mensch daraus macht – von Gebrauchsgegenständen des ländlichen Alltags bis zur Kunst (April/Mai und Okt. tägl. 10–16 Uhr, Juni bis Sept. 9–17 Uhr. 7,50 €, erm. ab 4 €. Hans Edler Platz 1, ✆ 03534-2202, www.holzmuseum.at). Neben dem Museum befinden sich ein Werkraum, ein Spielplatz sowie ein Barfußpfad. Ein kulturelles Schmankerl ist die kleine **Cäcilienkirche,** die sich in der Umgebung von St. Ruprecht versteckt (den Schlüssel gibt es im Gasthaus Winter → Übernachten/Essen). Innen erzählen die Fresken Geschichten über Heilige, aber auch über lokale Sagengestalten, die Decke ist mit einem bunten Schablonenmuster aus gotischer Zeit überzogen, das eine psychedelische Wirkung entfaltet.

Information Das Infobüro der Turracher Höhe befindet sich auf der Passhöhe am See. Im Hochsommer und in der Skisaison tägl. 9–17 Uhr, in der Nebensaison Mo–Fr 9–17 Uhr. Turracher Höhe 218, ✆ 04275-83920, www.turracherhoehe.at.

Hin & weg Stadl an der Mur ist Haltepunkt der historischen **Schmalspurbahn** von Murau nach Tamsweg (→ S. 205).

Rafting Die Bootstour auf der Mur mit zünftiger Brettljause danach ist ein Heidenspaß. Die Schnuppertour kostet 35 €, der Gasthof Murtalerhof nimmt die Voranmeldungen entgegen (→ Übernachten/Essen).

Sommerrodeln **Nocky Flitzer.** Die 1600 m lange und bis zu 40 km/h schnelle Rodelbahn auf der Turracher Höhe führt u. a. durch Zirbelwälder. Mitte Juni bis Ende Okt. tägl. 10–16 Uhr, in der Hauptsaison sogar noch eine Stunde länger, auch Winterbetrieb. 10 €, erm. 8 €. ✆ 04275-8252, www.nocky.at.

Wandern Ein Klassiker auf der Turracher Höhe ist der gut ausgeschilderte **Drei-Seen-Weg** (Gehzeit: ca. 2 Std.).

Wintersport Ein beliebtes und wegen der Höhe relativ schneesicheres Skigebiet befindet sich auf der Turracher Höhe. 38 km Pisten, mehrere Sessel- und Gondelbahnen, Loipen und Eislaufplatz (www.turracherhoehe.at).

Übernachten/Essen **** **Hochschober.** Das moderne Hotel am Turracher See liegt bereits in Kärnten und wird regelmäßig als eine der vorbildlichsten Komfortherbergen des Bundeslandes ausgezeichnet. Große Wellnessanlage mit Hamam, Sauna und Pool, ein besonderes Schmankerl ist das beheizte Seebad. Liegewiese mit Teich, das Restaurant ist auf regionale Küche mit hochwertigen Zutaten spezialisiert. DZ ab 138 €. Turracher Höhe 5, ✆ 04275-8213, urlaub@hochschober.com, www.hochschober.com.

*** **Murtalerhof.** Der bodenständige und familiäre Landgasthof befindet sich in Stadl an der Mur. Sauna, Restaurant mit gutbürgerlicher Küche und Gastgarten, die Gästezimmer sind unterschiedlich geschnitten, teils mit Balkon und Dachschräge. DZ ab 74 €. Steindorf 11, ✆ 03534-2237, murtalerhof@murau.at, www.murtalerhof.at.

Camping da' Bräuhauser. Nette Anlage mit Bauernhof-Flair in Stadl an der Mur und am Radweg gelegen. Badesee in der Nähe, auch im Winter geöffnet. Inhaber vermieten Gästezimmer und Ferienwohnungen. 2 Pers. mit Zelt ab 10 €. Steindorf 23a, ✆ 03534-2338, info@pichlerpaul-urlaub.at, www.pichlerpaul-urlaub.at.

»» Mein Tipp: Winter. Steirische Küche mit Pfiff und Geschichtslektionen auf der Karte: Beides muss in diesem Fall sein, denn das gastliche Haus taucht bereits 1040 erstmals in den Annalen auf. Es ist somit die älteste Einkehr in den steiermärkischen Landen! Jahreszeitlich wechselnde Gerichte, viel frisches Gemüse, Gastgarten, die Dinkelnockerl mit Käse und Apfelmus gibt's für 10 €. Mo Ruhetag. Bodendorf 5 (zwischen St. Ruprecht und St. Georgen an der B 97), ✆ 03537-230, www.gh-winter-bodendorf.at. ««

Murau

ca. 2100 Einwohner

Der prominente Markenbotschafter, das Murauer Bier, lässt ein wenig verkennen, dass die Bezirkshauptstadt eine der sehenswertesten Etappenstationen im Oberen Murtal ist. Murau ist ein Ort, in dem Reisende umherschlendern sollten, immer auf der Suche nach den schönsten Ausblicken auf die Altstadt – mit der frühgotischen **Stadtpfarrkirche** über den mittelalterlichen Häusern, noch überragt vom **Schloss** auf der Spitze des Hügels. Die besten Perspektiven eröffnen sich von den Brücken und Stegen über den Fluss, vom jenseitigen Murufer oder vom **Kalvarienberg** mit der Burg Grünfels und der Leonhardikirche. Im Altstadtzentrum befindet sich der **Schillerplatz** mit der Mariensäule in Erinnerung an das Pestjahr 1717. Von hier führt die Liechtensteinstraße zum alten **Rathaus** und, als Anna-Neumann-Straße, weiter zum Raffaltplatz, wo die Murauer Traditionsbrauerei ihren Stammsitz hat. Besagte Straßennamen verweisen auf wichtige Persönlichkeiten: den Minnesänger Ulrich von Liechtenstein sowie die „Stadtmutter" Anna Neumann (→ Kasten, S. 202). An historischer Bausubstanz herrscht wahrlich kein Mangel, allerdings gibt es auch für Liebhaber moderner Architektur das eine oder andere Schmankerl. Interessant und in der Bevölkerung nicht unumstritten ist der Neubau der Bezirkshauptmannschaft zwischen Fluss und Bahnhof mit der blitzenden Spiegelglasfassade; der Mursteg aus Holz direkt nebenan hat mehrere Architekturpreise eingeheimst; und nicht zuletzt macht die megamoderne Caféterrasse über der Murpromenade einen beinah schon verwegenen Eindruck. Letztere ist vom Schillerplatz zugänglich – ein Cocktail oder ein Kaffee mit Blick auf den Fluss ist ein perfekter Abschluss des Rundgangs durch die Stadt!

Geschichte: 1192 als „Muro" erstmals genannt, 1250 als „Castrum Murowe" dem Minnesänger Ulrich von Liechtenstein überantwortet, 1298 die Rechte einer Stadt verliehen bekommen – auf diese Weise belegen schnöde Zahlen die Wertigkeit, die Murau im Mittelalter besaß. Vom 13. bis zum 15. Jh. beaufsichtigten die Liechtensteiner von hier ein Gebiet, das sich von Oberkärnten bis Niederösterreich erstreckte. Im 14. und 15. Jh. verstärkte man die Stadtmauer, wobei auch das südliche Murufer mit dem Kalvarienberg und der Burg Grünfels in den Befestigungsverbund einbezogen wurde. Das am besten erhaltene Überbleibsel dieser Epoche ist das **Friesacher Tor** zwischen Bahnhof und St. Leonhardplatz. Eine kuriose Szene spielte sich im Mai 1945 unter dem Eindruck der anrückenden Roten Armee ab: Aktivisten unter der Leitung des prominenten Widerstandskämpfers Karl Brunner befreiten Gefangene, nähten britische Flaggen und gaukelten den Soldaten die bereits erfolgte Befreiung durch die Alliierten von der Insel vor. Der kühne Trick gelang, die Russen zogen ab, Murau blieb bis 1955 in der britischen Besatzungszone. Als Schlagerduo „Brunner & Brunner" machen heute zwei Enkel des Helden Furore. Für das Erfolgsalbum „Ich liebe Dich" erhielten die beiden Murauer 2007 die Goldene Schallplatte.

Das Murtal bis Graz → Karte S. 198/199

Das große Männersterben: Anna Neumann, Herrin von Murau

Ihr erster Mann starb, der zweite auch. Letztere Ehe hielt nicht einmal ein Jahr, dann war Anna Neumann (1535–1623), der Spross einer Kaufmannsfamilie aus Kärnten, wieder einmal Witwe. Und sie war vermögend: Ihre Mutter hatte der Familie Liechtenstein Geld geliehen, jenem Geschlecht, dem der berühmte Minnesänger entstammte und das seit 1250 in der Burg über Murau residierte. Ausgerechnet in diese Familie hatte die Bürgerstochter Anna in zweiter Ehe eingeheiratet. Aber die Mutter hatte auf einen Passus im Vertrag bestanden, dass beim Ableben des Gatten Anna als Erbin eingesetzt würde – womit der Kredit vom chronisch klammen Adelshaus rückerstattet worden wäre. Nach dem Tod Christophs von Liechtenstein war Anna plötzlich vermögend und „Herrin von Murau". Obendrein hatte sie das Händler-Gen der Eltern geerbt, vermehrte geschickt ihren Reichtum und trat als Mäzenin auf: Das Bürgerspital wurde dank ihrer Initiative neu aus der Taufe gehoben, der Holzwirtschaft half sie durch einige Maßnahmen auf die Beine. Allerdings war Anna trotz zweier Ehen kinderlos geblieben und hatte damit selbst keinen Erben vorzuweisen. Daher heiratete sie erneut, diesmal einen protestantischen Freiherrn. Aber auch der machte es nicht lang und starb nach bereits einem Jahr. Erst ihr sechster Ehemann schaffte das Kunststück, sie zu überdauern. Obwohl von einem Kunststück schwerlich die Rede sein konnte: Anna war bei der Hochzeit bereits 80, während ihr Mann, der Reichsgraf Georg Ludwig von Schwarzenberg, kaum 31 Lenze zählte. Die Vermählung kaschierte nur notdürftig den Tatbestand einer Adoption. Schließlich sollte das millionenschwere Erbe in sichere Hände gelangen.

Stadtmutter Anna Neumann

Bis heute verehren die Murauer „ihre" Anna Neumann, vor dem modernen Gebäude der Bezirkshauptmannschaft steht ihr Denkmal in Bronze. Doch zu Lebzeiten wurde sie auch angefeindet: Nicht wenigen erschien die Sache mit den vielen Ehen und plötzlichen Gattentoden merkwürdig, etwas Missgunst mag auch beteiligt gewesen sein. Jedenfalls wurde Anna Neumann prompt der Hexerei bezichtigt, die Anklage jedoch erfolgreich zurückgewiesen. Auch nach ihrem Tod stellten sich Komplikationen aufgrund ihrer Konfession ein. Als überzeugte Protestantin konnte Anna Neumann in der Stadtpfarrkirche nicht beigesetzt werden. Wohl aber in der evangelischen Elisabethenkirche, jedoch auf eine Weise, dass ihr Kopf außerhalb der Kirchenmauer zu liegen kam. 1873 erhielt sie ihre heutige Ruhestätte in der Kapuzinerkirche.

Schloss Murau

Die mittelalterliche Burg an gleicher Stelle war Eigentum der Familie Liechtenstein, gelangte dann in die Hände Anna Neumanns (→ Kasten) und fiel schließlich dem Haus Schwarzenberg zu. Reichsgraf Georg Ludwig von Schwarzenberg, der die Burg nach seiner Heirat mit Anna Neumann als „Morgengabe" übernommen hatte, ließ sie nach dem Tod seiner Frau durch das heutige Renaissanceschloss ersetzen. Die Anlage befindet sich noch immer im Besitz der Familie von Schwarzenberg und kann im Rahmen einer Führung besichtigt werden. Sehenswert sind die Kapelle, der Eisen- und Rittersaal sowie der Katzensaal. Letzterer erhielt den berühmten Namen aufgrund einiger witzig-exzentrischer Katzenbilder, die allerdings inzwischen durch künstlerisch hochwertige Gemälde ersetzt worden sind. Überhaupt sind Katzen in der Murauer Denkmalkultur beinah ebenso präsent wie Anna Neumann.

Führungen Ende Mai bis Ende Sept. Mi/Fr 14 Uhr. 6 €, erm. 3 €. ✆ 03532-2302.

Stadtpfarrkirche St. Matthäus

Der von der Familie Liechtenstein Ende des 13. Jh. errichtete Sakralbau auf halber Höhe zwischen Stadt und Schloss zählt zu den eindrücklichsten gotischen Kirchen der Steiermark. Innen fallen zwar die Hinzufügungen aus späteren Epochen auf, der gotische Gesamteindruck ist jedoch erhalten geblieben. Neben dem Hochaltar im üppigsten Barock sind die Wandmalereien bemerkenswert. Zum einen die aus der gotischen Epoche, die Szenen aus dem Leben Heiliger und Jesus Christi illustrieren und sich v. a. im südlichen Seitenschiff befinden. Zum anderen die Renaissancefresken im nördlichen Querschiff, deren Bildsprache unverkennbar vom Protestantismus geprägt ist: Anna Neumann und Christoph von Liechtenstein sind abgebildet, aber auch ein zur Hälfte verdorrter Baum und zwei Mäuse, die an den Wurzeln nagen. Wer genauer hinschaut, entdeckt zwischen den jüngeren Gemälden aus dem 16. Jh. einige Freskenüberbleibsel aus älterer Zeit.

Kapuzinerkloster (Stadt- und Handwerksmuseum)

Der westlich der Altstadt gelegene Klosterbezirk aus der Mitte des 17. Jh. besteht aus der Kapuzinerkirche mit dem Marmorgrab Anna Neumanns und den einstigen Konventsgebäuden. Ein Teil der Anlage ist heute ein Museum zur Kulturgeschichte und Alltagskultur der Stadt und ihrer Umgebung. Das Augenmerk gilt besonders den traditionellen Handwerksberufen – den Druckern und Setzern, den Gerbern, Seilern, Seifensiedern, Tischlern und Schmieden. Ein beeindruckendes Schaustück ist eine komplett erhaltene Zylinder-Buchdruckmaschine, Baujahr 1908, aus Wien. Die Dauerausstellung kann nur im Rahmen einer Führung besichtigt werden.

Museum: Führungen Mitte Juni bis Mitte Sept. Do/Sa 16 Uhr. Eintritt gegen Spende. Grazerstr. 19, ✆ 03532-2720, www.stadtmuseum-murau.at.

Kalvarienberg

Dem Altstadthügel mit der Pfarrkirche und dem Schloss bietet der Kalvarienberg auf der anderen Seite des Flusses Paroli. Oben befinden sich ein gotisches Kirchlein, geweiht dem Hl. Leonhard, Patron der Bauern, und die **Burg Grünfels**, die seit dem 14. Jh. Bestandteil der Murauer Stadtbefestigung war. Auch wenn die Denkmäler verschlossen sind, taugt der Kalvarienberg zu erholsamen Spaziergängen mit Blick auf die Altstadt oder den romantisch gelegenen Leonhardíteich.

Das Murtal bis Graz → Karte S. 198/199

Am Fuß des Kreischbergs befindet sich die Holzeuropabrücke

Rund um Murau

In Murau mündet der Rantenbach – aus der Steirischen Krakau und den Niederen Tauern kommend – in die Mur. Aus der Gegenrichtung bringt der Laßnitzbach das Wasser von den Metnitzer Bergen ins Tal. Diese markieren die Grenze zwischen der Steiermark und Kärnten und sind, wie soll es anders sein, ein wunderbares Wanderrevier. Beliebtestes Ziel im Umland ist jedoch der 1981 m hohe Kreischberg 7 km westlich von Murau.

Kreischberg: Die namhafteste Erhebung im Oberen Murtal ist die ultimative Antwort der Murregion auf die Planai bei Schladming. Zwar geht es hier im Winter bislang deutlich ruhiger zu als im Ennstal, aber dies könnte sich 2015 ändern. Dann findet nämlich hier die Snowboard- und Freestyle-WM im Skifahren statt, weshalb bei der Infrastruktur kräftig aufgerüstet wurde: mit neuen Skipisten, einer nagelneuen Gondelbahn zur höchstgelegenen Bergstation der Steiermark (die Bergstation der Dachsteinbahn liegt schließlich auf der Grenze zu Oberösterreich) und verschiedenen Qualitätsoffensiven. Allein drei Millionen Euro stellte das Land kleinen Tourismusbetrieben zur Verfügung, um sich für das Ereignis vorzeigbar zu machen. Die Kabinen steuern auch im Sommer die Almregion auf 1600 m Höhe an, ein guter Ausgangspunkt für Bergtouren in die Umgebung. Nahe der Talstation, zwischen St. Georgen und St. Lorenzen, quert die **Holzeuropabrücke** den Fluss. Mit einer Länge von 85 m und einer Spannweite von 45 m setzt sie der steirischen Holzbaukunst ein Denkmal.

Stolzalpe und Frauenalpe: Ein 8 km langes Sträßchen führt vom Bahnhof Murau auf die Frauenalpe und endet auf knapp 1600 m Höhe an der Murauer Hütte. In der Schneesaison hat sich hier oben ein kleines familientaugliches Skigebiet eingerichtet, im Sommer starten Wanderer Exkursionen zur nahe gelegenen Grenze nach Kärnten.

Fährt man von Murau in die Gegenrichtung, erreicht man auf einer gut ausgebauten Straße die Stolzalpe. Hier befinden sich das etwa 1200 m hoch gelegene Landeskrankenhaus sowie eine **Gesundheitswerkstatt,** die im Rahmen einer Führung besichtigt werden kann. Sie befindet sich in einem ehemaligen Bauernhaus an der Straße und ist eine europaweite Rarität: Interessierte Besucher können sich darin üben, die Signale des eigenen Körpers zu lesen, zu verstehen und daraus die richtigen Schlüsse zu ziehen (Führungen jeden Mi 15.30 Uhr oder nach Vereinbarung. Eintritt gegen Spende. ✆ 03532-24242881, www.lkh-stolzalpe.at).

Basis-Infos Murau und Umgebung

Information Das Infobüro des Tourismusverbands Murau-Kreischberg befindet sich in der Altstadt. Mo–Fr 9–17 Uhr, Sa bis 12.30 Uhr. Liechtensteinstr. 3–5, ✆ 03532-2720, www.murau-kreischberg.at. Eine Außenstelle gibt es in St. Lorenzen/Kreischberg am Bahnhof.

Hin & weg Kostenlose Kurzparkplätze (bis 3 Std.) auf ausgewiesenen Flächen außerhalb der Altstadt, günstig zwischen Schillerplatz und Rantenbach liegt z. B. der Parkplatz P3.

Bahn: Am Bahnhof in Altstadtnähe halten Regionalzüge nach Tamsweg und Unzmarkt. In Unzmarkt Umsteigemöglichkeit in den Fernverkehr zwischen Graz und Klagenfurt.

> Von Murau aus fahren historische Dampfbummelzüge entlang der Mur nach Tamsweg im Salzburger Lungau. Die **Murtalbahn** fährt auf Schmalspur und hält unterwegs u. a. am Kreischberg. Mitte Juni bis Mitte Sept. jeden Di und Do jeweils eine Fahrt in beide Richtungen. Donnerstags werden sogar Fahrräder mitgenommen, allerdings nur in Richtung Tamsweg. Einfache Gesamtstrecke: 16,80 €, erm. 8,40 €. ✆ 03532-2233, www.stlb.at.

Bus: Die Linien beginnen bzw. enden auf dem Bahnhofsvorplatz. Effiziente Verbindungen nach Tamsweg und Unzmarkt, seltene Fahrten in die Krakau, auf die Stolz- und Frauenalpe sowie in den Naturpark Zirbitzkogel-Grebenzen.

Bergbahn Die Gondelbahn verbindet die Talstation St. Lorenzen mit dem Kreischberg (1600 m). Winter- und Sommerbetrieb. Zur Skisaison tägl. und Juli bis Aug. Mi/So 9–16 Uhr. Kreischbergstr. 1, ✆ 03537-300, www.kreischberg.at.

Ärztliche Versorgung Das Krankenhaus liegt auf der Stolzalpe. Stolzalpe 38, ✆ 03532-24240, www.lkh-stolzalpe.at.

Post Die Postfiliale befindet sich östlich des Zentrums an der Straße zur Stolzalpe. Mo–Fr 8–18 Uhr, Sa 9–12 Uhr. Keltensiedlung 140.

Veranstaltungen Shakespeare in Styria. Seit 2003 holt das Shakespeare-Festival jährlich für zwei Wochen junge Schauspielensembles ins Murtal. Bis 2013 fanden die Veranstaltungen im Schlosshof statt, jetzt unter freiem Himmel im Stadtpark. Drei Tage Mitte Aug. ✆ 0699-10010047, www.shakespeare-in-styria.org.

Samsonumzug. Der Lungauer Volksbrauch (→ Kasten, S. 209) ist auch im Oberen Murtal verbreitet, in Murau seit 1746. Nachdem das Samsontragen nach dem Zweiten Weltkrieg wieder aktiviert wurde, gab es zwei Samsonfiguren, die i. d. R. beide zum Einsatz kommen. 15. Aug.

Murauer Theaterrunde. Bei den Inszenierungen der örtlichen Schauspieltruppe steht die Operette im Vordergrund. Pfingstspiele im Frühjahr, Operettenspiele Mitte bis Ende Sept. und Adventsspiele im Winter. ✆ 03532-2720, www.operettemurau.at.

Sport und Aktivitäten in und um Murau

Radeln Murau ist Etappenstation des Murradwegs (R2). Darüber hinaus gibt es einige ausgewiesene Rundwege mit erklecklicher Höhendifferenz, z. B. die Ringegg- (25 km) oder die Stolzalpenrunde (26 km).

Das Murtal bis Graz → Karte S. 198/199

Radverleih: Das Murauer Intersport-Geschäft befindet sich an der Landesstraße (B 97) nahe dem Kreisverkehr. Tourenräder und Mountainbikes 12 €/Tag, E-Bikes 22 €. Mo–Fr 8.30–18 Uhr, Sa bis 12.30 Uhr. Die Filiale an der Kreischberg-Talstation hat im Juli und Aug. Mo–Fr geöffnet. ✆ 03532-2397, www.sportpintar.at.

Wandern **Frauenalpe**: Vom Wanderausgangspunkt an der Murauer Hütte sind es zu Fuß ca. 1:30 Std. bis zum 1997 m hohen Gipfel der Frauenalpe an der Landesgrenze zu Kärnten. Ein Klassiker für Berggeher mit viel Kondition ist die **7-Gipfel-Wanderung** von der Murauer Hütte über die Prankerhöhe zum Kreischberg (Gehzeit: ca. 9–10 Std.).

Kreischberg: St. Lorenzen und die Bergstation verbinden unterschiedlich markierte Auf- bzw. Abstiegsrouten. Außerdem führt der **Salzsteigweg** (Weitwanderweg Nr. 09), der das Salzkammergut mit Kärnten verbindet, über den Kreischberg.

Wintersport Alpenpanorama satt bieten die hochgelegenen Zonen am **Kreischberg** – seit 2013 mit einer neuen Gondelbahn, die auf über 2000 m endet. Das Skigebiet hat rund 40 Pistenkilometer und erstreckt sich, abgesehen von den Talabfahrten (blau/schwarz), vom eigentlichen Kreischberg zur Riegleralm und der Rosenkranzhöhe. Nahe der Talstation St. Lorenzen bietet der **Airypark** den Rahmen für mehrere Fun- und Actionaktivitäten. Der Kreischberg ist seit Jahren v. a. bei Skitouristen aus Ungarn beliebt (www.kreischberg.at).

Übernachten/Essen & Trinken in und um Murau

Bereits Mitte des 15. Jh. gab es hier drei Brauereibetriebe. Das unter Bierkennern hochgeschätzte „Murauer" wird seit 1495 am Raffaltplatz gebraut. Heute stellt das noch immer selbstständige Unternehmen neben Bieren nach traditioneller Brauweise auch „Trendbiere" sowie Limonaden her. Die Brauerei betreibt in der Altstadt ein modernes Hotel, ein deftiges Gasthaus und ein Museum (Mai bis Okt. Fr 14–18 Uhr, im Juli/Aug. auch Mi. ✆ 03532-326651, www.murauerbier.at).

**** **Ferner's Rosenhof**. Das gut geführte Hotel liegt am Stadtausgang an der B 96 Richtung Krakaudorf. Die schönsten der 22 Zimmer verfügen über eine Balkonveranda zum Garten, viel Holz, behaglich, unlängst renoviert. Wellnessbereich, gutes Restaurant, alles mit Niveau, Stil und Geschmack. DZ ab 120 €. Roseggerstr. 9, ✆ 03532-2318, info@hotel-ferner.at, www.hotel-ferner.at.

Ferienpark Kreischberg. Gelungene Apartment-Anlage mit unterschiedlich geschnittenen Stein- und Holzhäusern nahe der Kreischberg-Talstation. Großzügiger Garten, Rezeption wie in einem Hotel, Restaurant, Sauna und Pool. DZ ab 110 €. Ferienpark 100 in St. Lorenzen ob Murau, ✆ 03537/200500, info@ferien-park.at, www.ferien-park.at.

››› Mein Tipp: *** **Maler Brands**. Eine Perle auf 1350 m Höhe mit Blick auf die Steirische Krakau. Familiärer Betrieb mit 4 ruhig gelegenen Zimmern, Sauna und kleinem Außenpool. Das große Plus ist jedoch das exzellente Restaurant: Steirisches kreativ veredelt, das Komplettmenü gibt's für rund 70 € (Mo/Di Ruhetag, Reservierung notwendig). In der Wintersaison geschlossen. DZ 85 €. Stolzalpe 6 (9 km von Murau), ✆ 03532-4420, grbrands@murau.at, www.brands.at. ‹‹‹

JUFA. Das Jugend- und Familiengästehaus ist zentral und trotzdem ruhig gelegen, einen Steinwurf von der Mur entfernt. Mit Sporthalle und Wellnessbereich, Gäste haben zudem freien Eintritt ins Stadtfreibad. DZ ab 64 €. St. Leonhardplatz 4, ✆ 0570-83280, murau@jufa.eu, www.jufa.eu.

Camping Olachgut. Familiärer Platz mit Badeteich zwischen Murau und Kreischberg. Die Mur nicht weit, Bistro und Bauernhof mit Reitschule nebenan, ideal für Familien mit Kids. Auch Gästezimmer und Apartments, ganzjährig offen. 2 Pers. inkl. Zelt ab 19 €. Kaindorf 90 in St. Georgen, ✆ 03532-3262, olachgut@murau.at, www.olachgut.at.

Lercher. Das einstige Haubenrestaurant in der Nähe des Schillerplatzes ist noch immer ein guter Einkehrtipp. Ein Ort mit Tradition (seit 1769), ausgezeichnete steirisch-österreichische Küche, jahreszeitlich wechselnde Karte, Zutaten aus der Region. Hauptgerichte um 10–15 €. Zimmer im Drei- und Vier-Sterne-Standard (DZ ab 92 €). Schwarzenbergstr. 10, ✆ 03532-2431, www.hotel-restaurant-lercher.at.

Zum Brauhaus. Traditionsgasthaus mit Hotel, hier ist frisch gezapftes „Murauer" Märzen oder Zwickl vom Fass geradezu

Pflicht. Neuerdings mundet auch Weizenbier zu deftigen Pfannengerichten, das Bierkutscher Pfandl kommt für 13 € auf den Teller. Außenplätze auf dem Altstadtplatz. Mo Ruhetag. Raffaltplatz 17, ✆ 03532-2437, www.brauhaus-murau.com.

Da Silvano. An dem Wirtshaus darf man eigentlich nicht vorbei, denn hier trifft Mittelmeer auf Almenflair. Mediterrane Küche mit Anspruch in einem zünftigen Alpengasthof oberhalb von St. Lorenzen am Kreischberg. Stilvolles Ambiente, nur wenige Innen- und Außenplätze. Pasta hausgemacht, Pizza aus dem Holzofen (ab 6,50 €). Mi–So ab 17 Uhr. St. Lorenzen 56, ✆ 03537-387, www.silvano.at.

Berg 7. Ski- und Wanderhütte in modernem Outfit an der Kreischberg-Bergstation. Kleine Karte mit Hausgemachtem, ausgezeichnete Fischgerichte mit asiatischem Einschlag nach Vorbestellung am Wochenende, das Holzknechtbrot mit Salat kostet 6,50 €. Café, Sekt und Wein. Zur Skisaison und Juli/Aug. Mi und Sa/So ab 9 Uhr, Juni/Sept. Sa/So bei Ausflugswetter. St. Lorenzen 190, ✆ 0664-4741757, www.berg7.com.

Steirische Krakau

Wer gerne ausgiebig wandert und ansonsten in Ruhe gelassen werden möchte, ist auf dem welligen Plateau am Fuße der Schladminger Tauern bestens aufgehoben. Die Sauberkeit der Luft ist hier sprichwörtlich, ein Argument, warum die Krakau in die Liste österreichischer Bergsteigerdörfer aufgenommen wurde. Ein weiterer Grund sind die mannigfaltigen Optionen für zünftige Touren: etwa auf den 2740 m hohen Preber, den Krakauer Hausberg, oder vom himmlisch gelegenen Etrachsee hinauf zu den beiden Wildenkarseen. Das auf einer Höhe von 1170–1300 m gelegene Plateau lädt ebenfalls zu Ausflügen ein: auf dem Schluchtensteig zum Günsterwasserfall, mit einer Höhe von 65 m der höchste der Steiermark, oder die gemütliche Runde um den Schattensee. Letzteres ist nicht möglich, wenn die Einheimischen das illustre **Wasserscheibenschießen** veranstalten. Anstatt das Ziel direkt

Der Etrachsee in den Niederen Tauern

Das Murtal bis Graz → Karte S. 198/199

anzuvisieren, wird auf das Spiegelbild im Wasser gezielt. Die Kugel muss von der Oberfläche wieder abspringen – so unwahrscheinlich es klingt – und dann ins Schwarze treffen. Scheibenschießen ist in der Krakau gelebtes Brauchtum, wie andere Traditionen, die sich wegen der abgeschiedenen Lage erhalten haben. Dazu gehören die Rosenmontagsrennen, v. a. jedoch der Samson-Kult auf der Kirchweih in Krakaudorf (→ Kasten, S. 209). Die anderen Gemarkungen hören auf Namen wie Krakauschatten oder Krakauhintermühlen – bei so viel klingendem Idyll blieb es nicht aus, dass auch Filmemacher die Gegend als Kulisse entdeckten. 1992 drehte man hier die Heimatserie „Die Leute von St. Benedikt", u. a. mit der Schauspielerin Barbara Wussow. Die Innenaufnahmen entstanden im gepflegten Flecken Schöder zwischen Krakaudorf und St. Peter. Im Zentrum bietet der hoch aufgeschossene Turm der gotischen **Wallfahrtskirche Maria Schöder** Orientierung: Dem Sakralbau mit den Fresken im Chor sollte man durchaus etwas Zeit widmen.

Information Das Infobüro befindet sich an der Ortsdurchfahrt in Krakauhintermühlen. Mo–Fr 9–12 Uhr, Mi/Do bis 14 Uhr. ✆ 03535-8606, www.krakautal.at.

Hin & weg Die kürzeste Direktanreise erfolgt nicht über das Murtal, sondern von der A 10 (Tauernautobahn) via Tamsweg und dem Prebersee nach Krakauhintermühlen (L 262).

Bus: In den steirischen Sommerferien steuert der Bus auch entlegene Ziele wie z. B. den Etrachsee an (www.taelerbus.at).

Veranstaltungen **Faschingsrennen**. Der alte Brauch vertreibt den Winter mit viel Getöse, wobei auch die Frauenrollen von Männern dargestellt werden: Schellfaschinge in kurzer Lederhose, Heanagreifer im Federkleid, Glockfaschinge mit Steirerhut und Kuhglocke – in Krakauschatten in geraden Jahren, in Krakaudorf und Krakauebene in ungeraden Jahren. Rosenmontag.

Oswaldisonntag. In Krakaudorf tanzt der Samson (→ Kasten, S. 209). 1. So im Aug.

Pferdemarkt. Seit einem Jahrhundert findet in Schöder alljährlich der größte Pferdemarkt der Steiermark statt, mit reichlich Rahmenprogramm. An einem Samstag Ende Aug.

Wandern **Etrachsee**: Vom Wanderparkplatz am See viele Optionen: ein Klassiker der Weg über die bewirtschaftete Rudolf-Schober-Hütte (✆ 0664-9632646) zu den zwei Wildenkarseen mit tollen Ausblicken auf die Metnitzer Berge (Gehzeit: ca. 3 Std.). Von der Hütte führt auch der Schladminger Höhenweg ins Sölktal.

Preber: Vom Wanderausgangspunkt an der Klausnerberg-Säge in der Krakauebene ist die erste Anlaufstelle die Grazerhütte des ÖAV (mit Übernachtung, ✆ 0664-8901944, Gehzeit: ca. 1:30 Std.). Gesamtgehzeit vom Parkplatz zum Gipfel und zurück: ca. 8 Std.

Günsterwasserfall: In Krakaudorf geht es auf der Nebenstrecke in Richtung Schöder. Vom Parkplatz führt ein Holzplankensteig durch die Klamm zum Wasserfall (Gehzeit: ca. 30 Min.).

Wintersport Die Pisten sind familienfreundlich und übersichtlich, ansonsten gibt es einige Loipen sowie mannigfaltige Möglichkeiten für Schneeschuh- und Skiwandern. Beliebt ist Letzteres v. a. am Preber.

Übernachten/Essen *** **Guniwirt**. Typische Dorfwirtschaft mit Pension im Zentrum von Krakaudorf. Ordentliche Zimmer (alle Nichtraucher), Wellnessbereich mit Dampfbad und Sauna, das Restaurant serviert Hausgemachtes mit zahlreichen kulinarischen Schmankerln von Bauernhöfen der Umgebung, gutes Frühstücksbüfett. Eine Besonderheit ist das **Mineralienmuseum** im Untergeschoss, das allen Besuchern offen steht (4 €, erm. 3 €). Im Sommer öffnet nebenan der Edelsteingarten. Do Ruhetag, im Winter auch Mi geschlossen. DZ ab 74 €. Krakaudorf 44, ✆ 03535-8239, info@guniwirt.at, www.guniwirt.at.

*** **Hirschenwirt**. In der typischen Dorfwirtschaft wurden die Innenaufnahmen der TV-Serie „Die Leute von St. Benedikt" gedreht. Küche mit Niveau und Anspruch, Fleisch aus der eigenen Hausmetzgerei, der Fisch kommt aus dem eigenen Teich. Ein Jausenklassiker ist saure Wurst mit Kernöl und Bauernbrot (6 €). Zum Betrieb gehört eine Almhütte auf 1600 m Höhe. Traditionsgasthof (seit 1423), Peter Rosegger nächtigte hier. Die Gästezimmer ausgestattet mit Bio-Holz. DZ ab 70 €. Schöder 45, ✆ 03536-8274, gasthof@hirschenwirt-schoeder.at, www.hirschenwirt-schoeder.at. ■

*** **Jagawirt**. Bodenständiges Dorfgasthaus gleich an der Langlaufloipe; mit Sauna, Garten und Restaurant. Den Wacholderrostbraten gibt's für 11,30 € (Di Ruhetag). Die Gästezimmer und Apartments sind freundlich, ruhig, überwiegend mit Balkon. DZ 70 €. Krakauschatten 34 (in Unteretrach), ✆ 03535-8260, info@jagawirt.at, www.jagawirt.at.

Forellenstation Etrachsee. Beliebte Einkehr am ebenso beliebten Ausflugsziel, Freiplätze mit Seeblick, die Spezialität ist fangfrischer Fisch. Die geräucherte Forelle mit Butterbrot gibt's für 11 €, auch Gästezimmer am Rand des Naturschutzgebiets auf einer Höhe von 1374 m. DZ für 82 €. Anfang Mai bis Okt. Krakauebene 22d, ✆ 03535-8377, www.etrachsee.at.

Karlhütte. Reizende und familiäre Jausenstation auf dem Weg zum Etrachsee. Holzhaus, gepflegtes Ambiente, gemütlich innen und außen. Kredenzt werden die üblichen Klassiker, Oma's Almpfandl mit Spätzle, Schinken und Salat kostet 8,50 €. Mitte Mai bis Okt. tägl. ab 8 Uhr. Krakauhintermühlen 18c, ✆ 03535-7270.

Ein Gigant, der zum Jagen getragen wird: der Samson

Er ist 6 m hoch und wiegt über 70 kg. Das Gesicht wird von einem schwarzen Vollbart und einer wallenden Mähne eingerahmt, sein Augenrollen ist fürchterlich. Dazu der Kürassierhelm und das Schwert, wenn man diesem Giganten nur nicht auf der Straße begegnet! Falls doch, dann ist vermutlich Prangtag: In Krakaudorf wird das Patronatsfest traditionell am ersten Augustsonntag, zu Oswaldi, begangen. Dann wird der Samson, jene Riesenfigur, aus seiner Kammer geholt und für einen bühnenreifen Auftritt herausgeputzt: Männer tragen ihn durchs Dorf, begleitet von einer Kapelle und zahlreichen Schaulustigen. Das Haupt des Titanen ragt dabei weit über die umliegenden Häuserfirste hinaus. Bis in den Abend dauert der Umzug – Schwerstarbeit für alle Beteiligten.

Nach einer kolportierten Ursprungslegende hat ein französischer Deserteur, der 1809 von hiesigen Bauern versteckt wurde, die erste Samson-Figur aus Dankbarkeit gebaut und sie den Krakauern vermacht. Inzwischen ist Samson der Dritte im Einsatz, das Original verbrannte versehentlich, der Nachfolger erwies sich als so hässlich, dass er eingemottet werden musste. Der Samson-Kult ist auch im benachbarten Lungau verbreitet und steht auf der Liste des immateriellen Welterbes. Woher der Brauch ursprünglich stammt, ist nicht bekannt. Verbreitet hat er sich in der Gegenreformation, vielleicht weil der biblische Simson gut als Vorbild für die Jagd auf die protestantischen Ketzer taugte.

Das **Dorfmuseum** in einem 400 Jahre alten Rauchstubenhaus befasst sich u. a. mit der Samson-Tradition. Mai bis Okt. Mo 8–10 Uhr, Mi 16–18 Uhr und Do 9–11 Uhr. 2,50 €, erm. 1 €. Krakaudorf 20, ✆ 03535-8239.

Oberwölz

ca. 1100 Einwohner

Oberwölz ist nicht nur eine Stadt, sondern sogar die kleinste Stadt der Steiermark. Fast gänzlich erhalten ist die **Stadtbefestigung** aus dem 14./15. Jh. mit Türmen und drei Toren, die früher wie heute den Zugang zum Zentrum ermöglichen. Wer dieses von Norden betritt, muss durch das **Schöttltor** – und steht bereits unvermittelt auf dem Hauptplatz mit der Mariensäule im Zentrum. Der lang gezogene Straßenplatz fällt behutsam zur Stadtpfarrkirche ab. Noch bemerkenswerter als diese

Das Murtal bis Graz → Karte S. 198/199

Mohr und Jud' sind auch dabei: Der Dreikönigszug von St. Peter

In bestimmten Gegenden entwickelte sich um 1400 in der Freskomalerei der sogenannte „weiche Stil“: Die Gesichter hatten auf einmal zarte, verträumte Mienen und um die Körper wallten Gewänder, die so kunstfertig gezeichnet waren, dass sie dreidimensional wirken. Ein bedeutendes Beispiel dieses Stils befindet sich in der Kirche von St. Peter am Kammersberg 10 km westlich von Oberwölz: Das Wandfresko im Chor zeigt den Zug der Heiligen Drei Könige zum Stall von Bethlehem. Im Hintergrund befindet sich eine mittelalterliche Burg, im bunt gemischten Gefolge der bekrönten Regenten verstecken sich ein debattierender Jude und ein Muslim, der die Fahne des Halbmonds schwenkt.

ist jedoch die kleine **Spitalskirche** direkt daneben. Um sich nämlich dem geschwungenen Lauf der Gasse anzupassen, musste das Längsschiff zweimal geknickt werden. Wer genau hinsieht, entdeckt die Unregelmäßigkeit und zollt der erstaunlichen künstlerischen Bauleistung Respekt. Im Innern des spätgotischen Bauwerks verdient die Brüstung der Orgelempore mit den qualitativ hochwertigen Reliefs Beachtung.

Die besagten Denkmäler zeigen, dass die Stadt auf eine ansehnliche Vergangenheit zurückblickt. Erstmals erwähnt wurde sie 1007, als König Heinrich II. seine Wölzer Besitztümer dem Bistum Freising vermachte. Seitdem verteidigte man sich erfolgreich gegen die Ungarn, vertrieb ein Jahrhundert später den katholischen Pfarrer und antwortete auf zahlreiche Brandkatastrophen mit promptem Wiederaufbau. Ein weiterer Beleg für die historische Bedeutung ist das **Schloss Rothenfels** auf einem steilen Felshügel östlich der Stadt. Das Schloss ist in Privatbesitz und kann nicht besichtigt werden. Das gilt nicht für das **Blasmusikmuseum** am Hauptplatz, das sich mit der Geschichte der österreichischen Volksmusikkultur seit dem 19. Jh. beschäftigt.

Populäre Ausflugsziele in der Umgebung sind die familientaugliche Almregion am **Eselsberg,** der fischreiche **Gellsee** und v. a. das **Lachtal.** Letzteres ist im Winter ein Skigebiet und im Sommer ein hervorragender Ausgangspunkt für Bergtouren in die Wölzer Tauern.

Heimatmuseum/Österreichisches Blasmusikmuseum: Zwei Ausstellungen, eine zur Ortsgeschichte, die andere zur Volksmusikkultur in ganz Österreich. Mai bis Okt. tägl. 10–12 und 14–17 Uhr. 4 €, erm. 2,50 € (die Ausstellungen können auch einzeln besucht werden). Hauptplatz 15, ✆ 03581-7366, www.blasmusikmuseum.istsuper.com.

Wanderung 6: Wölzer Tauern – Schießeck und Hoher Zinken → S. 419 f.
Vom Lachtal auf einfachen Wegen zu aussichtsreichen Berghöhen

Information Das Infobüro befindet sich am Blasmusikmuseum. Juli/Aug. Mo–Fr 8.30–14 Uhr, Sa bis 12 Uhr; Sept. bis Juni Mo–Fr 8.30–12 Uhr. Hauptplatz 15, ✆ 03581-8420, www.oberwoelz-lachtal.at.

Bergbahn **Sessellift Lachtal**: Die Talstation liegt 12 km nordwestlich von Oberwölz auf 1600 m Höhe. Der Höhenunterschied zur Bergstation beträgt 350 m. Zur Schneesaison tägl., Juli bis Mitte Sept. Di und Sa 9–16 Uhr. Berg- und Talfahrt: 15 €, erm. 8 €. ✆ 03587-203, www.lachtal.at.

Veranstaltungen **Kirtag**. Traditioneller Bauernmarkt, Musik, Performance und

Zwischen Oberwölz und dem Lachtal liegt der Gellsee

Schauspiel. Sa Abend und So Mitte Aug.

Almabtrieb. Mit rund 400 Vierbeinern und reichlich Jahrmarktstreiben ist der Almabtrieb vom Lachtal aufs Hochegg der größte in der Steiermark. Ende Sept.

Wandern **Wölzer Sagenweg**: Kurzwanderung mit Sagenstationen für Familien mit Kindern vom Zentrum zum Schloss Rothenfels und wieder zurück (Gehzeit: ca. 2 Std.).

Eselsberger Almenregion. Das zauberhafte Tal in den Wölzer Tauern ist über St. Peter am Kammersberg und die Hintere Pöllau zugänglich. Die geschotterte Stichstraße endet am Wanderparkplatz. Mehrere bewirtschaftete Almen, Almerlebnispfad für Kinder sowie viele Optionen für längere Bergtouren.

Wintersport Das Skigebiet **Lachtal** liegt auf 1600–2200 m Höhe und verfügt über Sessel- und Schlepplifte. 40 km Alpinpisten, Loipen und Rodelbahn (www.lachtal.at).

Übernachten/Essen **JUFA**. Jugend- und Familiengästehaus im Stil eines Hotels mitten im Ortszentrum. Die Zimmer sind mit viel Holz ausgestattet und gruppieren sich um einen Innenhof. Radverleih, Sauna, Café und Internet. DZ ab 62 €. Hauptplatz 24, ✆ 03581-76919, oberwoelz@jufa.eu, www.jufa.eu.

Camping Rothenfels. Wunderbar gelegener Zeltplatz am Schloss Rothenfels, 15–20 Min. zu Fuß ins Zentrum. Terrassenförmige Anlage, viel Grün, ruhig und familiär. Ganzjährig offen. 2 Pers. mit Zelt ab 18 €. Bromach 1, ✆ 0664-1412514, camping@rothenfels.at, www.camping-rothenfels.at.

Zum Platzschuster. Heimelige Weinschenke an der Pestsäule, privater Rahmen, Plätze im Innengewölbe, auf dem Gehsteig oder im Hof. Auch Außer-Haus-Verkauf von Wein, Schnaps und Honig. Tagsüber Café, abends geselliger Treff mit Einheimischen. Mi–Fr 9–12 und ab 17 Uhr, Sa vormittags ebenfalls geöffnet. Hauptplatz 20, ✆ 03581-20090.

Forellenstüberl. Beliebte Einkehr am Gellsee zwischen Oberwölz und dem Lachtal. Schöne Lage am Seeufer, freundliche und kultivierte Atmosphäre, schattige Terrasse unter Birken. Der Mitte des 20. Jh. künstlich aufgestaute See ist badetauglich und sehr fischreich. Die gebratene Gebirgsforelle kostet 15 €, auch Suppen und süße Desserts. Juni bis Sept. tägl. ab 11 Uhr. Schönberg-Lachtal 178, ✆ 03587-204, www.gell-see.at.

Knollihütte. Ursprünglich gebliebener Almbetrieb am Eselsberg. Freundlich und herzlich, Kinder sind willkommen. Den Bauernschmaus gibt's für 9 €, die Krapfen sind hausgemacht und frisch. Auch einfache Übernachtung im Bettenlager oder im Gästezimmer. Mitte Mai bis Okt. Eselsberg 23, ✆ 0664-2241642.

Das Murtal bis Graz → Karte S. 198/199

Naturpark Zirbitzkogel-Grebenzen

Wenn man sich als Reisender auf das weitläufige Berg- und Hügelland südlich der Mur einlässt, ist man vor Überraschungen kaum gefeit: Von hier führen mindestens so viele Straßen nach Kärnten wie ins Obere Murtal. Im Grunde handelt es sich um einen ganz eigenständigen Landstrich, auf den in der Vergangenheit beide Länder abgefärbt haben. Der Naturpark als Label ist den meisten Menschen außerhalb der Region kaum geläufig, wohl aber die namhaftesten Attraktionen, zuvorderst das in Ehren ergraute **Benediktinerstift in St. Lambrecht.** Auch die beiden topografischen Landmarken, die dem Naturpark den Namen gaben, sind natürlich ein Begriff: der 2396 m hohe **Zirbitzkogel** und die 1870 m hohe **Grebenzen.** Der Zirbitzkogel ist der dominanteste und höchste Gipfel der Seetaler Alpen und sommers wie winters ein beliebter Aussichtsberg. Am Gipfel befindet sich das Zirbitzkogelhaus, das bereits 1879 errichtet wurde und damit zu den ältesten Schutzhütten der Steiermark zählt. Seit 2006 sind weite Bereiche der Gipfelzone Naturschutzgebiet. Auch die Grebenzen ist ein populäres Wanderziel, bekannter ist die Erhebung jedoch als Skigebiet und wegen der Sommerrodelbahn. Zu den weiteren Überraschungen des Naturparks zählen biologisch wirtschaftende Bauernhöfe, eine abwechslungsreiche Natur, vielfältige Wandermöglichkeiten und nicht zuletzt zahlreiche kleine Ökotope – verborgene Schätze, wie das **Dürnberger Hochmoor** oder die **Graggerschlucht.**

Stift St. Lambrecht

Massiv und schwer flankiert der Klosterkomplex den gepflegten Ort St. Lambrecht. Hinter der Patina der Barockfassade verbirgt sich reichlich Tradition, denn das Stift ist die Keimzelle benediktinischen Wirkens in der Steiermark. Im 11. Jh. gegründet, entwickelte sich das Kloster im weiteren Verlauf zu einem bedeutenden geistlichen und künstlerischen Zentrum, von dem zahlreiche Impulse ausgingen. Im Zweiten Weltkrieg befand sich hier ein Außenlager des KZ Mauthausen. Die Appelle fanden im Stiftshof statt, derweil die Klosterkirche nebenan weiter genutzt wurde.

Teile der Abtei sind heute Klausurbereich und können daher nicht betreten werden, andere – die Peterskirche, das Vogelmuseum, der Prälatensaal oder die kunsthistorische Sammlung – können im Rahmen einer Führung besichtigt werden. Frei zugänglich sind u. a. der barocke Stiftsgarten mit dem achteckigen Pavillon im Zentrum auf der anderen Seite der Straße, der romanische Karner und die mächtige **Stiftskirche** als spirituelles Herz der Anlage. Der romanisch-gotische Sakralbau wurde 1471 durch einen Brand beschädigt und im 17. Jh. im frühbarocken Stil runderneuert. Der federführende Baumeister hieß Domenico Sciassia, der auch beim Bau der Basilika in Mariazell maßgeblich beteiligt war. Von den Ausstattungsstücken ist die Barockkanzel aus dem 18. Jh. hervorzuheben, an der der hl. Benedikt auf einem Wagen sitzt, das Regelbuch in der Hand, die Zugtiere vorgespannt. Auch die Wandmalereien, die teils aus vorbarocker Zeit stammen, verdienen einen Blick. Der Kloster- und Naturparkladen am Eingang (→ Einkaufen, S. 214) ist normalerweise erste Anlaufstelle der Besucher. Der stuckverzierte Kaisersaal wird hin und wieder für öffentliche Kulturveranstaltungen genutzt.

Mitte Mai bis Mitte Okt. Führungen Mo–Sa 10.45 und 14.30 Uhr, So nach der Messe und 14.30 Uhr. 8 €, erm. 5 €, Kurzführung 6 €, erm. 4 €, Führungen kommen ab 5 Pers. zustande. ✆ 03585-230529, www.stift-stlambrecht.at.

Das trutzige Ensemble der Kirchenburg in Mariahof

Das Murtal bis Graz → Karte S. 198/199

Mariahof

Die trutzige **Wehrkirche** auf einem Hügel 4 km nördlich von Neumarkt ist eine Augenweide. Nachdem die Ungarn den urkundlich erstmals 1066 erwähnten Vorgängerbau zerstört hatten, wurde das Gotteshaus im Stil der Spätgotik wieder aufgebaut und bei der Gelegenheit festungsartig verstärkt. Die trutzige Mariahofer Kirchenburg ist auch der Ausgangspunkt für den Abstecher zum sagenumwobenen **Steinschloss** auf einer Höhe von 1180 m. Errichtet wurde die Anlage im 12. Jh., von den Basteien blickt man über das Murtal auf die Niederen Tauern. Im Sommer öffnet eine nette Jausenstation am Aufgang zur Ruine.

Neumarkt

Mit 1700 Einwohnern ist Neumarkt der urbane Nabel der Naturpark-Region. Rund um den Hauptplatz mit der kolossalen Mariensäule hat sich noch einige historische Bausubstanz erhalten, u. a. Reste der Stadtbefestigung aus dem 14. Jh. Überragt wird Neumarkt vom **Schloss Forchtenstein,** das dereinst den Handelsweg zwischen dem Donauraum und Norditalien bewachte. Das Anwesen ist ein Tagungszentrum und kann nicht besichtigt werden.

Schloss Lind

Die meisten Urlaubsgäste lassen das Schloss aus dem 14. Jh. 2 km südlich von Neumarkt links liegen. Ein Fehler, denn in den Mauern hat eine private Initiative um den 2010 verstorbenen Künstler Hans Peter Sagmüller (alias Aramis) eines der faszinierendsten Ausstellungsprojekte in der Steiermark verwirklicht. Es handelt sich um ein Gesamtkunstwerk aus Atelier, kulturellen Veranstaltungen und avantgardistischen Installationen zu diversen zeitgeschichtlichen Themen. Darüber hinaus befindet sich im Untergeschoss eine **Gedenkstätte für die Häftlinge des KZ**

Mauthausen. Während des Zweiten Weltkriegs waren hier 30 Häftlinge sowie 50 Zwangsarbeiter interniert, deren düster illuminierte Zellen besichtigt werden können.

Mai bis Okt. tägl. außer Mo 17–20 Uhr. 5 €, erm. 3 €. St. Marein 28, ✆ 03584-3091, www.schlosslind.at.

Mühlen und Noreia

Mühlen ist ein ruhiges und sympathisches Wanderdorf unterhalb des Zirbitzkogels und nur einen Steinwurf von Kärnten entfernt. Ein Badesee sowie das Naturschutzgebiet Hörfeld sind zu Fuß vom Ortszentrum erreichbar. Letzteres ist ein schilfreiches Hochmoor mit einigen botanischen Raritäten wie Strauch-Birke und Alpen-Laichkraut und liegt zum größten Teil bereits im Nachbarbundesland.

Eine schmale Zufahrt führt vom Mühlener Zentrum nach **Noreia.** Um den winzigen wie idyllischen Flecken ranken sich in der Tat ganz besondere Umstände: Eigentlich heißt das Fleckerl nämlich St. Margarethen am Silberberg, wobei der „Silberberg“ sinnbildlich für die reiche Vergangenheit als Bergbausiedlung steht. 1929 stießen Archäologen auf ein paar Ruinen, die im ersten Überschwang als Reste der legendären Hauptstadt des großen keltischen Alpenreichs Noricum identifiziert wurden. Flugs wurde der Ort im ersten Überschwang in Noreia umbenannt. Der Name blieb bis heute, obwohl sich inzwischen herausstellte, dass die Funde eher mittelalterlichen Ursprungs sind. Überhaupt verortet man heutzutage die antike Kapitale in Kärnten und nicht in der Steiermark. Oder etwa doch nicht? Die einzige Gewissheit ist gegenwärtig die, dass es bezüglich Noreia keine Gewissheiten gibt. An einem Kultplatz hat ein Verein in einem rekonstruierten keltischen Königshaus ein kleines **Museum** eingerichtet (Juli bis Sept. Führungen Di und Do 14 Uhr. 6 €, erm. 1,50 €. ✆ 03586-2264). Zu den Führungen sollte man sich anmelden. Wer zu anderen Zeiten einen Blick ins Königshaus werfen möchte, kann sich nach Vereinbarung den Schlüssel abholen (Eintritt gegen Spende, die Info-Stelle im Ort ist ausgeschildert).

Basis-Infos Naturpark Zirbitzkogel-Grebenzen

Information Das Naturpark-Infozentrum befindet sich in Neumarkt (mit einer Zweigstelle in St. Lambrecht am Stiftseingang). Mo–Fr 9–12 und 13–16 Uhr. Hauptplatz 4, ✆ 03584-2005, www.naturpark-grebenzen.at.

Hin & weg Neumarkt ist das Verkehrszentrum im Naturpark, von hier verzweigen sich die Straßen in alle Richtungen. Die Hauptdurchgangsroute ist die B 317 von Scheifling im Murtal nach Friesach (Kärnten).

Bahn: Vom Bahnhof in Neumarkt bestehen regelmäßige Verbindungen nach Unzmarkt im Murtal und nach Friesach.

Bus: Vom Bahnhof bzw. Busbahnhof fährt die Linie 885 via St. Lambrecht nach Murau, die Linie 886/888 nach Zeutschach und Mühlen, allerdings mit nur wenigen Verbindungen.

Einkaufen Kloster- und Naturparkladen. Kräuter aus dem Klostergarten, Johanniskrautöl, Ringelblumensalbe, Wildschwein- und Steinbockschinken, Edelbrände und Weine aus dem stiftseigenen Gut in Slowenien. Auch Literatur (zum Kloster) und Kunsthandwerk. Juli bis Sept. Mo–Fr 9–12.30 und 14–17 Uhr, Sa/So vormittags; Okt. bis Juni nur Mo–Fr geöffnet. ✆ 03585-2305, www.stift-stlambrecht.at.

Bio-Bauernmarkt. Wenige Stände regionaler Erzeuger auf dem Hauptplatz in Neumarkt. Mitte Febr. bis Ende Dez. Sa 9–12 Uhr. ■

Veranstaltungen Freilichttheater. Das Steinschloss bildet den pittoresken Rahmen für die Kultinszenierungen der Mariahofer Landjugend. Gespielt wird ein Stück pro Jahr. Ende Juli bis Mitte Aug. (www.landjugend.mariahof.eu).

Sport und Aktivitäten im Naturpark Zirbitzkogel-Grebenzen

Sommerrodeln Mit dem Sessellift geht es vom Ortsrand von St. Lambrecht hinauf und dann auf der 1700 m langen Abfahrt wieder ins Tal. Juli/Aug. Fr–Mo 10–17 Uhr, im Juni nur sonntags. 9,50 €, erm. 6,50 €. ✆ 03585-2455, www.grebenzen.at.

Wandern Der Naturpark ist mit dem österreichischen Wandergütesiegel ausgezeichnet. Die wichtigsten Attraktionen in der Region verbindet der 126 km lange Fernwanderweg **Via Natura**.

Dürnberger Moor: Ein Holzplankensteg führt durch das uralte, etwa 16 ha große Latschen-Biotop, die Zufahrt erfolgt vom Furtnerteich bei Mariahof.

Hörfeld-Moor: Mehrere Rundwege erschließen das Naturschutzgebiet südlich von Mühlen – vom 11 km langen Hörfeldweg bis zum 3,5 km langen Teichweg.

Graggerschlucht: Die meisten beginnen den gut ausgebauten Steig durch die Klamm vom Gasthof Seidl in Zeutschach (Gehzeit: ca. 3 Std.).

Grebenzen: Im Sommer fährt von St. Lambrecht ein Vierer-Sessellift auf 1300 m Höhe (→ Sommerrodeln). Gehzeit für die komplette Grebenzen-Runde vom Tal aus: ca. 3:30 Std.).

Zirbitzkogel: Mühlen ist der beste Ausgangspunkt für die Besteigung des höchsten Gipfels der Seetaler Alpen. Die meisten fahren aber weiter bis zur Tonnerhütte auf 1600 m Höhe und wandern von dort los. Die Tonnerhütte bietet neben einem erstklassigen Restaurant auch Gästezimmer (✆ 03586-30077, www.tonnerhuette.at).

Wintersport Das mit 23 Pistenkilometern größte Alpinskigebiet der Region befindet sich an der Grebenzen (www.grebenzen.at).

Übernachten/Essen & Trinken im Naturpark Zirbitzkogel-Grebenzen

**** **Lambrechterhof**. Modernes Seminar- und Wellnesshotel in Gehentfernung zum Stift St. Lambrecht. Aufmerksamer Service. Über 100 Zimmer mit internationalem Standard, teils mit Balkon. Restaurant und Bar mit Sitzplätzen im Hof. Standard-DZ ab 80 €. Hauptstr. 80, ✆ 03585-275550, lambrechterhof@austria-trend.at, www.austria-trend.at.

*** **Gössler**. Volkstümliche Dorfgaststätte mit Pension in Mühlen, eine Sehenswürdigkeit ist die älteste Naturkegelbahn der Steiermark. Gemütliche Stube mit originaler Holzdecke, der Gastgarten lädt zum längeren Verweilen ein. Zimmer und Ferienwohnungen im Haupthaus oder in einem Hof in der Umgebung, eine Almhütte wird an Selbstversorger vermietet. Das Restaurant bietet regionale Schmankerln an, u. a. auch hervorragende hausgemachte Eis-Kreationen. Die gebackenen Ziegenfrischkäseböllchen mit Preiselbeeren kosten 8,30 €. Mo Ruhetag. DZ ab 64 €. Mühlen 25, ✆ 03586-2251, office@gasthaus-goessler.at, www.gasthaus-goessler.at.

»» **Mein Tipp:** *** **Pichlschloss**. Freundliches und familiäres Hotel in ruhiger Lage an der Peripherie von Neumarkt. 30 Gästezimmer in verschiedenen Kategorien im Schloss oder im Landhaus nebenan. Kultiviertes Ambiente mit großem Park, ausgezeichnetes Restaurant. Mitte April bis Okt. DZ ab 60 €. Stadlob 125 (am nördlichen Ortsausgang von der B 317 links abbiegen), ✆ 03584-2426, info@pichlschloss.at, www.pichlschloss.at. ««

Camping am Badesee. Rundum empfehlenswerte Anlage an einem Badesee bei Mühlen mit Restaurant. Vermietet wird auch ein Ferienhaus am See. Mai bis Sept. 2 Pers. mit Zelt ab 22,50 €. Hitzmannsdorf 2, ✆ 03586-2251, office@camping-am-badesee.at, www.camping-am-badesee.at.

Jerà am Furtnerteich. Das überregional bekannte italienische Restaurant befindet sich am belebten Bade- und Freizeitsee bei Mariahof. Anspruchsvolle mediterrane Küche, die Pizza kommt aus dem Holzofen (ab 8 €), auch Eis und Kaffee. 8 Gästezimmer mit Balkon und Seeblick. Außerhalb der Badesaison Mo geschlossen und Di–Fr ab 17 Uhr. Stadlob 81, ✆ 03584-2810, www.jeraseeblick.com.

Kirchmoar. Abgelegene Traditionsgaststätte in St. Blasen, eine Legende erzählt, das Haus habe ein im 8. Jh. zerstörtes Kloster ersetzt. Fleisch und Wurst aus eigener

Das Murtal bis Graz → Karte S. 198/199

Schlachtung, das Pfefferrahmschnitzel mit Dinkelspätzle kostet 10 €. Außen und innen nettes Sitzen. Di Ruhetag. Die Inhaberfamilie vermietet Ferien-Apartments. Hinterbach 6 (von Mariahof auf der L 502 Richtung St. Lambrecht, dann rechts ab), ✆ 03585-2330, www.kirchmoar.at.

Zeischgl. Bodenständige Bio-Buschenschenke, freundlich und familiär. Eigene Hofkäserei (Murtaler Steirerkäse), rustikale Holztische und -bänke im Garten von einem alten Bauernhof aus dem Jahr 1470 mit original erhaltener Rauchstube. Etwas oberhalb befindet sich eine Aussichtswarte (Zirbitzkogel-Blick). 10 Schlafplätze im Heulager für Familien oder kleine Gruppen (25 €, erm. 15 €/Pers. inkl. Frühstück). Mitte/Ende Juni bis Okt. Fr/Sa ab 14 Uhr. Pöllau 68 (in St. Marein von der B 317 abbiegen), ✆ 0650-9433155. ■

Moorstüberl. Gemütliche Jausenstation am Eingang Dürnberger Moor mit Produkten von heimischen Biobauern. Frische Fruchtsäfte, Heidelbeerschnaps, Almkaffee, hausgemachte Kuchen, die sättigende Brettjause gibt's für 8 €. Mai bis Okt. tägl. außer Di. Oberdorf 57, ✆ 03584-3862. ■

Durch das Pölstal nach Hohentauern

Die Tauernstraße durch das Pölstal ist die effizienteste Transitroute zwischen der Mur und dem Paltental. Dementsprechend wirkt das Gebiet in der Wahrnehmung Durchreisender zugig und für einen längeren Aufenthalt ungeeignet. Dem ist aber überhaupt nicht so: Ein erster Abstecher führt von Unterzeiring nach **Oberzeiring,** ein gepflegtes Bergdorf mit einem **Silberbergwerk.** Bereits im 13. Jh. ist der Abbau von Erz belegt; Silber aus Oberzeiring, heißt es, habe den Bau des Wiener Stephansdoms mitfinanziert. Die Besichtigung ist trotz oder wegen der teils klaustrophobischen Enge im Stollen ein Erlebnis (Mai bis Okt. tägl. 10.30, 13.30 und 15 Uhr, Nov. bis April Mi 15 Uhr. 9 €, erm. 5 €. Hauptstr. 22, ✆ 0676-9761455, www.silbergruben.at). Die Luft unter Tage wirkt sich auf Atemwege wohltuend aus, weshalb im Zentrum ein umtriebiger Asthma-Therapiebetrieb nebst Hotel entstanden ist (www.heilstollen.at).

Ein weiterer Abstecher endet in **Pusterwald:** Die entlegene „Sackgasse" ist ideal für Familienferien. Wer hier den Urlaub verbringt, wird früher oder später die Goldwaschanlage aufsuchen, denn hinsichtlich Edelmetallen steht man Oberzeiring in nichts nach. Das wichtigste Ziel am Ende des Pölstals ist jedoch der 1274 m hohe Passübergang selbst: Der Ort am Pass, **Hohentauern,** ist ein Wintersportmekka und wird daher zuweilen mit Obertauern im Bundesland Salzburg verwechselt. Er ist jedoch auch im Sommer ein ergiebiges Ausflugsziel. Nicht wenige steuern auf einer Mautstraße die hinreißend gelegenen beiden **Scheiblseen** an oder starten knackige Bergtouren in die Rottenmanner Tauern. Auch Hohentauern verfügt über Bergbautradition: Nachdem die örtliche Magnesit-Lagerstätte 20 Jahre lang brach gelegen hatte, begann man hier 2013 wieder mit dem Abbau. Weil das Mineral hitzebeständig ist, wird es als Rohstoff für feuerfeste Ziegel – z. B. für den Bau von Hochöfen – verwendet. Einen Einblick in die Bergbautradition gibt die 2,5 km vom Pass entfernte **„Fels- und Höhlenwelt".** Hinter dem Begriff verbirgt sich ein Naturerlebnispark, der zahlreiche Aktivitäten anbietet: familientaugliche Spaziergänge, Picknickmöglichkeiten, einen Klettersteig sowie die Besichtigung eines beeindruckenden Magnesit-Stollens (→ Kinder).

Information Das Büro des Tourismusverbands Pölstal befindet sich in Oberzeiring. Mo–Do 8.30–12 und 13–16 Uhr. ✆ 03571-21700, www.poelstal.info. Ein weiteres Infobüro befindet sich in der Poststelle Hohentauern (Mo–Fr vormittags).

Hin & weg **Mautstraße**: Der Forstweg zur Edelrautehütte und zu Großem und Klei-

Ausflugsziel: der Scheiblsee oberhalb von Hohentauern

Das Murtal bis Graz → Karte S. 198/199

nem Scheiblsee ist mautpflichtig: 6 € (in Münzen oder in kleinen Scheinen).

Kinder **Goldwaschen**. 4 €/Pers. mit Schüssel und Schaufel, die Anmeldung erolgt in der Goldwaschhütte (→ Übernachten/Essen).

Fels- und Höhlenwelt (Naturerlebnispark Hohentauern). Mitte Mai bis Mitte Okt. 6 €, erm. 3,50 €. ✆ 0664-4443726 (Rufbereitschaft, falls Kiosk geschlossen). Der Weg von der Passhöhe ist ausgeschildert.

Veranstaltungen Oberzeiring ist eine **Theaterhochburg**. Das ortsansässige Ensemble stellt jährlich mehrere Inszenierungen auf die Beine, verfügt über eine eigene Bühne und geht auf Gastspieltournee. Hauptstr. 7a, ✆ 03571-20043, www.theo.at.

Wandern Beliebt ist der 15-minütige Spaziergang zum Großen und Kleinen **Scheiblsee**. Das obere Ende der Mautstraße ist ebenfalls Ausgangspunkt für Bergtouren auf den **Großen Bösenstein**, mit 2448 m höchste Erhebung der Rottenmanner Tauern. Zwischen Parkplatz und den beiden Seen besteht die Möglichkeit einer Einkehr mit Übernachtung in der herrlich gelegenen Edelrautehütte (✆ 0664-2816567, www.edelrautehuette.com).

Oberzeiring ist Ausgangspunkt für Abstecher ins **Lachtal** (Wanderung 6, → S. 419).

Wintersport Wichtigstes Skigebiet in der Pölstal-Region für Alpinskisport und Skilanglauf gleichermaßen ist **Hohentauern** (www.hohentauern.at).

Übernachten/Essen *** **Passhöhe**. Mittelklassehotel mit Ausflugsrestaurant am Pass, die ruhigen Zimmer liegen nach hinten. Restaurant mit hervorragender Küche, Außenplätze im Vordergarten. Wenn Saison ist, sind Wildgerichte zu empfehlen, Spezialität des Hauses sind ansonsten gebratene Forellen (für ca. 15 €). DZ ab 100 €. Hohentauern 110, ✆ 03618-219, haas@passhoehe.at, www.passhoehe.at.

Camping Fritz. Niedlicher, kleiner Zeltplatz in Oberzeiring, ruhig und friedlich, Infrastruktur nur rudimentär, privates Ambiente. Nur Sommerbetrieb. 2 Pers. mit Zelt 14 €. Bachstr. 19, ✆ 03571-2438, fritz.camp@ainet.at.

Keltenstube. Zünftige Einkehr in einem rekonstruierten Keltendorf am Weberteich kurz vor Beginn der Mautstraße zu den Scheiblseen. Paradiesische Sitzplätze am Teich, die Forellen kommen frisch auf den Tisch, die Steirerkasnockn mit Salat gibt's für 11 €. Mitte/Ende Juni und Mitte Okt. jeweils zwei Wochen geschlossen, sonst tägl. ab 10 Uhr. Hohentauern 33, ✆ 0676-6115713.

Goldwaschhütte. Uriges Hüttenambiente an der Goldwaschanlage, innen wie in alter Zeit, romantische Terrasse mit Mühlrad. Spezialität sind frische Forellen (mit Kartoffelsalat für 9 €). Juli/Aug. tägl. ab 10 Uhr, Juni und Sept./Okt. Mi–So ab 10 Uhr, Nov. bis Mai Sa/So ab 12 Uhr. Pusterwald 25 (6 km hinter dem Ort den Schildern nach links folgen), ✆ 0664-1939489.

Judenburg

ca. 9300 Einwohner

Viele, die hier gewesen sind, zucken die Schultern und zeigen sich wenig erbaut von der achtgrößten Stadt der Steiermark. Dennoch bietet sie eine ansehnliche Menge teils herausragender kultureller Sehenswürdigkeiten. Zudem ist das Umland für die eine oder andere Überraschung gut, Gründe genug, dem historischen Zentrum im Oberen Murtal einen ausführlichen Besuch zu widmen. Die Altstadt liegt auf einem lang gezogenen Hügelrücken über der Mur, just an der Stelle, wo sich das Tal nach Osten zum weiträumigen Aichfeld öffnet. Beherrscht werden die mittelalterlichen Gebäude vom **Stadtturm,** in dem sich kurioserweise heute ein Planetarium verbirgt, weshalb er auch als Sternenturm bezeichnet wird. Eine weitere Besonderheit sind die einstigen Klöster und Kaufmannshäuser mit ihren ansehnlichen **Arkadenhöfen;** wer einen Blick hineinwirft, wird mit grandiosen ästhetischen Eindrücken belohnt. Beispielsweise das ehemalige **Jesuitenkloster,** das heute das Jugendgästehaus und eine Musikschule beherbergt: Das im 14. Jh. errichtete Gebäude hat neben dem Hof, der schlicht eine Augenweide ist, ein barockes Treppenhaus mit Fresken und zwei Kaiserportraits, die beim Soldatenaufstand 1918 beschädigt wurden. Oder die **Neue Burg,** heute Sitz des Bezirksgerichts, mit ihrem weiten Arkadenhof: Sie ersetzte seit dem frühen 17. Jh. die marode mittelalterliche Burg und diente den Habsburgern als landesfürstliche Sommerresidenz. Nicht zuletzt der romantisch verwachsene Hof in einem mittelalterlichen Bürgerhaus am Hauptplatz: Wo gegenwärtig eine Apotheke ihre Kundschaft bedient, residierte im 16. Jh. die Kaufmannsfamilie Körbler, die mit dem Speikhandel reich wurde. Unmittelbar südlich der Altstadt lädt der **Stadtwald** am Kalvarienberg zu Spaziergängen ein. Auf der Anhöhe befindet sich eine Kirche aus dem 18. Jh. und eine Burgruine, die jenes Adelsgeschlecht bewohnte, dem u. a. der illustre Minnesänger Ulrich von Liechtenstein (→ Kasten, S. 32) entstammte. Unterhalb liegt das gut erhaltene **Schloss Liechtenstein,** das nicht besichtigt werden kann.

Der Sternenturm am Hauptplatz

Geschichte: Die Umgebung der Stadt war bereits in der Frühgeschichte besiedelt, was nicht zuletzt der spektakuläre Bronzefund des Strettweger Kultwagens beweist (→ Kasten, S. 41). Die Stadtgeschichte im eigentlichen Sinn beginnt jedoch erst im Mittelalter. 1103 wurde „Judinburch“ mit dem Titel „Mercatum“ bedacht, was die

Stadt zur ältesten steirischen Kaufmannssiedlung macht. Ihre exponierte Lage an der Handelsroute zwischen Wien und Venedig sorgte im 14. und 15. Jh. für einen beispiellosen Wirtschaftsboom, Judenburg war in dieser Zeit praktisch Hauptstadt der Obersteiermark. In dieser Blütezeit profitierte man vom Handel mit Eisen, Salz und Wein. Befeuert durch ein entsprechendes Privileg – ähnlich dem Stapelrecht – ließ v. a. der Echte Speik die Kassen klingeln: Heiß begehrt als Parfümstoff für Seife, ist das rare Baldriangewächs vorzugsweise in den Kärntner Nockbergen und in den Lavanttaler Alpen direkt vor der Haustüre beheimatet. Ein Beleg für die Blüte ist der **Judenburger Gulden,** der seit dem 14. Jh. geprägt wurde und als erste Goldmünze Österreichs gilt. Weiterer Beleg ist die glanzvolle Hochzeit am 31. Jänner 1314 von Friedrich dem Schönen, Herzog von Österreich und der Steiermark, und der blutjungen Elisabeth von Aragón. Den Niedergang läuteten die Glaubenskriege und mehrere Katastrophen ein. Beim Großbrand 1807 blieben nur wenige Häuser verschont; spärliche Reste mittelalterlicher Bausubstanz findet man heute allenfalls noch am Martiniplatz, wo sich einst die alte Burg befand.

Erst gelitten, dann gehasst: Die Judenburger Juden

Der Name der Stadt und auch das Wappen, ein weißer Judenkopf mit Hut auf rotem Grund, lassen vermuten, dass die Juden in der Vergangenheit eine nicht unwesentliche Rolle gespielt haben. Juden hatten sich mindestens seit dem 10. Jh. als Kaufleute betätigt, wie die Raffelstettener Zollordnung belegt. Das bedeutende frühmittelalterliche Dokument regelte den Handel zwischen Slawen und Bayern im Donauraum. Dass jüdische Händler auf ihren Reisen entlang der wichtigsten mittelalterlichen Alpenrouten auch nach Judenburg gelangten, liegt auf der Hand. Infolge der wachsenden Bedeutung der Stadt für den Fernhandel ließen sich die Kaufleute an der Mur nieder und bildeten im Gehag, der heutigen Heiligengeist-Gasse, eine jüdische Siedlung. Dass die Juden auch bei der Namensgebung der Stadt Pate gestanden haben, ist zwar zu vermuten, aber keinesfalls erwiesen. Nach Auffassung des Stadthistorikers Johann Andritsch könnte sich der 1074 erstmals urkundlich genannte Name „Judinburch“ auch von einem gewissen Liuthold von Eppenstein (Spitzname „Judo“) herleiten, zumal das Kärntner Adelsgeschlecht nachweislich bis zum frühen 12. Jh. über Stadt und Umland regierte. Noch heute wacht die Ruine Eppenstein, einst Stammsitz der Familie, über das Granitzental (→ S. 222). In der Folge wurden die stadtansässigen Juden zunächst nach gängigem Muster in den Geldhandel gedrängt, bevor sie 1496 durch ein Edikt des Erzherzogs und späteren Kaisers Maximilian I. aus Innerösterreich vertrieben wurden. Erst in der zweiten Hälfte des 19. Jh. kehrten Juden wieder ins Obere Murtal zurück, vorwiegend wenig betuchte Einwanderer aus Galizien oder Böhmen, die als Kleinhändler und Hausierer ihren Unterhalt verdienten. Sie ereilte im 20. Jh. das Schicksal anwachsender Judenfeindschaft in der Bevölkerung und nach Anschluss Österreichs an Deutschland 1938 die üblichen Repressalien der nationalsozialistischen Machthaber bis hin zu Überlegungen hinsichtlich der Endlösung der „Judenfrage“. Natürlich war den Nationalsozialisten auch der Name „Judenburg“ ein Dorn im Auge. Etwaige Überlegungen, den Ort in „Zirbenstadt“ oder „Zirbitzburg“ umzutaufen, realisierten sich jedoch nicht.

Stadtturm (Sternenturm)

Das steinerne Wahrzeichen Judenburgs herrscht als frei stehender Campanile über den Hauptplatz. Der 76 m hohe Turm wurde im 15./16. Jh. erbaut und erfuhr in der Folge zahlreiche bauliche Veränderungen. Zwar fungiert er auch als Glockenturm der benachbarten katholischen Kirche, der eigentliche Zweck des Baudenkmals war und ist jedoch ein profaner. Bis 1970 wohnten hier die Turmwächter, die früher vom Stadtrat angestellt waren und laut vernehmbar die Stunden auszurufen hatten. Heute befindet sich im Inneren ein **Planetarium,** das nach eigenen Angaben das modernste in ganz Europa ist. Außerdem gelangt man mittels eines gläsernen Lifts oder einer Holzstiege zur 41 m hoch gelegenen Plattform; den Rundblick über Hauptplatz und Altstadt sollte man sich nicht entgehen lassen. Im Mittelalter befand sich am Fuß des Turms der städtische Pranger.

Stadtturm: Juli/Aug. tägl. 10–17 Uhr, Vor- und Nachsaison Mi–So 10–12 und 14–17 Uhr und 30 Min. vor Vorstellungsbeginn des Planetariums. 3 €, erm. 2 €. Kirchplatz 1, ✆ 03572-44088. **Planetarium**: In den Schulferien tägl., sonst saisonal an einigen Tagen, immer aber Sa/So. 9 €, erm. 6,50 €. Kirchplatz 1, ✆ 03572-44088, www.sternenturm.at.

Stadtmuseum

Die Ausstellung illustriert auf zwei Etagen die wichtigsten Aspekte der Judenburger Stadtgeschichte: von den frühgeschichtlichen Ausgrabungen über den Judenburger Gulden oder den Handel mit Speik bis hin zum religiösen und profanen Alltag der Menschen. Ein Modell im Erdgeschoss zeigt die Stadt im Jahr 1756. Das wichtigste Exponat ist die Replik des bronzenen Kultwagens von Strettweg. Ein Teil der Fläche wird für teils hochkarätige Sonderausstellungen genutzt.

Sept. bis Juni Mo–Fr 9–14 Uhr, Juli/Aug. Mo 9–12 Uhr, Di–Sa bis 17 Uhr. Eintritt gegen Spende. Kaserngasse 27, ✆ 03572-85053.

Blick in den Arkadenhof des ehemaligen Jesuitenklosters

Puchmuseum

Die berühmte steirische Fahrzeugmarke, gegründet 1899 vom gelernten Schlosser und Radsportler Johann Puch, fasziniert und begeistert mit nostalgischen Modellen wie Pinzgauer, Haflinger, Puch Maxi oder Puch 500 (Spitzname „Pucherl“) immer noch. Das Privatmuseum im Stadtzentrum zeigt einen repräsentativen Querschnitt aus der Unternehmensproduktion – legendäre Fahrräder, flotte Zweiräder, betagte Kleinwagen und deren Geschichte (→ S. 350 f.).

März bis Nov. Mi–So 9–17 Uhr, in den Sommerferien tägl. geöffnet. 5 €, erm. 4 €. Murtaler Platz 1, ✆ 03572-47127, www.puchmuseum.at.

Gotische Glasfenster in der Magdalenenkirche

Magdalenenkirche

Die katholische Kirche am jenseitigen Murufer ist der älteste und kunsthistorisch wichtigste Sakralbau der Stadt. Das ursprünglich romanische Gotteshaus wurde im Mittelalter im gotischen Stil umgebaut und diente als Spitalskirche. Bemerkenswert im Innern sind die Wandfresken sowie sechs gotische Glasfenster. Letztere zeigen Szenen aus dem Alten und Neuen Testament und stammen aus einer unbekannten Judenburger Werkstatt.

Rund um Judenburg

Nördlich des Stadtzentrums schließt sich ein Gewerbegebiet an, das nahezu nahtlos ins Fohnsdorfer Gemeindegebiet übergeht. Zwischen beiden Ortschaften befinden sich ein Bergbaumuseum sowie ein brandneues Thermalbad. Der Kontrast könnte kaum größer sein, schlägt man auf kleinen Nebenstrecken die Gegenrichtung ein: Jenseits der betulichen Weyervorstadt geleiten stille Seitentäler die Reisenden in die nahezu unberührte Natur der Seetaler Alpen. Etwas weiter ist der Ausflug über Weißkirchen ins Zirbenland, das u. a. ein guter Ausgangspunkt für die Erklimmung des 2396 m hohen Zirbitzkogels ist.

Fohnsdorf: Die Ortschaft am Nordrand des Aichfelds ist Literaturliebhabern aus dem sarkastischen Antiheimat-Roman „Aus dem Leben Hödlmosers“ von Reinhard Peter Gruber ein Begriff. Bauer Hödlmoser, der fiktive Held der Handlung, ist in und um Fohnsdorf inzwischen eine große Nummer. Das architektonische Wahrzeichen der Gemeinde hingegen ist ein 46 m hoher Turm aus Eisen; es handelt sich um einen **Förderturm,** der heute unter Denkmalschutz steht. Der hiesige Abbau von Braunkohle geht auf das Jahr 1670 zurück, mehr Tradition geht schlechterdings nicht: In den Kriegsjahren des 20. Jh. beschäftigte der Betrieb rund 2700 Bergarbeiter, 600.000 t Kohle wurden pro Jahr gefördert. Der über 1000 m tiefe Schacht gilt

Das Murtal bis Graz → Karte S. 198/199

als längster Braunkohleschacht überhaupt. Katastrophale Ereignisse gab es auch, 1943 fanden z. B. bei einer Schlagwetterexplosion 100 Bergarbeiter den Tod. In den 1970er-Jahren wurde der Bergbau allmählich eingestellt. Heute enthüllt ein sehenswertes **Bergbaumuseum** interessierten Gästen die verflossene Welt unter Tage. Neben einem 160 m langen Schaustollen zählt eine „Zwillingstandemfördermaschine" zu den Highlights. Die titanische Anlage wurde 1923 im deutschen Ruhrgebiet gefertigt und besitzt eine Leistung von 3600 PS.

Bergbaumuseum Fohnsdorf: Mai bis Okt. tägl. 9–17 Uhr. 7 €, erm. 4 €, inkl. Führung. ✆ 03573-4647, www.bergbaumuseum-fohnsdorf.at.

Maria Buch: Die spätgotische Kirche am Rand des Aichfelds ist das wichtigste **Wallfahrtsziel** im Oberen Murtal. Der Pilgerbetrieb, der schon im 9. Jh. in den Quellen erwähnt wird, verdankt sich einem findigen Hund: Der Legende nach brachte er einer frommen Adeligen ein schmerzlich vermisstes Gebetsbuch zurück, woraufhin sie dankbar für das Wunder den Kirchenbau veranlasste. Zwar klärt die Anekdote, was es mit dem Namen „Buch" auf sich hat, ob diese Version jedoch stimmt, mag dahingestellt sein. Der onyxhaltige Kalkstein, der für den Sakralbau verwendet wurde, stammt aus der Umgebung und heißt im Volksmund „Mariabucher Marmor".

Weißkirchen: Das Dorf an der B 77 von Judenburg zum Gaberl überzeugt durch sein intaktes und gepflegtes Ortsbild. Ankömmlinge geraten schnell in Urlaubsstimmung, zumal sich von hier aus bequem das Zirbenland erschließen lässt. Weißkirchen ist die Heimat des Biedermeiermalers Ignaz Raffalt, eines Freunds Erzherzog Johanns und ein glühender Verehrer ländlicher Szenen, die er auf Leinwand bannte. Das Judenburger Stadtmuseum widmet dem Künstler eine eigene Unterabteilung. Unweit der Siedlung liegt auf einem Sporn hoch über dem Granitzental die **Ruine Eppenstein.** Um die erste nachchristliche Jahrtausendwende herrschte von hier das gleichnamige Kärntner Adelsgeschlecht über das Umland. Der Ausblick lohnt den steilen Anstieg.

Abstecher ins Steirische Zirbenland: Das **Granitzental** verbindet das Aichfeld mit **Obdach** und mit dem Obdacher Sattel. Hinter der knapp 1000 m hohen Passhöhe überquert die gut ausgebaute B 78 die Grenze nach Kärnten und steigt ins Lavanttal ab. Das Granitzental und seine Seitenzugänge vermarkten sich unter dem Label „Steirisches Zirbenland", was der in höheren Lagen häufig anzutreffenden Zirbelkiefer geschuldet ist. Die Holzwirtschaft spielt im Zirbenland traditionell eine große Rolle, während der Fremdenverkehr ein wenig in den Kinderschuhen stecken geblieben ist. Eine Ausnahmeerscheinung ist natürlich der dominante **Zirbitzkogel,** der zu den namhaften Erhebungen der Seetaler Alpen zählt und entsprechend häufig aufgesucht wird (→ S. 212).

Basis-Infos Judenburg und Umgebung

Information Das Infobüro befindet sich im Ortszentrum. Im Sommer Mo–Fr 9–17 Uhr, Sa bis 13 Uhr; im Winter Mo–Do 8–16 Uhr, Fr bis 12 Uhr. Hauptplatz 20, ✆ 03572-85000, www.judenburg.com.

Hin & weg Bei Judenburg endet die ausgebaute Schnellstraße (S 36). Die historische und aktuelle Funktion der Stadt als Verkehrsdrehkreuz unterstreicht, dass hier drei Fernstraßen auf den Murschnellweg treffen: die B 78 aus dem Kärntner Lavanttal, die B 114 von Pöls bzw. aus dem Paltental sowie die B 77 aus der Weststeiermark.

Parken: Wer sein Fahrzeug nicht auf die gebührenpflichtigen Kurzparkplätze rund um den Hauptplatz abstellen möchte, sucht die preiswerte Altstadtgarage auf (durchgehend offen, Jägersteig 1).

Bahn: Der Bahnhof befindet sich unterhalb des Zentrums zwischen Mur und Schnell-

straße. Tägl. Verbindungen nach Bruck an der Mur sowie via Neumarkt nach Klagenfurt (Kärnten).

Bus: Der Busbahnhof liegt im Zentrum hinter der Post. Regionalbusse verbinden Bahnhof und Zentrum mit den anderen Städten im Aichfeld, Linie 1 fährt teils im 15-Min.-Takt über Zeltweg nach Knittelfeld. Auch Verbindungen zu entlegenen Zielen, der Citybus fährt vom Bahnhof u. a. ins Zentrum (www.regionalbus-aichfeld.at).

Ärztliche Versorgung Das Krankenhaus liegt im Stadtzentrum. Oberweggasse 18, ✆ 03572-825600, www.lkh-judenburg.at.

Einkaufen Bei der **Arena am Waldfeld** an der Ausfahrt der S 36 Judenburg-Ost handelt es sich um das größte Einkaufszentrum der Steiermark außerhalb von Graz. Mo–Fr 9–18.30 Uhr, Sa bis 18 Uhr. Am Waldfeld 5 in Fohnsdorf, ✆ 03572-4740010, www.diearena.at.

Edelsteinschleiferei Krampl. Seit der ORF-Sendung in der Reihe „Klingendes Österreich" 2012 ist die Familienschleiferei in Weißkirchen kein Geheimtipp mehr. Mehrere Verkaufsräume mit Mineralien, Accessoires aus Stein oder Schmuck aus Steirischem Opal bzw. Knittelfelder Forcherit mit seiner typischen Gelbfärbung. Mai bis Dez. Mo–Fr 9–18 Uhr, Sa bis 12 Uhr, Juli/Aug. auch Sa/So vormittags, im Winter eingeschränkte Öffnungszeiten. Bahnhofstr. 7, ✆ 03577-81111, www.edelsteine-krampl.at.

Post Mo–Fr 8–18 Uhr, Sa 9–12 Uhr. Herrengasse 17.

Veranstaltungen **Stadtfest**. Beim größten Fest im Oberen Murtal wird die ganze Stadt zur Bühne. Brauchtum, kulinarische Schmankerln, jede Straße unter einem anderen Motto. An einem Sa Mitte/Ende Juni 15–24 Uhr.

Kultursommer. Konzerte, Kino und Ausstellungen an verschiedenen Spielorten. Eintritt je nach Veranstaltung. Mitte bis Ende Aug. (www.judenburg.at/judenburgersommer).

Sport und Aktivitäten in und um Judenburg

Baden/Wellness **Aqualux-Therme**. Das Wasser hilft bei chronischen Entzündungen sowie Herz-Kreislauf-Beschwerden. Hochmoderner Badetempel mit raffinierten Lichteffekten (seit 2007), Sauna- und Wellnessbereich. Der Außenpool verfügt über eine Speed-Rutsche. Tägl. ab 9.30 Uhr. Tageskarte 19 €, erm. 12 €, mit Sauna teurer. Thermenallee 10

(5 km in Richtung Fohnsdorf), ✆ 03573-2078011, www.therme-aqualux.at.

Kinder Märchenwald. Der Kult-Freizeitpark für aktive Kids befindet sich 14 km östlich von Judenburg kurz vor St. Georgen. In und um 30 Burgen warten rund 130 Märchenfiguren, dazu gibt's ein Piraten- und Indianerdorf, Kletterturm oder eine Rutsche mit rekordverdächtiger Länge. Einkehr im Gasthaus Sonnenhof mit Zimmer. Ostern bis Okt. 8,50 €. Pichlhofen 60, ✆ 03583-2116, www.maerchenwald.at.

Radeln Judenburg ist eine Etappenstation auf dem Murradweg (R2). Außerdem führen Radwege auf kleinen Nebenstraßen ins Granitzental oder in die Täler der Seetaler Alpen.

Wandern Ruine Eppenstein: Bester Ausgangspunkt für den Aufstieg ist der gleichnamige Ort am Eingang zum Granitzental (Gehzeit: ca. 1–1:30 Std.). Von Judenburg dauert die Tour über das Kamperkreuz bedeutend länger (einfache Gehzeit von Judenburg: ca. 4 Std.).

Zirbitzkogel: Bester Ausgangspunkt für den Gipfelsturm ist die Winterleitenhütte (1782 m). Sie liegt 18 km südlich von Judenburg und ist über den Stadtteil Oberweg erreichbar. Ein weiterer populärer Startpunkt für Touren ist das Gasthaus Sabathy, in beiden Fällen ist der Höhenunterschied groß, daher nur für Geübte. Das Zirbitzkogelhaus (✆ 0664-9140283) bietet in Gipfelnähe ein Matratzenlager (Gehzeit ab Gasthaus Sabathy: ca. 5 Std.).

Übernachten/Essen & Trinken in und um Judenburg → Karte S. 223

Abgesehen von den Radlern, die hier gerne eine Etappenstation am Murradweg einlegen, präsentiert sich die Bezirkshauptstadt abends nahezu touristenfrei. Falls die unten gelisteten Quartiere nicht ausreichen, bietet die Nachbarregion Zeltweg-Knittelfeld weitere Optionen. Im Zirbenland südlich von Judenburg, wen wundert es, wird der beste Zirbenschnaps weit und breit hergestellt.

**** Schloss Gabelhofen 1 Die beeindruckende Schlossanlage ist Eigentum eines örtlichen Unternehmers. 54 tadellose Zimmer, exzellentes Restaurant (So geschlossen), Café mit Sitzplätzen im Hof, zünftige Gewölbe-Bar und vorzeigbarer Weinkeller. Das Ziegenkäse-Panna-Cotta gibt's für 15 €, das 7-Gänge-Menü für 70 €, preiswerte Mittagsgerichte. 10 Gehminuten zur Therme. DZ ab 168 €. Schlossgasse 54 in Fohnsdorf (ab S 36 ausgeschildert), ✆ 03573-55550, hotel-schloss@gabelhofen.at, www.gabelhofen.at.

››› Mein Tipp: *** Groggerhof. Das Hotel im Obdacher Ortszentrum unweit der Grenze zu Kärnten ist seit 400 Jahren in Familienbesitz. Die Menükarte wechselt saisonal, die Küche verarbeitet in der Hauptsache Produkte der Region, ausgezeichnete Eierschwammerlgerichte, die geröstete Variante ist für 10,50 € zu haben. 14 Zimmer, einige davon über eine Holzveranda erreichbar, alle unterschiedlich, teils mit knarrenden Dielen und neuen Bädern. Innenhof und Garten mit kleinem Pool, rustikale Gaststube mit reichlich Wildgeweih. DZ ab 74 €. Hauptstr. 23, ✆ 03578-2201, office@groggerhof.at, www.groggerhof.at. ‹‹‹

Zum Sternengucker (JUFA) 3 Das Stadthotel bzw. Jugend- und Familiengästehaus befindet sich im einstigen Jesuitenkloster und ist zentral gelegen. Die Radwanderer entlang der Mur nächtigen hier vorzugsweise. 5 Hotelzimmer mit Dachschräge im 3. Stock, dazu einfachere Zimmer im typischen JUFA-Stil. Kein Restaurant, Sauna, neben dem Kloster befindet sich ein Park. Hotel-DZ ab 80 €, JUFA-DZ ab 64 €. Kaserngasse 22, ✆ 05708-3290, judenburg@jufa.eu, www.jufa.eu.

Camping Fisching. Gepflegte Komfortanlage für die Zielgruppe 50 plus im Aichfeld. Keine Familien mit Kindern, 50 Stellplätze, viel Grün mit Schwimmteich und Restaurant. Vermietet werden auch komfortable Apartments. April bis Okt. 2 Pers. und Zelt ca. 25 €. Fisching 9 (ab Weißkirchen beschildert), ✆ 03577-82284, info@fisching.at, www.fisching.at.

Flair 4 Gutes Restaurant mit konservativem Interieur und nettem Hof. Auf der Karte stehen steirische Klassiker, das Steirerschnitzel mit Schinken und Käse gibt's für 12,50 €. Werktags Mittagsgerichte um 9 €, vegetarische Gerichte, opulente Eiskreationen, Kaffee und Kuchen. Tägl. durchgehend warme Küche ab 11 Uhr. Burggasse 13, ✆ 03572-85846, www.das-flair.at.

Da Franco 2 Edelitaliener im Stadtzentrum, der Inhaber kommt aus Apulien. Spezialisiert auf Fisch, die geröstete Kalbsleber mit Zwiebelsoße und Polenta kostet 14 €. Umfangreiche Antipasti, innen mit Stil eingerichtet, Gastgarten mit nur wenigen Plätzen. So/Mo Ruhetag. Kaserngasse 47, ✆ 03572-42487.

Didi's Heuriger. Das rustikale Ambiente ist hier Geschäftsprinzip: Wenige Holztische und Bänke vor der Tür, drinnen ein handfestes Backsteingewölbe, ausgestattet mit allerhand Krimskrams. Die Hausspezialität sind halbe Backhendl für 9 €. Mi–Sa ab 16 Uhr, So ab 12 Uhr. Großfeistritz 5 (2,5 km auf der B 77 von Weißkirchen in Richtung Gaberl), ✆ 03577-81339, www.catering-heuriger.at.

››› Mein Tipp: **Grubhof** 5 Jausenstation in einem denkmalgeschützten Hofgut mit Almenflair. Innen stilvoll im Gewölbe, außen rustikal im Garten mit Ziegen, Pferden und Esel hinterm Haus – perfekt für Familien mit Kindern. Freundlicher Service, die Fleisch- und Wurstzutaten kommen aus der eigenen Hofproduktion, grandiose Brettljause für 6,50 €. Mi Ruhetag, am letzten Wochenende im Monat geschlossen. Feeberg 47 in Reifling (3 km südlich von Judenburg, am Kreisverkehr Murbrücke Richtung Zentrum, dann links), ✆ 03572-82950. ‹‹‹

Sabathy. Der Alpengasthof auf 1620 m Höhe ist ein traditioneller Ausgangspunkt für die Zirbitzkogel-Besteigung. Innen- und Außenplätze, Zirbenschnaps (auch zum Mitnehmen), grundsolide Küche, der Zwiebelrostbraten kostet 13 €. 6 einfache Gästezimmer, teils mit Balkon und Dusche/WC auf dem Gang (DZ ab 60 €). Granitzen 32 (vor St. Wolfgang links abbiegen und den Schildern folgen). ✆ 03578-8230, www.alpengasthof-sabathy.at.

Zeltweg und Knittelfeld

Östlich von Judenburg öffnet sich das Tal der Mur zu einem brettflachen Becken, das im Norden von den Seckauer Alpen, im Süden von der Stub- bzw. Gleinalpe begrenzt wird. Im **Aichfeld,** wie das rund 650 m hoch gelegene Becken auch genannt wird, fallen zunächst die gut ausgebauten Verkehrswege und die große Zersiedelung auf. Nahezu 50.000 Menschen leben hier, was das Aichfeld faktisch zum zweitgrößten Ballungsraum der Steiermark macht. Auf beiden Seiten der Murtal-Schnellstraße bestimmen moderne Dienstleistungszentren die Szenerie, von einer Strukturschwäche kann hier bestimmt keine Rede sein. Erst recht nicht, seit der Red-Bull-Impressario Didi Mateschitz das Zepter schwingt und für spürbaren Aufwind sorgt. Zwar werden im Aichfeld keine Energiegetränke produziert, dafür aber nahm der Erfolgsunternehmer und Sportfan sich der einst ruhmreichen **Formel-1-Rennstrecke** an. Bis 2003 rasten die Bolliden auf diesem Ring, der zwischenzeitlich einmal als schnellster im gesamten Formel-1-Circus galt, 25-mal um den Großen Preis von Österreich. Dann war erst einmal Schluss mit Rennsport, der Parcours darbte vor sich

Aussichtswarte auf dem Tremmelberg

Das Murtal bis Graz → Karte S. 198/199

hin und wurde schließlich von Didi Mateschitz aufgekauft und nach umfangreichen Umbauten als **Red Bull Ring** wiedereröffnet. Seit Sommer 2014 rollen wieder die schnellen Flitzer über den Asphalt und rücken das Aichfeld in den Blick von Motorsportfans aus der ganzen Welt. Der Getränkehersteller und Milliardär ist übrigens gebürtiger Steirer. 1944 wurde er im Mürztal geboren, heute investiert er nach Kräften in diese Region und verwandelt Schlösser und andere Baudenkmäler in noble Herbergen.

Während **Zeltweg** mit seinem Militärflugplatz oder **Spielberg** (→ Kasten unten) mit der neu gestalteten Marktpassage keine städtebaulichen Akzente setzen, hat sich **Knittelfeld** als Einkaufsstadt und zentraler Verkehrsknotenpunkt etabliert. Obwohl das Zentrum im Bombenhagel 1945 praktisch vollständig zerstört wurde, versprüht es heute wieder etwas Lebensqualität. Addiert man diese Eindrücke, erscheint das Aichfeld keine geeignete Wahl für einen Ferienaufenthalt zu sein. Wer andererseits auf Quartiere mit Format, eine Küche mit Anspruch und Niveau oder einen prall gefüllten Veranstaltungskalender Wert legt, ist hier genau richtig. Außerdem sind die Wege zur Abtei Seckau und ins Gebirge kurz. Ein beliebter Ausflug visiert z. B. den Knittelfelder Hausberg an: Der **Tremmelberg** bildet eine Barriere zwischen Aichfeld und Seckauer Becken und gipfelt auf einer Höhe von 1194 m mit einer Aussichtswarte. Die Konstruktion aus Holz zitiert bewusst die Zwillingstürme der Abtei auf der anderen Talseite und erhielt u. a. den Deutschen Architekturpreis.

Aichfeld goes Hollywood: Was Spielberg mit Spielberg verbindet

In der Stadtgemeinde Spielberg, auf deren Gebiet die Formel-1-Rennstrecke liegt, zeigt man sich zuweilen stolz auf die Verwandtschaftsbeziehung mit dem amerikanischen Starregisseur Steven Spielberg. Sogar der Hauptplatz wurde marketingwirksam in Steven-Spielberg-Platz umgetauft. Der Hollywood-Doyen zeigte sich darob gerührt und versprach, bei Gelegenheit einmal vorbeizuschauen. In der Tat reichen die Wurzeln der Familie Spielberg bis in die Steiermark: Bevor sie in die Ukraine auswanderte (und von dort in die USA) war sie den Herrschaften von Spielberg untertan gewesen und hatte auch deren Namen angenommen. Das Schloss steht im Übrigen heute noch: Zu Beginn des 19. Jh. gelangte es in Besitz der Familie Arbesser-Rastburg, für die Öffentlichkeit ist es nicht zugänglich.

Basis-Infos Zeltweg und Knittelfeld

Information Die Touristenauskunft Knittelfeld befindet sich im Rathaus. Mo–Fr 8.30–12 und 14–18 Uhr, Sa 8.30–12 Uhr. Frauengasse 3, ✆ 03512-864640, www.tourismusverband-aichfeld.at.

Hin & weg Der **Bahnhof** Knittelfeld ist bis zur Eröffnung der Hochgeschwindigkeitsstrecke Graz – Klagenfurt (voraussichtlich 2022) ein zentraler Halt des Regional- und Schnellverkehrs. Ein weiterer Bahnhof für den Regionalverkehr befindet sich in Zeltweg.

Bus: Buslinien verbinden den Bahnhof mit Zeltweg, Spielberg, Judenburg und Fohnsdorf (www.regionalbus-aichfeld.at).

Ärztliche Versorgung Das Krankenhaus befindet sich in Knittelfeld. Gaalerstr. 10, ✆ 03512-7070, www.lkh-judenburg.at.

Post Mo–Fr 8–18 Uhr, Sa 9–12 Uhr. Kapuzinerplatz 5 in Knittelfeld.

Red Bull Ring Wenn nicht gerade Rennen stattfinden, können sich Motorsportfans selbst hinters Steuer setzen und durch die Kurven brausen. Von der 10-minütigen Go-Kart-Fahrt (ab 13 €) über die Runden mit dem eigenen Auto/Motorrad (ab 42 €) bis zum Fahrtraining unter professioneller Anleitung (ab 125 €/Tag). Zahlreiche Aktivitäten auf bzw. neben dem Ring sind jederzeit nach Voranmeldung möglich. Red Bull Ring Str. 1, ✆ 03577-2020, www.projekt-spielberg.at.

Veranstaltungen **Großer Preis von Österreich**. Seit 2014 (und für mindestens 6 Jahre) wetteifern die schnellsten Fahrer wieder auf dem Red Bull Ring um WM-Punkte. Spontan am Rennwochenende ein Quartier zu finden, ist kaum möglich. Juni/Juli (www.formel-eins-karten.de).

Airpower. Die größte Flugschau Europas findet im Zweijahres-Turnus auf dem Zeltweger Militärflugplatz statt. Rund 300.000 Besucher staunen bei freiem Eintritt über die Kunstflüge. Ende Juni/Anfang Juli (www.airpower.gv.at).

Spielberg Musik-Festival. An drei Tagen Konzerte und steirische Schmankerln unter dem Motto: Traditionelles aus Österreich im frischen Outfit auf hohem Niveau und an mehreren Standorten. Ende Aug./Anfang Sept. (www.spielbergmusikfestival.at).

Wandern **Tremmelberg**: Zum Wanderausgangspunkt gelangt man von Knittelfeld aus über den Hinweis zum Golfplatz. Hinter Sachendorf auf der L 515 in Richtung Seckau-Gaal, dann auf Schild nach rechts achten. Auf den Berg führen mehrere Varianten, von kurz und steil bis bequem auf Forstwegen. Die Aussichtswarte kostet Eintritt: 1 € in abgezählten Münzen (Mindestgehzeit: ca. 1:30–2 Std.).

Wipfelwanderweg: Ein Abenteuer für Familien mit neugierigen Kids ist der aussichtsreiche, 2,7 km lange Holzsteg über den Baumwipfeln der Gleinalpe. April bis Okt. tägl. 9–18 Uhr. 7 €, erm. ab 2 €. Mitterbach 25 in Rachau (5 km auf der L 553 östlich von Knittelfeld), ✆ 03512-44599, www.wipfelwanderweg.at.

Das Murtal bis Graz → Karte S. 198/199

Übernachten/Essen & Trinken in Zeltweg und Knittelfeld

**** **G'Schlössl**. Der ehemalige Pferdegutshof mit Schlosspark südlich der Mur ist Teil der Red-Bull-Beherbergungsszene und wurde 2012 als Hotel neu eröffnet. Mit Restaurant (im Winter Mo Ruhetag), Café, Badeteich, Tennisplatz, Reitzentrum und Wellness. Zimmer und Suiten im gehobenen Landhausstil. DZ ab 150 €. Murhof 1 in Großlobming, ✆ 03512-469040, gschloessl.murtal@projekt-spielberg.at, www.gschloessl-murtal.at.

**** **Hubertushof**. Hochwertiges Hotel in denkbar unromantischer Umgebung gegenüber dem Bahnhof in Zeltweg. Freundlich und familiär, alles hat Hand und Fuß. Die ambitionierte Küche verwendet regionale Zutaten, gediegen-elegantes Interieur. Auch Straßencafé und Gastgarten unter schattigen Kastanien. 3-Gänge-Menü um 30 €, Hauptgerichte um 20 €. DZ ca. 98 €. Bahnhofstr. 81, ✆ 03577-223150, empfang@hotelhubertushof.at, www.hotelhubertushof.at.

Camping Murinsel. Die empfehlenswerte Anlage taugt auch für einen längeren Aufenthalt. Ansprechende und ruhige Lage an einer Schlaufe der Mur, Badeteich und Kiosk mit einem Stüberl. Ostern bis Mitte Okt. geöffnet. 2 Pers. inkl. Zelt ca. 20 €. ✆ 03512-60088, office@camping-murinsel.at, www.camping-murinsel.at.

Schloss Farrach. Nobel-Ristorante mit toskanischem Ambiente an der westlichen Peripherie von Zeltweg. Seit zwei Jahrzehnten in Familienbesitz, die Inhaber kümmern sich persönlich um jeden Gast. Stilvolles Innengewölbe, an warmen Tagen öffnet die Terrasse. Biozutaten aus dem eigenen Garten, das 4-Gänge-Menü gibt's ab 40 €. Di–Sa mittags und abends, So bis 16 Uhr. Schlossweg 13, ✆ 03577-25257, www.schlossfarrach.at.

Thalberghof. Der Alpengasthof befindet sich in der Gleinalpe 3 km südlich von Knittelfeld und ist immer einen Abstecher wert: Die Aussichtsterrasse auf 800 m Höhe wird von einer Linde aus dem Jahr 1895 beschattet, traditionelle steirische Gerichte, den Salat mit Backhendl, Käferbohnen und Kernöl gibt's für 10 €. Auch Zimmervermietung (DZ 84 €). Mi ab 14 Uhr, Do–So ab 10 Uhr. Mitterbach 67 in Rachau, ✆ 03512-82370, www.thalberghof.at.

Kapuzini. Trendige Bar und Tagescafé im Knittelfelder Stadtzentrum. Frisches Design im alten Stadtturm, einfache Mittagsgerichte, abends gemütliche Innenplätze, bis in die Nacht geöffnet. Mo–Fr ab 7.30 Uhr, Sa ab 8.30 Uhr. Kapuzinerplatz 6, ✆ 0664-3211444, www.kapuzini.at.

Wasserturm. Das hippe Café an der Stadtumgehung von Zeltweg befindet sich in einem Park, der moderne Wasserturm ist von der Straße gut zu erkennen. Lounge-Atmosphäre innen wie außen, Frühstück, Kaffee und kleine Snacks. Tägl. ab 7 Uhr, abends öffnet die Panorama-Bar. Bundesstr. 15 (L 518), ✆ 03577-226011400, www.cafewasserturm.at.

Seckau

ca. 1300 Einwohner

Majestätisch und gleichzeitig friedlich ruht die **Benediktinerabtei** in einem Hochtal unweit von Aichfeld und Oberem Murtal. Vor der imponierenden Kulisse der Tauern geben sich die Doppeltürme der Stiftskirche Neuankömmlingen bereits von Weitem zu erkennen. Auf einer Höhe von 850 m herrscht geballte Tradition: Schließlich erreichten die ersten Chorherren bereits im 12. Jh. diese abgeschiedene Region; immerhin residierte hier nahezu sechs Jahrhunderte der einzige Bischof der Steiermark. Erst 1786, mit Gründung der Diözese Graz-Seckau, verschob sich das Gewicht in die Hauptstadt. Im Klosterhof mit den zweigeschossigen Arkaden fällt der Blick auf die Westfassade der Basilika, deren warme Farben sich dem typischen gelben Schimmer des Seckauer Sandsteins verdanken. Während die **Abteikirche** frei zugänglich ist, gilt dies für das Kloster nur bedingt. Die Benediktinermönche leben nämlich noch heute hier, weswegen ein Teil der Anlage Klausurzwecken dient.

Eine fachkundige Führung durch die Anlage ist dringend zu empfehlen: Denn nur dann bekommen Besucher z. B. den reich mit Stuck ausstaffierten **Kaisersaal** zu sehen, wo eine merkwürdige Darstellung des steirischen Wappentiers auffällt: Der Panther trägt hier einen Ziegenkopf (Mai bis Okt. tägl. 11 und 14 Uhr, Juli/Aug. auch 15.30 Uhr. 5 €, erm. 3 €. Seckau 1, ✆ 03514-52340, www.abtei-seckau.at). Im Übrigen beehrte 1660 Kaiser Leopold I. tatsächlich die Abtei und verlieh Seckau bei der Gelegenheit das Marktrecht. In einem Teil des Klosters wird jedes Jahr im Sommerhalbjahr eine Dauerausstellung zum Thema „Die Welt der Mönche“ gezeigt.

Abtei Seckau: Blick in den anmutigen Arkadenhof

Kurze Wege führen vom hübschen Klostervorplatz in die Seckauer Alpen und ans hintere Talende zu den Ferienorten **Ingering** und **Gaal.** Anschließend führt die Straße über einen Pass ins Pölstal hinab.

Geschichte: Die ersten Mönche, die 1142 nach Seckau kamen, waren Augustiner. Sogleich begann man mit dem Bau einer romanischen Basilika, die 1164 geweiht wurde und zu wesentlichen Teilen bis heute erhalten geblieben ist. Dem Erzbischof von Salzburg lag der Standort am Herzen: 1218 machte er Seckau zum Bischofssitz, wobei die Amtsinhaber im Herzogtum Steiermark auch profane Funktionen hatten. Um z. B. genügend Platz für die Gerichtssitzungen zu schaffen, wurde sogar eigens der Kirchenvorraum vergrößert. Bis zur Auflösung des Klosters durch ein Edikt des Reformkaisers Joseph II. im Jahr 1782 war Seckau das geistig-religiöse Zentrum der Steiermark. Die Klosteranlage verfiel, bis ein Jahrhundert später Benediktiner aus dem Beuron den Ort entdeckten und vom romanischen Sakralbau im Schatten des Gebirges angetan waren. Veränderungen blieben nicht aus: Als der Nordturm 1886 einstürzte, trug man bei der Gelegenheit den südlichen Zwillingsbruder mit ab und baute die Türme im neugotischen Stil wieder auf. Noch einmal wurden die Mönche im Zweiten Weltkrieg vertrieben, als die Nationalsozialisten eine Erziehungsanstalt im Kloster betrieben. Nach Kriegsende kehrten die Benediktiner zurück.

Abteikirche Mariä Himmelfahrt

Trotz der gotischen Rippengewölbe in den drei Längsschiffen und unverkennbarer barocker Einflüsse ist der romanische Gesamteindruck erhalten geblieben. Von der mit Schätzen wirklich nicht geizenden Ausstattung sind besonders drei Kunstwerke erwähnenswert: Zum Ersten die **Kreuzigungsgruppe** im Altarraum mit einem über 2,70 m hohen Christus aus Holz, flankiert von Maria und Johannes. Obgleich diese Gruppe erst 1964 bei der Chorneugestaltung in der Form zusammengestellt wurde (die originale Christusfigur befindet sich in Innsbruck), gilt sie als älteste dieser Art im deutschen Sprachraum. Im dreifach geschwungenen Christus-Corpus zeigt sich der stilistische Übergang von der Romanik zur Frühgotik.

Beim zweiten Kunstwerk handelt es sich um das **Habsburger-Mausoleum** im nördlichen Seitenschiff. Bei der Grabkapelle fällt zuerst ihr krasser Stilbruch auf: anstatt erhabener Leere plötzlich eine prächtige Bühne mit einer regelrechten Überfülle an Stuck, Damast, Marmor und Gold. Erzherzog Karl II. gab den Bau in Auftrag und namhafte oberitalienische Meister führten ihn zwischen 1587 und 1611 aus. Bestattet ist hier zwar niemand, dennoch gilt die Kapelle als Meisterwerk der Spätrenaissance bzw. des Frühbarock.

Abermals einen Stilbruch, jedoch gänzlich anderer Art, vollzieht die **Engelkapelle.** Sie befindet sich in einem abgeschlossenen Raum, der vom nördlichen Seitenschiff zugänglich ist. 1952–1960 gestaltete der Künstler Herbert Boeckl die Seitenwände mit Fresken vollständig aus. Überwiegend illustrieren sie Motive aus der Offenbarung des Johannes, weshalb der Zyklus auch als **Seckauer Apokalypse** bezeichnet wird. Die expressiven Farben und Formen erzielen zusammen mit der klaren Konzeption des Raums – ein Altartisch aus Glas, eine simple Holzdecke sowie ein dunkelgrüner Serpentinboden – einen überaus stimmigen Gesamteindruck. Der Bischof weigerte sich übrigens zunächst, die Engelkapelle zu weihen!

Das spirituelle Herzstück der Abtei ist das Kultbild in der **Gnadenkapelle:** Das Alabasterrelief der Maria mit Kind schuf um 1200 eine venezianische Werkstatt.

Seckauer Alpen

Dem Durchgangsverkehr entrückt und inmitten packender Landschaft, stellen sich in Seckau bald Urlaubsgefühle ein. Eine der dominantesten Erscheinungen in den Tauern rund um das Kloster ist der 2397 m hohe **Seckauer Zinken.** Seine gute Erreichbarkeit sowie der Panoramablick von oben machen ihn zum beliebten Wanderziel. Ihm vorgelagert ruht – ebenfalls in aussichtsreicher Warte auf 1822 m Höhe – die **Wallfahrtskirche Maria Schnee.** Dem Seelenfrieden der Almhirten wurde das höchstgelegene Wallfahrtsziel der Ostalpen 1660 geweiht. Die Kapelle, obgleich nur zu Fuß erreichbar, ist heute ebenfalls eine populäre Destination. Etwas weiter ist der Abstecher über Gaal zum **Ingeringsee,** der im 19. Jh. im Zuge der erwachenden Bergromantik eine beliebte Sommerfrische war, heute jedoch weitgehend in Frieden gelassen wird. Der Waldsee liegt 1200 m hoch, ist ein guter Ausgangspunkt für Bergtouren und zudem problemlos mit dem Fahrrad oder Auto anzusteuern.

Basis-Infos Seckau und Umgebung

Information Das Infobüro befindet sich im Gemeindeamt gegenüber der Abtei. Mo–Fr 8–12 Uhr, Do bis 17 Uhr. Seckau 63, ✆ 03514-5205, www.seckau.at.

Hin & weg Der Weg nach Seckau ist von der Murtal-Schnellstraße (S 36) ausgeschildert.

Bus: Mo–Fr fünf Verbindungen von Knittelfeld (www.watzke-bus.at).

Einkaufen Klosterladen. Das Geschäft am Abteieingang ist gewöhnlich erste Anlaufstelle der Besucher. Neben Büchern und Kalendern gibt's Lebkuchen, Seckauer Klosterschnaps und Kräutertees. Mo–Fr 9–12 und 13.30–17 Uhr, Sa bis 16 Uhr, So 10–12 und 13.30–16 Uhr. Seckau 1, ✆ 03514-5234112, www.abtei-seckau.at.

Veranstaltungen Seckauer Kulturwoche. Regelmäßig finden Veranstaltungen in der Abtei statt, gehäuft aber in den Kulturwochen mit einer Ausstellung, Lesungen und Konzerten. Ende April bis Juni (www.seckau-kultur.at).

Wandern Der Tremmelberg (→ S. 227) trennt das Seckauer Becken vom Aichfeld und dem Oberen Murtal. Zwei Wege führen zur Aussichtswarte: Der erste startet von der Abtei und führt über die Kalvarienbergkirche, ein kürzerer beginnt bei der Jausenstation Willhuber.

Maria Schnee: Auch zur hoch gelegenen Kapelle in den Tauern gelangt man von der Abtei aus, viele fahren jedoch über den Badesee (Weiermoarteich) zum Kühberghof und stellen dort ihr Auto ab (2 € abgezählt in den Schrankenautomaten werfen). Wer die Maut von 5 € am Hof bezahlt, kann sogar bis hoch zur Kühbergeralm fahren (Gehzeit ab Kühberghof: ca. 3 Std.).

Seckauer Zinken: Eine der längsten und aufgrund des Höhenunterschieds anstrengende Aufstiegsroute beginnt am Gasthaus Steinmühle (Gehzeit: ca. 7–8 Std.). Etwas kürzer ist es vom Wanderparkplatz Untere Bodenhütte, zugänglich von St. Marein im Murtal (Gehzeit: ca. 6–7 Std.).

Ingeringsee: Die Runde um den See ist eine relativ leichte Übung (Gehzeit: ca. 30 Min.).

Übernachten/Essen & Trinken in und um Seckau

Bekannteste Seckauer Spezialität sind Lebkuchen, die es in allerlei Varianten und mitunter kruden, jedoch schmackhaften Mischungen wie Zirbentrüffel-Kürbiskern oder Schilchertraubensaft gibt. Dabei geht die Lebzelterei „nur" auf das Jahr 1995 zurück. Das Backhandwerk hat hier jedoch längere Tradition und entwickelte sich gemeinsam mit den Vorlieben der Mönche in der Abtei.

**** Hofwirt. Das Barockpalais am Eingang zur Abtei ist ein Traditionslogis (seit 1603) und eröffnete nach vorbildlicher Sanierung 2013. Nur 7 Suiten mit Stilmöbeln, niveauvolles Restaurant mit großer Terrasse am Klostervorplatz, gebratene Forelle mit Kohlrabi und Ravioli kostet 15 € (Mo Ruhetag). DZ ab 130 €. Seckau 3, ✆ 03514-54290, reservierung@projekt-spielberg.at, www.hotel-hofwirt.at.

JUFA. Sympathisches Jugend- und Familiengästehaus mit günstiger Lage gegenüber der Benediktinerabtei. Hufeisenförmiges Areal, viel Ruhe, Sauna und Café mit Sitzplätzen im Hof. DZ ab 62 €. Seckau 2, ✆ 0570-83270, seckau@jufa.eu, www.jufa.eu.

Wachter. Bodenständiges Ausflugsgasthaus am oberen Ende des Gaalgrabens, v. a. Sa/So bei Einheimischen beliebt. Typisch steirische Küche mit regionalen Zutaten, Spezialität des Hauses sind Strudel, die in allen möglichen Varianten auf den Tisch kommen (Speckstrudel z. B. für 8 €). Kleiner Gastgarten, innen bürgerlich-gemütlich. Mo geschlossen. Auch einfache Gästezimmer mit Dachschräge. Gaalgraben 7 in Gaal, ✆ 03513-222, www.gasthauswachter.at.

Regner. Die Konditorei im Seckauer Ortszentrum ist eine Institution, spätestens seit Gregor Regner 2009 bei den WorldSkills in Kanada Konditorweltmeister wurde. Beliebt sind v. a. die Lebkuchen nach Großmutters Rezepten und mit vielen steirischen Zutaten. Neben dem Laden gibt's noch ein Café mit Innen- und Außenplätzen. Di geschlossen, sonst 8–19 Uhr, So 9.30–12 und 13–18 Uhr. Seckau 39, ✆ 03514-5207, www.regner.at.

Abstecher ins Liesingtal

Das Murtal bis Graz → Karte S. 198/199

Ausgehend vom Verkehrsdrehkreuz St. Michael führt die Pyhrn-Autobahn (A 9) durch das Liesingtal zum 849 m hohen Schoberpass und dann weiter nach Liezen. Es handelt sich daher eher um ein „Durchgangstal“, nicht um eine Ferienregion. Dennoch gibt es mindestens zwei triftige Gründe, den Fuß vom Gaspedal zu nehmen und einen Halt einzulegen. Der erste Grund ist der **Elfenberg,** ein Freizeit- und Erlebnispark für die Zielgruppe Familie mit Kindern. Von der Talstation der „Abenteuerwelt Mautern“ bringt ein Sessellift die Gäste nach oben, wo es zwei Möglichkeiten gibt, wieder runterzukommen: mit der Sommerrodelbahn oder auf verschiedenen Wegen, vorbei an Gehegen mit Bären, Luchsen und Greifvögeln, vorbei auch an Feen, Kobolden und anderen Abkömmlingen populärer Märchenwelten (Mai bis Okt. tägl. außer Mo 10–17 Uhr, Juni bis Sept. auch Mo, im Okt. Liftbetrieb nur Sa/So. 14,50 €, erm. 10,50 €, Sommerrodeln extra. Alpsteig 1 in Mautern, ✆ 03845-2268, www.abenteuerwelt-mautern.at).

Der zweite Grund für eine Reiseunterbrechung befindet sich 8 km östlich in der Ortschaft **Kammern.** Abgesehen von der unten gelisteten Einkehr lohnt im Ortszentrum der **Museumshof** in einer aufwendig restaurierten Bauernscheune (Mai bis Okt. Do–So 10–12 und 14–17 Uhr. 4 €, erm. ab 2 €. Dorfplatz in Kammern, ✆ 03844-802060, www.museumshof-kammern.at). Es handelt sich zwar um ein klassisches Heimatmuseum, allerdings auf sehr hohem Niveau, was die Präsentation der betagten Pflüge, Kohlkrippen oder Dreschmaschinen betrifft. Ein Teil der Räume wird für wechselnde Ausstellungen genutzt.

Information www.erlebnistaeler.at.

Essen & Trinken »» Mein Tipp: **Spary**. Eine kulinarische Perle ab vom Schuss, kreativ veredelte steirisch-österreichische Küche, die Tagesgerichte stehen auf einer Tafel. Gemütliches Stüberl mit viel Holz, ebenso behaglicher Gastgarten, gekochter Tafelspitz mit Cremespinat und Apfelkren kostet 14,20 €. Umfangreiche Dessertkarte, guter Wein. Mi Ruhetag, So abends geschlossen. Liesing 21 in Kammern, ✆ 03844-8677, www.spary.at. ««

Judmayer. Dorfgasthaus gegenüber dem Kammerhof mit Stil und Klasse. Gastgarten unter schattigen Fichten, innen verbindet modernes Design Altes mit Neuem. Die österreichisch-steirischen Gerichte werden kreativ verfremdet, die Karte wechselt täglich (Hauptgerichte ab 10 €). Mo/Di Ruhetag, So abends geschlossen. Hauptstr. 54 in Kammern, ✆ 03844-8272, www.judmayer.com.

Leoben

ca. 24.500 Einwohner

Die zweitgrößte Stadt der Steiermark ist das bedeutendste wirtschaftliche Zentrum im steirischen Oberland. Seit dem Mittelalter ist Leoben ein wichtiger Handelsplatz für Eisen, das vom Erzberg (→ Kasten, S. 152 f.) durch das Vordernberger Tal zur Mur transportiert wurde. Die große Bedeutung des Rohstoffs dokumentieren heute u. a. das gewaltige Stahlwerk in Donawitz und das Stadtwappen: ein weißer Vogel Strauß auf rotem Grund. Die althergebrachte Sichtweise schrieb nämlich diesem Laufvogel die Fähigkeit zu, Eisen fressen und verdauen zu können. Leoben ist jedoch mehr als „nur" eine Industriestadt: Die Altstadt kuschelt sich in eine Schlaufe der Mur und ist auf drei Seiten von Wasser umgeben. Der schönste Zugang erfolgt von Westen über die Waasenbrücke und den Torturm aus dem 13. Jh.; Letzterer war ein Teil der mittelalterlichen Befestigung und erhielt nach einem Erdbeben 1794 die heutige Dachhaube. Wegen des eigenwilligen Aussehens taufte Volkes Zunge das urbane Wahrzeichen treffend **Schwammerlturm.** Eine Fußgängerzone verbindet dieses Entree mit dem zentralen Platzrechteck, das nach Ansicht vieler zu den schönsten Hauptplätzen Österreichs gehört. In Steinwurfnähe zu den Restaurants mit ihren Tischen und Stühlen auf der Platzfläche wirbt ein modernes Einkaufszentrum um Kundschaft. Erwähnenswert ist es allein schon aus dem Grund, weil es die Kulisse eines einstigen Dominikanerkloster aus dem 13. Jh. integriert. Auch die zahlreichen Brunnen und Denkmäler der Altstadt lohnen einen Blick: die Oppenheim-Skulptur am Neuen Rathaus oder z. B. der flötende Faun an der Peter-Tunner-Straße. Neben dem Stadtzentrum verfügt auch der Ortsteil Göss 2 km südlich über gute Gründe, die ein Kommen rechtfertigen: zum einen die ehrwürdige Gösser Brauerei, Mitte des 15. Jh. erstmals erwähnt, zum anderen direkt nebenan mit dem **Stift Göss** eine noch viel ältere und überaus sehenswerte Klosteranlage.

Der Schwammerlturm in Leoben

Geschichte: Der Name der Stadt taucht erstmals 904 in einer frühmittelalterlichen Schenkungsurkunde als „Liupina" auf. Bei dem Geschenk handelte es sich um ein Hofgut, die Beglückten waren die Aribonen aus dem bayerischen Chiemgau. Rund 100 Jahre darauf wählte eine gewisse Adula, Witwe des Pfalzgrafen Aribo I., das Hofgut als Alterssitz. Zur gleichen Zeit erwirkte ihr Sohn beim Kaiser die Gründung eines Nonnenklosters. Man schrieb das Jahr 1004, als die ersten Benediktinerinnen aus Salzburg anreisten, womit das Stift Göss das älteste Kloster der Steiermark ist. Kunigunde, die Tochter jener „seligen Adula", war die erste Äbtissin. Bereits 1314 verlieh Herzog

Der Leobener Hauptplatz mit dem prächtigen Hacklhaus

Friedrich der Schöne der Stadt das Monopol für den Eisenhandel. Das Privileg bedingte einen spürbaren Aufschwung, der 1849 in der Verlegung der Steiermärkisch-Ständischen Montanlehranstalt nach Leoben gipfelte. Erzherzog Johann hatte das akademische Institut neun Jahre zuvor in Vordernberg aus der Taufe gehoben, erster Direktor war der weltweit angesehene Bergbaupionier Peter Tunner. Heute gedenkt die Stadt dem verdienten Bürger u. a. mit dem **Peter-Tunner-Denkmal** in einem Park, der ebenfalls nach ihm benannt ist. Ein halbes Jahrhundert zuvor, im April 1797, war Leoben in den Fokus europäischer Politik geraten: Österreich hatte im Koalitionskrieg gegen die Franzosen unter Napoleon eine Niederlage erlitten, weshalb Diplomaten beider Länder im Haus des Barons von Eggenwald den **Vorfrieden von Leoben** aushandelten. Für Österreich brachte der Vertrag u. a. den Verlust Belgiens und der habsburgischen Niederlande. Das Gartenhaus, in dem die Gesandten damals zusammentrafen, befindet sich am Ostrand des Stadtparks.

Hauptplatz

Das Rechteck im Herzen der Altstadt ist die gute Stube Leobens und zentraler Treff der Einheimischen. Das aus historischem Blickwinkel wichtigste Gebäude ist das **Alte Rathaus** mit dem architektonisch eigenwilligen fünfeckigen Turm aus dem Jahr 1568. Auf der anderen Seite lenkt die knallrote Barockfassade des **Hacklhauses** die Blicke auf sich: Das Palais mit seinen reichen Stuckornamenten wurde im 17. Jh. erbaut. Einige Schritte weiter markiert ein bemerkenswertes Renaissanceportal den Zugang zum historischen Gasthof Schwarzer Adler. Der überdachte Arkadenhof ist ebenfalls fest in der Hand dieser kulinarischen Einrichtung (→ Übernachten / Essen & Trinken). Am nördlichen Platzende stemmt ein Engel über dem Brunnenbecken das Leobener Stadtwappen in die Höhe. An der Südseite befindet sich ebenfalls ein Brunnen, der den Bergknappen gewidmet ist.

Kultur-Quartier

Das **Museumscenter** mit der **Kunsthalle** zwischen Hauptplatz und Mur zählt zu den wichtigsten steirischen Kulturzentren außerhalb von Graz. Seit 1989 findet hier in jedem Sommerhalbjahr eine Großausstellung zu kulturhistorischen Themen statt. Darüber hinaus wird im Museumscenter die Stadtgeschichte unter dem Titel „Schienen in die Vergangenheit" präsentiert. In aufwendigen Inszenierungen werden die Besucher über Zeitschienen zu den wichtigen Epochen und Episoden der urbanen Vergangenheit geleitet. Ein besonderes Schmankerl ist der **Leobener Leichenzug:** Schöpfer des 14 m langen Gemäldefrieses ist der Stadtschreiber Vincenz Fichtl, der 1841 damit begann, auf penible Weise seinen eigenen Leichenzug zu malen. Darüber ist er dann irgendwann verstorben, worauf der steirische Künstler Johann Max Tendler das Opus vollendete. Erstaunlich ist die Akribie, mit der Vincenz Fichtl jeden der rund 450 Zugteilnehmer portraitgenau bis zu den Rangabzeichen der Uniformen dargestellt hat.

Di–Sa 10–17 Uhr. 5 €, erm. 2,50 €. Kirchgasse 6, ✆ 03842-4062408, www.museumscenter-leoben.at.

Die Kirchen der Stadt

Leobens Sakralbauten warten mit einigen Besonderheiten auf: Auffällig ist zunächst einmal die Tatsache, dass die evangelische **Gustav-Adolf-Kirche** am Kreisverkehr in der Nähe des Bahnhofs nach dem schwedischen König Gustav II. Adolf benannt ist. Der Förderer des Protestantismus ist auch im Innern des 1908/09 erbauten Bethauses zu sehen; sein Konterfei ziert eines der einzigartigen Glasfenster im Stil des Art déco. Ferner wurden Calvin, Luther und Johann Sebastian Bach portraitiert.

Buntglasfenster sind auch das große Thema in der katholischen Pfarrkirche **Maria am Waasen** in der westlichen Vorstadt. Obwohl auf der grünen Wiese errichtet, am Waasen, gilt sie als ältester Sakralbau der Stadt. Bemerkenswert hier sind v. a. die wertvollen Glasfenster aus dem Beginn des 15. Jh. im Chor.

An prominenter Stelle zwischen Hauptplatz und Museumszentrum prägt die Doppelturmfassade der Stadtpfarrkirche **St. Xaver** die Silhouette der Stadt. Die einstige Jesuitenkirche wurde 1660–1665 von Pietro Franz Carlone, dem Spross einer verzweigten Künstlerfamilie, erbaut: Der Kontrast zwischen der schlichten Fassade und dem überaus üppigen Innenleben könnte kaum größer sein.

Stift Göss

Als einzige Reichsabtei des Habsburger Herrschaftsgebiets war das Stift über viele Jahrhunderte für die Erziehung und Versorgung der Adelstöchter zuständig. Heute ist die weitläufige Sakralanlage Eigentum der benachbarten Gösser Brauerei und gehört zu den Hauptsehenswürdigkeiten der Stadt. Die Außenanlagen und die ehemalige **Stiftskirche** aus spätgotischer Zeit sind zwar generell zugänglich, andere Dinge von Interesse wiederum können nur im Rahmen einer Führung begutachtet werden. Zu letzteren gehören die frühgotische, freskengeschmückte **Michaelskapelle** und die **Krypta** unter der Stiftskirche. Die archaische Krypta aus dem beginnenden 11. Jh. gilt faktisch als ältester Sakralbau der Steiermark! Darüber hinaus wird dem grandiosen Dachstuhl der Stiftskirche ein Besuch abgestattet – ein Meisterwerk mittelalterlicher Zimmermannskunst. Die ursprünglich romanische Stiftskirche ist im Innern von Umbauten aus spätgotischer Zeit geprägt. Besonders eindrucksvoll sind die vorderen 16 m hohen Deckenpfeiler, die sich schrauben-

Das Stift Göss gehört heute der gleichnamigen Brauerei

förmig nach oben drehen. Der berühmte **Gösser Ornat,** eine einzigartige Sammlung von handbestickten Seidengewändern aus romanischer Zeit, kann hingegen nicht mehr in der Abtei besichtigt werden: Die guten Stücke liegen heute im Wiener Museum für angewandte Kunst.

Führungen nach telefonischer Vereinbarung. Eintritt gegen Spende/Trinkgeld. ✆ 0676-87426283, www.pfarre-goess.at.tf.

Donawitz

Das große **Stahlwerk** der Voestalpine AG drückt der Leobener Vorstadt am Eingang zum Vordernberger Tal seinen Stempel auf. Eine Eisenindustrie ist hier bereits seit dem Mittelalter beheimatet. Das Besondere am heutigen Werk, das 1953 in Betrieb genommen wurde, ist das Linz-Donawitz-Verfahren: Bei dem von Donawitzer und Linzer Ingenieuren entwickelten Verfahren wird mit einer wassergekühlten Lanze unter Hochdruck Sauerstoff in die Eisenschmelze geblasen und auf diese Weise die Stahlqualität verbessert. Das Donawitzer Werk war das zweite weltweit, das dieses Verfahren der Stahlerzeugung praktizierte. Das ehrenamtlich geführte **Metallurgiemuseum Donawitz** an der Steirischen Eisenstraße stellt einige wesentliche Aspekte der Stahlproduktion in Donawitz vor (Di 16–20 Uhr oder nach Vereinbarung. Eintritt gegen Spende. Vordernbergerstr. 121, ✆ 050304-252261, www.geschichteclubalpine.at).

Basis-Infos Leoben

Information Die Stadtinfo mit Ticketbüro für Veranstaltungen befindet sich am Hauptplatz. Mo–Fr 8–17 Uhr, Sa 9–12 Uhr. Hauptplatz 12, ✆ 03842-44018, www.tourismus-leoben.at.

Hin & weg **Parken**: Im Zentrum befinden sich grüne (1 €/Std., 3,30 € für 10 Std.) und blaue Parkzonen (max. 3 Std. für 2 €). Gebührenfreie Dauerparkplätze in Gehdistanz zum Zentrum gibt es u. a. in der Gösser Straße an der Mur. Gebührenpflichtige Parkhäuser komplettieren das Angebot.

Bahn: Der Bahnhof liegt in Gehentfernung zum Stadtzentrum; schnelle Verbindungen

Das Murtal bis Graz → Karte S. 198/199

nach Wien, Graz, Salzburg und Klagenfurt.

Bus: Die wichtige Linie 820 verbindet Leoben mit Eisenerz. Stadtbusse steuern vom Zentrum die Ortsteile Göss (Linie G) und Donawitz (Linie D) an. Ein Busknotenpunkt befindet sich am Bahnhof, ein weiterer in der Parkstraße vor der modernen LCS-Einkaufsmall.

Ärztliche Versorgung Das **Krankenhaus** liegt westlich des Zentrums. Vordernberger Str. 42, ✆ 03842-401, www.lkh-leoben.at.

Einkaufen **Bauernmarkt** in der Altstadt vor der Jesuitenkirche. Di und Fr 7–12 Uhr.

Post Mo–Fr 8–18 Uhr, Sa 9–12 Uhr. Hauptplatz 18.

Radeln Leoben ist eine Etappenstation des **Murradwegs** (R2).

Veranstaltungen **Stadttheater**. Das Leobener Theater existiert als Institution seit 1790. Der klassizistische Neubau stammt aus der Mitte des 19. Jh., Tickets für Veranstaltungen und Gastspiele gibt es im Informationsbüro (Homanngasse 5, ✆ 03842-4062302, www.leoben.at).

Gösser Kirtag. Der traditionelle (seit 1836) und noch immer sehr beliebte Jahrmarkt gilt als heimlicher Nationalfeiertag der Leobener. Die zahlreichen Stände bilden eine lange Meile von der Innenstadt bis Göss. Do nach dem 1. So im Okt.

Ledersprung. Studenten der Montanuniversität praktizieren seit der Mitte des 19. Jh. den bergmännischen Initiationsritus, Veranstaltungsort ist die Oberlandhalle. An einem Freitag, der dem Barbaratag (4. Dez.) am nächsten liegt.

Adventstadt. Adventsmarkt mit Veranstaltungsprogramm und Kunsthandwerkerbereich in der Altstadt. Ende Nov. bis 23. Dez. (www.adventstadt-leoben.at).

Wandern Ein kurzer Spaziergang führt vom Zentrum zur **Ruine Maßenburg**, die 1820 bis auf wenige Mauerreste abgerissen wurde. Von einer Aussichtswarte fällt der Blick auf Leoben und das Murtal. Anschließend kann man über die Pampichler Warte zur **Mugel**, dem 1632 m hohen Leobener Hausberg, weiterwandern (Gehzeit: ca. 4:30–5 Std.).

Übernachten/Essen & Trinken in Leoben

Das wichtigste und weit über die Stadtgrenzen Leobens hinaus bekannte Produkt ist das Gösser Bier. Die Brauerei neben dem Stift Göss kann besichtigt werden – im Anschluss an die Betriebsführung wird das Braumuseum besichtigt, schließlich wird dann noch angezapft. Führungen nach telefonischer Voranmeldung von April bis Okt. Sa/So 11 und 15 Uhr (Brauhausgasse 1, ✆ 03842-20905802, www.goesser.at).

**** **Bachgasslhof** **5** Ruhig gelegenes und charmant-gediegenes Logis an der Mur zwischen Altstadt und Göss. Hoteleigener Parkplatz; Stift und Hauptplatz sind in Gehentfernung. Sonnenterrasse, viel Grün, Lounge-Bar, Sauna. Kein Restaurant, Rezeption ist nachts nicht besetzt. DZ ab 90 €. Gösserstr. 69, ✆ 03842-98283, office@bachgasslhof.at, www.bachgasslhof.at.

*** **Drei Raben**. Traditionsgasthaus mit 7 Zimmern im Stadtteil Donawitz, trotz Nähe des Stahlwerks ruhig gelegen. Ideal für Radfahrer, erstklassiges Restaurant. Gekocht wird mit Herz, viele regionale Zutaten, gute Weinauswahl (Restaurant schließt Di und So um 15 Uhr). DZ ab 70 €. Im Tal 17, ✆ 03842-21334, office@3raben.com, www.3raben.com.

Jahrbacher **3** Winzige Stadtpension neben dem Schwammerlturm mit nur 5 Zimmern mit Dachschräge. Ruhig gelegen, die Einrichtung ist ordentlich, gefrühstückt wird in der ersten Etage. Das Logis gehört zum Kunstantiquitätengeschäft nebenan. DZ 80 €. Kirchgasse 14, ✆ 03842-43600, office@jahrbacher.at, www.jahrbacher.at.

Camping Hinterberg. Kleiner und familiärer Zeltplatz im ruhig gelegenen Vorort Hinterberg. Ohne großen Komfort, dafür mit Esprit und Kolorit. Mitte April bis Sept. Hinterbergerstr. 47 (vom Stadtzentrum auf der B 116 2 km nach Westen in Richtung St. Michael), ✆ 03842-26758, campingclub leobenhinterberg@gmx.at.

Stadt-Meierei **2** Stilvolle Lokalität mit exquisiter österreichisch-mediterraner Küche zwischen Hauptplatz und Schwammerlturm. Tapas, Fisch- und Fleischgerichte, die Hühnerbrust mit Spinat nach katalanischer Art kostet 15,50 €. Do–Sa ab 10 Uhr. Homanngasse 1, ✆ 03842-44603, www.stadtmeierei.at.

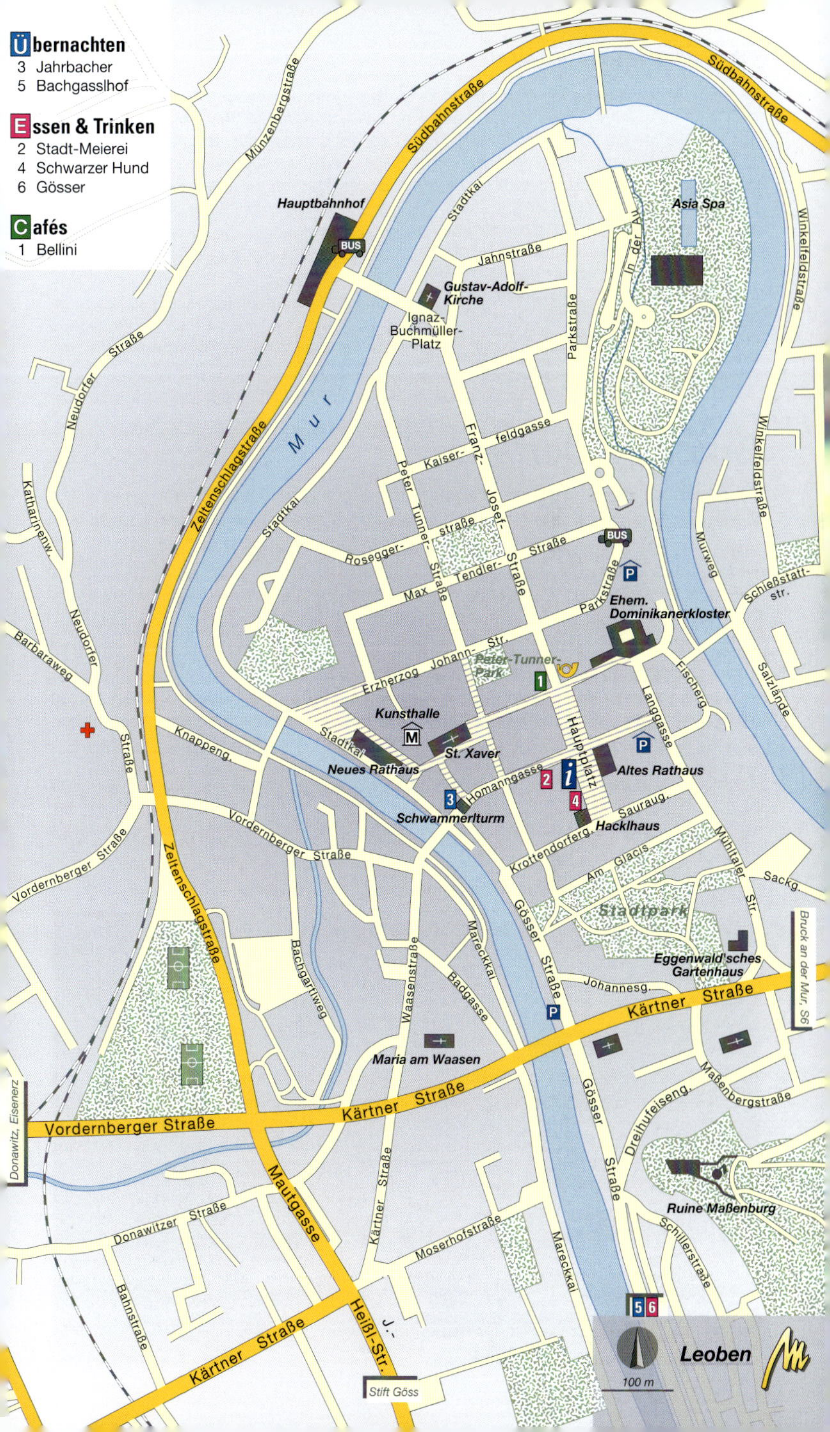
Übernachten
3 Jahrbacher
5 Bachgasslhof
Essen & Trinken
2 Stadt-Meierei
4 Schwarzer Hund
6 Gösser
Cafés
1 Bellini
Südbahnstraße
Münzenbergstraße
Hauptbahnhof
BUS
Stadtkai
Jahnstraße
Gustav-Adolf-Kirche
Ignaz-Buchmüller-Platz
Parkstraße
In der Au
Asia Spa
Winkelfeldstraße
Neudorfer Straße
Mur
Zeltenschlagstraße
Kaiser-feldgasse
Peter-Tunner-Straße
Franz-Josef-Straße
Katharinenw.
Rosegger-straße
Max-Tendler-Straße
Murweg
Schießstatt-str.
Ehem. Dominikanerkloster
Barbaraweg
Erzherzog Johann-Str.
Peter-Tunner-Park
Fischerg.
Salzlände
Kunsthalle
Langgasse
Hauptplatz
Knappeng.
Neues Rathaus
St. Xaver
Altes Rathaus
Homanngasse
Schwammerlturm
Sauraug.
Hacklhaus
Krottendorferg.
Vordernberger Straße
Mühltaler Str.
Am Glacis
Sackg.
Stadtpark
Gösser Straße
Bruck an der Mur, S6
Eggenwald'sches Gartenhaus
Bachgartlweg
Waasenstraße
Mareckkai
Badgasse
Johannesg.
Kärntner Straße
Maria am Waasen
Maßenbergstraße
Dreihufeiseng.
Donawitz, Eisenerz
Mautgasse
Donawitzer Straße
Kärntner Straße
Moserhofstraße
Ruine Maßenburg
Schillerstraße
Bahnstraße
Heißl-Str.
Stift Göss
100 m
Leoben

››› Mein Tipp: **Schwarzer Hund** 4 Vinothek und Restaurant neben dem Arkadenhof am Hauptplatz. Tische und Stühle im lauschigen Hinterhof unter Weinreben, stilvolles Interieur im Ziegelgewölbe. Abgesehen von den Jausenklassikern steirisch-mediterrane Gerichte auf der regelmäßig wechselnden Menükarte (Hauptgerichte ab 11 €). Tägl. außer So ab 16 Uhr. Hauptplatz 10, ✆ 03842-42047, www.arkadenhof.at/de/schwarzer-hund.html. ‹‹‹

Brauhaus Gösser 6 Zünftige Brauwirtschaft am Gösser Stift mit großen Kapazitäten. Innen großzügig, Außenplätze an der Durchgangsstraße. Viel Gegrilltes und Pfannengebratenes, das Brauhausgulasch mit Semmelknödel kommt für 9 € auf den Tisch. Di geschlossen. Turmgasse 3, ✆ 03842-28530, www.goesserbraeu-leoben.at.

Bellini 1 Café und In-Bar mit Aussichtsterrasse im 3. Stock eines modernen Eckhauses am Hauptplatz. Ideal für einen Vorabend-Aperitif oder Absacker nach dem Essen. Mo–Sa ab 9 Uhr, So ab 14 Uhr, Do–Sa bis tief in die Nacht geöffnet. Hauptplatz 17, ✆ 03842-48486, www.cafebellini.at.

Bruck an der Mur

ca. 12.500 Einwohner

Die Stadt am Zusammenfluss von Mur und Mürz gehört zu den sehenswertesten Zielen der Steiermark und wirkt in vielerlei Hinsicht wie eine kleinere Version von Graz: Altstadt und Hauptplatz werden vom **Schlossberg** überragt, auf dem bis auf wenige Ausnahmen die Festungsanlagen den Furor der Zerstörung nicht überlebt haben. Wie in Graz ist das urbane Wahrzeichen der **Uhrturm** auf dem Schlossberg, ein hübscher Aussichtspunkt, der einen Blick auf das Zentrum gestattet. Letzteres geizt rund um den **Hauptplatz** mit dem gotischen Kornmesserhaus nicht mit Flair und Lebensqualität. Ein städtebauliches Manko ist der Umstand, dass den beiden Flüssen die kalte Schulter gezeigt wird. Wer sich der schönen Stadtansichten in Murau und Frohnleiten erinnert, wird hier enttäuscht werden: Überhaupt ist das Vorhandensein der Mur vorrangig am kühn geschwungenen blauen Brückenbogen zu erahnen.

Trotz seiner Denkmäler und des reichen kulturellen Lebens ist Bruck aber auch immer eine wichtige Industriestadt gewesen. Davon zeugt u. a. das große Werk der Voestalpine AG zwischen Bahnhof und Zentrum, das u. a. hochwertige Walz- und

Bruck an der Mur: Blick vom Schlossberg über die Altstadt

Federstahldrähte produziert. Der Umstand, dass sich der Hauptplatz nach dem Nationalratsvertreter und Arbeiterführer Koloman Wallisch nennt, deutet ebenfalls auf die industrielle Vergangenheit. Bruck an der Mur ist obendrein ein bedeutendes Verkehrskreuz; von hier verzweigen sich Straßen und Schienen in unterschiedliche Richtungen: durch die Mürzfurche und über den Semmering nach Wien, durch das Murtal in südlicher Richtung nach Graz oder stromaufwärts über Leoben ins Obere Murtal. Eine Nebenstraße verbindet die Stadt zudem mit Tragöss, dem Grünen See und der Hochschwab-Region.

Mußestunde auf dem Hauptplatz

Geschichte: Das im 9. Jh. erstmals in den Annalen erwähnte „Prukka“ lief in der Folge durch unterschiedliche Hände und entwickelte sich dank einiger Privilegien zum bedeutendsten Handelsplatz der Obersteiermark. Eine wichtige Phase urbaner Entwicklung erfolgte in der zweiten Hälfte des 13. Jh.: Wie die gesamte Steiermark wurde Bruck zunächst von den Ungarn besetzt und fiel 1260 nach der Schlacht bei Kressenbrunn an den König Ottokar II. von Böhmen. Zur Sicherung seines Reichs gründete er verschiedene militärische Stützpunkte und befestigte auch den Brucker Schlossberg. Der Stadtkern wurde mit einem Mauerring umgeben, der mit der Burg auf der Anhöhe verbunden war. Abgesehen von einigen Resten auf dem Berg sind heute nahezu alle damaligen Fortifikationen aus dem Stadtbild verschwunden. Ein berühmter Sohn der Stadt hieß Ernst der Eiserne: Er wurde 1414 in Jerusalem zum Gralsritter geschlagen und stand als Herzog den innerösterreichischen Landen vor. Seiner Heimatstadt erwies er Gutes, indem er ihr 1418 das **Stapelrecht** verlieh. Das Privileg verdonnerte ausländische Kaufleute dazu, in Bruck zu übernachten und die Waren – u. a. Silber, Safran, Pelze – für einen geschlagenen Tag feilzubieten. 1792 vernichtete ein verheerender Stadtbrand das komplette Zentrum mitsamt der Festung auf dem Schlossberg. Es war das folgenschwerste Unglück in einer langen Reihe von Katastrophen im Verlauf der frühen Neuzeit – vom chronisch klammen Stadtbeutel bis zu periodisch wiederkehrenden Pestepidemien.

Hauptplatz (Koloman-Wallisch-Platz)

Das wichtigste Baudenkmal am Platz ist das **Kornmesserhaus.** Der Fassadendekor und die geschwungenen Arkaden des gotischen Eckhauses am Hauptplatz erinnern ein wenig an Venedig. Die venezianischen Paläste dienten dem Architekten tatsächlich als Vorbild, als das Bürgerpalais 1495–1505 für den Brucker Mäzen und Großunternehmer Pankraz Kornmess erbaut wurde. Im 17. Jh. diente es für kurze Zeit der Stadtverwaltung als Sitz, heute befindet sich im Erdgeschoss u. a. eine Schmuckboutique. Besonders schön wirkt die Prachtfassade im Fontänenspiel des Brunnens davor.

Darüber hinaus lohnen der glasüberdachte Arkadeninnenhof des Rathauses aus dem 16. Jh. sowie das **Antauerhaus** an der südwestlichen Platzecke einen ausführlicheren Blick. Letzteres ist wegen dem reichen Sezessionsschmuck an der Fassade ein Blickfang. Nach der Fertigstellung 1905/06 erregte das Haus Aufsehen, weil es innen die erste obersteirische Dampfmolkerei sowie eine nach damaligen Kriterien hochmoderne Privatklinik beherbergte. Ein Prachtstück ist auch die **Pestsäule** auf der Freifläche mit sechs Schutzheiligenfiguren zu Füßen der Maria der unbefleckten Empfängnis. Das wichtigste Kunstobjekt ist jedoch der **Eiserne Brunnen** schräg gegenüber vom Rathaus: Die schmiedeeiserne Laube aus der ersten Hälfte des 17. Jh. zählt zu den filigransten Arbeiten dieser Art in Österreich. Seit der Eröffnung des Museums für Angewandte Kunst in der Hauptstadt ziert eine Kopie des Meisterwerks die Wiener Ringstraße.

Schlossberg

Die **Ruine Landskron** auf dem Schlossberg zählt zu den ältesten Fortifikationen der Steiermark. Die strategisch vorteilhafte Lage an der Mündung der Mürz in die Mur prädestinierte den Ort für den Bau einer Festungsanlage, die im 13. Jh. zunächst als „Castrum Prukke" notiert wurde. Der traditionelle Zugang erfolgte früher wie heute über den **Uhrturm,** der bei dem Stadtbrand 1792 schwer in Mitleidenschaft gezogen und danach im Geschmack der neuen Zeit wiedererrichtet wurde. Nach dem Brand fungierte das Bauwerk als Feuerwehrturm! Ansonsten ist der Schlossberg eine nette Parkanlage zwischen mittelalterlichen Mauern sowie einigen Aussichtsplattformen. Nach der Brandkatastrophe wurde die Ruine größtenteils abgetragen und die Steine wurden für den Wiederaufbau der Altstadt verwendet. Dessen ungeachtet befestigte man den Berg 1809 erneut und bestückte ihn sogar mit Kanonen. Napoleon entwendete diese jedoch kurz darauf für seinen Grazfeldzug. Nach dem Wiener Kongress erfolgte die Replik: Die Bastion bestückte man nun mit erbeuteten französischen Kanonen, von denen heute noch zwei Exemplare zu bestaunen sind.

Die Kirchen der Stadt

Auffälligster Sakralbau ist die romanisch-gotische **Stadtpfarrkirche** mit dem 68 m hohen Turm. Wer einen Blick hineinwirft, sollte der spätgotischen Sakristeitür mit den filigranen schmiedeeisernen Beschlägen einige Aufmerksamkeit schenken. Wer vom Hauptplatz der Fußgängerzone Richtung Sonnenuntergang folgt, landet früher oder später automatisch am **Minoritenkloster.** Von außen eher auf Understatement bedacht, birgt der gotische Sakralbau im Innern das eine oder andere Kleinod: u. a. im Hochaltar eine spätgotische Marienskulptur sowie an der Nordwand ein Fresko mit dem Titel „Maria im Gebälk". Die Malereien aus der Zeit um 1380 werden der Malschule Giottos zugerechnet und sind von herausragender kunsthistorischer Bedeutung. Gleiches gilt für das große Fresko im südlichen Langhausschiff, das den Hl. Achatius und die Legende der Marter der 10.000 auf dem Berg Ararat illustriert. Wer auf den Geschmack gekommen ist und Lust auf weitere künstlerisch wertvolle Innenbemalungen hat, sollte auf einen Abstecher zur romanischen Friedhofskirche **St. Ruprecht** keineswegs verzichten. Wichtigstes Werk ist das **Weltgerichtsfresko** aus dem 15. Jh. an der Westseite des Triumphbogens zwischen Chor und Langhaus:

posaunende Engel, Unheil verkündende Gestirne, diverse Marterwerkzeuge für die Bösen der Welt, der Knochenmann und der weit aufgerissene Höllenrachen fehlen ebenfalls nicht.

Rund um Bruck an der Mur

Von Bruck ist es nur ein Katzensprung ins Nachbarstädtchen **Kapfenberg** und zur Burg Oberkapfenberg (→ S. 187). Schmale Bergsträßchen verbinden den Ort zudem mit höher gelegenen Almregionen: über St. Ulrich und durch den Utschgraben auf die **Gleinalpe,** hinauf auf das Madereck oder auf die Brunnegger- und Pischkalm in Tuchfühlung zum **Rennfeld.** Ein kürzerer Fußmarsch verbindet das Zentrum mit dem reizenden **Weitental:** Das quellenreiche Naherholungsgebiet ist ein idealer Ausgangspunkt für gemütliche Spaziergänge oder herausfordernde Bergtouren. Bemerkenswert obendrein ist das **Naturschutzzentrum** im Tal, das sich um geschützte einheimische Tierarten kümmert. In der Auffangstation werden pro Jahr bis zu 200 Wildtiere gehalten und dann wieder ausgesetzt (April bis Okt. tägl. 9–18 Uhr. 2 €, erm. 1 €. Stadtwaldstr. 43, ✆ 03862-54760, www.naturschutzzentrum.at).

St. Ruprecht: Weltgerichtsfresko

Basis-Infos Bruck an der Mur und Umgebung

Information Das Tourismus- und Stadtmarketingbüro befindet sich im Rathaus. Mo–Do 8–17 Uhr, Fr bis 13 Uhr. Koloman-Wallisch-Platz 1, ✆ 03862-890121, www.bruckmur-tourismus.at.

Hin & weg Kostenpflichtige Kurzparkplätze befinden sich im Stadtzentrum, am Parkplatz vor der Stadtpfarrkirche gibt es einige wenige kostenfreie Dauerparkplätze. Die Alternative für einen längeren Aufenthalt ist die **Tiefgarage** unter dem Hauptplatz.

Bahn: Bruck an der Mur ist ein wichtiger Eisenbahnknoten. Regional- und Fernzüge fahren von hier nach Wien, Graz und via Leoben nach Klagenfurt. Außerdem endet in Bruck die S-Bahn-Linie 1 von bzw. nach Graz. Die Altstadt ist vom Bahnhof in 15 Gehminuten erreichbar.

Bus: Die Stadt- und Regionalbusse halten am Bahnhofsvorplatz sowie am Hauptplatz vor dem Rathaus.

Ärztliche Versorgung Das **Krankenhaus** befindet sich nördlich des Zentrums an der B 116 in Richtung Kapfenberg. Tragösser Str. 1, ✆ 03862-8950, www.lkh-bruck.at.

Einkaufen **Bauernmarkt** auf dem Hauptplatz. Mi und Sa 7–12 Uhr.

Post Mo–Fr 7.30–18 Uhr, Sa 9–12 Uhr. Koloman-Wallisch-Platz 12.

Radeln Bruck an der Mur ist eine Etappenstation des **Murradwegs** (R2).

Veranstaltungen **Murenschalk.** Event in Gedenken an einen stadtbekannten Spaßmacher und Narren mit über 25.000 Besuchern und mit Musik, Jonglage, Feuerzauber,

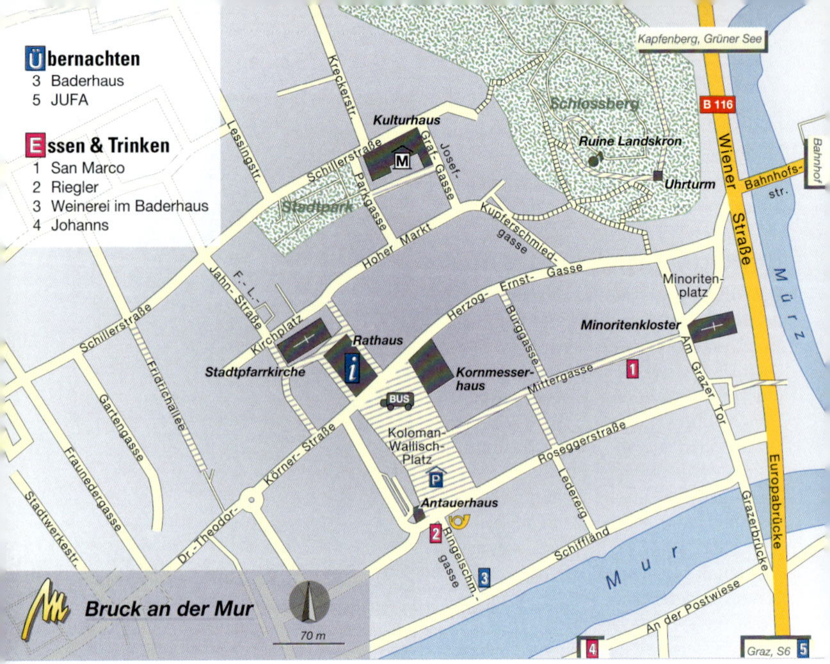

Kleinkunst sowie Clownerien. Do/Fr Gauklerfest, Sa Stadtfest, am 2. Wochenende im Aug. (www.murenschalk.at).

Martinimarkt. Der große Krämermarkt auf dem Kirchplatz geht auf ein Herrschaftsprivileg aus dem Jahr 1320 zurück. 11. Nov.

Wandern **Rennfeld**: Der Klassiker von der Pischkalm zum 1629 m hohen Aussichtsgipfel in den Fischbacher Alpen ist zu jeder Jahreszeit machbar (Gehzeit: ca. 3 Std.).

Hochanger: Das zur Gleinalpe gehörende Aussichtsplateau ist ebenfalls ein sehr beliebtes Wanderziel und ist am besten vom Wanderausgangspunkt im Weitental erreichbar. Ziel ist das rund 1000 m hoch gelegene Hochangerschutzhaus (Mitte April bis Okt. tägl., sonst nur Sa/So, ✆ 03862-51659, Gehzeit hin und zurück: ca. 4 Std.).

Übernachten/Essen & Trinken in und um Bruck an der Mur

Obwohl Bruck zu den sehenswertesten steirischen Städtezielen gehört, verweilen die wenigsten Reisenden länger. Touristen trifft man am Abend in der Stadt selten an, empfehlenswerte Quartiere im Zentrum sind dünn gesät. Die Lücken schließt jedoch die nur 6 km entfernte Nachbarstadt Kapfenberg (→ S. 188 ff.).

»» Mein Tipp: **Baderhaus** **3** Exklusives Logis in einem mittelalterlichen Baderhaus an der Murpromenade (1613 erstmals erwähnt). In einer Schaukammer sind Fundamente aus dem 9. Jh. zu sehen. 6 Zimmer unterschiedlichen Stils, geschmackvoll eingerichtet, mit Dachschräge. Das Frühstück wird im kleinen Gewölberaum eingenommen. Im Erdgeschoss befinden sich ein hervorragendes Restaurant sowie eine Weinstube (die Rehschulter mit Schupfnudeln und Kraut kostet 14 €). Di–Sa ab 11.30 Uhr. DZ ab 78 €. Ringelschmiedgasse 7, ✆ 03862-57301, info@liendl.com, www.baderhaus.at. ««

** **Ebner**. Das gutbürgerliche Wirtshaus südlich von Bruck liegt direkt am Murradweg. Die ruhigen Zimmer befinden sich im separaten Nebenhaus und sind mit viel Holz eingerichtet. Restaurant mit zuverlässig guter Küche und zünftiger Terrasse, der Bauernschmaus ist für 9,50 € zu haben. Leckere hausgemachte Kuchen, häufig kann der Gast zwischen kleinen und großen

Portionen wählen (Do geschlossen). DZ ab 70 €. Übelstein 4b, ✆ 03862-51753, gasthaus-ebner@aon.at, www.gasthaus-ebner.at.

JUFA **5** Das Jugend- und Familiengästehaus liegt ruhig im grünen Weitental, das Zentrum ist zu Fuß in 15 Min. erreichbar. Mit großer Sonnenterrasse, Kegelbahn und brandneuem Wellnessbereich. DZ ab 69 €. Stadtwaldstr. 1, ✆ 0570-83370, bruck@jufa.eu, www.jufa.eu.

Camping Raddörfl. Der Landgasthof Pichler am Murradweg verfügt über einen Zeltplatz mit guten Sanitäranlagen und Spielplatz. Die Inhaber vermieten darüber hinaus Bungalows. März bis Okt. 2 Pers. mit Zelt 23 €. Brucker Str. 110 in Oberaich, ✆ 03862-51418, info@gasthofpichler.at, www.gasthofpichler.at.

Johanns **4** Das sehr exklusive Haubenlokal in einem Eckhaus auf der anderen Seite der Mur verfügt über nur 4 Tische, eine Reservierung ist daher notwendig. Kreative Küche auf hohem Niveau, kredenzt mit invidueller Note. Hauptgerichte 15–30 €, angeschlossen sind eine Kochschule sowie ein Genussladen. Mo–Fr mittags und abends. Hugo-von-Montfort-Gasse 2, ✆ 0664-2413129, www.johanns.at.

››› Mein Tipp: **Riegler** **2** Das vom Hauptplatz zugängliche Restaurant serviert köstlich zubereitete steirische Spezialitäten. Die gastronomische Tradition geht mindestens bis ins Jahr 1638 zurück. Das Angebot auf der Karte wechselt regelmäßig, ein beliebter Klassiker sind jedoch die saftigen Steaks in allen möglichen Variationen (ab 20 € aufwärts). Angenehmes Sitzen und Speisen im Wintergarten mit Murblick. Mo Ruhetag. Hauptplatz 11, ✆ 03862-54904, www.restaurant-riegler.at. ‹‹‹

San Marco **1** Niveauvolle Trattoria und Pizzeria in der Fußgängerzone zwischen Hauptplatz und Minoritenkloster. Gemütliche Stube mit viel Holz und großen Kapazitäten, mediterrane Atmosphäre auf der straßenseitigen Terrasse. Große Auswahl an Pasta, die Spezialität sind Fischgerichte, abends wird natürlich der Pizzaofen angeheizt (Pizza ab 6,50 €). So Ruhetag. Mittergasse 26, ✆ 03862-55553.

Zum lustigen Steirer. Volkstümliches Gasthaus mit einem in der Tat gut aufgelegten Wirt auf einer Anhöhe in Oberaich. Gutbürgerliche Küche, deftige Fisch- und Fleischgerichte, ausgesuchte Weine, alles zu ehrlichen Preisen. Großer Biergarten, angeschlossen ist eine Ferienpension. Mo geschlossen, im Aug. zwei Wochen zu. Oberaich 19 (4 km westlich von Bruck), ✆ 03862-53365, www.lustigersteirer.at.

Pernegg an der Mur und Mixnitz

Das Hauptargument für einen Halt in der Doppelortschaft Mixnitz-Pernegg ist ein Besuch der grandiosen **Bärenschützklamm.** Für viele ist die seit 1901 über eine Steiganlage begehbare Schlucht eines der spektakulärsten Alpentäler Österreichs. Es verbindet das mittlere Murtal mit der Teichalm-Region (→ S. 295 ff.). Trotz des gesicherten Holzplankenstegs ist der Ausflug nur für Geübte zu empfehlen, zumal zwischen Klammeingang und -ausgang satte 350 Höhenmeter liegen. Die Errichtung des Steigs mit 115 Brücken und 49 Leitern war eine enorme Pionierleistung des Grazer Alpenclubs. Seit 1978 ist die Schlucht, deren Name sich nicht von raubenden Großsäugern ableitet, ein Naturdenkmal.

Etwas anders sieht die Sachlage bei der sagenumwobenen **Drachenhöhle** aus: Neben einigen Funden aus der Altsteinzeit fand man hier tatsächlich Knochen vom ausgestorbenen Höhlenbären *(Ursus spelaeus)*. Die Einheimischen hielten einst die Knochen für Überreste eines scheußlichen Drachens, was den eigenartigen Namen der Höhle erklärt. Einer Mär nach war der Unhold in regelrechter Siegfried-Manier von einem Jungbauern getötet worden. Zum Schutz der Fledermäuse ist die Höhle nur im Rahmen einer Führung zu besichtigen.

Im alten Ortsteil Pernegg überzeugt das bauliche Ensemble mit dem **Renaissanceschloss** und der **Frauenkirche.** Letztere wurde im 15. Jh. erbaut und war in der Vergangenheit ein wichtiges Wallfahrtsziel. Das Gnadenbild, die Pernegger Madonna, befindet sich im barocken Hochaltar.

Information www.pernegg.at.

Hin & weg Von der Schnellstraßenausfahrt Mixnitz führt die L 104 durch das Breitenauer Tal ins Hochlantsch-Gebiet bzw. in die Fischbacher Alpen.

Bahn: An den Bahnhöfen Mixnitz-Bärenschützklamm und Pernegg halten die S-Bahnen der Linie 1 zwischen Graz und Bruck an der Mur.

Bis 1966 verkehrte von Mixnitz nach St. Jakob-Breitenau eine **Schmalspurbahn**, die vorrangig dem Transport von Magnesit diente. Heute organisiert ein Verein von Mai bis Sept. etwa fünf Sonderfahrten mit der Nostalgiebahn. ✆ 0676-5313725, www.breitenauerbahn.at.

Wandern **Bärenschützklamm**: Der Weg zum Wanderausgangspunkt ist ausgeschildert (vom Bahnhof benötigt man 45 Min.), bis zum eigentlichen Klammeingang läuft man dann noch einmal etwa 45 Min. Die Steigbegehung ist kostenpflichtig (3,50 €, erm. ab 2 €). Mai bis Okt. geöffnet. Bei guter Kondition kann man bis zur Teichalm weiterwandern (einfache Gehzeit: ca. 3:30 Std.).

Drachenhöhle: Der Weg von Mixnitz zur Höhle ist ausgeschildert. Führungen finden etwa im Zweiwochenturnus an Wochenenden von Mitte Mai bis Mitte Sept. statt, ohne Führung ist der Zutritt nicht erlaubt. 3 €, erm. 1,50 €. Infos und Anmeldung unter ✆ 0650-5066166, www.pernegg.at (einfache Gehzeit: ca. 1 Std.).

Übernachten/Essen **Ritschi**. Die bodenständige Gastwirtschaft am nördlichen Ortsrand von Pernegg ist ein beliebter Pausenplatz für Radfahrer. Gutbürgerliche Küche – von der Kaspressknödelsuppe für 3,70 € bis zum steirischen Cordon Bleu (10,30 €). Schöner Gastgarten, im Winter Mo Ruhetag. Die Inhaber vermieten auch 6 gute Gästezimmer im Ortszentrum (DZ ab 60 €). Bahnstr. 6a, ✆ 03867-8163, www.ritschi.at.

Frohnleiten

ca. 6000 Einwohner

Der historische Markt auf halbem Weg zwischen Bruck an der Mur und Graz zählt zu den sehenswertesten Städtezielen im mittleren Murtal. Die einmalige Lage der Altstadt auf einem flachen, hochwassergeschützten Hügelrücken erschließt sich am besten von der anderen Flussseite: Volutengiebel und barocke Turmhelme prägen die urbane Silhouette, die sich gemeinsam mit der Brücke im Wasser spiegelt. Der Übergang ist der Hauptgrund, warum Frohnleiten gegen Ende des 13. Jh. gegründet wurde. Denn im Mittelalter gab es zwischen Graz und Bruck nur diese eine Brücke, die verständlicherweise eines besonderen Schutzes bedurfte. Die **Wehrmauer** aus der zweiten Hälfte des 15. Jh. ist teilweise noch erhalten, u. a. das Leobner Stadttor sowie das Torhaus zwischen Murbrücke und Hauptplatz, das der Rest eines sog. Tabors ist. Der Hauptplatz entpuppt sich als lebendiger und ziemlich aufgeräumter Straßenplatz mit reichlich Blumenschmuck an den Bürgerhausfassaden. Das auffälligste Bauwerk an der Stirnseite des Platzes ist die **Pfarrkirche,** die den Betrachter im Innern mit einer Rokokofülle – von der Orgelempore über die Deckengemälde bis zum Hochaltar – überwältigt. Ein stimmiges Gesamtbild ergibt die Fassadenfront im Verbund mit den beiden flankierenden Gebäuden; das gesamte bauliche Ensemble war bis 2008 ein Servitenkloster (die Serviten sind ein 1233 in Florenz gegründeter Bettelorden). Einen touristischen Schub brachte eine 1867 gegründete Kaltwasserheilanstalt: Die hiesige Wasserheilkunde genoss einen vorzüglichen Ruf, die Stadt durfte sich sogar mit dem Prädikat „Perle des Murtals" schmücken. Ein modernes Therapiezentrum am Hauptplatz setzt heute die Kurtradition fort.

Frohnleiten: Blick über die Mur zur Altstadt

Information Die Stadtinfo ist gleichzeitig Bahnticketbüro. Mo–Fr 9–12 und 14–17.15 Uhr, Sa 9–12 Uhr, Juni bis Sept. nachmittags eine Stunde länger offen. Hauptplatz 2, ✆ 03126-2374, www.frohnleiten.or.at.

Hin & weg Von Frohnleiten führt die B 64 durch das Passailer Becken ins Grazer Bergland.

Bahn: In Frohnleiten halten die S-Bahnen der Linie 1 zwischen Graz und Bruck an der Mur. Der Bahnhof liegt 10 Gehminuten vom Stadtzentrum entfernt.

Veranstaltungen **Accademia Belcanto**. Der internationale Gesangswettbewerb für junge Talente findet in der ansonsten nicht öffentlich zugänglichen Burg Rabenstein südlich von Frohnleiten statt. Mitte/Ende Aug. (www.accademia-belcanto.com).

Wandern Eine beliebte Runde führt vom Zentrum auf den 993 m hohen **Gschwendtberg** (Gehzeit: ca. 3:30–4 Std.). Wer alpine Bedingungen vorzieht, fährt über Schrems und Tyrnau zum Parkplatz **Rote Wand** und wandert zur 1302 m hoch gelegenen Tyrnauer Alm (Gehzeit für den Rundweg: ca. 4 Std.).

Übernachten/Essen ** **Dorfwirt**. Das moderne Gasthaus mit Pension liegt ruhig im Ortsteil Adriach unterhalb der Georgskirche. Die Zimmer teils mit Balkon machen einen ordentlichen Eindruck, ideal für Familien und Fahrradfahrer. Das Restaurant kredenzt gutbürgerliche steirische Küche, das Steirerschnitzel mit Preiselbeeren gibt's für 10 €. DZ 80 €. Adriach 22, ✆ 03126-3711, dorfwirt.adriach@aon.at, www.dorfwirt-adriach.at.

››› **Mein Tipp: Rois**. Das kultivierte Landhaus mit Restaurant 2 km östlich von Frohnleiten lohnt den Weg: Ambitionierte Küche, steirische und andere Spezialitäten werden mit Liebe zubereitet, die gefüllte Maishendlbrust mit Frischkäse und Pilzrisotto kostet 13 €. Die Inhaber vermieten ein Ferien-Apartment und ein Gästezimmer (DZ 56 €). Mi–Sa ab 9 Uhr, So abends ab 20 Uhr geschlossen. Gschwendt 7 (an der B 64), ✆ 03126-8217, www.landhausrois.at. ‹‹‹

Flössl. Das bodenständige Kaffeehaus im Stadtzentrum mit großzügigen Öffnungszeiten ist die ideale Einkehr für den kleinen Hunger zwischendurch. Kaffeespezialitäten, Eis und leckere hausgemachte Kuchen, eine Spezialität ist das Frohnleitner Trüffelkonfekt. Mo–Fr 7.30–19.30 Uhr, Sa bis 12.30 Uhr, So 13.30–19 Uhr. Hauptplatz 11, ✆ 03126-2347, www.floessl.at.

Das Murtal bis Graz → Karte S. 198/199

Peggau und Deutschfeistritz

Südlich des steilen Badlgrabens liegen die beiden Orte Peggau und Deutschfeistritz, die jeweils mit einer bemerkenswerten Attraktion aufwarten: Das wichtigste Ziel in Peggau ist die **Lurgrotte,** mit einer Länge von 5 km Österreichs größte Tropfsteinhöhle. Zwar war sie bereits von steinzeitlichen Jägern bewohnt, ins öffentliche Bewusstsein des neuzeitlichen Menschen rückte sie allerdings erst im Frühjahr 1894: Als eine Gruppe Höhlenforscher vom plötzlich ansteigenden Wasserpegel überrascht und eingeschlossen wurde, veranlasste Kaiser Franz Joseph I. persönlich eine aufwendige Rettungsaktion mit über 1000 Helfern. Bis zur glücklichen Bergung des Forschungsteams vergingen dennoch geschlagene neun Tage. Das Besondere an der Höhle heute ist, dass sie von zwei Seiten – von Peggau und von Semriach – zugänglich ist. Vom Eingang auf der Peggauer Seite ist der erste Höhlenkilometer elektrifiziert und kann im Rahmen einer Führung besichtigt werden (April bis Okt. tägl. 10–16 Uhr. Führungen zu jeder vollen Stunde. 7 €, erm. 5 €. Lurgrottenstr. 1, ✆ 03127-2580, www.lurgrotte.com). Von der anderen Seite präsentiert sich die Höhle beinah noch beeindruckender, auch wenn die Anfahrt vom mittleren Murtal nach Semriach länger ist. Höhepunkt der Besichtigung von der Ostseite aus ist der „Große Dom“, der mit einer Länge von 120 m und einer Höhe bis 40 m zu den gewaltigsten Höhlendomen Europas zählt (Mitte April bis Okt. tägl. 10–16 Uhr. Führungen um 11, 14 und 15.30 Uhr. 7 €, erm. ab 4,50 €. Lurgrottenstr. 1, ✆ 03127-8319, www.lurgrotte.at).

Ein nicht minder lohnendes, wenn auch völlig anders geartetes Ziel im Nachbarort Deutschfeistritz ist das mindestens 400 Jahre alte **Sensenwerk.** In der Blütezeit des Unternehmens verließen jährlich bis zu 60.000 Sensen und Sicheln das Werk. Heute bemüht sich ein Verein um die Erhaltung und die Zugänglichkeit des Industriedenkmals. Der noch immer funktionsfähige Schmiedehammer wird von Wasserkraft betrieben, Räume und Gerätschaften sind in dem Zustand konserviert, wie er

Peggau: das Skelett eines Höhlenbären in der Lurgrotte

bei der Einstellung der Produktion 1984 vorgeherrscht hat. Wie die Lurgrotte ist auch diese Attraktion nur im Rahmen einer Führung zu besichtigen (April bis Okt. Mo–Fr 14–17 Uhr, Sa/So ab 10 Uhr. 5 €, erm. 2,50 €, plus Führungspauschale 20 €. Rudolf-Klug-Gasse 2, ✆ 03127-42200, www.sensenwerk.at).

Südlich von Peggau und Deutschfeistritz mündet die Pyhrn-Autobahn (A 9) ins mittlere Murtal und sorgt für noch mehr Verkehrsaufkommen Richtung Graz. Die weiteren lohnenden Ziele – das **Freilichtmuseum Stübing,** das **Stift Rein** und die **Wallfahrtskirche Maria-Straßengel** – befinden sich bereits im Raum Graz (→ S. 270 ff.).

Hin & weg Vom Autobahn- und Schnellstraßenknoten Peggau-Deutschfeistritz bzw. von Friesach führt die Semriacher Straße an der Kesselfallklamm vorbei nach Semriach. Der Weg vom Ortszentrum Semriach zur Lurgrotte ist ausgeschildert.

Wandern Der Weg Nr. 13 verbindet die Peggauer mit der Semriacher **Lurgrotte** (Gehzeit hin und zurück: ca. 4 Std.).

Kesselfallklamm: Die Schlucht im Grazer Bergland ist ein Naturdenkmal und befindet sich auf halbem Weg zwischen Friesach im Murtal und Semriach. Vom Wanderausgangspunkt am Gasthof Sandwirt (Mo Ruhtag) sind es zu Fuß 5 Min. bis zum Klammeingang. Eintritt 2 €. Wer den Weg anschließend in Gehrichtung fortsetzt, landet in 1:30 Std. in Semriach.

Übernachten/Essen »» Mein Tipp: **Feuerlöscher**. Das kultivierte Landhaus im Übelbacher Tal, einem ruhigen Seitental in Richtung Gleinalpe, besteht aus einer betagten Villa und einem neuen Holzhaus, das als Pension, Galerie und für Veranstaltungen genutzt wird. Einfache, aber urgemütliche Zimmer ohne TV, teils Bauernstube, teils mit modernem Kunstdesign, Garten mit Pool, kein Restaurant. Ein besonderer, steiermarkweit einzigartiger Ort! DZ 88 €. Übelbachstr. 159–161 in Deutschfeistritz-Prenning, ✆ 0664-4113668, mail@kulturpension.at, www.kulturpension.at. ««

*** **Bernthaler**. Landgasthof mit guter Küche und angeschlossener Pension. Bodenständig, verwendet werden vorzugsweise

Deutschfeistritz:
sehenswertes Sensenwerk

Zutaten regionaler Herkunft. Eine Spezialität sind Steaks vom Übelbacher Rind (um 20 €), preiswerte Mittagsmenüs für 7–8 €. Innenplätze nichts Besonderes, Biergarten mit kleinem Spielplatz hinterm Haus (So abends und Di nachmittags geschlossen). DZ 56 €. Königgraben 22 (von Deutschfeistritz Richtung Kleinstübing, dann auf Schild nach rechts achten), ✆ 03127-41261, gratzer@gh-bernthaler.at, www.gh-bernthaler.at.

Fattingerhof. Mostschenke und populäres Heurigenlokal am nördlichen Ortseingang von Kleinstübing, Radfahrer kehren gerne hier ein. Bio-Fruchtsäfte, Most, Wein sowie diverses Hochprozentiges, köstliche Brettljausen, saisonale Tageskarte, die Hausplatte mit 6 verschiedenen Aufstrichen kostet 8,50 €. Schattiger Gastgarten und urgemütliche Stube. Mi–So ab 12 Uhr, Jan./Febr. geschlossen. Kleinstübing 6, ✆ 03127-42943, www.bio-obst.co.at. ■

Blick von der Mur auf Altstadt und Schlossberg | Detailansicht des ...

Graz

ca. 266.000 Einwohner

Die intakte Altstadt ist ein Schmuckstück zwischen Mur und Schlossberg. Abgesehen von den Sehenswürdigkeiten erweist sich die Landeshauptstadt als Gesamtkunstwerk mit einem regen Kulturleben, exquisiten Restaurants, vielfältigen Shoppingmöglichkeiten sowie einem aufregenden Nachtleben.

Graz ist kein Städteziel, das mit Superlativen prunkt: Es gibt keinen Eiffelturm und keinen Petersdom, keine Freiheitsstatue und auch keinen Burj Khalifa. Die Symbole der großen Weltstädte finden sich allesamt andernorts, selbst in Österreich wartet Wien mit einem Prater und Salzburg mit Mozartkugeln auf. Über Graz hingegen ist außerhalb der österreichischen Grenzen im Grunde nur wenig bekannt. Dabei weiß die Stadt viele Titel zu vereinen: steirische Landeshauptstadt und zweitgrößte Stadt der Alpenrepublik, Universitätsstadt und Metropole des südlichen Alpenvorlands, Hauptstadt der Genusskultur sowie **Kulturhauptstadt.** Besonders Letzteres verdient ein näheres Hinsehen, denn immerhin liegt das Jahr 2003, in dem Graz europäische Kulturhauptstadt war, bereits eine Weile zurück. Rund 100 Projekte und über 6000 Veranstaltungen hatten die Stadt in einen veritablen Rausch versetzt. Das Jahr war für die Stadtentwicklung derart förderlich, dass man diesen Titel anschließend ganz einfach nicht mehr hergab: Die künstliche Mur-Insel, die eigentlich abgerissen werden sollte, blieb erhalten; der Tourismus boomte; das kulturelle Leben blüht bis heute. Das bedeutendste städtebauliche Symbol aus dem Kulturhauptstadtjahr, das grandiose **Kunsthaus,** blieb natürlich ebenfalls. Es zählt heute zu den bekanntesten Gebäuden der Stadt.

Wer als Gast wachen Auges durch die Straßen und Gassen der Altstadt streift, entdeckt neben barocken Kirchen und ehrwürdigen Bürgerhäusern mit den typisch alpenländischen Sgraffitofassaden auch viele Beispiele innovativer, moderner Kunst und Architektur sowie reichlich junges Design. Der Designaspekt kann gar nicht

genug betont werden, schließlich nennt sich die Landeshauptstadt auch **City of Design** und zählt zum illustren Kreis von nur zehn Städten weltweit – darunter Berlin und Buenos Aires –, die im zukunftsweisenden Netzwerk „Creative Cities" auf unterschiedliche Weise die Rolle moderner Gestaltungselemente innerhalb der Stadt zu stärken versuchen.

Bei alledem ist die Stadt auf entspannte Art und Weise bodenständig geblieben und strahlt eine heitere und unprätentiöse Gelassenheit aus. Einen gewichtigen Beitrag zur sprichwörtlich ausgezeichneten Lebensqualität leistet die Tradition: Graz war bereits im Mittelalter landesfürstliche Residenzstadt gewesen, die große Zeit brach jedoch erst 1564 an, als mit dem Tod Kaiser Ferdinands I. eine neue habsburgische Linie entstand. Als Erzherzog Karl, der jüngste Sohn Ferdinands, Innerösterreich zugesprochen bekam, machte er Graz zur Hauptstadt des habsburgischen Reiches und forcierte den Ausbau seiner Metropole zum waffenstarrenden Bollwerk gegen die Türken. Das 16.–18. Jh. war überdies das **italienische Zeitalter,** in dem man zur Ewigen Stadt Rom blickte und aus Italien neue Baumoden übernahm. Zahlreiche Künstler und Architekten kamen aus Oberitalien und hinterließen in der Stadt ihre Spuren in den Gotteshäusern und in den zahlreichen Hinterhöfen der Altstadt. Wer abseits der Sehenswürdigkeiten wandelt, sollte der Neugier freien Lauf lassen und die diversen Hinterhöfe – von romantisch bis repräsentativ – unter die Lupe nehmen. Einige Höfe verbergen sich in Steinwurfnähe zum Hauptplatz und sind über Passagen mit den rückwärtigen Gassen verbunden, andere – wie z. B. der Renaissancehof des Deutschritterordenshauses in der Sporgasse 22 – schlummern weitgehend unentdeckt vor sich hin. Die große Anzahl an Baudenkmälern in einer geschlossen erhaltenen Altstadt bewog schließlich die UNESCO 1999 dazu, Graz in den Kreis der **Weltkulturerbestätten** aufzunehmen. Die Begründung verweist ganz besonders auf das harmonische Nebeneinander von Bauten aus unterschiedlichen Epochen von der Romanik bis zum Barock. Sie ergeben ein beispielloses Potpourri an Stilen und künstlerischen Ausdrucksformen, die unter der habsburgischen Ägide entstanden sind.

Geschichte

Vernachlässigt man die vor- und frühgeschichtlichen Siedlungsperioden, die sich am Schlossberg bzw. unterhalb im Bereich der Sackstraße und der Herrengasse bis in die Jungsteinzeit zurückverfolgen lassen, beginnt die Geschichte von Graz im 6. Jh. n. Chr. mit der slawischen Landnahme. Bereits der Stadtname ist slawischen Ursprungs: Die altslawische Bezeichnung „grad“ bedeutet nichts anderes als „Burg“, ein Umstand, der sich etwa heute im slowenischen Wort „Gradec“ für die steirische Landeshauptstadt widerspiegelt. Die Ableitung des Stadtnamens zeigt jedoch auch, dass die Slawen bereits die strategischen Vorzüge des Schlossbergs erkannten und den Hügel entsprechend befestigten. Nach dem Sieg von Kaiser Otto dem Großen über die Ungarn bei der Schlacht auf dem Lechfeld im Jahr 955 war das Grazer Becken Bestandteil der neu gebildeten „Mark an der mittleren Mur“ des Frankenreichs.

Die Anfänge der Stadtgeschichte im engeren Sinn liegen im ersten Drittel des 12. Jh., als ein gewisser Bernhard von Stübing auf dem Schlossberg eine romanische Burg errichten ließ. Zur gleichen Zeit entwickelte sich unterhalb an der Mur eine Marktsiedlung – die Keimzelle der mittelalterlichen Stadt. Spätestens mit der Übernahme des Territoriums durch den Markgrafen Ottokar III. um 1160 und der folgenden Entwicklung dieser Marktsiedlung zur steirischen Landeshauptstadt verlaufen die Stadt- und Landesgeschichte parallel (→ Geschichte, S. 30 ff.): Seit der Teilung des Habsburgerreichs 1379 war Graz eine **Residenzstadt,** von der aus ganz Innerösterreich – neben der Steiermark auch Teile Kärntens, Sloweniens und Innertriests – regiert wurde.

Im Mittelalter umschloss eine Ringmauer die Stadt vom Schlossberg bis zum Fluss, nördlich und südlich der Mauer und auf der anderen Seite der Mur bildeten sich Vorstädte. Graz verfügte über eine eigene Gerichtsbarkeit und besaß obendrein ein Stadtwappen, das sich eng ans Landeswappen – den Panther der Grafen von Steyr – anlehnt. In die erste Blütezeit in der zweiten Hälfte des 15. Jh. fällt der Bau der heutigen Domkirche und der benachbarten Residenz. Mit der zweiten Blütephase ab der Mitte des 16. Jh. begann die „italienische Epoche“: Künstler und Architekten

Grazer Dachlandschaft mit dem Kunsthaus

aus der Region um den Comer See veränderten das urbane Gesicht, es entstanden u. a. die Landhausarkaden und die neue Stadtbefestigung. Am Ende des 16. Jh. wurde die Universität gegründet und gleich darauf den Jesuiten übergeben, die zuvor nach Graz geholt worden waren, um das Projekt der Gegenreformation voranzutreiben. Im protestantischen akademischen Gegenstück, der Stiftsschule, wirkte 1594–1600 der Mathematiker und Astronom **Johannes Kepler,** der hier sein Werk „Mysterium Cosmographicum" schrieb und veröffentlichte, das ihn im Abendland berühmt machen sowie das kopernikanische Weltbild popularisieren sollte. Die Gegenreformation zwang ihn schließlich dazu, Graz zu verlassen. 19 Jahre nach Kepler verließ auch der habsburgische Hofstaat die Stadt und zog nach Wien. Der Glanz der Residenz verblasste allmählich, derweil die militärstrategische Bedeutung des „Bollwerks Graz" gegen die Türken bis ins 18. Jh. bestehen blieb.

Burg und Mausoleum im Spiegel

Zwischen 1797 und 1809 rückten dreimal französische Truppen in die Stadt ein, allerdings ohne die Festung auf dem Schlossberg zu erobern. Nachdem jedoch die Habsburgerregenten den fünften Koalitionskrieg gegen Napoleon verloren hatten, wurde 1809 im Frieden von Schönbrunn u. a. die vollständige Schleifung der Grazer Befestigungsanlagen beschlossen. Als im Januar 1810 die Truppen wieder abzogen, hinterließen sie am Berg ein Trümmerfeld. In der darauf folgenden **Gründerzeit** rieb man sich die Augen, krempelte die Ärmel hoch und räumte gründlich auf. Die Stadt explodierte regelrecht, bedeutende Wirtschaftsunternehmen entstanden, u. a. begann Johann Puch, der in Bad Radkersburg die Lehre absolviert hatte, mit seiner Fahrradproduktion. Der Bau der Eisenbahn von Wien nach Triest machte Graz auf einen Schlag zum bedeutenden Verkehrsknoten, Erzherzog Johann gründete zudem wichtige kommunale Infrastruktureinrichtungen (→ Kasten, S. 36). Graz wuchs in dieser Periode v. a. in südliche Richtung, wo sich noch heute die meisten Industrie- und Gewerbezonen befinden. Gegen den Wunsch der meisten Christdemokraten und mit Unterstützung der Sozialisten wurde nach dem Anschluss Österreichs ans Deutsche Reich 1938 die Stadt durch mehrfache Eingemeindungen zu „Groß-Graz" erweitert. Zuvor war Hitler im Triumphzug durch die Straßen der Stadt gezogen, enthusiastisch gefeiert und bejubelt von zehntausenden Zuschauern, was u. a. Stadt und Land den Ruf einer Hochburg des Nationalsozialismus eintrug. Die anfängliche Euphorie wich angesichts der Entfaltung der totalitären Herrschaftsmethoden bald der Ernüchterung, der Schlachtruf „Heim ins Reich" wurde in der Folge verstärkt vom Motto des politischen Widerstands „Heim, uns reicht's!" abgelöst.

Der Türke in der Sporgasse: Legendäres und Historisches

Legenden genießen den Vorzug, dass sie sich nicht um Wahrscheinlichkeiten zu scheren brauchen. Der Überlieferung nach logierte 1532 der Befehlshaber des türkischen Heeres, Ibrahim Pascha, im Palais Saurau in der Sporgasse 25, um von hier aus die Erstürmung des Grazer Schlossberges zu beaufsichtigen. Ein Sklave trug soeben einen duftenden Braten zum Abendessen auf, als vom Schlossberg just in diesem Augenblick eine Kanone abgefeuert wurde. Die Kugel traf ausgerechnet den Braten und schleuderte diesen aus dem Fenster. Ein Offizier, dem Braten nachhechtend, verfing sich am Gesims, wo er noch heute zu erkennen ist. Entsetzt ob der Zielgenauigkeit der Grazer Kanoniere, hoben die Türken die Belagerung auf und flohen aus der Stadt.

Historiker freilich werden sich mit dieser Geschichte kaum zufriedengeben. Der rätselhafte Türke, eine bemalte Holzfigur mit erhobenem Schwertarm an der Frontfassade des Palais Saurau, verlangt nach einer nachvollziehbaren Erklärung. Indes schießen die Spekulationen munter ins Kraut, keine einzige will jedoch so recht einleuchten: Eigentlich handelt es sich um eine drehbare Quintanafigur in Gestalt eines feindlichen Osmanen, wie sie bei sportlichen Übungswettkämpfen häufig verwendet wurden. Wenn die Reiterlanze ihr Ziel verfehlte, „schlug" die Figur zurück. Dies erklärt jedoch nicht, was der Türke an der Fassade zu suchen hat. Möglicherweise diente er der Familie Saurau als Hauszeichen. Für diese Interpretation spricht, dass Graf Karl von Saurau als Feldherr mehrfach türkische Eroberer zurückschlug. Allerdings existierte das Palais in seiner heutigen Gestalt zur Zeit der Türkenkriege noch nicht. Und auch mit einer anderen Mär räumt die historische Perspektive auf: Eine türkische Belagerung im Jahr 1532, wie es die obige Legende überliefert, ist bislang nicht aktenkundig. Das Original der geheimnisvollen Türkenfigur ist im Grazer Stadtmuseum ausgestellt.

Das Original der geheimnisvollen „Türkenfigur" steht im Grazmuseum

Sehenswertes

→ Karte S. 280/281

Der Hauptplatz ist das unbestrittene Zentrum von Graz und bester Ausgangspunkt für Stadterkundungen zu Fuß oder mit der Tram. Von hier führen die Wege in alle Richtungen zu den wichtigsten innerstädtischen Sehenswürdigkeiten. Des Weiteren bietet die Herrengasse Graz-Anfängern eine hilfreiche Orientierung: Die breite Geschäftsstraße verbindet den Haupt- mit dem Jakominiplatz und teilt die Altstadt in zwei übersichtliche Hälften. Zahlreiche Besichtigungshighlights befinden sich im Tortenstück zwischen Herrengasse und Mur, u. a. das Zeughaus, das Landhaus, das Joanneumsviertel sowie das Franziskanerviertel. Jenseits der Herrengasse steigt die Altstadt behutsam zur Stadtkrone an, einem Ensemble weltlicher und geistlicher Repräsentationsbauten mit Bischofskirche, Mausoleum und der landesfürstlichen Burg. Einen dritten Besichtigungsschwerpunkt bildet der Schlossberg: Der Blick vom Uhrturm, dem städtischen Wahrzeichen, auf die kunterbunte Dachlandschaft gehört zum Pflichtprogramm jedes Grazbesuchs. Auf der anderen Seite des Flusses setzt seit 2003 das moderne Kunsthaus einen städtebaulichen Akzent erster Güte. Der Kulturkomplex mauserte sich binnen kürzester Zeit zum urbanen Wahrzeichen, die biomorphe Dachskulptur zählt zu den meistfotografierten Motiven der Innenstadt. Das Schloss Eggenberg am westlichen Stadtrand ist am besten mit der Straßenbahn zu erreichen. Wer mehr als nur einen raschen Blick auf die Schlossfassade oder in die Arkadenhöfe werfen möchte, sollte für den Ausflug etwas mehr Zeit einplanen. Schließlich erweiterte im Jahr 2010 die UNESCO nicht grundlos die Welterbestätte Graz, die ursprünglich nur die Altstadt umfasste, um das Schloss.

Graz an einem Tag: die wichtigsten Sehenswürdigkeiten

- Hauptplatz mit Rathaus und **Erzherzog-Johann-Brunnen** → S. 254
- Herrengasse mit **Landhaushofarkaden** und **Zeughaus** → S. 254 f.
- Stadtkrone: **Dom, Mausoleum** und **Grazer Burg** → S. 259 ff.
- Grazer **Schlossberg** mit Glocken- und Uhrturm → S. 261 f.
- **Kunsthaus** auf der anderen Seite der Mur → S. 265
- **Schloss Eggenberg** mit umliegendem Schlosspark → S. 267 ff.

Zwischen Herrengasse und Mur

Stattliche Bürgerhäuser, hochkarätige Museen sowie die wichtigste innerstädtische Einkaufs- und Flaniermeile prägen das Altstadtquartier zwischen Hauptplatz und Fluss. Wichtigste Sehenswürdigkeiten sind das Landhaus und das Landeszeughaus in der **Herrengasse,** die als breite Fußgängerzone den Hauptplatz mit dem Platz am Eisernen Tor verbindet. Am südlichen Ende der barocken Prachtstraße, durch die nahezu alle innerstädtischen Straßenbahnen fahren, befand sich einstmals das ummauerte jüdische Ghetto. Archäologische Grabungen bestätigen darüber hinaus, dass es sich bei dieser Gegend um einen uralten Siedlungsraum handelt. Ebenfalls eine beliebte Flanier- und Einkaufsmeile ist parallel zur Herrengasse die ruhigere

Graz → Karten S. 271 und 280/281

Schmiedgasse. Im Mittelalter waren hier, wie der Name bereits deutlich macht, vorzugsweise die Handwerker wie Schmiede, Spengler, Wagner und Büchsenmacher angesiedelt.

Hauptplatz: Das von gediegenen Bürgerhäusern umrahmte Trapez ist das pulsierende Herz der steirischen Landeshauptstadt. Hier finden Märkte und Feste statt, an den Würstelbuden stärken sich Pendler, Flaneure und Nachtschwärmer. Außerdem ist der Hauptplatz ein wichtiger Umsteigeknotenpunkt der Straßenbahn. Ein beliebter Treffpunkt ist der 1878 erbaute **Erzherzog-Johann-Brunnen.** Flankiert wird der in Bronze gegossene steirische Landesvater von allegorischen Darstellungen der vier Hauptflüsse des Herzogtums Steiermark. Gemeint sind die Enns, die Mur, die Drau und die Sann, wobei die letzten beiden heute durch Slowenien fließen. Das auffälligste Gebäude am Hauptplatz ist das **Rathaus** an der Südseite. Im repräsentativen Bau aus dem Ende des 19. Jh. residiert bis heute die Stadtregierung. Wer als Grazer auf sich hält, gibt sich hier auf dem Standesamt das Ja-Wort.

Landhaus: In trauter Nachbarschaft zum Rathaus setzt das Landhaus den nächsten architektonischen Akzent. Der Renaissancebau aus der Mitte des 16. Jh. zählt zu den städtischen Hauptsehenswürdigkeiten, was spätestens die Arkadenhöfe deutlich machen. Mit der Planung und Ausführung betrauten die steirischen Landstände den italienischen Festungsbaumeister Domenico dell'Allio. Lediglich die Verbindungsempore ist ein Werk des 19. Jh., gut zu erkennen an den neugotischen Türmchen. Im ersten Arkadenhof entpuppt sich ferner die kunstvolle Brunnenlaube aus dem Jahr 1590 als fotogener Blickfang. Eine Kriegerfigur krönt die in Bronze gegossenen mythologischen Figuren. In der Adventszeit befindet sich hier eine illuminierte Eiskrippe. Bis heute hält in der barocken Landstube mit der wappengeschmückten Stuckdecke der Landtag Steiermark seine Sitzungen ab. An gleicher Stelle, allerdings in einem bescheideneren Vorgängerbau, hatten bereits in der frühen Neuzeit die Landstände ihre Geschäftsräume.

Landhaus: Arkadenhof aus der Renaissance

Landeszeughaus (Museum): Das Zeughaus in der Herrengasse ist das zentrale Waffendepot der Steiermark. Hier lagern nicht weniger als 32.000 Schutzwaffen – Helme und Rüstungen, Pistolen und Gewehre, Schwerter, Schilde und Lanzen. Es handelt sich um die weltweit größte historisch gewachsene Waffensammlung. Das eigentlich Besondere jedoch ist, dass die Präsentation der Bestände sich seit dem 17. Jh. nicht wesentlich verändert hat. Der Besuch des Waffenarsenals, das heute ein Museum ist, vermittelt daher einen authentischen Einblick in die Vergangenheit: In Regalen stapeln sich Musketen und Helme, ein Prunkstück der Sammlung ist ein komplett erhaltener Pferdeharnisch. 1749 wurde das Zeughaus zwar geschlossen, die Waffen blieben jedoch vor Ort. Im Foyer befindet sich heute die Grazer Stadtinformation.
April bis Okt. tägl. außer Di 10–18 Uhr, Nov. bis März im Rahmen einer Führung (ganzjährig 12 und 14 Uhr). 8 €, erm. ab 3 €. Herrengasse 16, ✆ 0316-80179810, www.museum-joanneum.at.

Der Herzogshof in der Herrengasse

Graz → Karten S. 271 und 280/281

Universalmuseum Joanneum

Neben den Museen in Graz finden sich in der ganzen Steiermark Außenstellen des Universalmuseums. Wer ausgiebig durch diese Museen streifen möchte, kann auf Ermäßigungsangebote in den Einrichtungen des Joanneums zurückgreifen. Das 24-Std.-Ticket gibt's für 11 €, erm. ab 4 €, das 48-Std.-Ticket kostet 17 €, erm. ab 7 €. www.museum-joanneum.at.

Herzogshof (Gemaltes Haus): Die vollständig mit griechischen und römischen Götterszenen bemalte Fassade des Herzogshofs in der Herrengasse ist ein beliebtes Fotomotiv. Bis zur Vollendung der Grazer Burg 1450 vergaben hier die steirischen Herzöge ihre Lehen an die Untertanen. Den farbigen Freskenschmuck besorgte 1742 der aus Vorau stammende Maler Johann Mayer. Er war ein Schüler des Monumentalkünstlers Johann Cyriak Hackhofer, der bedeutende Werke in der Oststeiermark, im Stift Vorau und in der Festenburg schuf.

Stadtpfarrkirche zum Heiligen Blut: Der üppige Barockturm mit dem Kupferhelm überragt alle anderen Gebäude der Herrengasse. Die ehemalige Kirche der Dominikaner wurde 1585 in eine Pfarrkirche umgewidmet, nachdem die alte Stadtpfarrkirche (der Dom) den Jesuiten übertragen wurde. Eine Bombe zerstörte im Zweiten Weltkrieg die gotischen Glasfenster im Chor. Mit deren Erneuerung wurde der Expressionist Albert Birkle beauftragt, dessen Kunst im Nationalsozialismus als entartet galt. Der Künstler sorgte bei der Einweihung der neuen Fenster für einen mittelprächtigen Skandal, weil er in der Schar, die der Dornenkrönung Christi beiwohnt, Hitler und Mussolini abgebildet hat.

Joanneumsviertel: Abgesehen von den avantgardistisch in den Boden versenkten umgedrehten Glaskegeln ist der nicht leicht zu findende Platz vollständig leer. Besagte Kegel sind Bestandteil des jüngst neu gestalteten Eingangsbereichs zu mehreren Institutionen des Universalmuseums Joanneum (→ Kasten, S. 257). Der Schwerpunkt der **Neuen Galerie** liegt auf der Malerei vom Biedermeier bis zur Gegenwart. Ein Prunkstück der Sammlung ist ein Gemälde von Egon Schiele mit dem Titel „Stadtende/Häuserbogen III“. Integraler und dennoch eigenständiger Bestandteil der Galerie ist das Bruseum, das sich dem Schaffen des obersteirischen Aktionskünstlers Günter Brus widmet. 2013 eröffnete nach langer Umbauzeit das **Naturkundemuseum.** Die Schaustücke zu Biologie und Geologie geben spannende Einblicke in die Natur- und Erdgeschichte. Einen breiten Raum nehmen die Geologie und die Flora und Fauna der Alpenregion ein. Ein Highlight ist u. a. ein Präzisionsmodell der Steiermark im Relief, das 1890–1905 eine Gruppe von Uhrmachern aus Leoben anfertigte.

Neue Galerie: tägl. außer Mo 10–17 Uhr. 8 €, erm. ab 3 €. Joanneumsviertel, ✆ 0316-80179100, www.museum-joanneum.at. **Naturkundemuseum**: tägl. außer Mo 10–17 Uhr. 8 €, erm. ab 3 €. Joanneumsviertel, ✆ 0316-80179100, www.museum-joanneum.at.

Franziskanerviertel: In der ersten Hälfte des 13. Jh. gelangten die franziskanischen Minderbrüder nach Graz und gründeten ein Kloster. Heute ist der Franziskanerplatz fest in der Hand der Kneipenbummler und Nachtschwärmer; v. a. an sonnigen Nachmittagen und am Abend entfaltet das Quartier mit den zahlreichen Kneipen rund um das Kloster ein mediterranes Flair. Kaum zu glauben, dass im 16. Jh. im Stadtviertel zwischen Mur und Hauptplatz die Schlachter und Fleischer den Ton angaben, weshalb dieses Areal auch als Kälbernes Viertel bezeichnet wird. Orientierung bietet der Turm der Franziskanerkirche (heutige Pfarrkirche Mariä Himmelfahrt) mit der charakteristischen Zwiebelhaube, der im Mittelalter integraler Bestandteil der Stadtbefestigung war. Nachdem Bomben im letzten Weltkrieg der gotischen Hallenkirche schwere Schäden zugefügt hatten, trugen steirische Künstler mit zeitgenössischen Werken zum Wiederaufbau bei. Die bunten Glasfenster im Chor stammen z. B. von Franz Felfer aus Fohnsdorf; insbesondere vormittags sorgen sie für ein stimmungsvolles Licht im Hauptschiff.

Palais Attems: Gegenüber dem Palais Khuenburg mit dem Grazer Stadtmuseum liegt in der Sackstraße 17 mit dem Palais Attems eine weitere bedeutende Adelsresidenz. Die Grafen von Attems stammten ursprünglich aus dem Friaul und bekleideten bis zum Ende der Donaumonarchie wichtige Staatsämter in der Steiermark. Zu Beginn des 18. Jh. wurde der namhafte Architekt Johann Joachim Carlone mit dem Bau dieser Residenz betraut. Der reiche Barockschmuck an der Fassade und im Hof ist eine Augenweide. Obendrein lohnt der Blick ins Prunktreppenhaus.

Palais Khuenburg (Stadtmuseum): Das barocke Palais in der Sackstraße befindet sich zwischen dem Reiner Hof, dem ältesten urkundlich erwähnten Haus in Graz, und dem Palais Herberstein. Erzherzog Franz Ferdinand kam hier zur Welt, dessen Ermordung in Sarajewo den Ersten Weltkrieg auslöste. Heute befindet sich in den Räumen das Grazer Stadtmuseum mit einer Ausstellung zur Geschichte der Stadt vom 12. Jh. bis zur Gegenwart. Vier Räume bieten interessante Einblicke in verschiedene Aspekte der urbanen Entwicklung. Zu den bedeutendsten Exponaten gehört die geheimnisvolle Figur des türkischen Kriegers, die ursprünglich die Front des Palais Saurau am oberen Ende der Sporgasse zierte. Eine Kopie des „Mohren“ befindet sich noch an Ort und Stelle (→ Kasten, S. 252).

Tägl. außer Di 10–17 Uhr. 5 €, erm. 3 €, bis 18 J. frei. Sackstr. 18, ✆ 0316-8727600, www.grazmuseum.at.

Joanneumsviertel: neu gestalteter Zugang zum Museum

Was Natur, menschlicher Fleiß und Beharrlichkeit hervorbrachten

Auf den ersten Blick erinnert das 2010–2013 neu gestaltete Museumsentree im Joanneumsviertel an den Louvre. Wie in Paris wurde der Eingang komplett unter die Erde verlegt; im Unterschied zur repräsentativen Glaspyramide im Pariser Schlosshof sorgen hier umgedrehte Glaskegel für den Lichteinfall, die auf dem leeren Platz so gut wie unsichtbar sind. Grund dafür ist nicht so sehr Understatement, vielmehr lässt die UNESCO keine architektonischen Eingriffe in der Altstadt zu, die das Stadtbild nachhaltig verändern. Die Neugestaltung geschah pünktlich zum 200. Jubiläum einer einzigartigen Institution: 1811 legte kein Geringerer als Erzherzog Johann, der steirische Landesvater, den Grundstein für das **Innerösterreichische Nationalmuseum** (Joanneum). Es ist damit das älteste und nach dem Kunsthistorischen Museum in Wien das zweitgrößte Museum Österreichs. Der Erzherzog überließ der Institution seine volkskundliche und naturwissenschaftliche Sammlung, um einen Beitrag zur Aufklärung des Volkes zu leisten. Was die „Natur, der Zeitwechsel, menschlicher Fleiß und Beharrlichkeit hervorgebracht haben", verfügte der Regent ohne Thron, solle den „wissbegierigen Zöglingen" nahegebracht werden. Zudem verstand er das Joanneum von vornherein auch als Lehr- und Forschungsinstitution. Der bekannteste Wissenschaftler, der hier wirkte, war Friedrich Mohs, der Mineralogen und Geologen v. a. durch die Härteskala zur Gesteinsbestimmung ein Begriff ist. Ein weiterer bedeutender Forscher war der Physiker Otto Nußbaumer, dem 1904 als einem der ersten die Übertragung von Musik auf drahtlosem Weg glückte.

Im Lauf der Zeit vergrößerte und erweiterte sich der Objektfundus und weitere Schwerpunkte wie die kunsthistorische oder allgemeingeschichtliche Abteilung kamen hinzu. Immer wieder stießen aus diesem Grund die Räume des **Universalmuseums** – der Begriff ist eine Wortschöpfung des modernen Museumsmarketings – an ihre Grenzen, weshalb man die Sammlungen hin und wieder umstrukturierte. Inzwischen sind die Sammlungen auf verschiedene Standorte in der Altstadt, im Schloss Eggenberg und außerhalb von Graz verteilt, u. a. in Trautenfels und Stainz. Lediglich das Naturkundemuseum, die Neue Galerie sowie die Multimediale Sammlung befinden sich im eigentlichen Joanneumsviertel.

Palais Herberstein (Museum im Palais): Das vornehme Palais in der Sackstraße blickt auf eine bewegte Vergangenheit und wechselnde Besitzer zurück. Einst prägte man hier Münzen, bevor die Familie Herberstein sich hier niederließ. Im 18. Jh. betraute das Adelsgeschlecht den Barockbaumeister Josef Hueber mit der Neugestaltung des Anwesens. Die bedeutendste Hinterlassenschaft des Maestros, der auch in anderen steirischen Orten Spuren hinterließ, ist die grandiose Prunkstiege. Die Skulpturen schuf der Bildhauer Veit Königer, das Deckenfresko zeigt u. a. Ganymed rittlings auf dem Adler des Zeus sitzend. Das Museum im Palais entpuppt sich als hochkarätig bestückte Schatzkammer mit erlesenen Statussymbolen höfischer Macht. Zu den wichtigsten Exponaten gehören der Steirische Herzogshut und ein Prunkwagen aus Buchenholz mit dem Wappen Kaiser Friedrichs III. von Habsburg. Im Erdgeschoss befriedigt das Haubenlokal „Prato im Palais" höhere kulinarische Ansprüche.
Mi–So 10–17 Uhr. 8 €, erm. ab 3 €. Sackstr. 16, ✆ 0316-80179810, www.museum-joanneum.at.

Ritterturnier-Szene im Museum im Palais

Stadtkrone und Schlossberg

Die leicht erhöht liegenden Monumentalbauten – der Dom, das Mausoleum, die Jesuitenuniversität sowie die Burg – bilden zusammen die Grazer Stadtkrone. In der Tat überragen v. a. die türkisfarbenen Kuppeln des Mausoleums mit der integrierten Katharinenkirche augenfällig die „Skyline" der Altstadt. Im Schatten der Monumentalbauten strahlt die **Sporgasse** mit ihren zahlreichen Eiscafés Charme aus. Die enge Einkaufsmeile verbindet den Hauptplatz mit der Burg sowie dem Dom und wurde vielleicht schon in der Römerzeit angelegt. Erstmals erwähnt wurde sie als Gasse der Sporenmacher und Waffenschmiede 1346. Anschließend empfiehlt sich ein entspannter Spaziergang auf dem Schlossberg. Vom Uhrturm an der Bürgerbastei fällt der Blick über die Dächer der Altstadt und das Grazer Becken bis zum Plabutsch im Westen.

Glockenspiel: Mitten im Bermudadreieck des Grazer Nachtlebens, am Glockenspielplatz, öffnen sich täglich um 10, 15 und 18 Uhr am Giebel die Fensterflügel. Dann erklingen die 24 Glocken im Dachreiter, ein Trachtenpärchen erscheint und dreht sich zu den Melodien im Tanz. Der Spirituosenfabrikant Gottfried Maurer erwarb 1884 das Haus und baute das Glockenspiel ein, um Kundschaft anzulocken. 1929 vermachte er es der Stadt, die versprach, das Glockenspiel weiter zu betreiben.

Priesterseminar (Diözesanmuseum): Im Zuge der Gegenreformation rief Erzherzog Karl II. die Jesuiten nach Graz und beauftragte sie mit dem Bau eines Kollegiums, aus dem 1585 die Jesuitenuniversität hervorging. Der riesige Renaissancehof ist ein Glanzstück jesuitischer Baukunst. Heute befindet sich in den Räumen u. a. das Museum der Bischofsdiözese Graz-Seckau. Zur Dauerpräsentation von Kostbarkeiten aus steirischen Kirchen gesellen sich Wechselausstellungen. In trauter Nachbarschaft zum Priesterseminar befindet sich die **Alte Universität,** die 1609 den Lehrbetrieb aufnahm.

Di–Fr 9–17 Uhr, Sa 11–17 Uhr. 4,50 €, erm. ab 2 €. Bürgergasse 2, ✆ 0316-8041890, www.dioezesanmuseum.at.

Blick von der Altstadt zum Schlossberg

Mausoleum und Katharinenkirche: Die Kuppeln des Mausoleums Kaiser Ferdinands II. dominieren die Stadtkrone. In Personalunion regierte der hier bestattete Kaiser von 1590 bis zu seinem Tod 1637 auch die innerösterreichischen Gebiete. Das Mausoleum im Stil des Manierismus und Barock zählt zu den bedeutendsten Monumentalbauten Österreichs. Der unverkennbare italienische Charakter ist dem Wirken des oberitalienischen Künstlers und Architekten Giovanni Pietro de Pomis geschuldet, der die Blaupausen lieferte. Bis zur Fertigstellung allerdings verging ein ganzes Jahrhundert. Genau genommen besteht das Ensemble aus zwei Teilen, dem eigentlichen Grabmal und der Katharinenkirche. Grund hierfür ist der Umstand, dass Kirche und Mausoleum an der Stelle einer romanischen Friedhofskapelle errichtet wurden, die der hl. Katharina von Alexandrien geweiht war. Während das Grab des Regenten lediglich durch die schlichte Inschrift an der Wand erkennbar ist, werden die Blicke im Innenraum von anderen Dingen in Beschlag genommen, z. B. vom prächtigen Fresko im Tonnengewölbe. Einer der Türme ist über einen gesonderten Seiteneingang zugänglich und kann bestiegen werden.

Tägl. 10.30–12.30 und 13.30–16 Uhr. 4 €, erm. 2 €.

Dom: Neben dem Mausoleum wirkt der spätgotische Bau streng und nüchtern. Kaiser Friedrich III., der als Herzog ab 1424 Innerösterreich regierte, veranlasste

▲ Stadtkrone: Mausoleum und Dom

▼ Die gotische Wendeltreppe

den Neubau. Praktischerweise in unmittelbarer Nachbarschaft zur Burg, fungierte er als Pfarr- und Residenzkirche. In der Gegenreformation fiel die Kirche an die Jesuiten und wurde in der Folge im barocken Stil umgestaltet. Erst 1786, nach Aufhebung des Ordens und mit Verlegung der Diözese von Seckau nach Graz, wurde der Sakralbau zur Bischofskirche erhoben und darf sich seitdem Dom nennen. Von Ausnahmen abgesehen präsentiert er sich äußerlich schmucklos. Zu den Ausnahmen zählen das reich verzierte **Westportal** und an der Südseite das **Gottesplagenbild.** Das meisterhafte Fresko aus dem Jahr 1485 ist eine Stiftung der Bürgerschaft. Es erinnert an das Jahr 1480, als Graz nacheinander von Türken, Pest und Heuschrecken heimgesucht wurde. Das Bildnis enthält eine der ältesten Grazer Stadtansichten. Kostbare Ausstattungsstücke im Innern sind die Reliquienschreine am Zugang zum Altar. Ursprünglich waren es Brauttruhen – eine Morgengabe der Oberitalienerin Paola Gonzaga. Ihre Ehe blieb kinderlos und die Truhen gelangten später in den Besitz der Jesuiten, die sie als Reliquiar verwendeten.

Friedrichskapelle im Dom: Ein besonderer Leckerbissen ist das frisch restaurierte Altartafelbild „Kreuzigung im Gedräng" von Conrad Laib aus dem Jahr 1457. Es zählt zu den bedeutendsten gotischen Tafelbildern der Alpenrepublik und ist in der mit Fresken geschmückten Friedrichskapelle ausgestellt. Das Schmuckstück ist von der Nordseite des Doms zugänglich und eintrittspflichtig (Mi/Sa 10.30–12.30 und 13.30–16 Uhr. 2 €, erm. 1 €).

Grazer Burg: Zeitgleich mit der Kirche des hl. Ägydius, dem späteren Dom, initiierte Kaiser Friedrich III. gegen Mitte des 15. Jh. den Bau einer Burg. Als 1564 Graz zur Hauptstadt Innerösterreichs erhoben wurde, erweiterten sie die Erzherzöge zur standesgemäßen Residenz. Das Portal im Stil der Renaissance und das Prunktreppenhaus gestaltete der italienische Architekt Domenico dell'Allio, der bereits beim Landhaus federführend beteiligt war. Heute ist die Burg Sitz des steirischen Landeshauptmannes. Öffentlich zugänglich ist die doppelläufige **gotische Wendeltreppe,** die zu den Hauptsehenswürdigkeiten zählt. Bis heute ist umstritten, was den unbekannten Erbauer zu dem architektonischen Meisterwerk antrieb: Zwei gegenläufige Treppen verschmelzen in jedem Stockwerk für einige Stufen, um sich dann wieder zu trennen. Einheimische bezeichnen daher das raffinierte Werk aus dem Jahr 1499 auch als „Versöhnungsstiege". Östlich der Burg schließen sich die Orangerie und der **Burggarten** an. Letzterer ist eine Oase der Erholung auf dem Boden der ehemaligen Burgbastei.

Kapuzinerkloster (Volkskundemuseum): In der Paulusvorstadt am östlichen Schlossberghang liegt das ehemalige Kloster der Kapuziner. Heute befindet sich in den Räumlichkeiten das zum Joanneum gehörende Volkskundemuseum. Die intelligent konzipierte Dauerausstellung nimmt Exponate als Ausgangspunkt, um detail- und facettenreich über den menschlichen Alltag in der Steiermark zu erzählen. Vom Museum ist die Antoniuskirche zugänglich, die an die vormalige Gebäudenutzung durch den Kapuzinerorden erinnert. Das Altarbild stammt von Giovanni Pietro de Pomis, dem Erbauer des Mausoleums am Dom.

März bis Nov. Di–Fr 16–20 Uhr, Sa/So 14–18 Uhr. 6 €, erm. ab 2 €. Paulustorgasse 11–13a, ✆ 0316-80179900, www.museum-joanneum.at.

Grazer Schlossberg: Der Dolomitsolitär am östlichen Murufer überragt die Altstadt um rund 120 m und ist die historische Keimzelle von Graz. Siedlungsspuren gehen auf das 8. Jh. v. Chr. zurück. In der Renaissance wurde der Schlossberg unter der Leitung von Domenico dell'Allio zur wehrhaften Festung ausgebaut. Allerdings mussten die

Im Grazer Burggarten ▲

Der Uhrturm auf dem Schlossberg ▼

Grazer diese Anfang des 19. Jh. zähneknirschend wieder schleifen, da Napoleon mit der Zerstörung der von ihm besetzten österreichischen Hauptstadt drohte. Übrig blieben der Uhrturm, der Glockenturm sowie einige Kasematten. Heute präsentiert sich der Schlossberg als Park und wichtiger innerstädtischer Erholungsraum. Cafés mit Aussichtsterrassen locken an warmen Tagen zur Einkehr; am schönsten ist der Blick auf die Altstadt von der Bürgerbastei am Uhrturm oder vom chinesischen Pavillon. Mehrere Wege führen auf den Schlossberg: Wer gerne zu Fuß unterwegs ist, wählt am besten den schweißtreibenden Kriegssteig. Die 260 Stufen vom Schlossbergplatz zum Uhrturm legten österreichische Pioniere und russische Kriegsgefangene während des Ersten Weltkriegs an. Bequemer ist die Fahrt mit dem Lift vom Luftschutzstollen, der vom Schlossberg- und Karmeliterplatz zugänglich ist, noch etwas charmanter ist die Fahrt mit der **Schlossbergbahn.** Die Standseilbahn verkehrt seit 1894 vom Nordende der Sackstraße zum Glockenturm auf der Spitze des Schlossberges.

Uhrturm auf dem Schlossberg: Das wichtigste Bauwerk auf dem Schlossberg und unbestrittenes Wahrzeichen der Stadt ist der 28 m hohe Uhrturm. Er stammt aus dem 13. Jh. und zählt zu den ältesten Bauwerken von Graz. Auffällig sind die großen Zifferblätter an den vier Seiten und der charakteristische Umgang aus Holz. Wie wichtig das Bauwerk den Bürgern ist, beweist der Umstand, dass er 1809 nach der französischen Belagerung freigekauft und vor der Zerstörung bewahrt wurde.

Zwischen Jakominiplatz und Univiertel

Die gründerzeitlichen Viertel außerhalb der Ringstraße stecken voller interessanter Sehenswürdigkeiten, auch wenn der Fußweg zum einen oder anderen abgelegenen Ziel etwas weiter ist. Selbst zur Basilika Mariatrost kann man auf Schusters Rappen gehen (→ Wandern, S 279). Beste Einstiege für den Rundgang sind der Jakominiplatz oder der **Stadtpark.** Letzterer ist nichts anderes als die Verlängerung des Burggartens und wurde im letzten Drittel des 19. Jh. nach dem Vorbild englischer Landschaftsgärten angelegt. Zuvor befand sich anstelle des Grüngürtels ein sog. Glacis – ein künstlich aufgeschütteter Erdwall zum Schutz der Stadtmauer vor feindlichen Angriffen. Im Parkareal befinden sich, neben einem großen Brunnen, Skulpturen und Kopfbüsten bekannter steirischer Persönlichkeiten.

Oper: Der repräsentative Neobarockbau ist mit 1400 Plätzen nach der Wiener Staatsoper das größte Musiktheater Österreichs. Neben der Oper erinnert die Stahlskulptur mit Lichtschwert an die New Yorker Freiheitsstatue. Das Kunstwerk schuf der obersteirische Künstler Hartmut Skerbisch, es wurde 1992 – pünktlich zum 500-jährigen Jubiläum der Entdeckung Amerikas – aufgestellt.

Führungen einmal monatlich vor dem Opernbrunch, So 9–10 Uhr. 5 €. Kaiser-Josef-Platz 10, ✆ 0316-80081234, www.oper-graz.com.

Kaiser-Josef-Platz: Auf dem einstigen Holzmarkt findet täglich außer sonntags der größte Bauernmarkt der Stadt mit steirischen Bioprodukten, frischem Bauernbrot u. v. a. statt. Benannt ist der Platz nach Kaiser Josef II., dessen Toleranzpatent 1781 Protestanten wie Juden die Glaubensfreiheit zurückgab.

Herz-Jesu-Kirche: Auf dem Weg zum neugotischen Gotteshaus bietet der schlanke Backsteinturm Orientierung – mit 110 m dritthöchster Kirchturm Österreichs. Der Grazer Architekt Georg von Hauberrisser schuf den Sakralbau und kam später durch den Bau des Rathauses am Münchner Marienplatz zu Ruhm und Ehren. Das Innere überzeugt durch eine unvergleichliche stilistische Geschlossenheit, gewaltig ist die Rosette über dem Eingangsportal.

Palais Meran/Mumuth: Reisende auf den Spuren von Erzherzog Johann kommen nicht umhin, dem Palais einen Besuch abzustatten. Hier verbrachte der steirische Landesvater, der ab 1845 den Titel Graf von Meran führte, mit Anna Plochl seine letzten Lebensjahre. Heute hat in den Räumen die Musik- und Kunstuniversität ihr Domizil. Einen modernen Kontrapunkt zum klassizistischen Bau setzt der schwarze Kubus nebenan: Das 2009 eröffnete Veranstaltungshaus Mumuth erhielt zahlreiche Architekturpreise.

Herz-Jesu-Kirche: Rosette

Leechkirche: Maria Himmelfahrt am Leech im Universitätsviertel ist faktisch der älteste Grazer Sakralbau. Archäologen förderten Gräber vom 9./8. Jh. v. Chr. bis zur Hallstattzeit zutage; auf eine Begräbnisstätte dürfte sich der Name „Leech“ beziehen, denn das althochdeutsche „hleo“ bedeutet Hügelgrab. Der frühgotische Sakralbau wurde im letzten Drittel des 13. Jh. errichtet und ersetzte eine romanische Kapelle. Im Mittelalter gehörte das gesamte Areal dem Deutschen Ritterorden, heute wird das Gotteshaus als Studentenkirche genutzt. Wertvollstes Stück ist die frühgotische Madonna oberhalb des Westportals.

Universität: Die Karl-Franzens-Universität ist eine von vier Universitäten der Stadt mit insgesamt rund 37.000 Studierenden. Sie geht auf einen Gründungsakt Erzherzog Karls II. 1585 zurück und ist somit das zweitälteste akademische Institut der Alpenrepublik. Das Hauptgebäude indessen ist erheblich jünger und stammt aus dem Jahr 1895. Sehenswert ist u. a. die prachtvolle Aula im Stil des Späthistorismus, in der bis zu 600 Personen Platz finden. Neben dem bescheidenen **Kriminalmuseum** im Keller entpuppt sich das Gipskabinett im archäologischen Institut als Schatzkiste der besonderen Art: Einer Filmkulisse gleich stapeln sich Kopien bekannter antiker Statuen in historischen Räumen, dazwischen stehen Tische für Seminare, nebenan in Vitrinen wertvolles Anschauungsmaterial im Original …

Kriminalmuseum: Mo 10–15 Uhr, Mi 10–13 Uhr, in den Semesterferien geschlossen. 4 €, erm. 2 €. Universitätsplatz 3, ✆ 0316-3806514, http://kriminalmuseum.uni-graz.at/de.

Basilika Mariatrost

Am nordöstlichen Stadtrand steht auf einem Hügel die barocke Wallfahrtskirche Mariatrost. Wie eine süße Verheißung grüßen die honiggelben Zwillingstürme ins Land. Im Innern fühlt sich der Betrachter von der barocken Fülle zunächst überwältigt: Der Hochaltar im Chor birgt das wundertätige Ziel zahlreicher Pilger: die gotische Gnadenstatue der Muttergottes. Sie stammte ursprünglich aus dem

Stift Rein und schmückte ab 1665 zunächst eine kleine Kapelle, bevor man 1714 den Grundstein zum monumentalen Neubau legte. Für den Lichteinfall sorgen große Fenster in der freskengeschmückten Zentralkuppel. Zu den wertvollsten Ausstattungsstücken zählt die figurenreiche Prachtkanzel aus dem letzten Drittel des 18. Jh. von Veit Königer. An die Kirche schließen sich außen die Gebäude des einstigen Paulinerklosters an, das später von den Franziskanern übernommen wurde. Heute lädt der Kirchenwirt die Ausflügler zur gutbürgerlichen Mittagsrast ein. Die Basilika Mariatrost ist vom Stadtzentrum über die Landesstraße B 72 nach Weiz erreichbar. Die Endhaltestelle der Straßenbahnlinie 1 liegt praktischerweise gleich am Fuß des Kirchenhügels. Eine Alternative zur Straßenbahnfahrt ist der schattige Wanderweg, der die Stadt mit dem Pilgerziel verbindet (→ Wandern, S. 279).

Relikt aus dem Kulturhauptstadtjahr: die Mur-Insel

Auf der anderen Seite der Mur

Der Stadtspaziergang durch die **Murvorstadt** zwischen dem Lendplatz im Norden und dem Griesplatz im Süden steht zunächst ganz im Zeichen des klassischen und avantgardistischen Designs. Den wichtigsten architektonischen Akzent setzt direkt am rechten Murufer das Kunsthaus, dessen Wirkung für das bislang städtebaulich vernachlässigte Quartier einem Bilbao-Effekt gleichkommt: Denn im Windschatten des Ausstellungshauses haben sich das Lend- und das Annenviertel – seit jeher ein Niederlassungsgebiet für Zuwanderer – inzwischen vom Schmuddelimage befreit und bieten nicht weniger Lebensqualität als die Altstadt auf der anderen Murseite. Zwischen Lendplatz und Hauptbahnhof bietet der **Volksgarten** mit der tibetischen Friedensstupa einen innerstädtischen Erholungsraum.

Lendplatz: Der dörflich wirkende Straßenplatz setzt städtebaulich keine Akzente, hat aber als Verkehrsknoten und v. a. als Örtlichkeit für den täglich außer sonntags stattfindenden Bauernmarkt große Bedeutung. Die interkulturelle Zusammensetzung der Gegend spiegelt sich in den Feinkostläden und urgemütlichen Lokalen auf dem Platz wider, die beliebte Treffpunkte der Einheimischen sind. In der frühen

Neuzeit hielten sich hier vorwiegend Vertreter der untersten Schichten und sogar Raubgesindel auf.

Minoritenkirche Mariahilf: Die Mariahilfer Straße ist eine der attraktivsten Meilen in der Murvorstadt und verbindet den Lendplatz mit dem Kunsthaus am Südtiroler Platz. Das beherrschende Bauwerk an einer platzartigen Erweiterung ist die Kirche Mariahilf, deren barocke Doppelturmfassade der Mur zugewandt ist. Zur Blütezeit im 17./18. Jh. war das Gotteshaus nach Mariazell das populärste Wallfahrtsziel der Steiermark. Das Gnadenbild im Hochaltar gilt auch als „Stadtmutter von Graz" und wurde 1611 vom Wegbereiter der österreichischen Barockkunst Giovanni Pietro de Pomis geschaffen. Hinter dem innen erstaunlich schlichten Sakralbau schließt sich das **Minoritenkloster** mit einem Kreuzgang an. Einige bemerkenswerte Räume wie z. B. der prächtige barocke Minoritensaal sind nur zu Veranstaltungen zugänglich.

Mur-Insel: Eigentlich sollte die künstliche Flussplattform nach dem Kulturhauptstadtjahr 2003 wieder abgebaut werden, die Finanzrücklagen für die Kosten waren im städtischen Kulturetat bereits verbucht. Es kam hingegen anders: Die Grazer schlossen die temporäre Attraktion des New Yorker Designers Vito Acconci in ihr Herz, weswegen die 50 m lange und 20 m breite Muschel aus Stahl und Glas der Stadt letztendlich doch erhalten blieb. Die Mur-Insel ist mittels eines Steges mit beiden Ufern verbunden und fungiert als Brücke zwischen Altstadt und Murvorstadt. Sie verfügt über ein Café und ein Amphitheater, bei Dunkelheit leuchtet die schwimmende Insel in mystischen Blautönen.

Kunsthaus: Das Mekka für zeitgenössische Kunst wird von Grazern liebevoll als „Friendly Alien" bezeichnet; und in der Tat wirkt das Haus mit der charakteristischen blauen Blasenhaut freundlich und außerirdisch zugleich. Den viel zitierten Begriff haben jedoch nicht die Grazer erfunden, denn er stammt bereits vom britischen Architektenduo Peter Cook und Colin Fournier. Wie bei der Mur-Insel war das Kulturhauptstadtjahr 2003 der Anlass für diesen kunstvollen Bau, dessen runder Dachkörper sich markant von der roten Ziegellandschaft der Grazer Dächer abhebt. Besonders gut ist dies beim Blick vom Schlossberg zu erkennen. Bei Dunkelheit verschwindet das Blau und wird durch grell blendende Neonlichteffekte abgelöst. Das Kunsthaus integriert das ebenfalls beeindruckende **Eiserne Haus** am Südtiroler Platz, einen Gusseisenskelettbau aus der Mitte des 19. Jh., das heute den Zugang zum Foyer und den Shop beherbergt. Wechselnde Ausstellungen zur österreichischen und internationalen Kunst füllen die Etagen des Hauses; vom obersten Stockwerk fällt der Blick über den Fluss auf den Schlossberg.

Tägl. außer Mo 10–17 Uhr. 8 €, erm. ab 3 €. Lendkai 1, ✆ 0316-80179200, www.museum-joanneum.at.

Friendly Alien: das Grazer Kunsthaus

Graz → Karten S. 271 und 280/281

Grand Hotel:
Wiener Secession in Graz

Grand Hotel Wiesler: Erstmals 1637 wird ein Gasthof an dieser prominenten Stelle am Ufer der Mur genannt, das heutige Jugendstilhotel wurde indessen erst Anfang des 20. Jh. erbaut. Jahrzehntelang galt „das Wiesler" als Inbegriff des mondänen Luxus in Graz, bis die Eigentümer 2010 die fünf Sterne zurückgaben, ohne damit auf Niveau und Qualität zu verzichten. Ein Blick ins Café im Erdgeschoss offenbart einen bemerkenswerten Independent-Stil mit Street-Art an der Wand und auf den ersten Blick improvisiert wirkender Ausstattung. Im klassischen Salon auf der anderen Seite des Foyers trifft der Besucher auf eine weitere Offenbarung in Gestalt eines Glasmosaiks im Stil der Wiener Secession. Es stammt vom Künstler Leopold Forstner und trägt den Titel „Der Frühling".

Barmherzigenkirche: Von großer kunsthistorischer Bedeutung ist der Sakralbau in der Annenstraße nahe dem Kunsthaus v. a. wegen seiner geschwungenen Fassade und seines prächtigen Altars. Letzterer ist ein Hauptwerk des Grazer Bildhauers Josef Schokotnigg, von dem u. a. auch Plastiken in der Franziskanerkirche sowie im Dom stammen. Der Altar gilt als ein Höhepunkt der steirischen Barockbaukunst, überragend sind besonders die überlebensgroßen Figurengruppen, die Heilige und Päpste darstellen.

Plabutsch

Mit einer Höhe von 754 m ist der Plabutsch die höchste Erhebung im Grazer Stadtgebiet. Die Autobahn untertunnelt den lang gestreckten Rücken, der aufgrund der zahlreichen Fossilien ein Mekka für Geologen ist; es handelt sich um das älteste Korallenfundgebiet in der Steiermark. Von der **Fürstenstand-Warte** am höchsten Punkt bietet sich ein herrlicher Blick auf Graz. Der Turm aus groben Feldsteinen wurde im Andenken an den Besuch von Kaiser Franz I. errichtet, der 1830 samt Familie den Grazer Hausberg bestiegen hatte. Bis Anfang der 1970er-Jahre konnte man von Gösting mit einer Seilbahn auf den Berg gelangen, heute sind Ausflugsrestaurant und Turm nur auf Schusters Rappen oder über eine 5 km lange Straßenzufahrt erreichbar (von Wetzelsdorf auf der L 301 Richtung Thal und an der zweiten Kehre rechts; → Wanderung 7).

Wanderung 7: Grazer Hausberge – Buchkogel und Plabutsch → S. 421 ff.
Viel Wald und immer wieder schöne Ausblicke auf das Grazer Becken

Burgruine Gösting

Die Endhaltestelle der Buslinie 40 in Gösting ist Ausgangspunkt für einen 20-minütigen Spaziergang zur Burg, die auf einem steilen Sporn über dem Murtal thront. Die Festung in strategisch wichtiger Position wurde Ende des 11. Jh. erbaut, um die Handelswege im Tal zu schützen. Seit 1680 lagerten hier überdies auch die städtischen Pulvervorräte, was der Burg anno 1723 schlecht bekam: Ein Blitzeinschlag löste eine gewaltige Explosion aus und ein Großteil der mittelalterlichen Bausubstanz fiel den Flammen zum Opfer. Heute ist die Burg mit einer romantischen Jausenstation ein hübscher Aussichtspunkt (Mo Ruhetag).

Schloss Eggenberg

Die bedeutendste Herrschaftsresidenz der Steiermark befindet sich am westlichen Stadtrand von Graz und ist von der Haltestelle der Straßenbahnlinie 1 in wenigen Schritten erreichbar. Schloss Eggenberg steht für ein ganzes Bündel an Attraktionen: vom wunderbaren Park über die Barockresidenz mit ihren Prunkräumen, der Alten Galerie und dem Münzkabinett bis zum Archäologiemuseum am Rand des Schlossparks. Seit 2010 ist der Stammsitz der Adelsfamilie Eggenberg Bestandteil des Grazer UNESCO-Welterbes. Die **Familie Eggenberg** gehört zu den namhaften steirischen Adelsgeschlechtern und hatte bürgerliche Wurzeln, denn die Vorfahren waren Weinhändler in Radkersburg. Das ursprüngliche Schloss stammt von Balthasar Eggenberger, einem skrupellosen Frühkapitalisten, der in der zweiten Hälfte des 15. Jh. als kaiserlicher Münzmeister peu à peu den Silbergehalt der Pfennige reduzierte und damit eine Geldwertkrise heraufbeschwor. In der Folge wurde der Tycoon zum reichsten Grazer Bürger, dessen Vermögen die Basis für den rasanten Aufstieg seiner Nachkommen bildete. Bedeutendster Familienspross war Hans Ulrich von Eggenberg: Der Staatsmann, Diplomat und treu ergebene Berater Kaiser Ferdinands II.

Graz → Karten S. 271 und 280/281

Schloss Eggenberg: schönste Repräsentativanlage der Steiermark

wurde 1623 in den Reichsfürstenstand erhoben und betraute kurz darauf den Hofarchitekten Giovanni Pietro de Pomis mit dem Umbau seines Familienstammsitzes zur prunkvollen Barockresidenz.

Der rechteckige, dreigeschossige Bau folgt einem durchdachten geistigen Konzept (→ Kasten, S. 269). Beim Umbau wurde die mittelalterliche Bausubstanz so weit als möglich erhalten und in den Neubau integriert, u. a. die **gotische Marienkapelle** im Schnittpunkt der architektonischen Achsen. Der erwähnte Münzmeister Balthasar Eggenberger hatte sie 1470 eingebaut und obendrein einen kostbaren Flügelaltar gestiftet. Sowohl der Bauherr als auch der künstlerische Spiritus Rector erlebten die Fertigstellung der neuen Residenz nicht mehr, der Hauptwohnsitz der Familie blieb vorerst das Palais in der Sackstraße. Erst Fürst Johann Seyfried von Eggenberg, der Urenkel Hans Ulrichs, veranlasste bis 1685 die Fertigstellung der Prunkräume in der Beletage. Mittelpunkt der glanzvollen Reihe von Räumen ist der große Festsaal, den der damals neue Haus- und Hofmaler der Adelsfamilie Hans Adam Weissenkircher mit einem Gemäldezyklus versah. Die Bilder stellen die sieben damals bekannten Planeten in allegorischer Form dar, weshalb der Prunkraum unter der Bezeichnung **Planetensaal** zu Ehren gelangte. Er zählt zu den bedeutendsten Raumkunstwerken des Barockzeitalters in Mitteleuropa und ist – wie die anderen Prunkräume – im Rahmen einer Führung zugänglich.

Schloss Eggenberg: gotischer Flügelaltar in der Marienkapelle

Alte Galerie: Die umfangreichen Bestände sakraler und profaner Kunst aus dem Alpenraum und anderen Regionen Europas werden seit 2005 in den Schlossräumen präsentiert. Grandios in Szene gesetzt sind im Südflügel die Glanzstücke aus dem Mittelalter: Schutzmantelmadonnen, Altartafeln, Glasfenster und Sandsteinreliefs. Daran schließen sich die Kunstsammlung aus der Renaissance und der Barockzeit an. Einen bemerkenswert breiten Raum nehmen die Werke des Rokokomeisters Martin Johann Schmidt alias „Kremser-Schmidt" ein.

Münzkabinett: Die umfangreiche numismatische Sammlung zeigt Schaustücke von den Kelten und Römern bis zur Neuzeit. Besonders interessant ist das Kabinett, das sich mit den markanten Persönlichkeiten Balthasar und Hans Ulrich von Eggenberg beschäftigt und anhand ihrer Biografien den Aufstieg des Adelsgeschlechts plausibel macht.

Schlosspark: Die Grünanlage um das Schloss wurde im Lauf der Zeit mehrfach verändert. Im 17. Jh. befand sich hier ein italienischer Garten mit Brunnen und Volieren, der nach dem Aussterben der Familie Eggenberg im Stil des Rokoko umgestaltet wurde. Während der Aufklärung zu Beginn des 18. Jh. verabschiedete man sich wiederum von den strengen und geometrischen Mustern und bevorzugte stattdessen natürliche Landschaftsgärten nach englischem Vorbild. Aus der Zeit der Romantik in den 1830er-Jahren stammt der berühmte **Rosenhügel,** der inzwischen wieder jedes Jahr im Juni seine Blütenpracht entfaltet. Heute ist dieses Denkmal der Gartenbaukunst eine Oase der Ruhe mit Skulpturen, friedlich umherstolzierenden

Pfauen und den Relikten genannter Epochen. Der **Planetengarten** an der Nordwestecke ist indessen eine Neuschöpfung aus dem Jahr 2000 und greift auf lockere Weise das große Thema des Schlosses – die kosmische Ordnungslehre – wieder auf.

Archäologiemuseum: An der Nordseite des Schlossparks beherbergt ein Neubau auf den Fundamenten der einstigen Orangerie die archäologische Dauerausstellung. Hauptattraktionen sind der **Kultwagen von Strettweg** aus der Nähe von Judenburg (→ Kasten, S. 41) oder die hallstattzeitliche Bronzemaske aus Großklein. Die römische Epoche vertreten mehrere Kultbüsten, ein großformatiges Bodenmosaik aus Flavia Solva (röm. Stadt in der Südsteiermark) und die bedeutendste Sammlung von Römersteinen im gesamten Ostalpenraum.

Schloss: 10,50 €, erm. ab 5,50 €, inkl. Park, Führung durch die Prunkräume und alle Museen und Ausstellungen. Führungen Prunkräume: April bis Okt. Di–So 10–16 Uhr zu jeder vollen Stunde. Führungen ab 5 Pers. Eggenberger Allee 90, ✆ 0316-80179532, www.museum-joanneum.at.

Schlosspark: April bis Okt. tägl. 8–19 Uhr, Nov. bis März 8–17 Uhr. 2 €, erm. 1 €.

Alte Galerie/Archäologiemuseum/Münzkabinett: April bis Okt. Mi–So 10–17 Uhr. 8 €, erm. ab 3 €, pro Museum, für alle drei Museen besser ein Schlossticket kaufen. ✆ 0316-80179770, www.museum-joanneum.at.

Natur ist Ordnung, kein Chaos: Das Universum Schloss Eggenberg

Die Barockresidenz ist Konzeptarchitektur in Reinform. In ihr spiegeln sich die kognitiven Vorstellungen des Bauherrn Hans Ulrich von Eggenberg, der zeitgleich mit Johannes Kepler in Tübingen studiert hatte. In der Tradition gebildeter, weltgewandter Fürsten brachte er ein breites Wissen über damals wichtige Disziplinen wie Astronomie, Astrologie oder auch Alchemie mit in die steirische Hauptstadt. In politisch und gesellschaftlich unübersichtlichen Zeiten goss er beim Umbau des Familienstammsitzes seine Annahmen von der harmonischen Ordnung der Welt in eine strenge Utopie aus Stein, die in mehrfacher Hinsicht ans spanische Schloss El Escorial erinnert. Grundlage des „Universums Schloss Eggenberg“ bilden Geometrie und Zahlenmystik: Die vier Ecktürme stehen symbolisch für die vier Himmelsrichtungen, die vier Elemente sowie die vier Jahreszeiten. Das Programm setzt sich bei den genau 365 Außenfenstern, entsprechend der Zahl der Tage im Jahr, fort. Auf die Beletage entfallen wiederum 52 Außenfenster, die den Wochen im Jahr entsprechen. Man kann diese Zahlenspielereien endlos weiter betreiben und wird immer wieder auf Kongruenzen und überraschende Zusammenhänge stoßen. Am augenfälligsten ist die Konzeptarchitektur im Planetensaal, wo astrologische, symbolische und mythische Darstellungen zu einem barocken Gesamtkunstwerk verschmelzen: mit sieben allegorischen Planetenbildern und zwölf Gemälden der Tierkreiszeichen, wobei Letztere natürlich auch die zwölf Monate eines Jahres und Erstere die Wochentage symbolisieren. Hinter dem Spiel mit Zahlen und geometrischen Mustern steckt u. a. die auf antike Vorstellungen zurückgehende **Signaturenlehre.** Ihr zufolge hängen in der Natur sämtliche Erscheinungen miteinander zusammen; sie folgen einer Ordnung, die hinter dem Deckmantel des Chaos verborgen liegt. Wer – wie die neuzeitlichen Homöopathen – den Mustern auf die Spur kommen will, greift häufig auf Analogien und Ähnlichkeiten zurück. Eine weitere wichtige Quelle der Architektur war der **gregorianische Kalender,** dessen Einführung das Thema der Zeitrechnung für Hans Ulrich von Eggenberg aktuell machte.

Graz → Karten S. 271 und 280/281

Ausflüge in die Umgebung von Graz

Die Stadtumgebung bietet eine ganze Reihe hochattraktiver Ausflugsziele, die z. T. gut mit öffentlichen Verkehrsmitteln vom Stadtzentrum erreichbar sind. Besonders hervorzuheben sind im Norden von Graz das Freilichtmuseum in Stübing, das Stift Rein und die Wallfahrtskirche Maria Straßengel. Im Westen lohnt der beschauliche Vorort Thal aus zwei Gründen einen Abstecher: Die Ortschaft ist vielen als Heimat Arnold Schwarzeneggers ein Begriff, über dessen steirische Wurzeln und spätere Karriere in Amerika ein Museum informiert. Zwei Schaugärten entpuppen sich als Eldorado für Natur- und Pflanzenfreunde, sind allerdings schwieriger zu erreichen. Nicht nur für Naturliebhaber und Bergwanderer interessant ist der Ausflug auf den Schöckl. Eine Seilbahn verbindet die Talstation in St. Radegund mit dem Gipfel.

Freilichtmuseum Stübing

Wie eine Filmkulisse gruppieren sich in Ehren ergraute Gehöfte zu malerischen Weilern, derweil Sägewerk und Hammerschmiede am friedlich dahinplätschernden Enzenbach ihren mechanischen Job erledigen. Mit einer Fläche von 60 ha zählt das Freilichtmuseum zu den größten Europas. Die traditionellen Bauernhöfe aus verschiedenen steirischen Regionen, aus Vorarlberg, Tirol, Oberösterreich und dem Burgenland können z. T. auch von innen besichtigt werden – jedes Objekt für sich ist im Grunde ein thematisch eigenständiges Museum. Der Rundgang bietet einzigartige Einblicke in verflossene Handwerkstechniken und die Alltagskultur im ländlichen Raum. Am Dorfplatz, der häufig von Schulklassen belebt ist, verlockt eine Jausenstation zur Einkehr, zudem sorgen Handwerkskurse für Jung und Alt dafür, dass das traditionelle Wissen im Fernsehzeitalter nicht verloren geht. Für den Nostalgietrip sollte man mindestens drei Stunden einplanen. Zum 50-jährigen Jubiläum gab die österreichische Post 2013 eigens eine Sonderbriefmarke heraus.

April bis Okt. tägl. 9–17 Uhr, letzter Einlass 16 Uhr. 9 €, erm. ab 3,50 €. Mit der S-Bahn-Linie 1 oder vom Lendplatz mit der Buslinie 131. Gratweinerstr. 134, ✆ 03124-53700, www.freilichtmuseum.at.

Stift Rein

Das älteste noch aktive Zisterzienserkloster der Welt befindet sich am Ende eines stillen Seitentals westlich der Mur. Umgeben von waldreichen Hügeln und Bergen, verbreitet die barocke Anlage trotz ihrer zur Schau gestellten Wehrhaftigkeit einen heiteren Eindruck. Bereits kurz nach Gründung durch den Markgrafen Leopold I. 1129 erlebte das Stift eine erste Blütezeit, in der das Kloster an wichtigen historischen Weichenstellungen beteiligt war. Ein herausragendes Ereignis war z. B. 1276 der **Reiner Schwur,** welcher den Abfall des steirischen Adels vom böhmischen König Ottokar II. zugunsten des römisch-deutschen Königs Rudolf von Habsburg einleitete.

Während der Regierungszeit Kaiserin Maria Theresias wurde im 18. Jh. die ursprünglich romanische Klosteranlage im zeitgemäßen Stil des Barock radikal umgebaut: Die Architekten und Baumeister gruppierten die Konventsgebäude um vier neue Zentralhöfe und richteten die repräsentative Fassade der Stiftskirche zum großen Stiftshof aus. Um dies zu erreichen, musste das Hauptschiff der Basilika um 180 Grad „gedreht" werden, mit der beinah schon kuriosen Folge, dass sich heute das Chorgestühl der Laienbrüder auf der Eingangsempore befindet. Ein geführter

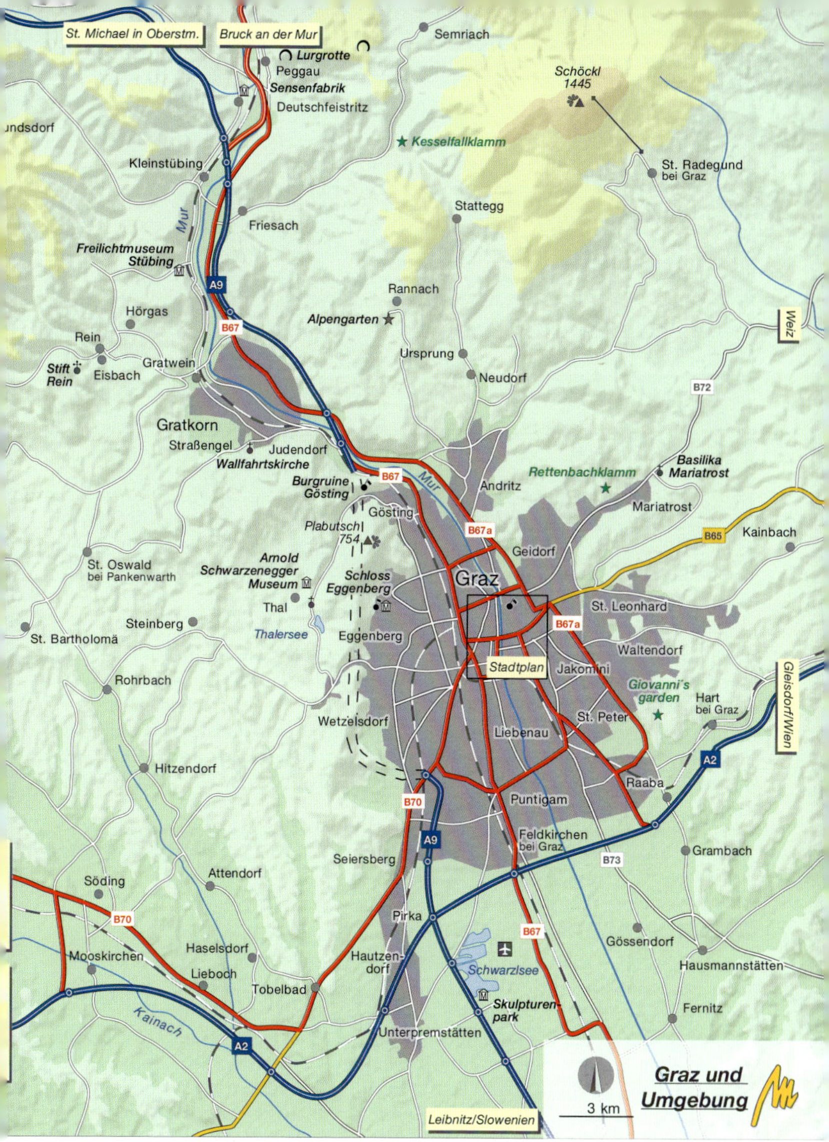

Rundgang vermittelt einen fantastischen Eindruck von der reichen künstlerischen Ausstattung der Stiftsgebäude. Zu den Höhepunkten zählen der **Huldigungssaal** mit der in frischen Farben leuchtenden Illusionsmalerei des Trentiner Künstlers Joseph Amonte, das mutmaßliche **Grab** des Klostergründers und schließlich die **Bibliothek** mit dem **Keplertisch** – eine Kalksteinplatte mit geätzten, teils vergoldeten Zeichen, kolorierten Bildern, Tabellen und Daten. Vordergründig hat die Tischplatte nichts mit dem berühmten Mathematiker und Astronomen zu tun, der in

Stift Rein: barocke Illusionsmalerei vom Feinsten

der Tat mehrere Jahre in Graz verbracht hatte. Das 1607 von Andreas Pleninger geschaffene Objekt entpuppt sich bei näherem Hinsehen als Rechenmaschine, die eine Datierung der beweglichen kirchlichen Feiertage bis ins Jahr 1800 ermöglichte. Damals war dieses Hilfsmittel wegen der Umstellung vom julianischen zum gregorianischen Kalender überaus nützlich. Heute hat dieser Tisch zwar seinen unbestrittenen künstlerischen Wert, allerdings ist er in etwa so zweckdienlich wie eine Umrechnungstabelle vom Taler zum Euro.

Klosterladen: tägl. außer Mo 10–12.30 und 13.15–16 Uhr. April bis Okt. **Führungen:** Mo–Sa 10.30 und 13.30 Uhr, So 11 und 13.30 Uhr. 7 €, erm. ab 3 €. Mit der Buslinie 110 vom Lendplatz. Rein 1, ✆ 03124-51621, www.stift-rein.at.

Maria Straßengel

Einer Kirchenburg gleich thront die Wallfahrtskirche über dem Ort Judendorf-Straßengel. Am auffälligsten ist der weithin sichtbare gotische Turm mit seinen filigranen Steinmetzarbeiten. Wegen der deutlichen stilistischen Ähnlichkeit mit dem Wiener Stephansdom wird der Turm deshalb auch als „steirischer Steffl" bezeichnet. Im Innenraum verdienen die Glasgemälde Aufmerksamkeit: Die im Stil der Wiener Glasmalerei gestalteten Fenster sind ein Meisterwerk der Hochgotik, zudem handelt es sich um das größte Ensemble mittelalterlicher Glaskunst in der Steiermark. Der Grundstein für das Gotteshaus wurde 1346 gelegt, Wallfahrten auf den bewaldeten Hügel sind indessen bereits seit Mitte des 12. Jh. verbürgt. Um den Sakralbau gruppieren sich weitere Gebäude, die unter Denkmalschutz stehen, u. a. die ehemalige Propstei und eine Taverne. Das Ensemble wird von einer wehrhaften Mauer aus der Mitte des 15. Jh. umschlossen.

Schaugärten in der Umgebung von Graz

Am Messendorfberg ganz im Südosten von Graz sorgt **Giovannis Garden** für eine veritable Überraschung. Das Gartenkunstprojekt mit Paradiespotential vereinigt unterschiedliche Gartentypen und bietet botanische Raritäten aus aller Welt. Mitten im floralen Multi-Kulti-Mekka befindet sich eine Picknickstation mit Liegestühlen und frischen Säften. Gänzlich anders wirkt das Ambiente im **Alpengarten Rannach** nördlich von Andritz: Im Grazer Bergland fühlt sich der Besucher bereits ins Almenland versetzt, entsprechend steht hier auch die heimische Alpenflora im Vordergrund.

Giovannis Garden: Ende April bis Ende Sept. Do–So 10–18 Uhr. 5 €, Kinder frei. Auf der St.-Peter-Hauptstraße stadtauswärts nach Süden und vor Beginn des St.-Peter-Gürtels links den Berg hoch. Messendorfberg 65, ✆ 0699-12024868, www.giovannisgarden.at.

Alpengarten Rannach: Do–So ab 10 Uhr. 2 €. Von Graz-Andritz nach St. Veit und dann der Ausschilderung folgen. ✆ 0316-693744, www.alpengartenrannach.at.

Schöckl

Der südlichste Gipfel des Grazer Berglands mit dem abgeflachten Plateau und der Sendeantenne ist schwerlich zu übersehen. Seit 1951 bringt eine Seilbahn die Ausflugsgäste sommers wie winters in Minutenschnelle auf den 1445 m hohen Grazer Hausberg. Die Talstation liegt kurz hinter **St. Radegund,** einem ehrwürdigen Kurort 15 km nordöstlich der steirischen Landeshauptstadt, der allerdings schon bessere Zeiten gesehen hat. Der Schöckl ist nach wie vor ein populäres Ausflugsziel mit grandiosen Ausblicken auf das oststeirische Hügelland und einer Reihe von Optionen für diejenigen, die aktiv sein möchten. Lediglich für Wintersportler ist dieser Berg wegen akutem Schneemangel in den letzten Jahren keine ernst zu nehmende Alternative mehr.

Schöcklseilbahn: März bis Okt. Mo–Fr 9–17 Uhr, Sa/So bis 18 Uhr; Nov. bis Febr. bis 16.30 Uhr. Berg- und Talfahrt: 12,30 €, erm. 5,50 €. Mit Buslinie 250 vom Jakominiplatz. Schöcklstr. 23 in St. Radegund, ✆ 03132-2332, www.schoeckl.at.

Schöckl: Gipfelkreuz auf dem Grazer Hausberg

Graz → Karten S. 271 und 280/281

Skulpturenpark

Das vom renommierten Schweizer Landschaftsarchitekten Dieter Kienast gestaltete Grünareal am Schwarzlsee 7 km südlich von Graz zeigt 60 großformatige Arbeiten von der Kleinskulptur bis zur raumgreifenden Land-Art-Installation. Spannend ist insbesondere, wie die Werke im Kontext der Landschaft zur Geltung kommen.

April/Mai und Sept./Okt. 10–18 Uhr, Juni bis Aug. 10–20 Uhr. Eintritt frei. Von der A 9 Richtung Slowenien über die Ausfahrt Schachenwald oder mit der Buslinie 630. Thalerhofstr. 85 in Unterpremstätten, ✆ 0316-80179704, www.skulpturenpark.at.

Thal

In der 440 m hoch gelegenen Streusiedlung westlich von Graz sind besonders zwei Ausflugsziele von Belang: Das erste ist das **Arnold-Scharzenegger-Museum,** das seit 2011 im Geburtshaus des steirischen Weltstars (→ Kasten, S. 275) über dessen anfängliche Profisportkarriere als Gewichtheber und Bodybuilder sowie über die Jahre in den Vereinigten Staaten als Schauspieler und Politiker informiert. Zwischen vielen Repliken und Originalen eines bewegten Lebens sind u. a. das erste selbst gebaute Heimtrainingsgerät, die Harley Davidson aus dem Terminator-Film und ein Nachbau seines kalifornischen Gouverneursschreibtischs zu begutachten. Einen Steinwurf vom Museum entfernt lohnt, zweitens, die Kirche **St. Jakob in Thal** auf dem Kirchberg einen Abstecher. Die ehemalige Friedhofskirche, als Pfarrkirche ohnehin nur ein Notnagel, erwies sich als zu klein, weshalb der Architekt Manfred Fuchsbichler und der Künstler Ernst Fuchs mit einem Entwurf für einen Neubau betraut wurden. Das 1994 geweihte Gotteshaus in Gestalt eines türkisfarbenen Kristallzeltes besteht u. a. aus Holz, Spiegeln und runden Kieseln. Innen überwölbt ein offener Dachstuhl wie ein tibetischer Tempel das Raumtrapez – ein beeindruckendes Gesamtkunstwerk!

Arnold-Schwarzenegger-Museum: Sommerhalbjahr tägl. 10–17 Uhr, Winter Mi–So 10–16 Uhr. 6,50 €, erm. 5 €. Von Gösting auf der L 331 oder mit der Buslinie 48. Linakstr. 9 in Thal, ✆ 0316-571947, www.arnieslife.com.

Kristallines Meisterwerk von Ernst Fuchs: St. Jakob in Thal

Arnie, Charly und Frankie: Auslandssteirer erfolgreich in Übersee

Der mit Abstand bekannteste Auslandssteirer ist **Arnold Schwarzenegger,** der als Bodybuilder bekannt wurde und 1968 nach Amerika ging, wo er erfolgreich als Immobilienmakler arbeitete und zeitgleich seine steile Hollywoodkarriere vorantrieb. Nachdem er 1983 die Staatsbürgerschaft der USA erhalten hatte, trat er in die Republikanische Partei ein und wurde 2003 Gouverneur von Kalifornien. Der Weltstar blieb der Heimat verbunden: Dem Museum in seinem Geburtsort Thal vermachte er mehrere Originalobjekte, im Sommer 2012 besuchte die „steirische Eiche" Graz und wandelte dabei auf den Spuren seiner Jugend. Andererseits ist das Verhältnis des „Governators" zur Steiermark nicht unbelastet: Als der Gouverneur 2005 ein Gnadengesuch ablehnte und die Todesstrafe vollziehen ließ, sollte das Grazer „Arnold Schwarzenegger Stadion" umbenannt werden. Der Politiker kam dem Akt jedoch zuvor, indem er der Stadt die Namensrechte entzog.

Arnold Schwarzenegger stammt aus Thal

Auf eine Karriere ganz anderer Art blickt der Grazer **Charly Temmel** zurück, dessen Eissalons heute in der Altstadt kaum zu übersehen sind. Der „Eiskönig" ließ sich den Satz „The Best Ice Cream in the World" patentieren und wanderte mit Frau und Sohn nach Los Angeles aus. Heute produziert eine moderne Großfabrik in Arizona die Eiscreme für den amerikanischen Markt. Mit Arnold Schwarzenegger ist Charly Temmel befreundet; in Los Angeles führte der Eiskönig bis zur Schließung 2006 sogar das vom Stargouverneur gegründete Restaurant „Schatzi on Main", in dem die Hollywood-Größen ein- und ausgingen. 2010 gab er bei der USA-Tournee der Stoakogler (→ S. 295 f.) anlässlich ihres 40-jährigen Bandjubiläums den Fremdenführer. Die Volksmusikgruppe hatte u. a. auch den kalifornischen Gouverneur besungen, weshalb der Besuch der Brüder Willinghofer überfällig war.

Ein weiterer Steirer, der es in Übersee zu Ruhm und Ehren brachte, ist **Frank Stronach** aus Weiz. Der gelernte Werkzeugmacher wanderte 1954 als 22-Jähriger – mit nur 200 Dollar in der Tasche – nach Kanada aus. Dort gründete er den späteren Magna-Konzern, der heute einer der größten Autozulieferer Nordamerikas ist. Seit 1986 engagierte er sich verstärkt wieder in Europa, von zwei Werken in der Steiermark befindet sich eines in seiner Heimatstadt. Inzwischen hat der Oststeirer seinen Lebensmittelpunkt wieder in die Alpenrepublik verlegt. 2012 gründete er das „Team Stronach", eine wirtschaftsliberale, euroskeptische Reformpartei, mit der er bei den jüngsten Nationalratswahlen 5,7 % der Stimmen erhielt.

Basis-Infos Graz

Information Das Infobüro der Graz Tourismus und Stadtmarketing GmbH befindet sich im Zeughaus-Foyer. Tägl. 10–17 Uhr, April bis Okt. und Dez. bis 18 Uhr. Herrengasse 16, ✆ 0316-8075, www.graztourismus.at.

Anreise **Mit dem Auto**: Graz ist via Pyhrn-Autobahn (A 9) Oberösterreich – Slowenien und Süd-Autobahn (A 2) Wien – Klagenfurt erreichbar. Die A 9 umgeht Graz durch den 10 km langen Plabutschtunnel.

Mit dem Flugzeug: Der Flughafen Graz-Thalerhof (→ Anreise, S. 56) liegt 9 km südlich von Graz. Die Autovermieter Hertz, Avis, Europcar, Megadrive und Sixt haben je ein Agenturbüro im Erdgeschoss des Parkhauses am Ankunftsterminal. Ins Zentrum fährt die S-Bahn-Linie 5 (Hauptbahnhof) oder die Buslinie 630/631 (Jakominiplatz).

Mit der Bahn: Der Hauptbahnhof liegt 2 km westlich der Mur. In der Bahnhofshalle befindet sich ein Infobüro, die Straßenbahnen fahren unterhalb des Bahnhofsvorplatzes ab.

Ärztliche Versorgung **Universitätsklinikum**. Das Krankenhaus in St. Leonhard ist eines der größten Europas. Auenbrugger Platz 1, ✆ 0316-385, www.klinikum-graz.at.

Unfallkrankenhaus. Ein weiteres Krankenhaus liegt auf der anderen Seite der Mur nördlich vom Schloss Eggenberg. Göstinger Str. 24, ✆ 0316-505, www.ukhgraz.at.

Post Mo–Fr 8–19 Uhr, Sa 9–12 Uhr. Neutorgasse 46. Ein weiteres Postamt befindet sich am Hauptbahnhof.

Hin & weg Graz

Der eigene fahrbare Untersatz ist im Zentrum eher hinderlich als nützlich, denn die Parkgebühren sind hoch, Dauerparkplätze zudem nur außerhalb des Zentrums und in Tiefgaragen vorhanden. Dafür ist das öffentliche Nahverkehrssystem vorbildlich – und in der Innenstadt lässt sich fast alles zu Fuß oder mit dem Rad erledigen.

Bergbahn **Schlossbergbahn**. Ein schönes Erlebnis ist eine Fahrt mit der Standseilbahn auf den Schlossberg. Die Bahnen verkehren zu jeder vollen Viertelstunde, die Verbundtickets sind gültig. So–Mi 10–24 Uhr, Do–Sa bis 2 Uhr. Kaiser-Franz-Josef-Kai 38, ✆ 0316-8873391.

Schlossberglift. Der Aufzug zum Uhrturm auf dem Schlossberg ist vom Schlossberg- und Karmeliterplatz über einen Stollen im Berg erreichbar. Tägl. 8–0.30 Uhr. 1,10 €, erm. 0,60 €.

Mietfahrzeuge Neben den Mietwagenfirmen im Flughafen (→ Basis-Infos Graz, Anreise) haben die folgenden Agenturen Filialbüros im Zentrum: Avis (www.avis.at), Budget (www.budget.at), Europcar (www.europcar.at), Hertz (www.hertz.at) und Sixt (www.sixt.at). Kleinwagen sind ab ca. 60 €/Tag erhältlich.

Parken Parkplätze in der Innenstadt sind flächendeckend gebührenpflichtig. Das Zentrum zählt zur **Blauen Zone** mit ausschließlich Kurzparkplätzen bis max. 3 Std. (Mo–Fr 9–20 Uhr, Sa bis 13 Uhr. 0,90 €/30 Min.). Um die Blaue Zone liegt ringförmig die **Grüne Zone** mit ebenfalls kostenpflichtigen, zeitlich unbeschränkten Parkplätzen (Mo–Fr 9–20 Uhr. 0,60 €/30 Min., Tagesticket 7 €). Bezahlt wird mit Münzen an Parkscheinautomaten.

Parkhäuser: Im Stadtgebiet gibt es 40 ausgeschilderte Parkhäuser, in der Altstadt lautet die Faustregel für das Preisniveau 4 €/Std.; relativ preiswert ist die Tiefgarage P3 Pfauengarten am Karmeliterplatz (2,20 €/Std.).

Park & Rail: In Graz gibt es 10 Park-&-Rail-Standorte, die Konditionen sind je nach Lage und Entfernung zum Zentrum verschieden. Günstig vom Autobahnknoten Graz-Ost ist das Park-&-Rail-Center am Murpark (Ausfahrt „Liebenau" vom Zubringer), von hier fährt die Straßenbahnlinie 5 ins Zentrum. Kombiticket mit Bus & Bahn 6 €/24 Std., Wochenticket 21 €, Monatsticket 65 €. An einigen wenigen Standorten ist das Parken sogar gratis.

Infos unter www.parken.graz.at.

Radeln Der **Murradweg** (R2) quert das Stadtzentrum. Darüber hinaus gibt es **13 Radrouten**, die Graz mit den wichtigsten Ausflugszielen in der Umgebung verbinden. Eine Tourenkarte gibt's im Infobüro in der Herrengasse, in der Mobilitätszentrale am Jakominiplatz sowie im Radcenter im Hauptbahnhof.

Radverleih: In Graz gibt es zahlreiche Verleihstellen, u. a. eine im Hauptbahnhof. City- und Trekkingbike 10–16 €/Tag, Rennrad und Mountainbike 16 €. Radstation im Bahnhof tägl. 8–11.45 und 12.45–17 Uhr. Europaplatz 4, ✆ 0664-6173874, www.grazbike.at.

Straßenbahn und Bus In Graz verkehren 6 Straßenbahn-, 24 Bus- und 8 Nachtbuslinien. Die wichtigsten Umsteigeknotenpunkte sind neben dem Hauptbahnhof der Hauptplatz und der Jakominiplatz.

Tickets und Preise: Das ganze Stadtgebiet inkl. Flughafen ist eine Tarifzone. Tickets gibt's am Hauptbahnhof, am Hauptplatz und am Jakominiplatz sowie in allen Straßenbahnen an Automaten. Im Bus wird beim Fahrer bezahlt. Das Einzelticket für 2,10 € ist 1 Std. gültig, 24-Std.-Ticket 4,70 €, Wochenkarte 12,70 €, Monatskarte 42,60 €.

Ermäßigung: Kinder bis 15 J., Senioren und Menschen mit Mobilitätseinschränkungen erhalten für bestimmte Tickets eine Ermäßigung bis 50 % des Fahrpreises. Praktisch ist das **3-Tages-Ticket** für 11,30 €, 2 Kinder bis 15 J. fahren gratis mit, zahlreiche Ermäßigungen u. a. in Museen. Das Ticket ist an den Automaten sowie u. a. in der Stadtinformation erhältlich.

Information: Das zentrale Mobilitätscenter befindet sich am Jakominiplatz. Mo–Fr 8–18 Uhr, Sa 9–13 Uhr. Jakministr. 1, ✆ 0316-8874224, www.holding-graz.at.

Die Grazer Schlossbergbahn

Taxi ✆ 0316-878, www.878.at.

Einkaufen in Graz

Die Herrengasse ist die wichtigste Grazer Einkaufsmeile. Zahlreiche interessante Geschäfte befinden sich darüber hinaus in der Sackstraße sowie in der Schmied-, Spor- oder Stempfergasse. Die junge Kreativszene hat ihre Domizile u. a. auf der anderen Murseite an der Mariahilferstraße zwischen Kunsthaus und Lendplatz.

Edegger-Tax. Die Hofbäckerei mit der auffälligen geschnitzten Eichenholzfassade aus dem Jahr 1896 ist kaum zu übersehen. Es handelt sich um die älteste Bäckerei von Graz und eine der ältesten in Österreich (seit 1569). Köstliche Kürbiskern-Vanillekipferl, Sissi-Busserl oder Steirische Panthertatzen, obendrein ist der Betrieb auf glutenfreie Backwaren spezialisiert. Mo–Fr 7–18 Uhr, Sa bis 12 Uhr. Hofgasse 6, ✆ 0316-830230, www.hofbaeckerei.at.

Ferdinand Haller. Das winzige Ladenlokal an der Stadtpfarrkirche ist bereits für sich eine Sehenswürdigkeit: Stuckdecke, Kronleuchter und eine Holzvertäfelung vom Feinsten. Bei den Süßwaren in der Fensterauslage läuft einem das Wasser im Munde zusammen. Mo–Fr 9–18.30 Uhr, Sa bis 17 Uhr. Herrengasse 23, ✆ 0316-838350.

Kastner & Öhler. Traditionsreiches Grazer Modehaus, der Buchhalter Carl Kastner blieb anno 1883 in Graz hängen, weil er einen Anschluss nach Zagreb verpasste. Aus dem florierenden Kurzwarenhandel entwickelte sich die heutige Kaufhausinstitution. Schöner Blick vom Café mit Dachterrasse. Mo–Fr 9.30–19 Uhr, Sa bis 18 Uhr. Sackgasse 7–13, ✆ 0316-8700, www.kastner-oehler.at.

Kwirl. Das ganz besondere Designgeschäft in der Nähe des Kunsthauses definiert sich als Plattform für nachhaltiges Design, entsprechend geschieht die Herstellung der Produkte – Accessoires, Lampen, Möbel, Taschen, Schmuck etc. – nach ökologischen und sozialen Kriterien. Eine Fundgrube für ungewöhnliche Dinge in ungewöhnlichem Design! Mo–Fr 10–18 Uhr, Sa bis 17 Uhr. Mariahilferstr. 11, ✆ 0699-10814882, www.kwirl.at.

Traditionskaufhaus Kastner & Öhler

Moser. Die größte Buchhandlung der Stadt verfügt natürlich auch über eine Abteilung mit Steiermark-Literatur und hat auch Wanderkarten zur Region. Mit einem Lesecafé. Mo–Fr 9–18.30 Uhr, Sa bis 18 Uhr. Am Eisernen Tor 1, ✆ 0316-830110, www.buchmoser.at.

Nussbaumer. Das alteingesessene Familiengeschäft gibt's bereits seit 1903 und steht für ausgefallene Delikatessen aus aller Herren Länder, besonders aber für Käsespezialitäten in großer Vielfalt und exzellenter Qualität. Mo–Fr 9–18.30 Uhr, Sa bis 14 Uhr. Paradeisgasse 1, ✆ 0316-829162, www.delikatessen-nussbaumer.at.

Steirische Landwirtschaftskammer. Im Foyer befindet sich ein kleiner Bauernladen, der ausgewählte und qualitativ hochwertige Produkte aus der Steiermark vertreibt. Weine und Schnäpse, Fleisch und Käse, allerlei vom steirischen Ölkürbis u. v. m. Mo–Fr 10–18 Uhr, Sa 9–14 Uhr. Hamerlinggasse 3, ✆ 0316-80501260, www.stadtbauernladen.at.

Wochenmarkt Traditioneller Markt mit viel Auswahl auf dem **Kaiser-Josef-Platz**, ergiebig ist der Besuch v. a. Fr/Sa vormittags. Urig und charmant ist auch der Bauernmarkt auf dem **Lendplatz**, die Erzeuger bieten hier ihre Delikatessen feil. Jeweils Mo–Sa 6–13 Uhr.

Spezialmärkte Von den zahlreichen Märkten in Graz sind die **Oster- und Muttertagsmärkte** besonders hervorzuheben. Außerdem gibt es jede Menge **Floh- und Fetzenmärkte** sowie weitere Spezialmärkte wie u. a. den **Keramikmarkt** auf dem Karmeliterplatz Anfang Sept. (www.claydays.at).

Sport und Aktivitäten in und um Graz

Baden/Wellness **Auster**. Das beliebte Sport- und Wellnessbad am Schloss Eggenberg ist funkelnagelneu. Sportbad mit großem Innen- und Außenbecken, Sprungbecken mit 10-m-Turm, Wellnessbad auf zwei Etagen mit riesiger Sauna- und Entspannungszone. Tägl. ab 8 Uhr (Sportbad) bzw. ab 10 Uhr (Wellnessbad). 6,90 €, erm. ab 4,80 € (Sportbad), 18,60 € fürs Wellnessbad, ermäßigter Kurzeintritt oder Abendbesuch möglich. Janzgasse 1, ✆ 0316-8873379, www.freizeitgraz.at.

Schwarzlsee. Der See 7 km südlich der Stadt entpuppt sich als Freizeitareal mit diversen Wassersportoptionen wie Segeln, Surfen oder Tauchen. Tretbootverleih, Beachvolleyball, Wasserski, Inline-Skating, Gastronomie und ein Campingplatz. Im Sommer finden am See musikalische Großevents statt, um die Ruhe ist es dann geschehen. Eintritt zum Badesee 4 € zzgl. Parkticket 3 €, Kinder bis 10 J. frei. Von der A 9 Richtung Slowenien über die Ausfahrt Schachenwald erreichbar. Buslinie 630 ab Griesplatz. Thalerhofstr. 85 in Unterpremstätten, ✆ 03135-53577, www.schwarzlsee.at.

Klettern **City Adventure Center**. Kletterhalle mit über 1700 m² Indoor- und Outdoorfläche, Skywalk an der Hallendecke sowie einem mobilen Kletterturm. Alle Schwierigkeitsgrade, Parcours und Stationen auch für die Kleinen. Mo–Fr 9–22 Uhr, Sa/So bis 21 Uhr. 10 € für die Tageskarte, Zusatzkosten für diverse Extras, Ermäßigungen für Kinder und Jugendliche. Idlhofgasse 74, ✆ 0316-4265650, www.c-a-c.at.

Adrenalinpark. Der Spaß- und Freizeitkletterpark befindet sich am Schwarzlsee (→ Baden). 60 Stationen und 6 Parcours auf 7000 m² u. v. m., der Eintritt zum Freizeitpark am See ist in den Kletterpreisen enthalten. 22 €, erm. ab 12 € (Parcours 1–4). Juli/Aug. tägl. 10–18 Uhr, Mai/Juni und Sept. Di–Fr ab 12 Uhr, Sa/So ab 10 Uhr, Okt und April Do–So (exakte Zeiten sind wetterabhängig). ✆ 0664-3252919, www.adrenalinpark.at.

Radeln Graz ist eine Fahrradstadt (→ Hin & weg).

Schöckl-Trails. Vom Gipfel des Grazer Hausbergs existieren mehrere Downhill-Strecken in unterschiedlichen Schwierigkeitsgraden (www.schoeckl.at).

Sommerrodeln **Hexenexpress**. Die Sommerrodelbahn auf dem Schöckl-Plateau hat tägl. 10–16 Uhr außer bei Schnee, Eis und starkem Regen geöffnet. 3 €, erm. 1,80 €. ✆ 03132-2332, www.schoeckl.at.

Wandern **Rettenbachklamm**: Das Naturdenkmal in der Nähe der Basilika Mariatrost liegt auf Grazer Stadtgebiet und ist mit der Straßenbahnlinie 1 erreichbar (Haltestelle Waldhof). Wer mag, kann bis zur Wallfahrtskirche laufen und dort wieder in die Straßenbahn steigen (Gehzeit: ca. 1:30 Std.) oder den Weg über die Platte nach Graz-Andritz fortsetzen. Für den Steig durch die Klamm sollte man trittsicher sein, gutes Schuhwerk ist unabdingbar.

Graz – Mariatrost: Der Einstieg für die Wanderung ist der Hilmteich (Haltestelle der Linie 1 Hilmteich/Botanischer Garten; Gehzeit: ca. 2 Std.).

Schöckl: Das Schöckl-Gebiet bietet insgesamt rund 40 km Wanderwege. Beliebt ist der Aufstieg vom 1125 m hoch gelegenen Schöcklkreuz an der Straße von St. Radegund nach Passail (einfache Gehzeit: ca. 2:30 Std.).

Veranstaltungen in und um Graz

Über das tagesaktuelle Programm informiert die Kleine Zeitung, die am Kiosk oder im Zeitschriftengeschäft erhältlich ist (www.kleinezeitung.at).

Frühjahr **Diagonale**. Das Fest ist ein Schaufenster des zeitgenössischen österreichischen Films und findet seit 1998 in Graz statt. Mitte März (www.diagonale.at).

Kleinkunstvogel. Der Kabarett- und Kleinkunstpreis wird seit 1987 für Nachwuchskünstler in den Bereichen Comedy, Pantomime, Gesang und szenische Lesung vergeben. Zahlreiche Aufführungen im traditionsreichen Theatercafé in der Mandellstraße 11 (nahe dem Kaiser-Josef-Platz). Mitte April (www.hinwider.com).

Springfestival. Spektakel rund um die elektronische Musik an verschiedenen Standorten. Am Himmelfahrtswochenende Mi–So (www.springfestival.at).

Sommer **USI Fest**. Angeblich Europas größte Studentenparty markiert das Ende des Sommersemesters und ist weit mehr als ein Uni-Fest. Mitte/Ende Juni (www.usifest.at).

Augartenfest. Das größte Grazer Jugend-, Familien- und Sportfestival findet seit über 30 Jahren im städtischen Augarten an der Mur statt (www.augartenfest.at).

Styriate. Das wichtigste steirische Festival für klassische und alte Musik findet seit 1985 in Graz und ausgewählten anderen Standorten in der Steiermark statt. Spiritus Rector ist der namhafte Cellist und Dirigent Nikolaus Harnoncourt. Das Festival steht unter einem jährlich wechselnden Thema. Mitte Juni bis Mitte Juli (www.styriarte.com).

La Strada. Seit 1997 findet das Festival für Straßenkunst und Figurentheater mit inzwischen rund 100.000 Besuchern an unterschiedlichen Standorten in Graz und anderen Städten der Ost- und Weststeiermark statt. Ende Juli bis Anfang Aug. (www.lastrada.at).

Graz → Karten S. 271 und 280/281

Best off Styria. Beim Festival der freien Theater wird der steirische Theaterpreis vergeben. Mitte Sept. (www.theaterland.at).

Aufsteirern. Bei der größten volkskulturellen Veranstaltung Österreichs versammeln sich bis zu 100.000 in Trachten gewandete Menschen in der Grazer Altstadt. Den Startschuss macht am Freitagabend eine prickelnde Modeschau auf dem Hauptplatz, gefolgt von musikalischen Darbietungen am Samstag an gleicher Stelle. Das eigentliche „Aufsteirern" findet am Sonntag statt: stramme Lederhosen, tief ausgeschnittene Dekolletés, Musik und kulinarische Schmankerln und jede Menge Spaß. Mitte Sept. (www.aufsteirern.at).

Herbst **Steirischer Herbst**. Das älteste europäische Festival für zeitgenössische Kunst wurde 1968 vom steirischen Volkskundler Hans Koren begründet. Es verfolgt die Absicht, verschiedene Kunstsparten wie Theater, Film, Musik, Tanz, Architektur, Performance und Neue Medien in Beziehung zueinander zu setzen. Das Avantgardefest steht unter einem jährlichen Motto und unter wechselnder Intendanz. Ausgestellt, vorgestellt und inszeniert wird an mehreren, überwiegend ungewöhnlichen Standorten, 2013 befand sich das Festivalzentrum im ehem. Zollamt in der Nähe des Hauptbahnhofs. Rund 300 Veranstaltungen mit Beteilung von über 500 Künstlern aus etwa 50 Nationen. Ende Sept. bis Mitte Okt. (www.steirischerherbst.at).

Grazer Herbstmesse. Das Messe-Event u. a. mit Vergnügungspark, Weinfest sowie vielen Begleitveranstaltungen dreht sich um Bauen und Wohnen, Genuss und Wellness, Handwerk und Design. Über 450 Aussteller präsentieren sich auf dem Grazer Messegelände. Anfang Okt. (www.grazerherbstmesse.at).

Graz Marathon. Die attraktive Laufsportveranstaltung in der Altstadt findet seit 20 Jahren statt und hat inzwischen mehr als 10.000 Teilnehmer. So Mitte Okt. (www.grazmarathon.at).

Elevate. Ein Festival der zeitgenössischen Musik abseits des Mainstreams rund um den Schlossberg. Ende Okt. (www.elevate.at).

Winter **Adventmarkt**. 13 Weihnachtsmärkte in Gehdistanz in der Altstadt, hinzu kommt eine Lichtinstallation am Rathaus und eine tonnenschwere Eiskrippe im Landhaushof mit lebensgroßen Figuren. Ende Nov. bis Heilig Abend (www.adventingraz.at).

Autobahn
Mariatrost, Weiz
Botanischer Garten
Grabenstr.
Bergmanngasse
Franckstr.
Humboldtstraße
Körblerg.
Goethestr.
Mozartgasse
Heinrichstraße
Liebiggasse
Johann-Fux-Gasse
Geidorfgürtel
Schubertstraße
Wartingergasse
Wickenburggasse
Parkstraße
Geidorfplatz
Jahngasse
Maria-Theresia-Allee
Villefortg.
Harrachgasse
Halbärthgasse
Karl-Franzenz-Universität
Leechgasse
Schlossberg
Glockenturm
Schlossbergbahn
Stadtpark
Glacisstraße
Leechkirche
Zinzendorfgasse
H.-Wolf-G.
Beethovenstraße
Elisabethstraße
Paulustorgasse
Sauraugasse
Burggarten
Brandhofgasse
Lichtenfelsgasse
Merangasse
Uhrturm
Karmeliterplatz
Schlossbergplatz
Sackstraße
Franz-Josef-Kai
Schauspielhaus
Hofgasse
Burg
Sporgasse
Erzh.-Johann-Allee
Fischer-Allee
Kunstuniversität
Leonhardstraße
Dom
Palais Meran/Mumuth
Färbergasse
Mausoleum
Bürgergasse
Burgg.
Burgring
Hauptplatz
Franziskanerkirche
Rathaus
Bischofpl.
Einspinnerg.
Albertstraße
Gartengasse
Schillerstr.
Naglergasse
Herz-Jesu-Kirche
Landhaus
Albrechtg.
Landhausg.
Schmiedg.
Herrengasse
Zeughaus
Rechbauerstr.
Technische Universität
Opernring
Oper
Joanneum
Raubergasse
Stubenberg.
Girardig.
Kaiser-Josef-Platz
Haydng.
Lessingstr.
Technikerstr.
Sparbersbachgasse
Nibelungengasse
Neutorgasse
Kalchberggasse
Kaiserfeldgasse
Gleisdorfer G.
Mandellstraße
Uhlandg.
F.-Dahn-Pl.
Marburger Kai
Joanneumring
Jakominiplatz
BUS
Reitschulg.
Dietrichsteinpl.
Radetzkystraße
Schönaug.
Jakoministr.
Schörgelgasse
Schörgelg.
Zimmerplatzg.
Wielandg.
Grazbachgasse
Klosterwiesgasse
Münzgrabenstraße
Kopernikusg.
Stremayrgasse
Petersgasse
Schießstattgasse
Kastellfeldgasse
Ortweinplatz
Steyrergasse
Hafnerriegel
Conrad-von-Hötzendorf-Straße
Maygasse
Brockmanngasse
Anzengruberg.
Stadtischer Augarten
Wielandgasse
Schönaugasse
Brockmanngasse
Münzgrabengürtel
Pestalozzistraße
Steyrerg.
Klosterwiesgasse
Jakominigürtel
Meserhofg.
Leitnergasse
Schönaugürtel
Messegelände
Graz
150 m

Übernachten in und um Graz

→ Karte S. 280/281

Im Luxussegment ist die Auswahl innerstädtischer Herbergen groß. Anders stellt sich die Situation in der mittleren Preislage dar, denn empfehlenswerte Quartiere liegen zumeist außerhalb des Zentrums. Unabhängig von der Lage sollte man sich bei der Zimmerbuchung stets nach hoteleigenen Parkplätzen erkundigen.

Graz **** **Schlossberghotel** **5** Das historische Designhotel an der Talstation der Schlossbergbahn ist eine von zwei Luxusherbergen im Besitz des Red-Bull-Motorsportchefs Helmut Marko. Geschmackvoll mit hochwertigen Antikmöbeln und Accessoires eingerichtete Zimmer und Suiten, jeden Raum ziert ausgesuchte zeitgenössische Kunst. Bar, Frühstück im Wintergarten, kein Restaurant. DZ ab 145 €. Franz-Josef-Kai 30, ✆ 0316-80700, www.schlossberg-hotel.at.

**** **Hotel zum Dom** **20** Das Altstadtquartier im einstigen Palais Inzaghi steht für gediegenen Komfort im traditionellen Stil. Freundliche Farben verbreiten Behaglichkeit, kühle Gewölbe, 29 Zimmer und Suiten, alle unterschiedlich gestaltet. Einziges Manko: Das Bermudadreieck des Nachtlebens liegt direkt vor der Haustür, einige Zimmer sind daher nachts nicht ruhig. Kein Restaurant, kein Hotelparkplatz. DZ ab 124 €. Bürgergasse 14, ✆ 0316-824800, domhotel@domhotel.co.at, www.domhotel.co.at.

**** **Hotel Süd**. Die moderne und überaus sympathische Komfortbleibe liegt am südlichen Stadtrand in Graz-Straßgang. Ein Naturbadesee und der Floriani-Berg liegen gleich vor der Tür. 60 komfortable Gästezimmer, Wellnessbereich und Bar, kein Restaurant. DZ ab 98 €. Gute Anbindung an die Autobahn, mit dem Bus Nr. 32 ins Stadtzentrum. Stemmerweg 10, ✆ 0316-2818600, office@hotel-sued.at, www.hotel-sued.at.

*** **Zur Steirerstub'n** **3** Die beliebte Stadtpension am Lendplatz verfügt über 27 gemütliche, unlängst renovierte Zimmer und ein Apartment mit Küche und Terrasse. Restaurant mit gutbürgerlicher steirischer Regionalküche, mit heimeliger Stube und Außenplätzen zur Straße, eine Hausspezialität ist die „gesetzte Henne" für 8,20 € (Anmeldung 3 Tage im Voraus). DZ ab 92 €. Lendplatz 8, ✆ 0316-716855, office@pension-graz.at, www.pension-graz.at.

Daniel **15** Bei dem Urban-Style-Logis am Bahnhof darf man sich keinesfalls von der Fassade abschrecken lassen. 107 modern gestaltete Zimmer mit oder ohne Balkon bzw. Aussicht. Tadellose Bäder, der Standard entspricht der gehobenen Mittelklasse, Espresso-Bar, kein Restaurant, WLAN, Vespa-Verleih an Hausgäste für 15 €/Tag. DZ ab 86 €. Europaplatz 1, ✆ 0316-711080, hellograz@hoteldaniel.com, www.hoteldaniel.com.

Häuserl im Wald. Wohnen am Waldrand in ruhiger Umgebung und dennoch nah an der Stadt, zur Straßenbahn sind es 10 Min. zu Fuß. Ordentliche, wenn auch nicht überragende Gästezimmer im Haupthaus oder in den Dependancen. Ein Plus ist das beliebte Restaurant mit gutbürgerlicher österreichisch-steirischer Küche, Gastgarten, das Steirerschnitzel gibt's für 15 € (Mo Ruhetag). DZ ab 85 €. Auf halbem Weg nach Mariatrost. Roseggerweg 105, ✆ 0316-391165, legenstein@aon.com, www.legenstein-hiw.at.

JUFA **24** Das Jugend- und Familiengästehaus liegt 15 Gehminuten vom Hauptbahnhof entfernt. Freundliches Ambiente, ruhige Umgebung. Mit Café, E-Bike-Verleih und großer Kletterhalle (→ Sport und Aktivitäten). Moderne und gut ausgestattete Zimmer im Stil eines Stadthotels und gebührenpflichtige Parkplätze. DZ ab 80 €. Idlhofgasse 74, ✆ 05708-3210, graz@jufa.eu, www.jufa.eu.

AO Hostel & Hotel **19** Die Jugendherberge mit Hotel nahe dem Grazer Hauptbahnhof hat 2013 neu eröffnet. Moderner Großbau mit 120 Gästezimmern mit Dusche/WC, Zwei-Sterne-Standard im Hotel. Frühstücks- und Abendessenbüfett auf Wunsch, Skybar auf dem Dach, WLAN, einfach, sauber und funktional, keine Altersbeschränkung. DZ ab 42 € ohne Frühstück, ab 11 €/Pers. im Mehrbettzimmer. Eggenberger Str. 7, ✆ 0316-5701623701, www.aohostels.com.

Camping Central. Die empfehlenswerte Platzanlage liegt an einem Naturbadesee und am Waldrand. Schattige und sonnige Zeltplätze auf einer Wiese. April bis Okt. geöffnet. 2 Pers. mit Zelt ab 24 €. Mit der Buslinie 32 vom Jakominiplatz bis zur Endstation. Martinhofstr. 3, ✆ 0676-3785102, office@campingcentral.at, www.campingcentral.at.

Umgebung von Graz **Arkadenhof**. Die liebenswerte und familiäre Landpension liegt in der Nähe des Schwarzlsees. Die 10 freundlich eingerichteten Gästezimmer gruppieren sich um einen netten Hinterhof, hinterm Haus befindet sich ein gepflegter Garten. Kein Restaurant, alle Zimmer sind unterschiedlich gestaltet und heißen Mohnblumen- oder Iriszimmer. Haustiere sind willkommen. DZ 62 €. Tobelbaderstr. 6 in Unterpremstätten, ✆ 03136-5252315, office@pension-arkadenhof.at, www.pension-arkadenhof.at.

Essen & Trinken in und um Graz

→ Karte S. 280/281

Die Genusshauptstadt Graz wartet mit einer beinah unüberschaubaren Vielfalt an Restaurants, Cafés und Bars auf. Das Bermudadreieck am Färber- und Mehlplatz bietet die größte Auswahl an Einkehroptionen, an zweiter Stelle rangiert der Franziskanerplatz. Auch das Uni-Viertel und die Gegend zwischen Kunsthaus und Lendplatz auf der rechten Seite der Mur lohnen in kulinarischer Hinsicht einen Abstecher.

Graz **Santa Clara** **17** Das kleine, aber feine Edelrestaurant im Herzen der Altstadt serviert frische Gerichte, die den Gästen ohne Preisabsprachen persönlich vorgestellt werden. Vorzügliche mediterrane Küche, appetitliche Antipasti-Theke, wenige Plätze im entzückenden Hinterhof oder im Innengewölbe, das von einem Holzbackofen dominiert wird. Hauptspeisen ab 15 €. Tägl. außer So ab 18 Uhr. Bürgergasse 6, ✆ 0316-811822.

››› **Mein Tipp:** **Starcke Haus** **2** Das romantische Winzerhäuschen auf den Ruinen einer von den Franzosen zerstörten Bastei ist Nobelrestaurant und Café zugleich. Kleines Stüberl mit Wandfresken, lauschiger Gastgarten mit Blick auf Graz, Frühstückskarte, preiswerte Mittagsgerichte (ab 12,50 €), abends teurer (3-Gänge-Menü 45–50 €). Abends besser reservieren. Juni bis Aug. Di–Sa ab 11 Uhr, So ab 10 Uhr; Sept. bis Mai Mi–Sa ab 12 Uhr, So ab 10 Uhr. Schlossberg 4, ✆ 0316-834300, www.starcke.at. ‹‹‹

Stainzerbauer **11** Steirisches Traditionsgasthaus in einem uralten Bürgerhaus mit gepflegter Gaststube und schmackhafter steirisch-österreichischer Küche. Außenplätze im Hinterhof, etwas teurer, aber der Weg lohnt sich. Die gebratene Entenbrust in Holunderblütensoße kostet 21 €. Erlesene Zutaten überwiegend regionaler Herkunft, gute Weinkarte. Tägl. ab 11.30 Uhr. Bürgergasse 4, ✆ 0316-821106, www.stainzerbauer.at.

Landhaus-Keller **23** Die renommierte Einkehradresse im altsteirischen Stil ist eine Institution (seit 1596). Traditionsbewusstes Interieur, Sitzplätze im Hof mit Blick auf Landhausarkaden, klassisch-steirische Küche, schmackhafte und saisonal wechselnde Schmankerln, mittags preiswerte Tagesgerichte (um 10 €), Hauptgerichte ansonsten 15–30 €. Tägl. außer So ab 11.30 Uhr.

Café am Franziskanerkloster

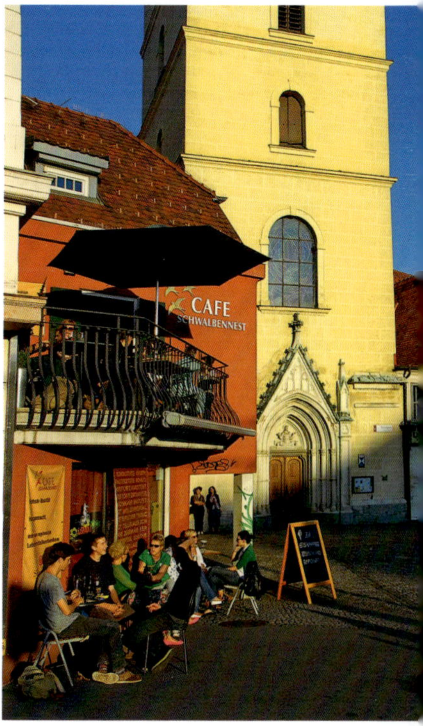

Schmiedgasse 9, ✆ 0316-830276, www.landhaus-keller.at.

Dionysos 10 Das erstklassige griechische Restaurant im traditionsreichen Gambrinuskeller ist ein Unikum: mediterrane Küche in gemütlichen holzvertäfelten Räumen im Stil einer auf edel getrimmten Bauernstube, Außenplätze auf dem Färberplatz. Preiswerte Mittagskarte, ein Klassiker ist Mousaka nach Art des Hauses für 8,20 €, abends teurer, auch Weinstube. Tägl. ab 11 Uhr. Färbergasse 6–8, ✆ 0316-810181, www.restaurant-dionysos.at.

Glöckl Bräu 12 Das volkstümliche Wirtshaus direkt am Grazer Glockenspiel serviert deftige, bodenständige Brauhausküche zu ehrlichen Preisen, das Schnitzel im Kürbiskernmantel kommt für 10 € auf den Tisch. Rustikales Stüberl, Außenplätze vor dem Haus, ausschließlich für diese Lokalität gebrautes und überaus bekömmliches Holzfassbier sowie andere Gersten- und Hopfenspezialitäten. Oft gut belegt, tägl. 10.30–24 Uhr. Glockenspielplatz 2–3, ✆ 0316-814781, www.gloecklbraeu.at.

Zur Alten Press 22 Uriges und bodenständiges Gasthaus mit klassisch steirischer Küche und hausgemachten Speisen, verwendet werden überwiegend Agrarprodukte aus der Region. Kuscheliges Stüberl und Gastgarten, preiswerte Mittagsmenüs um 6 €, der Tafelspitz vom steirischen Jungstier mit Apfelkren kostet 14 €. Auch Fisch und vegetarische Gerichte. Mo–Fr ab 11.30 Uhr, Sa ab 15 Uhr, So geschlossen. Griesgasse 8, ✆ 0316-719770, www.zuraltenpress.at.

Propeller 1 Großräumiges Restaurant und Kneipe im ehemaligen Schuberthof im Uni-Viertel, studentisches Flair, relaxte Atmosphäre, große Frühstückskarte, solide bürgerliche Küche, das Grillkotelett in Pilzrahmsoße gibt's für 8,60 €. Riesiger Gastgarten, auch Kuchen, Bier und Cocktails. Tägl. ab 10 Uhr bis tief in die Nacht. Zinzendorfgasse 17, ✆ 0316-225053, www.propeller.co.at.

Paradiso 7 Das italienisch inspirierte SB-Restaurant mit Kaffeebar befindet sich im Kaufhaus Kastner & Öhler (→ Einkaufen). Preiswerte Pizza, auch mit gluten- und laktosefreiem Boden ab 5,40 €, verschiedene hausgemachte Pasta, auch Bio-Dinkel-Vollkornpasta, Salate. Wer mag, kann einen Blick in die große Schauküche werfen. Mo–Fr 11–16 Uhr, Sa bis 17 Uhr, das Café öffnet ab 8 Uhr. Sackgasse 7–13, ✆ 0316-8700, www.kastner-oehler.at.

Umgebung von Graz **Schusterbauer.** Der ruhig gelegene Landbauernhof 2 km vom Stift Rein entfernt verfügt über ein Restaurant mit guter Küche. Innen rustikal, Weitblick von der heimeligen Terrasse. Die Spezialität sind Backhendl, auch kleine Jausen sowie Kaffee und Kuchen zu ehrlichen Preisen. 12 Zimmer im Zwei-Sterne-Standard (DZ 56 €). Mo/Di Ruhetag. Hörgas 49, ✆ 03124-51768, www.gh-schusterbauer.at.

Stubenberghaus. Die ÖAV-Schutzhütte auf dem Schöckl-Plateau nördlich von Graz ist eher Hotelrestaurant als Berghütte (seit 1890). Wunderbare Aussichtsterrasse, nobles Stüberl, Seminarräume und 14 Gästezimmer mit neuen Bädern (DZ 100 €). Gute Küche mit den üblichen Hüttenklassikern zu etwas teureren Preisen, die Brettljause gibt's für 9,20 €. Ganzjährig tägl. geöffnet. Am Schöckl 73, ✆ 0664-4179244, www.stubenberghaus.at.

Haute Cuisine in Graz: Die besten Hauben- und Sternerestaurants

Didi Dorner. Nur wenige Tische bei einem der besten österreichischen Köche am Karmeliterplatz. Mo–Mi ab 19 Uhr. ✆ 0699-13018818.

Magnolia. Vielleicht das beliebteste Grazer Haubenrestaurant, im Augarten-Hotel. Mo–Fr mittags und abends. ✆ 0316-823835, www.restaurant-magnolia.at.

Prato im Palais. Luxusrestaurant im frisch restaurierten Palais Herberstein in der Sackstraße. Di–Sa ab 17 Uhr. ✆ 0316-232098, www.prato.at.

Carl. Stilvoll dinieren am Grazer Opernhaus. Di–Fr mittags und abends, Sa ab 17 Uhr. ✆ 0316-824848, www.carl-restaurant.at.

Aiola. Ein Name – zwei Restaurants, eines am nördlichen Stadtausgang, das andere auf dem Schlossberg. ✆ 0316-890335 bzw. 0316-818797, www.aiola.at.

Snack-Bars/Cafés/Nachtleben in Graz

→ Karte S. 280/281

Einige der oben gelisteten Restaurants sind tagsüber ein Café (u. a. Aiola Upstairs oder das Starcke Haus auf dem Schlossberg) und eine ausgezeichnete Alternative zu den nachfolgend aufgeführten Einkehradressen.

»» Mein Tipp: **Frankowitsch** 18 Das 1932 eröffnete Altstadtgeschäft ist eine Grazer Institution. Hier kommen delikate belegte Brötchen in allerlei Varianten und zu kleinen Preisen auf den Tisch. Plätze im Bistro, an der Bar oder auf der Gasse. Angeschlossen sind eine Geschenkboutique und ein Delikatessengeschäft: Bier, Weine, Pralinen, Feinkostwaren und Geschenkartikel. Mo–Fr 8.30–19 Uhr, Sa bis 17 Uhr. Stempfergasse 2–4, ✆ 0316-822212, www.frankowitsch.at. ««

Sacher 21 Der Grazer Ableger der berühmten Wiener Kaffeehausinstitution befindet sich am Rathaus. Selbstverständlich der beste Ort, um von der original Sachertorte zu kosten. Auch Weinbar und Gourmetrestaurant mit gediegenem Interieur und Plätzen im Hof. Der Wiener Schmankerl-Teller mit Vogerlsalat kostet 14,50 €. Tägl. außer So 8.30–22 Uhr. Herrengasse 6, ✆ 0316-8005, www.sacher.com.

Leiner's 16 Café, Bar und Weinlokal mit gediegenem Charme an der Franziskanerkirche. Mit wenigen Plätzen außen und innen unter einem teilweise vergoldeten Rippengewölbe. Auch Frühstück, Salate, kleine Snacks und süße Strudel. Mo–Sa ab 11 Uhr, So ab 10 Uhr. Franziskanerplatz 10, ✆ 0361-839018, www.leiners.at.

Blendend 6 Kultiviertes Kaffeehaus für alle Altersgruppen nahe dem Lendplatz, innen behagliche Wohnzimmeratmosphäre, abgetrennter Raucherbereich, wenige Außenplätze. Frühstück, Salate, Kuchen, abends Bier, Cocktails und Drinks, Brunch am Wochenende für 12 €. Tägl. ab 9 Uhr, So bis 15 Uhr, sonst bis in die Nacht geöffnet. Mariahilferstr. 24, ✆ 0660-4714753, www.blendend.at.

Macello 4 Mediterranes Feinkostbistro auf dem Lendplatz mit hohem Kultfaktor, beliebter Treffpunkt, der Inhaber kauft die Zutaten auf dem Markt und kombiniert sie zu gesunden und schmackhaften Gerichten. Atmosphärische Außenplätze, bodenständiges Preisniveau. Di–Sa ab 15 Uhr. Stand Nr. 118, ✆ 0664-3411574, www.macello.at.

Freiblick 8 Das niveauvolle Kaffeehaus befindet sich im 6. Stock des Kaufhauses Kastner & Öhler (→ Einkaufen). Von der großen Dachterrasse hat man einen herrlichen Blick über die Dächer von Graz bis Schlossberg und Plabutsch. Frühstück, Kaffee und Kuchen u. v. m. Mo–Fr 9.30–19 Uhr, Sa bis 18 Uhr. Sackstr. 7–13, ✆ 0316-835302, www.freiblick.co.at.

Ernst Fuchs Bar 9 Die bekannte Institution des gepflegten Grazer Nachtlebens befindet sich im Traditionshotel Erzherzog Johann. Ernst Fuchs, nach dessen Entwürfen der Bärnbacher Moses-Brunnen und die Kirche in Thal errichtet wurden, gestaltete den gediegenen Raum. Erstklassige Cocktails und Treffpunkt der Bonvivants. Di–Sa ab 18 Uhr. Sackstr. 3–5, ✆ 0316-811616, www.erzherzog-johann.com.

Flann O'Brian 13 Beliebter Irish Pub nach üblichem Strickmuster und v. a. abends mit einer fast unglaublichen Platzatmosphäre. Bier, Whiskey und Snacks wie Backkartoffeln, Burger, Sandwichs und Salate, irisches Personal. Mo–Sa ab 11 Uhr, So ab 15 Uhr. Paradeisgasse 1, ✆ 0316-829620, www.flannobrien.at.

Hemingway 14 Klassische Bar mitten im Grazer Ausgehviertel, hier wird die hohe Kunst des Cocktail-Mixens praktiziert, verschiedene Räume von gediegen bis rustikal, im Sommer mit kleinem Hinterhofgarten. Tägl. ab 18 Uhr. Abraham-a-Santa-Clara-Gasse 2, ✆ 0650-3130787, www.hemingway-bar.at.

M1 Bar. Hier ist das Ambiente Trumpf, denn vom Färberplatz geht es mit einem gläsernen Aufzug ins Obergeschoss. Herrlicher Blick von oben über die Dächer von Graz, entspannte Atmosphäre, Frühstück, Snacks, Cocktails u. v. m., bis tief in die Nacht offen. Mo–Fr sowie So ab 16 Uhr, Sa ab 9 Uhr. Färberplatz 1, ✆ 0316-811233, www.m1-bar.at.

Graz → Karten S. 271 und 280/281

Die Riegersburg – Krone der Oststeiermark

Oststeiermark

Facettenreiche Oststeiermark: der Garten und der Bauch Österreichs, das Land der Thermen und Vulkane, die Region der Burgen und Schlösser, ein Landstrich beinahe ohne jede Industrie. Wenn es anderenorts regnet, dann ist die Wahrscheinlichkeit nicht gering, dass hier die Sonne lacht.

Je weiter man nach Süden und Osten gelangt, desto mehr setzen sich das trockene pannonische Klima und der mediterrane Einfluss durch. Bad Radkersburg ganz im Südosten hat die meisten Sonnenstunden in ganz Österreich. Der Kurort befindet sich an der slowenischen Grenze und ist traditioneller Endpunkt der Fahrradtour entlang der Mur. Zwischen Radkersburg im Osten und dem Murknick bei Spielfeld im Westen präsentiert sich die Landschaft zunächst flach. Die ellenlangen Mur-Auen sind ein einzigartiges ökologisches Reservoir bedrohter Pflanzen- und Tierarten. Nördlich der Mur schließt sich das fruchtbare oststeirische Hügelland an. Die Täler verlaufen meist in Nord-Süd-Richtung, begleitet von lang gezogenen Hügelrücken (Riedel). Im Thermen- und Vulkanland in der Grenzregion zum Burgenland bilden schroffe Basaltfelsen oder bewaldete Rundkogel die dominantesten topografischen Erscheinungen. Ganz im Norden wiederum schließt das abwechslungsreiche Alpenvorland die Lücke zwischen Hügelland und Wechsel bzw. Fischbacher Alpen.

Aufgrund der geopolitischen Randlage war die Oststeiermark in der zweiten Hälfte des 20. Jh. bis zur Öffnung des Eisernen Vorhangs eine strukturschwache Region. Inzwischen hat sich die Situation gewandelt: Das Thermen- oder Vulkanland zählt zu den populärsten steirischen Ferienregionen, auch die Teichalm und die Gegend rund um den Stubenbergsee haben sich zu namhaften Ausflugszielen gemausert. Der Auftrieb, der zuweilen hier herrscht, ist jedoch nichts im Vergleich zur Gegend rund um die Riegersburg. Hier ballen sich gleich mehrere hochattraktive Ziele, v. a. die Schokoladenmanufaktur des Familienunternehmens Zotter kann sich kaum vor Besuchern retten. Sehenswerte Städteziele sind Bad Radkersburg, Fürstenfeld und Hartberg, mit Abstrichen auch Weiz und Feldbach.

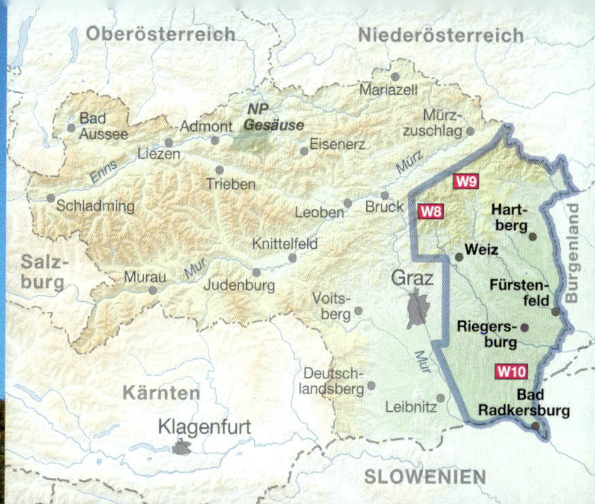

Oststeiermark

Die Begriffe **Thermen-** und **Vulkanland** meinen zwar nicht dasselbe, werden jedoch häufig synonym verwendet. Wo heute inmitten fruchtbarer Hügel Reben kultiviert und Schweine gezüchtet werden, spuckten vor 17–12 Mio. Jahren die Krater Lava, Asche und Rauch aus. Danach beruhigte sich die Lage für sehr lange Zeit, bevor die vulkanische Aktivität vor etwa 3 Mio. Jahren wieder einsetzte. Heute steigen in der Oststeiermark keine Rauchsäulen mehr in den Himmel, was jedoch nicht bedeutet, dass es in ferner Zukunft nicht erneut zu Eruptionen kommen könnte. Spuren der vergangenen Ausbrüche finden sich an verschiedenen Stellen, Themenwanderwege weisen interessierte Laien auf ehemalige Hotspots und andere vulkanische Phänomene hin. Während in Bad Gleichenberg bereits die Römer das Wasser zur Heilung nutzten und der „Curort“ im 19. Jh. zur glamourösen Destination der Biedermeierzeit aufstieg, wurden die übrigen oststeirischen Thermen erst im (späten) 20. Jh. eröffnet und sind deshalb relativ junge Ziele auf der touristischen Landkarte. Es gibt sie nur, weil eine Aktiengesellschaft, die von der österreichischen Regierung mit der Suche nach Erdöl beauftragt wurde, bei Probebohrungen statt auf Öl auf Thermalwasser in bis zu 3 km Erdtiefe stieß. Allerdings sollten Jahre und Jahrzehnte vergehen, ehe das Potential für den Fremdenverkehr erkannt wurde. Heute entsprechen die sechs Badetempel in jeder Hinsicht den neuesten Anforderungen der Heil- oder Entspannungsszene; 2,1 Mio. Übernachtungen pro Jahr machen das Vulkan- und Thermenland zu einem der beliebtesten Ziele der Steiermark.

Im Unterschied zum Thermen- und Vulkanland geht es im **Alpenvorland** deutlich ruhiger zu. Zuweilen kann es in der waldreichen Gegend, die behutsam bis zu den Fischbacher Alpen und zum Wechselgebirge ansteigt, sogar regelrecht einsam sein. Die unspektakuläre und dennoch suggestive Schönheit der Landschaft ist sicherlich auch ein Grund, warum in dieser Teilregion zwei von insgesamt sieben Naturparks der Steiermark liegen: der **Naturpark Almenland** sowie der etwa halb so große **Naturpark Pöllauer Tal.** Rund um Pöllau oder ein Stockwerk höher auf der Teichalm ist man allerdings überhaupt nicht einsam: Eine exzellente Infrastruktur und gefühlte tausend Möglichkeiten aktiver Betätigung machen die zwei Gebiete zu idealen Ferienzielen. Ein weiterer Brennpunkt ist der Stubenbergsee im Verbund mit der Tierwelt Herberstein. Hier wie dort kann es an guten Tagen hoch hergehen, was bereits an den weiträumigen Parkplätzen für die Ausflügler aus Graz oder andernorts gut zu erkennen ist. Das Beispiel des Stubenbergsees zeigt andererseits aber auch, dass das oststeirische Alpenvorland auch für kulturell interessierte Reisende einiges zu bieten hat: Rund um den Badesee gibt es u. a. einige Schlösser, die mit zum Besten zählen, was die Steiermark zu bieten hat. Pöllau reüssiert mit einer sehr sehenswerten Stiftskirche, die von der Wallfahrtskirche Pöllauberg ganz buchstäblich überragt wird, während im Joglland das Augustinerstift in Vorau sowie die Festenburg Akzente setzen.

Informationen im Internet: www.oststeiermark.com, www.thermenland.at, www.vulkanland.at.

Weiz

ca. 9500 Einwohner

Die größte Stadt der Oststeiermark auf knapp 500 m Höhe zählt zwar nicht zur ersten Liga der steirischen Städteziele, gleichwohl versprüht die weitgehend intakte Altstadt Flair. Hat man sich erst einmal durch die ausufernde urbane Peripherie ins Zentrum vorgearbeitet, ist die Lebensqualität allerorten spürbar. Weiz ist ein Industriestandort, der sich zur Einkaufsstadt gemausert hat und obendrein über einige Sehenswürdigkeiten verfügt. Am Hauptplatz beeindruckt die mittelalterliche **Wehrkirche,** während im Gassengeflecht die moderne Glasfassade des **Kunsthauses** Aufmerksamkeit erregt. Das Veranstaltungszentrum schuf der aus Bruck an der Mur stammende und in Paris lebende Architekt Dietmar Feichtinger. Nur einen Steinwurf vom Kunsthaus entfernt leistet das denkmalgeschützte **Weberhaus** mit einer Kunstgalerie, einem Lesecafé und dem Jazzkeller seinen Beitrag zum Ruf der Stadt als kulturelles Zentrum. Das dritte Alleinstellungsmerkmal der Stadt – neben Einkaufen und Kulturgenuss – ist aus touristischer Perspektive vielleicht weniger interessant: Gemeinsam mit Gleisdorf hat sich Weiz auf dem Energiesektor profiliert; mit dem Umland bilden beide Städte die Energieregion Weiz-Gleisdorf. Ein namhafter Sohn der Stadt ist der Ingenieur Franz Pichler, der 1890 als 24-Jähriger seine ersten elektrischen Maschinen konstruierte und als österreichischer Pionier der Elektrotechnik gilt. Zwei Jahre später begründete er die „Weizer Elektrizitätswerke F. Pichler & Co.“ und sorgte dafür, dass in den Straßen nachts die Laternen brannten. Die Tradition von Weiz als Energiestadt führt heute u. a. das Geminihaus am Altstadtrand, ein sich mit der Sonne drehendes Plusenergiehaus, fort.

Moderne Architektur im Stadtzentrum: das Weizer Kunsthaus

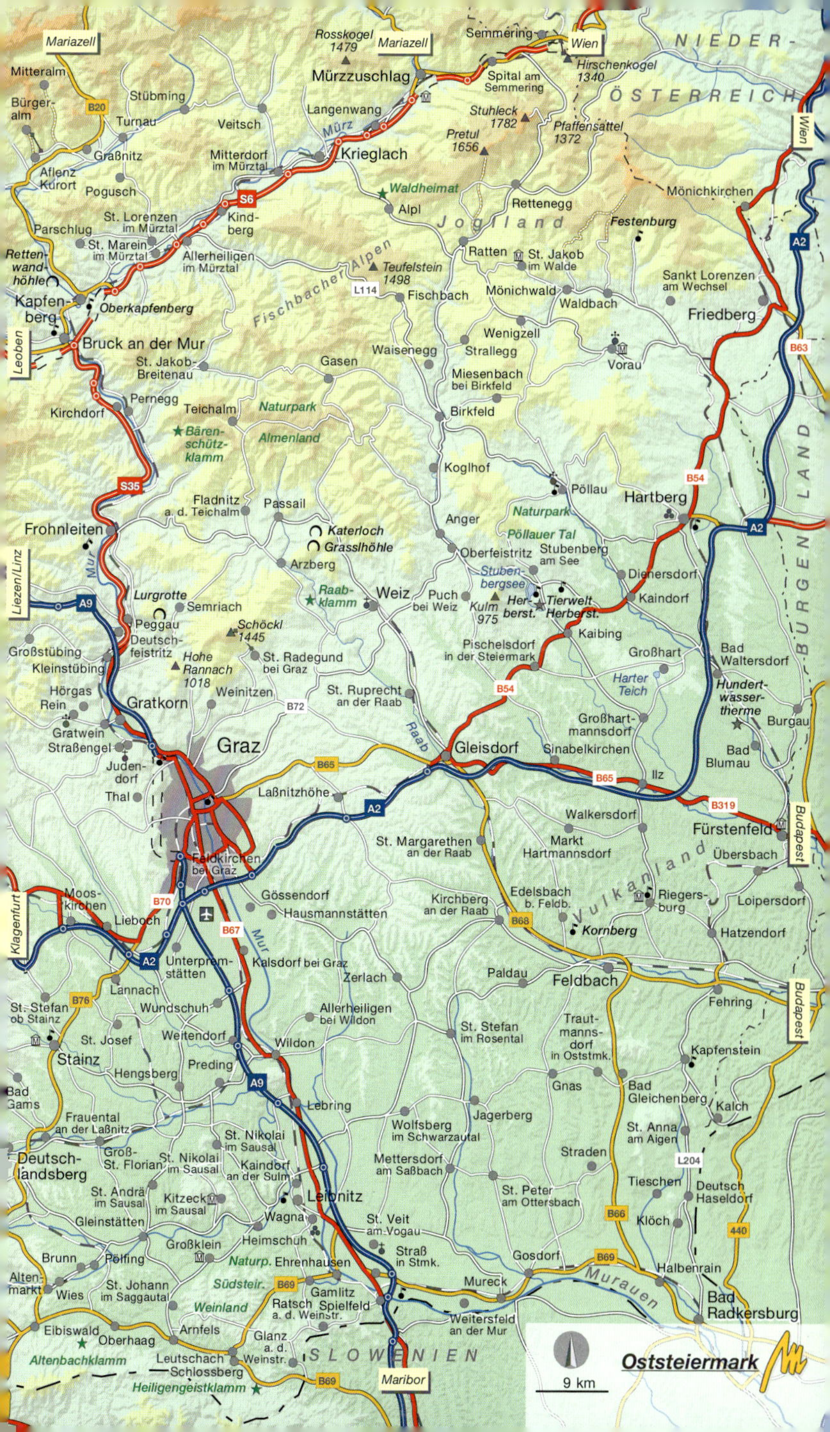

Mariazell
Rosskogel 1479
Mariazell
Semmering
Wien
NIEDER-
ÖSTERREICH
Mitteralm
Bürger-alm
Stübming
B20
Turnau
Veitsch
Mürzzuschlag
Langenwang
Spital am Semmering
Hirschenkogel 1340
Stuhleck 1782
Pfaffensattel 1372
Mürz
Wien
Graßnitz
Aflenz Kurort
Pogusch
Mitterdorf im Mürztal
Krieglach
Pretul 1656
Waldheimat
Rettenegg
Mönichkirchen
S6
St. Lorenzen im Mürztal
Kind-berg
Alpl
Joglland
Festenburg
A2
Parschlug
St. Marein im Mürztal
Allerheiligen im Mürztal
Ratten
St. Jakob im Walde
Sankt Lorenzen am Wechsel
Retten-wand-höhle
Teufelstein 1498
Kapfen-berg
Oberkapfenberg
Fischbacher Alpen
L114
Fischbach
Mönichwald
Waldbach
Friedberg
Leoben
Bruck an der Mur
Wenigzell
St. Jakob-Breitenau
Waisenegg
Strallegg
Vorau
B63
Gasen
Miesenbach bei Birkfeld
Pernegg
Kirchdorf
Teichalm
Naturpark
Almenland
Birkfeld
Bären-schütz-klamm
BURGENLAND
Koglhof
S35
Pöllau
B54
Hartberg
Naturpark
Fladnitz a. d. Teichalm
Passail
Anger
Pöllauer Tal
Frohnleiten
Katerloch
Grasslhöhle
Oberfeistritz
Stubenberg am See
A2
Liezen/Linz
Mur
Arzberg
Stuben-bergsee
Dienersdorf
Lurgrotte
Raab-klamm
Weiz
Puch bei Weiz
Her-berst.
Tierwelt Herberst.
Kaindorf
A9
Semriach
Kulm 975
Peggau
Schöckl 1445
Kaibing
Großstübing
Deutsch-feistritz
Pischelsdorf in der Steiermark
Großhart
Bad Waltersdorf
Kleinstübing
Hohe Rannach 1018
St. Radegund bei Graz
Harter Teich
Hundert-wasser-therme
Hörgas
Weinitzen
St. Ruprecht an der Raab
B54
Rein
Gratkorn
B72
Großhart-mannsdorf
Burgau
Gratwein
Raab
Straßengel
Graz
Gleisdorf
Sinabelkirchen
Bad Blumau
Juden-dorf
B65
B65
Ilz
Thal
Laßnitzhöhe
A2
B319
Walkersdorf
Fürstenfeld
Budapest
St. Margarethen an der Raab
Markt Hartmannsdorf
Übersbach
Feldkirchen bei Graz
Vulkanland
Klagenfurt
Moos-kirchen
Gössendorf
Edelsbach b. Feldb.
Riegers-burg
Loipersdorf
B70
Hausmannstätten
Kirchberg an der Raab
Lieboch
B68
Kornberg
Hatzendorf
B67
Mur
A2
Unterprem-stätten
Kalsdorf bei Graz
Paldau
Zerlach
Feldbach
Lannach
Budapest
B76
Fehring
St. Stefan ob Stainz
Wundschuh
Allerheiligen bei Wildon
Traut-manns-dorf in Oststmk.
St. Josef
Weitendorf
St. Stefan im Rosental
Kapfenstein
Wildon
Stainz
Hengsberg
Preding
Gnas
Bad Gleichenberg
Bad Gams
A9
Lebring
Kalch
Frauental an der Laßnitz
Jagerberg
Wolfsberg im Schwarzautal
St. Anna am Aigen
St. Nikolai im Sausal
Groß-St. Florian
St. Nikolai im Sausal
Straden
Deutsch-landsberg
Kaindorf an der Sulm
Mettersdorf am Saßbach
L204
Tieschen
Deutsch Haseldorf
St. Andrä im Sausal
Kitzeck im Sausal
Leibnitz
St. Peter am Ottersbach
Gleinstätten
Wagna
St. Veit am Vogau
B66
Klöch
440
Großklein
Heimschuh
Straß in Stmk.
Brunn
Pölfing
Naturp.
Ehrenhausen
Gosdorf
B69
Halbenrain
Alten-markt
Wies
St. Johann im Saggautal
Südsteir.
B69
Gamlitz
Mureck
Murauen
Bad Radkersburg
Weinland
Ratsch a. d. Weinstr.
Spielfeld
Weitersfeld an der Mur
Eibiswald
Arnfels
Oberhaag
Glanz a. d. Weinstr.
SLOWENIEN
9 km
Oststeiermark
Altenbachklamm
Leutschach Schlossberg
Heiligengeistklamm
B69
Maribor

Taborkirche

Das Gotteshaus am oberen Abschluss des Hauptplatzes zählt zu den imposantesten Beispielen mittelalterlicher Wehrkirchen. Die Besonderheiten beginnen bereits mit dem Patron, denn die im 12. Jh. erstmals erwähnte Kirche ist dem hl. Thomas von Canterbury geweiht. Die Befestigung wurde zwar nach dem Ende der Türkengefahr im ausgehenden 17. Jh. weitgehend zurückgebaut, Wehrmauern mit Schießscharten und die Reste eines Turms verweisen jedoch auch heute noch auf unruhige Zeiten. An der Stelle des Taborhauses, das heute Kirchhof und Hauptplatz trennt, befand sich im 16./17. Jh. ein Wassergraben nebst Zugbrücke. Im Kircheninnern fallen neben dem prachtvollen barocken Hochaltar die Fresken an der Nordwand auf. Weil sie in späteren Epochen immer wieder übermalt und ergänzt wurden, fällt eine zeitliche Einordnung schwer. Die Malereien zeigen u. a. Szenen aus dem Leben des Patrons sowie – ähnlich unverblümt wie in der Minoritenkirche zu Bruck an der Mur – die Martern des hl. Achatius.

Wandmalereien: mittelalterlich in der Taborkirche ...

Weizbergkirche

Weithin sichtbar auf einem Hügel stehend überschaut die helle Doppelturmfassade Stadt und Umland. Vermutlich befand sich auf dem Weizberg bereits im 11. Jh. eine Wallfahrtskirche. Der heutige Repräsentativbau wurde indes erst Mitte des 18. Jh. innerhalb nur eines Jahres errichtet. Zumindest war der Rohbau fertig, dann ging das Geld aus, was die Menschen nicht davon abhielt, Gottesdienste zu veranstalten. Als die Bauherren nach einem Jahrzehnt wieder flüssig waren, engagierten sie mit dem Südtiroler Bildhauer Veit Königer und dem Wiener Maler Joseph Adam Ritter von Mölk die Crème de la Crème der Kirchenkünstler. Königer schuf den gewaltigen Hochaltar mit der Statue der Schmerzhaften Muttergottes im Zentrum, Mölk die nicht minder imposante Deckenbemalung. Ein Höhepunkt barocker Illusionsmalerei ist das Fresko in der großen Zentralkuppel, das Christus im Tempel von Jerusalem zeigt.

Rund um Weiz

Es lohnt sich, bei der Weiterfahrt nach Norden ein wenig auf die Bremse zu treten: Denn das Umland bietet den einen oder anderen Knüller, der v. a. die Herzen der Naturliebhaber höher schlagen lässt. Hinter der Stadtgrenze von Weiz wird die

… und barock in der Weizbergkirche

Landstraße B 64 nach Passail schmaler und schmaler und schlängelt sich schließlich kurvenreich durch die enge **Weizklamm.** Durch die Schlucht fließt der Weizbach, der an der Sommeralm seinen Ursprung hat und auf dem Weg nach Süden das Passailer Becken entwässert. Beinahe noch phänomenaler, wenn auch nur zu Fuß zugänglich ist die **Raabklamm.** Auch sie stellt die Verbindung zwischen Weiz und dem Naturpark Almenland her, schroffe Felsstürze harmonieren prächtig mit grünen Auenlandschaften, stets begleitet vom Rauschen des Flusses. Seit 1970 sind Teile der angeblich längsten Schlucht Österreichs Naturschutzgebiet. Ein weiteres Ausflugsziel vor den Toren der Stadt ist das **Apfelland** (→ S. 314 ff.).

Grasslhöhle und Katerloch: Die beiden Naturjuwele im Niemandsland zwischen Weiz und Passail liegen nicht einmal einen Kilometer auseinander. Die Tropfsteinhöhlen gehören zum Kalkstock des knapp 1100 m hohen Sattelbergs, der sich von der Raabklamm zur Weizklamm erstreckt. Nicht wenige Höhlenforscher adeln das Katerloch wegen der plastischen Tropfsteinsäulen, märchenhaften Kalkkorallen, hauchzarten Sintervorhängen und geheimnisvollen unterirdischen Seen als schönste Tropfsteinhöhle Österreichs. Der Höhepunkt der Führung ist die 10.000 m^2 große Fantasiehalle mit einem Wald von rund 4000 Tropfsteinskulpturen. Die Grasslhöhle wiederum liegt 180 m tiefer als das Katerloch und wurde bereits im 19. Jh. als Schauhöhle erschlossen. Manche Stalagmiten und Stalaktiten weisen ein bemerkenswert hohes Alter auf. Um die Entdeckung der Höhle ranken sich zahlreiche Mythen und Erzählungen. Gutes Schuhwerk und warme Kleidung sollten bei der Erkundung der Höhlen unbedingt ins Gepäck!

Grasslhöhle: Juni bis Aug. tägl. 10–17 Uhr, Mai und Sept. am Wochenende bzw. Mo–Fr nach Voranmeldung, April und Okt. nach Voranmeldung. Führungen kommen ab 4 Pers. zustande. 6 €, erm. 4 €. Die Anfahrt ist ausgeschildert. ✆ 03172-67328, www.grasslhoehle.at.

Katerloch: April bis Okt. nach Voranmeldung. Führungen kommen ab 4 Pers. zustande, das Mindestalter beträgt 6 J. Führungsdauer: 2 Std. Eintritt je nach Teilnehmerzahl ab 20 €. Die Anfahrt ist ausgeschildert. ✆ 0664-4853420, www.katerloch.at.

Durch das Feistritztal nach Birkfeld: Wer in Weiz nicht in den Nostalgiezug einsteigt (→ Hin & weg) oder in die Pedale tritt, fährt i. d. R. mit dem motorisierten Untersatz auf der Landstraße B 72 nach Norden und gelangt nach 10 km ins Feistritztal. Nach einer eventuellen Stippvisite im **Gestüt Oberfeistritz** (→ Einkaufen)

Oststeiermark → Karte S. 289

gelangen Reisende als nächstes nach **Anger,** wo die Wandmalereien in der Pfarrkirche einen Blick lohnen. Außerdem befindet sich auf einer Anhöhe westlich von Anger ein traditionelles **Rauchstubenhaus,** das mit geschwärzten Wänden und zahlreichen Exponaten einen authentischen Blick auf den kargen bäuerlichen Alltag ermöglicht. Endhaltepunkt der Feistritztalbahn ist der Verkehrsknoten **Birkfeld,** wo sich die Straßen in viele Richtungen verzweigen: in den Naturpark Almenland nach Osten, nordwärts ins Joglland und in die Fischbacher Alpen sowie ins Pöllauer Tal. Der Ort ist zwar selbst kein Ferienziel, jedoch Freunden der traditionellen Volksmusik als Heimat der Edlseer ein Begriff. Legendäre Alben wie das 1997 veröffentlichte „Jung, zünftig, super drauf" und eingängige Hits wie „Weil i a Schürzenjäger bin" machten die Formation zur oststeirischen Institution. Mit dem letztgenannten Titel ergatterten die Musiker für Österreich beim Grand Prix der Volksmusik einen respektablen sechsten Platz. Im „Hoamathaus" können sich Fans über die wechselhafte Historie der Volksmusiker informieren.

Nostalgie auf Schienen: die Feistritztalbahn

Basis-Infos Weiz und Umgebung

Information Das Infobüro befindet sich im Stadtzentrum von Weiz. Mo–Fr 9–18 Uhr. Hauptplatz 18, ✆ 03172-2319650, www.tourismus-weiz.at.

Hin & weg Bahn: Weiz ist Endhaltestelle der S-Bahn-Linie 31 von Gleisdorf. In Gleisdorf hält die Linie 3 aus Graz.

Bus: Regionalbusse fahren an der Kapruner-Generator-Straße Nähe S-Bahn-Endhaltestelle ab. Häufige Verbindungen nach Birkfeld mit verschiedenen Linien, seltener Anschlüsse nach Passail oder ins Joglland.

Ärztliche Versorgung Das Krankenhaus liegt am südöstlichen Stadtrand. Franz-Pichler-Str. 85, ✆ 03172-22140, www.lkh-weiz.at.

Post Mo–Fr 8–18 Uhr, Sa 9–12 Uhr. Birkfelder Str. 48.

Veranstaltungen Mulbratlfest. „Mulbratl" ist eine Weizer Spezialität: luftgetrocknetes, mit Wildkräutern gewürztes und über Buchenholz kaltgeräuchertes Schweinskarree auf einer Scheibe Bauernbrot. 50 Landwirte aus dem Umland bieten in der

Ein besonderes Erlebnis ist die Fahrt mit der historischen Feistritztalbahn. Die Schmalspurbahn wurde 1911 eröffnet und führt von Weiz nach Birkfeld. Zwar ist der Personenverkehr auf der Strecke seit 1973 eingestellt, nostalgische Ausflugsfahrten mit der Dampflok sind im Sommer dennoch möglich: Mai bis Okt. jeden Sa eine Hin- und Rückfahrt, Mitte Aug. bis Ende Sept. darüber hinaus Do, Aug. auch Fr jeweils 2 Fahrten. 15 €, erm. ab 7,50 € für die einfache Gesamtstrecke. ✆ 03172-2319660, www.club-u44.at.

Innenstadt darüber hinaus weitere kulinarische Schmankerln an. Letztes Wochenende im Aug.

Intermusica. Der internationale Solistenwettbewerb für junge Nachwuchskünstler findet im Schloss Birkenstein (Ortszentrum Birkfeld) statt. 1. Woche im Okt., www.intermusica.at.

Einkaufen in und um Weiz

Die Schaferei. Das Feinkostgeschäft der Weizer Bergbauern befindet sich 500 m südlich vom Hauptplatz. Im Zentrum stehen Produkte vom Weizer Berglamm: Felle, Wurst, Käse u. v. m.; darüber hinaus gibt's auch Honig, Kernöl, Essig und Wein. Mo–Fr 9–13 und 15–18 Uhr, Sa 9–13 Uhr. Marburger Str. 45 in Weiz, ✆ 03172-3037015, www.weizerschafbauern.at.

Steirerkraft. Bekannter Mühlenladen im Industriegebiet mit steirischen Qualitätsprodukten wie Kürbiskernöl (auch in Bio-Ausführung), Käferbohnen, Apfelchips und Polenta. Vielfach prämierte Produkte. Mit Onlineshop. Mo–Fr 8–17.30 Uhr. Wollsdorf 75 in St. Ruprecht an der Raab (11 km südlich von Weiz an der B 64), ✆ 03178-2525270, www.steirerkraft.com.

»» **Mein Tipp: Töchterlehof**. Das Stutenmilchgestüt liegt im Feistritztal 9 km nordöstlich von Weiz und ist inzwischen eine echte Institution. Die unkonventionelle Behandlung der heutigen Eigentümerin mit Stutenmilch trug Früchte, 1988 wurde der alte Bauernhof zum Pferdegestüt umgebaut. Die Naturkosmetika sind alles andere als preiswert und werden mittlerweile sogar online vertrieben: Stutenmilch als Heilnahrung (auch als Trockenmilch), Körperlotion, Nachtcreme. Es gibt Stutenmilch im Honig, in Trüffeln, in der Seife oder als Reise- oder Geschenkset. Juli/Aug. tägl. außer So 10–17 Uhr, sonst 10–12 und 14–17 Uhr. Im Winter Sa nachmittags geschlossen. Oberfeistritz 190 (an der B 72 Weiz – Birkfeld), ✆ 03175-2214, www.toechterle.at. ««

Felber. Auf den ersten Blick sehen die Produkte der Birkfelder Schokoladenmanufaktur der Zotter-Schokolade zum Verwechseln ähnlich. Auch hier läuft einem das Wasser im Munde zusammen: Wiesenkräutergelee-, Marillenmarzipan-, Maiwipferl- oder Märchenschokolade. Führungen durch die Manufaktur im Industriegebiet nur nach Voranmeldung für Gruppen. Tägl. außer So bis 20 Uhr. Oberer Markt 2 in Birkfeld, ✆ 03174-4546, www.felber-schokoladen.at.

Bauernmarkt auf dem Weizer Hauptplatz. Mi und Sa vormittags.

Sport und Aktivitäten in und um Weiz

Radeln Der 106 km lange **Feistritztal-Radweg** (R8) verbindet Birkfeld bzw. Großfeistritz mit der Waldheimat im Norden und dem Vulkanland im Südosten. Außerdem führt durch Weiz der **Raabtal-Radweg** (R11).

Radverleih: Das Hotel Angerer Hof in Anger verleiht E-Bikes für 19 €/Tag. Bahnhofstr. 16, ✆ 03175-2279, www.angerer-hof.at.

Sommerrodeln Die knapp über 1 km lange Rodelbahn im Feistritztal zwischen Anger und Birkfeld erlaubt Geschwindigkeiten bis 40 km/h. Mai bis Okt. Do–So 10–17 Uhr, in den Sommerferien tägl. 9.30–18 Uhr, im April Sa/So sowie an Ostern geöffnet. Einzelfahrt: 3 €, erm. 2 €. Weizer Str. 47 in Koglhof, ✆ 0664-2834180, www.sommerrodelbahn-koglhof.at.

Wandern **Raabklamm**: Die Schlucht teilt sich in 2 Abschnitte: in die kleine Raabklamm mit einer Länge von 7,5 km (Gehzeit: ca. 2:30 Std.) und in die 10 km lange große Raabklamm (Gehzeit: ca. 3:30–4:30 Std.). Letztere kann auch ausgehend vom Klammeingang in Arzberg im Naturpark Almenland erschlossen werden. Das Gasthaus Jägerwirt ist der beste Startpunkt für die Erkundung beider Klammabschnitte (von Weiz 6 km auf der L 356 nach Westen). Der Steig führt nicht immer am Fluss entlang, gelegentliche An- und Abstiege muss man daher in Kauf nehmen (www.raabklamm.at).

Edlseer-Hoamat-Weg: Am Hotel Birkfelderhof (→ Übernachten / Essen & Trinken) beginnt und endet der 12 km lange Rundweg auf den Spuren der populären Musikgruppe (Gehzeit: ca. 3 Std.).

Oststeiermark → Karte S. 289

Übernachten/Essen & Trinken in und um Weiz

Würziges Gras und die artgerechte Haltung sind die Grundlagen für gesunde Schafsmilch und das köstlich-zart schmeckende Fleisch vom Weizer Berglamm. Wer als Gastronom etwas auf sich hält, bietet Lammfleischgerichte an. Eine weitere Spezialität sind Apfeltrüffel-Schokoladenpralinen. Die Äpfel kommen aus der Gegend, denn das Apfelland rund um Puch bei Weiz liegt direkt vor der Haustür.

**** **Ochensberger**. Das Natur- und Wellnesshotel befindet sich in ländlicher Umgebung 8 km südlich von Weiz. Mit dem Umweltgütesiegel prämierter Betrieb, weitläufiger Garten, gutes Café-Restaurant mit saisonal wechselnden regionalen Schmankerln. Das Rückenfilet vom Weizer Lamm gibt's für 20 €, den kleinen Gustoteller für 6 €. Radverleih, freundlich und gut geführt. DZ ab 180 €. Untere Hauptstr. 181 in St. Ruprecht, ✆ 03178-51320, gartenhotel@ochensberger.at, www.ochensberger.at.

*** **Birkfelderhof**. In dem bodenständigen Mittelklassehotel dreht sich beinahe alles um die Edlseer, denn das „Hoamathaus" ist direkt nebenan. Günstige Lage in Bahnhofsnähe unterhalb von Birkfeld. 17 Zimmer mit Balkonveranda, nach hinten mit Blick ins Grüne. Restaurant mit gutbürgerlicher steirischer Küche, viele Zutaten aus der Region, im Herbst Wildgerichte (10–20 €). Mo Ruhetag, im Nov. 3 Wochen geschlossen. Edelseestr. 43, ✆ 03174-4562, office@birkfelderhof.at, www.birkfelderhof.at.

Der Luis. Hochdekoriertes Haubenrestaurant im Zentrum von Anger. Das familiengeführte Posthotel Thaller nimmt die gesamte Hauptplatzbreite ein (Seminarhotel mit Gästezimmern im Vier-Sterne-Standard). Altbewährte steirische Gerichte mit feinsten Zutaten und Wildkräutern, das Überraschungsmenü mit vier Gängen kostet ca. 50 €. Fr/Sa und Di 18–21.30 Uhr, im Febr. 2 Wochen geschlossen. Hauptplatz 3, ✆ 03175-22060, www.restaurant-derluis.at.

Schlosstaverne. Das familiäre Ausflugsrestaurant befindet sich am Schloss Thannhausen nordöstlich des Stadtzentrums. Gemütlicher Biergarten und schmackhafte Gerichte, zu den Spezialitäten zählt u. a. das Rehragout mit Knödel (Hauptgerichte 10–15 €). Hausgemachtes Eis, freundliche Atmosphäre. Mi Ruhetag. Die Inhaber vermieten 5 Zimmer. Oberfladnitz 5 (10 Gehminuten von der Weizbergkirche), ✆ 03172-3333, schlosstaverne.pichler@gmail.com.

Gallbrunner. Uriges Traditionsgasthaus an der Landstraße von Birkfeld nach Fischbach, der Name bezieht sich auf einen Heilbrunnen, aus dem Pilger das Gallenwasser zapften. Der Brunnen steht noch im Hof, rustikale Außenplätze, abzüglich der Straße ein veritables Idyll. Deftige Bauernküche, der steirische Apfelrostbraten kostet 14,50 €. Auch Übernachtung im romantischen Troadkasten. Mo Ruhetag. Waisenegg 78, ✆ 03174-4410, www.gallbrunner.at.

››› Mein Tipp: **Kulmer**. Wenn steirischer Lachs nach Skandinavien exportiert wird, dann darf man von einem Wunder sprechen. Seit 1722 produziert die Familienräucherei Fischspezialitäten auf höchstem Niveau. Angeschlossen ist ein hochwertiges Haubenrestaurant mit Weinkeller. Vornehme Atmosphäre bei ganz normalen Preisen, die nach Art des Hauses zubereitete Forelle mit Kartoffeln gibt's für 15 €. Mi–So ab 11 Uhr, warme Küche bis 20 Uhr, im Nov. geschlossen. Haslau 63 (von Birkfeld auf der L 104 in Richtung Gasen), ✆ 03174-4463, www.kulmer-fisch.at. ‹‹‹

Heim und Herd. Vegetarisches Vollwertbistro in der Altstadt von Weiz mit Bioladen. Mittagsmenüs wechseln tägl. (um 7,50 €), ideal für die gesunde Mittagseinkehr nach dem Stadtrundgang. Mo–Fr 8.30–16 Uhr. Dr.-Karl-Renner-Gasse 10/1, ✆ 0680-5523464, www.heimundherd.at. ■

Schwindhackl. Der Konditormeisterbetrieb in der Weizer Innenstadt hat sich u. a. auf die liebevolle Produktion der berühmten Apfeltrüffel spezialisiert. Verarbeitet werden dabei nur hochwertige Zutaten aus der Region. Café mit Außenterrasse, empfehlenswert ist auch das reichhaltige Frühstücksbüfett für 9,50 €. Mo–Sa 6–19 Uhr. Klammstr. 5–7, ✆ 03172-24860, www.schwindhackl.at.

Höchster Punkt im Grazer Bergland: der Hochlantsch

Naturpark Almenland

Herzstücke des jüngsten steirischen Naturparks sind die **Teichalm** und die **Sommeralm,** die auf 1200–1400 m eines der größten zusammenhängenden Almgebiete Mitteleuropas bilden. Es handelt sich daher eigentlich um ein Kulturland, was natürlich nicht heißt, dass die Natur außen vor bleibt. Teichalm und Sommeralm sind ein ergiebiges und aufgrund der Nähe zum Großraum Graz ziemlich gut frequentiertes Wandergebiet. Meistenteils hat das Terrain Mittelgebirgscharakter, nimmt jedoch am Gipfelkamm des **Hochlantsch** – mit 1720 m die höchste Erhebung im Grazer Bergland – eindeutig alpine Züge an. Beinahe senkrecht fallen die Kalkwände nach Norden ins Breitenauer Tal ab; wer hier wandert, sollte trittsicher sein. Bester Ausgangspunkt für den Gipfelsturm ist der **Teichalmsee,** wo Parkplätze, Kioske und zahlreiche Einkehrmöglichkeiten darauf hinweisen, dass sich hier der touristische Dreh- und Angelpunkt der Naturparkregion befindet.

Südlich schließt sich ans Teichalm- und Sommeralmgebiet das **Passailer Becken** mit den Orten **Passail** und **Fladnitz** an der Teichalm an. Die Talsenke ist ein geeignetes Basislager zur Erkundung des Katerlochs, der Grasslhöhle oder der Raabklamm (→ S. 290 f.).

Am Klammzugang in **Arzberg** kann obendrein ein **Silberstollen** besichtigt werden (Mitte April bis Okt. Führungen Sa/So um 11, 14 und 16 Uhr, Juli bis Mitte Sept. tägl. um 14 Uhr, sonst für Gruppen nach Anmeldung. 7 €, erm. ab 4,50 €. ✆ 03179-27450, www.arzberg.at). Arzberg wurde 1246 erstmals urkundlich als „Aerzeperck" erwähnt, was soviel wie „Berg aus Erz" heißt.

Ferienstimmung kommt auch in den Ortschaften **Gasen** und **St. Kathrein am Offenegg** am Rand des Naturparks auf: Gasen ist die Heimat der Stoakogler, die mit den Edlseern in Birkfeld zu den populärsten Volksmusikgruppen der Steiermark

Oststeiermark → Karte S. 289

zählen. Die Liste ihrer Preise und Auszeichnungen ist lang, Titel wie „Steirermen san very good“ oder Alben wie „Auf was i steh – Schweinskarree“ wurden zu Evergreens bzw. erhielten die Goldene Schallplatte. Das erstaunlich gediegene **Haus der Musik** setzt ihrem musikalischen Vermächtnis ein Denkmal (Mai bis Okt. tägl. außer Mo 10–16 Uhr. 5,50 €, bis 16 J. frei. Gasen 35, ✆ 03171-5000, www.stoanihaus.at). Multimediastationen informieren über die Highlights der Bandgeschichte, zudem kann man hier das Handwerk der Volksmusik in Kursen und Seminaren erlernen. In St. Kathrein lohnt die Besichtigung der **Hängenden Gärten der Sulamith** – ein terrassenförmig gestalteter Alpengarten auf 1000 m Höhe und mit Panoramablick auf das Grazer Bergland (Mai bis Okt. tägl. nach Anmeldung. 3 €, erm. 2 €. Zeil 188, ✆ 03179-3232, www.sulamith.at).

Wanderung 8: Teichalm – die Hochlantsch-Runde → S. 423 f.
Der anstrengende Aufstieg wird mit einem herrlichen Rundblick belohnt

Basis-Infos Naturpark Almenland

Information Das Infobüro mit Poststelle befindet sich in Fladnitz an der Teichalm. Mo–Fr 9–12 und 13–16 Uhr. Fladnitz 100, ✆ 03179-23000, www.almenland.at.

Hin & weg Der schnellste Weg in den Naturpark Almenland führt über das mittlere Murtal. Von den Ausfahrten der S 35 Mixnitz-Mautstatt oder Frohnleiten geht es auf Landstraßen ins Passailer Becken bzw. auf die Teichalm.

Bus: wenige Verbindungen Anfang Juli bis Anfang Sept. Sa/So von Weiz über St. Kathrein zur Teichalm (Linie 205).

Einkaufen **Graf**. Die Edelbrennerei oberhalb von St. Kathrein hat sich u. a. auf Vogelbeerprodukte spezialisiert, entweder als Brand oder Likör. Im Hofladen gibt's darüber hinaus leckere Marmeladen, Kernöl bis hin zu Schnäpsen in allerlei Varianten. Mai bis Okt. Mi–Sa 10–17 Uhr, im

Naturpark Almenland: Badevergnügen im Passailer Becken

Winter vorher anrufen. Zeil 18 (in der Nähe des Alpengartens), ✆ 0664-2133243, www.almschnaps.at.

Stollenkäse. Ein besonderes Schmankerl ist Bergkäse, der im Silberstollen gereift ist. Die feinwürzigen Käseprodukte sind eine echte Delikatesse! Die Verkaufstheke öffnet nach Voranmeldung für Betriebsführungen (ab 6 Pers.). 5,50 € inkl. Verkostung. Ganzjährig Mo–Sa. Arzberg104, ✆ 03179-230500, www.stollenkaese.at.

Veranstaltungen **Brandluckner Huab'n**. Theater auf einem zur Freilichtbühne umgebauten Gehöft zwischen St. Kathrein und Birkfeld. Die engagierte Laientruppe inszeniert pro Jahr eine Komödie oder einen heiteren Bauernschwank. Mitte Juli bis Aug. ✆ 0664-5241616, www.huabn-theater.at.

Sport und Aktivitäten im Naturpark Almenland

Kinder **Ökopark Breitenau**. Die Einrichtung für Familien mit Kids ist Naturerlebniszentrum, Abenteuerspielplatz und Wildgehege in einem und liegt an der Straße von der Teichalm nach St. Jakob-Breitenau. Mitte April bis Okt. tägl. ab 10 Uhr. 5 €, erm. 4 €. Erhardstr. 134, ✆ 0664-5657078, www.oekopark-almenland.at.

Klettern Der vorbildlich gesicherte **Franz-Scheikl-Klettersteig** führt über die Nordwand auf den Hochlantsch. Die Anfahrt erfolgt über St. Jakob-Breitenau, Startpunkt ist der Parkplatz Zirbisegger (Dauer: ca. 4 Std.).

Radeln Eine schöne Radstrecke führt von Passail durch den Raabgraben nach Norden zur **Raabquelle**. Letztere liegt auf 1080 m Höhe, das letzte Stück muss allerdings zu Fuß bewältigt werden.

Radverleih: E-Bikes für 17–25 €/Tag verleiht das Gasthaus Schrenk (→ Übernachten/Essen & Trinken). Eine weitere Verleihstation befindet sich am Teichalmsee.

Wandern Ans untere Ende des Teichalmsees schließt sich ein **Latschenhochmoor** an, das vom Mixnitzbach entwässert wird. Ein Holzplankensteg gewährt Aus- und Einblicke in die Flora und Fauna (Gehzeit: ca. 30 Min.).

Hochlantsch: Der Direktweg zum Gipfel beginnt am Teichalmsee (Gehzeit hin und zurück: ca. 2:30 Std.). Wanderer mit entsprechender Kondition steigen vom gleichen Ausgangspunkt zur Bärenschützklamm ab (→ S. 243 f.). Die **Route** führt über die Jausenstation „Zum Guten Hirten" zum Klammeingang (einfache Gehzeit bis dahin: ca. 1:30 Std.).

Raabklamm: Der Einstieg zur 10 km langen Raabklamm befindet sich in Arzberg (Gehzeit: ca. 3:30–4:30 Std.).

Wintersport Wintersportmöglichkeiten gibt es im gesamten **Teichalm-Sommeralm-Gebiet**: 15 km Loipen, mehrere Lifte und überwiegend familientaugliche Pisten. Schneeschuh- und Winterwandern ist bei entsprechenden Schneebedingungen ebenfalls möglich.

Oststeiermark → Karte S. 289

Übernachten/Essen & Trinken im Naturpark Almenland

Das bekannteste kulinarische Aushängeschild der Region ist das Almochsenfleisch. Die zarten und saftigen Rindersteaks werden für ihr feinwürziges Aroma gerühmt, man sollte sie unbedingt einmal probiert haben. Wegen der hohen Qualitätsstandards ist das Almochsenfleisch allerdings alles andere als preiswert. Das Holzstandbild des Almochsen am Teichalmsee, der „Almi", ist das Wahrzeichen der Region.

****S **Pierer**. Das namhafte Luxusdomizil befindet sich in Alleinlage über dem Teichalmsee. Modern eingerichtete Komfortzimmer, großer Wellness- und Saunabereich, erstklassiges Restaurant, hier stimmt einfach alles. DZ ab 158 €. Teichalm 77, ✆ 03179-7172, hotel.pierer@aon.at, www.almurlaub.at.

*** **Herbst**. Familienhotel am Ortsrand von Fladnitz. Auch mit kleineren Kindern geeignet, mit Restaurant und Café (Eis aus eigener Produktion), Sauna und Pool. Familiär und freundlich, 19 großzügige und unterschiedlich geschnittene Zimmer, überwiegend mit Balkon. DZ ab 94 €. Fladnitz/Teichalm 61, ✆ 03179-23335, office@familienhotel-herbst.at, www.familienhotel-herbst.at.

››› Mein Tipp: **Spreitzhofer**. Der gemütliche, ruhig gelegene Landgasthof liegt in trauter Nachbarschaft zu den Sulamith-Gärten in St. Kathrein. Schnatternde Gänse im Vorgarten, innen familiär und freundlich. Ein guter Ort, um vom Almochsenfleisch zu kosten (als Rostbraten für ca. 15 €). Fisch und Vegetarisches stehen ebenfalls auf der Karte. 16 tadellose Zimmer (DZ ab 138 €). Zeil 17, ✆ 03179-82430, www.landhotel-spreitzhofer.at. ‹‹‹

Teichwirt. Der Alpengasthof mit Tradition (seit 1798) am oberen Ende des Teichalmsees ist ein Naturparkjuwel. In der Bauernstube mit Kachelofen dinierten bereits Erzherzog Johann und Peter Rosegger. Trotz vieler Prämierungen ist alles bodenständig geblieben, Forellen aus eigenen Gewässern, Almochsenfleisch, hausgemachtes Eis, preiswerte Mittagsmenüs (um 14 €). So abends geschlossen. Auch Gästehaus mit Wellness-Bereich. Teichalm 41, ✆ 03179-7169, www.teichwirt.at.

Stroßeggwirt. Volkstümlich-rustikale Passwirtschaft am 1170 m hohen Übergang zwischen Breitenauer Tal und dem Bergbauerndorf Gasen. Bei Wanderern beliebte Traditionseinkehr im Stil einer Jausenstation (seit 1851). Abends oft Musik, gute Küche, Fleisch aus eigener Schlachtung, eine Spezialität sind Ziegenmilchprodukte, Ziegenkäse mit Brot gibt's bereits für 3,60 €. Gästezimmer vorhanden. Nov. geschlossen, im Winter Mo/Di Ruhetag. Am Straßegg 21 in Breitenau, ✆ 03171-260, www.strosseggwirt.at.

Schrenk. Legendärer Knödelwirt am Passailer Hauptplatz (seit 1904). Knödel kommen hier in allerlei Varianten von herzhaft bis süß auf den Tisch: Erdäpfel-, Rotkraut-, Räucherforellen-, Speck-, Marillen- oder Nougatknödel (als Hauptgericht 8–9 €). Di/Mi geschlossen. Markt 20, ✆ 03179-23209, www.knoedelzeit.at.

Latschenhütte. Gemütliche Einkehr in einem Blockholzhaus-Ensemble am unteren Ende des Teichalmsees. Sehr beliebt und daher an guten Tagen auch recht belebt, die Haxe vom Weizer Berglamm kostet 15 €. Hausgemachte Mehlspeisen, gute Weine, hin und wieder musikalische Abende. Teichalm 134, ✆ 03179-7172, www.latschenhuette.at.

Steirischer Jockl. Die zünftige Jausenstation in stupender Lage ist nur zu Fuß zu erreichen (Gehzeit vom Teichalmsee je nach Variante: ca. 1–2:30 Std.). Herrliche Sonnenterrasse auf 1400 m Höhe mit Blick auf Hochlantsch-Nordwand und Gipfelkreuz, 198 Treppenstufen führen von hier zur Wallfahrtskapelle Schüsserlbrunn. Most, Kuchen, kleine Jausen u. v. m. Mai bis Okt. bei Wanderwetter tägl. ab 9 Uhr. ✆ 0664-1526845.

Gartenkunst mit Niveau in St. Kathrein

Joglland

Sanft lehnt sich der weitläufige Landstrich im hohen Norden der Oststeiermark an die waldreichen Abhänge der **Fischbacher Alpen** und des **Wechsels** an. Ein flüchtiger Blick auf die Landkarte lässt eine fast schon radikale Abgeschiedenheit vermuten. Das stimmt aber nicht ganz, denn von Wien ist der Weg ins Joglland kurz: über den Semmering und den 1372 m hohen Pfaffensattel oder auf der Süd-Autobahn in Richtung Graz. Woher der Name stammt, ist ungesichert, möglicherweise handelt es sich um eine Dialekt-Verballhornung von „Jakob“. Diese Erklärung ist nicht weit hergeholt, denn immerhin ist **St. Jakob im Walde** nach dem Apostel benannt. In St. Jakob und anderen Orten, die sich unter dem touristischen Label Joglland vermarkten, wirken die Straßen und Plätze gepflegt, der üppige Blumenschmuck an den Fassaden ist augenfällig.

Vorau: idyllisches Freilichtmuseum

Ein weiteres verbindendes Merkmal der Region ist die **Geomantie.** Die Kunst der Landschaftsdeutung analysiert die energetischen Strukturen bestimmter Örtlichkeiten, um sie u. a. für die Baubiologie nutzbar zu machen. In den „Kraftspendedörfern“ des Joglands geht es im weiteren Sinn darum, die wunderbare Mittelgebirgslandschaft zu erwandern und den Genius Loci markanter, häufig auch mythenumwobener Punkte zu erspüren (→ Kasten, S. 300). Wanderungen zu Glücksplätzen oder Wünschelrutenwege gibt es zwar auch in anderen Regionen der Alpen, im Joglland stoßen Gäste jedoch besonders häufig auf das Thema.

Die höchsten und wichtigsten topografischen Landmarken sind das **Stuhleck** (1782 m) und der **Hochwechsel** (1741 m). Wegen der guten Erreichbarkeit über eine mautpflichtige Straße ist die 1656 m hohe **Pretul** ein stark frequentiertes Ausflugsziel. Auf dem Gipfel erinnert ein Aussichtsturm namentlich an den sonderbaren Hüttenwirt und Volksdichter Peter Bergner, der trotz bitterer Armut 1904 ausgeraubt und mit dem Beil erschlagen wurde. Kulturelle Highlights sind das **Augustiner-Chorherrenstift in Vorau** sowie in entlegener Bergeinsamkeit die wehrhafte **Festenburg.**

Wanderung 9: Die Teufelsteinrunde in den Fischbacher Alpen → S. 425 f.
Eine kürzere Rundwanderung zu einem sagenumwobenen Kultplatz

Geheimnisumwitterte Felsskulptur auf dem Teufelstein

Dem Himmel ganz nah: der Teufelstein in den Fischbacher Alpen

Aus der Ferne und beim Anstieg wirkt der 1498 m hohe Teufelstein unspektakulär und regelrecht harmlos. Dennoch handelt es sich um einen wunderbaren Aussichtsberg mit Blick auf Raxalpe und Hochschwab. Außerdem gibt es da noch die absonderliche Felsskulptur: Die Blöcke aus Glimmerschiefer und Gneis wirken, als wären sie mit Riesenkraft aufeinander gestapelt. In der Tat war dem so, davon gibt sich zumindest die Legende felsenfest überzeugt. Ihr zufolge sprach Luzifer einmal beim Herrgott vor, um seine Rückkehr in den Himmel zu erwirken. Weil der Gefallene es aber ziemlich bunt getrieben hatte, bestand hierfür eigentlich kein Anlass. Gott schlug ihm deshalb eine Wette vor: Gelänge es ihm, in der Heiligen Nacht in Sekundenschnelle einen Turm von der Erde zum Mond zu bauen, dann wäre er wieder Mitglied im Club. Der Teufel begab sich flugs in die Fischbacher Alpen und begann mit dem Aufschichten der Brocken. Trotz aller Bemühungen rann ihm die Zeit davon, zudem passierte ihm ein Malheur und schon im nächsten Augenblick besiegelte der Gong die teuflische Niederlage. Luzifer musste wieder mit der Hölle vorliebnehmen, die Reste der begonnenen Himmelsleiter blieben auf dem Teufelstein liegen.

Die eigentümliche Formung der Gesteine ließ immer wieder die Vermutung aufkommen, dass der Teufelstein ein uralter Kultplatz sei. Ein Beweis hierfür ist jedoch bislang nicht erbracht worden. Dennoch kann sich kaum einer der besonderen Stimmung auf dem Gipfelplateau entziehen. Jedes Jahr zur Wintersonnenwende ist er das Ziel von Pilgern und Wanderern. Am frühen Morgen starten sie vom Zeller Kreuz, um pünktlich zum Sonnenaufgang auf dem Berg zu stehen und sich dem Himmel ganz nah zu fühlen.

St. Kathrein am Hauenstein und Ratten

Die beiden Orte am Fuß der Fischbacher Alpen verbindet der **Braunkohlebergbau.** In Ratten informiert ein kleines **Museum** über die Abbauhistorie, die hier erst 1921 begann (Führungen Mai bis Sept. Sa 15–17 Uhr. 3,50 €, erm. 2,50 €. ✆ 03173-2500). Eine bewunderungswürdige ingenieurtechnische Leistung war die damals längste Materialseilbahn Mitteleuropas, mittels derer der Rohstoff über den Kamm der Fischbacher Alpen ins Mürztal transportiert wurde. Dort wurde die Kohle dann auf Güterzüge verladen. Ausgerechnet im Rekordabbaujahr 1956 riss ein Tragseil, ein Grubenhunt mit vier Bergarbeitern, die zu Wartungsarbeiten unterwegs waren, stürzte in die Tiefe. Vier Jahre nach der Tragödie wurde der Abbau eingestellt, noch heute wird in Ratten am Tag des Unglücks eine Messe gelesen.

St. Kathrein liegt bereits an der Straße nach Alpl und ins Mürztal, die Nähe zu Peter Roseggers Waldheimat ist auf Schritt und Tritt spürbar (→ S. 182 ff.). Die Pfarrkirche auf dem bewaldeten Hügel stellte der Dichter sogar noch über den Kölner und den Mailänder Dom. Als die Kirche 1904 abbrannte, engagierte er sich mit einem Spendenaufruf für den Wiederaufbau.

St. Jakob im Walde

Mehrfach besuchte Karl I., der letzte Kaiser Österreichs, den 900 m hoch gelegenen Ort. Die Kirche im Zentrum beherbergt eine Reliquie des 2004 von Papst Johannes Paul II. seliggesprochenen Regenten. Der benachbarte ehemalige Pfarrhof präsentiert eine ständige Ausstellung mit dem poetischen Titel **„Kräftereich".** Auf einer Fläche von 1600 m^2, verteilt auf drei Etagen, geht es weitgehend um geomantische Fragen: Wie funktioniert das Erspüren von Energien in Landschaften? Was bedeutet genau Wahrnehmung? Wie wirken sich kosmische Einflüsse wie die Mondphasen auf die Heilwirkung von Pflanzen aus? Wo liegt die Grenze zwischen Religion, Esoterik und dämonischen Umtrieben? Die Schau genügt auch hinsichtlich der Präsentation höchsten Ansprüchen, zahlreiche Versuchsstationen ermöglichen den Besuchern, sich in der hohen Kunst der Wahrnehmung zu üben.

Ostern bis Okt. tägl. 9–17 Uhr. 7 €, erm. 4 €. Kirchenviertel 70, ✆ 03336-20257, www.kraefte-reich.at.

Oststeiermark → Karte S. 289

Waldbach

Der Weiler im oberen Lafnitztal überrascht Durchreisende mit einem etwas kuriosen **Alpengarten.** Kurios deshalb, weil die Gartenterrassen mit holzgeschnitzten Figuren und Wasserspielen in Gestalt putziger Häuser, Mühlen und Stampfschmieden übersät sind. Auch Roseggers Geburtshaus in Alpl und die Dachstein-Gletscherbahn sind en miniature auszumachen. Der talentierte Werkzeugmacher Friedrich Wiedner begann 1959 mit dem Projekt (Eintritt gegen Spende).

Festenburg

Das Wehrschloss liegt in einem stillen Seitental zwischen Lafnitz und Hochwechsel. Die abgeschiedene Lage auf einem Hügel ist an sich schon bemerkenswert, weshalb es nicht verwundert, dass die Augustinermönche aus Vorau im 17. Jh. diesen Ort als klausurtauglich befanden und einzogen. „Mancher Bettler war hier König", schrieb der Chorherr und Heimatdichter Ottokar Kernstock, der von 1889 bis zu seinem Tod auf der Festenburg das Priesteramt ausübte. Seine Hinterlassenschaften können im Rahmen einer Führung ebenso besichtigt werden, wie die grandiosen Fresken von Johann Cyriak Hackhofer in der Katharinenkirche. Der Tiroler Barockmaler war auch für die Ausgestaltung der Stiftssakristei in Vorau verantwortlich. In Festenburg schuf er jedoch 1710 ein Monumentalwerk, in dem ausschließlich Frauen das Sagen haben. Der **Festenburger Frauenhimmel** gilt als ein Höhepunkt steirischer Sakralkunst! Bevor die Mönche ankamen, wurde die um 1200 errichtete Anlage von Angehörigen unterschiedlicher Adelsfamilien bewohnt. Das Schloss erwies sich als so wehrhaft, dass ihr im 16. Jh. selbst die Türken nichts anhaben konnten.

Führungen Mai bis Sept. Di–Sa 10 Uhr, So 14 Uhr. 4,50 €, erm. ab 2 €. Von Bruck an der Lafnitz der Ausschilderung folgen, ✆ 0680-5568316, www.festenburg.at.

Vorau

Abseits des Lafnitztals gelegen, entpuppt sich Vorau als überraschend lebhaftes Städtchen. Die wichtigste Sehenswürdigkeit ist das gewaltige **Augustiner-Chorherrenstift** auf einem flachen Hügel über dem Zentrum. Angesichts der Weitläufigkeit der Anlage empfiehlt sich zuerst ein kurzer Orientierungsspaziergang um die Basteien und die Wirtschaftsgebäude. In der Klosteranlage fallen unterschiedliche Baustile von der Romanik bis zum Barock auf, wobei Letzterer den Ton angibt. Von der romanischen Abtei sind lediglich spärliche Reste erhalten. Dies hängt mit verschiedenen Blüte- und Erneuerungsphasen in der Stiftsgeschichte, aber auch mit zwei verheerenden Brandkatastrophen zusammen. Das letzte Großfeuer ereignete sich im Zweiten Weltkrieg, als das Kloster in Kampfhandlungen verwickelt wurde. Von der ersten großen Blüte im ausgehenden 12. Jh. zeugt wiederum die wertvolle **Bibliothek** mit einer beachtlichen Sammlung mittelalterlicher Handschriften. Der

Stift Vorau: mächtige Klosterabtei im Joglland

24 m lange, freskengeschmückte Bibliothekssaal mit seinen Regalschränken aus der zweiten Hälfte des 18. Jh. ist eine Augenweide. Wie der Barocksaal und andere Bereiche des Klosters kann die Bibliothek im Rahmen einer Führung besichtigt werden.

Zu den üblichen Zeiten zugänglich ist natürlich die **Stiftskirche,** deren schlichte Doppelturmfassade nicht erahnen lässt, welche Prachtfülle das Gotteshaus im Innern birgt. Im Grunde handelt es sich weitgehend um einen „Neubau" aus dem 17. Jh. unter maßgeblicher Beteiligung des Künstlers Domenico Sciassia, der auch an den Sakralbauten in St. Lambrecht und Mariazell mitgewirkt hat. Neben dem 1701–04 nach Plänen des Wiener Hofarchitekten Matthias Steinl erbauten Altar verdient die üppige Freskenausstattung Beachtung. Aus kunsthistorischer Sicht bemerkenswerter sind indes die Wandmalereien von Johann Cyriak Hackhofer in der Sakristei südlich des Chors.

Führungen kommen ab 5 Pers. zustande: Ostern bis Okt. Mo–Fr 10, 14 und 16 Uhr, Sa 10 Uhr, So 11, 14 und 16 Uhr; im Winterhalbjahr Di–Fr 10 und 14 Uhr, Sa 10 Uhr. 7 €, erm. ab 3 €. Stiftsladen: Ostern bis Okt. tägl. 8–12 und 13–17 Uhr. ✆ 03337-2351, www.stift-vorau.at.

In trauter Nachbarschaft zum Augustiner-Chorherrenstift zeigt das nach Stübing größte steirische **Freilichtmuseum** eine umfangreiche Sammlung von Gegenständen aus dem bäuerlichen Alltag. Ein Rauchstubenhaus, Mühlen, eine Bauernsäge und mehrere Holzhütten voller Dreschflegel, Ölpressen und anderen Requisiten der ländlichen Kultur gruppieren sich um einen liebevoll gepflegten Hofgarten. Beim Anblick des Dorfklassenzimmers aus den 1920er-Jahren werden nostalgische Gefühle wach, ein Brunnen mit Sitzbänken lädt zum Picknick ein.

Ostern bis Okt. tägl. 10–17 Uhr. 4,50 €, erm. 2 €. ✆ 03337-3466, www.freilichtmuseum.vorau.at.

Basis-Infos Joglland

Information www.joglland.at.

Hin & weg **Mautstraßen**: Vom Lafnitztal gibt es zwei Zufahrten zum Hochwechsel-Gipfel, eine in Mönichwald, die andere in Waldbach. Auf halbem Weg zum Gipfel treffen sie zusammen. Von dort bis zum Ende am Wetterkogelhaus ist die Strecke mautpflichtig. Am Schrankenautomat 4,50 € passend einwerfen; kein Winterdienst. Eine weitere mautpflichtige Straße verbindet Ratten bzw. Rettenegg im oberen Feistritztal mit dem Rosegger-Schutzhaus auf der Pretul. 3,50 € am Gehöft bei der Schranke bezahlen; kein Winterdienst.

Ärztliche Versorgung Das **Krankenhaus** befindet sich am Ortsausgang von Vorau auf der Straße zum Stift. Spitalstr. 101, ✆ 03337-22540, www.marienkrankenhaus.at.

Einkaufen **Edenbauer**. In dieser Edelbrennerei wird mit viel Hingabe und nach höchsten Qualitätsstandards verarbeitet, was geerntet wird. Der Familienbetrieb hat klare Schnäpse und Liköre im Angebot, der Himbeerbrand wurde 2013 prämiert, für den Wacholderschnaps reisen Kenner aus Wien an. Mo–Fr 14–19 Uhr, Sa ab 8 Uhr. Kandlbauer 26 (von Wenigzell Richtung Feistritztal), ✆ 03336-2475, www.schafferhofer.com.

Grabenhofer. Der Bio-Almbauernhof oberhalb von St. Kathrein am Hauenstein hat sich auf die Produktion von hochwertigem Ziegenkäse spezialisiert. Für Familien mit Kindern ist die Führung durch Stall und Hof ein großes Erlebnis. Mitte März bis Anfang Okt. Mo–Do 8–18 Uhr, Fr/Sa bis 12 Uhr. St. Kathrein 43, ✆ 03173-2630, www.ziegenkaese.at.

Veranstaltungen **Osterhasenkirtag**. Das größte Frühlingsfest der Oststeiermark dreht sich um den Osterhasen. Riesenostereier, Osterhasenexpress, Kinder-Osterhasen-Malwerkstatt und viele kulinarische Schmankerln auf dem Fischbacher Dorfplatz. Palmsonntag.

Almabtrieb Hochwechsel. Der festliche Almabtrieb mit geschmückten Rindern endet an der Almhütte Mönichwalder Schwaig auf 1200 m Höhe. So Anfang/Mitte Sept.

Oststeiermark → Karte S. 289

Sport und Aktivitäten im Joglland

Radeln **Radverleih**: Der Minigolfplatz in Ratten verleiht City-, Mountain- und E-Bikes für 10–15 €/Tag. Mai/Juni tägl. 14–19 Uhr, Juli/Aug. 10–12 und 14–20 Uhr, Sept. Sa/So 14–19 Uhr. ✆ 03173-2254.

Wandern Ein familientauglicher Klassiker ist der **Miesenbacher Wasserweg** (Gehzeit: ca. 1:30–2 Std.).

Aussichtswarte Wildwiese: Die 1254 m hoch gelegene Wildwiese ist ein fantastischer Aussichtspunkt. Startpunkt ist der Strallegger Dorfplatz (Gehzeit: ca. 5 Std.).

Stuhleck: Eine klassische Aufstiegsroute zum höchsten Gipfel der Fischbacher Alpen ist der Planetenweg von Rettenegg (einfache Gehzeit: ca. 5:30 Std.). Kürzer ist der Aufstieg auf das Stuhleck vom Pfaffensattel.

Pretul: Vom Wanderparkplatz am Ende der Mautstraße bzw. am Rosegger-Schutzhaus sind es zum Gipfel mit der Aussichtswarte ca. 30 Min.

Wintersport **Nordisch**: Die bis zu 30 km lange Joglland-Loipe wurde mit dem steirischen Loipen-Gütesiegel ausgezeichnet.

Alpin: Das wichtigste Skigebiet ist das Hauereck bei St. Kathrein. Sessel- und Kinderlift (www.ski-waldheimat.at). Noch kleinere und ebenfalls familienfreundliche Skigebiete findet man darüber hinaus in Wenigzell, Strallegg, Mönichwald und Fischbach (www.schiregion.at).

Übernachten/Essen & Trinken im Joglland

**** **Fasching**. Eines der besten Landhotels der Region befindet sich in Fischbach. Familiär und ausgezeichnet geführt, neuerdings mit modernem Anbau, die Zimmer lassen nur wenige Wünsche offen. Unterhalb befindet sich ein Park mit Badeteich. Wellness, Pool und Sauna, gutes Restaurant, hier stimmt einfach alles. DZ ab 148 €. Fischbach 3c, ✆ 03170-262, info@dorfhotel-fasching.at, www.dorfhotel-fasching.at.

*** **Prettenhofer**. Die offene Landschaft und andere Vorzüge machen Wenigzell sommers wie winters zum idealen Standort. Das Hotel liegt abseits der Ortsdurchfahrt, die tadellosen Zimmer wurden 2013 renoviert, teilweise mit Balkon. Das Restaurant serviert gutbürgerliche Küche, saisonal wechselnde Karte, die steirisch-österreichischen Klassiker kosten 10–12 €. Im Nov. geschlossen. DZ ab 106 €. Pitterman 14, ✆ 03336-2206, info@prettenhofer.at, www.prettenhofer.at.

››› **Mein Tipp:** *** **Orthofer**. Das Landhotel bei St. Jakob in luftiger Höhe von 1134 m ersetzte das Jagdhaus Kaiser Karls I., das 1922 abbrannte. Der herrschaftliche Tisch konnte geborgen werden und ziert heute die Gaststube. Schöner Blick auf Stuhleck und Pretul. Alleinlage an der Joglland-Loipe. Einige Gästezimmer liegen 50 m weiter im Nebenhaus mit der Sauna. Schmackhafte Landküche mit Anspruch, der Zwiebelrostbraten vom Almochsen kostet 14 €. Nov. geschlossen. DZ ab 70 €. Filzmoos 12 (von St. Jakob in Richtung Ratten ausgeschildert), ✆ 03336-8237, office@orthofer.at, www.orthofer.at. ‹‹‹

Zum Forsthaus. Das u. a. mit 2 Gault-Millau-Hauben dekorierte Restaurant befindet sich im Ortszentrum von Fischbach. Traditionelle Regionalküche mit mediterranen Einschlägen, Chefkoch Christian Übeleis experimentiert u. a. mit dem Grubenkraut vom nahen Froihof. Klassiker bereits ab 10 €, Hauptgerichte sonst ab 20 €. Besser reservieren. Mo/Di Ruhetag. Vermietung von Gästezimmern. Fischbach 2, ✆ 03170-201, www.forsthaus.co.at.

Zur Klause. Äußerlich unscheinbarer Gasthof mit Pension zwischen Ratten und Rettenegg. Exzellente österreichische Landküche mit mediterranen Anklängen, verwendet werden nur ausgewählte Zutaten aus der Region, Gourmetniveau. Klein und familiär, fast alles spielt sich innen ab. Hauptgerichte 10–20 €. Reservierung empfohlen. Mi Ruhetag. Filzmoos 32, ✆ 03173-2448, www.zurklause.at.

Forellengasthof. Idyllische Lage der Gastwirtschaft am Bach. Die Bergforellen aus dem eigenen Zuchtteich sind ein Markenprodukt. Die Forellen kommen in allerlei Varianten auf den Tisch, kreative Rezepte neben Standards, eigene Karte für die Kleinen, ehrliche Preise. Kinderspielplatz. Außer Juli/Aug. Mo/Di geschlossen. Rettenegg 104 (an der L 117 Richtung Stuhleck und Pfaffensattel), ✆ 03173-82700, www.forellengasthof.at.

Hartberg

ca. 6500 Einwohner

Die Stadt liegt exakt am Übergang vom südlichen Alpenvorland zum flachhügeligen Vulkanland. Hartberg überrascht mit einer weitgehend intakten Altstadt und zählt definitiv zu den reizvollsten Städtezielen in der Oststeiermark. Zur Lebensqualität trägt die herausgeputzte Fußgängerzone mit zahlreichen Geschäften und Cafés bei. Sie verbindet den Rochusplatz am nördlichen Altstadtrand mit dem Hauptplatz im Zentrum: Geschwungene Barockgiebel in verschiedenen Farbnuancen verleihen dem Platz einen würdigen Rahmen. Neben dem 1898 fertiggestellten **Rathaus** erweist sich v. a. die etwas zurückgesetzte Apotheke mit eindrucksvollem Portal als Blickfang. Von der mittelalterlichen **Stadtbefestigung** haben sich einige Mauern und drei Türme erhalten. Auch das **Hartberger Schloss** ist ein integraler Bestandteil der Wehranlage: Der Renaissancebau ersetzte im 16. Jh. eine ältere Burg und kann nicht von innen besichtigt werden, sieht man einmal von den Räumen des Restaurants ab (→ Übernachten/Essen & Trinken). Der prunkvolle Rittersaal im zweiten Obergeschoss wird allerdings für Konzerte genutzt; selbiges gilt für den Schlosshof im Sommer. Im angrenzenden Park sind einige Skulpturen zu bestaunen. Hartberg ist trotz seiner unbestrittenen Vorzüge kein Ferienort. Andererseits sind die Distanzen zwischen Stadt und Joglland, Pöllauer Tal oder Bad Waltersdorf kurz, sodass nichts dagegen spricht, hier auf der Durchreise einen Stopp einzulegen.

Repräsentative Fassade am Hartberger Hauptplatz

Geschichte: Erste zivilisatorische Spuren entdeckte man außerhalb des Zentrums auf dem Ringkogel. In der Hallstatt- und La-Tène-Zeit befand sich auf dem Gipfel ein befestigter Fürstensitz. Bei Überfällen entzündete man oben Kreidfeuer, die bis zur Riegersburg zu sehen und noch während der Türkeneinfälle im 16. Jh. gebräuchlich waren. Dass Hartberg in römischer Zeit besiedelt war, beweist die **Villa Rustica** in Löffelbach 4 km westlich des Ortszentrums. Der palastartige Landsitz aus dem 2./3. Jh. n. Chr. war Teil des weiträumigen Territoriums von Flavia Solva. Wie die Villa einst aussah, zeigt ein Modell im Stadtmuseum. Die eigentliche Gründung Hartbergs 1125–28 verdankt sich dem Markgrafen Leopold I. von Steyr und ist eine Folge der Auseinandersetzungen mit Ungarn. Wie Fürstenfeld und

Oststeiermark → Karte S. 289

Radkersburg gehörte Hartberg zum neuen Befestigungsgürtel, der die Lafnitz-Grenze zu Ungarn sicherte. Seit der Mitte des 14. Jh. wirkten sich Maut- und Zollprivilegien förderlich auf die Handelstätigkeit in der Stadt aus und mehrten den Wohlstand der Bürger. In der Folge wurde Hartberg immer wieder in Grenzkonflikte mit den Ungarn, Türken oder Haiducken verwickelt. Die größte Zerstörung brachte jedoch ein verheerender Brand 1715, was das barocke Gepräge der Fassaden im heutigen Stadtbild erklärt.

Stadtpfarrkirche

Der Stadtbrand 1715 zog auch die ursprünglich spätromanische Kirche schwer in Mitleidenschaft. Drei Jahrzehnte danach begann man mit dem Um- bzw. Neubau und orientierte sich dabei am barocken Zeitgeschmack. Einige Ausstattungsstücke, u. a. das spätgotische Kruzifix und der Renaissance-Taufstein, stammen noch aus der Zeit vor der Katastrophe. Von großer Bedeutung ist der spätromanische **Karner** vor der Südseite der Kirche: Der Doppelrundbau aus heimischem Muschelkalk mit den zwei Kegeldächern birgt in der Rotunde über dem Beinhaus Wandmalereien, die im Kern aus dem 12./13. Jh. stammen dürften. Sie wurden aber in späterer Zeit schwer beschädigt, übertüncht und schließlich bei der Freilegung Ende des 19. Jh. in einer Weise ausgebessert und ergänzt, dass eine zeitliche Zuordnung schwerfällt. Dennoch (oder gerade deshalb) sind die allegorischen Darstellungen, u. a. reitet ein König auf einem Schwein, überaus sehenswert.

Steinpeißhaus (Stadtmuseum)

Das erstmals 1406 notierte Herrenhaus zwischen Hauptplatz und Schloss verfügt über einen modernen Anbau und beherbergt eine Dauerausstellung zur Geschichte Hartbergs. Die didaktisch gut gemachte Schau holt die Besucher in der Gegenwart ab und führt sie zurück in die Steinzeit: Themen sind die Stadtentwicklung im letzten Jahrhundert, die kriegerischen Auseinandersetzungen im Mittelalter und die römerzeitlichen Ausgrabungen. Ein altes Klassenzimmer mit originaler Einrichtung erzählt über das Schul- und Unterrichtswesen anno dazumal. Ein Teil des Stadtmuseums wird für Sonderausstellungen genutzt.

Mi–So 10–16 Uhr, Weihnachten bis Febr. geschlossen. 4 €, erm. 2 €. Herrengasse 6, ✆ 03322-66001, www.museum.hartberg.at.

Oldtimermuseum

In einer Halle neben einem Autohaus stehen auf einer Fläche von 2700 m² etwa 200 Oldtimer unterschiedlicher Marken – Steyr, Puch, Mercedes, Bentley und Rolls Royce. Ein besonderes Gustostück ist ein Mercedes Knight 16/45 aus dem Baujahr 1919. Die guten Stücke sind z. T. käuflich erwerbbar.

Sa/So 9.30–18 Uhr, Mo–Fr nach Voranmeldung. 6 €, erm. 3 €. Raimund-Obendrauf-Str. 18, ✆ 03332-63500, www.kroepfl.at.

Rund um Hartberg

Nordwestlich des Stadtzentrums ist der **Ringkogel** schwer zu übersehen. Seine relativ bescheidene Höhe von 789 m wird durch die exponierte Lage mehr als wett gemacht, sodass der Gipfel zu den dominantesten Erhebungen der Oststeiermark gehört. Kein Wunder, dass er bereits in frühgeschichtlicher Zeit besiedelt war. Die etwas sonderbaren Sagen und Legenden, die sich um ihn ranken, handeln von hoffärtigen Rittersleuten, gotteslästerlichen Zechern und hellsehenden Wildschweinen. Seit 1906 ziert eine Aussichtswarte den Gipfel.

Ein weiteres Ziel ist **Löffelbach** westlich von Hartberg. Das beschauliche Weindorf zwischen Hügeln beweist, warum die **Römer-Weinstraße** hier beginnt bzw. endet: Am Ortsrand schlummern die Mauern einer Römervilla, die zu den bedeutendsten Hinterlassenschaften aus römischer Zeit in der Steiermark zählen.

Schließlich und endlich lohnt eventuell der **Ökopark** an der Ausfallstraße Richtung Bad Waltersdorf einen Besuch. Hier mischt sich Gewerbe mit Infotainment – mit einem Großkino, einer Mineralienschau und einer Ausstellung zur Klimaerwärmung. Ein Schmankerl im Klimaturm ist der gläserne Lift zu einer Aussichtsplattform (Fr–So 14–20 Uhr, die Mineralienschau auch Mo–Fr 8–13 Uhr. 8 €, erm. 6 €, Klimaturm: Eintritt frei. Am Ökopark 10, ✆ 03332-62250151, www.oekopark.at).

Oststeiermark → Karte S. 289

Basis-Infos Hartberg

Information Das Infobüro befindet sich am Stadtteich neben dem Schölbinger Turm. Mo–Fr 9–17 Uhr, Sa bis 13 Uhr. Rochusplatz 3, ✆ 03332-603300, www.hartberg.at.

Hin & weg Bahn: In Hartberg halten Regionalbahnen nach Fehring und Wiener Neustadt. Der Bahnhof liegt am östlichen Stadtrand.

Bus: Der Busbahnhof befindet sich vor der Post. Die Benutzung der Stadtbusse ist kostenlos. Stündliche Abfahrten tagsüber, Bahnhof und Ökopark werden ebenfalls angesteuert.

Taxi: ✆ 03332-62100, www.vb-gruber.at.

Ärztliche Versorgung Das **Krankenhaus** befindet sich an der Ausfallstraße in Richtung Bad Waltersdorf. Krankenhausplatz 1, ✆ 03332-6050, www.lkh-hartberg.at.

Einkaufen **Bauernmarkt** auf dem Kernstockplatz. Fr 12–17 Uhr.

Post Mo–Fr 8–18 Uhr, Sa 9–12 Uhr. Fritz-Stachel-Platz 1.

Radeln Die ca. 20 km lange **Hartbergerland-Radtour** (HB25) führt vom Erlebniszentrum Herz nach Süden durch überwiegend ebenes Terrain.

Pöllauer Radtour: Der 22 km lange Landesradweg R57 führt von Hartberg nach Pöllau.

Radverleih: E-Bikes für 20 €/Tag verleiht das Bad und Freizeitzentrum Herz. Tägl. 9–19 Uhr. Wiesengasse 16, ✆ 03332-603603, www.hartberg.at.

Veranstaltungen **Musical-Festspiele**. Freilicht-Aufführungen im Hartberger Schlosshof, alle ein bis zwei Jahre kommt ein neues Stück auf die Bühne. Nächste Spielzeit ist 2015. Mitte/Ende Juli (www.musical-festspiele.at).

Weltradsportwoche. An der Traditionsveranstaltung nehmen über 1000 Radsportler aus ca. 30 Nationen teil. Knapp 200 Radrennen im Hartbergerland in unterschiedlichen Kategorien. Mitte/Ende Aug. (www.hartbergerland-radsportwoche.at).

Clariarte. Hochdekorierter Klarinettenwettbewerb mit Konzerten an verschiedenen Orten in der Stadt, 2013 spielte hier u. a. Giora Feidman. Ende Aug./Anfang Sep. (www.clariarte.at).

Wandern **Ringkogel**: Ein Rundweg verbindet die Altstadt mit dem Aussichtsberg (Gehzeit: ca. 2:30–3 Std.). Kürzer ist der Weg, wenn man mit dem Auto auf der Ringstraße (L 421) ca. 3 km bis zum Parkplatz „Spielstätte" fährt und dieses dort abstellt (Gehzeit: ca. 45 Min.). Aussichtswarte und Kiosk öffnen Mai bis Mitte Okt. bei schönem Wetter Mi–So 10–18 Uhr. 1 €, erm. 0,50 €. ✆ 0660-4640473.

Löffelbach: Eine kurzer Rundwanderweg verbindet das Winzerdorf mit den Resten einer römischen Villa und der Burg Neuberg (Gehzeit: ca. 1:30–2 Std.).

Übernachten/Essen & Trinken in Hartberg

→ Karte S. 307

*** **Alter Gerichtshof** **4** Die ruhige Stadtpension befindet sich in einem historischen Gebäude am Schloss. Die funktional ausgestatteten Zimmer mit Balkon im modernen Anbau öffnen sich zum Garten, Stilmöbel im Foyer und im Frühstücksraum, kein Restaurant. DZ ab 100 €. Herrengasse 4, ✆ 03332-63356, info@hotel-altergerichtshof.at, www.hotel-altergerichtshof.at.

*** **Die Sonne** **3** Die moderne Pension mit Café und Konditorei im Erdgeschoss befindet sich direkt am Hauptplatz. 12 unterschiedlich geschnittene Gästezimmer auf der ruhigeren Rückseite, frische Designelemente, Terrasse unter einer schattigen Weinpergola. DZ 84 €. Hauptplatz 9, ✆ 03332-62342, office@diesonne.at, www.diesonne.at.

Camping Hartberg **5** Zentral gelegene Platzanlage, wenige Minuten zu Fuß in die Altstadt, das Freibad ist direkt vor der Tür. Engagierte und familiäre Leitung durch die rüstige Hanna Westner. Schattige Stellplätze. April bis Okt. 2 Pers. mit Zelt 17 €. Augasse 35, ✆ 03332-62759, camping@hartberg.at.

Pusswald **6** Das Genuss-Dorado auf Gourmetniveau liegt in Gehentfernung zur Altstadt. Der einstige Weltreisende und jetzige Inhaber Hannes Pusswald verknüpft Oststeirisches mit Gerichten aus Asien und dem Mittelmeerraum. Saftige Almochsensteaks, leckere Burger, schmackhafter Fisch. An Werktagen preiswerte Mittagsmenüs (um 10–11 €), sonst deutlich teurer. Di–Sa ab 10 Uhr, So nach Anmeldung. Gästezimmer im Vier-Sterne-Standard. Grazer Str. 18, ✆ 03332-62584, www.restaurant-pusswald.at.

Zum Brauhaus **1** Das gutbürgerliche Restaurant im Stadtzentrum kredenzt schmackhafte Brauhauskost mit Niveau, ein Quartier mit Tradition (seit 1860). Die Käsespätzle mit Speck kosten 7,80 €. Saisonale Karte, Freiplätze auf dem Hauptplatz. Auch Vermietung von Gästezimmern (DZ ab 86 €). Im Haus wird zwar nicht mehr gebraut, ein erfrischendes Bier vom Fass gibt's dennoch. Tägl. außer Mo ab 8 Uhr. Wiener Str. 1, ✆ 03332-62210, www.brauhaus.co.at.

Schlossstüberl **2** Nobles Restaurant im Hartberger Schloss, Außenplätze im Hof, Klassiker sind die opulenten Schnitzel. Die Küche veredelt steirische Produkte mit asiatisch-mediterranen Einschlägen, leckere Eiskreationen. Das Bio-Kalbsrückensteak mit hausgemachten Nudeln kostet 18 €. Tägl. außer So ab 18 Uhr. Herrengasse 1, ✆ 03332-61850.

Der Masenberg ist der höchste Punkt im Naturpark

Naturpark Pöllauer Tal

Das weite Tal der Pöllauer Safen liegt abseits der viel befahrenen Durchgangswege und ist dennoch von Gleisdorf oder Hartberg im Handumdrehen erreichbar. Sanfte und waldreiche Höhenrücken lösen die Streuobstwiesen an den Berghängen ab und beschirmen den Landstrich von drei Seiten. Seit 1983 ist dieser friedlich-idyllische Landschaftsraum ein Naturpark. Obwohl sich auf einer Fläche von 120 km^2 kaum 9000 Menschen verlieren, haben zunächst die zivilisatorischen Spuren das Pöllauer Tal über die steirischen Grenzen hinaus bekannt gemacht. Zuvorderst das mächtige **Schloss Pöllau,** das auf eine lange Historie zurückblickt: Im 12. Jh. stand an gleicher

Oststeiermark → Karte S. 289

Sinnstiftung aus dem Internet: die Glückskapelle auf dem Masenberg

Der Masenberg (1261 m) im Norden ist die höchste Naturparkerhebung und ein geschätztes Ausflugsziel. Unmittelbar am Gipfelkreuz steht eine Kapelle, um die sich eine kuriose Anekdote rankt: Sie stand ursprünglich in der Nähe von Kirchberg an der Raab und wurde 2008 über ein namhaftes Aktionshaus im Internet feilgeboten. Der Großhotelier und Biopionier Roman Wilfinger erwarb das Gotteshaus aus dem 18. Jh., zerlegte es achtsam in einzelne Teile und fügte sie auf dem Berg wieder zusammen. Seitdem ist die Glückskapelle, wie das Gotteshaus heute heißt, Ziel spirituell gesinnter Naturfreunde. Das Schutzhaus am Gipfel (→ Übernachten / Essen & Trinken) wird ebenfalls von der Familie Wilfinger betrieben. Kapelle und Einkehrstation sind über eine kleine Straße von Pöllauberg erreichbar.

Stelle ein Wasserschloss, das 1504 den Augustiner-Chorherren in den Schoß fiel. Gegen Ende des 17. Jh. begann der Umbau zum Chorherrenstift im Stil des Barock. Auch der Markt Pöllau mit den altehrwürdigen Bürgerhäusern rund um den Hauptplatz wurde bei der Gelegenheit neu gestaltet. Zu Beginn des 18. Jh. lösten die Josephinischen Reformen das Stift auf. Bedeutendste Hinterlassenschaft ist die ehemalige Stiftskirche, der Volksmund nennt sie **„Steirischen Petersdom"**, weil sich ihre Architektur stark am Vorbild der Peterskirche in Rom orientiert. Jenseits der Ortsdurchfahrt lädt ein wunderschöner **Schlosspark** mit botanischen Raritäten, Skulpturen und einem Café zum Spaziergang ein. Auch das zweite wichtige Ziel im Naturpark ist von spiritueller Bedeutung: Auf das Safental blickt von erhöhter Warte die **Wallfahrtskirche Pöllauberg.** Unmittelbar daneben befindet sich das schmucke Blumendorf gleichen Namens, das seit Jahren regelmäßig als schönstes Fleckerl der Steiermark ausgezeichnet wird.

Schloss und Stiftskirche Pöllau

Die äußeren Gräben erinnern noch ein wenig an das mittelalterliche Wasserschloss, ansonsten ist das ehemalige Augustiner-Chorherrenstift im Wesentlichen ein Werk aus dem Barockzeitalter. Zwei Durchgangstore erlauben den Zutritt zum ästhetisch ansprechenden Innenhof, in dem sich u. a. auch die Touristeninformation befindet. Von beeindruckenden Ausmaßen ist die beherrschende **einstige Stifts- und heutige Pfarrkirche St. Veit.** Der „Petersdom" gilt als Meisterwerk des steirischen Barocks, was insbesondere der grandiosen Freskenausstattung im Innern geschuldet ist. Die Malereien des 1671 in Gleisdorf geborenen Künstlers Matthias von Görz bedecken eine Deckenfläche von 9000 m^2. Das Besondere im Gegensatz etwa zu den Kirchen in Vorau oder Mariazell ist der fast vollständige Verzicht auf Stuck. Deshalb können die Blicke ungestört bei der illusionistischen Raumerweiterungsmalerei in all seiner Farbenpracht verweilen. Die Scheinarchitektur ist gut in der Sakristei nördlich des Chors zu erkennen. Auch bei der „Kuppel" über der Orgelempore handelt es sich in Wirklichkeit um eine optische Täuschung.

Natur und Kultur im Schlosspark

Im einstigen Augustiner-Chorherrenstift unternimmt eine ständige Ausstellung des **europäischen Zentrums für Physikgeschichte** mit dem Titel „Strahlung – der ausgesetzte Mensch" einen Ausflug in die Physikhistorie und Strahlentheorie. Gezeigt werden verschiedene technische Messgeräte aus dem ehemaligen Wiener Radiuminstitut, gefragt wird u. a. nach der Ursache kosmischer Strahlung und nach ihren Auswirkungen auf den Menschen. Integraler Bestandteil der Schau ist eine Gedenkstätte für den aus Peggau im Murtal gebürtigen Physiker **Victor Franz**

Pöllau: Blick in die Hauptkuppel

Hess. Bei Untersuchungen, die er 1912 auf einer Ballonfahrt durchführte, wies er die Existenz kosmischer Strahlung nach. Bislang war man davon ausgegangen, dass die Quelle der Radioaktivität allein in den Gesteinen liegt. Für seine wissenschaftlichen Verdienste erhielt er 1936 den Nobelpreis.

Anfang Mai bis Nov. Do–So 10–17 Uhr. 4 €, erm. ab 1,50 €. Schloss 1 in Pöllau, ✆ 03335-2433, www.echophysics.org.

Maria Pöllauberg

Über 100.000 Pilger steuern jährlich die hochgotische Kirche auf 744 m Höhe an, womit Pöllauberg zu den wichtigsten Wallfahrtszielen der Steiermark zählt. Vor dem Betreten des Gotteshauses mit dem Gnadenbild aus dem 15. Jh. verdient das Westportal Aufmerksamkeit. Innen beeindrucken das von schlanken Bündelpfeilern getragene Kreuzrippengewölbe und die künstlerisch hochwertigen Steinmetzarbeiten im Chor mit Sitznischen, Konsolen und der Sakramentsnische. Weitere Ausstattungsstücke, wie z. B. der Hochaltar, tragen unverkennbar die Insignien des Barockzeitalters.

Pilgerfahrten sind schon im 12. Jh. belegt. Das ursprüngliche Ziel, eine romanische Kapelle, lag allerdings damals unmittelbar neben der heutigen Wallfahrtskirche. Anstelle des alten romanischen Gotteshauses steht heute, erkennbar an der rosafarbenen Außenwand, die barocke **Annakirche.** Der Hügel, auf dem beide Kirchen stehen, ist ein hervorragender Aussichtspunkt, sodass sich der Weg hierher allemal lohnt.

Volkskundliches Museum Sonnhofen

Maria Krogger ist eine leidenschaftliche Sammlerin und zeigt Interessierten gerne ihre rund 4000 Objekte, unter denen sich manch kurioser Gegenstand verbirgt, u. a. ein von Hand betriebenes Haarschneidegerät und ein Bohrer, der viereckige Löcher

Oststeiermark → Karte S. 289

macht. Der Bauernhof, in dem das Museum untergebracht ist, liegt in der Streusiedlung Sonnhofen am nördlichen Abschluss des Pöllauer Tals.

Nach Voranmeldung. Eintritt gegen Spende. Sonnhofen 117 (auf der L 406 Richtung Vorau nach 4 km auf Schild nach rechts achten), ✆ 03335-3567.

Basis-Infos Naturpark Pöllauer Tal

Information Das Infobüro befindet sich im Pöllauer Schloss. Mo–Fr 9–12 und 14–17 Uhr. Schloss 1, ✆ 03335-4210, www.naturpark-poellauertal.at.

Hin & weg Von Pöllau führt eine landschaftlich wunderschöne Nebenstraße nach Norden ins Joglland und nach Vorau (→ S. 302 f.).

Einkaufen **Bauernladen**. Regionale Spezialitäten und Kunsthandwerk im Pöllauer Zentrum. Mo und Mi 9–12.30 und 15–18 Uhr, Di und Do 9–12.30 Uhr, Fr 8–12.30 und 15–18 Uhr, Sa vormittags ab 8 Uhr geöffnet. Hauptplatz 2, ✆ 03335-4550, www.bauernladen.gutes.at.

Retter. Der Obsthof zwischen Pöllau und Pöllauberg mit angeschlossenem Luxushotel ist bekannt für seine mehrfach prämierten Natursäfte und Brände (seit 1886). Ein Gustotipp ist der Hirschbirnenessig. Mo–Fr 8–12 und 13–16 Uhr, Sa 14–16 Uhr. Winzendorf 142, ✆ 03335-4131, www.obsthof-retter.com.

»› **Mein Tipp:** **Fandler**. Die renommierte Ölmühle nördlich von Pöllau existiert seit 1926. Ausnahmsweise wird kein Kürbiskernöl verkauft, sondern über 30 andere Ölsorten, darunter Ausgefallenes wie Camelina-, Macadamianuss- oder Haselnussöl. Rund die Hälfte aller Qualitätsöle sind biozertifiziert. Prätis 1 (nach 1 km an der Straßengabelung Birkfeld/Vorau rechts), ✆ 03335-2263, www.fandler.at. ‹«

Radeln **Pöllauer Radtour**. Der 22 km lange R57 führt vom Pöllauer Safental nach Hartberg.

Veranstaltungen **Schlossball**. Die exklusive Traditionsveranstaltung im Schloss Pöllau wird auch als „Oststeirischer Opernball" bezeichnet. Faschingsmontag.

Pöllauer Blumen- und Gartentage. Blumenfreunde und Hobbygärtner erhalten bei diesem Event im Pöllauer Schlosspark wertvolle Anregungen. Letztes Wochenende im Juni.

Wandern Ein Klassiker ist die Rundwanderung von **Pöllau nach Pöllauberg** (Gehzeit je nach Variante: ca. 2:30–3:30 Std.).

Hirschbirnenwanderweg: Der Rundweg führt von Pöllau zwischen Streuobstwiesen nach Rabenwald (Gehzeit: ca. 4:30 Std.).

Masenberg: Pöllauberg ist ein guter Ausgangspunkt für eine Tour zur höchsten Naturparkerhebung. Vom Gipfel fällt der Blick auf das Joglland (Gehzeit hin und zurück: ca. 4 Std.).

Übernachten/Essen & Trinken im Naturpark Pöllauer Tal

Die Pöllauer Hirschbirne ist eine alte steirische Obstsorte, wobei sich „Hirschbirne" von „Hiascht" ableitet, einem mundartlichen Ausdruck für „Herbst". Verwandt ist die Frucht mit der Schneebirne. Die Birnbäume auf den Streuobstwiesen gedeihen am besten in 350–800 m Höhe und werden bis zu 200 Jahre alt. Das Obst wird nach dem Aufklauben gedörrt, gebrannt oder zu Saft, Most, Gelee oder sogar Hirschbirnenschinken verarbeitet.

**** **Grüne Au**. Das noble, familiengeführte Landhotel befindet sich im Süden des Pöllauer Tals in einer schönen Auenlandschaft, die zum Spazierengehen einlädt. Gutes Restaurant mit gemütlicher Stube und himmlischer Terrasse, 21 Zimmer teils mit Balkon oder Terrasse, Wellnessbereich. DZ ab 168 €. Winzendorf 45 (an der L 406 von Hartberg bzw. Kaindorf auf Schild nach rechts achten), ✆ 03332-63277, info@gruene-au.at, www.gruene-au.at.

**** **König**. Der 300 Jahre alte Berggasthof an der Wallfahrtskirche ist eine Institution in der Oststeiermark. Niveauvoll-gediegene Gästezimmer, exzellentes Restaurant mit gemütlicher Veranda vor dem Haus. Gute

Pöllau: repräsentative Fassaden am Hauptplatz

Weinauswahl, zu den Spezialitäten zählen Saiblinggerichte und leckere Hirschbirnen-Desserts. Hauptgerichte ab 10 € aufwärts. Mo Ruhetag, Jan. bis Anfang Febr. geschlossen. DZ ca. 100 €. Pöllauberg 5, ✆ 03335-2311, office@berggasthof-koenig.at, www.berggasthof-koenig.at.

*** **Waldhof Muhr**. Der Alpengasthof mit Pension liegt allein auf weiter Flur an den Hängen des Masenberg. Üppiger Blumenschmuck an der Holzveranda, Bauernhofatmosphäre mit Ponystall nebenan, freundlich und familiär. Der Gartenpool wird mit Solarenergie beheizt. 23 ordentliche Zimmer, teils mit Balkon. Restaurant mit kleiner Terrasse, die Hauptgerichte kosten 10–15 € (im Winter Mi geschlossen). DZ ab 82 €. Pöllauberg-Zeil 46, ✆ 03335-3600, urlaub@waldhof-muhr.at, www.waldhof-muhr.at.

JUFA. Das Jugend- und Familiengästehaus am Ortsrand von Pöllau liegt in Gehentfernung zum Schloss. Holzhaus-Ensemble mit Hof, das Restaurant verarbeitet ausschließlich Bioprodukte. Ein Schmankerl sind die weißen Schlafjurten im Garten (ab 5 Pers.). DZ ab 75 €. Marktstr. 603, ✆ 05708-3240, poellau@jufa.eu, www.jufa.eu.

Schlossstüberl. Das familiäre Restaurant im Schloss Pöllau verfügt über eine engagierte Küche mit Anspruch. Eine Spezialität sind Lammgerichte in vielerlei Varianten, der Braten vom Pöllauer Berglamm mit Gemüse kostet 15 €. Auch Kaffee und Kuchen, Außenplätze im Schlosshof. Mi Ruhetag, Jan. bis April zusätzlich Di geschlossen. Schloss 1, ✆ 03335-4480, www.schlossstueberl-eckhart.at.

Kerschhof. Die Ausflugsgaststätte mit Blick auf Safental hat gemütliche Innenräume mit modernen Designelementen sowie eine teilweise überdachte Terrasse. Die gutbürgerliche Küche kredenzt Steirisches, u. a. Beuschel mit Knödel für 6,40 € oder den Grillteller für 11 €. Mo/Di nachmittags geschlossen. Unterneuberg 130 (von Pöllau Richtung Pöllauberg, dann dem Schild zum Obsthof Retter folgen), ✆ 03335-2301, www.gasthof-kerschhofer.at.

Ebner. Bodenständige Konditorei mit Café im Pöllauer Zentrum. Spezialität sind Lebkuchen in vielen Varianten, auch die Steirertorte mundet vortrefflich. Do Ruhetag, ansonsten 7.30–18.30 Uhr. Lamberggasse 31, ✆ 03335-2350, www.konditorei-ebner.at.

Kernstockhütte. Das Schutzhaus auf dem Masenberg (→ Kasten, S. 309) kredenzt Most, frische Säfte, hausgemachte Kuchen sowie kleine Jausen. Gepflegte Einrichtung, rustikale Außenplätze mit Holztischen und -bänken. Im Sommerhalbjahr Do–Sa ab 14 Uhr, So ab 10 Uhr. Oberneuberg 43, ✆ 03332-6080, www.glueckskapelle.at.

Oststeiermark → Karte S. 289

Morgenstimmung am Stubenbergsee

Stubenbergsee und Apfelland

Wer unvorbereitet einen Abstecher zum **Stubenbergsee** unternimmt, reibt sich die Augen angesichts des Rummels, der hier an warmen Hochsommertagen herrscht. Der etwa 1000 m lange und nicht ganz halb so breite See entstand 1968–71 durch die künstliche Stauung der Feistritz und gilt als wärmster Badesee Österreichs. Insbesondere Familien mit Kindern können am Nord- und Ostufer auf eine breite Palette an Freizeitangeboten – Schwimmen, Bootsfahrten, Surfen, Radfahren oder Skaten – zurückgreifen. Hinzu kommen jede Menge Quartiere und gastronomische Betriebe. Und dies ist noch längst nicht alles, denn 3 km südlich des Sees befindet sich mit dem **Tierpark Herberstein** ein weiteres Freizeitareal, das zu den meistbesuchten Zielen der Oststeiermark zählt und ein Leitbetrieb der Region ist. Bei den zahlreichen Angeboten fällt die Erstorientierung überhaupt nicht leicht, zumal auch das nähere Umland einige Schmankerln zu bieten hat. Unbeeindruckt von dem Trubel im Talgrund überblickt der Ort **Stubenberg** mit dem Schloss aus dem 16. Jh. die umliegende Mittelgebirgslandschaft. Aus der ragt der 975 m hohe **Kulm** heraus: In der späten La-Tène-Zeit befand sich hier oben ein befestigtes Oppidum, das Keltendorf auf halber Höhe nimmt auf die Bedeutung des Berges in frühgeschichtlicher Zeit Bezug. Wegen der militärischen Nutzung ist der Aussichtsgipfel hin und wieder für die Öffentlichkeit gesperrt. Der Kulm trennt das Stubenberger Becken vom größten Apfelanbaugebiet Österreichs im Westen. Rund um die zentrale „Apfelmetropole“ **Puch** bei Weiz geht es im Vergleich zum Stubenbergsee deutlich ruhiger zu, Ferienquartiere gibt es aber auch hier.

Geschichte: Die Tatsache, dass sich in der Kleinregion drei sehenswerte Schlösser und noch dazu zwei Burgruinen befinden, verweist auf eine reiche Vergangenheit. Erwähnenswert in dem Zusammenhang ist natürlich auch der Kulm: Der markante

Berg zwischen Stubenbergsee und Apfelland ist ein Brennpunkt frühgeschichtlicher Zivilisation von der Kupfersteinzeit bis zu den Kelten. Im Mittelalter war zunächst die Burg und dann das Schloss Stubenberg ein wichtiges Herrschaftszentrum. Hier logierten die **Stubenberger,** eine aus Niederösterreich stammende und in der Blüte höchst einflussreiche Adelsfamilie. Vier Angehörige bekleideten den Posten eines Landeshauptmanns. Noch wichtiger für die Landeshistorie war das Geschlecht der **Herbersteiner,** das seit 1290 in der Burg Herberstein residierte. Ursprünglich stand sie unter dem Lehen der Stubenberger, wurde aber später freigekauft und Mitte des 16. Jh. zum Renaissanceschloss umgebaut. Die Familie Herberstein stellte fünfmal den Landeshauptmann und stieg in der Folge bis in den Grafenstand auf. Im 17./18. Jh. gehörte rund ein Fünftel der ganzen Steiermark zur Herrschaft Herberstein. 2008 allerdings wurde Andrea Herberstein, Tochter des Polarforschers Norbert Untersteiner, wegen Betrugs in Zusammenhang mit der Verwendung von Landesfördermitteln für den Tierpark Herberstein zu einer Freiheitsstrafe verurteilt. Als Folge der Causa Herberstein, die bis in die Politik hineinwirkte, steht der Tierpark heute unter Landesverwaltung.

Tierwelt Herberstein

Der Tierpark ist eines der beliebtesten Familienausflugsziele in der Oststeiermark. Der Besuch lohnt sich auch für kulturell interessierte Gäste, weil sich im Parkareal ein historischer Barockgarten, das Schloss Herberstein und das Gironcoli-Museum befinden. Zudem führt eine Ausstellung Besucher in die mittelalterliche Feudalgesellschaft ein und widmet sich im Besonderen der Familiengeschichte der Herbersteiner. Im 17. Jh. importierte das Adelsgeschlecht Damwild aus Italien, ein gesamtösterreichisches Novum in jener Zeit und die Basis für die Tierwelt, die Ende der 1960er-Jahre der Öffentlichkeit zugänglich gemacht wurde. Von den Highlights sind u. a. der Rote Panda oder Katzenbär und das Gepardengehege ganz besonders erwähnenswert. Letzteres erregte 1978 in der zoologischen Fachwelt Aufmerksamkeit, weil hier zum ersten Mal für die Fütterung ein Beutesimulator eingesetzt wurde.

Mai bis Sept. tägl. 9–17 Uhr, Mitte bis Ende März und Okt. tägl. 10–16 Uhr, Nov. bis Mitte März Do–So 10–16 Uhr. 14,50 €, erm. 7,50 € im Sommer; 8 €, erm. 6 € im Winter. Buchberg 1, ✆ 03176-80777, www.tierwelt-herberstein.at.

Schloss Herberstein

Das romantisch am hinteren Ende des Tierparks gelegene Gartenschloss gehört zu den schönsten Renaissanceanlagen in der Steiermark. Im Mittelalter stand hier eine bescheidene Burg, die im 16. Jh. zum repräsentativen Schloss umgebaut wurde. Der über das Torhaus zugängliche hufeisenförmige Florentinerhof mit dem prächtigen Eingangsportal wurde sogar erst 1667 im Stil des Barocks vollendet. Die versteckte Lage der Wehranlage auf einem Felsblock über dem Feistritztal führte dazu, dass sie nie angegriffen wurde. Man hatte sie schlicht übersehen! Seit der Landesausstellung 1986 sind die Innenräume museal gestaltet und können im Rahmen einer Führung besichtigt werden. Ein echter Hingucker ist u. a. die Küche aus den 1920er-Jahren mit dem blauen Emaildekor, das angeblich die Fliegen abhielt. Weitere Attraktionen sind z. B. die Georgskapelle, der Rittersaal mit reich verzierter Stuckdecke und der Sattelgang mit den opulenten Wappenteppichen aus dem Besitz der Herbersteiner.

Führungen Mitte März bis Anfang Nov. tägl. 12, 13, 14 und 15 Uhr, Juli/Aug. auch 16 Uhr. Kosten im Ticketpreis zur Tierwelt Herberstein enthalten. ✆ 03176-88250, www.herberstein.co.at.

Oststeiermark → Karte S. 289

Gironcoli-Museum

Die umfangreiche Werkschau des 2010 verstorbenen österreichischen Malers und Bildhauers Bruno Gironcoli wirkt in der Tierwelt etwas fehl am Platz. Beim Museumsgebäude handelt es sich um die einstige Schlosstenne, die der Renommierarchitekt Hermann Eisenköck in einen ästhetisch ansprechenden Zweckbau mit einer Ausstellungsfläche von 2000 m^2 verwandelt hat. Zu sehen gibt es teils großformatige Skulpturen, von denen einige sichtlich von Alberto Giacometti inspiriert sind.

Mitte/Ende März bis Anfang Nov. tägl. 10–17 Uhr. Eintritt im Ticketpreis zur Tierwelt Herberstein enthalten. ✆ 03176-88250, www.gironcoli-museum.com.

St. Johann bei Herberstein

Einen Steinwurf vom See und vom Tierpark entfernt herrscht himmlische Ruhe. Kühn bewachen die Johanneskirche und das ehemalige Kloster das Feistritztal am Übergang vom Alpenvorland zum Vulkanland. 1260 erhielt der Deutsche Orden die Pfarre St. Johann mitsamt der benachbarten Burg. In der Mitte des 17. Jh. fiel das Anwesen den Augustinern zu, die sich umgehend an die radikale Erneuerung des Ensembles machten. Das Kloster beherbergt heute ein christliches Bildungs- und Erholungszentrum (→ Übernachten/Essen & Trinken). Die barocke Pfarrkirche ist aus verschiedenen Gründen einen Besuch wert: Wertvollstes Ausstattungsstück ist ein Tabernakel mit überaus kunstfertigen Intarsienarbeiten aus dem Jahr 1714. An der Außenseite sind mehrere römerzeitliche Steindenkmäler eingemauert, u. a. ein Marmorfries mit kämpfenden Zentauren (falls verschlossen, im ehemaligen Kloster nebenan nach dem Schlüssel fragen).

Maria Fieberbründl

Die kleine Wallfahrtskirche im ländlichen Niemandsland ist ein beliebtes Wander- und Ausflugsziel. Die Muttergottes wurde (und wird) hier bei Fieber angerufen, was

Das ehemalige Kloster in St. Johann bei Herberstein

den auf den ersten Blick etwas merkwürdig klingenden Namen erklärt. Neben dem Bethaus aus dem Jahr 1894 befinden sich hier auch eine Gnadenkapelle mit Votivtafeln, die für eine gelungene Heilung danken, und das eigentliche Quellheiligtum. Unweit vom Pilgerziel steht im Wald eine **Gradieranlage**, die wie bei vergleichbaren Anlagen in Altaussee und Gröbming funktioniert: Wasser tropft auf Tannenreisig und aktiviert auf diese Weise die ätherischen Öle.

Schloss Schielleiten

Das schmucke Barockpalais 2 km östlich des Stubenbergsees ist eine Augenweide. Es wurde 1720–30 von den Grafen Wurmbrand-Stuppach erbaut, zu jener Zeit Eigentümer der Burg Schielleiten, die heute als Ruine das Stubenberger Becken überblickt. An schönen Tagen steigen vor dem Hintergrund der Fassade des Schlosses die Heißluftballons in die Höhe. Seit den 1960er-Jahren logiert zudem in den hochherrschaftlichen Räumen die österreichische Bundessportschule mit ihren großzügigen Sportanlagen im Park (→ Übernachten / Essen & Trinken).

Puch bei Weiz

Die Apfelkapitale im Zentrum des „steirischen Obstgartens" auf 500 m Höhe ist ein beschauliches Dorf mit einigen Hotels und Restaurants rund um die Pfarrkirche St. Oswald. Rundherum verlocken Buschenschanken in Obsthöfen zur Einkehr, die Obstplantagen bedecken eine Fläche von über 600 ha. Wer sich über den örtlichen Apfelanbau kundig machen möchte, sucht am besten das **Haus des Apfels** auf: Die Mostschenke Kelz verbindet eine Jausenstation mit einem Museum, wo der Apfel von allen Seiten und von der Steinzeit bis in die Gegenwart einer eingehenden Untersuchung unterzogen wird (Mitte April bis Okt. tägl. außer Mo 10–17 Uhr. 3,50 €, erm. 2 €. Harl 25, ✆ 03177-3117, www.mostschank-kelz.at).

Keltendorf

In luftiger Höhe zwischen Puch und dem Kulm-Gipfel befindet sich das hübsche Freilichtmuseum mit einer Handvoll rekonstruierter Häuser aus unterschiedlichen keltischen Perioden, die sich um einen Dorfanger gruppieren. Es handelt sich um Schauhütten mit Puppen und Figuren, die das Leben der Frühgeschichte am Kulm veranschaulichen. Darüber hinaus sind einige archäologische Artefakte ausgestellt. Der Ausblick ist bei klarer Sicht gigantisch, weshalb nachvollziehbar ist, warum der Kulm – der „steirische Rigi" – eine solch große Bedeutung als Pilgerziel, Kraftplatz, Festung oder Kreidfeuerstation hatte bzw. heute noch hat.

Mai bis Okt. tägl. außer Mo 10–16.30 Uhr, So abends eine Stunde länger. 4 €, erm. ab 2 €. ✆ 03113-2352, www.kulm-keltendorf.at.

Oststeiermark → Karte S. 289

Basis-Infos Stubenbergsee und Apfelland

Information Das Infobüro befindet sich im Gemeindeamt am Schloss Stubenberg. Mo–Fr 8–12 und 13–17 Uhr. Stubenberg 5, ✆ 03176-8882, www.apfelland.info.

Hin & weg Bus: Die Postbuslinie 337 verbindet die Stubenbergsee-Apfelland-Region mit Hartberg. Mo–Fr etwa 8 Verbindungen.

Veranstaltungen Apfelblütenfest. Die Traditionsveranstaltung in Puch bei Weiz dreht sich rund um den Apfel. Musik, die Obstbauern sorgen für das kulinarische Wohl. Letzter So im April.

Seefestspiele. Das weiße Theaterzelt am Seeufer bietet 1800 Sitzplätze, gespielt wird in der Saison eine klassische Oper bzw.

Operette. Mai/Juni (www.seefestspiele-stubenberg.at).

Apfelmontgolfiade. Seit 4 Jahrzehnten ist Puch bei Weiz der Schauplatz, wenn 50 Teams mit ihren Heißluftballons um die Wette fliegen. Mitte/Ende Okt. (www.ballonclub-apfeldorf-puch.at).

Sport und Aktivitäten am Stubenbergsee und im Apfelland

Baden/Bootstouren/Wassersport Der **Stubenbergsee** ist ein tagsüber eintrittspflichtiger Freizeitpark mit Strandbad, Liegewiese, Spielplatz, Tretbootverleih, Beachvolleyball u. v. m. Mehrere Kioske sorgen für das leibliche Wohl, Hunde sind nicht erlaubt. Von Mai bis Okt. fährt ein solarbetriebenes Boot (im Eintritt inbegriffen). 5 €, erm. 2,50 €; das Befahren des Sees mit einem mitgebrachten Surfbrett kostet 7 €, mit einem mitgebrachten Segelboot 18 €. ✆ 03176-8882, www.stubenberg.gv.at.

Surf- und Segelschule: Das Wassersportzentrum am Feistritzdamm an der See-Ostseite bietet Surf- und Segelkurse an. Der 5-stündige Surf-Schnupperkurs kostet 110 €, Verleih von Surfausrüstung, Tret-, Elektro- und Segelbooten (z. B. Tretboote für 12 €/Std.). ✆ 0676-5361314, www.watersport.at.

Ballonfahren Eine Ballonfahrt vom **Schloss Schielleiten** ist ganzjährig möglich, dauert 60–90 Min. und ist alles andere als preiswert (ab 200 €/Pers.). ✆ 03176-8801, www.apfelwirt.at.

Radeln Der **Feistritztal-Radweg** (R8) führt am Stubenbergsee vorbei. Eine attraktive Etappe führt durch die **Freienberger Klamm** nach Unterfeistritz. Am Wehr aus dem Jahr 1905 sollte man einen Halt einlegen: Das Kraftwerk der Feistritzwerke erlaubt durch die Glastür einen Blick in den Maschinenraum.

Wandern Der **Pucher Panoramaweg** führt vom Ortszentrum Puch über das Keltendorf auf den Kulm und auf alternativer Route wieder zurück (Gehzeit: ca. 3:30 Std.).

7-Bacherl-Weg: Der Wanderweg führt vom oberen See-Ende in die Freienberger Klamm, zweigt am Schaukraftwerk nach rechts ab und endet am Gasthaus Stelzer-Lex (Gehzeit mit Rückweg nach Stubenberg: ca. 3:30 Std.).

Übernachten/Essen & Trinken am Stubenbergsee und im Apfelland

In der Burg Neuhaus aus dem 14. Jh. oberhalb der Stubenbergklamm stehen 2 exklusive, geschmackvoll möblierte Ferienwohnungen und 2 Gästezimmer zur Verfügung (www.burg-neuhaus.com). Um einiges preiswerter sind die vorbildlich sanierten Zimmer der Bundessportschule im Schloss Schielleiten. Allerdings sind sie häufig von Sportjugendgruppen belegt (www.schielleiten.bsfz.at).

**** **Schloss Stubenberg**. Das exklusive Quartier im Stubenberger Schloss verfügt über 6 Zimmer und 3 Suiten. Die Taverne mit Innenplätzen im Gewölbe und Außenplätzen in Hof und Garten kredenzt Kuchen und kleine Snacks, die Brettjause kostet 5,60 €. Mo–Fr ab 16 Uhr, am Wochenende ab 14 Uhr. DZ ab 98 €. Stubenberg 1, ✆ 03176-8864, hotel@schloss-stubenberg.at, www.schloss-stubenberg.at.

**** **Riegerbauer**. Ein Landhotel wie eine Filmkulisse in St. Johann mit Vulkanlandblick vom Gastgarten. Mit Hingabe bis ins Detail restauriertes Traditionshaus (seit 1652), holzgetäfelte Schankstube. Schmackhafte und ambitionierte Küche, ein Klassiker ist der opulente Styria-Burger für 19 €. Mo/Di Ruhetag, in der Nebensaison nur Fr–So, Mitte Jan. bis Febr. geschlossen. 2 Suiten für 110 € sowie ein Hotel-Ableger am Stubenbergsee mit DZ ab 80 €. St. Johann 12, ✆ 03113-2301, landgasthof@riegerbauer.at, www.riegerbauer.at.

››› **Mein Tipp: Haus der Frauen**. Auch wer nicht männlichen Geschlechts oder Kirchenmitglied ist, kann im Erholungs- und Bildungszentrum der steirischen katholischen Kirche nächtigen. Es befindet sich im ehemaligen Kloster neben der Kirche St. Johann. Tadellose Zimmer im weißgekälkten Gewölbe und mit getrennten Betten. Kreuzgang-Innenhof, Sonnenterrasse, Abendessen auf Wunsch. DZ 57 €. St. Johann 7, ✆ 03113-2207 (nur Mo–Fr), kontakt@hausderfrauen.at, www.hausderfrauen.at. ‹‹‹

Schloss Schielleiten: Prunkvolle Barockfassade

Camping Steinmann. Die ganzjährig geöffnete Anlage am Stubenbergsee verfügt über ein Restaurant und eine Pension. Komfortables und gepflegtes Zelten direkt am See, eigene Zufahrt von der L 409 Richtung Herberstein. 2 Pers. mit Zelt ab 22 €, DZ ab 64 €. Buchberg 85, ✆ 03176-8390, info @camping-stubenberg.at, www.camping-stubenberg.at.

Meißl. Das Traditionsgasthaus in Puch (seit 130 Jahren) präsentiert sich außen rustikal mit zünftigen Tischen im Gastgarten und innen gänzlich entstaubt. Anspruchsvolle Küche, die auch das Auge mitessen lässt. Das Ochsensteak vom Pöllauer Rind kostet 19 €. Originelle Gästezimmer mit Apfelbetten und Mobiliar aus Apfelholz (DZ 70 €). Mi Ruhetag, im Winter auch Di und Do, Mitte Jan. bis Mitte Febr. geschlossen. Puch 21, ✆03177-2205, www.wirtmeissl.at.

Stixpeter. Die bodenständige Wirtschaft im Apfelland ist an einen Obsthof angeschlossen und seit Mitte des 19 Jh. in Familienbesitz. Zahlreiche Produkte, die die Küche verarbeitet, stammen aus dem eigenen Bauerngarten. Zünftige Sitzplätze im Hof, an Werktagen kleine Menükarte, Sa/So das große Programm. Die steirische Frühlingsrolle gibt's für 8 €, leckerer Apfelsaft ist hier Ehrensache. Do Ruhetag. Unterfeistritz 17 in Floing, ✆ 03177-2259, www.stixpeter.at.

››› Mein Tipp: **Moarpeter**. Die Jausenstation unterhalb der Burgruine Alt-Schielleiten (Privatbesitz) ist halb Buschenschank, halb Restaurant. Vorbildlich sanierter alter Meierhof obiger Burg mit 2 Ferienwohnungen, Riegersburg- und Stubenbergseeblick von der Terrasse. Eine Spezialität ist das Ripperl mit Knoblauchbaguette für 8,50 €. Sehr beliebt ist überdies das selbstgebraute Moarbräu-Bier, das unfiltriert frisch gezapft wird. Di–Sa ab 15 Uhr, So ab 14 Uhr, Juli/Aug. auch Mo geöffnet. Vockenberg 46, ✆ 03176-8546, www.moarpeter.at. ‹‹‹

Melounge. Die Apfelland-Konditorei mit Café befindet sich im Ort Stubenberg am See. Die Apfel-Mohn-Torte mundet, auch gluten- und laktosefreie Produkte und Charly-Temmel-Eis. Tägl. ab 6.30 Uhr, Mitte Sept. bis April Di Ruhetag. Stubenberg 78, ✆ 03176-80833, www.me-lounge.at.

Wagner. Das nette Ausflugscafé für eine sorgenfreie Kaffeepause an der Wallfahrtskirche Maria Fieberbründl ist bekannt für sein exzellentes hausgemachtes Eis – für viele das beste in ganz Österreich! Ein Hit ist z. B. die Sorte mit Zotter-Schokolade. Nette Außenplätze auf der Terrasse. Ostern bis Ende Sept./Anfang Okt. Di–Sa 12–19 Uhr, So ab 8.30 Uhr. Maria Fieberbründl 60, ✆ 03334-2334, www.eisoase.at.

Oststeiermark → Karte S. 289

Bad Waltersdorf

ca. 2200 Einwohner

Abgesehen davon, dass die Gegend bereits zur Römerzeit besiedelt war, beginnt die Geschichte der Kurgemeinde in touristischer Hinsicht streng genommen erst 1975: In diesem Jahr nämlich stießen die Bohrungen der Rohölaufschließungsgesellschaft in mehr als 1000 m Tiefe auf Thermalwasser. Neun Jahre später eröffnete die Heiltherme, 1988 wurde dem Gemeindenamen das Prädikat „Bad" hinzugefügt. Das ganz besonders weiche Mineralwasser wirkt entspannend, strafft Bindegewebe und aktiviert die Selbstheilungskräfte. Mittlerweile hat sich im Bad Waltersdorfer **Thermenviertel** auf der Basis des Heilwassers ein erklecklicher Gesundheitsbetrieb etabliert. Davon zeugen nicht nur die Handvoll luxuriöser Kurhotels, sondern auch – in zarter Anlehnung an die berühmte chinesische Heilkunde – die **Traditionelle Steirische Medizin** (TSM). Hinter dem geschützten Markenbegriff verbirgt sich das Anliegen, altes Wissen der Naturheilkunde mit modernen Therapiemethoden und zeitgemäßen Wellnessangeboten zu verknüpfen: Hausgemachte Massageöle oder Anti-Aging-Pflegemittel auf der Grundlage von Johannis- oder Zinnkraut aus dem Bauerngarten sind die wichtigsten Bestandteile diverser Anwendungen. Bad Waltersdorf verfügt jedoch noch über eine weitere Therme, die weniger auf Heilzwecke, sondern auf Spiel und Spaß für die ganze Familie setzt. Zwischen beiden Thermalbädern liegt das Waltersdorfer Ortszentrum: beschaulich, bescheiden, mit einem ansprechend gepflegten Kurpark. Hinter der Kirche präsentiert eine kleine **Ausstellung** einige Grabsteine aus der Römerzeit mit verwitterten Reliefs (Mo–Fr 8–17 Uhr, Sa bis 12 Uhr. Eintritt frei).

Der achteckige Aussichtsturm in der Umgebung von Bad Waltersdorf

Rund um Bad Waltersdorf

Die Kurmetropole liegt in einem weiten Talgrund am Zusammenfluss der Pöllauer und Hartberger Safen. Westlich und östlich breitet sich ein flachhügeliges Land mit fruchtbaren Äckern, Wald und Weinbergen aus. Die Süd-Autobahn A 2 Graz – Wien wiederum trennt Bad Waltersdorf von **Sebersdorf,** auf dessen Gemeindegebiet die H_2O-Therme liegt. Schlägt man vom Kreisverkehr an der Therme den Weg ins Burgenland ein, gelangt man geradewegs nach **Burgau.** Das Ortszentrum ist in mehrfacher Hinsicht interessant, u. a. wegen des stattlichen Wasserschlosses, das vermutlich im Mittelalter der Grenzsicherung diente. In die Gegenrichtung gelangt man in die Gemeinde **Großhart:** Der **Harter Teich** wurde 1629 erstmals als Fischzuchtanlage erwähnt und speist sich durch Regenwasser. Heute ist das badetaugliche Gewässer mit Café und Restaurant ein beliebtes Ausflugsziel. Unweit des Sees gewährt ein achteckiger Holzturm freie Sicht auf das oststeirische Alpenvorland. Rank und schlank wie ein Bleistift ragt die Aussichtswarte aus den Feldern; sie birgt bei freiem Zutritt eine Ausstellung über die Kneippmedizin.

Basis-Infos Bad Waltersdorf

Information Das Infobüro befindet sich an der Pfarrkirche. Mo–Fr 8–17 Uhr, Sa bis 12 Uhr. ✆ 03333-31500, www.badwaltersdorf.com.

Hin & weg Bahn: In Bad Waltersdorf halten die Regionalbahnen nach Fehring und Wiener Neustadt. Der Bahnhof liegt in Gehentfernung zum Ortszentrum.

Einkaufen **Marmelade-Paradies**. Helga Erhart fertigt über 150 süße Aufstriche nach alten Hausrezepten, auch unkonventionelle Kreationen wie Beschwipste Krumbirn oder Erdbeer-Prosecco mit weißer Schokolade. Mit Onlineshop, der Hofladen öffnet nach Vereinbarung. Oberlimbach 36 (von der H_2O-Therme auf der L 435 Richtung Limbach, dann links abbiegen), ✆ 0664-73686191, www.marmelade-paradies.at.

Veranstaltungen **Silvesterfeuerwerk**. Um genau 0.10 Uhr begrüßen die Raketen das neue Jahr. Das Feuerwerk ist eines der schönsten weit und breit. Nachmittags begeistert der „Tanz der Heißluftballone". Im Thermenviertel.

Winzerfest. Seit über 2 Jahrzehnten findet das kulinarische Ereignis im Waltersdorfer Ortszentrum statt. Letzter So im Sept.

Sport und Aktivitäten in und um Bad Waltersdorf

Baden/Wellness **Heiltherme**. Der Fixpunkt des Waltersdorfer Thermenviertels liegt 2 km vom Ortszentrum entfernt. Moderne Entspannungstherme, die sich zum Garten hin öffnet. Viel Holz sorgt für Wohlfühlatmosphäre, 7 Wasserbecken innen und außen, mehrere Saunen, Gesundheitsangebote, gutes Hotel mit Zimmern im Vier-Sterne-Standard sowie ein Restaurant, ausgezeichnet mit einer Grünen Haube. Tägl. 8.30–22 Uhr. 26 €, erm. 18 € (inkl. Sauna). Thermenstr. 111, ✆ 03333-5000, www.heiltherme.at.

H_2O-Therme. Erlebnisbad für Familien mit Kindern an der Autobahnausfahrt. Spielwelt, Whirlpool, große Wasserrutsche, Café, Thermenhotel und angeschlossener Quadpark (www.quad-funpark.at). Tägl. 9–21.30 Uhr, Fr/Sa bis 22 Uhr. Tageskarte mit Saunabereich 24,50 €, erm. ab 18 €, günstige Familien- und Kurzbadetickets. Sebersdorf 300, ✆ 03333-22144, www.hoteltherme.at.

Ballonfahren Das **Ballonzentrum** bietet Flüge für 254 € und Wochenend-Ausbildungskurse zum Ballonflieger an. Bad Waltersdorf 309, ✆ 03333-3730, www.ballon1x1.at.

Klettern Der **Erlebnispark Geier** bei Sebersbach entpuppt sich als riesiger Waldseilgarten für Kinder und Jugendliche: 31 Parcours, 400 Elemente verschiedenen Schwierigkeitsgrads, Schulungs- und Trainingsstationen, Hüpfburg und Jausenstation. Juli bis Mitte Sept. tägl. außer Mo 10–18 Uhr, April bis Juni und Mitte Sept. bis Okt. Sa/So. Tageskarte 15 €, erm. ab 9 €. Geier 67, ✆ 03333-3452, www.erlebnispark-geier.at.

Radeln Bad Waltersdorf liegt am **Thermenradweg** (R12). Die 27 km lange Runde um den **Harter Teich** (R33) bietet die Gelegenheit, den achteckigen Aussichtsturm zu erklettern. Ein weiterer Radrundweg führt von Bad Waltersdorf durch herrliche Hügellandschaft Richtung **Bad Blumau** (R34).

Radverleih: Das Hotel in der H_2O-Therme verleiht Touren- und Mountainbikes für 10 €/Tag. Sebersdorf 300, ✆ 03333-22144, www.hoteltherme.at.

Wandern **Römerweinweg**: Die gemütliche Runde zwischen Weinbergen beginnt an der Heiltherme (Gehzeit: ca. 2:30 Std.).

Oststeiermark → Karte S. 289

Übernachten/Essen & Trinken in und um Bad Waltersdorf

Im Thermenviertel konkurrieren eine ganze Reihe qualitativ hochwertiger Quartiere um Gäste. An der Spitze steht unangefochten das Fünf-Sterne-Hotel Steirerhof mit eigener Therme. Es befindet sich in einem 6 ha großen Parkgrundstück und überblickt das Safental (www.dersteirerhof.at).

**** **Schloss Obermayerhofen**. Romantisches Schlosshotel in einem 17 ha großen Park mit Skulpturen und Schwimmbad bei Sebersdorf. Das 1315 erstmals erwähnte Schloss mit dem Arkadenhof ist an sich schon eine Sehenswürdigkeit. Stilvoll eingerichtet mit antiken Möbeln, Fayenceöfen und Kronleuchtern, tadellose Zimmer und Suiten. Wellnessbereich und Restaurant auf Gourmetniveau. DZ ab 146 €. Mitte Jan. bis Anfang März geschlossen. Neustift 1, ✆ 03333-2503, schlosshotel@obermayerhofen.at, www.obermayerhofen.at.

››› Mein Tipp: ***S **Teuschler-Mogg**. Sympathisches, gut geführtes Landhotel in erhöhter Lage über dem Safental. Ruhig, gediegen und gepflegt, moderne Gästezimmer mit Holzmöbeln, teils mit Balkon/Terrasse. Restaurant mit guter Küche, das Schweinefilet mit Schupfnudeln kostet 12,50 €. Behagliche Gartenplätze unter einer Weinpergola. DZ ab 78 €. Leitersdorfberg 58 (4 km südlich von Bad Waltersdorf), ✆ 03333-2290, info@teuschler-mogg.at, www.teuschler-mogg.at. ‹‹‹

Das Schloss Obermayerhofen ist ein Hotel

*** **Erhardt**. Die Landpension liegt 2 km von der Heiltherme entfernt oberhalb des Safentals und ist bekannt für ihre gute Küche (jahreszeitlich wechselnde Hauptgerichte um 10–15 €). 18 ruhig gelegene und unlängst renovierte Gästezimmer, teilweise mit Balkon. Gastgarten, familiäre und herzliche Atmosphäre. DZ ab 67 €. Waltersdorfberg 99, ✆ 03333-2275, info@gasthof-erhardt.at, www.gasthof-erhardt.at.

Thermenland Camping. Vielfach empfohlene Anlage am Safenbach zwischen Ortszentrum und Thermenviertel von Bad Waltersdorf. 100 Stellplätze mit wenig Schatten, gute Sanitäranlagen, Spielplatz und Aufenthaltsräume. Ganzjährig offen. 2 Pers. mit Zelt ab 15,40 €. Campingweg 316, ✆ 03333-41424, thermenland@camping-bad-waltersdorf.at, www.camping-bad-waltersdorf.at.

Safenhof. Restaurant auf Gourmetniveau im Zentrum an der Ortsdurchfahrt von Bad Waltersdorf, hinterm Haus fließt der Safenbach. Innen stilvoll bis ins Detail mit viel Holz und Dekor, die wenigen Außenplätze sind allerdings dem Verkehr ausgesetzt. Ausgezeichnete Landküche, saisonal wechselnde Karte, Hauptgerichte 20–30 €, mehrgängige Feinschmeckermenüs 50–60 €. Tägl. außer Mo; Di erst ab 18 Uhr. Die Inhaber vermieten Gästezimmer im Haus. Hauptstr. 78, ✆ 03333-2239, www.safenhof.at.

Lindenhof. Der liebenswerte Landgasthof befindet sich in der Nähe der Aussichtswarte in Großhart. Gute landestypische Küche mit eigenem Hofladen, zu den Spezialitäten zählt der Straußenschinken von der eigenen Straußenfarm. Auch das Rind- und Schweinefleisch sind aus eigener

Herstellung, den Schweinebraten mit Knödel gibt's für 9,50 €. Auch Vermietung von Ferienapartments. Auffen 51, ✆ 03333-2320, www.kulinarischer-dreiklang.at.

Bergstadl. Das Heurigenlokal des Weinhofs Pichler befindet sich oberhalb des Golfplatzes. Rebenblick von der Terrasse, die zünftige Jausenküche wurde mit dem AMA-Gütesiegel ausgezeichnet. Hausspezialität neben dem Wein ist u. a. der legendäre Bauchspeck vom Mangalitza-Schwein. Gutes Preis-Leistungs-Verhältnis. Tägl. außer Mi geöffnet, werktags ab 16 Uhr, Sa/So ab 14 Uhr. Am Leitersdorfberg 177 in Bad Waltersdorf, ✆ 03333-3977, www.bergstadl.com.

Labonca. Der Burgauer Biobauer Norbert Hackl ist mit seinen artgerecht gezüchteten, auf einer Weidefläche von 200.000 m^2 lebenden Sonnenschweinen zur gesamtösterreichischen Institution geworden. Bistro im Burgauer Zentrum mit Naturkostladen, zünftige Terrasse unter einer schattigen Baumkrone, die gemischte Genussplatte mit allerlei Aufstrichen gibt's für 10 €. Di und Fr/Sa 9–18 Uhr, Mi/Do 9–13 Uhr, im Winter Sa nur bis 14 Uhr. Führungen durch den Biohof April bis Juni und Aug. bis Okt. Fr 10 Uhr. Hauptplatz 6, ✆ 03383-3349, www.labonca.at. ■

Am Berner. Café und Tapasbar in einer architektonisch bemerkenswerten Aussichtswarte allein auf weiter Flur. Hausgemachte Mehlspeisen, ausgefallene Kaffees, im Sommer Eis, unterschiedliche Tapas-Spezialitäten zum kleinen Preis, Säfte, Wein und Cocktails. April bis Okt. Do–Mo ab 14 Uhr, Nov. bis März nur Do–So. Untermayerhofen 289 (von der H_2O-Therme 2 km auf der L 435 Richtung Limbach), ✆ 0664-4068966, www.amberner.at.

Bad Blumau

ca. 1600 Einwohner

Wahrscheinlich befreundet sich nicht jeder mit der Architektur des Wiener Malers Friedensreich Hundertwasser. Zumal auch eine gewisse Sättigung auszumachen ist, seit sich in jüngster Zeit auffallend viele Kommunen mit einer Bauskulptur Marke Hundertwasser schmücken, um damit im Standortwettbewerb zu punkten. Doch diese Gedankengänge sind Makulatur, steht man vor der **Hundertwassertherme** in Bad Blumau. Denn das Gebäude ist schlicht eine Sensation: Aus der grünen Auenlandschaft wachsen kunterbunte Hausfassaden und vergoldete Kuppeln empor, keins der 2400 Fenster gleicht dem anderen, runde Gebäuderiegel winden sich schlangengleich durch das Grün. Trotzdem scheint der Thermenkomplex regelrecht in der Erde zu verschwinden, was auch den begrünten Dächern geschuldet ist. Insgesamt handelt es sich hier weniger um Baukunst als um einen Versuch, der Utopie vom Leben im Einklang mit der Natur eine architektonische Fassung zu geben. Entsprechend wird Ökologie großgeschrieben: Die Restaurantküche verwendet überwiegend Produkte aus der Region, im 42 ha großen Parkareal wird u. a. biodynamischer Landbau nebst Tierhaltung betrieben, seit 2001 wird die Anlage obendrein von einem eigenen Geothermiekraftwerk mit Strom versorgt. Bei der Schwärmerei um die Therme gerät der Ort Bad Blumau ganz in Vergessenheit: Das gepflegte Dorfzentrum befindet sich einen Kilometer weiter südlich und ist über einen handtuchbreiten Kurpark an der Safen mit dem Thermenquartier verbunden. Ebenfalls im Zentrum informiert das **Dorfmuseum** „Heilwurz & Zauberkraut" über die traditionelle Medizin und Methoden der Naturheilkunde (Führungen Di und Do 16 und 17 Uhr. 3 €. Hauptstr. 4, ✆ 03383-2377). Das Hügelwiesenland rundum lädt zum Wandern und Fahrradfahren ein. Ein populäres Ausflugsziel ist oberhalb von Bierbaum an der Safen eine **1000-jährige Eiche,** die das älteste Exemplar ihrer Art in Mitteleuropa sein soll!

Information Das Infobüro befindet sich an der Ortsdurchfahrt. Mo–Fr 9–13 und 14–17 Uhr, Sa vormittags ebenfalls geöffnet. Hauptstr. 113, ✆ 03383-2377, www.bad-blumau.com.

Oststeiermark → Karte S. 289

Badetempel der Superlative: die Hundertwassertherme

Hin & weg **Bahn**: In Bad Blumau halten Regionalzüge von/nach Fürstenfeld und Hartberg.

Baden/Wellness **Rogner Bad Blumau.** Die weitläufige Hundertwassertherme ist an sich schon eine Sehenswürdigkeit. 8500 m^2 Wellness und Baden, 11 unterschiedliche Innen- und Außenbecken, gespeist von vulkanischem Heilwasser aus 3000 m Tiefe. Hotel, Restaurant und Café. Liegewiesen in satter Natur zwischen Hügeln, ausgezeichnetes Massage- und Spa-Angebot. Tägl. 9–23 Uhr, Sauna ab 10 Uhr (Sauna ab 16 J.). Tageskarte ab 42 €, erm. ab 23 € (ermäßigter Einlass ab 19 Uhr). Bad Blumau 100, ✆ 03383-5100, www.blumau.com.

Radeln Bad Blumau eignet sich hervorragend für **Radtouren in die Umgebung**: auf dem Thermenradweg (R12) entlang der Safen nach Bad Waltersdorf bzw. nach Fürstenfeld oder auf der beschilderten „Fantastischen Tour" nach Burgau und auf alternativer Route wieder zurück (39 km).

Wandern Der **Safentalweg** führt als Rundweg von Bad Blumau u. a. zur 1000-jährigen Eiche (Gehzeit: ca. 3:30 Std.).

Übernachten/Essen **** **Rogner Bad Blumau.** Thermenhotel mit Gästezimmern im Hundertwasserstil: Holzmöbel, Parkett, teils mit romantischem Baldachin. Direkter Zugang zur Therme, ein Park lädt zu Spaziergängen ein. Biorestaurant auf Gourmetniveau, Mindestaufenthalt 2–3 Nächte. DZ ab 196 €. Bad Blumau 100, ✆ 03383-5100, spa.blumau@rogner.com, www.blumau.com.

*** **Landhaus Dampf.** Freundliche Landpension abseits der ausgetretenen Wege, hier hat man seine Ruhe. Überraschend geräumige, helle Zimmer, teils mit Balkon oder Terrasse zum Garten. Reichhaltiges Frühstücksbüfett, Fahrradgarage, gratis WLAN. Vermietung von 2 Ferienwohnungen, kein Restaurant. Klein Steinbach 39 (1 km bis zur Therme), ✆ 03383-2532, landhaus@dampf.at, www.dampf.at.

Dorfwirt. Niveauvolles Wirtshaus im Ortszentrum, innen sachlich mit viel Holz eingerichtet, wenige Freiplätze an der Ortsdurchfahrt. Steirische Klassiker stehen ebenso auf der Karte wie ausgewählte internationale Gerichte (Hauptgerichte 10–25 €). Auch Kaffee und Kuchen. Tägl. geöffnet, durchgehend warme Küche, im Winter So ab 16 Uhr zu. Hauptstr. 4, ✆ 03383-30520, www.derdorfwirt.at.

Fürstenfeld

ca. 6000 Einwohner

Der Ohrwurm der österreichischen Popgruppe STS belegte 14 Wochen einen Spitzenrang in den deutschsprachigen Charts. 1984 lief „Fürstenfeld" in den Zelten des Münchner Oktoberfests in gefühlter Endlosschleife. Nicht-Österreicher hatten nur eine vage Vorstellung, wo dieses Fürstenfeld überhaupt liegt – der Name der Stadt war und blieb dennoch in aller Munde. Das Lied erzählt die Geschichte eines „armen Steirerbuam", der nach erfolgloser Zeit als Musiker in Wien zurück in seine Heimatstadt geht. Tatsächlich stammen zwei der drei Gruppenmitglieder aus der Gegend. Sänger und Gitarrist Günter Timischl ist sogar gebürtiger Fürstenfelder. Der drittgrößte Ort der Oststeiermark hat jedoch mehr zu bieten als die Erinnerung an eine Sternstunde des Austropops: Die herausgeputzte Altstadt liegt auf einer Stufe rund 20 m über dem Feistritztal. Zum bürgerlichen Wohlstand trug auch die **Tabakindustrie** bei. Im 18. Jh. stieg Fürstenfeld zum Zentrum des oststeirischen Tabakhandels auf. Die erste Tabakfabrik befand sich in der **Pfeilburg;** heute widmet sich das dort untergebrachte und sehenswerte Museum u. a. der Geschichte des Tabaks. Später verlegten die 1784 gegründeten Austria Tabakwerke AG sukzessive ihre Standorte nach Fürstenfeld. Produziert wurden hier in der Folge hauptsächlich Zigarren, u. a. die legendäre „Wallstreet", ein Symbol der großbürgerlich-wienerischen Genusskultur. In ihren besten Zeiten vor dem Ersten Weltkrieg hielt die Fabrik über 2000 Angestellte und Arbeiter in Lohn und Brot. 2005 machte der inzwischen privatisierte Betrieb dicht und eine über Dekaden prägende städtische Institution verschwand für immer von der Bildfläche.

Geschichte: Fürstenfeld wurde im 12. Jh. von den niederösterreichisch-steirischen Landesfürsten als Frontstadt zur Sicherung der Grenze zu Ungarn gegründet. Die markgräfliche Burg reihte sich in einen Gürtel von Burgen ein, der von Radkersburg im Süden bis Rabensburg im Norden reichte. Neben Kaufleuten und Handwerkern siedelte sich im Schutz der Festung auch der Johanniter- bzw. Malteserorden an. Das weiße Malteserkreuz auf rotem Grund ist noch heute im Stadtbild präsent. Im 13. Jh. erfolgte der Ausbau des Markts zur Stadt, die mit einer Ringmauer versehen wurde. Angesichts der dräuenden Türkengefahr im 16. Jh. genügte den Bewohnern diese Mauer nicht mehr, immerhin war die Stadt trotz Befestigung mehrfach eingenommen, geplündert und gebrandschatzt worden. Deshalb wurde 1556 mit Domenico dell'Allio jener Maestro mit dem Festungsbau betraut, dem die Grazer ihre Landhausarkaden verdanken. Nahezu ein Jahrhundert verwandelte das Projekt die Stadt in eine Großbaustelle. Neben den Kämpfen gegen die Türken sorgten die Pest und 1699 ein verheerender Stadtbrand für Aufregung. Die Grenzlage brachte jedoch auch Vorteile: Ungarn war ein dankbarer Abnehmer steirischen Eisens und lieferte im Gegenzug Wein, Vieh und Getreide. Die Regenten förderten mit der Verleihung von Privilegien die Handelsaktivitäten; den Wohlstand der Bürger mehrten überdies oberitalienische Kaufleute. Im 17. Jh. war Fürstenfeld wichtigster Handelsplatz der Oststeiermark.

Altstadt

Ausnahmsweise schlägt das kommerzielle Herz der Stadt nicht auf dem Hauptplatz, sondern links und rechts der Hauptstraße. Das Zentrum verfügt über eine ziemlich intakte Ladenstruktur und ist in seiner heutigen Gestalt das Resultat der barocken Runderneuerung nach der verheerenden Brandkatastrophe 1699. Ganz im Westen moderiert das **Grazer Tor,** in dem sich heute das Rathaus befindet, den Übergang

Oststeiermark → Karte S. 289

von der Neu- zur Altstadt. Wie die Basteien stammt das Tor aus der Zeit des Festungsbaus während der Türkenkriege. Am besten erhalten geblieben ist die **Ungarbastei** am südöstlichen Altstadtausgang. Zwischen der Ungarbastei und der barocken Stadtpfarrkirche liegt die ehemalige landesfürstliche **Burg**, die später Sitz der Tabakfabrik war. Seit das schlossähnliche Areal verkauft und vollständig entkernt wurde, ist von der einstigen weltlichen Macht und wirtschaftlichen Blüte nicht mehr viel zu spüren.

An der Fürstenfelder Stadtpfarrkirche

Pfeilburg (Stadtmuseum)

Eigentlich war man sich schon einig gewesen, das älteste Profanbauwerk der Stadt aus dem 13. Jh. abzureißen, doch dann entwickelte ein von engagierten Bürgern gegründeter Museumsverein neue Pläne. Anstelle des Kahlschlags erfolgte 1996 die grundlegende Sanierung des Denkmals, das nach seinem vormaligen Besitzer Hans Pfeilberg benannt ist. Die Pfeilburg ist integraler Bestandteil des Festungsrings und war einst das Südtor in die Stadt. 1693 eröffnete hier die erste Tabakfabrik, weshalb das heutige Museum diesem Thema einen eigenen Schwerpunkt widmet. Weitere Schwerpunkte sind die Invasionen der „Kruzitürken" bzw. der daraus resultierende Ausbau Fürstenfelds zur Festung. Einfallsreiche Inszenierungen sowie anschaulich präsentierte Objekte in elf Räumen machen den Rundgang durch die Stadthistorie zum Vergnügen.

April bis Okt. tägl. außer Mo 15–18 Uhr. 5 €, erm. ab 2 €. Klostergasse 18, ✆ 03382-55470, www.museum-pfeilburg.at.

Rund um Fürstenfeld

Fürstenfeld liegt nur einen Steinwurf von der Grenze zum Burgenland entfernt. Der Lkw-Verkehr auf der großen Umgehungsstraße hat zumeist Ungarn zum Ziel. Aufgrund der vielfältigen Freizeitmöglichkeiten eignen sich die malerischen Hügel rund um die Loipersdorfer Therme für einen längeren Urlaub besonders. Hat man einmal die Stadtgrenze von Fürstenfeld passiert, gelangt man schwuppdiwupp nach Loipersdorf und braucht nur noch der Thermenstraße zu folgen. Wendet man sich dagegen von Fürstenfeld in südwestliche Richtung zur Riegersburg, gelangt man ins **Kräuterdorf Söchau.** Der Kräuter- und Rosengarten im Zentrum ist frei zugänglich und weist eine bemerkenswerte Artenvielfalt auf. Ein betörender Duft von Heilpflanzen erfüllt die Luft – ein schöner Platz für eine Picknickpause im Freien!

Therme Loipersdorf: Mit einer beeindruckenden Fläche von 36.000 m² befindet sich in Loipersdorf nicht nur die größte Therme der Steiermark, sondern eine der größten in Europa. Wegen des hohen Mineralstoffgehalts wirkt das Heilwasser besonders gut bei Gelenk- und Wirbelsäulenerkrankungen bzw. bei Rheuma. Die Anfänge verliefen, gelinde gesagt, holprig: Denn 1976 musste für den Bau der Therme auch ein Grundstück erworben werden, das der Kirche gehörte. Diese stimmte dem Verkauf unter der Bedingung zu, dass die neue Heilinstitution eine Kapelle erhält. Obwohl die Bauherren diese Bedingung schlicht ignorierten, weihte der Bischof persönlich das neue Gebäude – der gemischten Sauna verweigerte er allerdings seinen Segen. Ausgerechnet dort brach zwei Wochen später ein Feuer aus, dem die Therme zum Opfer fiel. Heute verfügt der Neubau selbstverständlich über ein Bethaus! Eigentlich handelt es sich um zwei Thermen, was die erste Orientierung bei der Ankunft zunächst etwas erschwert. Das Thermalbad wartet mit einer enormen Vielfalt an Heilanwendungen, Entspannungstherapien und sportorientierten Angeboten mit Eventcharakter auf. Ein Schwerpunkt liegt auf der Persönlichkeitsstärkung: In Loipersdorf bietet beispielsweise der einstige Wintersportler Felix Gottwald, der erfolgreichste Medaillensammler in der österreichischen Olympiageschichte, „Impulsseminare" an. Luxuriöse Herbergen schließen einen engen halbkreisförmigen Ring um das Thermalbad. Im weiteren Abstand befinden sich zahlreiche Buschenschenken und Ferienhöfe.

Basis-Infos Fürstenfeld und Umgebung

Information Das Infobüro befindet sich in der Altstadt. Mo–Fr 9–12 und 13.30–17.30 Uhr, Sa 10–12 Uhr. Hauptstr. 2a, ✆ 03382-55470, www.thermenhauptstadt.at.

Hin & weg Bahn: In Fürstenfeld halten Züge von/nach Fehring und Bad Waltersdorf. Der Bahnhof befindet sich in Gehentfernung zum Stadtzentrum.

Bus: Der Busbahnhof befindet sich am Westrand der Altstadt am Grazer Platz. Zur Therme Loipersdorf fährt die Linie 486, Mo–Fr häufige, Sa/So spärliche Verbindungen.

Ärztliche Versorgung Das Krankenhaus befindet sich zwischen Innenstadt und Bahnhof. Krankenhausgasse 1, ✆ 03152-8990, www.lkh-fuerstenfeld.at.

Einkaufen Thaller. Das über die steirischen Grenzen hinaus bekannte Renommierweingut liegt 8 km westlich von Fürstenfeld in hügeliger Wald- und Rebenlandschaft. Muskateller, Welschriesling, Chardonnay sowie Zweigelt und Cabernet Sauvignon werden als Klassiker in der Greißlerei vertrieben. Bekannt ist das Weingut aber v. a. wegen des Buschenschanks im nagelneuen Weinschloss mit Außenplätzen im Hof. Hofladen: tägl. 9–18 Uhr, Buschenschank: Do–Sa ab 13 Uhr im Sommerhalbjahr. Maierhofbergen 24 in Großwilfersdorf (von der B 319 Fürstenfeld-Autobahn und von Söchau ausgeschildert), ✆ 03387-2924, www.weingut-thaller.at.

Pabst. Ölmühle mit gutem Buschenschank und Gästehaus (DZ 60 €) in ruhiger Alleinlage oberhalb von Loipersdorf-Ort. Landleben, freies Sichtfeld, leckere Brettljause. Hofverkauf von Kürbiskernöl, gerösteten Bio-Kürbiskernen, Most und Wein. Oberbergstr. 63, ✆ 03382-8874.

Stein Keramik. Das Kunstkeramikatelier im beschaulichen Weiler Stein bei Loipersdorf ist ein beliebtes Ausflugsziel für Liebhaber hochwertiger Gebrauchskeramik. Mo und Sa 9–12 Uhr, Di–Fr bis 17 Uhr, So 10–12 Uhr. Stein 131, ✆ 03382-8730, www.steinkeramik.at.

Post Mo–Fr 8–18 Uhr, Sa 9–12 Uhr. Augustinerplatz 3.

Veranstaltungen Ostermarkt. Der Kunst- und Handwerksmarkt auf dem Hauptplatz steht ganz im Zeichen der Oster-Devotionalien. Fr/Sa vor Palmsonntag und Gründonnerstag bis Ostersamstag.

Oststeiermark → Karte S. 289

Best of Beach. Österreichs größtes Beachvolleyball-Turnier lockt jährlich die internationale Beachvolleyball-Szene ins Vulkanland. 1000 Teilnehmer, viele Stars zum Anfassen, gespielt wird auf dem Hauptplatz von Fürstenfeld. Ende Juni/Anfang Juli (www.bestofbeach.at).

Sport und Aktivitäten in und um Fürstenfeld

Baden/Wellness **Therme Loipersdorf.** Das Thermen-Multiversum mit Hotels, Gastronomie u. v. m. bietet mehrere Saunen, therapeutische Behandlungen nach klassischen und selbst entwickelten Methoden, ein Erlebnisbad mit vielen Innen- und Außenbecken, Kindertherme und Sportbecken sowie einen Spaßbereich mit spektakulären Rutschen, u. a. wird bei einer Hochgeschwindigkeitsrutsche der Speed gemessen. Tägl. 9–21 Uhr, Fr bis 23 Uhr, einzelne Bereiche mit Sonderöffnungszeiten. Tagesticket Erlebnistherme 29,50 €, erm. ab 9,80 €, für das „Schaffelbad" mit Sauna und Behandlungszonen 41,50 € (Zutritt ab 16 J.), günstigere Abendkarten. Loipersdorf 152, ✆ 03382-8204, www.therme.at.

Freibad Fürstenfeld. Die Freizeitoase verdient schon deshalb Erwähnung, weil sie mit einer Wasserfläche von 23.000 m² zu den größten Bädern Europas zählt. Mitte Mai bis zum Ende der Badesaison tägl. 8–20 Uhr, So ab 7.30 Uhr. 4,50 €, erm. 2,50 €. Badstr. 1, ✆ 0664-73451854, www.dasfreibad.at.

Radeln In Fürstenfeld endet der **Feistritztal-Radweg** aus dem Joglland, zudem verbindet der **Thermenradweg** (R12) die Stadt mit Loipersdorf bzw. in der Gegenrichtung mit Bad Blumau und Bad Waltersdorf. Zudem eignen sich die Nebenstraßen rund um Loipersdorf hervorragend zum Radeln.

Eine wegen des hügeligen Terrains schwierigere Rundtour führt von Fürstenfeld über das Kräuterdorf Söchau zur **Riegersburg** und auf alternativer Route wieder zurück (47 km).

Radverleih: Die Therme Loipersdorf verleiht E-Bikes für 19,50 €/Tag (Loipersdorf 152, ✆ 03382-8204). Außerdem verleiht das Jugend- und Familiengästehaus in Fürstenfeld Touren- und Mountainbikes für 12–15 €/Tag (Burgenlandstr. 15, ✆ 05708-3250).

Rundflüge Der **Flugplatz Fürstenfeld** bietet u. a. Rundflüge über das Thermenland an. Auch Tandemsprünge mit dem Fallschirm. Halbstündiger Rundflug 120 € für 3 Pers. Sa/So ab 9 Uhr. Bismarckstr. 12, ✆ 03382-52666 www.logfnet.alfahosting.org/joomla.

Wandern Zu kürzeren oder längeren Spaziergängen lädt das **Feistritztal** zwischen dem Fürstenfelder Freibad und dem Nachbarort Altenmarkt ein. Auch rund um die Loipersdorfer Therme sind einige Rundwege ausgeschildert, u. a. der so genannte **keltische Baumkreisweg** (230 km).

Übernachten/Essen & Trinken in und um Fürstenfeld

****S **Stoiser.** Eines von drei empfehlenswerten Luxushotels an der Loipersdorfer Therme im architektonischen Stil der späten 1970er-Jahre. Etwas abgesetzte Lage, Parkplatz davor, Zimmer nach hinten blicken auf die Therme. 137 Nichtraucherzimmer, hoteleigener Sauna- und Spa-Bereich, Hunde sind nach Voranmeldung willkommen, vorzügliches Restaurant. DZ ab 242 €. An der Therme 153, ✆ 03382-8212, thermenhotel@stoiser.com, www.stoiser.com.

*** **Birkenhof.** Ferienpension mit Bauernhofflair in Steinwurfdistanz zur Therme Loipersdorf. Der Hof stellt eigene Bioprodukte her. 16 ordentliche Gästezimmer, teils mit Terrasse oder Balkon. Hufeisenförmiger Hof, ruhige Alleinlage mit weitem Ausblick. WLAN. DZ ab 86 €. Loipersdorf 158, ✆ 03382-8369, pension@birkenhof.at, www.birkenhof.st. ■

››› **Mein Tipp:** *** **Fröhlich** **3** Empfehlenswerte kulinarische Adresse mit Pension in der Altstadt von Fürstenfeld. Die 15 geschmackvoll eingerichteten Zimmer liegen nach hinten raus und sind daher ruhig. Das Restaurant verbindet steirisch-österreichische Kost mit mediterraner Esskultur, abends Pizza. Eine Weinbar und ein italienisches Kaffeehaus gehören auch dazu. Außenplätze auf dem Trottoir. Die hausgemachten Tagliatelle mit Eierschwammerl und Bergkäse gibt's für 14 €. DZ 68 €. Hauptstr. 11, ✆ 03382-52322, froehlich@gasthof-froehlich.at, www.gasthof-froehlich.at. ‹‹‹

JUFA 4 Das Jugend- und Familiengästehaus liegt günstig am Fürstenfelder Altstadtrand und in Tuchfühlung zur Stadtmauer. Sportresort mit Fitnessraum, Sport- und Kletterhalle, Sauna. Kunstrasen- und ein Beach-Soccer-Platz vor der Tür. DZ ab 71 €. Burgenlandstr. 15, ✆ 05708-3250, fuerstenfeld @jufa.eu, www.jufa.eu.

Thermenland Camping 1 Schöner Zeltplatz am Stadtrand von Fürstenfeld zwischen ein paar Buchen und der Feistritz, das große Freibad befindet sich nebenan. Mitte April bis Mitte Okt. offen. 2 Pers. mit Zelt ab 17 €. Campingweg 1, ✆ 03382-54940, camping. fuerstenfeld@chello.at, www.camping-fuerstenfeld.at.

Fürstenbräu 5 Privatbrauerei und Wirtshaus mit deftiger Küche im Zentrum von Fürstenfeld. Brauhausklassiker und Tageskarte mit regionalen Spezialitäten, der Grillteller nach Art des Hauses kostet 14 €, preiswerte Mittagsmenüs kosten ca. 10 €. Gebraut wird Zwickel-, Märzen- und Weizenbier. Stimmungsvolle Plätze im Hof, dunkel getäfelte Stube. Mo ab 17 Uhr, sonst ab 10 Uhr, So abends geschlossen. Hauptstr. 31, ✆ 03382-55255, www.fuerstenbraeu.at.

Marktrestaurant. Das gute Selbstbedienungsbistro in der Loipersdorfer Therme steht auch auswärtigen Gästen offen. Frische Produkte der Region werden nach Methoden von Sasha Walleczek, Österreichs erfolgreicher Ernährungsberaterin und Bestsellerautorin, zu leichten Gerichten verarbeitet. Der Bohnen-Gemüse-Eintopf mit Vollkornmakkaroni kostet 9,20 €. Mit Bauernladen. Tägl. ab 8 Uhr. Loipersdorf 152, ✆ 03382-8204, www.therme.at.

Wagner's Thermenheuriger. Ausflugsgaststätte im Stil einer Buschenschenke in der Nähe der Therme (500 m zu Fuß). Schöner Thermenblick von der Terrasse, rustikales Ambiente mit Niveau, große Weinauswahl, der Schopfbraten mit Bauernbrot und Kren kostet 6,50 €. Auch Eis, Salatbüfett und leckere Mehlspeisen. Tägl. ab 16 Uhr. Loipersdorf 155, ✆ 03382-8251, www. thermenheuriger.jimdo.com.

Habersack 2 Der stilvolle Buschenschank am Stadtrand von Fürstenfeld befindet sich im ehemaligen Meierhof des Augustinerklosters. Die historischen Räume sind toprenoviert, helles Gewölbe, Bar und gemütlicher Gastgarten. Die Jausenspezialitäten erfreuen Augen und Gaumen, ausgeschenkt wird eigener Wein. In den Öffnungsperioden Do–So ab 17 Uhr. Buchwaldstr. 26, ✆ 0664-2537958, www.habersack.cc.

Riegersburg

In lästerlicher Kühnheit thront das größte Festungswerk der Steiermark auf einem 200 m hohen Basaltkegel. Wer sich ihm auf den gängigen Routen von Süden oder Norden nähert, übersieht gewöhnlich die exzeptionelle Lage der Burg. Atemberaubend ist der Blick in den Nachmittag- oder Abendstunden von Westen, wo der Basalt senkrecht in die Tiefe stürzt und Bastionen und Palaisaufbauten wie Vogelnester auf den Klippen kleben. Von westlicher Seite ist auch der 120 m lange **Eselsteig** gut zu erkennen, den Burgherren im 15. Jh. aus dem Fels meißeln ließen, um einen Direktzugang zum oberen Hauptschloss zu erhalten. Der Steig ist gegenwärtig gesperrt, es verbleiben aber zwei andere Zugänge: der Fußweg von Süden und der kostenpflichtiger Schrägaufzug an der Nordseite. Ersterer beginnt im historischen Markt Riegersburg hinter der Pfarrkirche und führt durch mehrere Tore und Basteien auf das Plateau. Weniger steil geht es anschließend an einer Aussichtsplattform, der **Greifvogelwarte** und Weingärten vorbei zur Taverne. Schließlich und endlich überquert man die Holzbrücke zur Vorburg, die wiederum Zugang zum eigentlichen Hochschloss aus der Spätrenaissance und des Frühbarock gewährt. Doch mit der glücklichen Ankunft hier ist die Reise beileibe noch nicht zu Ende. Im Gegenteil, sie beginnt erst richtig: Im Hochschloss empfiehlt sich nämlich der Besuch einer Ausstellung zur Burggeschichte und des **Hexenmuseums** – Relikt der erfolgreichen steirischen Landesausstellung, die 1987 auf der Riegersburg unter dem Titel „Hexen und Zauberer" stattfand. Noch heute ist das Hexensignet um die Burg herum verbreitet, spätestens am Hexenladen unten im Ort werden Reisende darauf stoßen.

„Stärkste Festung der Christenheit"

Der Kauf des Museumstickets lohnt sich schon allein, weil man auf diese Weise die Innenräume des Hochschlosses zu sehen bekommt. Eine weitere Option ist ein geführter Rundgang durch die Riegersburg. Der Renaissance-Arkadenhof ist Ausgangspunkt für die Besichtigung der **Waffenkammer** mit einer umfangreichen Sammlung von Rüstungen, Schwertern und Schusswaffen vom 15. bis 17. Jh., die seit 2013 durch eine frische Präsentation glänzen. Die **Prunkräume** in den oberen Geschossen widmen sich wiederum der Burggeschichte, die mit modernen didaktischen Mitteln aufbereitet wird. Den Frauengestalten wie Elisabeth Katharina von Galler wird ebenso Raum gegeben, wie den wichtigen kriegerischen Ereignissen der Burghistorie. Ein Highlight ist der um 1600 geschaffene **Rittersaal** mit seinen prächtigen Holzintarsien nebst der nicht minder beeindruckenden Kassettendecke. Eine Inschrift verweist auf ein monströses Saufgelage am 6. April 1635. Eine weitere Attraktion ist der **Weiße Saal:** Der opulente Speisesaal im Stil des Barock wurde von Freifrau von Galler in Auftrag gegeben und 1658 vollendet. Die ihr zugeschriebene Inschrift besagt „Bauen ist ein schöner Lust, was es mich kost, ist mir bewusst." Schließlich widmet sich in den Untergeschossen eine umfangreiche Ausstellung dem Thema Hexen und Zauberer samt den sozial- und mentalitätshistorischen Hintergründen der Hexenprozesse in der frühen Neuzeit.

Geschichte: Der Basaltkegel war bereits in prähistorischen Zeiten vor 6000 Jahren besiedelt. Das erste mittelalterliche Schriftstück, das eine Burg unter dem Namen „Ruotkerspurch" ausweist, stammt aus dem Jahr 1138. Kurze Zeit später fixierten sich auf dem Plateau gleich zwei Festungen: zum einen die erwähnte Burg auf dem Nordsporn in Händen des Geschlechts der Wildonier von Hengist, zum anderen auf der Südseite eine landesfürstliche Burg, die darauf achtete, dass die Herrschaft drüben nicht allzu übermütig wurde. Dieser seltsame Dualismus bestand bis in die 1420er-Jahre, als die neuen Burgherren von Walsee-Graz die landesfürstliche Gegenfestung als Erblehen zugesprochen bekamen und nun allein über das Plateau geboten. Noch heute weisen bauarchitektonische Analysen zwei ehemals eigenständige Burgen aus: den nördlichen Teil als Burg Kronegg und den etwas tiefer gelegenen landesfürstlichen Sitz als Lichteneck. Größere Umbauten gab es in der zweiten Hälfte des 16. Jh., als das heutige Hochschloss im Renaissancestil mit Prunkräumen und Hofarkaden entstand. Ein knappes Jahrhundert später stärkte die schillernde Freifrau Elisabeth Katharina von Galler (→ Kasten, S. 332) das Festungswerk. Sie verwandelte die Riegersburg in die „stärkste Feste der Christenheit", wie der habsburgische Feldherr und Staatsmann Raimund von Montecuccoli freimütig einräumte. Heute ist die Anlage in Besitz der Familie Liechtenstein.

Burg: Mai bis Sept. tägl. 9–17 Uhr, April und Okt. ab 10 Uhr. 12 €, erm. ab 7 €. Führungen Juli/Aug. tägl., ansonsten Sa/So 10, 12.30 und 15 Uhr. 2 €, erm. ab 1,50 € zzgl. Eintrittskarte. ✆ 03153-82131, www.veste-riegersburg.at.

Greifvogelwarte: Ende März bis Anfang Nov. (bei schönem Wetter bis Ende Nov.) Mo–Sa 11 und 15 Uhr, So 11, 14 und 16 Uhr. 10 €, erm. ab 6 €. ✆ 03153-7390, www.greifvogelflugschau.at.

Kombiticket: 20 €, erm. ab 11 €.

Oststeiermark → Karte S. 289

Rund um die Riegersburg

Der Reiz der Burg führte in den letzten Jahren dazu, dass sich in einem Ring um die Riegersburg eine hochattraktive Infrastruktur angesiedelt hat: Unterkünfte, Restaurants und Einkaufsadressen für regionaltypische Produkte. Zudem existieren eine Reihe von Aktivoptionen von der Vulkanlandwanderung über die Besichtigung der Greifvogelwarte bis hin zum Kletterparcours. Überraschenderweise zieht aber nicht die Burg mit ihren durchweg fesselnden Angeboten die meisten Tagesgäste an, sondern das Reich der **Zotter-Schokolade** 3 km südlich. Der rasante Aufstieg des Bio-Familienbetriebs ist in der Tat erstaunlich: Bis kurz vor der letzten Jahrtausendwende experimentierte der aus Feldbach stammende Josef Zotter im elterlichen Hinterhof mit seinen süßen Kreationen. Heute empfängt vor den Toren der Riegersburg

Blumenhexe und schlimme Liesl: die Frauen von der Riegersburg

Die Jahre 1673–75 waren keine gute Zeit für starke, selbstbewusste Frauen. Man schrieb die Epoche der Hexenverfolgungen und in der Stadt Feldbach wurde am Landgericht gerade der **größte Hexenprozess in der Geschichte der Steiermark** geführt. Unter Anklage stand u. a. auch die aus Fürstenfeld stammende Katharina Paldauf. Man munkelte hinter vorgehaltener Hand, sie brächte es fertig, selbst im strammen Winter Blumen zum Blühen zu bringen. Aber die „Blumenhexe" stand aus einem anderen Grund vor dem Tribunal: Sie sollte sich als Wettermacherin betätigt und den Bauern durch Hagel die Ernte verdorben haben. Ein Teil der Prozessakten ist verloren gegangen, der andere Teil berichtet von Folterungen, Geständnissen und Denunziationen. Am Ende war Katharina Paldauf eine gebrochene Frau, die vermutlich 1675 auf dem Scheiterhaufen verbrannt wurde. Ihr Ehemann, mit dem sie mehrere Kinder hatte, war Verwalter auf der Riegersburg. Seine Dienstherrin war eine weitere illustre Frauengestalt – die Freifrau Elisabeth Katharina von Galler. 1648 war ihr in Ermangelung männlicher Erben die Riegersburg zugefallen, worauf sie sich mit Verve in das Projekt der Burgerneuerung stürzte. Ihre Sorge galt v. a. der Verstärkung der Verteidigungsanlagen, was angesichts der Türkengefahr am Horizont wenig verwunderte. Die „Gallerin", wie man sie gemeinhin nannte, war dreimal verheiratet. Pikant ist insbesondere ein Paragraf des Ehevertrags mit ihrem ersten Gatten: Sie räumte sich darin das gute Recht ein, über ihr Vermögen verfügen zu dürfen, um nicht – wie damals bei Frauen üblich – aus dem Wirtschaftsleben ausgeschlossen zu werden. Als ihr Mann starb, war sie Alleinbefehlshaberin der Riegersburg, was manchem Chauvi in der Schutztruppe aufgestoßen sein dürfte. Während ihr zweiter Gatte auf dem Schlachtfeld fiel, ließ sie sich vom dritten – auch dies ein Novum – nach nur drei Jahren wieder scheiden. Die Liste der echten oder erfundenen Trennungsgründe, die sie notierte, umfasste sagenhafte 37 Punkte! Ihr wenig schmeichelhafter Spitzname „schlimme Liesl" rührte allerdings weniger vom Umgang mit den männlichen Partnern her, sondern von der unkonventionellen Lebensweise jenseits der allgemein akzeptierten Normen. Ihre Streitlust trug ebenfalls nicht dazu bei, ihren Ruf aufzupeppen: Gut dokumentiert ist z. B. ein Zwist mit dem Gemeindepfarrer, der beim Schäferstündchen mit seiner Köchin erwischt worden war. Daraufhin setzte die Gallerin Himmel und Hölle in Bewegung und erstürmte mit einer Schar Berittener den Pfarrhof. Das anschließende Scharmützel mit wechselseitigen Schuldzuweisungen schlug Kreise bis in die hohe Politik. Acht Jahre später schloss sie mit dem Pfarrer Frieden und entschuldigte sich für ihr Verhalten.

Die „Blumenhexe" Katharina Paldauf

ein kulinarischer Erlebnispark von erheblicher Größe Scharen von Besuchern. Neben der unbestrittenen Qualität blieb auch die Kreativität erhalten, ablesbar etwa an schräg anmutenden Mischungen wie arabische Dattel mit Minze oder Zirbenschnaps mit Paranuss. Die Kakaoschokolade wird handgeschöpft, alle Zutaten sind herkunftsgeprüft. Ein weiteres Markenzeichen sind die vom Berliner Künstler Andreas Gratze gestalteten Verpackungen. Neben dem Verkaufsshop gibt es ein Probiercafé im Stil einer Sushibar sowie einen Infotainmentbereich mit Kino und einer kurzweiligen Erläuterung der Verarbeitungsprozesse. Entspannung nach dem „Schoko-Theater" bieten der benachbarte Park und Streichelzoo, die zu einem Biobauernhof mit Jausenbetrieb gehören.

Tägl. außer So 9–19 Uhr, im Sommer bis 20 Uhr. 6,90 €, erm. ab 4,90 € für den Streichelzoo; 13,90 €, erm. ab 7,90 € für die Betriebsführung mit Verkostung (nach Voranmeldung). Bergl 56, ✆ 03152-5554, www.zotter.at.

Basis-Infos Riegersburg

Information Das Infobüro befindet sich unterhalb der Burg im gleichnamigen Ort. Mai bis Okt. tägl. außer Di und So 8.30–15 Uhr, Nov. bis April 8–12 Uhr. Riegersburg 26, ✆ 03153-8670, www.riegersburg.com.

Hin & weg Der **Besucherparkplatz** für die Burgbesichtigung befindet sich nördlich des Basaltkegels am Schrägaufzug. Weitere Parkplätze sind im Ort Riegersburg ausgewiesen.

Bus: wenige Verbindungen an Werktagen mit dem Postbus von Feldbach (Linie 406).

Schrägaufzug zur Riegersburg: 4 €, erm. ab 2,50 € für die Bergfahrt.

Einkaufen **Gölles**. Die abgelegene Edelbrennerei ist ein Vorzeigebetrieb der Region, sogar ganze Busgruppen finden inzwischen den Weg hierher. Die Destillate werden traditionell in Kupferkesseln gebrannt und in Glasballons oder Eichenfässern gelagert, z. B. der 7 Jahre gelagerte Schnaps aus steirischen Mostäpfeln. Die Ladeneinrichtung und die Glasballons im Kellergewölbe sind eine Augenweide. Tägl. außer So 8–12 und 13–17 Uhr, Führungen für 7 € um 10 und 14 Uhr. Stang 52 in Riegersburg (auf der L 224 3 km Richtung Hatzendorf, dann links), ✆ 03153-7555, www.goelles.at.

Fromagerie. Zwischen Riegersburg und dem Schokoladenparadies befindet sich ein feines Mekka der Käsekultur: Hier erlangt u. a. der Kuhmilch-Camembert seine edle Reife, andere Spezialitäten sind der Rohmilch-Schimmelkäse sowie ein Bierkäse. Nach Anmeldung kann der Betrieb begutachtet werden, einen Gustoteller gibt's im Ladenbistro für 4 € (klein) bzw. 6,50 € (groß).

Riegersburg: Detailansicht vom äußeren Hof

Oststeiermark → Karte S. 289

Di–Sa 9.30–12 und 13.30–19 Uhr, So 10.30–17 Uhr, im Jan. Betriebspause. Bergl 2, ✆ 0660-2521811, www.thecheeseartist.at.

Klettern Der **Leopold-Klettersteig** an der Riegersburg-Westwand wurde vielfach prämiert und gilt als idealer Einsteiger- und Lehrkletterpfad. Mittlerweile gibt es mehrere Routen von leicht bis schwierig, u. a. auch einen Kinderklettersteig. Eine Firma bietet Übungskurse vor Ort an. ✆ 0699-12049449, www.naturbursch-training.at.

Veranstaltungen **Mittelalterfest**. Burgevent mit Ritterkämpfen, Hofnarren, Hexen, Gauklern und traditionellen Handwerksständen bis tief in die Nacht. 3 Tage Mitte Juli.

Wandern Die beiden **Riegersburger Genusswege** steuern von der Burg die kulinarischen Top-Adressen in der Umgebung einschließlich Zotter-Schokoland und Brennerei Gölles an. Die Rundwege sind blau (Gehzeit: ca. 3 Std.) bzw. orange markiert (ca. 3:30 Std.).

Übernachten/Essen & Trinken rund um die Riegersburg

**** **Genusshotel**. Eines der anerkannt besten Hotels der Region, die moderne Architektur kopiert auf gelungene Weise das Prinzip der Weinterrassen. Stupender Blick über Reben auf die Riegersburg, 44 tadellose Zimmer, Wellnessbereich, ruhige Alleinlage, sehr gutes Restaurant. DZ ab 196 €. Starzenberg 144 (3 km nördlich der Burg), ✆ 03153-20020, genuss@hotel-riegersburg.at, www.hotel-riegersburg.at.

*** **Breitenfelder Hof**. Mittelklassehotel und Dorfwirtshaus in ansprechender Landschaft 6 km nordöstlich der Riegersburg, ordentlicher Gesamteindruck, Zimmer und Apartments mit Balkon oder Terrasse im modernen Nebenhaus, etwas kleine Einzelzimmer im Haupthaus. Das Restaurant kredenzt gutbürgerliche Küche, Hauptgerichte um 15 €. Mo Ruhetag, im Winter auch Di geschlossen. Breitenfeld an der Rittschein 20, ✆ 03387-2249, info@breitenfelderhof.at, www.breitenfelderhof.at.

Mein Tipp: *** **Malerwinkl**. Das Wirtshaus und Kunsthotel am nördlichen Ortsrand von Hatzendorf in ruhiger Alleinlage ist eine echte Überraschung. Von Künstlern individuell gestaltete Zimmer, romantischer Garten mit Skulpturen. Die schmackhafte Landküche verwendet ausgewählte Produkte aus dem Vulkanland, darunter auch Biozutaten. Ein Drei-Gänge-Menü kostet um 25 €. Mo Ruhetag. DZ ab 72 €. Hatzendorf 152 (von Riegersburg 6 km auf der L 224), ✆ 03155-2253, gasthof@malerwinkl.com, www.malerwinkl.com. «

Haberl und Fink's. Der Landgasthof mit Delikatessengeschäft in Walkersdorf nördlich der Riegersburg ist eine Institution im Vulkanland. Es wird großer Wert auf hochwertige Zutaten aus der Region gelegt. Hofladen und Onlineshop vertreiben „Fink's Echte Delikatessen" als Eigenmarke. Haubenrestaurant direkt neben dem Laden, die Riesling-Kalbsbeuscherl mit Knödel gibt's für 13,20 €, sonst z. T. auch deutlich teurer. Di/Mi geschlossen. Walkersdorf 23 (7 km auf der B 66 nach Norden), ✆ 03385-260, www.finks-haberl.at.

Hofbergstubn. Der namhafte Winzerhof Wippel liegt unweit zur Burg und bietet einen schönen Ausblick auf den Basaltkegel. Weinverkauf und nebenan ein Restaurant mit exzellenter steirischer Küche und saisonal wechselnder Karte. Die Eierschwammerlknödel mit Vulcano-Schinken gibt's für 11 €. Mi Ruhetag, Ende Febr. 2 Wochen geschlossen. Hofberg 67 (nahe dem Badesee in Riegersburg-Ort), ✆ 03153-20060, www.hofbergstubn.at.

Seehaus. Das Café-Restaurant am Riegersburger Badesee ist die ideale Familieneinkehr, schöner Blick zur Burg von der Terrasse, innen überraschend niveauvolles Neojugendstildekor. Verbesserungsfähiger Service, verlässliche Küche, preiswerte Mittagsmenüs unter der Woche (um 7 €). Auch Pizza und Kuchen, leckeres Eis. Sekt- und Cocktailbar. Tägl. ab 9 Uhr. Riegersburg 205, ✆ 03153-72106, www.seehaus-riegersburg.at.

Bernhart. Renommiertes Weingut und Buschenschenke mit hinreißendem Riegersburgblick von der Terrasse. Schmackhafte Jausen mit Anspruch und Niveau, eine Spezialität ist die Wildjausenplatte mit Hirschschinken und würzigem steirischen Bergkäse für 9,50 €. Tägl. außer Mo ab 14 Uhr, im Winter Fr–So offen, Mitte Dez. bis Jan. geschlossen. Hofberg 61 in Riegersburg (nach 1 km auf der L 224 nach Osten links abbiegen), ✆ 03153-8379, www.buschenschank-bernhart.at.

Feldbach: die Villa Hold im Spiegel der Moderne

Feldbach

ca. 4700 Einwohner

Die verkehrsgünstige Position im Raabtal bringt es mit sich, dass früher oder später jeder den Weg in die Bezirkshauptstadt findet. Nichtsdestoweniger ist Feldbach als touristisches Reiseziel im Vergleich zur Riegersburg oder zu den Thermenorten von nachrangiger Bedeutung. Dass Gäste bei der Ankunft nicht spontan ins Schwärmen geraten, ist nachvollziehbar: Der Hauptplatz ist eine zugige Parkplatzbrache; statt eines barocken Kirchturms mit kuscheliger Zwiebelhaube stemmt sich ein eckiger Kampanile aus den 1960er-Jahren wie ein Stift in die Höhe. Der Kirchturm macht trotz des poppig-bunten Anstrichs des weststeirischen Künstlers Gustav Troger einen nüchternen Eindruck.

Dass Feldbach ein historisches Pflaster ist, wird an der Nordseite des Hauptplatzes deutlich: Bei der verwitterten Säule aus Basalttuff, **Steinerner Metzen** genannt, handelt es sich um einen Hohlmaßkelch. Im 15. Jh. war das „Feldbacher Maß" in der Oststeiermark weit verbreitet.

Am Ende des Zweiten Weltkriegs war Feldbach eine heftig umkämpfte Frontstadt. Artilleriebeschuss kostete historische Substanz, kurz vor der Kapitulation sprengte ein lokaler Nazi-Trupp den alten Kirchturm. Ein bedeutendes und überaus sehenswertes Bauwerk, der **Tabor,** blieb jedoch erhalten: Die hufeisenförmige Fluchtburg aus dem 15. Jh. beschützt das Kirchenensemble und birgt ein facettenreiches **Stadt- und Regionalmuseum.** Hier kann man sich gut und gerne einige Stunden aufhalten und in unterschiedlichen Epochen und Milieus schwelgen: Fischerei, Mineralogie und Geologie, Vor- und Frühgeschichte oder Handwerk bis zum Beginn der Industrialisierung. Im Keller begeistern die historischen Feuerwehr-Pritschenwagen, zudem ergänzen temporäre Ausstellungen das ohnehin schon mannigfaltige Angebot (Ende April bis Ende Okt. Mi–So 11–18 Uhr. 4,50 €, erm. ab 1 €. ✆ 03152-29704, www.tabor-feldbach.at).

Oststeiermark → Karte S. 289

Der modernen Kunst widmet sich die **Kunsthalle:** Das moderne Ausstellungszentrum auf dem Boden einer stillgelegten Molkerei gegenüber dem Bahnhof ist eine Plattform für Künstler aus der Region (Sigmund-Freud-Platz 1, www.kunsthalle-feldbach.at).

Rund um Feldbach

Feldbach ist wegen seiner zentralen Lage im Raabtal ein vortrefflicher Ausgangspunkt zur Erkundung des Vulkanlands. Die Riegersburg und die Kurstadt Bad Gleichenberg liegen jeweils nur 10 km entfernt, noch näher ist es zum bislang sträflich vernachlässigten **Schloss Hainfeld** in der östlichen Stadtperipherie: Das größte Wasserschloss der Steiermark bewohnte im 19. Jh. der österreichische Orientalist Joseph von Hammer-Purgstall. Er war Adoptivsohn der Gräfin Johanna Anna Purgstall, die unfreiwillig dafür verantwortlich war, dass die Oststeiermark in Großbritannien als Land der Vampire zu zweifelhaftem Ruhm gelangte (→ Kasten, S. 338). Vom Schloss raababwärts gelangen Reisende nach **Fehring,** einer unspektakulären Ortschaft in Tuchfühlung zur Grenze zum Burgenland und zu Ungarn. In Fehring trifft der Thermenradweg auf den Raabtal-Radweg, weshalb der Ort eine beliebte Etappenstation für Reisende entlang der Fernradwanderwege ist.

Schloss Kornberg: Das vorbildlich in Schuss gehaltene Renaissanceschloss 4 km nördlich von Feldbach ersetzte eine 1284 erstmals urkundlich notierte Wehrburg. Trutzig wirkt die Anlage auf einem bewaldeten Hügel mit ihren Türmen und Festungsmauern noch immer. Der Arkadenhof ist Ausgangspunkt für verschiedene Optionen, die Besuchern hier offenstehen: Neben einem Gourmetrestaurant (→ Übernachten/Essen &Trinken) gibt es einen liebevoll mit regionalen Produkten bestückten Kunsthandwerksladen. Außerdem locken eine Weihnachtsausstellung (November und Dezember) und eine Präsentation von Ostereiern (in den sechs Wochen vor Ostern). Prunkstücke sind die mit traditionellen Motiven aus Blattgold verzierten Straußeneier. Der Höhepunkt der Veranstaltungssaison ist jedoch die **Orientteppichschau Rohani** im Sommerhalbjahr: Handgeknüpfte Teppiche, feinste Seidenarbeiten, Kelims, Suzanis und moderne Designteppiche bestücken die Schlossräume in erschlagender Fülle.

März bis Mitte Okt. tägl. außer Mo 10–18 Uhr. Eintritt frei. Im Dörfl 2, ✆03152-4200, www.rohani.at.

Gsellmanns Weltmaschine: Jährlich reisen mehr als 10.000 Menschen nach Edelsbach, um eine Apparatur zu begutachten, die nichts produziert. Sie schillert in den buntesten Farben, entfaltet ein ohrenbetäubendes Geräusch und besteht aus rund 2000 Teilen. Bei der 4 m hohen, ebenso langen und etwa 2 m breiten Maschine handelt es sich um eine Art kinetische Skulptur von erstaunlicher Ästhetik. Und doch ist es weit mehr als ein Kunstwerk: Denn die Weltmaschine steht für den Drang, den eigenen Lebenstraum zu realisieren. Ob das Resultat der Verwirklichung irgendeinen praktischen Nutzen hat, wird dabei zur reinen Nebensache. 23 Jahre tüftelte und werkelte der Landwirt Franz Gsellmann daran, suchte auf Schrottplätzen und in Gebrauchtwarengeschäften nach den Einzelteilen und fügte Zahnräder, Glocken, Pfeifen, Lampenschirme und Spielzeugraketen zu einem sonderbaren Patchwork zusammen. Das Atomium der Weltausstellung 1958 in Brüssel gab dem Tüftler den entscheidenden Anstoß.

Tägl. außer Di 9–18 Uhr. 4 €, erm. 2 €. Kaag 12 in Edelsbach (ab B 68 Richtung Gleisdorf ausgeschildert), ✆ 03115-2983, www.weltmaschine.at.

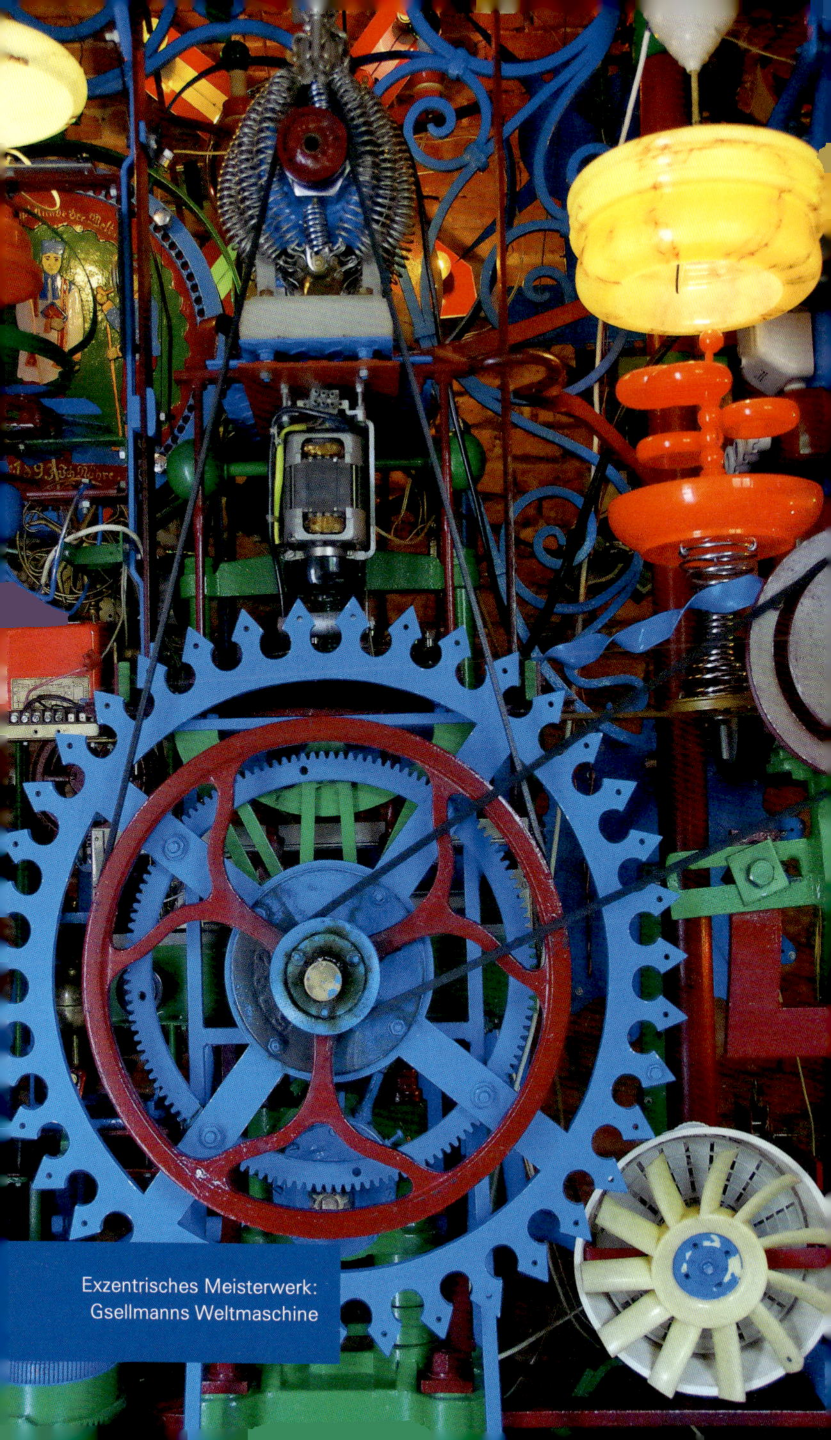

Exzentrisches Meisterwerk:
Gsellmanns Weltmaschine

Vulkanlandsternwarte: Die beiden Kuppeln der Auersbacher Sternwarte enthalten jeweils ein Großteleskop, mit denen sich Himmelserscheinungen beobachten lassen. Führungen bei gutem Wetter und außer an Vollmondtagen Fr nach Einbruch der Dunkelheit, im Winter ab 20 Uhr.

5 €, erm. 3 €. Wetzelsdorf 83, ✆ 03152-4115, www.vulkanlandsternwarte.at.

Die unheimliche Steiermark: ein weiblicher Vampir im Schloss Hainfeld

Unabhängig davon, ob es sie gibt oder nicht: Die Oststeiermark ist das Reich der Vampire. Dass die lichtscheuen Blutsauger sich hier besonders heimisch fühlen, verwundert angesichts der Schlösser und Burgen rund um Feldbach kaum. Besonders die heruntergekommenen, schwer und massig wirkenden Denkmäler mit abblätternder Farbe an den Fassaden abseits der ausgetretenen Pfade könnten in dunklen Verliesen manche Überraschung bergen. Hinzu kommt die dunkle Epoche der frühen Neuzeit: Pestepidemien, Verwüstungen durch die Türken und Hexenjagden (→ Kasten, S. 332) ergeben ein Fluidum, das romantische Schauergeschichten höchst plausibel wirken lässt. Daher überrascht es auch wenig, dass englische Literaten im 19. Jh. auf der Suche nach Inspiration für ihre Gothic Novels im Oststeirischen fündig wurden. Das berühmteste Vampir-Epos aller Zeiten, der 1897 publizierte Dracula-Roman des irischen Autors Bram Stoker, sollte ursprünglich in der Steiermark spielen. Erst als er auf den historischen Grafen Dracula stieß, verlegte Stoker die Romanhandlung nach Transsilvanien. Das erste tatsächlich in der Steiermark verortete Werk stammt vom britischen Seefahrer und Forscher Basil Hall und heißt „Schloss Hainfeld, oder: Ein Winter in Steiermark". Der Reisebericht war wiederum die Quelle für eine Novelle von Sheridan Le Fanu mit dem Titel „Carmilla". Das 1872 erschienene Werk handelt von einer Vampirin, die es ausschließlich auf Frauen abgesehen hat. Protagonistin ist ein junges Mädchen namens Laura, wohnhaft in einem Schloss 30 Meilen von Graz entfernt. Möglicherweise war eben jenes Schloss Hainfeld vor den Toren Feldbachs gemeint, denn der Literat erwähnte auch die Riegersburg und die Burg Gleichenberg. Weiteres Indiz ist der Name der Vampirin, die am Ende der Geschichte getötet wird: Er klingt ganz ähnlich wie der Mädchenname der Gräfin von Purgstall, die einst als Besitzerin des Schlosses Hainfeld den Schriftsteller Basil Hall zu sich in die Oststeiermark eingeladen hatte.

Basis-Infos Feldbach und Umgebung

Information Die Stadtinformation im Zentrum ist gleichzeitig das Fremdenverkehrsbüro für das gesamte steirische Vulkanland. Mo–Fr 8.30–12 und 13–17 Uhr. Hauptplatz 1, ✆ 03152-3079, www.feldbach-tourismus.at.

Hin & weg Bahn: Feldbach ist Haltepunkt der S-Bahn-Linie 3 von Graz mit Endhaltestelle Fehring. Zudem führt von Feldbach der „Dschungel-Express" (R 532) nach Bad Gleichenberg. Der Bahnhof am nördlichen Raabufer liegt 15 Gehminuten vom Hauptplatz entfernt.

Ein weiterer Bahnknoten befindet sich in Fehring mit Umstieg in die Thermenbahn nach Bad Waltersdorf und Hartberg.

Bus: Der zentrale Busbahnhof befindet sich am nördlichen Ende des Hauptplatzes. Busse fahren u. a. von hier nach Gnas, Bad Gleichenberg und zur Riegersburg.

Mietwagen: Die Firma Rossmann 10 km südwestlich von Feldbach vermietet Kleinwagen ab 36 €/Tag. Perlsdorf 105, ✆ 03151-2005, www.mietwagen-rossmann.at.

Ärztliche Versorgung Das **Landeskrankenhaus** befindet sich am südwestlichen Stadtrand. Ottokar-Kernstock-Str. 18, ✆ 03152-8990, www.lkh-feldbach.at.

Einkaufen **Vulcano**. Die Schinkenmanufaktur in Auersbach 8 km nördlich von Feldbach ist eine bekannte Genussadresse und die steirische Antwort auf Parma- und Serranoschinken. Ein hypermodernes Verkaufscenter informiert über die Herstellung der Delikatesse, im Bistro können Besucher von den Produkten kosten. Neben Schinken gibt's auch Wein u. v. m. zu kaufen. Tägl. außer So 9–18 Uhr. Eggreith 26, ✆ 03114-2151, www.vulcano.at.

Berghofer Mühle. In der Getreide- und Ölmühle am nördlichen Stadtausgang von Fehring wird seit 6 Generationen qualitativ hochwertiges Mehl hergestellt. Ein Mühlbetrieb an der Raab wurde bereits im 12. Jh. urkundlich erwähnt, seit einem Jahrhundert ergänzt eine Kernölmühle die klassische Getreideverarbeitung. Neben Kürbiskernöl und Mehl gibt's Tee, Müsli, Honig u. v. m. Führungen nach Anmeldung Mi 10 und 11 Uhr und Sa 11 Uhr. Mo–Fr 8–17 Uhr, Sa bis 12 Uhr. Bahnhofstr. 25, ✆ 03155-2222, www.berghofer-muehle.at.

Bauernmarkt. Wöchentlich auf dem Hauptplatz. Sa vormittags.

Post Mo–Fr 8–18 Uhr, Sa 9–12 Uhr, Hauptplatz 30.

Radeln Feldbach-Fehring hat sich als ausgewiesene Radregion profiliert, über vorhandene Möglichkeiten informiert die eigene Homepage www.radregion-feldbach.at.

Radverleih: Das Feldbacher E-Bike-Center ist ein Fachgeschäft rund um das elektrische Fahrrad und verleiht E-Bikes und Trekking-E-Bikes in unterschiedlicher Ausführung für 9–20 €/Tag. Sa 8.30–12.30 Uhr oder nach Vereinbarung. Gleichenbergerstr. 2, ✆ 0664-75024751, www.ebikecenter.at.

Das Schloss Kornberg bei Feldbach

Veranstaltungen **Philharmonische Klänge**. Die Schlösser in der Umgebung von Feldbach sind Schauplatz von hochklassigen Kammerkonzerten, u. a. gastierten bereits die Wiener Philharmoniker. Musiziert wird z. B. im Schloss Kornberg und in der Riegersburg. Mitte Mai bis Juni (www.kultur-land-leben.at).

Schinkenfest. Das kulinarische Großereignis der Region in Auersbach um den Vulkanland-Schinken. Mit Musik, Präsentation der Erzeuger und einer kulinarischen Wanderung. Sa/So Mitte Juni (www.schinkenfest.at).

Oststeiermark → Karte S. 289

Übernachten/Essen & Trinken in und um Feldbach

Die exklusive Lava-Brauerei in Auersbach produziert Bier in kleinen Mengen, das unfiltriert und ohne Konservierungsstoffe abgefüllt wird. 2003 ist der Betrieb zudem in die Whisky-Herstellung eingestiegen. Das Lava Bräu gibt es u. a. im Hatzendorfer Wirtshaus Malerwinkl (→ S. 334) sowie im unten erwähnten Hotel Lava Inn (Infos: www.lavabraeu.at).

**** **Lava Inn**. Ruhig gelegenes Stadthotel am Rand des Zentrums von Feldbach, wenige Minuten zu Fuß vom Hauptplatz entfernt. Modernes Haus mit komfortablen und freundlich eingerichteten Zimmern. Modernes Design überwiegt auch in der Lounge im

1. Stock. Barbetrieb und regionaltypische Snacks. DZ ab 90 €. Gnaserstr. 1, ✆ 03152-208390, info@lava-inn.at, www.lava-inn.at.

*** **Gasslwirt**. Das sympathische Wirtshaus mit Pension in Fehring liegt nur wenige Schritte vom Hauptplatz entfernt in einer ruhigen Seitenstraße. Hübsche Außenplätze, freundlicher Service, bodenständige und schmackhafte gutbürgerliche Küche, das Naturschnitzel mit Reis gibt's für 8 €. Auch Fischgerichte und kleine Jausen. 24 ordentliche Gästezimmer im Haupthaus und in der Dependance. DZ ab 66 €. Quergasse 2, ✆ 03155-2358, office@gasslwirt.com, www.gasslwirt.com.

Pfeiler's. Stilvolles Restaurant in der Nähe vom Hauptplatz von Feldbach mit Außenplätzen auf dem Trottoir, serviert wird Steirisches und Österreichisches, der Zwiebelrostbraten nach Wiener Art kostet 11,50 €. Für eine Kaffeepause ebenfalls geeignet. Do Ruhetag. Frisch renovierte Zimmer, teils mit Dachschräge (DZ ab 98 €). Bürgergasse 26, ✆ 03152-2403, www.pfeilers.at.

Lo Scoglio. Der freundliche Edelitaliener in der Kunsthalle gegenüber dem Bahnhof ist auf die Küche Apuliens spezialisiert. Leckere Fischgerichte, auch Café und Bar, Hauptgerichte um 20 €, Pasta-Primi ab 8 €. Schickes Innenleben, kleine Terrasse. So Ruhetag, Mo erst ab 16 Uhr. Sigmund-Freud-Platz 1, ✆ 03152-898620, www.gesundheitszentrum-feldbach.at.

Schlosswirt. Das Restaurant im Schloss Kornberg kredenzt regionale Vulkanlandküche auf Gourmetniveau. Exklusives Ambiente im Stüberl oder im Rittergewölbe, stilvolles Sitzen im Renaissance-Arkadenhof. Chefkoch Raimund Pammer ist ein kulinarischer Botschafter der Steiermark und gibt Kochkurse. Hauptgerichte um 20 €. Fr/Sa 11–23 Uhr, Do und So 11–18 Uhr, Jan./Febr. geschlossen. Dörfl 2, ✆ 03152-2057, www.schlosswirt.com.

Bad Gleichenberg

ca. 2200 Einwohner

Der ehrwürdige Biedermeier-Kurort gehört zu den traditionsreichsten Badeorten Österreichs. Schon die Römer kannten die Heilwirkung des Wassers, das heute v. a. bei Erkrankungen der Luft- und Atemwege oder bei Hautleiden wie Neurodermitis zur therapeutischen Anwendung kommt. Die Gründung des neuzeitlichen Kurbads

Mekka der Winzerkultur: das Schloss Kapfenstein

auf freiem Feld ist dem Reichsgrafen von Wickenburg, Gouverneur der Steiermark und enger Weggefährte Metternichs, zu verdanken, der 1834 zur Finanzierung seines Projekts einen „Actien Verein“ ins Leben rief. In der ersten Saison kamen 118 Gäste – nichts im Vergleich zu den über 15.000 Besuchern, die im 20 Jh. den Weg hierher fanden. Ein Höhepunkt der Biedermeierepoche war im August 1847 der Besuch des kaiserlichen Paars. Ferdinand I. und Maria Anna wurden Zeugen einer imposanten Feuerinstallation mit einer mittels Hohlspiegel illuminierten Burg Gleichenberg auf der Anhöhe. In der Zeit der Habsburgermonarchie waren über die Hälfte der Gäste Juden, die in die Infrastruktur der Sommerfrische investierten. Bemerkenswert ist die Tatsache, dass sie wie andere Kurgäste auch, die während des Aufenthalts verstarben, auf dem Friedhof in Trautmannsdorf 3 km weiter westlich bestattet wurden. 1938 wurde der Friedhof zerstört, einige Gedenktafeln weisen auf diese jüdische Vergangenheit hin. Überreste des Biedermeierzeitalters sind einige mit Patina behaftete Villen im historistischen, neogotischen oder gründerzeitlichen Stil. Wichtigste Hinterlassenschaft ist jedoch der 20 ha große **Kurpark** aus dem Jahr 1837, der zum Besten zählt, was die Steiermark an gepflegtem Grün anzubieten hat. Der „grüne Salon“, wie der Park liebevoll genannt wird, enthält eine Handvoll botanischer Raritäten, u. a. einen 1872 gepflanzten, über 40 m hohen Mammutbaum. Am hinteren Ende des Parks befindet sich neben der 2008 eröffneten avantgardistischen Therme im ehemaligen Brunnentempel ein kleinen **Kurmuseum** (Di und Do 9–11 und 15–17 Uhr, jeder 1. und 3. Sa im Monat 15–17 Uhr. Eintritt frei. ✆ 03159-2203). Insgesamt macht Bad Gleichenberg heute einen gemütlichen, fast verschlafenen Eindruck, als wollte die Stadt ihren Gästen sagen, dass die gute alte Zeit eben doch noch nicht vorbei ist. Zumindest hier nicht!

Wanderung 10: Im steirischen Vulkanland – der Kaskögerlweg → S. 426 ff.
Wenig anstrengender, dabei erstaunlich abwechslungsreicher Rundweg

Rund um Bad Gleichenberg

Der Kurort ist in eine anmutige, waldreiche Hügellandschaft eingebettet, die Raum für vielfältige Aktivitäten vom Wandern über Radfahren bis zum Golfspielen bietet. In westlicher Richtung gelangen Reisende über Trautmannsdorf ins **Tatschkerland,** das wegen der angeblich häufig vorkommenden Frösche so heißt (Tatschker sind Frösche). Das Regionalzentrum ist der Verkehrsknotenpunkt **Gnas** mit einer eigenen Haltestelle der Gleichenberger Bahn. Wendet man sich südwärts, lässt man die höchste Erhebung im Vulkanland, den 609 m hohen **Stradner Kogel,** links liegen und kommt schließlich nach Straden und ins Klöcher Tramineranbaugebiet.

Schloss Kapfenstein: 10 km östlich des Kurbads liegt auf einem steilen Basaltfelsen das romantische Schloss, das auf eine im 11. Jh. erstmals erwähnte Festung zurückgeht. Kapfenstein leitet sich vom mittelhochdeutschen „kaphen“ ab, was ausspähen oder begaffen bedeutet. Angesichts des Weitblicks auf das Vulkanland muss man dem vorbehaltlos zustimmen. Bester Ort, um die Landschaft in aller Ruhe zu „begaffen“, ist die herrlich gelegene Terrasse des Nobelrestaurants im Schloss, das auch für den ganz gewöhnlichen Geldbeutel erschwinglich ist. Seit 1916 gehört das Anwesen der Familie Winkler von Hermaden, die am Fuß des Kapfensteiner Kogels mittlerweile in dritter Generation biologischen Weinbau betreibt (→ Einkaufen).

Freilichtmuseum Trautmannsdorf

Freilichtmuseum Trautmannsdorf: Das Privatmuseum besteht aus acht historischen, teilweise rekonstruierten Gebäuden einschließlich einer Waldkapelle. Die museale Einrichtung widmet sich unterschiedlichen Themen, z. B. den Trautmannsdorfer Hexenprozessen, der Vor- und Frühgeschichte, dem Weinbau oder der ländlichen Alltagsgeschichte. Für eine ausgiebige Besichtigung sollte man mindestens zwei Stunden einkalkulieren.

Mai bis Okt. Mi–So 10–12 und 14–17 Uhr. 4 €, erm. 2 €. Trautmannsdorf 295, ✆ 03159-45422, www.freilichtmuseum-trautmannsdorf.at.

St. Anna am Aigen: Das Winzerdorf in hauchdünnem Abstand zur burgenländischen und slowenischen Grenze liegt wie ein Aussichtsbalkon über dem hügeligen Rebenland. Hauptgrund für einen Besuch ist in der Ortsmitte die Vinothek mit ihrer grandiosen Terrasse im futuristischen Design. Der zweite Grund hat ebenfalls mit Fernblick zu tun: Denn zwischen St. Anna und dem westlichen Nachbardorf Frutten-Gießelsdorf befindet sich auf einer Höhe von 479 m eine **Aussichtswarte,** die bei entsprechender Sicht einen Ausblick bis weit nach Ungarn und Slowenien gestattet.

Basis-Infos Bad Gleichenberg und Umgebung

Information Das Infobüro befindet sich im Zentrum oberhalb des Kurparks. Mo–Fr 9–12 und 14–17 Uhr, Sa 9–12 Uhr. Obere Brunnenstr. 1, ✆ 03159-2203, www.bad-gleichenberg.at.

Hin & weg Bahn: Bad Gleichenberg ist Endhaltepunkt der Gleichenberger Bahn (R 532) von Feldbach. Wegen ihres geschlängelten Verlaufs durch Felder, Wiesen und Wälder heißt die Bahn im Volksmund „Dschungel-Express".

Anruftaxi: Das Taxi verkehrt zwischen der Kurstadt und Trautmannsdorf, Merkendorf und Bairisch Kölldorf auf Abruf. Wartezeit max. 45 Min., 2,50 €/Pers., ✆ 0664-9583651.

Einkaufen Haas. Obstbauernhof in einer Apfelplantage südlich von Gnas. Preisgekrönte Fruchtsäfte, Edelbrände und Liköre. Das Obst stammt aus kontrolliertem Anbau (seit 1965). Hofverkauf nach Vereinbarung. Poppendorf 56, ✆ 03151-2364, www.obstbauhaas.at.

Weingut Winkler-Hermaden. Das Renommeeweingut am Schloss Kapfenstein bürgt für ausgezeichnete Qualität. Rotweinspezialität ist der Olivin, die weißen Hauptsorten sind Sauvignon blanc, Traminer und Gewürztraminer. Tägl. außer So 10–12 und 13–18 Uhr, Dez. bis Febr. nach Voranmeldung. Kapfenstein 105, ✆ 03157-2322, www.winkler-hermaden.at. ■

Weinhandl-Mühle. Der Mühlbetrieb existiert seit über 300 Jahren und neben Kürbiskernöl bietet der Laden Getreide, Rapsöl, Backzutaten, Essig, Salze u. a. Produkte (teilweise bio) an, auch solche fremder Hersteller, z. B. Fandler-Öle. Auch Onlineshop. Mo–Fr 7–12 und 13–18 Uhr, Sa 8–12 Uhr. Dirnbach 12 (auf der B 66 Richtung Straden und nach 5 km rechts ab), ✆ 03473-8286, www.weinhandl-muehle.at.

Gesamtsteirische Vinothek. Über 100 verschiedene steirische Weine können im Zentrum von St. Anna am Aigen verkostet werden, außerdem präsentiert hier das Land im Frühjahr die hochdekorierten Landessieger ihrer jährlichen Weinbewertung. Auch Marmelade, Öle, Essig, Honig u. v. m. März bis Ende Aug. tägl. außer Mo 11–18.30 Uhr, Sept. bis Mitte Dez. tägl. 10–17.30 Uhr. Marktstr. 6, ✆ 03158-2801, www.gesamtsteirische-vinothek.at.

Veranstaltungen **Biedermeierfest**. Nostalgiegetränkte Zeitreise ins 19. Jh. und Biedermeier-Lebensgefühl satt – mit Fanfarenzug, Musik, Pferdekutschfahrten, Kunsthandwerk u. v. m. So Mitte Juni.

Sport und Aktivitäten in und um Bad Gleichenberg

Baden/Wellness **Heilbad/Therme der Ruhe**. Das moderne Thermalbad der norwegischen Architekten Jensen und Skodvin integriert unterschiedliche Funktionen, u. a. das Heilbad mit großem Spa-Bereich und Innen- und Außenbecken, das medizinische Therapiezentrum, ein Hotel sowie ein Restaurant und ein Café. Der unauffällige Bau aus Holz und Glas befindet sich am Rand des Kurparks von Bad Gleichenberg. Fließende Formen schaffen eine hübsche Verbindung zum Kurpark. Tägl. 9–21 Uhr. 17 €, erm. ab 10 € ohne Spa-Bereich, ermäßigter Kurz- und Abendeintritt. Untere Brunnenstr. 40, ✆ 03159-22944001, www.lifemedicine resort.com.

Kinder **Styrassic Park**. Ein Schelm, wer in dem Familienfreizeitpark an Steven Spielberg denkt: 80 lebensgroße Sauriermodelle, dazu Dschungelrutsche, Kletterparcours sowie ein Baumhotel zum Übernachten. April bis Okt. tägl. 9–17 Uhr. 11 €, erm. ab 7 €. Dinoplatz 1 (die Anfahrt ist ausgeschildert), ✆ 03159-2875, www.styrassicpark.at.

Radeln Durch Gnas führt der 32 km lange **Gnastal-Radweg** (R32), der Feldbach im Norden mit dem Unterlauf der Mur im Süden verbindet. Er folgt von Gnas nach Norden z. T. dem „Dschungel-Express".

Wandern Ein kurzer Themenklassiker ist der **Geo-Trail** am Schloss Kapfenstein, der gute Einblicke in die geologischen Besonderheiten der Region gewährt (2 km).

Weinweg der Sinne: Der beliebte Rundweg beginnt an der gesamtsteirischen Vinothek in St. Anna und führt u. a. am Aussichtsturm Frutten-Gieselsdorf vorbei (Gehzeit: ca. 4:30 Std., für die kurze Variante ca. 3 Std.).

Übernachten/Essen & Trinken in und um Bad Gleichenberg

**** **Gleichenbergerhof**. Die familiengeführte Unterkunft am Kurpark liegt nur einen Steinwurf von der Therme entfernt. Gartenhotel in einer Villa aus dem 19. Jh. mit Terrasse zum Park, andere Zimmer oberhalb im modernen Nebenhaus mit der Rezeption und dem Restaurant. Charmante Atmosphäre, gutes Restaurant. DZ ab 145 €. Bergstr. 2–4, ✆ 03159-2424, office@gleichen bergerhof.at, www.gleichenbergerhof.at.

**** **Schloss Kapfenstein**. Das Romantikschloss ist u. a. bei Hochzeitspaaren beliebt und hat 15 individuell und standesgemäß möblierte Zimmer. Das Schlossrestaurant ist ein stark frequentiertes Einkehrziel mit schönen Ausblicken von der Terrasse und Innenplätzen im kühlen Gewölbe. Das Gourmetmenü mit 4 Gängen kostet um 30 €, Hauptgerichte sonst 10–25 €. Mitte April bis Nov. tägl. ab 11 Uhr, sonst Do–So. DZ ab 140 €. Kapfenstein 1, ✆ 03157-300300, hotel@schloss-kapfenstein.at, www.schloss-kapfenstein.at.

JUFA. Das Jugend- und Familiengästehaus liegt ruhig am Ortsrand von Gnas. Neben der Sauna gibt es ein Fitnessstudio und ein Hallenbad. Radverleih, Café und weitere Anlagen für die sportliche Betätigung unter professionellen Bedingungen. DZ ab 70 €. Gnas 194, ✆ 05708-3230, gnas@jufa.eu, www.jufa.eu.

Camping im Thermenland. Schöne, komfortable und ruhige Platzanlage 5 km östlich von Bad Gleichenberg. 90 Stellplätze, Pool und Café-Restaurant. Ganzjährig geöffnet. 2 Pers. mit Zelt ab 16.40 €. Bairisch Kölldorf 240, ✆ 03159-3941, camping.bk@aon.at, www.bairisch-koelldorf.at.

Oststeiermark → Karte S. 289

Steira Wirt. Eine der bestbeleumdeten kulinarischen Adressen der Region im Stil einer Dorfwirtschaft mit Niveau. Gediegene Atmosphäre in der landestypisch rustikalen Stube, schattige Terrasse unter einer Laube. Zwei Preisklassen: für Gourmets Überraschungsmenüs aus 5 Gängen ab 75 € oder im Wirtshaus Hauptgerichte bereits ab 10 €. Di/Mi Ruhetag. Trautmannsdorf 6, ✆ 03159-4106, www.steirawirt.at.

Binderhansl. Ausflugsgaststätte mit Tradition (seit 1874) am Kaskögerlweg (→ Wandern). Gutbürgerliche österreichische Küche mit und ohne Fleisch, Hauptgerichte um 10 €. Auch kleine Jausen für die Zwischenmahlzeit, schattiger Gastgarten vor dem gelb getünchten Haus, Spielplatz auf der Rückseite. Mo Ruhetag. Katzendorf 39 (8 km von Bad Gleichenberg Richtung Gnas), ✆ 03151-2365.

Scharl. Der Qualitätsbuschenschank zwischen St. Anna und Frutten-Giebelsdorf gehört zu einem Weinbauernhof, der auch nette Zimmer und eine Ferienwohnung vermietet. Schöne Lage im Hügelland, der Klassiker ist hier neben der Brettljause die Vulkanland-Platte mit Schinken, Schafskäse und Kürbispesto. Auch Weinverkauf ab Hof. Mitte März bis Mitte Juni und Anfang Sept. bis Anfang Nov. Mi–Fr ab 16 Uhr, Sa ab 14 Uhr. Plesch 1, ✆ 03158-2314, www.weinhof-scharl.at.

Straden

ca. 1500 Einwohner

Bereits aus der Ferne ist der Anblick des wehrhaften Kirchdorfs auf der Spitze eines toskanisch anmutenden Hügels eine Verheißung. Und hat man sich erst einmal nach oben vorgearbeitet, wird man nicht enttäuscht: Um den ständigen Plünderungszügen der Heiducken etwas entgegenzusetzen, wurde der Berg in der frühen Neuzeit mit einer Wehrmauer versehen und zur **Kirchenburg** umgebaut. Zu den Besonderheiten des Ortes gehört, dass sich auf einer ziemlich übersichtlichen Fläche nicht weniger als drei Kirchen drängen: die **Dekanatskirche Maria am Himmelberg,** nebenan an der Mauer die kleinere **Filialkirche** und die abseits gelegene **Kir-**

Straden: Kirchenburg im oststeirischen Vulkanland

che des hl. Florian. Bei der Filialkirche handelt es sich faktisch um eine Doppelkirche, bestehend aus einer Ober- und Unterkirche, die jeweils unterschiedlichen Patronen geweiht sind. Daher erwähnen örtliche Fremdenführer bei ihren Touren, dass es tatsächlich vier Kirchen sind, die den Ort unverwechselbar machen. Der Dorfplatz ist fest in der Hand der namhaften Greißlerei De Merin. Die Institution vertreibt Erzeugnisse der regionalen Winzer und Landwirte und sorgt gleichzeitig für eine lukullische wie gesunde Mittagsmahlzeit. In kulinarischer Hinsicht könnte der Ruf Stradens kaum besser sein, zumal sich im Schatten der vier Kirchen zahlreiche Weingüter etabliert haben, die unter Kennern seit Jahren einen vorzüglichen Leumund genießen. Eher unter die Rubrik „Kurioses" fällt das **Nostalgiemuseum** beim Bulldogwirt in Hof bei Straden: Die Requisiten des ländlichen Alltagslebens, von einer alten Spindelpresse bis hin zu Traktor-Oldtimern, füllen ein ganzes Hofgut und sind das Resultat einer inzwischen 50 Jahre andauernden Sammelleidenschaft.

Information Das Infobüro befindet sich im Pfarrhof neben der Dekanatskirche. Sa/So 10–17 Uhr, das Foyer mit Prospektmaterial hat auch Mo–Fr geöffnet. Straden 60, ✆ 03473-8021, www.straden.at.

Einkaufen Exzellente Einkaufsadressen sind auch die unten gelisteten Übernachtungs- und Einkehrtipps.

Frauwallner. Das Familienweingut erhielt zahlreiche Auszeichnungen. Klassiker sind u. a. Welschriesling, Weißburgunder oder Blauer Zweigelt. Im Hofladen gibt's auch Kernöl aus eigener Produktion u. v. m. Tägl. außer So 9–12 und 13–18 Uhr. Karbach 7 (2 km östlich von Straden an der B 66), ✆ 03473-7137, www.frauwallner.com.

Veranstaltungen Der Kulturverein **Straden aktiv** lockt jedes Jahr zahlreiche Künstler auf Bühnen an unterschiedlichen Orten in der Marktgemeinde (www.straden-aktiv.com).

Wandern Ein Klassiker ist der **Lebenskraftweg**, der am Kirchplatz beginnt bzw. endet und zahlreiche Weingüter der Umgebung ansteuert (Gehzeit: ca. 2:30–3 Std.).

Nostalgiemuseum bei Straden

Weitere Wanderhinweise im Internet unter www.spuren.at.

Übernachten/Essen **Neumeister-Saziani**. Eines der namhaftesten Weingüter im Vulkanland am Ortsrand von Straden. 7 Zimmer und Suiten im Vier-Sterne-Standard, mit viel Holz eingerichtet, teilweise mit Terrasse oder Gartenloggia. Hunde nach Voranmeldung erlaubt. Das Nobelrestaurant Saziani Stub'n kredenzt bodenständige steirische Küche mit Anspruch und Niveau, das Vier-Gänge-Menü gibt's für 55 €. Mo/Di Ruhetag, Jan. bis Anfang März Winterpause. DZ ab 170 €. Straden 42, ✆ 03473-8308, weingut@neumeister.cc, www.neumeister.cc.

Krispel. Das Weingut zwischen Straden und St. Anna am Aigen ist für den Grauburgunder bekannt. Außerdem hält der Hof Mangalitza-Schweine, der Rückenspeck ist ebenfalls eine Spezialität des Hauses. Behagliche Zimmer mit Außenpool und eine Ferienwohnung. DZ ab 84 €. März bis Nov., Restaurant/Buschenschank Mo geschlossen,

Oststeiermark → Karte S. 289

März/April nur Do–Sa. Neusetz 29 in Hof bei Straden, ✆ 03473-7862, wein@krispel.at, www.krispel.at.

»» Mein Tipp: **De Merin**. Der Name Merin wurde schon im 12. Jh. erwähnt, heute vertreibt die berühmte Greißlerei im Zentrum Delikatessen aus der Region unter eigenem Label sogar im Internet: Säfte, Marmeladen, fruchtige und pikante Soßen, Schinken, Nudeln, Käse, Kernöl und Wein. Stimmungsvolle Außenplätze. Die Jausenplatten kosten um 10 €. Mai bis Okt. Mo, Mi–Sa 10–19 Uhr, März/April und Nov. bis Mitte Dez. Mi–Sa 10–17 Uhr. Straden 5, ✆ 03473-75957, www.demerin.at. ««

Bulldogwirt. Der Bauernhof zu Füßen des Stradener Kirchbergs entpuppt sich als Museum der ländlichen Kultur und ist eine ideale Familieneinkehr. Garten unter schattigen Kastanien wie in alten Tagen. Rustikales Flair, deftige steirische Küche, die Weinbeuschl mit Knödel kosten 8 €. Mo/Di Ruhetag, im Febr. geschlossen. Hof bei Straden 2, ✆ 03473-8267, www.bulldogwirt.at.

Monschein. Familiärer Qualitätsbuschenschank am Poppendorfer Bach 3 km nordwestlich von Straden. Eigener Weinverkauf, u. a. Grauburgunder. Kredenzt werden die einschlägigen Jausenklassiker, appetitlich angerichtet. Kinderspielplatz. Do–Sa ab 16 Uhr, So ab 15 Uhr. Schwabau/Dörfl 21, ✆ 0664-1547296, www.wein-monschein.at.

Klöch

ca. 1200 Einwohner

Das propere Winzerdorf in hügeliger Landschaft markiert den südlichen Abschluss des Vulkanlands. Das Zentrum gruppiert sich um den schattigen Klausenbach, wo ein Kaltwasserweg darauf hinweist, dass Klöch einst ein Kurort war und im 19. Jh. den Zusatz „Bad" im Namen führen durfte. Dem Leiter der Naturheilanstalt, Franz Krainer, haftete ein Makel an, denn er war Tischler und kein Arzt und wurde daher etwas spitzzüngig „Doktor Leim" genannt. Nichtsdestotrotz erfreuten sich Kuren großer Beliebtheit und auch das 1878 erschienene Lexikon der Steiermark räumte ein, dass Klöch ein „überaus lieblicher" Ort sei, „dessen Besuch jedem Touristen zu empfehlen ist." Dieses Verdikt stimmt noch immer, nur mit dem Unterschied, dass beim Ausbruch des Ersten Weltkriegs das Kurbad für immer seine Türen schloss. Heutzutage ist das Klöcher Weinland v. a. als **Traminerhochburg** ein Begriff. Die hiesigen Traminer und Gewürztraminer verfügen über ein charakteristisches Edelrosenbukett und sind von herausragender Qualität. Eine Vinothek mit kleinem Weinmuseum und jährlich stattfindende Events zementieren den Ruf der Ortschaft als Weinmekka. Überragt wird Klöch von einer Burgruine aus dem 14. Jh. mit einer **Aussichtswarte,** die von Ostern bis Allerheiligen geöffnet hat. Wichtigste Erhebung in der Umgebung ist der 462 m hohe **Königsberg,** der zu den bedeutendsten

Leichen im Kühlhaus und eine höchst verdächtige Backhendlstation

Welcher Krimifreund kennt ihn nicht, den Privatdetektiv Simon Brenner aus den Romanen des österreichischen Autors Wolf Haas. Der zweite Band aus der Brenner-Serie trägt den Titel „Der Knochenmann" und spielt in Klöch. Der verdächtige Fund eines Menschenknochens in der örtlichen Backhendlstation ist Ausgangspunkt der von skurrilem Sarkasmus und schwarzem Humor geprägten Geschichte, in deren weiteren Verlauf der Detektiv im Kühlhaus besagter Grillstation u. a. einige Leichen entdeckt. Die Inspiration für den Kultkrimi erhielt der Schriftsteller bei seinem Aufenthalt in Klöch. Er wohnte im Gasthof Palz (→ Übernachten / Essen & Trinken), der landauf landab für die hervorragenden Backhendl bekannt ist. Knochen von Menschen hat man dort übrigens nicht entdeckt!

vorgeschichtlichen Siedlungspunkten der Oststeiermark gehört. Die meisten Ausgrabungsstücke wanderten ins Joanneum nach Graz, einige wenige Objekte sind im Zeughaus-Museum in Bad Radkersburg sowie im Jugend- und Familiengästehaus im Nachbarort **Tieschen** ausgestellt.

Information Das Infobüro befindet sich im Ortszentrum. Mo/Di und Fr 9–12 und 14–17 Uhr, Mi/Do 9–12 Uhr. Klöch 110, ✆ 03475-5070, www.kloech.com.

Einkaufen/Besichtigung **Vinothek**. Die örtliche Weinhandlung entpuppt sich als Hofladen, der mehr als nur Traminer bietet. Auch Kürbis-Chutney, Öl und Honig, die Verkostung mit 5 kulinarischen Proben kostet 6 €. Angeschlossen ist ein **Weinmuseum**. Mitte März bis Ende Nov. tägl. 10–18 Uhr. Klöch 191, ✆ 03475-2097, www.kloecherweine.at.

Radeln **Radverleih**: Das Hotel Klöcherhof im Zentrum verleiht Tourenräder für 12,50 €/Tag und E-Bikes für 20 €.

Veranstaltungen **Klöcher Winzerzug**. Das große Erntedankfest mit geschmückten Wagen, rollenden Buschenschanken und reichlich Handwerk, Musik und Brauchtum findet alle 5 Jahre statt. Nächster Termin ist 2018. Ein So im Sept.

Wandern **Traminerweg**: Ausgehend von der Vinothek kann der 13,5 km lange Rundweg in 2 Etappen aufgeteilt werden (Gesamtgehzeit: ca. 4–4:30 Std.).

Übernachten/Essen *** **Weinlandhof**. Herrlich zwischen Weingärten gelegenes Hotel 2,5 km nördlich von Klöch, einladender Blumenschmuck an der Veranda, Spa-Bereich mit Sauna und Außenpool. Gutbürgerliches Restaurant, das steirische Hochzeitsschnitzel kommt für 10,20 € auf den Tisch. Ordentliche Zimmer, teils mit Dachschräge. DZ ab 82 €. Deutsch-Haseldorf 47, ✆ 03475-2860, weinlandhof@aon.at, www.wlh.at.

*** **Klöcherhof/Domittner**. Das gute Mittelklassehotel mit angeschlossenem Weingut liegt im Klöcher Ortszentrum. 26 Zimmer im Haupthaus oder im modernen Anbau. Traminerverkauf, Restaurant mit gutbürgerlicher Küche (Spezialität sind Backhendl). Familienfreundliches Quartier mit Spielplatz, Tischtennis, Tischfußball. DZ ab 78 €. Klöch 4, ✆ 03475-2206, kloecherhof@aon.at, www.kloecherhof.at.

Die Burgruine oberhalb von Klöch

JUFA. Das Jugend- und Familiengästehaus befindet sich im Nachbarort Tieschen. Ruhige Ortsrandlage, der Königsberg liegt gleich vor der Haustür. Bauernhofatmosphäre, Sauna, Kräutergarten, Spielzimmer, Café und Restaurant. DZ ab 70 €. Patzen 90, ✆ 05708-3410, tieschen@jufa.eu, www.jufa.eu.

Palz. Das berühmte Backhendl-Restaurant (→ Kasten, S. 346) befindet sich vom Ortszentrum 1,5 km entfernt (Richtung Graz). Terrasse unter einer Rebenpergola, vermietet werden auch 2 Gästezimmer. Das Wirtshaus gehört zu einem Familienweingut mit Hofverkauf, das halbe „Palz-Hendl" gibt's für 8,40 €. Mo/Di Ruhetag. Klöchberg 45, ✆ 03475-23110, www.gasthof-palz.at.

Gießauf-Nell. Den alteingesessenen Qualitätsbuschenschank gibt es seit 4 Jahrzehnten, der Gelbe Traminer erhält immer wieder hohe Auszeichnungen. Wunderbare Lage mit Blick auf Basalt-Steinbruch, Terrasse im typischen Buschenschankstil mit rustikalen Holztischen und -stühlen. Reichlich Blumenschmuck, leckere Jausen, auch Vermietung von Zimmern. Tägl. außer Mi ab 14 Uhr. Hochwarth 63, ✆ 03475-7265, www.giessauf-nell.at.

Oststeiermark → Karte S. 289

Bad Radkersburg: Festung gegen Invasoren aus dem Osten

Bad Radkersburg

ca. 1300 Einwohner

Die Grenzstadt hat alle Voraussetzungen für einen boomenden Fremdenverkehr: ein sprichwörtlich mildes und sonniges Klima, ein sehenswertes historisches Zentrum sowie in der unmittelbaren Umgebung mehrere Thermalquellen. Letztere sind der Grund dafür, warum Radkersburg 1975 zum Kurort erhoben wurde und sich seither „Bad" nennen darf. Thermalwasser drückt hier aus 2000 m Tiefe so kräftig nach oben, dass es ohne Anwendung von Pumpen die Schwimm- und Therapiebecken der funkelnagelneuen Parktherme füllt. Es muss zuvor lediglich auf angenehme Badetemperatur heruntergekühlt werden. Das stark magnesiumhaltige Wasser wirkt besonders auf den Stoffwechsel und den Bewegungsapparat; Bewegung ist darum auch das große Thema bei den therapeutischen Angeboten des Kurbetriebs. Das **Kurzentrum** liegt in trauter Nachbarschaft zur Altstadt und ist lediglich durch den Stadtpark und die Wehrmauer von ihr getrennt.

Innerhalb der frühneuzeitlichen Basteien hat sich Radkersburg eine städtebauliche Geschlossenheit bewahrt, die in der Oststeiermark ihresgleichen sucht: Schmucke Fassaden mit Patina schaffen ein mediterranes Flair, das zum Flanieren anregt, geschmackvoll bestückte Boutiquen und Galerien laden zum Schauen und Einkaufen ein. Als erste österreichische Stadt überhaupt erhielt Bad Radkersburg 1978 die **Europagoldmedaille für vorbildliche Denkmalpflege.** Wo die Murgasse in die Langgasse einmündet, ist das traditionelle Straßenpflaster inzwischen wieder sichtbar: Murnockerln werden die während der letzten Eiszeit rund geschliffenen Steine genannt, die man seit jeher aus dem Bett der Mur klaubte und als Straßenpflaster verwendete. Die Langgasse wiederum, die frühere Herrengasse, zieht sich als Hauptgeschäftsstraße von Norden nach Süden durch die Altstadt. Setzt man vom Grazertorplatz den Weg in südlicher Richtung fort, gelangt man in wenigen Schritten zur Mur und zur österreichisch-slowenischen Grenze.

Urbanes Wahrzeichen: der Rathausturm

Geschichte: Die Bedeutung der Stadt resultierte aus ihrer Rolle als Grenzposten. Diese führte dazu, dass Radkersburg bereits Ende des 13. Jh. das Stadtrecht erhielt und mit einem Schutzwall gestärkt wurde. In der darauffolgenden Blütezeit war Radkersburg eine Drehscheibe für den Handel mit Eisen, Holz, Vieh, Wein, Salz und Wachs. Wie andere Städte profitierte man vom Stapelrecht, das Handlungsreisende zu einer Zwangspause von drei Tagen zwang, in denen sie auf dem Marktplatz ihre Güter feilbieten mussten. Das Privileg bezog sich auch auf Waren, die auf der Mur nach Osten transportiert wurden. In jener Zeit war der Fluss noch nicht begradigt, sondern mäanderte von einer Talseite zur anderen. Alte Ansichten illustrieren die exquisite Sahnelage der Stadt in einer Flussschleife, die längst nicht mehr existiert. Die **Burg Oberradkersburg,** die heute auf slowenischem Terrain liegt, sicherte am anderen Murufer den Schiffsverkehr. Nach dem Muster anderer Festungsstädte im habsburgischen Grenzverbund erhielt auch Radkersburg Ende des 16. Jh. eine neue **Wehrmauer,** für deren Errichtung Domenico dell'Allio verantwortlich war. Im Unterschied zu Fürstenfeld sind die Verteidigungsanlagen hier jedoch um einiges besser erhalten. Seuchen, Überschwemmungen und Kriege machten der Stadt schwer zu schaffen. Endgültig an den Rand des Geschehens geriet sie im 19. Jh., als die neu eröffnete Eisenbahnstrecke von Wien zur Adria die Stadt ins geografische Abseits rückte.

Hauptplatz

Die wichtigsten Straßen und Gassen führen wie selbstverständlich zum Hauptplatz, dem ehrwürdige Adels- und Kaufmannshäuser eine stimmungsvolle Fassung geben. Die dominanteste Erscheinung an der Ecke zur Langgasse ist das **Rathaus** mit dem achteckigen Uhrturm. Der Sockel stammt aus spätgotischer Zeit, die Zwiebelhaube kam nach dem Stadtbrand 1806 hinzu. Der Brunnen vor dem Rathausturm zitiert den Grundriss der Festungsstadt mit ihren sieben Basteien. Am südöstlichen Ende des Platzes befindet sich das **Pistorhaus** mit interessanten Freskenresten im Keller; sie kann man betrachten, wenn man sich im Infobüro Schlüssel und Taschenlampe besorgt hat. Ein bedeutendes Baudenkmal in unmittelbarer Hauptplatzumgebung ist das **Palais Herberstorff** in der Langgasse 27. Benannt ist das Haus nach Karl von Herberstorff: Der Vorreiter des Protestantismus und Spross eines alten steirischen Adelsgeschlechts baute es im Stil der Renaissance um, wovon noch der Arkadenhof zeugt. Die klassizistische Fassade zum Hauptplatz stammt aus dem Jahr 1803.

Zeughaus: der Arkadenhof

Altes Zeughaus (Stadtmuseum)

Das Zeughaus aus dem Jahr 1588 in der ehemaligen Sporgasse verfügt über einen zweigeschossigen Arkadeninnenhof im toskanischen Stil. Seit 1954 beherbergt es die kulturhistorische Sammlung des Stadtmuseums von der Frühgeschichte bis zur Gegenwart. Ein besonders wertvolles Stück in der archäologischen Abteilung ist ein Bronzehelm aus keltisch-illyrischer Zeit. Er wurde mit weiteren „Negauer Helmen" 1811 von einem Bauern im Dorf Ženjak entdeckt, das heute in Slowenien liegt. Das Museum zeigt zudem eine stattliche Anzahl an Zunfttruhen: kunstvoll gearbeitete Behältnisse, in denen die Vorsteher mittelalterlicher Zünfte wichtige Urkunden und Zeremoniengegenstände verwahrten. Seit 1998 werden die Objekte und Themen in zeitgemäß frischer Form präsentiert. Ein Teil des Zeughauses wird für temporäre Ausstellungen genutzt.

Mai bis Okt. Di/Mi und Fr/Sa 14–18 Uhr, Nov. bis April nur in Verbindung mit einer Führung Mi und Fr 15 Uhr, Dez./Jan. geschlossen. 3,50 €, erm. ab 1,50 €. Emmenstr. 9, ✆ 03476-350010300.

Stadtpfarrkirche

Die spätgotische Pfeilerbasilika war im Mittelalter ein integraler Bestandteil der Stadtbefestigung, was anhand ihrer Verortung im Stadtbild noch gut zu erkennen ist. Die Westfassade, wo sich gewöhnlich der Zugang zum Kircheninnern befindet, ist aus diesem Grund in diesem Gotteshaus überhaupt nicht existent, weshalb das prachtvolle Eingangsportal mit Steinmetzarbeiten aus Aflenzer Sandstein sich nach Osten zum Stadtzentrum ausrichtet. An der Außenmauer sowie im Innenraum erinnern einige Grabplatten aus dem 15./16 Jh. an teils namhafte Persönlichkeiten. Ein wichtiges Ausstattungsstück im Innern ist das spätgotische Kruzifix rechts vom Chorbogen im Kreuzaltar. Im Anschluss sollte man nicht vergessen, einen Blick in den romantischen **Dechanthof** zu werfen. Die fotogene Figur in der Mauernische stellt den Brückenpatron Johannes Nepomuk dar.

Grazertorplatz

Am südlichen Altstadtausgang mündet die Langgasse auf den Grazertorplatz. 1887 wurde das Tor abgetragen und an seine Stelle ein mächtiges Gründerzeitpalais gebaut, das heute die Sichtachse zum Fluss verstellt. Am mittelalterlichen Turm gegenüber fällt der Sgraffitodekor der Künstlerin Dina Kerciku auf: Das Kunstwerk erinnert daran, dass hier der Begründer der steirischen Fahrradindustrie **Johann Puch** in den 1870er-Jahren das Schlosserhandwerk erlernte. Das erste Puch-Rad erregte anno 1893 Aufmerksamkeit, als der Radrennfahrer Franz Gerger damit bei der Distanzradfahrt Berlin – Wien den dritten Platz belegte. Der Schlosser versuchte auch die Damen zum Fahrradfahren zu bewegen – selbstredend auf seinen Kulträdern der Marke Styria. Allerdings wurden diese nicht in Radkersburg, sondern in der neuen Produktionsstätte in Graz gefertigt, der Keimzelle der späteren Puch-Werke.

Gornja Radgona (Schloss Oberradkersburg)

Die 2010 fertig gestellte **Murbrücke** zwischen Radkersburg und Gornja Radgona auf slowenischer Seite ist in mehrfacher Hinsicht architektonisch bemerkenswert. Die Verweilzonen am Brüstungsgehsteig sind Begegnungsräume für die Menschen, die fünf Jahrzehnte lang durch den Eisernen Vorhang getrennt waren. Auf der anderen Seite führt ein Treppenweg zum Schloss Oberradkersburg, das weithin sichtbar von den Windischen Bühel in die Talsenke grüßt. Wappen über dem Portal weisen das Ensemble als ehemaligen Besitz der Familien Herberstein und Eggenberg aus. Nach 1945 zog hier zunächst ein Behindertenheim und später eine Schule ein. Heute ist das Schloss in privater Hand und präsentiert sich frisch restauriert. Genutzt wird es in der Hauptsache für Ausstellungen und Hochzeitsfeiern.

Mi–So 10–17 Uhr. www.chateau-agata.com.

Rund um Bad Radkersburg

Die Stadt markiert den südöstlichsten Punkt der Alpenrepublik; wie ein Bug stößt der steirische Zipfel weit in slowenisches Gebiet. Bevorzugtes Fortbewegungsmittel in der flachen und ländlich geprägten Radkersburger Umgebung ist der Drahtesel.

Sgraffito am Grazertorplatz: Hier werkelte Johann Puch

Oststeiermark → Karte S. 289

Gleichgültig jedoch, wohin man sich wendet, ist die Grenze nicht weit. Im Süden sorgt die Mur, eingebettet in eine paradiesische Auenlandschaft, für einen eindeutig erkennbaren Grenzverlauf. Jenseits des Flusses erheben sich die Windischen Bühel und verleihen dem Landstrich eine erkennbare topografische Struktur. Logisch, dass in diesem Grenzland das Thema Minderheiten irgendwann auftaucht. Wer sich für das Leben der slowenischen Minderheit in Österreich interessiert, sollte vielleicht das **Pavelhaus** 2 km östlich von Radkersburg aufsuchen: Schautafeln erzählen hier die Geschichte der Minoritäten im steirisch-ungarisch-slowenischen Grenzgebiet (im Sommer Di–Sa 13.30–18.30 Uhr, im Winter 12–17 Uhr. Laafeld 30, ✆ 03476-3862, www.pavelhaus.at).

Basis-Infos Bad Radkersburg

Information Das Infobüro befindet sich im Stadtzentrum. April bis Okt. Mo–Fr 9–18 Uhr, Sa bis 13 Uhr; Nov. bis März Mo–Fr 9–17 Uhr, Sa 10–12 Uhr. Hauptplatz 14, ✆ 03476-2545, www.badradkersburg.at.

Hin & weg Bahn: Bad Radkersburg ist die Endhaltestelle der S-Bahn-Linie 51 von Spielfeld-Straß. Der Bahnhof liegt 1 km nördlich vom Stadtzentrum.

Bus: Der Busbahnhof liegt günstig am östlichen Altstadtrand. Linienbusse fahren u. a. nach Graz, Leibnitz und Feldbach.

Ärztliche Versorgung Das **Krankenhaus** befindet sich am nördlichen Stadtrand. Doktor-Schwaiger-Str. 1, ✆ 03476-2401, www.lkh-badradkersburg.at.

Baden/Wellness **Parktherme**. Der funkelnagelneue Entspannungs- und Kurtempel mit viel Glas und Holz öffnet sich nach hinten zum Park. 3600 m² Wasserfläche, 8 verschiedene Saunen, Relaxzone mit Kräuter-Salz-Grotte, Sportbecken, Vitalstudio für Kosmetik- und Spa-Behandlungen, Kinderbereich und Restaurant. Zahlreiche Bewegungsangebote. Mo–Do 9–21.30 Uhr, Fr/Sa bis 23 Uhr, So bis 20 Uhr. 22,90 €, erm. ab 9,40 € für den gesamten Tag, reduzierter Einlass nachmittags und abends, Aufpreis für die Sauna 6 €. Alfred-Merlini-Allee 7, ✆ 03476-2677, www.parktherme.at.

Einkaufen **Galerie 2/Ceramic im Centrum**. Die beiden Künstler Valerija und Siegfried Gugl präsentieren im Zentrum ihre vom Flair der Bad Radkersburger Altstadt inspirierten Werke. Mo–Fr 9–11.30 Uhr, Do/Fr 14–17 Uhr. Im Johannes-Aquila-Hof hat zudem ein Keramikatelier seine Bleibe. Hauptplatz 2–4.

Post Mo–Fr 8–12 und 14–17 Uhr, Sa 9–11 Uhr. Hauptplatz 17.

Radeln Bad Radkersburg ist eine ausgewiesene **Fahrradregion**: Hier beginnen bzw. enden der **Murradweg** (R2) und der **Thermenradweg** (R12). Im Tourismusbüro sind Fahrradkarten mit Tourenvorschlägen nach Slowenien oder ins Klöcher Weinland für 4,50 € erhältlich.

Radverleih: Viele Quartiere verleihen Tourenräder oder Mountainbikes auch an auswärtige Gäste, z. B. das Hotel im Park für 11 €/Tag. Der ÖAMTC am westlichen Kreisverkehr der B 69 verleiht E-Bikes ab 8 €/Tag. Mo–Fr 8–12 Uhr, nach Vereinbarung auch zu anderen Zeiten. Altneudörfl 78, ✆ 03476-2209, www.oeamtc.at.

Veranstaltungen **Tour de Mur**. Das seit ca. einem Vierteljahrhundert wichtigste steirische Fahrradevent ist keine Rennveranstaltung, sondern eine Hommage an den Murradweg für begeisterte Freizeitradler. Gefahren wird in 3 Etappen, Startpunkt ist der salzburgische Lungau, traditionelles Ziel der Hauptplatz von Bad Radkersburg, wo ein pannonisches Stadtfest den Schlussakzent setzt. 3 Tage Ende Mai/Anfang Juni (www.tour-de-mur.at).

Flanieren & RAdieren. Stimmungsvolle Altstadtveranstaltung mit viel Musik, Kulinarik und langen Ladenöffnungszeiten. Jeden Fr abends Ende Juli bis Mitte Sept.

Wandern **Wasserweg**: Ausgehend von der Parktherme steuert der 18 km lange Rundweg interessante Stationen im Umland an, die das thematische Band des Wassers eint. Ein Teil des Wanderwegs verläuft durch geschützte Flussauen im Grenzgebiet zu Slowenien.

Oststeiermark → Karte S. 289

Übernachten/Essen & Trinken in Bad Radkersburg

Neben den unten erwähnten Quartieren gibt es um die Parktherme herum weitere Kurhotels mit Zimmern im Vier-Sterne-Bereich. Die Spitze im Luxussegment bildet das mondäne Hotel im Park (www.hotel-im-park.at). Eine Empfehlung sind zudem 2 gemütliche Ferienwohnungen in der Altstadt (www.buergerhausurlaub.at).

**** **Toscanina** **4** In dieses moderne Gartenhotel im Thermenviertel von Bad Radkersburg kommt auch gerne junges Publikum. Stilvolles Design in Wohlfühltönen. Im Sommerhalbjahr Außenpool, Sauna, Liegewiese, Fitnessraum, Radverleih (kostenpflichtig). Kein Restaurant. Sorgfältig geführter Familienbetrieb. DZ ab 130 €. Thermenstr. 6, ✆ 03476-29822, info@toscanina.at, www.toscanina.at.

****** Sporer** **6** Das zur Parktherme gehörende Komforthotel befindet sich in einem Palais aus dem 16. Jh. in der Altstadt. Der Name leitet sich von der Sporgasse, der alten Bezeichnung der Emmenstraße, ab. Gediegenes Ambiente mit Stilmöbeln in den Zimmern, wohnliche Atmosphäre, luftiger Hinterhof. Radverleih. Kein Restaurant. DZ ab 92 €. Emmenstr. 13, ✆ 03476-350042, sporgasse@parktherme.at, www.sporgasse.at.

***** Birkenhof** **5** Ordentliches Mittelklassehotel an der Parktherme mit 25 Zimmern, familiär geführt und ruhig gelegen. Unterschiedlich geschnittene Zimmer mit Balkon oder Terrasse. Garten, herrliche Frühstücksterrasse, gutes Frühstücksbüfett, kein Restaurant. DZ ab 84 €. Thermenstr. 8, ✆ 03476-2461, info@birkenhof-radkersburg.at, www.birkenhof-radkersburg.at.

***** Domenico** **9** Die winzige Altstadtbleibe in einer ruhigen Seitengasse von Bad Radkersburg öffnet sich nach hinten zu einem schnuckeligen Hof. 6 ordentliche Zimmer und ein Apartment mit Balkon, Terrasse oder Wintergarten. Kein Restaurant. DZ 84 €. Bindergasse 1, ✆ 03476-2513, hotel@residenz-domeninco.at, www.residenz-domenico.at.

Camping Parktherme **8** Gepflegter und ruhiger Platz gleich hinter der Therme am Murpark. Grundsätzlich eignet sich der Untergrund jedoch mehr für Wohnmobile als fürs Zelten. März bis Mitte Nov. offen. 2 Pers. mit Zelt ab 15 €. Thermenstr. 30, ✆ 03476-2677556, camping@parktherme.at, www.parktherme.at.

Der „Eiserne Vorhang"

Brunnenstadl **1** Das volkstümliche Restaurant liegt an der nördlichen Stadtausfahrt Richtung Klöch. Viel Betrieb, rustikales Ambiente, gemütliche Stube, einfache Holztische und -bänke im Garten. Streichelzoo und Spielplatz nebenan. Auf der Karte steht Deftiges und Leichtes, auch Café und Eis, Hauptgerichte 10–15 €. Mo Ruhetag, nachmittags kleine Jausenkarte. Fehringer Str. 14, ✆ 03476-3710, www.brunnenstadl.at.

Metzgerwirt **7** Restaurant und Jausenstation im Stadtzentrum mit eigener Hausschlachtung und Vinothek. Kleines Innengewölbe, stimmungsvolle Sitzplätze im Hof, auch Vermietung von Gästezimmern. Den Grillteller mit Bratkartoffeln gibt's für 9 €. Mo–Fr 9–23 Uhr, Sa bis 14 Uhr. Emmenstr. 2–6, ✆ 03476-2168, www.metzger-wirt.at.

Im Gwölb **3** Die ausgezeichnete Buschenschenke in Gehentfernung zur Parktherme serviert schmackhafte Jausen und eigenen Wein (Traminer, Weißburgunder und Zweigelt). Stube im Backsteingewölbe, gepflegte Terrasse in allerdings wenig romantischer Umgebung. Der Feinschmeckerteller mit köstlichen Vulkanland-Spezialitäten kostet 8 €. Tägl. außer Do ab 16 Uhr, im Febr. 2 Wochen geschlossen. Altneudörfl 91, ✆ 03476-41551, www.imgwoelb.at.

››› Mein Tipp: **Markowitsch** **2** Zauberhafter Buschenschank in der dörflich geprägten nördlichen Peripherie von Bad Radkersburg. Entspannung pur zwischen Maisfeldern. Romantische Weinlauben-Pergola, rustikal-gemütliches Interieur. Schmackhafte Jausenspezialitäten wie Kübelfleisch, Schweinsbrüstl oder hausgemachte Kuchen, dazu ein Glas Welschriesling oder Zweigelt. Neben dem 100-jährigen Weingut befindet sich ein Campingplatz. Mitte Febr. bis Mitte Juni und Aug. bis Mitte Nov. tägl. außer Mi ab 15 Uhr, sonst geschlossen. Altneudörfl 144, ✆ 0664-4502636, www.markowitsch.jimdo.com. ‹‹‹

Urbani **10** Vinothek und wunderbare Wohlfühlzone an der Stadtmauer. Ein kultivierter Ort für ein gepflegtes Glas Wein oder eine Jausenplatte mit Spezialitäten aus der Region. Etwas Besonderes sind die stimmungsvollen Außenplätze im Hof, der Genussteller mit Schinken und Frischkäse kostet 9,50 €. Das Lokal und die Vinothek gehören zum Weingut Kolleritsch in Tieschen. Tägl. außer So ab 16 Uhr. Langgasse 7, ✆ 03476-40357, www.urbani-vinothek.at.

Wahrzeichen am Unterlauf der Mur: die Murecker Schiffsmühle

Mureck

ca. 1600 Einwohner

Im brettflachen Terrain zwischen der österreichisch-slowenischen Grenze und dem hügeligen Grabenland im Norden vermittelt Mureck zunächst den Eindruck eines biederen Straßendorfs. Das Zentrum beschränkt sich im Wesentlichen auf den lang gestreckten Hauptplatz – ein durch Geschäfte und Cafés belebter Straßenplatz mit dem hoch aufgeschossenen Rathausturm als weithin sichtbare Orientierungsmarke. Die wichtigste Sehenswürdigkeit ist die **Murecker Schiffsmühle** 700 m südlich des Zentrums an der Mur. Der spezielle Mühlentyp schwimmt wie ein Ponton auf dem Fluss, der das Wasserrad antreibt. Der Vorteil der Schiffsmühle lag eben in der Schwimmfähigkeit, wodurch sie sich wechselnden Pegelständen problemlos anpassen konnte. Zudem konnte sie bei Bedarf einfach ans sichere Ufer gezogen werden. Schiffsmühlen sind in Mitteleuropa bereits im 6. Jh. nachgewiesen, erhalten blieben hingegen nur sehr wenige. Die Murecker Schiffsmühle ist eine Rekonstruktion aus dem Jahr 1997 und kann von innen besichtigt werden (März bis Nov. tägl. ab 10 Uhr, in der Vor- und Nachsaison nur am Wochenende. 2 €, erm. 1 €. ✆ 03472-2952, www.schiffsmuehle.at).

Zu beiden Seiten der Mühle erstreckt sich der **Mur-Auenwald,** der von Spielfeld im Westen bis Bad Radkersburg im Osten reicht. Mit einer Länge von 50 km ist er die größte Auenlandschaft der Steiermark. Steinalte Erlen prägen ein Habitat, in dem sich Libellen, Eisvögel, Fischotter, Fledermäuse und zahlreiche Amphibien zu Hause fühlen. Einen hübschen Blick auf den Auenwald genießt man 4 km östlich vom **Gosdorfer Murturm.** Die Aussichtswarte aus Stahl in Doppelhelix-Gestalt mit gegenläufigen Auf- und Abgängen wurde 2010 eröffnet. Am besten ist sie vom hinteren Ende des **Röcksees** zu erreichen. Letzterer verwandelt sich allsommerlich in einen belebten Bade- und Freizeitpark.

Oststeiermark → Karte S. 289

Murfähre Weitersfeld

Von der Schiffsmühle führt ein romantischer Spaziergang entlang der Mur in einer Dreiviertelstunde nach Weitersfeld. Ein besonderes Schmankerl ist die Murfähre: Es handelt sich um eine Rollfähre, die mit am Ufer vertäuten Gierseilen aus Stahl hin- und hergezogen wird. Die Murfähre existiert seit über 150 Jahren und diente einst dem Transport von Holz und Feldfrüchten. Vom Ende des Zweiten Weltkriegs bis zur Aufnahme Sloweniens in die Europäische Gemeinschaft ruhte der Fährbetrieb.

Römermuseum Ratschendorf

Das kleine Museum präsentiert 6 km nordöstlich von Mureck Artefakte aus 40 römerzeitlichen Hügelgräbern. Ein Prunkstück der Sammlung ist eine grün schimmernde Glasschüssel aus dem 2. Jh. n. Chr. Im Zentrum des Ausstellungsraums steht ein rekonstruierter Grabhügel aus norisch-pannonischer Zeit – in Originalgröße und zudem begehbar.

Palmsonntag bis Okt. tägl. außer Di 10–18 Uhr. 2 €, erm. 1 €. Den Schlüssel gibt's im Gasthof Fasching, ✆ 0699-19001182.

Basis-Infos Mureck und Umgebung

Information Das Infobüro befindet sich im Rathaus. Mo–Fr 9–13 Uhr. Hauptplatz 30, ✆ 03472-210527, www.teichundhuegelland.at.

Hin & weg **Bahn**: Mureck ist Haltepunkt der S-Bahn-Linie 51 von Spielfeld-Straß nach Bad Radkersburg. Der Bahnhof befindet sich in Gehentfernung zum Zentrum.

Murfähre Weitersfeld: Die Rollfähre für Fußgänger, Rad- und Motorradfahrer verbindet als einzige Fähre am Unterlauf der Mur Österreich mit Slowenien. Mitte März bis Mitte Nov. tägl. 8–18 Uhr, in den Sommermonaten abends länger. Überfahrt gegen Fährgeld (Spende).

Bootstouren/Wassersport Der Sportwissenschaftler und Profisurfer Peter Bartl bietet von seinem Standort am Gosdorfer Röcksee Flusstouren auf der Mur mit Paddelsurfboards an (beim Paddelsurfen steuert man das Board mit Körper und Paddeltechnik). Einstündiger Schnupperkurs 25 €, Halbtagestour 60 €. Ratzenau 26, ✆ 0664-73684767, www.paddelsurfen.at.

Einkaufen **Ölmühle Sixt**. Das Kernöl-Eldorado 5 km nordwestlich von Mureck existiert seit 1832 und ist von Teichen umgeben. Eine Besonderheit ist das von einem Grazer Tischler gefertigte Wasserrad, das heute wieder einen großen Teil der Energie für den Mühlbetrieb liefert. Neben Kürbiskernöl verkauft der Laden Knabberkerne, Weine, Schnäpse u. v. m. Di–Fr 9–12 und 14–18 Uhr, Sa bis 9–14 Uhr. Oberrakitsch 53 (nördlich der L 208 Richtung Leibnitz), ✆ 03472-8678, www.sixtoel.at.

Radeln Durch Mureck verläuft der **Murradweg** (R2).

Der Gosdorfer Röcksee ist Ausgangspunkt für die 42 km lange **Wein- und Wassertour** nach St. Peter am Ottersbach. Auf einer Anhöhe bei St. Peter befindet sich die Weinwarte – ein Aussichtssturm aus Holz in Gestalt eines Weinglases.

Radverleih: Das alteingesessene Sportfachgeschäft Kolletnigg verleiht stabile Tourenräder für 7 €/Tag. Mo–Fr 9–12 und 16–18 Uhr, Sa 8–12 Uhr. Hauptplatz 17, ✆ 03472-2127.

Veranstaltungen **Weckruf**. Seit 1954 begrüßt die renommierte Grenzlandtrachtenkapelle in den frühen Morgenstunden den 1. Mai (www.gtk-mureck.at).

Einzug des hl. Nikolaus mit Gefolge. Das Spektakel mit gruseligen Holzmasken findet seit 1977 statt und endet traditionell vor dem Rathaus. Ende Nov./Anfang Dez.

Wandern **Auerlebnisweg**: Der Themenrundweg mit 12 Stationen beginnt und endet am Freibad zwischen Hauptplatz und Mur (Gehzeit: ca. 1:30 Std.).

Grenzpanoramaweg: Der Wanderweg durch den Auwald zum Bahnhof Spielfeld-Straß ist Teil des österreichisch-slowenischen Grenzpanoramawegs (Südalpenweg 03) und verläuft brettflach (Gehzeit: ca. 4–4:30 Std.).

Übernachten/Essen & Trinken in und um Mureck

*** **Steirerland**. Die bodenständige und familiäre Stadtpension mit niveauvollem Restaurant liegt am westlichen Ortsausgang. Die 16 Zimmer wurden 2005 renoviert und neu gestaltet. Die Gaststube ist innen eher konventionell, stilvoll gedeckte Tische auf der Terrasse. Die Küche ist auf steirische Hausmannskost ausgerichtet, die Zutaten stammen zumeist aus der Region. Mit hauseigener Schlachtung. Tagesgerichte 15–20 €, Mehrgangmenüs am Abend teurer. DZ ab 80 €. Grazer Str. 40, ✆ 0664-2318095, office@pension-steirerland.at, www.pension-steirerland.at.

Rad-Dörfl. Die einfache aber charmante Radlerunterkunft besteht aus 6 Blockhaushütten in der Nähe des Bahnhofs Gosdorf. 2 Stockbetten, kleine Veranda. Das Frühstück wird auf Wunsch im Haupthaus serviert, wo sich auch die Sanitäreinrichtungen befinden. Nicht für einen längeren Ferienaufenthalt geeignet. Mai bis Okt. geöffnet. 15 € pro Nacht und Pers. (ohne Frühstück), Kinder bis 14 J. 10 €. Misselsdorf 113, ✆ 03472-3458.

Camping. In und um Mureck bestehen mehrere Camping-Optionen, u. a. zentral zwischen Hauptplatz und Mur oder in naturschöner Umgebung an der Ölmühle Sixt (→ Einkaufen). Für einen längeren Ferienaufenthalt gut geeignet sind die beiden Zeltplätze am **Gosdorfer Röcksee**. Der Platz am Wirtshaus und an der Pension Röck macht den besten Eindruck. April bis Okt. geöffnet. 2 Pers. inkl. Zelt ab 23 €. Misselsdorf 40, ✆03472-2292, info@roecksee.at, www.roecksee.at.

Mühlenhof. Das Wirtshaus an der Schiffsmühle ist eine bekannte Institution, die meisten Tagesbesucher kehren hier ein. Rustikales Holzblockhaus unter Bäumen, Außenplätze auf der Veranda mit Flussblick, schmackhafte steirische Gerichte mit kreativen Akzenten und mediterranen Einschlägen. Das Eierschwammerlrisotto mit Parmesan kostet 11 €. Kleine Jausenkarte am Nachmittag. März bis Okt. tägl. ab 10 Uhr, Febr. nur Sa/So, im Nov. Fr–So ab 11 Uhr. Am Mühlenhof 1, ✆ 03472-2952, www.schiffsmuehle.at.

Kolleritsch. Wunderbare Buschenschenke im Zentrum von Mureck in einem schmucken Bürgerhaus mit urgemütlichen Plätzen im Hof unter einer Weinlaube. Ein Jausen-Schmankerl ist saure Putenbrustsulz mit Apfelessig, Kernöl und Gemüse für 5,60 €. Im Haus befindet sich auch eine Vinothek mit eigener Schnapsbrennerei. Jan. bis April Do–Sa ab 16 Uhr, Mai bis Dez. Di–Sa. Hauptplatz 4, ✆03472-2233, www.kolleritsch.eu.

Oberer. Metzgerei mit angeschlossenem Bistro und Feinkostrestaurant im Ortszentrum. Auf der Speisekarte stehen Gegrilltes, Aufstriche, Salate, Sandwichs und Desserts. Hausspezialität ist die Brein-Blutwurst nach altem Familienrezept, die geröstete Leber mit Reis kostet 8 €. Modern gestalteter Innenraum, Biertische und -bänke im Hof. Mo–Fr 6–18 Uhr, Sa bis 12 Uhr. Hauptplatz 16, ✆ 03472-2109, www.oberer-mureck.at.

Gosdorf: modernistischer Aussichtsturm in den Mur-Auen

Toskanischer Hügel an der südsteirischen Weinstraße

Weststeiermark

Die Randgebirge verleihen dem Hügelland westlich der Mur eine fast schon beneidenswerte topografische Geschlossenheit. Im Schutz der Koralpe im Westen und der Stub- und Gleinalpe im Norden gedeiht auf den Feldern der Ölkürbis, während in den Weingärten der Blaue Wildbacher reift, aus dem der berühmte Schilcherwein gekeltert wird.

Trotz einiger weniger Industrien bezieht die Weststeiermark ihr Selbstbewusstsein überwiegend aus der Landwirtschaft. Die wichtigsten Standbeine sind der Ölkürbis, aus dem das steirische Kernöl gewonnen wird, und der Wein.

Das größte steirische Weinanbaugebiet befindet sich ganz im Süden an der slowenischen Grenze und ist eine in vielfacher Hinsicht bemerkenswerte Region: Das **Südsteirische Weinland** ist eine kleinteilig-hügelige Kulturlandschaft, die häufig auch als „steirische Toskana" bezeichnet wird. Steile Rebenhänge wechseln sich mit Streuobstwiesen ab, das Wahrzeichen ist der Klapotetz aus Holz (→ Kasten, S. 372). Seit 2002 ist die Region ein **Naturpark,** der eine Fläche von 420 km^2 umfasst und in dem 42.000 Menschen leben. Nach Süden wird das Weinland durch eine bis zu 1000 m hohe Mittelgebirgskette begrenzt, die Österreich vom südlichen Nachbarland Slowenien trennt. Nicht wenige Gäste verlieben sich auf Anhieb in das zauberhafte Hügelland, wandern und radeln durch die Windischen Bühel oder genießen einen guten Tropfen in einer der Buschenschenken, von denen es inzwischen so viele gibt, dass sogar Einheimische ab und an den Überblick verlieren. Die besten Eindrücke von der Landschaft gewinnt man auf den schmalen, abseits verlaufenden Nebenstraßen. Immer wieder steuern sie hinreißend gelegene Aussichtspunkte an, von denen der Blick über Hügel und Täler fällt. Das kulinarische Niveau ist ebenso hoch wie das Preisniveau, ein standesgemäßes Urlaubsquartier ist natürlich das luxuriös ausgebaute Weingut in aussichtsreicher Alleinlage.

Weststeiermark

Bescheidener und bodenständiger präsentiert sich hingegen das **Schilcherland.** Behutsam, fast unmerklich steigt das weststeirische Hügelland an und wird im Westen jäh von den waldreichen Gebirgshängen der **Koralpe** abgelöst. An der Nahtstelle zwischen Hügel- und Bergland verläuft die **Schilcher-Weinstraße.** Hier liegen die schönsten Winzerdörfer und Ferienorte aufgereiht wie Perlen an der Kette zwischen Weingärten, Feldern und Wald. Es ist eine Gegend für Individualisten, die eine landestypische Mahlzeit gerne mit der einen oder anderen Wanderung im Hügelland oder auf der Koralpe verbinden. Die wichtigsten urbanen Zentren sind die Bezirkshauptstadt Deutschlandsberg mit der eindrucksvollen Burg und der sympathische Ort Stainz mit einem nicht minder sehenswerten Schloss. An den Hängen der Koralpe wächst der Blaue Wildbacher, eine rote Rebsorte, die vermutlich bereits die Kelten kannten und aus welcher der berühmte Schilcherwein gewonnen wird. Die Traube bevorzugt einen Gneis- und Schieferboden, den sie hier in ausreichendem Maß vorfindet. Eigentümlich genug: Während es sich beim Wildbacher um eine rote Traube handelt, gilt der Schilcher wegen seiner Farbe als Rosé. Er ist erfrischend und steht darum im Ruf, ein guter Durstlöscher zu sein. Der hohe Säuregehalt lässt wiederum nicht alle Genießer zum Fan werden. Viele Winzer der Region fertigen aus der gleichen Traube inzwischen jedoch auch „echte" Rotweine.

Der nördlichste Teil der Weststeiermark steht voll und ganz im Zeichen der weißen **Lipizzaner.** Erster Anlaufpunkt der Tagesausflügler ist gemeinhin das Gestüt Piber, das seit 1920 die Spanische Hofreitschule zu Wien mit edlem Lipizzanerblut versorgt. Und während die Reitakademie durch Tourneen in sämtliche Erdteile zum weltbekannten Kulturbotschafter Österreichs wurde, sorgen die Gestütsmitarbeiter für den Fortbestand dieser alten Kulturpferderasse. 2010 war das Gestüt sogar der Drehort der Familienserie „Das Glück dieser Erde", deren 13 Staffeln im Jahr darauf im österreichischen und im deutschen Fernsehen ausgestrahlt wurden. Nicht weit von der Lipizzanerheimat empfängt Maria Lankowitz gläubige Pilger aus nah und fern; es handelt sich nach Mariazell um das bedeutendste Wallfahrtsziel der Steiermark. Wer als Besucher außerdem ein Faible für moderne Kunst mitbringt, ist hier ebenfalls gut aufgehoben: Arik Brauers Rathausfassade in Voitsberg, die fotogene

Hundertwasserkirche in Bärnbach oder die abgelegene Tregister Kapelle sind Musterbeispiele für eine Kunst, die sich nicht im Museum versteckt, sondern die Ortsbilder belebt sowie mit den hergebrachten Sehgewohnheiten bricht. Verlässt man die urbanen Zentren, findet man sich im Handumdrehen in den beschaulichen Tälern der **Stubalpe** und **Gleinalpe** wieder. Die Gebirge moderieren den Übergang zur Obersteiermark bzw. zum Nachbarbundesland Kärnten. Zu den markanten Gipfeln in der Gleinalpe zählt der Speikkogel, der nicht mit dem Großen Speikkogel in der Koralpe zu verwechseln ist. Das gehäufte Auftauchen des Namens (ein weiterer Speikkogel existiert in der Stubalpe) deutet auf Vorkommen aromatisch duftender Blumen namens Speik hin. Nicht immer handelt es sich allerdings um Echten Speik *(Valeriana celtica)*, der als Seifengrundstoff einen hohen Wert besitzt.

Informationen im Internet: www.suedsteiermark.com, www.naturparkweinland.at, www.schilcherland.at, www.lipizzanerheimat.com.

Leibnitz

ca. 7900 Einwohner

Der urbane Verkehrsknoten im Murtal 30 km südlich von Graz wäre für sich allein keine Reise wert, wären da nicht einige bedeutende Sehenswürdigkeiten an der Peripherie, die einen Besuch mehr als rechtfertigen: das **Schloss Seggau,** der **Sulmsee** mit dem Silberberg oder der **Frauenberg** auf der anderen Seite der Sulm. Auch das **Naturparkzentrum Grottenhof** ist vom Zentrum in wenigen Minuten zu erreichen. Einzig die wichtigste archäologische Ausgrabungsstätte der Steiermark, **Flavia Solva,** lohnt den Weg hierher kaum noch, seit die wertvollsten Fundstücke nach Graz abgezogen wurden. Die genannten Ziele verdeutlichen aber, dass die Gegend um Leibnitz bereits von der Frühzeit menschlicher Zivilisation bis ins Zeitalter der Römer besiedelt war. Die Topografie westlich des heutigen Stadtzentrums begünstigte die Entwicklung: Mit einer kühnen Schlaufe umrundet die von der Koralpe kommende Sulm den Seggauer Schlossberg, wendet sich nach Süden, um im flachen Leibnitzer Feld in die Mur zu münden. Zum Stelldichein der Flussläufe gesellt sich schließlich auch noch die Laßnitz. Letztere komplettiert die wasserreiche Auenlandschaft, die heute als Freizeit- und Erholungsrevier dient. Nur wenige Hundert Meter sind es von hier ins Zentrum, das 1829 bei einem Brand fast vollständig zerstört wurde. In Anbetracht dessen ist der Hauptplatz ausgesprochen ansehnlich, 2008 wurde er sogar zur schönsten urbanen Platzanlage der Steiermark gekürt. Zudem verfügt die Bezirkshauptstadt mit einem großen Einzugsgebiet über recht gute Einkaufsmöglichkeiten. Flankiert wird der lang gezogene Hauptplatz im Osten von der **Stadtpfarrkirche,** im Westen von der Kapuzinerkirche. Zu Letzterer gehört ein Kloster, welches das älteste noch aktive **Kapuzinerkonvent** Österreichs ist.

Heiliger Urban: Patron der Winzer

Naturparkzentrum Grottenhof

Der Grottenhof ist ein landwirtschaftliches Pachtgut aus dem 12. Jh., das einst den Salzburger Erzbischöfen gehörte. Ein späterer Eigentümer errichtete an gleicher Stelle ein Renaissanceschloss, das Anfang des 19. Jh. wegen Baufälligkeit abgetragen wurde. Heute befindet sich im Anwesen das Naturparkzentrum Südsteirisches Weinland. Neben dem Infobüro, einem Café-Restaurant und einem Verleih für E-Bikes gibt es noch eine umfangreiche Dauerausstellung zur Regionalgeschichte und Alltagskultur. Ein weiterer Teil des Grottenhofs wird als Kunstgalerie genutzt.

Di–Fr 9–17 Uhr, Sa 9–12 Uhr. 5 €, erm. 3 €. Grottenhof in Kaindorf an der Sulm, ✆ 03452-732283, www.regioneum.at.

Weststeiermark → Karte S. 360

Schloss Seggau

Von den mächtigen Mauern auf einem bewaldeten Hügel blickt man ostwärts Richtung Leibnitz und zur Gegenseite auf die Windischen Bühel. Ihr heutiges Gesicht erhielt die Festung erst in der zweiten Hälfte des 17. Jh., wobei es sich ursprünglich um zwei Anlagen handelte, die zu Beginn der Neuzeit zusammengelegt wurden. Die Geschichte reicht jedoch weiter zurück, denn beim Vorgängerbau wurde Marmor aus der Römerzeit verwendet, der bei der jüngsten Restaurierung wieder freigelegt wurde. Neben der barocken **Schlosskapelle** und der modernen **Michaelskapelle** mit dem ausgemergelten Christus am Kreuz, einer Stahlplastik von Alexander Silveri, ist der 300 Jahre alte Weinkeller die wichtigste Attraktion. Weil die Festung seinerzeit den Salzburger Erzbischöfen gehörte, wird das kühle Gewölbe im Volksmund auch **Bischofskeller** genannt. Bei den Anfängen der hiesigen Weinkultivierung hatten die Kirchenfürsten aus dem Norden Pate gestanden. Bis heute wird hier der Rebensaft gekeltert und im eigenen Ladenlokal vertrieben. Ein modernes Tagungshotel sowie ein Café runden das Angebot ab.

Schloss Seggau bei Leibnitz

Führungen: Mai bis Okt. Sa 14 Uhr, So 11 Uhr. 6 €, erm. ab 3 €. Weinkeller und Shop: März bis Okt. Di–Sa 10–12 und 13–18 Uhr, Mai bis Okt. auch So 10–12 und 13–16 Uhr, Nov. bis Mitte Dez. bis 17 Uhr. Eintritt frei. Seggauberg 1, ✆ 03452-82435, www.seggau.com.

Frauenberg

Mit einer Höhe von 381 m ist der Frauenberg kaum niedriger als das benachbarte Schloss. Gleich zwei lohnende Ziele können hier besichtigt werden: Zum einen die weithin sichtbare **Barockkirche,** deren flache Deckenkuppeln beinah vollständig mit Fresken im Stil oberitalienischer Illusionsmalerei ausgestaltet sind. Direkt daneben befindet sich mit dem **Tempelmuseum** die zweite Attraktion. 1951 entdeckte man an dieser Stelle Grundmauern aus der römischen Kaiserzeit und identifizierte diese als einen vermutlich der Isis Noreia geweihten Tempel. Funde von der Spätantike bis zum Frühmittelalter sind auf zwei Etagen ausgestellt, außerdem können die im Jahr 2004 wieder aufgeschichteten Grundmauern besichtigt werden.

Tempelmuseum: Mai bis Okt. tägl. 10–16 Uhr. 3 €. Frauenberg 17 in Seggauberg, ✆ 03452-86320, www.seggauberg.at.

Flavia Solva

Die spärlichen Reste der römischen Siedlung befinden sich in denkbar unwirtlicher Umgebung an der südlichen Stadtperipherie von Leibnitz (die Ruinen sind zu jeder Tageszeit frei zugänglich). Bereits zu keltischer Zeit ist an diesem Ort ein Übergang über die Mur verbürgt. Um 70 n. Chr. wurde die Römersiedlung zum Municipium erhoben. Der Name Flavia Solva leitet sich zum einen von dem Stadtgründer Flavius ab, gemeint ist der römische Kaiser Vespasian, zum anderen von der Sulm, die in römischer Zeit Solva hieß. Obwohl es sich um die bedeutendste archäologische Stätte auf steirischem Grund handelt, gibt es hier nicht allzu viel zu tun. Einige Schaustücke in einer Vitrine, das war's auch schon. Wer mehr über die antike Siedlung erfahren will, muss nach Graz fahren. Und so ist das beliebte Café Koppitz mit seinen herrlichen Eispalatschinken im Stahl-Glas-Bau über den Ruinen heute bei Weitem die größere Attraktion!

Wanderung 11: Vom Silberberg über den Kreuzkogel zur Sulm → S. 428 ff.
Rundtour mit viel Wein, Wald und abwechslungsreichen Wanderwegen

Römerhöhle Aflenz

Zu einem guten Teil bezogen die Römer das Baumaterial für Flavia Solva aus einer 4 km südlich gelegenen unterirdischen Höhle. Noch heute wird in bescheidenem Stil Korallenkalksandstein, hervorragend geeignet für Skulpturen, abgebaut. Sandstein aus Aflenz steckt sowohl im Wiener Stephansdom als auch im Grazer Landhaus. In der Spätphase des letzten Weltkriegs mussten Zwangsarbeiter aus der Aflenzer Außenstelle des KZ Mauthausen Rüstungsgüter für die Deutsche Wehrmacht produzieren, 500 Menschen verloren dabei ihr Leben. Die Römerhöhle kann nach Voranmeldung besichtigt werden, seit 1989 finden bei kühlen 8 °C unter Tage Konzerte und Theateraufführungen statt (Führungen: 5 €, mind. 25 €. ✆ 03452-825820 oder 0664-3950784, die Anfahrt ist ab Flavia Solva ausgeschildert).

Basis-Infos Leibnitz und Umgebung

Information Das Naturparkzentrum Grottenhof dient als Infostelle für die Region. Auskünfte zur Stadt Leibnitz erteilt die Touristeninfo, zugänglich über die Rathauspassage. Mo–Fr 9–18 Uhr, Sa 9–12 Uhr. Sparkassenplatz 4a, ✆03452-76811, www.leibnitz.info.

Hin & weg Bahn: Intercity- und Regionalzüge halten am Bahnhof in Gehentfernung zum Zentrum. Außerdem liegt Leibnitz an der S-Bahn-Linie 5 Graz – Spielfeld.

Bus: Vom Bahnhof fahren Busse u. a. nach Bad Radkersburg, Ehrenhausen, Arnfels und Wies-Eibiswald.

Ärztliche Versorgung Das **Landeskrankenhaus** befindet sich in Wagna, 2 km östlich vom Zentrum. LKH Wagna, Pelzmannstr. 18, ✆ 03452-7010, www.lkh-wagna.at.

Einkaufen **Weingut Silberberg.** Im großen Anwesen am Sulmsee ist die 1895 gegründete Fachschule für Weinbau und Kellerwirtschaft untergebracht. Ausgezeichnete und vielfach prämierte Tropfen sind hier fast schon selbstverständlich. Auch Bioweine und Edelbrände, mit kleiner Schenke. Mo–Fr 7–12 und 13–17 Uhr, April bis Juni und Sept. bis Mitte Nov. auch Sa 9–15 Uhr. Kogelberg 16, ✆ 03452-82339, www.silberberg.at.

Bauernmarkt auf dem Hauptplatz. Fr 10–13 Uhr.

Post Mo–Fr 8–18 Uhr, Sa 9–12 Uhr. Bahnhofstr. 3.

Radeln In Leibnitz beginnt bzw. endet der **Sulmtalradweg** (R1), der **Murradweg** (R2)

Weststeiermark → Karte S. 360

führt dicht an Leibnitz vorbei. Der rund 15 km lange **Römer-Radweg** von Lebring via Leibnitz nach Landscha (R6) verbindet auf flachem Terrain die Flüsse Mur, Sulm und Laßnitz.

Veranstaltungen **Marenzihaus**. Kleinkunstzentrum östlich vom Hauptplatz für Musik und Theater, auch Gastronomie. Bluestage im April, Jazzfestival im Okt. (Kaspar-Harb-Gasse 4, ✆ 03452-82957, www.kael.at).

Steirische Weinwoche. Rund 50 Weinbauern präsentieren auf der Traditionsveranstaltung ihr Angebot, Höhepunkt ist der Hobbykünstlermarkt sonntags im Marenzipark. Ende Aug. (www.steirische-weinwoche.at).

Herbstfest. Erntedankfest am Hauptplatz mit steirischen Spezialitäten, Festumzug, Musik und Hobbykunst. Eintritt 3 €. An einem Sonntag Mitte Okt. (www.herbst fest.eu).

Perchtenlauf. Mit 60 beteiligten Gruppen und 800 Masken einer der größten Perchtenläufe Österreichs. Perchten, Engerl, Hexen, Feuerspucker, Mönche u. v. m. An einem Sonntag Ende Nov. (www.weinwinter.at).

Übernachten/Essen & Trinken in und um Leibnitz

**** **Staribacher**. Das gut geführte Wellness- und Tagungshotel am Naturparkzentrum hat 40 geräumige, modern ausgestattete Zimmer. Ausgezeichnetes Restaurant mit saisonal wechselnder Karte und guter Weinauswahl, Hauptgerichte ab 15 €. Geschmackvoll bis ins Detail ausgestaltetes Stüberl, Terrasse unter schattigen Bäumen. Einziges Manko ist der Verkehrslärm der Sulmtalstraße. DZ ab 132 €. Grottenhof 5, ✆ 03452-82550, hotel@staribacher.at, www.staribacher.at.

*** **Lang**. Das kleine Mittelklassehotel befindet sich zwischen Bahnhof und Zentrum, nichts für einen längeren Ferienaufenthalt, ideale Bleibe, wenn man auf dem Murradweg oder mit öffentlichen Verkehrsmitteln unterwegs ist. Freundlicher Service, gepflegte Gästezimmer, teils mit Balkon. DZ ab 66 €. Bahnhofstr. 22, ✆ 03452-82552, office@hotel-lang.at, www.hotel-lang.at.

JUFA. Das Jugend- und Familiengästehaus liegt günstig zwischen Sulm und Hauptplatz, es handelt sich um einen modernen Großkomplex mit angeschlossenem Sportcampus, das Freibad liegt gleich um die Ecke. 40 Zimmer, Café mit Terrasse, Sauna und Kraftraum. DZ ab 70 €. Klostergasse 37, ✆ 05708-3420, leibnitz@jufa.at, www.jufa.eu.

Camping Leibnitz. Der Zeltplatz befindet sich zwischen Sulm und Stadtzentrum, nebenan liegt das Freizeitzentrum mit Freibad. Ideal für Familien mit Kids und gut für die Durchreise, an warmen Sommertagen jedoch tagsüber alles andere als ruhig. Mai bis Mitte Okt. offen. 2 Pers. mit Zelt ab 20 €. Rudolf-Hans-Bartsch-Gasse 33, ✆ 03452-82463, camping@leibnitz.at.

Temmer. Die liebenswerte wie abgelegene Schmankerlstub'n entpuppt sich als einer der besten Landgasthöfe weit und breit. Innovative Gerichte aus frischen regionalen Zutaten wie Bärlauch oder Ziegenfrischkäse (Hauptgerichte 15–20 €), bodenständiges Auftreten, sympathisches Erscheinungsbild. Nur wenige Innen- und Außenplätze. Mi–Fr 17–21 Uhr, Sa ab 12 Uhr. Badstr. 2 in Tillmitsch (4 km nördlich von Leibnitz), ✆ 03452-82070, www.schmankerlstubn.at.

Rebenholz. Restaurant im Naturparkzentrum Grottenhof, Backstein- und Holzambiente, an der Wand Regale mit ausgesuchten Flaschenweinen aus der Region. Umfangreiche Karte mit grundsolider Hausmannskost, das Schweinefilet im Speckmantel kostet 13 €. Preiswerte Mittagsmenüs, Weindegustationen, Grillabende. Mi–So ab 11 Uhr, So abends geschlossen. Grottenhof 1 in Kaindorf a. d. Sulm, ✆ 03452-73221, www.rebenholz.at.

››› **Mein Tipp: Kieslinger**. Exzellenter Vorzeigebuschenschank am Fuß der Kreuzkogelwarte, Gutshaus in beherrschender Alleinlage mit herrlichen Innen- und Außenplätzen. Von der Terrasse blickt man auf Reben, dazu herzhafte Jausen, ein Gläschen vom Selbstgekelterten, auch Kaffee und Kuchen. Werktags außer Mi ab 14 Uhr, Sa/So ab 12 Uhr. Kogelberg 36 in Kaindorf a. d. Sulm (Zufahrt via Grottenhof), ✆ 03452-82780, www.kieslinger.org. ‹‹‹

Frischehof. Am Eingang der Charme einer Autowaschanlage, nach hinten mit trefflichem Paradiesgärtlein: Bio-Bistro im Gewerbegebiet mit angeschlossenem Naturkostladen, der Schwerpunkt liegt auf Produkten aus der Region. Vegetarische Küche und hausgefertigte Kuchen, Innen- und Außenplätze. Mo–Fr 8.30–19 Uhr, Sa bis 17 Uhr. Im Lagerfeld 11 (an der B 67), ✆ 03452-745110, www.frischehof.at. ■

Ehrenhausen mit Pfarrkirche, Schloss und Mausoleum

Ehrenhausen

ca. 1100 Einwohner

Das 10 km südlich von Leibnitz gelegene Städtchen beansprucht für sich den Titel, das Tor zur südsteirischen Weinstraße zu sein. Das Prädikat scheint dem Ort allerdings nicht allzu gut zu bekommen, denn die verkehrsreiche B 69 entlang der slowenischen Grenze führt mitten durch das Zentrum und verwandelt es in ein Nadelöhr mit geringer Aufenthaltsqualität. Das ist bedauerlich, weil der Ort kunsthistorisch Interessierten durchaus etwas zu bieten hat.

Der zweite Blick enthüllt, warum Ehrenhausen über eine der schönsten städtebaulichen Anlagen der Südsteiermark verfügt: Über dem schlanken Rokokoturm der **Pfarrkirche** glänzt das **Mausoleum** des Kriegsherrn Ruprecht von Eggenberg im Licht der Sonne, bewacht wiederum vom mächtigen **Renaissanceschloss** auf der Hügelkuppe. Letzteres schützte in der Vergangenheit die Reisewege durch das Murtal sowie nach Gamlitz. Seine Lage war strategisch so vorteilhaft, dass im 14. Jh. sogar die Habsburger die Hände nach dem Flecken ausstreckten. Ansonsten wechselten die Eigentümer im Lauf der Zeit munter, ehe 1543 die bedeutende Adelsfamilie der Eggenberger (→ S. 267 f.) sich des Anwesens bemächtigte und die alte Festung durch ein Schloss ersetzte. Ein Familienspross, allerdings aus einer anderen Linie, ist der oben erwähnte Feldherr und Sieger in der Schlacht bei Sissek gegen die Türken anno 1593. Am Mausoleum, das seine sterblichen Reste aufbewahrt, wurde mit Unterbrechungen fast das ganze 17. Jh. hindurch gearbeitet. Heute zählt der 1693 eingeweihte Bau zu den feinsten Beispielen der manieristischen Architektur in Österreich.

Rund um Ehrenhausen

Ehrenhausen ist ein idealer Ausgangspunkt für Ausflüge in alle Himmelsrichtungen – und spätestens dann stellt sich auch die Urlaubsstimmung ein. Der Murradweg

Weststeiermark → Karte S. 360

folgt dem Fluss nach Süden bis zur slowenischen Grenze, wo Mur und Fahrradweg nach Osten schwenken und Kurs auf Bad Radkersburg nehmen. Am Flussknick befindet sich der Ort **Spielfeld** mit seinem Renaissanceschloss im Dornröschenschlaf. In der Gegenrichtung gelangt man auf einer Nebenstrecke zur Aflenzer Römerhöhle (→ S. 363). Wendet man sich hingegen von Ehrenhausen geradewegs nach Nordosten, quert die Straße nacheinander die Mur und die Autobahn und führt nach **St. Veit am Vogau.** In der Barockkirche im Zentrum lohnt der Blick nach oben: Die Malereien des Künstlers Felix Barazutti entstanden zu Beginn des 20 Jh., als die bürgerliche Welt in Flammen stand. Mitten in den stürzenden Ikonen der alten Weltordnung spricht u. a. Karl Marx zu versammelten Arbeitern!

In Ehrenhausen zweigt die Weinstraße von der Hauptverkehrsroute ab und steuert kurvenreich die slowenische Grenze an. Die faszinierende Berg-und-Tal-Strecke passiert zahllose Weingüter und Buschenschenken, immer wieder lohnt es sich, an den Aussichtspunkten anzuhalten. Ein beliebtes Ziel ist der **Bärenhof Berghausen** unweit der Weinstraße: Vor etwa drei Jahrzehnten bewahrten Tierschützer drei Jungbären aus einem obersteirischen Wildpark vor dem Ende; sie sollten aus Platz- und Geldmangel getötet werden. Inzwischen leben im Gehege zwölf Bären, ein Café kredenzt hausgemachte „Beerensäfte“ (März bis Dez. tägl. 9–18 Uhr. 4 €, erm. 2 €. Wielitsch 40, ✆ 0664-5224220, www.baerenhof-berghausen.com). Der Bärenhof liegt im weiträumigen Umland von **Ratsch an der Weinstraße:** Das traditionelle Winzerdorf in hübscher Umgebung ist wegen der exzellenten Weingüter und Buschenschenken eine populäre Urlaubsdestination.

Basis-Infos Ehrenhausen und Umgebung

Information Das Infobüro befindet sich im Zentrum. Mo–Fr 9–12 und 13–17 Uhr, Sa 9–12 Uhr. Hauptstr. 52, ✆ 0664-8570408, www.ehrenhausen.at.

Hin & weg **Bahn**: Der Haltepunkt der S-Bahn-Linie 5 Graz – Spielfeld ist 10 Min. vom Zentrum entfernt.

Radverleih: Das Hotel Loisium in Ehrenhausen verleiht Tourenräder und E-Bikes für 12–19 € pro Tag (→ Übernachten / Essen & Trinken).

Einkaufen **Genussregal/Vinofaktur**. Großformatiges Mekka steirischer Spezialitäten im Stil eines modernen Outlet Centers, begründet u. a. vom steirischen Renommierweingut Polz. Neben Wein auch viele andere Köstlichkeiten, Öl kann an Stationen probiert werden, Bistro mit Salaten aus heimischen Zutaten, Snacks, Kaffee und Kuchen (Innen- und Außenplätze). Tägl. 9–19 Uhr. An der Mur 13 in Vogau (10 Min. zu Fuß vom Bahnhof), ✆ 03453-406770, www.genussregal.at bzw. www.vinofaktur.at.

Tement. Vorzeigewinzerbetrieb in dritter Generation, die Weine (u. a. Sauvignon blanc, Gelber Muskateller) erhalten immer wieder Prämierungen. Restaurant und Vermietung von Zimmern. Mo–Sa 10–18 Uhr. Zieregg 13 (an der Weinstraße auf Schild achten), ✆ 03453-41010, www.tement.at.

Veranstaltungen **Welschlauf**. Seit 1995 jährlich stattfindendes Marathon-Ereignis zwischen Wies und Ehrenhausen mit rund 3000 Teilnehmern. Neben der klassischen Marathondistanz gibt es auch noch einen Halbmarathon. Eine Besonderheit sind maskierte Läufer, eine Jury bewertet die besten Kostüme. Erster So im Mai (www.welschlauf.com).

Erzherzog Johann Weinfest. Herbstreigen mit Sturm (neuer Wein), Paraden, Tanz und Volksmusik am Neuen Markt. An zwei Wochenenden Mitte/Ende Sept.

Wandern In Tuchfühlung zur Ratscher Weinstraße verläuft der österreichisch-slowenische **Grenzpanoramaweg**. Ein beliebtes Ausflugsziel am Fernwanderweg ist die **Aussichtswarte Kungota** auf slowenischem Gebiet. Der kürzeste Zugang erfolgt vom Weingut Tement.

Der **Weinwanderweg Ratsch-Ottenberg** hat eine Länge von 13 km und beginnt bzw. endet am Ratscher Landhaus (Gehzeit: ca. 3:30–4 Std.)

Buschenschank-Idyll an der südsteirischen Weinstraße

Übernachten/Essen & Trinken in und um Ehrenhausen

**** **Loisium**. Ultraschickes Großhotel an einem Weingarten oberhalb des Ehrenhausener Ortszentrums. Gestylte Urbanität, freches Design, komfortable Zimmer, ein Restaurant auf Haubenniveau, Bistro für kleine Mahlzeiten und Vinothek. Wellness- und Spa-Bereich. Am Schlossberg 1a, ✆ 03453-288000, hotel-steiermark@loisium.at, www.loisium.at.

*** **Ratscher Landhaus**. Die Hotelanlage mit Gartenpool befindet sich allein auf weiter Flur zwischen Weinbergen. Tadellose Zimmer, teils mit Balkon, Café-Restaurant mit großer Terrasse, Hauptgerichte 10–15 € (Mo/Di Ruhetag). Mitte März bis Okt. geöffnet. DZ ab 84 €. Ottenberg 35 (an der Weinstraße auf Schild achten), ✆ 03453-23130, info@ratscher-landhaus.at, www.ratscher-landhaus.at.

››› **Mein Tipp: Der Rebenhof**. Das Weingut am höchsten Punkt der Weinstraße ist ein hervorragender Aussichtspunkt. Himmlische Terrasse, die Spezialität des Restaurants sind Flammkuchen in allen möglichen Varianten (um 10 €). Die 7 Zimmer befinden sich schräg gegenüber auf der anderen Straßenseite, eingerichtet mit viel Stil und Flair, gemütliche Bauernstube, solarbeheizter Pool, Sauna, Verleih von E-Bikes. April bis Nov., Restaurant Mi–So ab 12 Uhr. DZ ab 112 €. Ottenberg 38, ✆ 03453-213570 (Übernachtung), ✆ 03453-25750 (Weingut und Restaurant), moarhaeuser@rebenhof.at, www.rebenhof.at. ‹‹‹

Thaller. Der Traditionsgasthof in St. Veit am Vogau punktet mit edlem Ambiente und einer niveauvollen regionalen Küche. Verarbeitet werden Produkte von ausgewählten Anbietern, darunter viele Biozutaten. Eigene Forellenzucht, romantischer Gastgarten, bodenständige Mittagskarte (Hauptgerichte 15–20 €), Menüs abends deutlich teurer. Di/Mi und So abends geschlossen. Am Kirchplatz 4, ✆ 03453-2508, www.gasthaus-thaller.at.

Koarl & Julia's Wirtshaus. Urige Einkehr direkt vor der Pfarrkirche in Ehrenhausen mit gemütlichen Innen- und Außenplätzen, hier wird die steirische Gastlichkeit unverfälscht gelebt. Gutbürgerliche Küche mit Anspruch und mit Pfiff, die geschmorten Ochsenbackerl mit Püree und Gemüse gibt's für 13,50 €. Preiswerte Mittagskarte, gute Weine. Mo–Sa ab 10 Uhr, So bis 18 Uhr, im

Weststeiermark → Karte S. 360

Winter geschlossen. Marktplatz 3, ✆ 03453-21296, www.koarl-julia.at.

Dreisiebner. Weingut mit Pension und einem Buschenschank auf Gourmetniveau. Große Sonnenterrasse, Einrichtung mit viel Stil und Niveau, die Degustationsjause mit drei Gängen kostet 30 € (inkl. Wein). 6 Zimmer, teilweise mit Balkon. Weinverkauf: tägl. ab 10 Uhr. Buschenschank: April bis Nov. ab 14 Uhr, im März am Wochenende, im Juli 2 Wochen geschlossen. Sulztal 35 (an der Weinstraße ausgeschildert), ✆ 03453-2590, www.dreisiebner.com.

Kästenburg. Historisches Weingut (seit 1638) an der Weinstraße, gemütliche Winzerstube mit Kachelofen, Terrasse mit Weitblick und Spielplatz. Weinausschank und Verkauf ab Hof, eine Buschenschankspezialität sind u. a. s'Worme Weinzerl (überbackenes Schwarzbrot in vielen Varianten, ab 6 €). April bis Nov. Fr–Di ab 11 Uhr, Do ab 17 Uhr. Vermietet werden auch 2 Apartments mit Balkon. Ratsch/Weinstraße 66, ✆ 03453-2565, www.kaestenburg.at.

Postkastl. Buschenschank des renommierten Weinguts Georgiberg an der Weinstraße zwischen Ratsch und Ehrenhausen. Hübsche Außenplätze auf der Veranda oder im Garten, nur wenige Innenplätze, der Käferbohnensalat mit Zwiebeln kostet 7 €. April bis Nov. tägl. außer Mo ab 11 Uhr, April/Mai und Nov. nur am Wochenende. Wielitsch 36, ✆ 0664-1111696, www.postkastl-georgiberg.at.

Gamlitz

ca. 3200 Einwohner

Das propere Städtchen 3 km westlich von Ehrenhausen erhielt wiederholt Medaillen der Entente Florale Europe für seinen üppigen Blumenschmuck und die hohe Lebensqualität. Die Stimmung im Zentrum ist auf unaufgeregte Weise heiter, obwohl auch hier die Südsteirische Grenzstraße für reichlich Verkehrsaufkommen sorgt. Was in Ehrenhausen ein Nachteil ist, fällt hier hingegen kaum ins Gewicht. Stolz ist man allenthalben darauf, die größte österreichische Weinbaugemeinde zu sein. Und in der Tat bleiben die 400 ha Anbaufläche in der Alpenrepublik unübertroffen, ganze 10 % des steirischen Weins stammen von hier. Den Anspruch zementiert das **Schloss Gamlitz** mit seinem stimmungsvoll-mediterranen Hof, das seit 1990 ein **Museum zur Weinkultur** beherbergt. Die Ausstellung beschäftigt sich mit Themen wie der Rebenzucht, dem Prozess des Kelterns, der regionalen Weinbaugeschichte oder dem spezifischen Verhältnis, das der Erzherzog Johann zum Rebensaft pflegte (tägl. 9–21 Uhr. 2,50 €, Führungen auf Anfrage. Eckberger Weinstr. 32, ✆ 03453-2363, www.melcher.at). Als Platz für Ausstellungen genießt der Standort Tradition, denn im 19. Jh. war hier die Sammlung von Franz Ferk beheimatet. Am Fuß des Sernaubergs südwestlich von Gamlitz entdeckte der Volkskundler und Archäologe 1885 u. a. einen Grabstein aus der Römerzeit, der heute an der Außenseite der romanischen Pfarrkirche zu sehen ist. Der leidenschaftliche Sammler besaß auch 300 Musikinstrumente, die heute in Gamlitz zu bestaunen wären, hätte sich die Gemeinde seinerzeit dafür interessiert. Stattdessen gab Franz Ferk die bedeutenden Objekte nach Slowenien, während sein übriger Nachlass im Grazer Volkskundemuseum liegt. Ende des 19. Jh. erwarb die Winzerfamilie Melcher das Gamlitzer Schloss. Heute betreibt sie hier ein Hotel mit Restaurant und lädt im Gewölbekeller zur Weinverkostung ein.

Basis-Infos Gamlitz

Information Das Infobüro befindet sich im Ortszentrum. Mo–Fr 9–12 und 14–17 Uhr, im Sommerhalbjahr auch Sa vormittags geöffnet. Marktplatz 41, ✆ 03453-3922, www.gamlitz.at.

Hin & weg Taxi: ✆ 0664-2070207. Urlauber in Besitz einer Gästekarte können mit dem Taxi kostenlos zwischen den Mitgliedsbetrieben des Tourismusverbands pendeln.

Einkaufen **Walter Skoff**. Die renommierteste Gamlitzer Winzerfamilie betreibt den Weinbau bereits in der 4. Generation, wegen der zahlreichen Medaillen hat Walter Skoff den Spitznamen „Mr. Sauvignon". Buschenschank mit Panoramaterrasse (April bis Okt.), komfortable Zimmer mit viel Holz. Mo–Fr 8–12 und 13–18 Uhr, Sa 10–18 Uhr, So 10–16 Uhr. Eckberg 16 (auf der L 632 Richtung Ratsch a. d. Weinstraße), ✆ 03453-4243, www.skoff-original.at.

Die Amtmann. Familiärer Hofladen im Niemandsland, im Naturgarten gedeihen Duftrosen, Lavendel und andere Wildkräuter oder auch Obst. Was der Garten abwirft, wird zu hochwertigen Lebensmitteln wie Rosenblütennudeln oder Bio-Lavendelgelee verarbeitet. Im Hofcafé gibt es saftigen Apfelstrudel oder schmackhafte Germteigschneckerl, dazu einen guten Kaffee. Tägl. außer Mi 9–18 Uhr, So bis 15.30 Uhr. Kranachberg 15 (auf der B 69 in Richtung Leutschach, am Ortsende Kranachberg rechts), ✆ 03453-21654, www.die-amtmann.at. ■

Bauernmarkt. Am westlichen Ortsausgang im Hof von Kurtis Pizzeria. Mitte April bis Okt. Sa 9–12 Uhr.

Motorikpark An etwa 30 von Sportwissenschaftlern entwickelten Stationen können Koordination und Ausdauer trainiert werden, Bewegung in naturschöner Umgebung und mit einer gesunden Portion Spaß! Der Park am Ortsrand Richtung Ehrenhausen ist jederzeit kostenlos zugänglich. ✆ 03453-2667, www.motorikpark-gamlitz.at.

Veranstaltungen **Südsteiermark Classic**. Seit 2001 findet die Weinland-Ralley nostalgischer Automobile statt, Start und Ziel ist das Ortszentrum Gamlitz. Letztes Wochenende im April (www.suedsteiermark-classic.com).

Gamlitz: Maibaum im Ortszentrum

Summertimeblues. Über drei Tage lang Jazz, Blues und mehr im Gamlitzer Schloss. Mitte Juli (www.summertimeblues.at).

Weinlesefest. Traditionelles Herbstfest zur Weinlesezeit (seit 50 Jahren), mit Spezialitäten aus der Region, Musik und Vergnügungspark. Erstes Wochenende im Okt.

Wandern Beliebt sind Wege zu den Weinbauern, u. a. führt der **Grubtaler Wanderweg** zu zahlreichen Hofgütern und Buschenschenken, Startpunkt ist am Sportplatz (Gehzeit: ca. 2–2:30 Std.).

Weststeiermark → Karte S. 360

Übernachten/Essen & Trinken um Gamlitz

Die meisten Feriengäste wohnen auf den Weingütern in der Umgebung. Kultiviert und gekeltert werden u. a. Chardonnay, Weißburgunder, Welschriesling, Morillon, Gelber Muskateller und natürlich Sauvignon blanc, der in den Bewertungen häufig am besten abschneidet. Bei den Weinfesten im Herbst steht alles im Zeichen der Präsentation der Steirischen Junker – der trockenen Jungweine.

**** **Panoramablick**. Die familiäre Komfortbleibe liegt allein auf weiter Flur, nur 7 Zimmer im älteren Haupthaus und im modernen Nebengebäude. Schöner Rundblick von der Terrasse auf die Weinberge, Sauna, Außenpool. Restaurant nur für Hotelgäste (Hauptgerichte 10–20 €), das Café steht allen offen (tägl. außer Do ab 14 Uhr). Mitte März bis Nov. DZ ab 138 €. Sernau 8 (Richtung Leutschach und 50 m hinter dem Ortsende links), ✆ 03453-3737, info@panoramablick-gamlitz.at, www.panoramablick-gamlitz.at.

**** **Jaglhof**. Exklusives Urlaubsdomizil auf 500 m Höhe südlich von Gamlitz, von hier haben die Gäste das Weinland fest im Blick. Das Hofgut ist hufeisenförmig angelegt, die Terrasse öffnet sich nach hinten. 7 stilvoll eingerichtete Zimmer mit Balkon, erstklassiges Restaurant mit saisonal wechselnder Karte, Hauptgerichte um 20 € (Di/Mi und So abends zu). März bis Dez. geöffnet. DZ ab 130 €. Sernau 25 (Anfahrt wie Hotel Panoramablick), ✆ 03454-6675, office@jaglhof.at, www.jaglhof.at.

Elsnegg. Vorzeigeweingut mit Pension südlich von Gamlitz, der unangefochtene Star des Hauses ist der fruchtige Muskateller. Am Wochenende öffnet ein feiner Buschenschank mit frischen, appetitlich garnierten Spezialitäten der Saison (Ostern bis Okt. ab 14 Uhr). Nur 4 einfache, aber ordentliche Zimmer, Weinbergblick vom Balkon, Weinverkauf ab Hof. DZ ab 74 €. Eckberg 26 (3 km Richtung Ratsch), ✆ 03453-4812, weingut@elsnegg.at, www.elsnegg.at.

Sattlerhof. Gourmet-Restaurant mit Hotel in Alleinlage 2 km südwestlich von Gamlitz. Am Mittag öffnet das „Wirtshaus" mit hinreißenden Sitzplätzen im Garten, ein Klassiker ist das Backhendl (ca. 10 €). Abends empfängt das noble Haubenrestaurant mit Wintergarten die Gäste, Menüs ab 54 €, Gerichte können auch à la carte bestellt und nach Gusto kombiniert werden. Mitte März bis Nov. Do–Mo (Wirtshaus), Di–Sa (Restaurant). Sernau 2a (Richtung Leutschach und 50 m hinter dem Ortsschild links), ✆ 03453-4454, www.sattlerhof.at.

››› **Mein Tipp:** **Muster**. Weingut 3 km nördlich von Gamlitz, u. a. mit ausgezeichnetem roten Traminer. Die Buschenschenke ist eine der besten weit und breit, stilvolles Tafeln im hufeisenförmigen Hof oder auf der aussichtsreichen Veranda, ein Jausenklassiker heißt „Muster von allem" (13 € für 2 Pers.). April bis Okt. Mi–Sa 12–21 Uhr. Grubtal 14 (Richtung Sausal, dann auf Schild achten), ✆ 03453-2300, www.muster-gamlitz.at. ‹‹‹

Brolli. Eine der am schönsten gelegenen Buschenschenken im südsteirischen Weinland (→ Foto, S. 367), besonders am späteren Nachmittag ist die Stimmung auf der Veranda vor den Weinbergen bezaubernd. Die trockenen Weine Morillon und Scheurebe munden ebenso wie der Muskateller-Sekt, auch die Brettljause schmeckt ganz ausgezeichnet. Zum Gut gehört auch ein modernes Hotel. März bis Nov. Di–So ab 12 Uhr. Eckberg 43 (Richtung Ratsch und nach 5 km rechts), ✆ 03453-2341, www.brolli.at.

Leutschach

ca. 1700 Einwohner

Bereits der Blick auf die Landkarte zeigt, dass mehr Süden nicht geht: Das Gebiet rund um Leutschach befindet sich in Tuchfühlung zum slowenischen Nachbarstaat und markiert den südlichsten Punkt der Steiermark. Österreich und Slowenien sind lediglich durch eine Bergkette getrennt, die je nach Blickrichtung (und manchmal auch je nach Gusto) **Windische Bühel** oder **Poßruck** genannt wird. Drüben, auf der slowenischen Seite, fließt das Wasser in die Drau, hüben wird es der Mur zugeführt. Von der Wasserscheide blickt, bereits im Nachbarland liegend, die **Wallfahrtskirche zum Heiligen Geist** auf das kleinteilige, mancherorts fast märchenhaft wirkende Hügelland. Die heitere Gelassenheit der Landschaft, dazu das milde Klima und nicht zuletzt der Wein machten Leutschach in den letzten Jahren zu einer genuinen Urlaubsregion, die sich zunehmender Beliebtheit erfreut. Wie in Ratsch und Gamlitz sind auch hier einige namhafte Flaggschiffe der österreichisch-steirischen Winzerszene beheimatet: Erwin Sabathi oder Daniel Jaunegg machten dabei nicht nur mit qualitätsorientierter Handwerkskunst von sich reden, auch ihre funkelnagelneuen **Hofgüter** setzten architektonische Akzente und sind inzwischen beliebte Ausflugsziele. Auch in kulinarischer Hinsicht lohnt sich die Reise, denn Leutschach zählt unbestritten zu den **Gourmethochburgen** der Steiermark. Nirgends sonst ist das Qualitätsniveau in der Gastronomie so hoch wie hier zwischen den Windischen

Bühel, die Köche achten besonders auf die hohe Qualität und die regionale Herkunft der Zutaten für ihre kulinarischen Kreationen. Trotz des überaus beachtlichen Niveaus ist die Küche alles in allem bodenständig geblieben.

Aussichtsturm auf dem Kreuzberg

Rund um Leutschach

Wer sich Leutschach von Westen nähert, fährt nicht an Weingärten vorbei, sondern an ausgedehnten Hopfenkulturen. **Hopfen** ist in Leutschach mindestens so wichtig wie der Wein, zumal es in Österreich außer dem hiesigen Anbaugebiet nur noch ein weiteres gibt. Fast 20 % des in der Alpenrepublik verarbeiteten Hopfens stammen aus Leutschach. Es handelt sich um einen qualitativ hochwertigen Hopfen, der auch Grundlage für das Jahrgangspils der Brau-Union AG ist. Fast zwangsläufig gibt es in Leutschach auch eine Spezialbrauerei, die südlich des Ortszentrums einen Ausschank betreibt. Wendet man sich hingegen vom Zentrum ostwärts, umfangen den Reisenden wieder die vertrauten Weingartenhügel mit Kapellen, die auf runden Kuppen über das Land grüßen.

Eorykogel: In der Nähe des Pößnitzbergs, wo die Winzerfamilie Sabathi ihre Weinreben kultiviert, steht auf einem 483 m hohen Hügel, dem Eorykogel, die größte Traube der Welt. Die 5 m hohe Skulptur aus Glas und Edelstahl hat es tatsächlich ins Guinnessbuch der Rekorde geschafft! Der 2010 verstorbene Künstler Wilhelm Trojan setzte mit diesem Werk der Arbeit der Weinbauern ein Denkmal. Heute ist die Skulptur ein populäres, wenn auch etwas entlegenes Ausflugsziel mit Rundblick und einer empfehlenswerten Buschenschenke wenige Schritte entfernt.

Osterberg (Sveti Duh): Die Heiliggeistkirche (Sveti Duh) auf dem 907 m hohen Osterberg liegt bereits in Slowenien und überblickt das Leutschacher Rebenland. Der Sakralbau aus dem Jahr 1667 ersetzte eine ältere Holzkirche und ist ein beliebtes Wallfahrtsziel. Wichtigstes Ereignis im Jahr ist das Pilgerfest am Pfingstsonntag. Im 17. Jh. war der Osterberg regelmäßig Treffpunkt religiös motivierter Menschen, die eigenwillige Trancetänze aufführten, um den Heiligen Geist anzurufen. Wegen der ekstatischen Bewegungen der Tänzer wurde die Gruppe auch als „Springer-Sekte“ bezeichnet.

Wanderung 12: Entlang der slowenischen Grenze nach Sveti Duh → S. 430 f.
Ein Klassiker unter den Rundwegen im Leutschacher Rebenland

Weststeiermark → Karte S. 360

Klappern gehört zum Handwerk: Land-Art im Rebenparadies

Reisen bildet bekanntlich und daher werden Feriengäste spätestens hier im Leutschacher Rebenland erfahren, was ein **Klapotetz** ist. Ein Klapo … was? Die umständlich klingende lexikalische Erklärung definiert „Klapotetz“ als Windrad aus Holz, dessen Schlägel ein klapperndes Geräusch erzeugen, um Vögel von den Weingärten fernzuhalten. Kurz: Es handelt sich um ein Wind- oder Klapperrad. Wie großformatige Land-Art-Installationen drücken sie der ohnedies mit Schönheit nicht geizenden Landschaft zwischen Sausal und der slowenischen Grenze ihren Stempel auf. Aufgestellt werden die Klapotetze traditionell zu Jakobi am 25. Juli, um an Allerheiligen, nach Abschluss der Rebenlese, wieder von der Bildfläche zu verschwinden. Einige sind heutzutage eher Kunstobjekt als Vogelscheuche und dienen das ganze Jahr über als Ausflugsziel, z. B. der 16 m hohe Klapotetz am Demmerkogel (→ S. 377). Heute steht das größte Exemplar in Leutschach – allerdings in recht unromantischer Umgebung vor einem Einkaufszentrum. Klapotetze werden immer noch in Handarbeit hergestellt, z. B. vom Tischler Manfred Perl in St. Andrä. Allein die unterschiedlichen Holzarten, die in der Vogelscheuche verwendet werden, sind eine Wissenschaft für sich: die Flügel aus Fichte, die Klöppel aus Buche (wahlweise auch Birne) und der Block aus Eiche bzw. Esche oder Akazie. Für das Klangbrett wiederum eignet sich das Kirschbaumholz am besten. Das Klangbrett und die schlagenden Klötze, die den ganz besonderen Klapperton erzeugen, sind das eigentliche Herzstück der komplizierten Mechanik. Das Klappern gehört hier ganz buchstäblich zum Handwerk. Die Windräder aus Holz wurden Ende des 18. Jh. erstmals erwähnt, angeblich nannte sogar Erzherzog Johann einen Klapotetz sein Eigen. Auch im Ortswappen von Ratsch an der Weinstraße ist er präsent: ein goldener Klapotetz auf blauem Grund. Die Südsteirer sagen übrigens, im Unterschied zum gesamtösterreichischen Sprachgebrauch, *die* und nicht *der* Klapotetz!

Leutschacher Rebenland: Klapotetz als Landschaftswahrzeichen

Arnfels: 6 km östlich von Leutschach bildet das historische Marktstädtchen bereits den Übergang zum Schilcherland. Von der einstigen Bedeutung zeugt heute noch das **Schloss,** das von beträchtlicher Höhe auf die Bürgerhäuser und die Kirche im Ortszentrum blickt. Schon die Römer kannten einen Ort namens *Arupium,* und im 13. Jh. notierte eine Quelle das Schloss als *castrum Arnuelse.* Auch wenn es hier nicht allzu viel zu tun gibt, lohnt sich ein Kommen insbesondere bei verschiedenen Veranstaltungen und Events, die dem Ort in hoher Regelmäßigkeit zu beträchtlicher Aufmerksamkeit verhelfen. In Arnfels zweigt eine Nebenstrecke von der B 69 ab, die durch das Saggautal nach Norden in die Region Sulmtal-Sausal führt.

Basis-Infos Leutschach und Umgebung

Information Das Infobüro befindet sich im Ortszentrum von Leutschach. Mo/Di und Do–Sa 9–12 Uhr, Fr auch 14–18 Uhr. Hauptplatz 2, ✆ 03454-707070, www.rebenland.at.

Hin & weg **Bus**: Der ÖBB-Postbus verbindet Leutschach mit anderen Orten im Rebenland (Linien 652–654).

Taxi: Das Rebenland-Taxi bringt die Gäste in der Saison zu Weingütern und Ausflugszielen. Mitte März bis Mitte Nov. 11 €/Fahrt. ✆ 0664-4641611.

Einkaufen **Moser**. Das Weingut Moser auf 700 m ist das höchstgelegene Weingut Österreichs. Grandioser Rundblick, liebevoll bis ins Detail eingerichteter Hofladen (Weine, Säfte, Kürbiskerne, Edelbrände), Ausschankbetrieb und weitläufiger Garten. Ostern bis Nov. tägl. ab 9 Uhr. Großwalz 81 (schmale, steile Zufahrt Richtung Sveti Duh), ✆ 03454-6402, www.weingut-moser.at.

Sabathi. Erwin Sabathi ist einer der renommiertesten Winzer Österreichs, die Familie hat angeblich schon im 17. Jh. Wein kultiviert. Hochgelobter Chardonnay und Sauvignon blanc, die Roten munden ebenfalls. Das Weingut ist auch für den futuristischen Neubau mit der eleganten Holzfassade des Architekten Igor Skacel bekannt (5 Gästezimmer). Mo–Fr 10–12 und 13–17 Uhr, So 10–12 Uhr. Pößnitz 48 (an der L 614 Richtung Glanz a. d. Weinstraße), ✆ 03454-265, www.sabathi.com.

Klapothek. Der Bauernladen im Arnfelser Ortszentrum ist eine weststeirische Institution. Gutes von den Bauernhöfen aus der näheren und weiteren Umgebung, Bio-Reformwaren und Kunsthandwerk. Mo–Sa 8–12 Uhr, Mo und Mi–Fr auch 15–18 Uhr. Leutschacher Str. 37, ✆ 03455-6644, www.klapothek.at.

Veranstaltungen **Kniely-Haus**. Das Kulturzentrum mit Café im Leutschacher Ortszentrum veranstaltet das ganze Jahr über Konzerte, Ausstellungen und Seminare. Seit 2011 führt hier die Theatergruppe Rebenland ihr aktuelles Programm auf. Arnfelser Str. 10, ✆ 0676-3383540, www.knielyhaus.at.

Weinbauer trifft Bierbrauer. Veranstaltungsreigen rund um die beiden wichtigen Getränke in Leutschach und Umgebung, u. a. wird alle drei Jahre eine Hopfenkönigin gekürt. Mitte Aug.

Kunsthandwerksstraße. Seit rund 30 Jahren lockt der große Arnfelser Kunsthandwerker- und Hobbykünstlermarkt jährlich rund 180 Aussteller und 18.000 Besucher an. An einem So Anfang/Mitte Sept.

Arnfelser Schlossspiele. Seit 1964 belebt ein örtlicher Verein die regionale Kulturszene. Theateraufführungen und andere kulturelle Veranstaltungen finden ganzjährig im örtlichen Kino statt (www.arnfelser-schloss spiele.com).

Sport und Aktivitäten in und um Leutschach

Radeln Eine **Fahrradkarte** für Leutschach und Umgebung ist in der Touristeninformation erhältlich (kostenpflichtig).

Radverleih: E-Bikes für 19,50 €/Tag gibt es direkt an der Leutschacher Ortsinfo. Mo/Di und Do–Sa 9–12 Uhr, Fr auch 14–18 Uhr. Hauptplatz 2, ✆ 0680-2223313, www.velovital.at.

Wandern Kulinarische **Weinwanderungen** sind auch hier überaus populär, z. B. die **Glanzer Hoftour**, die wahlweise am Leutschacher

Weststeiermark → Karte S. 360

Hauptplatz oder am Eorykogel begonnen werden kann (zwei Varianten, Gehzeit: je ca. 3 Std.). Ein guter Wanderausgangpunkt ist darüber hinaus der Leutschacher Ortsteil Schlossberg.

Schlossbergwarte: Ein trotz der ca. 300 Höhenmeter eher gemütlicher Abstecher führt von Schlossberg zum Holzturm auf dem 633 m hohen Montikogel. Bereits 1912 befand sich hier eine Aussichtswarte, der Kleeblattweg ist ausgeschildert (Gehzeit mit Rückweg: ca. 2 Std.).

Kreuzbergwarte: Der 633 m hoch gelegene Aussichtsturm 7 km nördlich von Leutschach ist auch mit dem Auto zugänglich und ein beliebtes Ausflugsziel. Der 30 m hohe Turm aus dem Jahr 1994 erhielt die Auszeichnung Geramb-Rose für gutes Bauen (Viktor Geramb war ein bedeutender steirischer Volkskundler). Einkehrmöglichkeit und mehrere Optionen für Wanderer, kürzere und längere. Die große Runde vom Leutschacher Hauptplatz ist 17,5 km lang (Gehzeit: ca. 5 Std.).

Altenbachklamm: Das Naturjuwel ist seit 2007 durch einen gut ausgebauten Steig (u. a. mit einer 30 m langen Hängebrücke) erschlossen und ein ideales Ziel für Familien mit fitten Kids. Im letzten Abschnitt sehr steil, Einkehrmöglichkeiten oben und am Ausgangspunkt in Unterhaag. Von Arnfels auf der B 69 Richtung Eibisfeld, dann in Unterhaag auf Ausschilderung achten (Gehzeit: ca. 2 Std., www.altenbachklamm.at).

Heiligengeistklamm: Im Unterschied zur Altenbachklamm ist diese wildromantische Schlucht weniger erschlossen. Die Steine sind bei Nässe glitschig, wer hier wandert, sollte trittsicher sein und etwas Improvisationsvermögen mitbringen. Die Schlucht liegt südlich von Schlossberg und endet oben an der slowenischen Grenze, Startpunkt ist der Parkplatz an der Spitzmühle (P4).

Übernachten/Essen & Trinken in und um Leutschach

Die Übernachtung im Weingut zählt auch im Leutschacher Rebenland zum guten Ton, wobei das Preisniveau eher gehoben ist. Neben den einschlägigen südsteirischen Klassikern bieten die Speisekarten der Restaurants und Hofgüter auch Kreationen wie Karpfen in Kürbiskernkruste oder Würstel vom Zwergzebu. Zeburinder aus Indien sind seit etwa 10 Jahren auf einem Leutschacher Bauernhof beheimatet (www.zebu.at).

**** **Tscheppe**. Gasthaus am Leutschacher Hauptplatz mit modernem Anbau nach hinten. 26 Komfortzimmer, überwiegend mit Balkon und Blick ins Grüne. Neuer Saunabereich mit Heubetten und Hopfenbädern, das gute Restaurant legt Wert auf die Verarbeitung lokaler Produkte. Wegen der größeren Kapazitäten logieren hier ab und an auch Busreisegruppen. DZ ab 90 €. Hauptplatz 6, ✆ 03454-246, office@tscheppes-gasthof.com, www.langgasthof-tscheppe.at.

Tauss. Weingut in ruhiger Alleinlage nicht weit von Leutschach. Welschriesling, Weißburgunder, Cabernet und Merlot reifen im Eichenfass, seit 2010 mit Demeter-Zertifikat (Hofverkauf Mo–Do ab 10 Uhr). Ehrlicher Familienbetrieb, behagliches Ambiente, Pool, die 10 Zimmer und 2 Apartments sind mit Naturmöbeln liebevoll ausgestattet. Kein Restaurant, aber für die Gäste wird auf Wunsch gekocht. DZ ab 104 €. Schlossberg 80, ✆ 03454-6715, weingut-tauss@gmx.at, www.weingut-tauss.at. ■

››› Mein Tipp: **Tschermonegg**. Weingut im Grünen und in aussichtsreicher Hanglage an der Weinstraße zwischen Leutschach und Gamlitz. 17 ansprechend möblierte Zimmer, fast alle mit Balkon. Pool, Weinverkauf ab Hof, ausgezeichneter Buschenschank (April bis Nov. tägl. außer Mi) und steirisches Spezialitätenrestaurant. DZ ab 96 €. Glanz a. d. Weinstraße 50, ✆ 03454-326, weingut@tschermonegg.at, www.tschermonegg.at. ‹‹‹

Kollerhof. Komfortables Familienweingut in einem ansprechenden Neubau 2 km nördlich von Leutschach. Pool mit Rebenblick, Wellnessbereich, auch ideal für Familien mit Kindern. Gut ausgestattete Zimmer, überwiegend mit Balkon, gutes Frühstück, im Sommerhalbjahr öffnet der Buschenschank (Mi Ruhetag). DZ ab 92 €. Eichberg-Trautenburg 39, ✆ 03454-439, weinbau@kollerhof.com, www.kollerhof.com.

Preisgekrönter architektonischer Wurf: das Weingut Sabathi

Abels Wirtshaus. In abseitiger Lage am Käsehof schwingt Haubenköchin und Autodidaktin Gabriela Abel den Kochlöffel. Romantischer Gastgarten, stilvoll-rustikales Interieur, Festsaal und Gewölbekeller. Bodenständige Küche, saisonal wechselnde Gerichte mit Zutaten aus der Region (z. B. Rehragout mit Safranmarillen und hausgemachten Nudeln). Etwas teurer, aber der Weg lohnt sich. Mo/Di ab 17.30 Uhr, Fr–So mittags/abends, Nov. bis März nur Wochenende. Fötschach 9 (von Leutschach-Schlossberg auf der Weinstraße in Richtung Ratsch, dann auf Schild nach links achten), ✆ 03454-6384, www.kaesehof-abel.at.

Die Brauerei. Die kleine Privatbrauerei im Ortsteil Schlossberg setzt voll auf Natur. Neben den Klassikern, dem Natur-Weizenbier und dem Natur-Zwickel, gibt es aber auch Ginseng-, Kastanien- und Weinbier (mit Morillon von Erwin Sabathi). Selbstredend wird nur hiesiger Hopfen verwendet. Ausschank, kleine Snacks sowie ein Hopfenmuseum. Mi 14–18 Uhr, Do–Sa 10–20 Uhr, So bis 14 Uhr, Jan. geschlossen. Schillerplatz 3, ✆ 0699-10438749, www.diebrauerei.com.

Oberguess. Buschenschenke in paradiesischer Alleinlage oberhalb von Leutschach, der Wanderweg nach Sveti Duh führt hier vorbei. Gewölbe mit Stil, netter Außenbereich, kalte Jausen, u. a. Würstel vom Hochlandrind für 4,20 €. Verkauf eigener Weine und Schnäpse, auch **Camping** und Wohnmobile. März bis Okt. Mi–Sa 13–18 Uhr. Schlossberg 9, ✆ 0664-4380838, www.oberguess.com.

››› **Mein Tipp: Eory**. Der Buschenschank im Niemandsland zwischen Leutschach, Gamlitz und Glanz a. d. Weinstraße ist ideal für den gemütlichen Ausklang am Nachmittag. Herzhafte und v. a. üppige Brettljausen mit Niveau (bis 10 €), Brot aus der eigenen Hausbäckerei, dazu Wein und Sekt. Schöner Außenbereich, Speisekarte in weststeirischer Mundart. April bis Mitte Dez. tägl. außer Do ab 12 Uhr, Sept./Okt. kein Ruhetag, Nov. bis Mitte Sept. nur Sa/So. Pössnitz 65 (unterhalb der größten Weintraube der Welt), ✆ 03454-360, www.eoryschenke.at. ‹‹‹

Tertinek. Buschenschank am oberen Ausgang der Altenbachklamm mit Paradeblick über das Schilcherland bis zur Koralpe. Herzhafte Jausen, frische Krapfen und leckerer Most, der Bauernsalat kostet 5,50 €. Mitte März bis Mitte Nov. tägl. außer Mi geöffnet. Altenbach 35 in Oberhaag, ✆ 03455-6145, www.tertinek.at.

Weststeiermark → Karte S. 360

Sausal: der große Klapotetz am Demmerkogel

Das Sulmtal und das Sausal

Die reizvolle Hügellandschaft zwischen der Laßnitz im Norden und dem Sulmtal im Süden ist für viele noch ein Geheimtipp. Das Sausal, wie diese Region genannt wird, ist in mehrfacher Hinsicht ein eigenständiger Kultur- und Landschaftsraum: Der „Sausaler Stock", bestehend aus Schiefer aus dem Paläozän, ist erdgeschichtlich bedeutend älter als das Gestein der umliegenden Niederungen. Er ist verantwortlich für den nährstoffreichen Boden, der wie geschaffen ist für die Kultivierung von Kürbissen, Esskastanien, Obst und Wein. Besonders der Riesling schätzt die hier vorherrschenden Bedingungen. Seit den Römern kennt das Sausal den Weinanbau, wobei von einer ernsthaften Besiedlung der Gegend erst seit dem Mittelalter die Rede sein kann.

Noch heute gibt es hier keine größeren Orte, selbst das touristische Zentrum **Kitzeck im Sausal** ist im Grunde nicht mehr als eine Handvoll (vormaliger) Bauernhöfe rund um die barocke Pfarrkirche sowie einige verstreute Landgüter. Die Lage von Kitzeck allerdings ist berückend: ein Belvedere mit Fernblick, eine ihr Umland beherrschende Krone und nicht zuletzt der höchstgelegene Weinbauort Österreichs. Die Gäste fühlen sich in den Weingütern und Buschenschenken wohl, das kulinarische Niveau der Küche ist überraschend hoch. Zudem sind die Wege ins Schilcherland oder ins Sulmtal kurz, weshalb das Sausal auch als Standortquartier zur Erschließung anderer Ziele taugt. Seit 1979 befindet sich in einem Bauernhaus im Schatten der Kitzecker Pfarrkirche das **Weinmuseum**, das in fünf Räumen die Geschichte des südsteirischen Weinbaus und die Kunst des Kelterns veranschaulicht. Unter den zahlreichen Exponaten befinden sich auch ein altes Presshaus aus dem 18. Jh. sowie einige Römersteine. Wer wissen möchte, wie ein Klapotetz (→ Kasten, S. 372) genau funktioniert, was es mit einem Hagelmörser auf sich hat oder sich über die heilenden Wirkungen des Rebensaftes informieren möchte, ist hier genau richtig (April bis Okt. tägl. 10–12 und 14–17 Uhr, Nov. bis März Mo–Fr 10–12 Uhr. 3 €. Steinriegel 15, ✆ 03456-3000).

Demmerkogel

Einen umwerfenden Rundblick auf die Umgebung genießt man vom 671 m hohen Demmerkogel westlich von Kitzeck. Seit 1926 befindet sich am höchsten Punkt des Sausals eine **Aussichtswarte.** Nur wenige Gehminuten unterhalb steht ein **Klapotetz** von titanischen Dimensionen: Die Windklapper aus Holz wiegt 6 t und ist 16 m hoch. Der Tischler Manfred Perl aus St. Andrä schuf sie, die bis 2010 die größte ihrer Art war. Ebenfalls am Fuße des Berges befindet sich das **Schlösschen Harrachegg** aus dem 16. Jh. mit einem historischen Weinkeller, der für Veranstaltungen genutzt wird.

Großklein

Ein kurzer Abstecher führt von der Sulm nach Großklein im Saggautal. Seit man in der Nähe eine bedeutende eisenzeitliche Höhensiedlung und mehrere Hügelgräber entdeckte, genießt der Ort in der Archäologenszene einen klangvollen Ruf. Ein **archäologischer Weg** verbindet die Fundstellen auf dem Burgstallkogel mit dem **Hallstattmuseum** im Ortszentrum, in dem seit 1990 wichtige Exponate aufbewahrt werden. Wichtigstes Schaustück ist die Replik einer bronzenen Gesichtsmaske aus dem 6. Jh. v. Chr., das Original steht im Archäologiemuseum Schloss Eggenberg bei Graz. Die vier Ausstellungsräume geben einen historischen Überblick der Region von der Jungsteinzeit bis ins frühe Mittelalter, wobei die größte Aufmerksamkeit natürlich der Hallstattzeit gilt.

Museum: Palmsonntag bis Okt. Mi–So 10–12 und 14–17 Uhr. 4 €, erm. ab 2 €. Großklein 9, ✆ 0664-2714414, www.archaeo-grossklein.com.

Gleinstätten

Der mit knapp 1500 Einwohnern größte Ort im Einzugsgebiet Sulmtal-Sausal ist v. a. wegen des bemerkenswerten **Renaissanceschlosses** einen Besuch wert. Bei der Restaurierung 1975–1978 wurde der Arkadenhof mit einem Glasdach versehen und gibt seither u. a. klassischen Konzerten einen würdigen Rahmen. Neben dem Schloss steht die **Pfarrkirche** mit einem romanischen Relief an der Nordseite, das zwei kämpfende Löwen zeigt (ca. 13. Jh.). An Schloss und Kirche schließt sich ein weitläufiges Parkareal an, einerseits ein Wasserbiotop, zum anderen aber auch ein **Skulpturenpark** unter kreativer Beteiligung regionaler Bildhauer und Schüler.

Basis-Infos Sulmtal und Sausal

Information Die Touristeninfo befindet sich im Weinmuseum. Mo–Fr 9–12 und 14–17 Uhr, im Sommer auch Sa vormittags, im Winter am Nachmittag geschlossen. Steinriegel 15, ✆ 03456-3500, www.sulmtal-sausal.at.

Hin & weg Unkomplizierte Anfahrt von Leibnitz auf der B 74 Richtung Deutschlandsberg.

Einkaufen **Weutz**. Die berühmte erste steirische Whisky-Destillerie im Ortszentrum von St. Nikolai ist ein Mekka für Freunde von Single Malt, Bourbon, aber auch Fruchtdestillaten oder Wodka. Im Zentrum der hauseigenen Brennerei steht aber das Mälzen, Maischen und Gären von Gerste und anderen Getreidesorten. Das erfolgreichste

Weststeiermark → Karte S. 360

Produkt heißt „Hot Stone", der Name bezieht sich auf glühende Lavasteine, die für die Karamellisierung des Zuckers im Gerstensaft sorgen. April bis Okt. Di–Sa, sonst Do–Sa je 10–17 Uhr (im Jan. geshlossen). St. Nikolai im Sausal 6, ✆ 03185-34440, www.weutz.at.

Flamberger. Die kleine Privatbrauerei in der Peripherie von St. Nikolai ist bekannt für ihre Sortenvielfalt. Neben Weizen- und Schwarzbier gibt es Hanf-, Bio-, Whisky-, Melissen- oder Holunderbier – insgesamt ca. 50 Sorten! Führungen durch die Brauerei nach Vereinbarung. Mo–Fr 8–12 und 14–18 Uhr, Sa 8–16 Uhr. Flamberg 101, ✆03185-3266, www.flamberger.at.

››› Mein Tipp: **Kremsner**. Neben dem Schloss Ottersbach im Sulmtal befindet sich die historische Mühle aus dem 17. Jh., in der heute ausgezeichnetes Kernöl produziert wird. Das (unraffinierte) Öl der Familie Kremsner wird regelmäßig vom Gault-Millau ausgezeichnet. Im Gewölbe sind einige historische Gerätschaften ausgestellt, ein Kurzfilm führt in die Grundlagen der Öl-Erzeugung ein. Seit 1984 versorgt ein eigenes Kleinwasserkraftwerk den Betrieb mit Saft. Mo–Fr 8–16 Uhr, Sa bis 12 Uhr. Mantrach 23 (an der B 74 zwischen Heimschuh und Gleinstätten auf Schild nach Süden achten), ✆ 03456-5092, www.oelmuehle-kremsner.com. ‹‹‹

Radeln Auf der einstigen Trasse der Sulmtalbahn, die 1967 ihren Betrieb einstellte, verläuft heute von Gleinstätten nach Leibnitz der **Sulmtalradweg** (R1).

Veranstaltungen **Schratln**. Traditionelles Handwerk, regionale Erzeugnisse, Gastronomie u. v. m. auf dem Dorfanger in Heimschuh (Sulmtal). Mai bis Anfang Okt. jeden Do ab 17 Uhr (www.schratln.at).

Kunstherbst. Alljährlich im Herbst zeigt das Schloss Harrachegg Arbeiten südsteirischer Künstler. Mitte Sept. bis Ende Okt. (www.kunstamdemmerkogel.at).

Schlosskonzerte. Hochkarätige Interpreten klassischer Musik konzertieren das ganze Jahr über im Schloss Gleinstätten (www.schlosskonzerte.gleinstaetten.net).

Wandern Bester Ausgangspunkt für Touren zum **Demmerkogel** ist Höch, vom Wanderparkplatz am Ortsausgang Richtung Schloss Harrachegg sind es nur wenige Gehminuten bis zum Klapotetz (Gehzeit zum Gipfel und zurück: ca. 1:30 Std.).

Burgstallkogel: Von Kleinklein, der kleineren Schwester von Großklein, gelangt man zum Buschenschank Ledinegg, der Ausgangspunkt für die kurze Wanderung zum Burgstallkogel ist. Das rekonstruierte **hallstattzeitliche Gehöft** öffnet auf Anfrage für Gruppen (✆ 0660-8105566), der Rundblick von oben über das Sausal zur Koralpe ist für alle zu haben (Gehzeit für den Rundweg ab Großklein: ca. 4 Std.).

Königsberg: 2 km westlich von Heimschuh steht über dem Sulmtal der Nachbau eines keltischen Wehrturms. Am Fuß des Königsberges, der seit dem 8. Jh. v. Chr. besiedelt ist, befindet sich ein kleiner **Skulpturenpark**. Das Gasthaus Koschak (→ Übernachten / Essen & Trinken) ist Startpunkt der Wanderung über den Königsberg nach Kitzeck (Gehzeit: ca. 2 Std., bis zum Keltenturm 10 Min.).

Übernachten/ Essen & Trinken in Sulmtal und Sausal

Zu den Delikatessen der Region gehört das Sulmtaler Huhn, das sich durch seine kräftige Statur und einen kleinen Kamm auszeichnet. Die Rasse gedeiht vorzüglich in Freilandhaltung und liefert schmackhaftes Fleisch (www.sulmtaler.at).

**** **Kappel**. Das renommierte Kitzecker Quartier ist Weingut und Komforthotel zugleich. Exquisites Restaurant mit saisonal wechselnden Gerichten (Mi/Do Ruhetag), Sauna- und Spa-Bereich mit Meerwasser-Außenpool. 21 helle Zimmer und Suiten, ganzjährig geöffnet, auch Weinverkauf ab Hof (der Klassiker ist der Welschriesling). DZ ab 150 €. Steinriegel 25, ✆ 03456-2347, office@weinhof-kappel.at, www.weinhof-kappel.at.

Warga-Hack. Das ruhig am Ortsrand von Kitzeck gelegene Bio-Weingut mit Gästezimmern und einem ausgezeichneten Buschenschank ist eine ideale Ferienbleibe. Am schönsten sind die Winzerzimmer im Neubau mit Balkon. Getafelt wird innen mit viel Stil, draußen unter einer Weinpergola, die Käsejausenplatte ist für 11 € zu haben (Di–Sa ab 14 Uhr), Hofverkauf eigener Weine. März bis Nov. DZ ab 56 €. Gauitsch 20, ✆ 03456-22820, www.warga-hack.at. ■

Kitzeck im Sausal: Steirerhut als Aussichtspavillon

Koschak. Landgasthaus mit Niveau und doch wie in guten alten Zeiten. Rustikale Tische und Stühle aus Holz im Garten, viel helles Holz auch in der Keltenstube und in den 9 Gästezimmern. Der Wirt baut eigenen Wein an, eine bekannte Spezialität ist das Backhendl vom Sulmtaler Huhn (Hauptgerichte 10–20 €). Mi/Do sowie Jan./Febr. geschlossen. DZ ca. 80 €. Nestelberg 43 (von Heimschuh auf der B 74 in Richtung Gleinstätten, dann links abbiegen), ✆ 03456-2401, koschak@aon.at, www.koschak.at.

Camping Weinland. Gepflegte Anlage an einem Naturbadesee am Gleinstättener Ortsrand und in Gehentfernung zum Schloss. 40 Stellplätze, Restaurant, Fahrradverleih, allerdings nicht unbehelligt vom Verkehr der B 74. April bis Okt. geöffnet. 2 Pers. inkl. Zelt ab 17 €. Gleinstätten 230, ✆ 03457-3344, office@weinland-camping.at, www.weinland-camping.at.

Tom am Kochen. Thomas Riederer ist einer der kreativsten Haubenköche der Steiermark (Kakaobutterparfait, Zimtbasilikumspinat, Himbeergurkenschaum) und hatte bislang sein Gastro-Domizil in Leutschach. Ab Spätsommer 2014 führt er sein neues Lokal im Pfarrhof von St. Andrä, die filigran garnierten Mehrgänge-Menüs kosten um 80 €, eine Reservierung ist empfehlenswert. St. Andrä im Sausal 1, ✆ 0660-4008734, www.tomamkochen.at.

Kirchenwirt. Restaurant auf Gourmetniveau zwischen Pfarrkirche und Weinmuseum in Kitzeck, seit 20 Jahren mit einer Haube ausgezeichnet. Romantische Terrasse in luftiger Höhe, die Küche ist auf regionale Gerichte spezialisiert, das Angebot wechselt saisonal (15–25 € für das Hauptgericht). Mi–Sa mittags/abends, Mitte Jan. bis Mitte März sowie eine Woche im Juni geschlossen. Steinriegel 52, ✆ 03456-2225, www.kirchenwirt-heber.at.

Steirerland. Restaurant mit 12 Gästezimmern in Panoramalage unterhalb des Demmerkogels, eine Spezialität ist das Steirische Misthäuferl für 12 € (Huhn mit Sterz und Schwammerln). Das dreigängige Degustationsmenü ist ab 30 € zu haben. Hinterm Haus steht ein Pavillon in Gestalt eines großen Steirerhuts. März bis Mitte Dez. tägl. außer So abends und Mo (in der Nebensaison auch Di Ruhetag). Sausal 10 in Kitzeck, ✆ 03456-2328, www.steirerland.co.at.

››› Mein Tipp: **Zur Hube**. Ein Juwel zwischen Gleinstätten und Kitzeck ist das 300 Jahre alte bäuerliche Hofgut in ruhiger Alleinlage. Wildromantischer Gastgarten, nur wenige Plätze innen und außen. Zur Auswahl stehen drei Menüs, die je nach Saison aus regionalen Zutaten mit viel Hingabe zubereitet werden (ab ca. 40 €). Nur mit Reservierung. Do–Sa 16–20 Uhr sowie auf Anfrage. Sausal 51 (in Maierhof an der B 74 auf Schild achten), ✆ 03457-3271, www.zurhube.at. ‹‹‹

Weststeiermark → Karte S. 360

Der Stausee Soboth befindet sich an der Grenze zu Kärnten

Von Eibiswald auf die Soboth

Die Marktgemeinde **Eibiswald** mit ihren 1400 Einwohnern ist ein verkehrsgünstig gelegenes Scharnier zwischen Kärnten, Slowenien und der Südweststeiermark. Wer z. B. auf dem Weg vom Südsteirischen Wein- ins Schilcherland ist, kann daher ruhig einmal einen Blick auf die gepflegten Bürgerhäuser im Zentrum werfen. Eibiswald ist auch die Heimat des Arztes und Dichters Hans Kloepfer, der mit seinen Werken die weststeirische Mundart popularisierte. Wegen seiner deutschnationalen Haltung – u. a. 1938 beim Anschluss von Österreich an Hitler-Deutschland – gehört Hans Kloepfer jedoch auch zu den umstrittenen Figuren der jüngeren Vergangenheit. Im Zentrum befindet sich in seinem Geburtshaus heute ein **Museum** mit einer umfangreichen Sammlung von Koralpenglas (→ Kasten, S. 381).

Ebenfalls einen Blick wert ist die **Kirche Maria im Dorn**, die 1170 erstmals genannt und Ende des 17. Jh. im barocken Stil umgestaltet wurde; es handelt sich um eine ehemalige Wallfahrtskirche. Bis zum 20. Jh. war Eibiswald ein bedeutender Industriestandort. Ein frühneuzeitliches Hammerwerk entwickelte sich im weiteren Verlauf zu einem Stahlwerk, das 1905 seine Tore schloss.

Von Eibiswald nimmt die gut ausgebaute Südsteirische Grenzstraße (B 69) Kurs auf Kärnten und führt hinauf auf die **Koralpe.** Letzter steirischer Posten vor dem Koglereck auf 1347 m, dem Übergang zum Nachbarbundesland, ist der kleine Weiler **Soboth:** Das angenehme Höhenklima und die waldreiche Umgebung machen den Weiler mit den denkmalgeschützten Linden vor der Jakobikirche zur beliebten Sommerfrische. Etwas weiter oben trifft die Straße auf den Stausee Soboth, ein 3 km langes bis zu 80 m tiefes Trinkwasserreservoir, das in der warmen Jahreszeit Ziel von Wassersportlern ist.

Wertschöpfung in der Einsamkeit: Vom Wald- zum Industrieglas

Am hinteren Ende des Stausees Soboth liegt, bereits in Kärnten, der einstige Glashüttenstandort **St. Vinzenz.** Im 17. Jh. entwickelte sich die Soboth zu einem der bedeutendsten Standorte der Glasproduktion auf der Koralpe. Gründe hierfür waren die Vorkommen von Quarz und Marmor sowie die ausgedehnten Wälder, die das benötigte Holz zur Herstellung von Holzkohle und Pottasche lieferten. Die Glashütte St. Vinzenz war nur eine von mehreren Manufakturbetrieben in der Region Soboth-Eibiswald. Sie wurde 1757 nach der Stilllegung älterer Betriebe als „Neue Hütte" oder „Spiegelhütte" eröffnet und machte sich in der Folge mit qualitativ hochwertigen Spiegeln einen Namen. Spiegel aus Soboth gelangten bis nach Versailles, St. Petersburg und Konstantinopel. In der zweiten Hälfte des 19. Jh. entstanden ferner Karaffen mit Mattschliffdekor, auch „Laufender Hund" genannt. Anno 1839 waren in der Abgeschiedenheit der Koralpe 700 Arbeiter in Lohn und Brot, selbst aus Böhmen fanden Graveure, Bläser und Schleifer den Weg hierher. Wer heute durch den beschaulichen Weiler streift, mag sich kaum ausmalen, was sich in jenen Tagen hier abspielte: Neben den weitläufigen Fabrikanlagen und der Kirche gab es eine Schule, eine Meierei sowie Käserei und sogar eine eigene Brauerei. Heute sind davon nur noch das Kirchlein am Ende des Stausees, die Schule sowie das einstige Herrenhaus (das jetzige Forsthaus) erhalten. Holzmangel führte gegen Ende des 19. Jh. zu Einschränkungen in der Pottaschegewinnung, ehe 1878 die Glasmanufaktur den Betrieb einstellen musste.

Jakobihaus in Soboth: Die Ausstellung „350 Jahre Koralpenglas" gibt einen Überblick über die historische Entwicklung der Glasproduktion. Juli/Aug. Do–So 13–19 Uhr. Eintritt frei. ✆ 0650-8554079, www.soboth.at.

Kloepfermuseum in Eibiswald: Mehr als 1000 Exponate auf zwei Etagen, ein Sammlungsschwerpunkt sind Werkstücke aus Koralpenglas. Mitte April bis Okt. Sa 10–12 Uhr. 4 €, erm. ab 2 €. Eibiswald 36, ✆ 03466-43256, www.eibiswald.at.

Dem Thema Glas widmen sich ferner das **Burgmuseum Deutschlandsberg** (→ S. 386) sowie die **Glasfabrik Bärnbach** mit einem eigenen Firmenmuseum (→ S. 399). Eine Hochburg der Glasfabrikation auf der Koralpe war auch das Dorf **Glashütten** westlich von Deutschlandsberg: Das Ortswappen zeigt zwei goldene Glasmacherpfeifen auf blauem Grund.

Information Die Gemeindeinfo Eibiswald befindet sich im historischen **Lerchhaus** aus dem 16. Jh. am Hauptplatz. Mo–Fr 8–12 Uhr. Eibiswald 82, ✆ 03466-43256, www.eibiswald.at. Das **Jakobihaus** in Soboth mit Café und Ausstellung dient auch als Infopoint.

Hin & weg Auf der B 69 geht es von Leutschach via Eibiswald und Soboth nach Lavamünd in Kärnten. Die B 76 wiederum verläuft von Deutschlandsberg über Wies, Eibiswald und dem Radlpass nach Slowenien.

Bahn: Der Bahnhof liegt in Wies und ist Endhaltepunkt der S-Bahn-Linie 6/61 von Graz.

Baden/Tauchen Ausgewiesene Badezonen befinden sich an diversen Stellen am Stausee Soboth. Eine Besonderheit ist das **Kristalltauchen**: Tauchgänge erkunden die geologische Unterwasserwelt und suchen nach Spuren von Quarz, Marmor und Pegmatit (Katzensilber). Einstieg an der Uferstraße nach St. Vinzenz, Anmeldung beim Tauchtreff (✆ 0664-3025021) oder im Seecafé (✆ 03460-511).

Weststeiermark → Karte S. 360

Einkaufen Das Schilcher-Weinanbaugebiet beginnt im Nachbarort Wies. Als südlichstes Weindorf des Schilcherlands gilt **Wernersdorf**, 8 km von Eibiswald entfernt und vom Kreisverkehr Wies erreichbar.

Reiterer. Qualitätsweingut in der Nähe von Wies, bekannt für seinen behutsam gekelterten Schilcher. Der Winzer machte sich auch mit Schilcher-Sekt einen Namen. Mo–Fr 8–12 und 14–17 Uhr, Sa ab 10 Uhr. Lamberg 11 (von Wies in Richtung Pölfing, dann auf Schild nach links achten), ✆ 03465-3950, www.weingut-reiterer.com.

Jöbstl. Ein Flaggschiff und Vorzeigebetrieb unter den Schnapsbrennereien im südlichen Schilcherland, Waltraud Jöbstl liefert ihre edlen, vielfach prämierten Destillate an zahlreiche internationale Gourmetrestaurants. Mit Museum in einem alten Weinkeller. Mo–Sa 9–12 und 14–18 Uhr, So 10–12 Uhr. Wernersdorf, Am Schilcherberg 2, ✆ 03466-42379, www.brennerei-joebstl.at.

Veranstaltungen **Kino**. Eibiswald ist ein Kinostandort mit Tradition, 1913 wurden hier die ersten Stummfilme gezeigt. Heute präsentiert sich das Lichtspielhaus mit rund 140 Plätzen runderneuert und mit digitaler Technik. Kirchplatz 39, ✆ 03466-42216, www.hasewend.at.

Greith-Haus. Von Eibiswald nach St. Ulrich im Greith sind es zwar 9 km, dennoch lohnt der Abstecher für Kulturinteressierte. Das vom Architekten-Duo Michael Szyszkowitz & Karla Kowalski erbaute und zur letzten Jahrtausendwende eröffnete Greith-Haus ist ein Kultur- und Ausstellungszentrum und erhielt u. a. den österreichischen Bauherrenpreis. Konzerte und große Sommerausstellungen mit Künstlern der klassischen Moderne. ✆ 03465-20200, www.greith-haus.at.

Bürgerhaus in Eibiswald

Wandern **Stausee Soboth**: Bequeme Wege teils auf Asphalt führen um den See (Gehzeit: ca. 3 Std., Einkehr u. a. im Seecafé).

Feistritzbach: Das Feistritztal ist ein Eldorado für Wildwanderer. Die Tour kann in Etappen bewältigt werden, kompliziert ist allenfalls die Anfahrt zu den Einstiegen. Großteils weglos, gute Schuhe sind notwendig (Gehzeit: ca. 4 Std.).

Übernachten/Essen *** **Kloepferkeller**. Ein sympathisches und gut geführtes Komforthotel in einem ruhigen Winkel an der Eibiswalder Kirche. Behaglicher Garten mit Springbrunnen, Pool, aufmerksames Personal und gute Küche (die mit Österzola gratinierten Schweinelendchen kosten 13 €). Geschmackvolle Zimmer, teils mit Balkon. DZ ab 82 €. Eibiswald 59, ✆ 03466-42205, hotel@kloepferkeller.at, www.kloepferkeller.at.

*** **Zur schönen Aussicht**. Ausflugsgasthaus mit Pension auf einer Anhöhe mit Blick auf Wies. Schöner Gastgarten (trotz Plastikstühlen) mit sprudelndem Brunnen. Bodenständige steirische Küche und schmackhafter Schilcher. Preiswerte Mittagsmenüs (um 6 €). Di und So abends geschlossen. Die Zimmer mit Balkon liegen im Nebenhaus. DZ ab 63 €. Altenmarkt 128 (von Eibiswald Richtung Wies und vor dem Bahnübergang rechts), ✆ 03465-2279, mail@zur-schoenen-aussicht.at, www.zur-schoenen-aussicht.at.

Mörth. Wirtshaus im Ortszentrum von Soboth, alpenländischer Stil mit liebevoll gepflegtem Außenbereich (seit 1924 in Familienbesitz). Steirische Spezialitäten zu kleinen Preisen (z. B. Kalbsbeuschel mit Knödel für 9 €). Die einfachen Zimmer sind okay, falls einem an Komfort nicht viel liegt (teils mit Dusche/WC auf dem Gang). Nur im Sommerhalbjahr. DZ ab 40 €. Soboth 131, ✆ 03460-208, gasthof.moerth@tele2.at.

Safran. Der Landgasthof bei Eibiswald ist ein abgelegenes Juwel: Gaststube mit viel Stil und Dekor, traditionelle steirische Küche mit Anspruch und Pfiff (z. B. Hirschgulasch mit Pilzen und Polenta), gute Weine. Etwas teurer, aber der Weg lohnt sich. Auch Pension (DZ ab 70 €). Mi Ruhetag, im Winter Di ab 14 Uhr geschlossen. Aichberg 83 (am Kreisverkehr Eibiswald in Richtung Soboth, dann nach 500 m rechts abbiegen), ✆ 03466-42310, www.gasthof-safran.at.

Schwanberg

ca. 2000 Einwohner

Der historische Markt am Fuß der Koralpen zählt zu den interessantesten Orten im **Schilcherland.** Ein weitgehend intaktes Zentrum schmiegt sich an die waldreichen Ausläufer des Gebirges; zu den verstreut liegenden Sehenswürdigkeiten begibt man sich am besten zu Fuß. Für eine rasche Stippvisite eignet sich Schwanberg weniger; ein bisschen Zeit ist schon vonnöten, um die Besonderheiten in der Stadt und ihrer Umgebung aufzuspüren. Am oberen Abschluss des Hauptplatzes befindet sich ein ehemaliges Kapuzinerkloster, das 1971–1973 zu einem **Heilmoorbad** umgestaltet und 2011 um einen modernen Hotelkomplex erweitert wurde. Die Torfschwebstoffe für die Breibäder und Moorpackungen stammen aus einem Hochmoor 10 km westlich von Schwanberg und wirken schmerzlindernd. Wo auf rund 1300 m Höhe der Torf gestochen wird, lädt heute u. a. ein buddhistisches **Meditationszentrum** zum Rückzug in die Stille ein (Infos: www.kalapa.at). Ein kurzer Fußweg verbindet das Bad mit der **Josefikirche** über dem Ortszentrum. Das von außen unscheinbare Gotteshaus entpuppt sich innen als avantgardistisches Kunstwerk. Zuständig für das kreative Farbspektakel der Wandfresken war der Maler Jakob Laub, der hier mit längeren Unterbrechungen mehr als 35 Jahre beschäftigt war. Erst 1995 wurde der Bildzyklus vollendet (der Schlüssel ist im Heilmoorbad erhältlich). Über der Kirche liegt auf einer bewaldeten Kuppe das **Schloss Schwanberg** mit einem sehenswerten Renaissancearkadenhof. Es beherbergt das Landespflegeheim mit einer Tradition, die bis zur 1892 gebildeten „Landessiechenanstalt für Geisteskranke" zurückreicht, und kann daher, außer einem kurzen Blick in den Hof, nicht besichtigt werden. Der Burgberg war bereits in der Eisenzeit besiedelt. Von den zahlreichen Scharmützeln unter Beteiligung der Schwanberger Herrschaft ist im 14 Jh. ein jahrzehntelanger Gebietsstreit aktenkundig geworden. Und weil es sich um Almen handelte, ging der Konflikt als „Almkrieg" in die Geschichtsbücher ein.

Künstlerische Avantgarde in der Provinz: die Josefikirche

Weststeiermark → Karte S. 360

Schwarze Sulm: Umstrittenes Kraftwerk im Schutzgebiet

Durch Schwanberg fließt die Schwarze Sulm, die in der Koralpe entspringt und sich bei Gleinstätten mit der Weißen Sulm vereinigt. Bereits die Antike kannte den bis zur Mündung 83 km langen Fluss als *Solva*. Bis 1967 konnte man von Leibnitz mit der Eisenbahn ins südliche Schilcherland reisen, heute verläuft auf Teilen der Strecke ein Radweg. Gegenwärtig ist der Fluss in den Medien ein präsentes Thema, seit 2009 Pläne publik wurden, am Oberlauf der Schwarzen Sulm ein Wasserkraftwerk zu bauen. Problematisch daran ist, dass das betreffende Areal in der Koralpe ein Schutzgebiet ist (Natura 2000). Die Schwarze Sulm gilt als einer der letzten ökologisch intakten Flussläufe in Österreich und ist daher von „nationaler Bedeutung", wie es bereits 1998 der WWF und der damalige Umweltminister formulierten. Nichtsdestotrotz gab die Landesregierung den Plänen der Kraftwerksbetreiber ihren Segen – und löste damit eine Protestwelle aus, die bis heute anhält. Mit vielen Aktivitäten riefen Umweltschützer zur Rettung der Sulm auf, derweil auf der politischen Ebene ein ganz anderer Kampf tobt, bei dem es um Rechtsfragen, gegenseitiges Schuldzuweisen, Streitigkeiten um Zuständigkeiten geht – ein Ende ist derzeit nicht absehbar.

Information Das Infobüro der Region befindet sich im Zentrum von Schwanberg. Hauptplatz 1, ✆ 03467-8484, www.sulmtal-koralm.at.

Einkaufen **Greißlermuseum**. Der Antikladen mit Museum gibt nostalgische Einblicke in die verflossene Kultur dörflicher Lebensmittelgeschäfte. Die Inhaberfamilie hat in der Vergangenheit einige Greißlereien erworben und präsentiert bäuerliches Mobiliar und original eingerichtete Stuben. Mo–Fr 15–18 Uhr, Sa 9–12 Uhr. Eintritt frei. Mainsdorferstr. 1, ✆ 03467-7018, www.antik-brunner.at.

Lebensschmiede. Die außen wie innen mit Hingabe gestaltete Kunsthandwerksgalerie ist Ausstellungsraum und Geschäft zugleich. Gezeigt werden Werke verschiedener Künstler: Gemälde, Keramiken oder Metallobjekte für Haus und Garten. Das Anwesen wurde 1591 als Schmiede erstmals erwähnt und liegt an der Sulm. April bis Dez. Do/Fr 15–18 Uhr, Sa 9–12 Uhr. Schulgasse 21, ✆ 0664-5366430, www.lebensschmiede.at.

Krauss. Edle Destillerie am Ortsrand von Schwanberg, die Brände reifen hier klassisch im Holzfass. Zahlreiche Auszeichnungen, u. a. erhielt der Rosenmuskateller Traubenbrand 2011 den World-Spirits-Award als bester Edelbrand. Besichtigung und Verkauf nach Anmeldung. Graden 13, ✆ 0650-3265641, www.destillerie-krauss.at.

Wandern Ein kürzerer Rundweg vom Hauptplatz führt zum **Schloss Schwanberg** und zum **Brendlhof** (Gehzeit: ca. 2:30 Std.). Eine etwas weitere Runde hat die **Ruine Spangstein** zum Ziel (Gehzeit: ca. 4:30 Std.).

Übernachten/Essen **** **Heilmoorbad**. Das Gesundheitshotel im Zentrum bietet elegante Zimmer im modernen Haupthaus sowie etwas weniger komfortable Zimmer im alten Klostertrakt. Restaurant, Café, Hallenbad, Hochmoorsauna, verschiedene Vital- und Wellnessangebote, Fahrradverleih (E-Bikes). DZ ab 135 € inkl. HP. Hauptplatz 1, ✆ 03467-8217, www.heilmoorbad.at.

Zur Alten Post. Hotelgasthof im Ortszentrum in Familienbesitz, Fleisch und Wurst kommen aus der Hausmetzgerei (AMA-Gütesiegel). Solide Küche, auch Vegetarisches, Do Grill- und Salatbüfett (Hauptgerichte 10–15 €). Die Zimmer sind okay, mit vier Sternen jedoch etwas überbewertet (DZ ab 90 €). Di Ruhetag. Hauptplatz 20, ✆ 03467-8264, www.mauthners.at.

Brendlhof. Buschenschank mit Bauernmuseum in der einstigen Meierei der Herrschaft von Schwanberg. Zu besichtigen ist u. a. ein protestantischer Friedhof sowie ein Gebetsraum. Deftige Brettljause und eigener Schilcher, gemütliche Außenplätze am Weingarten. März bis Dez. Mi–Sa ab 14 Uhr, So ab 10 Uhr. Bergstr. 15 (5 Gehminuten vom Zentrum), ✆ 03467-8669.

Deutschlandsberg: Detailansicht vom Hauptplatz

Deutschlandsberg

ca. 8100 Einwohner

Anders als die idyllischen Weinorte in der Umgebung ist das urbane Zentrum der Schilcherregion keine Urlaubsdestination. Wohl aber bieten die Stadt und v. a. ihre Umgebung genug Potential für einen ausgiebigen Zwischenstopp auf der Rundreise durch die Weststeiermark. Betont wird der Ortsname auf der letzten Silbe, wobei man das „Deutsch-" erst im 19. Jh. hinzufügte, um einer Verwechslung mit der slowenischen Stadt Windisch-Landsberg vorzubeugen. Die historische und aktuelle touristische Bedeutung von Deutschlandsberg hängt fast ausschließlich mit der gleichnamigen **Festung** zusammen, die sich am Stadtrand über Weinterrassen erhebt. In der mittelalterlichen Anlage befinden sich heute ein Gourmetrestaurant, ein Hotel sowie ein sehenswertes archäologisches Museum. Unterhalb der Festung entfaltet sich längs der Laßnitz das Stadtzentrum mit der obligaten Mariensäule auf dem Hauptplatz. Architektonisches Wahrzeichen am Platz ist das **Rathaus**, das seit 1795 für einige Jahre im Besitz des Herrschaftsverwalters Franz Xaver Jud war und daher auch Jud'sches Haus genannt wird. Zuvor diente es u. a. als Absteigequartier der Landsberger Burgherren. Während sich westlich des Zentrums unmittelbar die waldreichen Koralpe-Ausläufer anschließen, entstand im Osten auf dem einstigen Industrieareal in jüngerer Zeit eine üppige Handels- und Dienstleistungslandschaft. Wer sich mit dem Auto von der Radlpassstraße (B 76) den Weg ins Zentrum bahnt, passiert das Industrieanwesen der Solo-Zündholzfabrik. In ihrer Blütezeit belieferte sie fast das gesamte Herrschaftsgebiet der österreichisch-ungarischen Monarchie mit Streichhölzern. Der Marktführer auf dem Gebiet beschäftigte zu seiner besten Zeit in Deutschlandsberg über 800 Menschen. Im Frühjahr 1982, sechs Jahre nach Übernahme durch einen schwedischen Konzern, schloss der Traditionsbetrieb.

Weststeiermark → Karte S. 360

Burg Deutschlandsberg

Die Festung auf einem Sporn über dem Laßnitztal gehört zu den besterhaltenen Wehranlagen der Steiermark. Sie liegt außerhalb des Stadtzentrums auf einem seit Urzeiten besiedelten Platz und ist gemeinhin *der* Grund, warum Reisende heute die Schilchermetropole ansteuern. Das multifunktionale Nutzungskonzept umfasst ein Nobelhotel im Rittersaaltrakt, ein Haubenrestaurant und das **Burgmuseum Archeo Norico** im Wohnturm aus gotischer Zeit. Für den Rundgang sollte man genügend Zeit einplanen, denn 1600 m^2 Ausstellungsfläche, prall gefüllt mit archäologischen Artefakten, wollen begutachtet werden. Ein Schwerpunkt liegt auf der Bronzezeit, hier auch der Urnenfelderkultur, und der keltischen Periode. Zu den Prunkstücken zählt u. a. eine ostkeltische Totenmaske aus Goldblech (5./4. Jh. v. Chr.) oder die – ebenfalls keltische – Kopfbüste eines Mannes (3.–1. Jh. v. Chr.). Sehenswert sind überdies die Räume mit keltischem, römischem und byzantinischem Schmuck sowie die mittelalterliche Waffenkammer. Ein Teil des Burgmuseums wird darüber hinaus für temporäre Ausstellungen genutzt, und ganz am Schluss wartet die Aussicht von der Turmplattform. Im Burghof, noch vor dem Eingang zum Museum, erweist sich die ziemlich aufreizende Venus „Karyatide“ als fotogener Blickfang. Die knapp 2 m hohe Bronzeskulptur schuf die Wiener Künstlerin Hortensia Fussy im Jahr 1979.

Burg Deutschlandsberg: Innenhof

Geschichte: Untersuchungen belegen, dass insbesondere der Platz hinter der Burg, der „Tanzboden“, seit der Jungsteinzeit besiedelt und befestigt war. Auch aus der späten Kupferzeit (ca. 2800–2400 v. Chr.) und der Hallstattzeit sind Artefakte entdeckt worden. Im frühen Mittelalter gelangte die Gemarkung Deutschlandsberg in die Hand des Salzburger Erzbischofs, der sie umgehend als Lehen ans Geschlecht der Lonsberger übergab. In der zweiten Hälfte des 12. Jh. wurde die Burg denn auch erstmals als „Lonsperch“ urkundlich erwähnt. Aus diesem Namen entwickelte sich sprachgeschichtlich die Bezeichnung „Landsberg“, die im späten 13. Jh. im Kontext des Landsberger Bundes erstmals auftauchte: Bei dieser Vereinigung handelte es sich um eine Verschwörung steirischer Adeliger gegen Herzog Albrecht I. von Habsburg. Die Erhebung kannte am Ende nur Gewinner, denn der Habsburger unterband sie humorlos und erfüllte im Anschluss trotzdem die Forderungen der steirischen Rebellen.

Burgmuseum: Mitte April bis Okt. tägl. außer Mo 10–18 Uhr. 9 €, erm. 4 €. ✆ 03462-5602, www.archeonorico.at.

Rund um Deutschlandsberg

Die zentrale Lage im Schilcherland, das ausgewogene Unterkunftsverzeichnis und die zahlreichen Sehenswürdigkeiten in der Umgebung machen die Stadt zu einem guten Ausgangspunkt für Exkursionen. Dabei ist vermutlich den meisten gar nicht bewusst, dass tief unter der Erde kräftig gearbeitet wird. Denn voraussichtlich ab 2022 verbindet der **Koralmtunnel** die Gegend um Deutschlandsberg mit dem Lavanttal in Kärnten. Mit einer Länge von knapp 33 km ist er dann der längste Eisenbahntunnel Österreichs und der siebtlängste der Erde.

Hollenegg: 5 km südlich von Deutschlandsberg liegt in einem weitläufigen Parkareal das **Renaissanceschloss** der Herren von Hollenegg. Der beeindruckende Bau selbst ist nicht zugänglich, dennoch lohnt ein Streifzug durch den Park mit seinen uralten Bäumen. Weit entrückt thront über Hollenegg auf 767 m die spätgotische **Wolfgangikirche.** Am zweiten Sonntag im Juli ist sie das Ziel einer Wallfahrt, bei der die meisten Pilger zu Fuß hinaufwandern. Es handelt sich um einen der schönsten Aussichtspunkte der Weststeiermark.

Groß St. Florian: 9 km östlich, auf halber Strecke zwischen Deutschlandsberg und dem Sausal, liegt die groß gewachsene Ortschaft mit der beeindruckenden **Barockkirche.** Meistens steuern die Besucher allerdings ohne Umwege das überregional bekannte **Feuerwehrmuseum** an. Vordergründig dient es natürlich dem Zweck, die Historie der steirischen Feuerwehr angemessen zu würdigen. Darin war man so erfolgreich, dass in der Eröffnungssaison 1995 über 10.000 Besucher den Weg hierher fanden. Inzwischen versteht sich das Haus mit der auffälligen Designfassade als Kunst- und Kulturzentrum, das über das Löschwesen hinaus temporäre Ausstellungen u. v. m. organisiert.

Feuerwehrmuseum: Mitte März bis Okt. tägl. außer Mo 10–17 Uhr. 7 €, erm. 5,50 €. Marktstr. 1, ✆ 03464-8820, www.feuerwehrmuseum.at.

Abstecher auf die Koralpe: Nebenstrecken verbinden die Bezirkshauptstadt mit dem Kärntner Lavanttal und überwinden dabei die waldreiche Koralpe. Die L 619 passiert die Dörfer Trahütten sowie Glashütten und erreicht die Landesgrenze an einem 1668 m hoch gelegenen Sattel mit dem klangvollen Namen **Weinebene** – winters lässt es sich hier oben prima Skifahren. Das gilt ebenso für die **Hebalm** (1380 m) weiter im Norden; die Route von Deutschlandsberg zum Packsattel (→ S. 402 f.) und zur Südautobahn (A 2) führt daran vorbei. Unterwegs eröffnen sich immer wieder tolle Panoramen auf die Kuppen der Koralpe und aufs Schilcherland.

Basis-Infos Deutschlandsberg und Umgebung

Information Die Stadtinformation befindet sich im Zentrum. März bis Okt. Mo–Fr 9–13 und 14–17 Uhr, Sa 9–12 Uhr. Hauptplatz 34, ✆ 03462-7520, www.schilcherland-deutschlandsberg.at.

Hin & weg Bahn: Der Bahnhof liegt in Gehentfernung zum Hauptplatz und ist Haltepunkt der S-Bahn-Linie 6 zwischen Graz und Wies-Eibiswald.

Bus: Effiziente Verbindungen nach Stainz, Schwanberg, Wies, Gleinstätten und Leibnitz.

Ärztliche Versorgung Das Landeskrankenhaus liegt außerhalb des Stadtzentrums an der B 76. Radlpassstr. 29, ✆ 03462-44110, www.lkh-deutschlandsberg.at.

Einkaufen »» Mein Tipp: Leopold. Die Ölmühle gehört zu den besten in der Steiermark, u. a. regelmäßig Prämierung des Kernöls durch den Gault-Millau. Der Traditionsbetrieb (seit 1930) vertreibt im vorbildlich eingerichteten Bauernladen auch noch andere Schilcherland-Schmankerln. Jan. bis

Weststeiermark → Karte S. 360

März Mo–Do und Sa 9–13 Uhr, Fr bis 18 Uhr; April bis Dez. Mo–Fr 9–18 Uhr, Sa bis 13 Uhr (Dez. Sa bis 17 Uhr). Frauentaler Str. 120 (am Kreisverkehr der B 76), ✆ 03462-2294, www.oelmuehleleopold.at. «

Deutschmann. Die Bio-Hofkäserei 6 km nördlich vom Zentrum ist in der ganzen Steiermark ein Begriff, wer als Gastronom auf sich hält, versorgt sich hier mit einem 10 Wochen lang gereiften Fasslkäs' oder einem Bio-Steirerschimmel. Mo–Sa 8–12 Uhr, Mo–Fr auch 17–18 Uhr. Oberberglastr. 10 (Richtung Stainz), ✆ 03462-4057, www.hofkaeserei-deutschmann.at. ■

Bauernmarkt. Auf dem Hauptplatz. Fr 8–16 Uhr.

Post Mo–Fr 8–18 Uhr, Sa 9–12 Uhr. Fabrikstr. 5.

Radeln **Radverleih**: Im JUFA (→ Übernachten / Essen & Trinken), Tourenräder (10 €/Tag), Mountainbikes (15 €), E-Bikes (20 €).

Veranstaltungen **Gesangswettbewerb Ferruccio Tagliavini**. Das Belcanto-Festival mit Beteiligung international bekannter Interpreten findet seit 1992 statt. Alljährlich wird dabei u. a. die „Goldene Note des Belcanto" verliehen. Anfang/Mitte April (www.iso.or.at).

Schilcherberg in Flammen. Großes Festival zu Ehren des hl. Jakobi und des Schilchers mit Feuerwerk, steirischen Schmankerln und einem „glühenden" Rahmenprogramm. 3 €. An drei Tagen um den 25. Juli (www.schilcherberg.at).

Ägydimarkt. Kunsthandwerk und Brauchtum, dazu Ponyreiten, Kutschenfahrten u. v. m. bei inzwischen einer der bestbesuchten steirischen Veranstaltungen. Rund um den Rossstall am Schloss Hollenegg. Sa/So Ende Aug./Anfang Sept. (www.hollenegg.gv.at).

Schilchersturm. Beim Herbstfest steht die ganze Innenstadt im Zeichen des neuen Weins. Do–So Mitte Sept.

Wandern Ein zentraler Wanderausgangspunkt mit Parkplätzen befindet sich am westlichen Ende der Stadt unterhalb des Jugend- und Familiengästehauses. Von hier starten einige kürzere und längere Rundwege sowie der kurze Fußweg durch die romantische **Klause** zur Burg.

Wolfgangikirche: Ausgehend vom Gasthof Bierhalle an der Straße nach Trahütten startet der Wolfgangiweg zur Wallfahrtskirche oberhalb von Hollenegg. Der Alpenvereinsweg ist rot-weiß markiert (Gehzeit: ca. 3 Std.).

Wintersport Das Skigebiet auf der **Weinebene** an der Grenze zu Kärnten ist schneesicher (Beschneiungsanlagen) und familientauglich (Skischule, Übungslift). 12 Abfahrtspisten von leicht bis mittelschwer, 6 Schlepplifte und 15 Loipenkilometer.

Der Hebalmsee auf der Koralpe ist ein beliebtes Ausflusgziel

Hebalm. Auch nördlich der Weinebene in der Nähe des Packsattels sind Schneekanonen im Einsatz, auch dieses Skigebiet wirbt mit dem Prädikat „familienfreundlich". Ein Highlight ist der Nachtskilanglauf unter Flutlicht.

Übernachten/Essen & Trinken in und um Deutschlandsberg

**** **Burghotel** **3** Nobelherberge mit unlängst renovierten Zimmern und Suiten, eingerichtet mit Stil und jedem Komfort. Hochdekoriertes Restaurant im Nebengebäude mit Terrasse, das 3-Gänge-Menü kostet ca. 40 € (So/Mo Ruhetag). DZ ab 120 €. Burgplatz 1, ✆ 03462-56560, info@burg-deutschlandsberg.at, www.burg-deutschlandsberg.at.

*** **Koralpenblick**. Der Alpengasthof 8 km westlich von Deutschlandsberg liegt in schönster Natur auf 1000 m. Seit 40 Jahren in Familienhand, kinderfreundlich, Zimmer mit viel Naturholz, teils mit Balkon. Selbst gemachte Bioprodukte wie Säfte, Bauernbrot und Fleisch aus artgerechter Rinderhaltung (Hauptgerichte 10–15 €). DZ ab 80 €. Rostock 15 in Trahütten, ✆ 03461-210, office@koralpenblick.at, www.koralpenblick.at. ■

JUFA **5** Das Jugend- und Familiengästehaus liegt günstig am Burgberg, kurze Wege in den Wald und in die Stadt. Sauna- und Wellnessbereich, Fahrradverleih, Indoor- und Outdoor-Spielgelände, 54 Zimmer teils mit Balkon. DZ ab 70 €. Burgstr. 5, ✆ 05708-3260, deutschlandsberg@jufa.eu, www.jufa.eu.

Theresas **2** Restaurant, Bottega und Café zwischen Hauptplatz und Pfarrkirche in Deutschlandsberg. Urbanes Ambiente mit individuellem Publikum und kreativer Atmosphäre, sehr kleine Karte (abends auf einer Kreidetafel), mediterraner Stil. Hauptgerichte bis 20 €. Cocktailbar am Abend, gemütlicher Gastgarten. Tägl. außer So ab 11 Uhr. Kirchengasse 4, ✆ 03462-39182.

Kaminstub'n. Romantische Einkehr in unromantischer Umgebung und mit hervorragender Küche. Das rustikale Holzhaus versprüht einen Hauch Nostalgie und überrascht innen durch edle und geschmackvolle Ausstattung. Die Karte bietet Fleisch, Fisch und Vegetarisches, das Styriabeef mit Kürbisgemüse kostet 11 €. Mi und So ab 15 Uhr geschlossen. Kresbach 80 (am Kreisverkehr der B 76/Abzweig der L 619 nach Trahütten), ✆ 03462-4737, www.kaminstubn.at.

Preinsack **4** Ehrwürdige Konfiserie und Konditorei, gegründet 1925 in Graz, mit Cocktailbar und Lounge fürs junge Abendpublikum

Deutschlandsbergs. Eine Spezialität sind die Kürbiskern- und Schilcher-Trüffel, auch Frühstück und herzhafte Tagesgerichte. Tägl. ab 7 Uhr. Hollenegger Str. 6, ✆ 03462-6061, www.preinsack.at.

Jauk **6** Qualitätsgeprüfter Buschenschank an der Weinpromenade oberhalb des Zentrums. Ideal für eine entspannte Pause mit Blick auf Deutschlandsberg, sättigende Brettljause für 6,50 €, der Schilcher mundet ebenfalls. Do–So ab 14 Uhr. Schlossweg 45 (kurz vor der Burg rechts), ✆ 03462-4431, www.buschenschank-jauk.at.

Valentino **1** Kultiges Eismekka an der B 76 im Stil einer US-amerikanischen Erlebniswelt. Café mit großen Kapazitäten, gläserne Produktion, hochwertige Resultate (u. a. veganes und mit Stevia gesüßtes Eis). Kinderspielplatz, Sonnenterrasse und großer Parkplatz. März bis Okt. tägl. außer Mo ab 10 Uhr. Radlpassstr. 11, ✆ 03462-30626, www.valentinoeis.at.

Bad Gams

ca. 2300 Einwohner

Trotz der Lage an der Schilcher-Weinstraße zwischen Deutschlandsberg und Stainz muss man den Ort gezielt ansteuern. Er liegt abseits der gängigen Routen, und wer mondäne Thermen und Kurhotels erwartet, wird etwas verwundert sein: Bad Gams ist ein ländlich geprägtes Weinbaudorf, perfekt geeignet für geruhsame Aufenthalte in der Provinz. Das Prädikat eines Kurorts verdiente sich Bad Gams, nachdem mehrere eisenhaltige Heilquellen entdeckt und erschlossen wurden. Die Michelquelle zeichnet sich beispielsweise durch einen hohen Anteil an zweiwertigem Eisen aus. Natürlich ist eine Trinkkur bei Eisenmangel zu empfehlen, jedoch auch bei Infekten, Herz-Kreislauf-Schwäche oder Depressionen. Neben dem wunderbar gestrig wirkenden Kurpark befindet sich eine **Trinkhalle.** Hier kann der Gast zu festgelegten Zeiten aus Zapfhähnen vom Heilwasser dreier verschiedener Quellen kosten. Außerdem betreibt ein Gesundheitshotel eine Abfüllanlage, von wo Quellwasser kistenweise an Adressaten in Österreich und Deutschland verschickt wird. Im Ortszentrum treffen Passanten auf einige romantische Villen, u. a. auf das Wohnhaus des Komponisten und Kapellmeisters Eduard Wagnes. Mit dem Marsch „Die Bosniaken kommen“ brachte er es Ende des 19. Jh. im Dunstkreis der K.-u.-k.-Monarchie zu erklecklichem Ruhm.

Information Das Infobüro befindet sich gegenüber der Kirche in der Straße zur Trinkhalle. April bis Okt. Fr 14–17 Uhr, Sa 10–15 Uhr. Bad Gams 2, ✆ 03463-2656, www.bad-gams.at.

Hin & weg Bus: Mo–Fr mehrere Verbindungen von/nach Deutschlandsberg (www.gkb.at).

Einkaufen Farmer-Rabensteiner. Die Schilcherlandinstitution ist mehrfach preisgekrönt, u. a. erhielt sie den steirischen Tourismuspreis als Produzent des Jahres. Den Bad Gamser Vorort Furth steuern inzwischen ganze Busladungen an und kaufen u. a. Knabberkerne in allerlei Varianten (z. B. mit Erdbeer oder Pfeffer), Öle und Schnäpse. Rund 60 Essigsorten reifen in Glasballons, die Ölpresse kann besichtigt werden. Auch Vermietung von Gästezimmern. Tägl. 8–18 Uhr. Furth 8, ✆ 03463-3107, www.kuerbiskernoel.at.

Radeln Radverleih: Die Gemeinde verleiht E-Bikes in zwei Ausführungen – als City- (20 €/Tag) oder Mountainbike (24 €). Mo–Fr 9–14 Uhr. Bad Gams 2, ✆ 03463-2656, www.bad-gams.at.

Wandern Der Weinbergweg führt vom Ortszentrum zur Weinbergwarte, einem hübschen Aussichtspunkt zwischen Reben, und auf alternativer Route zurück. Der Weg passiert ein kleines Mühlenmuseum (Besichtigung nach Vereinbarung, ✆ 03463-2813) und kann beliebig erweitert werden (Gehzeit: ca. 2:30 Std.).

Übernachten/Essen *** Weststeirischer Hof. Das ordentliche Mittelklassehotel mit 20 Zimmern befindet sich am oberen Ortsrand. Das Restaurant mit Gastgarten serviert steirische Schmankerln, das Lamm in Kürbiskernpanade kostet 14 € (Mo geschlossen). Der Weinkeller wird für Degustationen genutzt, im Foyer steht ein Quellbrunnen.

Wellnessbereich, E-Bike-Verleih für Hotelgäste. Im Jan. geschlossen. DZ ab 84 €. Müllegg 40, ✆ 03463-2134, weststeirischer hof@aon.at, www.weststeirischerhof.at.

››› Mein Tipp: *** **Fernblick**. Bodenständiges Urlaubsidyll in Alleinlage und in Gehentfernung zum Kurpark. 35 Zimmer mit kleinem Balkon, opulenter Saunabereich, weitläufiger Garten mit Pool. Das gute Restaurant mit Café serviert Steirisches, den Hirtenspieß mit Ofenkartoffeln gibt's für 14 €. DZ ab 67 €. Bad Gams 101, ✆ 03463-29050, info@dorfhotel.at, www.dorfhotel.at. ‹‹‹

Toni Peter. Das Traditionsweingut (seit Mitte des 19. Jh.) befindet sich 3 km südöstlich von Gams. Die bodenständige Buschenschenke mit Innen- und Außenplätzen hat neben den üblichen Jausen auch Fischgerichte im Angebot (der Fisch kommt frisch aus dem nahen Märchensee). März bis Okt. Mi–So ab 14 Uhr. Gersdorf 21 (im Ortsteil Furth nach Norden abbiegen), ✆ 03463-3354, www.weinbautonipeter.at.

Stainz

ca. 2500 Einwohner

Das putzmuntere Städtchen ist das urbane Zentrum des nördlichen Schilcherlands und macht einen wohlhabenden Eindruck. Ob das daran liegt, dass 1840 **Erzherzog Johann** für damals 250.000 Gulden die Herrschaft Stainz erwarb, mag dahingestellt sein. Ein Jahrzehnt später wurde der Alpenkaiser von der Bezirkshauptmannschaft zum Bürgermeister gewählt. Der Erzherzog, der zu jener Zeit gerade zur Kur in Bad Gastein weilte, schrieb zurück, dass er sich aufrichtig und beharrlich seinem neuen Amt widmen wolle, um ein „Beyspiel dessen, was und wie eine Gemeinde seyn soll" zu geben. Es handelte sich um ein einmaliges Kuriosum, denn es ist der einzige Fall, dass in Österreich jemals ein Mitglied der Kaiserfamilie einer Kommune vorstand. Die Bürgerhäuser rund um den Hauptplatz werden von einem mächtigen **Schloss** überragt, das anno 1840 gemeinsam mit dem Grunderwerb an den Erzherzog fiel. Heute befindet sich in den Räumen u. a. eine Zweigstelle des – vom Alpenkaiser begründeten – Grazer Universalmuseums Joanneum. Das dekorative Ensemble von Schloss und der **Kirche St. Katharina** grüßt weit ins Schilcherland hinein und ist die Stainzer Hauptsehenswürdigkeit. Eine weitere Attraktion ist der **Flascherlzug:** Die historische Schmalspurbahn mit ihren kunterbunten Waggons ist ein Fest für Eisenbahnnostalgiker. Ihre Geschichte geht auf den Wunderdoktor Höllerhansl (1866–1935)

Ausflugsgaudi mit dem Stainzer Flascherlzug

Weststeiermark → Karte S. 360

zurück, der in der Nähe von Stainz praktizierte und vorzugsweise mit Urin beträchtliche Heilwirkungen erzielte. Sein Ruf mehrte sich, woraufhin sich die Patienten, im Gepäck die Flascherl mit Urin, in großer Zahl in den Zug nach Stainz setzten. Heutzutage ist die Reise von Preding über Wieselsdorf ins nördliche Schilcherland ein beliebter Freizeitspaß. Übers Jahr befördert der Zug weit über 20.000 Fahrgäste!

Schloss Stainz

Das heutige Schloss war ehedem ein Augustiner-Chorherrenstift, dessen Gründung auf das 13. Jh. zurückgeht. Anfang des 17. Jh. erlebte das Kloster seine größte Blüte, die sich im Ausbau der Stiftskirche niederschlug. Sie wurde in jener Zeit bedeutend vergrößert und mit einer barocken Innenausstattung versehen, dazu verlegte man den Eingang nach Osten zum Klosterhof. Als Kaiser Joseph II. das Chorherrenstift 1785 auflöste, wandelte sich das Gebäudeensemble zum weltlichen Herrschaftssitz. Heute gehört es den Nachkommen von Erzherzog Johann, den Grafen von Meran. Die honiggelbe und weiße Außenfassade ist mit dekorativen Elementen versehen und umschließt einen bildschönen Arkadenhof. In den Räumen mit teils prächtigen Stuckdecken eines italienischen Künstlers aus dem 18. Jh. befindet sich ein **Jagd- und Landwirtschaftsmuseum.** Was auf den ersten Blick wenig attraktiv erscheinen mag, entpuppt sich als überaus interessante Präsentation volkskundlicher Exponate zu wildökologischen Themen oder Fragen nach der Ernährung im ländlichen Raum und über die historischen Epochen hinweg. Im Schlosscafé mit Sitzplätzen im Hof können die Besucher anschließend die Seele baumeln lassen. Das Schloss steht auf einem Hügel, zwischen der Fassade und dem Hauptplatz befinden sich Weingärten.

Museum: März bis Okt. tägl. außer Mo 10–17 Uhr. 8 €, erm. ab 3 €. Schlossplatz 1, ✆ 03463-2772, www.museum-joanneum.at.

Lethkogel (Stainzer Warte)

Die 608 m hohe Erhebung 3 km westlich von Stainz ist ein Ausläufer des Reinischkogel-Rosenkogel. Archäologische Grabungen 2004–2007 wiesen nach, dass der Lethkogel mindestens seit dem 4. Jahrtausend v. Chr. besiedelt war. Schmelzöfen zeigen, dass u. a. die Kelten hier Eisenverhüttung betrieben. Die Wallanlagen aus ebenfalls keltischer Epoche gehören zu den besterhaltenen im Ostalpenraum. Seit 1902 steht auf der Spitze des Lethkogels die Stainzer Warte: ein 40 m hoher Aussichtsturm, der einen unverstellten Blick auf die Südsteiermark erlaubt.

St. Stefan ob Stainz

Die Winzerhochburg 5 km nördlich von Stainz verfügt über eine enorme Zahl von Weingütern und Buschenschenken. Die empfehlenswerte Reiseroute nach St. Stefan sollte allerdings nicht auf dem Direktweg über die L 314 erfolgen, sondern auf der **Schilcher-Weinstraße.** Diese beschreibt auf dem Weg nach Norden einen ausgiebigen Schlenker; es folgen zahlreiche schöne Aussichtspunkte an Weingütern in beneidenswerter Lage, bevor die Route wieder tiefer gelegene Gefilde ansteuert.

Basis-Infos Stainz und Umgebung

Information Die Gästeinfo befindet sich am Hauptplatz in Stainz. April bis Okt. Mo–Fr 9–12 und 14–17 Uhr, Sa 9–12 Uhr, im Winter an Werktagen vormittags geöffnet. Rathausplatz 4, ✆ 03463-4518, www.schilcherland.com.

Im Schloss Stainz befindet sich ein sehenswertes Museum

Hin & weg **Bus**: Mo–Fr mehrere Verbindungen nach Deutschlandsberg und in die Gegenrichtung nach Lieboch, dort Umstieg in die S-Bahn-Linie 7 von Graz (www.gkb.at).

Taxi: ✆ 03463-20111. Wer im Besitz einer Gästekarte ist, kann für 5 € die Mitgliedsbetriebe in der Umgebung (Weingüter, Buschenschenken etc.) anfahren.

Flascherlzug: Heute sind die Flaschen im Zug nicht mehr mit Urin, sondern mit Schilcher gefüllt. Die komplette Strecke mit der Dampflok nach Preding dauert 2 Std., alle Waggons sehen unterschiedlich aus und haben eigene Namen, Tickets können auch online gebucht werden. Ende April bis Ende Okt. Mi und Fr–So Abfahrt jeweils um 15 Uhr, Sept./Okt. zusätzlich Sa/So 10 Uhr. Fahrpreis mit Rückfahrt: 15 €, erm. ab 3 €. Der Bahnhof befindet sich am Rand des Stadtzentrums. ✆ 0664-9615205, www.flascherlzug.at.

Einkaufen **Weinhaus Stainz**. Mehr als eine Vinothek, sondern ein Fixpunkt der Schilcher-Weinbaukultur. Neben dem Verkauf auch Weinbar, Seminarzentrum und Kochschule. Di–Fr 13–19 Uhr, Sa 10–19 Uhr, Sept./Okt. auch So 10–15 Uhr. Grazer Str. 21, ✆ 03463-70022, www.weinhaus-stainz.at.

Herrgott. Kleines Familienweingut mit Demeter-Zertifikat. Verkauf ab Hof an der Schilcher-Weinstraße nördlich von St. Stefan, 2013 wurde der „Schilcher Neuberg 2012" als „Best of Bio" ausgezeichnet. Nebenerwerbsbetrieb ohne feste Öffnungszeiten. Kirchberg 101, ✆ 03463-81809, www.herrgott.at. ■

Ölmühle Herbersdorf. Gernot Becwar ist einer der renommiertesten Kernölproduzenten in der Steiermark. Hier wird das Kernöl nach traditionellem Verfahren hergestellt, die Ölmühle gleicht einem Museum aus alten Tagen. Im Laden gibt's auch Schilcherwein, Sekt, Schnäpse, Säfte aus der Region u. v. m. An Samstagen werden kleine Snacks kredenzt, die Spezialität ist Schmölzi (eine Kernöleierspeise für 3,20 €). März bis Dez. Mo–Mi und Sa 9–16 Uhr. Herbersdorf 9 in Rassach (3 km südöstlich von Stainz, in Herbersdorf hält übrigens auch der Flascherlzug), ✆ 0664-4108097, www.oelmuehle.herbersdorf.at.

Radeln Das Städtchen ist Ausgangspunkt mehrerer Radrundwege, u. a. der **Schilcher-Tour Nord** (44 km), und Etappenstation weiterer Radwege wie z. B. der **Ölspur-Tour** (90 km).

Weststeiermark → Karte S. 360

Von Stainz ausgeschildert ist auch der **Schilcher-Radweg** (R4), der auf Nebenstraßen nach Süden führt und in Eibiswald endet (73 km).

Radverleih: E-Bikes für 19,50 €/Tag verleiht u. a. das Infobüro am Rathausplatz.

Veranstaltungen **Weinfrühling**. Alljährlich im Frühjahr dreht sich rund um Stainz alles um den neuen Schilcherjahrgang. Zahlreiche Weinfeste, Verkostungen (u. a. im Schloss) sowie Brauchtumsveranstaltungen. Mitte März bis Juni (www.weinfruehling.at).

Schilchertage. Eines der größten Weinfeste der Steiermark kreist um die Erzeugnisse aus der Wildbacher Traube. Höhepunkt ist das Brauchtumsspektakel am Trachtensonntag auf dem Stainzer Hauptplatz. Anf./Mitte Aug.

Theater im Bauernhof. Der kleine Weiler St. Josef liegt 5 km östlich von Stainz und ist über die B 76 erreichbar (in Richtung Autobahn). Hier ist die älteste Volkstheatergruppe der Steiermark beheimatet (seit 1922), jährliche Festspiele polieren den Ruf von St. Josef als Theaterdorf. Ende Juni bis Mitte Aug. (✆ 03136-81462, www.theater-im-bauernhof.at).

Wandern Durch Stainz führt der **Mariazeller Weg** (Weitwanderweg 06).

Stainzer Warte: Der **Rosenkogelweg** ist ein Stainzer Klassiker und führt vom Hauptplatz zur Aussichtswarte am Lethkogel (Gehzeit: ca. 3:30 Std.).

St. Josef: Ein Kreativspaß für die gesamte Familie ist der 1 km lange **Theaterweg** östlich von Stainz (→ Veranstaltungen). Mehrere Zwischenstationen geben Anleitung und regen zum aktiven Theaterspiel an (www.theaterdorf.at).

Übernachten/Essen & Trinken in und um Stainz

****S **Stainzerhof**. Wer ein qualitätsvolles Logis im Stadtzentrum bevorzugt, liegt hier richtig. Mit Haubenrestaurant (mehrgängige Menüs ab ca. 40 €) und Wirtshaus (Hauptgerichte 10–20 €), Terrasse am Stainzbach, Sauna und Fitnessraum. Ganzjährig geöffnet, Restaurant So/Mo Ruhetag. DZ ab 158 €. Grazer Str. 2, ✆ 03463-22122, welcome @stainzerhof.at, www.stainzerhof.at.

››› **Mein Tipp: Rauch-Hof**. Das kulinarische Paradies mit Gästezimmern liegt an der Schilcher-Weinstraße 2 km westlich von Stainz. Ein gemütliches Haus, umgeben von einem weitläufigen Garten und Forellenteichen. Leckerer fangfrischer Fisch ist hier Ehrensache (ab 14 €), aber es gibt natürlich auch andere, jahreszeitlich wechselnde Delikatessen (Hauptgerichte ab 10 €). Die Zimmer sind stilvoll mit viel Holz möbliert, teils mit Zugang zur Terrasse oder zum Garten. März bis Weihnachten, Restaurant Mo/Di geschlossen. DZ ab 84 €. Wald 21, ✆ 03463-2882, office@rauch-hof.at, www.rauch-hof.at. ‹‹‹

Engelweingarten. Abgelegene Traditionsherberge unter der Stainzer Warte mit Blick aufs Schilcherland, 1847 nächtigten hier Kaiser Ferdinand I. und Erzherzog Johann. Private, nicht unexklusive Atmosphäre mit Stilmöbeln, nur 5 Gästezimmer mit tadellosen Bädern. Kein Restaurant, hinreißende Außenterrasse unter einer Weinpergola. Ostern bis Okt. geöffnet. DZ ab 76 €. Max-Gschiel-Str. 41, ✆ 0664-9286316, stainz@engel weingarten.at, www.engelweingarten.at.

Jagawirt. Die abgelegene Waldklause oberhalb der Schilcher-Weinstraße genießt einen legendären Ruf. Außen ein schattiger Garten mit Tischen unter einer Weinpergola, innen eine urgemütliche Bauernstube, die Küche verwendet Zutaten aus eigener Landwirtschaft. Anspruchsvoll, stilvoll, stets lecker und etwas teurer, z. B. Wildschweinfilet mit Gnocci für 18 €. Mi Ruhetag. Auch Zimmervermietung. Sommereben 2 (von der Weinstraße zwischen Stainz und St. Stefan Richtung Reinischkogel), ✆ 03143-8105, www.jagawirt.at.

Lazarus. Weingut mit Buschenschank und weitem Ausblick an der Weinstraße von Stainz nach St. Stefan. Der Schilcher erhielt zahlreiche Auszeichnungen, auf der Jausenkarte die üblichen Schmankerln auf gutem Niveau (z. B. Schafskäse mit Salat und Brot für 6 €). Auch Gästezimmer (DZ ab 68 €). Mitte Dez. bis Febr. Betriebspause, Mo/Di Ruhetag, Aug. bis Okt. nur Mo geschlossen. Schilcherstr. 20, ✆ 03463-6200, www.weingut-lazarus.at.

Kainz. Café und Bistro im Ortszentrum von St. Stefan. Frühstück, Baguette und Pizza, die eigentliche Spezialität ist jedoch das hausgemachte Speiseeis. Leckere Kreationen, u. a. Kastanien-Eis oder Eis auf frischer Waffel. Mo–Fr ab 7.30 Uhr, Sa/So ab 8.30 Uhr. Hauptplatz 16a, ✆ 03463-81666.

Ligist

Die geschichtsträchtige Ortschaft in Steinwurfnähe zur Autobahn ist das Scharnier zwischen der Schilcherregion und dem Kainachtal. Dennoch liegt Ligist ein wenig abseits der ausgetretenen Pfade, was daran liegen mag, dass die „großen" Attraktionen fehlen. Das gepflegte Zentrum mit überreichlich Blumenschmuck ist charmant, die Wege zu den Wanderausgangspunkten in der Koralpe oder ins Reich der Lipizzaner sind kurz. In Gehentfernung des Ortes befindet sich eine **Burgruine** aus der ersten Hälfte des 13. Jh. mit einem recht gut erhaltenen Bergfried. Sie geht auf eine ältere Befestigungsanlage zurück, die zwei Jahrhunderte zuvor aktenkundig wurde und nacheinander vom Geschlecht der Lubgaster und der Saurauer bewohnt wurde. Allerdings befand sich die ältere Festung an anderer Stelle, nämlich auf dem Dietenberg. Dort wiederum förderten archäologische Ausgrabungen Spuren zutage, die bis in die La-Tène-Zeit (5.–1. Jh. v. Chr.) zurückreichen. Ein **archäologischer Weg** erschließt die Fundorte und verbindet sie mit dem Ligister Ortszentrum.

Ligist im nördlichen Schilcherland

Information Das örtliche Infobüro befindet sich im Gemeindeamt. Mo–Fr 8–12 Uhr, Di und Do auch 15–18 Uhr. Ligist 22, ✆ 03143-22290, www.ligist.info.

Einkaufen **Hochstrasser**. Die Feindestillerie im gepflegten Nachbarort Mooskirchen gehört zu den kulinarischen Vorzeigebetrieben der Region. Seit 1930 besteht der Familienbetrieb, heute kommen ganze Busladungen zu Führungen. Im Shop gibt's edle Weine, prämierte Brände, Liköre u. v. m. Der Marillenschnaps ist ein Klassiker, auch Café und Restaurant. Mo–Fr 9–18 Uhr, Sa bis 14 Uhr. Marktplatz 12, ✆ 03137-2232, www.schnaps.at.

Wandern **Vogelstimmenweg**: Die familientaugliche Runde (Rundweg Nr. 12) führt u. a. zur Ruine Ligist, Infotafeln lenken die Aufmerksamkeit auf Vogelstimmen (Gehzeit: ca. 45 Min.).

Keltenweg: Ein kürzerer und ein etwas längerer Weg führen vom Zentrum zum Dietenberg, wo sich die wichtigsten keltischen Ausgrabungsstätten befinden (Gehzeit: ca. 1:30–2:30 Std.).

Übernachten/Essen *** **Enzianhof**. Hübscher Berggasthof in der Koralpe, allein auf weiter Flur. 40 komfortable Zimmer mit Balkon; Sauna, Pool und diverse Aktivangebote von Klettern bis Tennis. Hochwertige Küche, der Zwiebelrostbraten mit Bohnen kostet 14 €. Jan. geschlossen. DZ 112 €. Oberwald 49 (4 km von Ligist, der Weg ist ausgeschildert), ✆ 03143-2106, info@enzianhof.at, www.enzianhof.at.

Krämerwirt. Gepflegtes Wirtshaus mit reichlich Flair im Ortszentrum, der Brunnen sprudelt vor dem Eingang. Gemütliche Stube, Außenplätze im Garten. Schmackhafte österreichisch-steirische Gerichte, das Ligister Schnitzel mit Schinken und Salat kostet 13 €. Do Ruhetag, Fr nur abends offen, So bis 17 Uhr. Ligist 35, ✆ 03143-3040, www.landgasthaus-kraemerwirt.at.

Weststeiermark → Karte S. 360

Voitsberg und Köflach

Das Städtedreieck Voitsberg, Köflach und Bärnbach mit seinen zusammengezählt rund 30.000 Einwohnern ist ein regelrechter Ballungsraum. Fast möchten Reisende angesichts der himmelhohen Industrieschlote sofort weiterziehen, wären hier nicht eine ganze Reihe hochrangiger Ausflugsziele, die es zu entdecken gilt. Zuvorderst das **Lipizzanergestüt Piber,** das im Sommer zu den meistbesuchten Destinationen der Weststeiermark gehört. Im Bundesgestüt orientieren sich viele Angebote an der Zielgruppe Familie mit Kindern, augenfällig etwa dann, wenn der Pferdehufschmied nachmittags die Arbeit aufnimmt. Ursache für den relativ hohen Grad der Industrialisierung ist der Umstand, dass Voitsberg-Köflach seit der Mitte des 18. Jh. ein Braunkohlerevier ist. Für den Abtransport der Kohle wurde eigens eine Eisenbahn eingerichtet, die noch heute als Graz-Köflacher Bahn die Fahrgäste zwischen dem Kainachtal und der steirischen Landeshauptstadt transportiert. 2004 schloss das letzte hiesige Bergwerk seine Pforten. Heute können sich Besucher im **Bergbaumuseum** in Rosental an der Kainach über die Geschichte der Kohleförderung informieren (Führungen nach telefonischer Anmeldung unter ✆ 03142-22242).

Um das – trotz Straßenumgehung – verkehrsreiche Zentrum der Bezirkshauptstadt **Voitsberg** machen die meisten Reisenden hingegen einen Bogen. Dabei ist das Zentrum durchaus sehenswert: Auffälligstes Gebäude am Hauptplatz ist das **Rathaus,** dessen Fassade anno 2002 der Künstler Arik Brauer neu gestaltete. Insgesamt verarbeitete er 120 m^2 Fliesen, die mit volkstümlichen Redewendungen versehen sind und ein bildschönes Gesamtbild ergeben. Ferner unterstreichen nicht weniger als drei Wehranlagen – die Burg Obervoitsberg, die Ruine Krems und das Schloss Greißenegg – die Geschichtsträchtigkeit der Stadt.

Demgegenüber gibt es in **Köflach** wenig zu besichtigen: Das vom Verkehr unbehelligte Ortszentrum bietet jedoch viel Lebensqualität, zudem verfügt die Stadt über

Das Voitsberger Rathaus: kunstvolle Fassade von Arik Brauer

die einzige weststeirische **Therme.** Das Wasser enthält u. a. Magnesium, Calcium und Sulfat und wirkt gegen Rheuma oder Kreislaufbeschwerden. Urlaubsstimmung kommt auch im Köflacher Vorort **Maria Lankowitz** auf. Nicht so sehr der Pilger wegen, sondern aufgrund des Badesees Piberstein.

Bärnbach, die letzte Stadt im Ballungsraum, ist hingegen eher kleinbürgerlich geprägt. Warum dennoch viele Gäste den Weg hierher finden, liegt an der überaus fotogenen **Hundertwasserkirche** und am attraktiven **Glasmuseum.**

Geschichte: Das Voitsberg-Köflacher Becken erwies sich, früher wie heute, stets als siedlungsfreundlich. Daher verwundert es nicht, dass archäologische Spuren bis in die Jungsteinzeit zurückreichen. Im Mittelalter war die Region von der Rivalität zwischen geistlicher und weltlicher Macht geprägt: Während sich der Klerus rund um Köflach festsetzte, behauptete sich um Voitsberg die weltliche Herrschaft. Die Ursache für diese überaus lange währende Dualität lag bei Herzog Heinrich III. von Kärnten, der 1103 die Pfarre Piber dem Benediktinerstift St. Lambrecht vermachte. Verwaltungstechnisch war das etwas unpraktisch, weil zwischen dem Stift und dem Schenkungsgebiet die Stubalpe liegt. Daher sandten die Benediktiner Pröpste von drüben nach hüben, die später die alte Wehrburg auf dem Hügel über der Kainach durch einen repräsentativen Barockbau, das heutige **Schloss Piber,** ersetzten. Die Präsenz der Geistlichkeit führte wiederum in Graz zu einigem Nachdenken, denn immerhin verlief durch das Voitsberg-Köflacher Becken eine wichtige Straße nach Judenburg ins Murtal. Aus diesem Grund stärkte man den Standort und errichtete um 1170 eine wehrhafte Festung namens „Vogtesperch“. In der Folge residierten in der Burg tatsächlich die meiste Zeit über Vögte; der Stadtname Voitsberg leitet sich unverkennbar von besagter Wehranlage, der heutigen Ruine Obervoitsberg, ab.

Gestüt Piber

Die Spanische Hofreitschule in Wien und ihre edlen Lipizzaner sind ein Symbol der K.-u.-k.-Monarchie. Die klassische Reitkunst erlernen die Schimmel zwar in der Donaumetropole, gezüchtet werden sie jedoch in der Steiermark. Wer zwischen Juni und Mitte September auf der Stub- oder Gleinalpe wandert, entdeckt vielleicht die Jungtiere auf den 1500 m hoch gelegenen Sommerweiden. Der kalkige Boden bringt das harte Gras hervor, das die Pferde bevorzugen, während sie sich an steilen Hängen in Trittsicherheit üben. Das eigentliche Gestüt befindet sich unten im Tal zwischen Bärnbach und Köflach in trauter Nachbarschaft zum Schloss Piber. Das österreichische Bundesgestüt Piber geht zurück auf das Jahr 1798, als man hier eine Zucht für Militärpferde einrichtete. Im Ersten Weltkrieg mussten die Lipizzaner aus dem Stammgestüt Lipica (→ Kasten, S. 398) evakuiert werden und gelangten in die Weststeiermark. Sie blieben bis heute hier, abgesehen von einem Intermezzo im Zweiten Weltkrieg und in der anschließenden Besatzungszeit: Die Pferde mussten abermals verlegt werden, wobei sie um ein Haar den Sowjets als Kriegsbeute in die Hände fielen. Am besten erschließt sich das Gestüt auf einem geführten Rundgang, bei dem u. a. die denkmalgeschützte Reithalle aus dem 19. Jh. und die Hufschmiede besichtigt werden. Im Gestüt gibt es außerdem ein Café und ein Museum, das auf zwei Etagen in die Geschichte der Lipizzanerzucht einführt.

April bis Okt. tägl. 9.30–17 Uhr, Reithalle Mo–Fr 10–11.30 Uhr. Zur Fütterungszeit von 12–13 Uhr dürfen die Stallungen nicht betreten werden. Führungen zu jeder vollen Stunde außer 12 Uhr, die Kasse schließt um 16 Uhr. Im Winterhalbjahr finden Führungen um 11 und 14 Uhr statt. 12 €, erm. ab 3 €, inkl. Führung. Piber 1, ✆ 03144-3323, www.piber.com.

Weststeiermark → Karte S. 360

Pferde, die die Welt bedeuten: Lipizzaner

Das Wort Lipizzaner stammt vom Ort Lipica im heutigen Slowenien ab, wo der Habsburgermonarch Erzherzog Karl II. 1580 ein Gestüt zur Pferdezucht gründete. In der Hauptstadt bedurfte man dringend der Pferde für die vielen Paraden. Die Lipizzaner, eine Kreuzung feuriger Hengste spanischer Abstammung mit einheimischen Stuten, erwiesen sich hierfür als überaus geeignet. Die Liebe der Habsburger zu iberischen Rossen schlug sich, nebenbei gesagt, auch auf den Namen der berühmten Wiener Reitakademie nieder, die als **Spanische Hofreitschule** heute zum immateriellen Welterbe der UNESCO gehört. Für die Ausbildung an der Spanischen Hofreitschule in Wien werden ausschließlich Hengste herangezogen, die Stuten sorgen in Piber für den Nachwuchs. Und schneeweiß sollen die Pferde tunlichst sein, damit das ästhetische Erlebnis, dem ausgebildeten Lipizzanerhengst bei der Arbeit zuzusehen, zum Ereignis wird. Dabei nimmt das Fell der Jungpferde seine typische weiße Farbe teilweise erst zwischen dem achten und zehnten Lebensjahr an; meistens begegnen die Gestütbesucher – neben Zuchtstuten oder Pensions- und Deckhengsten – Jungtieren mit dunklem Fell.

Lipizzaner auf der Sommerweide

Es handelt sich um eine alte Kulturrasse: Der Lipizzaner ist mittelgroß, wirkt elegant und graziös in den Bewegungen und ist dabei gleichzeitig athletisch. Besondere Kennzeichen sind der „barocke“ Hals und der federnde Gang. Mit den äußeren Merkmalen paart sich ein gutmütiger Charakter bei gleichzeitig hoher Intelligenz. Kein Wunder, dass die Lipizzaner bei den Habsburgern so hoch im Kurs standen. Nur die besten Pferde gelangen aus der Kinderstube in der Weststeiermark in die österreichische Hauptstadt. Sie sind dann etwa vier Jahre alt und kehren nur noch zurück, wenn sie zum Decken benötigt werden. Zwischen 30 und 40 Fohlen werden im Jahr geboren. Nach etwa einem halben Jahr werden die Fohlen von ihren Müttern getrennt und verbringen den Sommer – Stuten und Hengste getrennt – auf der Alm. Die Musterung erfolgt mit drei Jahren, danach werden die Pferde behutsam an Zaumzeug und Geschirr gewöhnt, später folgt die Arbeit unter dem Sattel. Die Sorgfalt bei der Aufzucht erstreckt sich auf nahezu alle Bereiche, schließlich muss ein reinrassiger Lipizzaner auf eine lückenlose Familienreihe verweisen können. Heute ist Piber das weltweit einzige Gestüt, in dem Nachkommen aller klassischer Stutenfamilien aufgezogen werden. Wer hierherfährt, um sich etwa einen Lipizzaner zu kaufen, kann sich auf einen lückenlosen Stammbaum verlassen.

Schloss Piber

Das Schloss steht auf einer flachen Anhöhe über dem Kainachtal und gehört zum Lipizzanergestüt. Zentrum der quadratischen Barockanlage ist der dreigeschossige Arkadenhof mit einer guten Akustik, weshalb er regelmäßig für Konzerte genutzt wird. Der Bau ersetzte eine ältere Festung und diente den Benediktinern des Stifts St. Lambrecht als Propstei. Nach Aufhebung des Stifts 1786 fiel die Örtlichkeit in staatliche Hände, was wiederum die Voraussetzung dafür war, dass in der Folge das heutige Gestüt entstand. Die kleine **Landkirche** in der Umgebung ist unverkennbar romanischen Ursprungs, wie ein kurzer Blick auf die Außenseite der Apsis zeigt. Interessant sind insbesondere die eingemauerten römerzeitlichen Grabsteine. Links vom Portal an der Westfassade ist u. a. ein Mädchen mit Spiegel zu erkennen, vermutlich eine Bedienstete der Grabherrin.

Die Hundertwasserkirche in Bärnbach

Bärnbach

Hier schlägt der Takt weitaus gemächlicher als in der Bezirkshauptstadt. Der Ruhm Bärnbachs beruht zum Großteil auf der **Hundertwasserkirche** am Ortsrand, die der Patronin der Bergleute, der hl. Barbara, geweiht ist. Das fotogene Bauwerk mit der vergoldeten Zwiebel und den dekorativen Keramikmosaiken an der Fassade erweist sich als echter Hingucker. Innen von überraschender Schlichtheit, ist der Sakralbau ein typisches Beispiel für den spielerischen Umgang des österreichischen Künstlers mit Formen und Farben. Von Hundertwasser stammen auch die Torbögen in der Außenanlage – Zitate anderer Weltreligionen und Manifeste religiöser Toleranz. Die Kirche wurde unmittelbar nach dem letzten Weltkrieg erbaut, ihr jetziges Aussehen erhielt sie jedoch erst bei der Umgestaltung 1987–1994. Das zweite Kunstwerk Bärnbachs von Rang befindet sich wenige Schritte weiter im Stadtgarten. Es handelt sich um den **Mosesbrunnen** von Ernst Fuchs, einem Vertreter der Wiener Schule des Phantastischen Realismus, der in Thal bei Graz eine weitere signifikante Spur in der Steiermark hinterlassen hat. Beim Bärnbacher Brunnen verwendete der Künstler sage und schreibe 144.000 bunte Glasmosaikteile sowie 420.000 Kieselsteine. Im Zentrum dieser manieristisch-surrealistischen Farb- und Formorgie steht der in Bronze gegossene Moses. Eine weitere Attraktion in der Stadt ist das Firmenmuseum der **Glasmanufaktur Stölzle.**

Glasmuseum: Bevor es in den Verkaufsraum geht, lockt eine Ausstellung zur Geschichte der Glasherstellung in der Weststeiermark. Mo–Fr 9–17 Uhr, Sa bis 13 Uhr. 6,50 €, erm. 4 €. Hochtregisterstr. 1, ✆ 03142-62950, www.glasmuseum.at.

Weststeiermark → Karte S. 360

Tregist

3 km nördlich von Voitsberg liegt in einem stillen Seitental der ehemalige Bergbauort mit einem Kleinod moderner Kirchenkunst: Die **Tregister Dorfkapelle** wurde vom Künstler Franz Weiß, der aus einem Nachbarort stammt, komplett mit kunterbunten Motiven ausgestaltet. Der Altar, geweiht der Maria Knotenlöserin, enthält u. a. den Schriftzug „Tschernobyl“, eventuell ein Hinweis des Künstlers darauf, dass wir bereits mitten in der Apokalypse leben. Gegenüber befindet sich seit 2009 in der ehemaligen Volksschule ein **Museum** mit weiteren Werken des Künstlers, das nach telefonischer Voranmeldung öffnet (✆ 03142-22218).

Maria Lankowitz

Den überragenden Ruf der Pilgerdestination bei Köflach zementiert eine Legende, die von einem Ochsengespann und dem Walten göttlichen Willens handelt. Im Jahr 1433 entdeckte ein Hirte an einem Dornbusch eine Marienstatue, die Jahre zuvor die Türken aus einer Kirche bei Radkersburg entwendet und anschließend schnöde weggeworfen hatten. Die Rückführung zu besagter Kirche misslang, weshalb man ein Gottesurteil einholte. Man legte das Gnadenbild auf einen Ochsenkarren und ließ die Tiere des Weges ziehen, bis sie nach Köflach kamen und vor der Linde im heutigen Kirchhof haltmachten. Eine Kapelle, die flugs erbaut wurde, ersetzte man später durch das heutige Gotteshaus. 1693 bestätigte der Papst die Wundertätigkeit der Marienstatue; bereits drei Jahre zuvor ist erstmals eine Fußwallfahrt von Obdach jenseits der Stubalpe im Zirbenland überliefert. Das Pilgerereignis Ende Juni gibt es noch heute. Im Lauf der Zeit erfuhr die Kirche mehrere Um- und Anbauten sowie stilistische Veränderungen. Das spätgotische Gnadenbild, erstes Ziel der Gläubigen, befindet sich im Rokokohochaltar, den der Südtiroler Bildhauer Veit Königer 1767 schuf. Der Künstler beteiligte sich noch an anderen steirischen Kirchenbauten, u. a. am Grazer Dom und an der Taborkirche in Weiz. Dem Sakralbau schließt sich an der Nordseite ein Franziskanerkloster an.

Über das Gaberl ins Murtal

Von Köflach sind es auf der B 77 25 km bis zum Gaberl, einem knapp über 1500 m hohen Pass in der Stubalpe. Bereits in der Römerzeit nutzten die Menschen den Übergang zwischen der Weststeiermark und dem Murtal. Im Winter ist die Anhöhe ein Skigebiet, im Sommer ein guter Ausgangspunkt für Wanderungen. Auf der anderen Seite führt die Straße hinunter nach Judenburg und ins Aichfeld.

Basis-Infos Voitsberg-Köflach

Information Die Stadtinfo Voitsberg befindet sich im Rathaus (Bürgerbüro). Mo/Di und Do 7–12 und 13–17 Uhr, Mi und Fr nur vormittags. Hauptplatz 1, ✆ 03142-22170, www.voitsberg.at.

Hin & weg Die Packer Straße (B 70) von Graz umgeht das Voitsberger Zentrum und führt anschließend nach Köflach. Die Abzweigungen nach Bärnbach und Piber sind beschildert.

Bahn: Köflach ist Endhaltestelle der S-Bahn-Linie 7 von Graz. Die Bahnhöfe Voitsberg und Köflach liegen zentral, der Zwischenhalt Bärnbach befindet sich außerhalb.

Bus: Eine effiziente Linie verbindet Voitsberg-Köflach mit Deutschlandsberg, wenige Busse fahren in Gegenrichtung zur Stub- und Gleinalpe (www.gkb.at).

Ärztliche Versorgung Das **Landeskrankenhaus** befindet sich in Voitsberg. Conrad-von-Hötzendorfstr. 31, ☏ 03142-2010, www.lkh-voitsberg.at.

Post Mo–Fr 8–18 Uhr, Sa 9–12 Uhr. Grazer Vorstadt 7 in Voitsberg.

Veranstaltungen **Kunsthaus Köflach**. Seit 2002 wechselnde Sonderausstellungen auf fast 400 m^2, mit Café (Mo geschlossen). Bahnhofstr. 6, ☏ 03144-2519780, www.koeflach.at.

Burghofspiele Voitsberg. Theater im Innenhof der Ruine Obervoitsberg, gespielt wird ein Stück in der Saison. Mitte bis Ende Juli (www.burghofspiele.at).

Schlossfestspiele Piber. Traditionsreiches Theaterfestival im Arkadenhof des Schlosses. Pro Saison wird eine klassische Komödie inszeniert, garniert mit steirischem Kolorit. Mitte Juli bis Mitte Aug. (www.schlossfestspiele-piber.at).

Lipizzaneralmabtrieb. Vor der Herbstparade kehren die Jungtiere von den Sommerweiden auf der Stub- und Gleinalpe nach Piber zurück. Unterwegs gibt es einen Zwischenstopp für die traditionelle Herbstsegnung in Maria Lankowitz. Mitte Sept. (www.piber.com).

Herbstparade. Traditionsereignis im Lipizzanergestüt zum Abschluss der Sommersaison. Internationale Turniermeisterschaften, Schaulaufen ausgebildeter Jungpferde, abends VIP-Treff im Schloss (Starköche sorgen fürs leibliche Wohl; eine VIP-Karte kostet mind. 130 €). Vorletzter Sa im Sept. (www.piber.com).

Die Tregister Dorfkapelle

Sport und Aktivitäten in und um Voitsberg-Köflach

Baden/Wellness **Therme Nova**. Moderner Wellness- und Gesundheitstempel mit Kurhotel, verbunden mit einer Standseilbahn. Innovative Therapieangebote, teils im Eintritt enthalten. Tägl. 9.30–21.45 Uhr, der Saunabereich öffnet etwas später. Tageskarte 20 €, erm. ab 12 €. An der Quelle 1 in Köflach, ☏ 03144-70100, www.novakoeflach.at.

Radeln Durch den Großraum Voitsberg-Köflach führt der 37 km lange **Kainachtal-Radweg** (R14).

Lipizzaner-Tour. Aufgrund der Länge und der Anstiege anstrengender ist der 82 km lange Radrundweg, der in Piber beginnt bzw. endet.

Radverleih: Das Fahrrad-Fachgeschäft in Rosental zwischen Voitsberg und Köflach verleiht E-Bikes für 19,50 €/Tag. Mo–Fr 9–18 Uhr, Sa bis 12 Uhr. Hauptstr. 23 (an der B 70), ☏ 03142-260881, www.drahteisel.at.

Wandern Kürzere Fußwege verbinden das Voitsberger Zentrum mit den zwei **Burgruinen** Obervoitsberg und Greißenegg.

Wege zu den Lipizzaner-Sommerweiden: Vom Gaberl am höchsten Punkt der B 77 von Köflach nach Judenburg führt der **Koralm-Kristall-Trail** nach Süden. Nach einer Stunde biegt am Alten Almhaus ein Weg nach links ab und führt zur Junghengstweide. Das Gestüt Piber bietet geführte Touren mit Almpicknick an. Höher ist der Aufwand zu den Almen der Stuten auf der Gleinalpe. Startpunkt ist das Gasthaus Kapitel oberhalb von Kainach bei Voitsberg (Gehzeit: ca. 5 Std.).

Weststeiermark → Karte S. 360

Sunfixlhöhle: Durch das Naturdenkmal im oberen Kainachtal, in dem seit dem Mittelalter Sandstein abgebaut wurde, führt ein montanhistorischer Wanderweg (Eintritt 5 €, nur bei Voranmeldung unter ✆ 03148-23174).

Wintersport Die Passhöhe zwischen der Weststeiermark und dem Murtal, das **Gaberl**, ist ein familienfreundliches Skigebiet. Mit Beschneiungsanlage, 15 km Loipe, Rodelbahn und Pisten unterschiedlichen Schwierigkeitsgrads, u. a. eine Talabfahrt nach Salla (www.schilifte-gaberl.at).

Übernachten/Essen & Trinken in und um Voitsberg-Köflach

Jammernegg. Liebenswerte und familiäre Stadtpension im Herzen von Köflach. Der Altbau mit Fachwerkinnenhof wurde kürzlich komplett renoviert, die Einrichtung ist ein Mix aus Altem und modernen Designelementen. 19 Gästezimmer, kein Restaurant. DZ 64 €. Peter-Roseggergasse 8, ✆ 03144/-727200, office@jammernegg.co.at, www.jammernegg.co.at.

››› Mein Tipp: **JUFA**. Im freundlichen Jugend- und Familiengästehaus am Badesee Piberstein kommt so richtig Urlaubsstimmung auf. Ruhig am Ortsrand von Maria Lankowitz gelegen, mit Garten, WLAN sowie Bistro-Restaurant und Café. DZ ab 76 €. Am See 2, ✆ 05708-3220, marialankowitz@jufa.eu, www.jufa.eu. ‹‹‹

Burgrestaurant. Romantische Einkehr in der Burg Obervoitsberg mit Weitblick und guter Küche. Die Speisekarte ist traditionell, das Steirer Cordon Bleu mit Kürbiskernpanade und Kartoffeln kostet 8 € (Hauptgerichte sonst 10–20 €). Leckere Desserts, auch Fisch und Gerichte für den etwas kleineren Hunger. Mo Ruhetag. Schlossberggasse 5, ✆ 03142-26455, www.walters-burgrestaurant.at.

Preschan. Der Ausflugsgasthof im Grünen mit etwas weiterer Anfahrt entpuppt sich als kleine kulinarische Perle, auf Understatement bedacht. Innen mit Stil, kleine Außenterrasse und Spielplatz im Garten. Den Schilcher-Rostbraten mit Spätzle gibt's für 12,40 €. Do–So ab 11 Uhr. Arnsteinstr. 130 (am Kreisverkehr Voitsberg-Krems auf Ausschilderung achten, dann nach 3 km), ✆ 03142-22810, www.preschan.at.

Sandwirt. Familiäres Heurigenlokal in Köflach, hier wird die traditionelle Gastlichkeit gelebt. Rustikaler Landhausstil gepaart mit Tradition (seit 1817), die deutsche Autorin Eva Schindler schrieb ein Buch über die Örtlichkeit mit dem Titel „Das Gasthaus am Gries" (1979). Wenige Sitzplätze auf der Terrasse, ehrliche Preise, leckere hausgemachte Desserts. Do–So offen. Ludwig-Stampfer-Gasse 17, ✆ 03144-5039.

Caballero. Das Café und Restaurant am Gestütseingang verfügt über einen zünftigen Keller und einen kleinen Außenbereich. Wiener Kaffeespezialitäten, leckeres Eis sowie steirische Schmankerln mit Anspruch, die Beef-Tartar-Krapfen kosten 9 €. Öffnungszeiten wie Gestüt (→ oben). Piber 1, ✆ 03144-3323170, www.piber.com.

Hirschegg, Modriach und Pack

Die drei entlegenen Bergdörfer vermarkten sich unter dem Label „Rucksackdörfer", was ein wenig darauf hindeutet, dass es hier kulturell nicht allzu viel zu tun gibt. Dafür locken aber verschiedene sportliche Aktivitäten, zuvorderst in der warmen Jahreszeit das Wandern und in der Schneesaison der Wintersport. Dass im Sommer auch ausgiebig gebadet, gesegelt oder gefischt wird, liegt am knapp 900 m hoch gelegenen **Packer Stausee.** Auch auf dem Fahrradsattel ist die Runde um den 60 ha großen See ein Vergnügen, einziges Manko sind lediglich die zahlreichen abgeteilten Uferparzellen in privater Hand. Auf dem bewaldeten Bergrücken über dem Stausee liegt auf 1169 m der **Packsattel,** eine historische und aktuelle Kreuzung wichtiger Routen: Auf dem Passübergang scheiden sich Steiermark und Kärnten, ebenso wie Stubalpe und Koralpe. Über den Sattel führt die Packer Straße (B 70) von Voitsberg-Köflach ins Kärntner Lavanttal. Schneller ist die Zufahrt über die Autobahn von Graz nach Klagenfurt, die zwischen Mooskirchen und der Lavant auch Packautobahn heißt. Die Passhöhe allerdings unterqueren die Autofahrer im etwa 2 km langen Kalcherkogeltunnel. Ganz so entlegen, wie es auf den ersten Blick erscheint, sind die Rucksackdörfer dann doch nicht!

Information Das Infobüro befindet sich im Packer Gemeindeamt. Mo–Fr 8–12 Uhr, Mo und Mi–Fr auch 13–17 Uhr. Pack 42, ✆ 0664-4669131, www.rucksackdorf.at.

Hin & weg Hinter dem Packsattel zweigt, bereits in Kärnten, die L 606 von der Packer Straße (B 70) ab. Sie führt, vorbei an der Hebalm (→ S. 387), hinunter ins Schilcherland und endet in Deutschlandsberg.

Baden/Bootstouren Ausgewiesene öffentlich zugängliche Badezonen gibt es am **Packer Stausee** an den jeweiligen Enden in Richtung Modriach und Pack.

Bootsverleih: Beim Seestüberl gibt's u. a. Ruder- (5,50 €/Std.), Tret- (6,50 €) und Elektroboote (7,50 €). ✆ 03146-2114, www.hoiswirt.at.

Radeln Der 10 km lange **Packer Radweg** (R29) verbindet die gemütliche Runde um den Stausee mit einem schweißtreibenden Anstieg nach Pack.

Wandern Wer anspruchsvolle Touren plant, kann z. B. von Hirschegg auf die **Hirschegger Alpe** wandern, die die Grenze zu Kärnten markiert (Gehzeit: ca. 6 Std.). Etwas kürzer ist der Rundweg vom Salzstiegl auf den 1993 m hohen **Speikkogel** mit Gipfelkreuz (Gehzeit: ca. 4:30 Std.).

Großofen-Runde: Der abwechslungsreiche Wanderklassiker führt von Modriach u. a. zum 1473 m hohen Großofen, bekannt für seine wilden Felsformationen und die weite Aussicht (Gehzeit: ca. 4 Std.).

Wintersport Skigebiete befinden sich auf der **Hebalm**, am **Salzstiegl** sowie im **Modriach-Winkel**. Die genannten Wintersportgebiete sind gut erreichbar (A 2) und relativ preiswert.

Übernachten/Essen *** **Moasterhaus**. Der Erlebnisgasthof auf 1500 m befindet sich im Wander- und Skigebiet Salzstiegl. Innen und außen viel Holz im Stil eines Jugend- und Familiengästehauses, reichhaltige Aktivangebote. 40 Gästezimmer mit gutem Standard, Restaurant und Sauna. DZ

Koralpe: am Packer Stausee

ab 112 €. Salzstiegl 241 (9 km von Hirschegg), ✆ 03141-2160, info@salzstiegl.at, www.salzstiegl.at.

*** **Spengerwirt**. Ruhig gelegenes Urlaubsdomizil zwischen Hirschegg und dem Salzstiegl, familiär und freundlich, das Restaurant kredenzt ausgezeichnete Landküche (Hauptgerichte um 10 €, Mo geschlossen). Die Innenräume wirken etwas karg, dafür ist der Wintergarten gemütlich. 30 Zimmer bzw. Familien-Apartments mit Küche für Selbstversorger. DZ ab 64 €. Hirschegg 276, ✆ 03141-2230, office@spengerwirt.at, www.spengerwirt.at.

Camping Hirschegg. Zauberhaft gelegenes Campingidyll am Ortsrand von Hirschegg. Viel Grün, ruhig gelegen, kleine abgeteilte Parzellen. Badeteich und Gästepension, ganzjährig geöffnet. 2 Pers. inkl. Zelt ab 14 €. Hirschegg 53, ✆ 03141-2201, info@camping-hirschegg.at, www.camping-hirschegg.at.

Weststeiermark → Karte S. 360

Morgenstimmung am romantischen Duisitzkarsee

Kleiner Wanderführer

Kleiner Wanderführer

Zu den schönsten Freizeitaktivitäten in der Steiermark gehört natürlich das Wandern. Während in den Alpen zahlreiche Aussichtsgipfel der Erstürmung harren, locken im südlichen Alpenvorland oder im Hügelland nicht minder abwechslungsreiche Exkursionen auf Schusters Rappen.

Sieht man einmal von der Dachstein-Tauern-Region, vom Salzkammergut und von der Rax ab, präsentieren sich die Ostalpen verhältnismäßig wenig erschlossen. Der übliche sommerliche Alpinrummel in den Bergen konzentriert sich – wie immer – auf die bekannten Namen und „großen" Destinationen. Was links und rechts davon liegt, schlummert nicht selten – in prächtiger Schönheit – vor sich hin. Aus diesem Grund sind z. B. Wanderungen in der Ramsau am Dachstein (→ Wanderung 2) natürlich längst keine Geheimtipps mehr, während die Gipfel der Wölzer Tauern vielleicht nur Insidern ein Begriff sind (→ Wanderung 6). Wer die Bergeinsamkeit sucht, sollte logischerweise ausgetretene Pfade meiden und muss u. U. auf eine Einkehr in einer bewirtschafteten Berg- oder Almhütte verzichten. Auch die Qualität der **Wegmarkierungen** nimmt in den weniger gut erschlossenen Regionen ab.

Unabhängig davon, wo man sich als Wanderer bewegt, gilt: die nötige Verpflegung, ausreichend Wasser, Sonnen- und Regenschutz sowie eine gute Wanderkarte gehören **auf alle Fälle ins Gepäck.** Außerdem ist es ratsam, vor dem Aufbruch den aktuellen Wetterbericht zu konsultieren, um zu vermeiden, in höheren Lagen von Gewittern oder einem Kälteeinbruch überrascht zu werden.

Bergwandern bedeutet nicht automatisch ultimativen Gipfelsturm in hochalpinem Ambiente (→ Wanderung 5). Herrlich wandern kann man natürlich auch etwas unterhalb, über sanfte Almen (→ Wanderung 1) oder in den (Hoch-)Tälern. Trittsicherheit benötigen Berggeher besonders in den felsigschroffen **Kalkalpen.** Prinzipiell sollten markierte Wege ohnehin keinesfalls verlassen werden, in den Nördlichen Kalkalpen gilt dieser Grundsatz wegen versteckter Dolinen (Karsttrichter) besonders. Die Gefahr eines Einbruchs steigt, wenn im Juni oder Juli der Restschnee den tückischen Untergrund verbirgt (→ Wanderungen 1, 2 und 4). Weit „zahmer“ als die Kalkalpen präsentieren sich auf den ersten Blick die **Zentralalpen.** Aber dieser täuscht nicht selten, denn besonders in höheren Lagen stehen die Niederen Tauern den Kalkalpen in puncto Anspruch und Herausforderung keinesfalls nach. Aber es geht natürlich auch gemütlicher, zumal wenn die Höhenlagen vermieden werden (→ Wanderung 3). Noch weiter im Süden nehmen die Gebirgszüge wie Fischbacher oder Seetaler Alpen, bzw. Glein- oder Koralpe beinahe schon **Mittelgebirgscharakter** an. Hier können auch die weniger Geübten angstfrei wandern (→ Wanderung 9). Südlich von Graz geht das Alpenvorland ins oststeirische und weststeirische **Hügelland** über. Für Spaziergänge oder längere Wanderungen bieten u. a. das

flachhügelige Vulkanland und die kleinteilig-bergige Weinanbauregion an der slowenischen Grenze vielfältige Optionen (→ Wanderungen 10 bis 12).

In den Weingebieten ist die **Hauptsaison** der Herbst, während es sich in den Bergen – je nach Höhenlage – in den Sommermonaten am besten wandern lässt. In den tiefer gelegenen Alpentälern und im Hügelland sollten sich Naturenthusiasten mit einem ausreichenden **Zeckenschutz** versehen. Österreich ist ein Kernland des FSME-Virus, der durch Zeckenbisse übertragen wird (Infos zu Schutzmaßnahmen unter www.zecken.at).

Im Kleinen Wanderführer werden zwölf Touren in den verschiedensten Regionen der Steiermark ausführlich und mit Karte beschrieben. Der Schwierigkeitsgrad der Touren unterscheidet sich teils beträchtlich, auch wenn der Schwerpunkt eindeutig auf mittelschweren Wanderungen liegt, die mit einer durchschnittlichen Kondition gut zu bewältigen sind. Zusätzlich zu den nachfolgenden Touren finden Sie weitere Wanderhinweise in den einzelnen Ortskapiteln.

Wanderkarten Fast zu jeder Region gibt es **topografische Karten** im Maßstab 1:50.000 oder 1:25.000. Am weitesten verbreitet und unkompliziert beziehbar sind die Kompass-Karten (www.kompass.de) sowie die Karten aus dem Verlagshaus Freytag & Berndt (www.freytagberndt.at). Einige Fremdenverkehrsbüros geben an Gäste kostenlose Wanderkarten mit eingezeichneten Routen aus, die für den durchschnittlichen Gebrauch ausreichen.

Wanderwegweiser am Dachstein

Wanderkarten im Internet: Gutes Kartenmaterial mit oder ohne Lizenz findet man auch im Netz, u. a. unter www.steiermark-karte.com oder www.bergfex.at.

Markierungen Die Wanderwege sind flächendeckend markiert bzw. ausgeschildert, wenn auch nicht immer so perfekt, wie in der Schladming-Dachstein-Region. In den Bergen trifft man am häufigsten auf die rot-weiße Markierung des Österreichischen Alpenvereins. Dazu helfen – zumeist gelbe – Wegweiserposten bei der Orientierung. Einzelne Gemeinden, v. a. im Hügelland, pflegen ein eigenes Wanderleitsystem.

Notfälle **Bergrettung** in Österreich ✆ 140, darüber hinaus gilt der europäische Notruf ✆ 112.

Gefahrenhinweise Besonders bei Touren in höheren Berglagen sollte man vor Aufbruch den aktuellen **Wetterbericht** konsultieren. Wetterfeste und warme Kleidung gehört – neben einer guten Karte und ausreichend Trinkwasser – auf jeden Fall ins Gepäck. **Hunde** sind in den bewirtschafteten Almgebieten unbedingt an die Leine zu nehmen, ein Stock hilft eventuell bei der Abwehr von Kühen.

Naturschutz **Blumen**, ganz besonders die geschützte Alpenflora, dürfen nicht gepflückt werden. Der **Abfall** wird selbstverständlich wieder nach Hause gebracht und dort entsorgt. Insbesondere in alpinen Regionen sollten Wanderer ausgewiesene Wege nicht verlassen.

Weitwanderwege in der Steiermark

Nordalpenweg 01. Der erste österreichische Ost-West-Weitwanderweg führt über die Rax zum Hochschwab und ins Gesäuse und von dort über das Tote Gebirge zum Dachstein. Mehr Kalkalpen geht kaum noch!

Zentralalpenweg 02. Weniger schroff als der Nordalpenweg folgt dieser Weg etwas weiter südlich dem Alpenhauptkamm. In den Niederen Tauern quert er u. a. als Schladminger Höhenweg das Naturschutzgebiet Klafferkessel.

Südalpenweg 03. Mehr Süden geht nicht mehr, denn der Südalpenweg ist in der Steiermark identisch mit dem Grenzpanoramaweg Österreich–Slowenien und führt von Bad Radkersburg im Osten auf die Soboth im Westen.

Nord-Süd-Weitwanderweg 05. Einmal quer durch die alpine Steiermark vom Mariazeller Land im Norden, über das Aichfeld in der Mitte bis nach Soboth/Eibiswald im Südwesten. Das letzte Teilstück ist mit dem Koralm Kristall Trail identisch.

Mariazellerweg 06. Von der Soboth im Südwesten nimmt der Pilgerweg Kurs auf Graz und führt von dort weiter bis zum bedeutendsten österreichischen Wallfahrtsort Mariazell.

Ostösterreichischer Grenzlandweg 07. Ganz im äußersten steirischen Osten verbindet der Fernwanderweg den Wechsel im Norden mit den Thermen im Süden.

Eisenwurzenweg 08. Von den Steirischen Eisenwurzen geht es einmal quer durch die Steiermark zum Zirbitzkogel. Höhepunkte sind u. a. das Gesäuse und die Altstadt von Judenburg.

Salzsteigweg 09. Auf historischen Handelsrouten geht es vom Ausseerland über die Niederen Tauern nach Murau im Oberen Murtal.

Wanderung 1: Tauplitzalm – die 6-Seen-Wanderung

Charakteristik: ein besonders an wettersicheren Wochenenden viel begangener Klassiker im Toten Gebirge auf ca. 1600 m mit faszinierenden Ausblicken auf nicht weniger als sechs Bergseen. Bis auf die Pfade rund um den Steirersee warten keinerlei alpinistische Herausforderungen auf die Wanderer. Der Abschnitt zwischen Hollhaus **9** und Grazer Hütte **5** ist sogar mit kleineren Kindern zu meistern. **Dauer**: ca. 4:30 Std. mit mehreren Kürzungsvarianten. **Höhenunterschied**: Auf-/Abstieg ca. 200 m. **Einkehrmöglichkeiten**: zahlreiche Almen und Hütten (→ S. 104). **Ausgangspunkt**: Sessellift-Bergstation auf der Tauplitzalm (Juli bis Anfang/Mitte Sept. tägl. bei Wanderwetter). Die Talstation befindet sich in Tauplitz und ist in wenigen Minuten von der B 145 erreichbar. Alternativeinstieg: Parkplatz am Ende der mautpflichtigen Tauplitzalm-Straße **9**, die bei Bad Mitterndorf von der B 145 abzweigt.

Wegbeschreibung: Von der **Bergstation** **1** des Sessellifts auf 1656 m wenden wir uns zum Hotel Berghof nach rechts und stoßen gleich darauf auf einen Wegweiserpfosten. Der erste unserer sechs Bergseen, der Steirersee, ist hier bereits ausgeschildert. Zwischen Hotel Alpenrose und dem Kirchenwirt hindurch, folgen wir dem breiten Weg bis zu einer **Abzweigung** **2** mit einem deutlich sichtbaren Schild nach rechts zum Linzerhaus. Hier gehen wir auf dem geschotterten Weg geradeaus weiter, um wiederum nach 200 m an einer Linkskurve unsere Route auf dem Wiesenweg geradeaus fortzusetzen (gelber Wegweiser „Steirerseehütten"; rot-weiße Markierung).

Wir überqueren einen breiten Almbewirtschaftungsweg und gelangen gleich darauf auf einen Sattel, von dem der Blick auf der anderen Seite über zwei bewirtschaftete Hütten auf den Steirersee fällt. Es folgt ein kurzer, steiler Abstieg zu den Hütten. Wenige Meter vor der ersten Hütte orientieren wir uns am nächsten **Wanderwegweiser 3** und wählen den schmalen Rechtsabzweig in Richtung Südufer. Gleich darauf halten wir uns an einer Verzweigung rechts und achten wenig später darauf, nicht versehentlich nach Süden in Richtung Tauplitz abzusteigen. Steilere Passagen führen uns jetzt hinab zum Südufer des Steirersees, wo wir dem deutlich erkennbaren Pfad wenige Meter oberhalb des Wasserlevels folgen. Am hinteren Ende des Sees steigt der Pfad – ohne Markierung – wieder an. Vom Talgrund arbeiten wir uns in der Folge allmählich wieder nach oben, ehe unsere Route auf einen breiteren Weg trifft. Auf diesem wenden wir uns nach rechts bis zur **Aussichtsplattform 4** mit Blick auf den Schwarzensee.

Auf besagtem Höhenweg wandern wir nach der verdienten Pause wieder zurück. Immer wieder fällt der Ausblick auf den Steirersee, bis unsere Route die bereits uns vom Herweg bekannten Almhütten **3** wieder erreicht. Eine Einkehr kann, je nach Gusto, hier erfolgen oder erst später, für jeden Fall bietet die Seenplatte genügend Optionen. Das nächste Wegstück über den Sattel zur Grazer Hütte ist mehr oder weniger identisch mit dem Hinweg. Nach der Einkehr in der **Grazer Hütte 5** geht es in Fortsetzung unserer bisherigen Gehrichtung zum Tauplitzsee, wobei der breite Almbewirtschaftungsweg in einen Wiesenweg übergeht.

An einem weiteren **Wegweiserpfosten 6** führt eine Abkürzung nach links kurzerhand zurück zur Bergstation **1** der Seilbahn. Wer weiterwandern mag, wendet sich von hier zunächst zum Nordufer des Großsees und danach zum Märchensee. Letzteren lassen wir rechts liegen, um schließlich auf ansteigendem Terrain auf einen

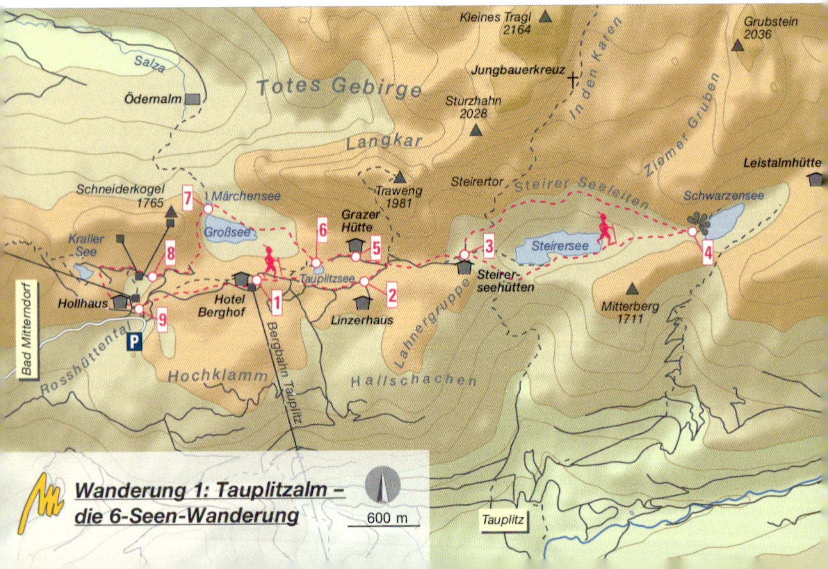

Wanderung 1: Tauplitzalm – die 6-Seen-Wanderung

Ausblick von der Tauplitzalm auf den Grimming

Wegweiserpfosten 7 zu stoßen. Hier schlagen wir den nach links bergwärts führenden Pfad ein, der uns geradewegs ins Skigebiet bringt. An einem breiten Schotterweg folgen wir dem Wegweiser Richtung „Krallersee“ und passieren nacheinander das auffällig gelb getünchte **Hotel Hierzegger** 8 sowie das Hotel Aurora.

10 Min. später öffnet sich der Ausblick auf den letzten der sechs Seen, den unsere Wanderroute in diesem Fall jedoch nur streift. Das nächste Wegstück zum Hollhaus ist nur ungenügend ausgeschildert, aber nicht zu verfehlen, falls man nicht versehentlich auf die abzweigende Route zum Lawinenstein gerät. Vom Berggasthof **Hollhaus** 9 oberhalb des Parkplatzes am Ende der Tauplitzalm-Straße ist es nur noch ein kurzes Stück auf bequemer Route zurück zum Ausgangspunkt 1 unserer Wanderung.

Wanderung 2: Rundweg im Schatten der Dachstein-Südwand

Charakteristik: Die mäßig anstrengende Runde ist z. T. mit dem oberen Abschnitt des klassischen Fünf-Hütten-Wegs identisch und verbindet die Almenregion mit der alpinen Bergwelt. Wegen der Vielzahl von Weg- und Pfadalternativen kann die Tour nach Gusto abgekürzt oder verlängert werden. **Dauer**: ca. 3 Std. **Höhenunterschied**: Auf-/Abstieg ca. 400 m. **Einkehrmöglichkeiten**: Dachsteinsüdwandhütte 2, Walcher- 6 oder Brandalm 7, Austriahütte 8 (Alpinmuseum; → S. 112 f.) sowie am Schluss der Tour. **Ausgangspunkt**: Talstation der Dachstein-Gletscherbahn (1692 m); von Ramsau per Bus oder Pkw über eine mautpflichtige Zufahrtsstraße erreichbar.

Wegbeschreibung: Vom **Parkplatz** 1 unterhalb der Talstation Hunerkogel wählen wir den gut ausgeschilderten Steig Richtung Dachsteinsüdwandhütte, die bereits nach wenigen Schritten ins Blickfeld rückt. Der Pfad steigt gemächlich an, lässt die

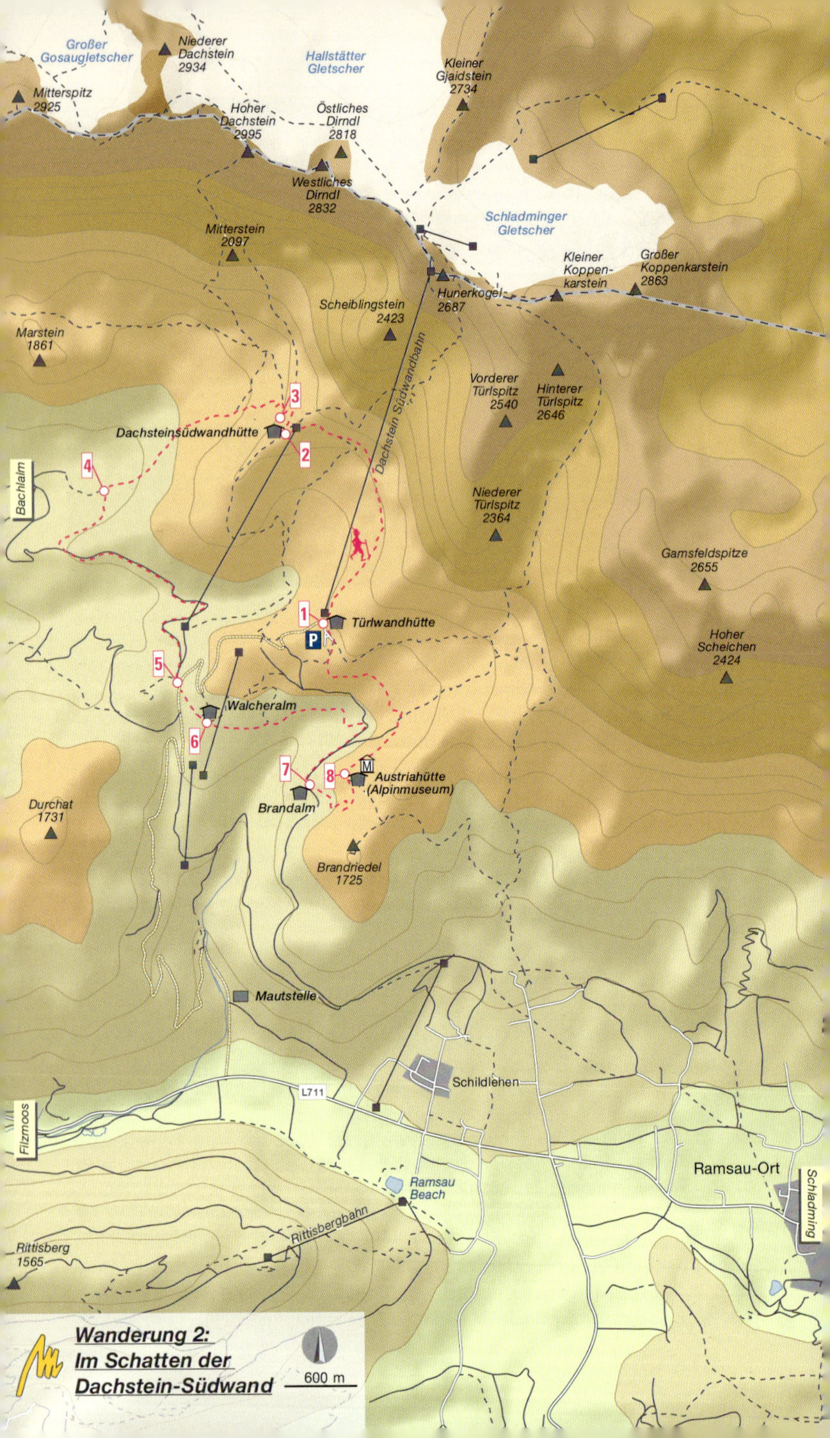

Großer Gosaugletscher
Niederer Dachstein 2934
Hallstätter Gletscher
Kleiner Gjaidstein 2734
Mitterspitz 2925
Hoher Dachstein 2995
Östliches Dirndl 2818
Westliches Dirndl 2832
Schladminger Gletscher
Mitterstein 2097
Kleiner Koppenkarstein
Großer Koppenkarstein 2863
Hunerkogel 2687
Scheiblingstein 2423
Marstein 1861
Vorderer Türlspitz 2540
Hinterer Türlspitz 2646
Dachsteinsüdwandhütte
Dachstein Südwandbahn
Bachlalm
Niederer Türlspitz 2364
Gamsfeldspitze 2655
Türlwandhütte
P
Hoher Scheichen 2424
Walcheralm
Austriahütte (Alpinmuseum)
M
Brandalm
Durchat 1731
Brandriedel 1725
Mautstelle
Schildlehen
L711
Filzmoos
Ramsau-Ort
Ramsau Beach
Schladming
Rittisbergbahn
Rittisberg 1565
1
2
3
4
5
6
7
8
Wanderung 2:
Im Schatten der
Dachstein-Südwand
600 m

An der wilden Südwand des Dachstein

Baumgrenze hinter sich und endet nach 0:45 Std. an der 1871 m hoch gelegenen **Hütte 2**. Danach folgen wir dem Fünf-Hütten-Weg (Wanderweg Nr. 6) Richtung Glösalm, ignorieren kurz darauf die **Abzweigung 3** zum Johann-Klettersteig und steigen in Serpentinen ab.

Nur wenig später zweigt ebenfalls nach rechts der Pernerweg ab, der über das Tor zur Bachlalm führt (der Weg ist zwar landschaftlich sehr schön, jedoch nur für Geübte zu empfehlen). Wir bleiben auf dem Wanderweg Nr. 6, steigen weiter ab und erreichen wieder die Baumgrenze (Lärchen). Schließlich trifft der Pfad an einem Bach auf einen weiteren **Wegweiserpfosten 4**. Geradeaus geht es einmal mehr zur Bachlalm, während wir uns auf dem breiten Weg nach links wenden. Leicht ansteigend mündet dieser auf einen noch breiteren Forstweg, wo wir uns abermals links halten.

Ein Bach wird auf einem Holzsteg unterhalb des Wegs gequert, anschließend ein Linksabzweig zur Dachsteinsüdwandhütte ignoriert. Der nach wie vor ansteigende Weg passiert die Neustattalm, quert die Dachsteinstraße 5 und führt die kurze Zufahrt hoch zur **Walcheralm 6**.

Von hier führen zwei Wegalternativen zurück zum Ausgangspunkt der Wanderung: Während der direkte Weg nach links in 0:30 Std. die Talstation erreicht, wählen wir gleich hinter der Alm den schwach sichtbaren Pfad, der geradeaus eine Almwiese quert. Der Weg führt in ein Seitental und trifft ansteigend auf eine breite Schotterpiste. Hier wandern wir rechts weiter und erreichen innerhalb von 10 Min. die bewirtschaftete **Brandalm 7**. Oberhalb der Alm befindet sich in der 2013 neu errichteten Kapelle eine Bergsteiger-Gedenkstätte.

Hinter dem Haus zweigt der Fußweg links ab, steigt steil an und endet nach ca. 0:15 Std. an der **Austriahütte 8** mit dem Alpinmuseum. Von der Hütte steuert der breite Zufahrtsweg wieder auf die Dachsteinsüdwand zu. An der ersten Kehre geht es auf einem Pfad weiter, der uns gemütlich zur **Talstation 1** der Dachsteinseilbahn zurückbringt.

Wanderung 3:
Zum Duisitzkarsee in den Schladminger Tauern

Charakteristik: Der mittelschwere Rundweg zum romantisch gelegenen Bergsee in den Niederen Tauern führt von den zuweilen recht überlaufenen Zielen rund um Schladming geradewegs in die Bergeinsamkeit. Trittsicherheit ist bei der Etappe vom See zur Neualm gefragt. Wer abkürzen möchte, wandert auf dem Forstweg hinauf zum See und auf gleicher Route wieder zurück. **Dauer**: ca. 3:30 Std. **Höhenunterschied**: Auf-/Abstieg ca. 650 m. **Einkehrmöglichkeiten**: zwei Hütten am See (Mitte Juni bis Okt.) sowie am Ziel in der Eschachalm **5**. **Ausgangspunkt**: Der Parkplatz Eschachalm liegt am Ende der Obertalstraße; von Schladming sind es 14 km, nur wenige Verbindungen mit dem Bus.

Still ruht der Duisitzkarsee

Wegbeschreibung: Am 1211 m hoch gelegenen **Parkplatz 1** kurz vor der Eschachalm füllen wir uns am Quellwasserbrunnen noch unsere Trinkwasserflasche auf, queren dann den Obertalbach, um gleich darauf den Forstweg auf einem Pfad nach rechts wieder zu verlassen (Wanderweg Nr. 774). Es geht nun in steilen Serpentinen bergauf, die rot-weißen Alpenvereinsmarkierungen weisen uns dabei den Weg. Mehrfach quert der Steig die bequemere Forstweg-Alternative, bis der 1650 m hoch gelegene **Duisitzkarsee 2** vor uns auftaucht. Wir umrunden den See gegen den Uhrzeigersinn und gelangen auf diese Weise zur wunderschön gelegenen **Duisitzkarseehütte 3**. Die zweite Hütte weiter oben ist für eine Pause ebenfalls zu empfehlen.

Hinter der Hütte entdecken wir an einem gelben Wegweiserpfosten den Hinweis auf unser nächstes Zwischenziel: die Neualm. Der Pfad steigt abermals an, erreicht einen Aussichtspunkt und fällt anschließend zur **Neualm** ab, wo wir wieder auf den Obertalbach **4** treffen, der hier in munteren Kaskaden talwärts sprudelt. Der Almwirtschaftsweg, den wir zweimal durch den Wald abkürzen, bringt uns zur **Eschachalm 5** und zurück zum Ausgangspunkt **1** unserer Runde.

Wanderung 4: Im Gesäuse – über die Gsengscharte ins Haindlkar

Charakteristik: Für Gesäuse-Verhältnisse ist diese Runde noch eine der leichteren Übungen. Dennoch hat es der Aufstieg in sich, besonders die Überquerung der Gsengscharte, die mit Trittstufen, Stahlseil und Kette gesichert ist. Es handelt sich um ein kurzes Teilstück, das für wenig Geübte problematisch werden könnte. Wer den hinreißenden Ausblick auf die Hochtorwand ohne Scharte erleben möchte, beginnt die Tour an der Enns am Parkplatz Haindlkar **4** und steigt in 1:30 Std. zur Haindlkarhütte **3** auf. **Dauer**: ca. 4 Std. **Höhenunterschied**: Auf-/Abstieg 750 m. **Einkehrmöglichkeiten**: unterwegs in der Haindlkarhütte **3** und am Ende der Tour im Gasthaus zur Bachbrücke (→ S. 143). **Ausgangspunkt**: Weidendom bzw. am Gasthaus zur Bachbrücke. Der Wanderparkplatz Weidendom liegt 10 km östlich von Admont an der Gesäusestraße (B 146) und ist ausgeschildert. Mit der Buslinie 912 oder dem Anrufbus 917 (✆ 03613-4170) von Admont zum Weidendom.

Wegbeschreibung: Vom **Wirtshaus Bachbrücke 1** und der Bushaltestelle an der Abzweigung nach Johnsbach wandern wir wenige Schritte auf der Gesäusestraße nach Osten in Richtung Gstatterboden/Hieflau. Am Schild „Erlebnisweg Wilder John“ verlassen wir die Straße auf dem nach rechts abzweigenden Forstweg. Gleich darauf queren wir ein Geröllfeld und wandern in der Folge – stets am Johnsbach entlang – leicht bergauf.

Nach 0:30 Std. erreichen wir am unteren Ende eines breiten Geröllfeldes (Gseng) einen **Wegweiserpfosten 2**. Während der Sagenweg geradeaus geradewegs nach Johnsbach führt, wenden wir uns hier nach links und steigen steil und der prallen Sonne ausgesetzt durch das Gseng auf. Um die richtige Aufstiegsroute nicht zu verfehlen, behalten wir stets die rot-weißen Markierungen im Auge. Etwas schwieriger gestaltet sich v. a. die Überwindung der **Gsengscharte,** wobei den Übergang über den blanken Fels Trittstufen, Kette und Stahlseil sichern. Auf der anderen Seite fällt der Blick auf die atemberaubende Hochtorwand und auf die **Haindlkarhütte 3**, die wir nach wenigen Augenblicken erreichen.

Der anschließende Abstieg durch das Haindlkar gibt sich im Vergleich zum Aufstieg zahm und stellt geübte Bergwanderer vor keine größeren Herausforderungen. Auch hier achten wir aber genau auf die rot-weißen Markierungen, bis der Bergpfad am **Wanderparkplatz Haindlkar 4** und an der Gesäusestraße endet. Wir gehen hier nicht ganz vor bis zur Straße, sondern halten uns noch auf dem Parkplatz links und suchen den markierten Wanderpfad, der uns parallel zur Straße zurück zum Weidendom bringt. Vor dem Tunnel mündet der schmale Waldpfad auf die Straße. Wir queren diese vorsichtig und wandern auf dem asphaltierten **Rad- und Fußweg** zurück zum Ausgangspunkt **1** unserer Rundwanderung.

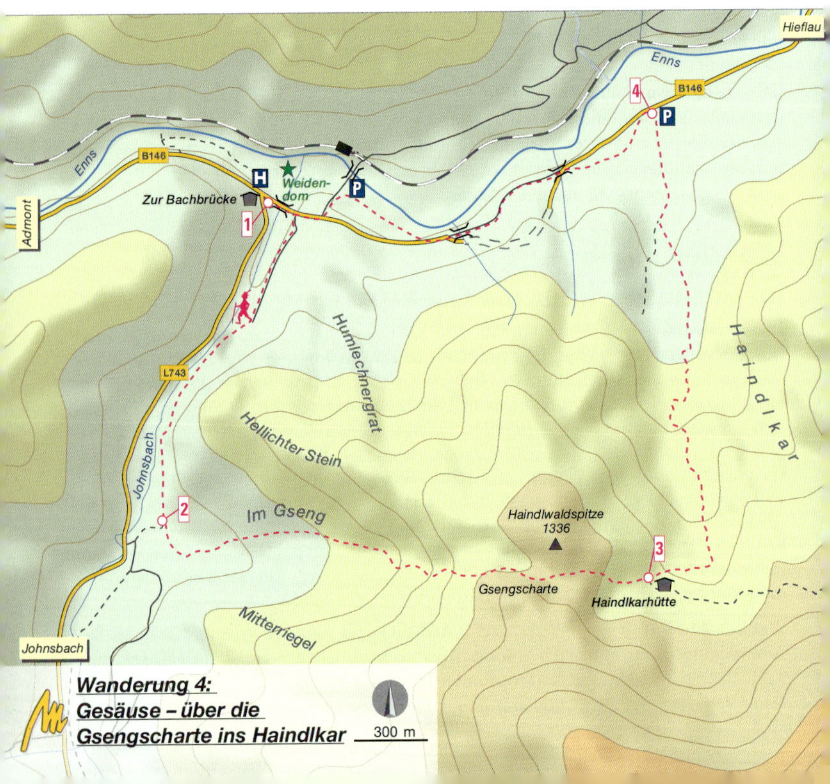

Wanderung 4:
Gesäuse – über die Gsengscharte ins Haindlkar

Beim Anstieg zum Eisenerzer Reichenstein

Wanderung 5: Auf den Gipfel des Eisenerzer Reichenstein

Charakteristik: Der 2165 m hohe Eisenerzer Reichenstein zählt auch wegen seiner zentralen Lage zu den schönsten Aussichtsbergen der Obersteiermark. Da der Österreichische Alpenverein in Gipfelnähe ein Quartier betreibt, tummeln sich hier an sonnigen Tagen nicht wenige Natur- und Sportenthusiasten. Doch wer den Ausblick vom Gipfelkreuz genießen will, muss zunächst knapp 1000 Höhenmeter überwinden! Die beschriebene Abstiegsvariante vom Rösselhals zur Plattenalm ist nur bei trockener Witterung zu empfehlen. Sollte dieser Pfad zudem zugewachsen sein, ist eventuell der direkte Rückweg zum Ausgangspunkt die bessere Option. **Dauer**: ca. 4:30–5 Std. **Höhenunterschied**: Auf-/Abstieg 900 m. **Einkehrmöglichkeiten**: Reichensteinhütte **5** (→ S. 157) und Gasthaus Präbichler Hof **1** (Mo/Di Ruhetag). **Ausgangspunkt**: Berggasthof Präbichler Hof, die Zufahrt vom Pass ist ausgeschildert. Der Präbichl zwischen Eisenerz und Vordernberg markiert den höchsten Punkt der Steirischen Eisenstraße (B 115). Mit dem Bus regelmäßige Verbindungen von Leoben und Eisenerz (www.postbus.at).

Wegbeschreibung: Vom **Parkplatz** **1** am Ausflugsgasthaus Präbichler Hof folgen wir dem gelben Schild (Wanderweg Nr. 605). In der Folge achten wir während des langen Aufstiegs sorgfältig auf die rot-weißen Alpenvereins-Markierungen. Anfänglich wandern wir auf einem eher unbequemen Almwirtschaftsweg, der später von einem schmaleren Bergpfad abgelöst wird. Ein Steilanstieg bringt uns schließlich auf eine Kammhöhe, wo wir am **Rösselhals** **2** auf einen Wegweiserpfosten treffen. Hier zweigt später unser Rückweg über die Plattenalm nach rechts ab. Wir aber wenden uns jetzt, nachdem wir vom Sattel einen Blick auf den Eisenerzer Erzberg geworfen haben, auf der ansteigenden Kammlinie dem Reichenstein zu, dessen Gipfel bereits vor uns liegt.

Unser „**Theklasteig**" teilt sich in der Folge: Während die Alternative nach links nur den wirklich geübten Berggehern vorbehalten ist, wählen wir den „Normalweg" zum Gipfel. Kurz unterhalb der Gipfelzone, die Alpenvereinshütte im Blickfeld, teilt sich der Weg **3** abermals. Hier folgen wir der linken Variante, die uns ohne viele Umstände direkt zum **Gipfelkreuz 4** bringt. Nachdem wir den Ausblick hinreichend genossen haben, folgen wir der logischen Abstiegsroute zur **Reichensteinhütte 5** des Österreichischen Alpenvereins.

Nach der verdienten Einkehr mit Rundpanorama machen wir uns wieder an den Abstieg. Steile Serpentinen führen von der Berghütte hinab zum **Abzweig 3**, den wir bereits beim Hinweg passiert haben; das folgende Wegstück zum **Rösselhals-Sattel 2** ist uns ebenfalls bereits vertraut. An besagtem Wegweiserpfosten entscheiden wir uns für eine **Abstiegsroute:** Nach rechts geht es auf vertrauter Route zum Ausgangspunkt **1** der Wanderung.

Nach links führt die Wegalternative über die Plattenalm zurück zum Präbichl: Der schmale Bergpfad gewährt immer wieder interessante Ausblicke auf den Erzberg und mündet schließlich auf einen breiten Wirtschaftsweg. Diesem folgen wir bis zu einem Wegweiserpfosten **6** („Plattenalm"). Hier zweigt ein schmaler Pfad rechts ab, der nach 0:15 Std. an einem weiteren Wirtschaftsweg endet. Trotz fehlender Markierung folgen wir diesem nach rechts und wählen bei der folgenden Verzweigung die gemächlich absteigende Variante, die uns zurück zum Ausgangspunkt **1** der Tour bringt.

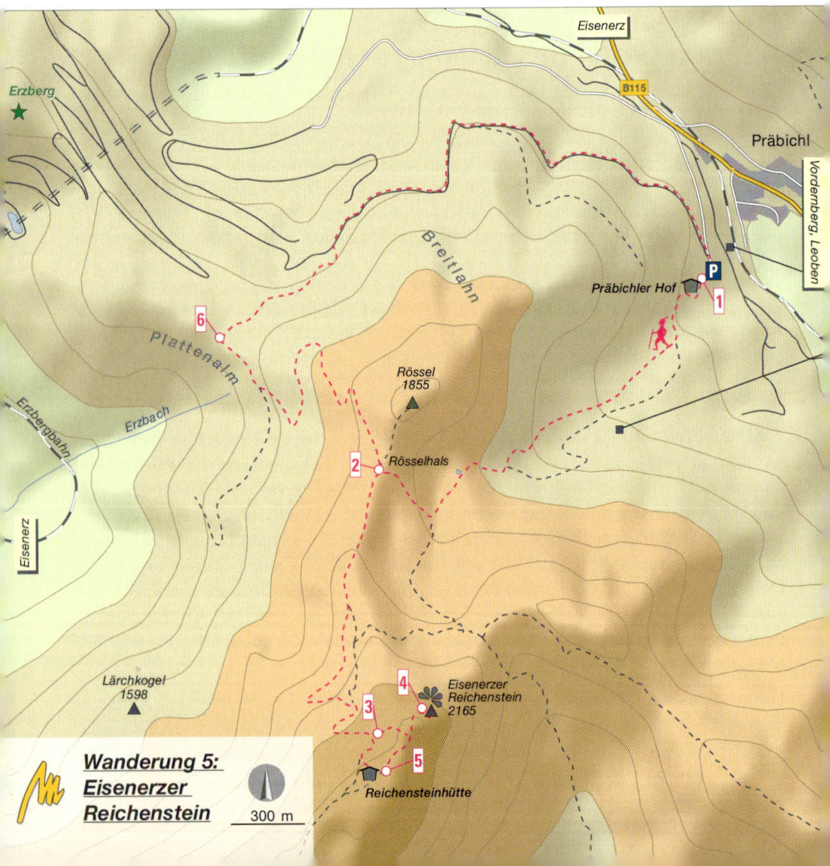

Sanftes Wandern mit Weitblick: die Wölzer Tauern

Wanderung 6: Wölzer Tauern – Schießeck und Hoher Zinken

Charakteristik: Die Runde steuert zwei fantastische Aussichtsgipfel in den Wölzer Tauern an, ohne Wanderern allzu viel Trittsicherheit abzuverlangen. Auch weniger Geübte können sich daher an dieser alpinen Einstiegstour versuchen. Sollte der Sessellift nicht in Betrieb sein, muss man die 350 Höhenmeter zur Bergstation **1** zu Fuß zurücklegen. **Dauer**: ca. 4 Std. (inkl. Schießeck **4**) **Höhenunterschied**: Aufstieg 350 m, Abstieg 750 m. **Einkehrmöglichkeiten**: Große Lachtalhütte **6**, Kleine Lachtalhütte **7** und in Oberwölz-Lachtal. **Ausgangspunkt**: in Lachtal an der Talstation des Sessellifts (→ S. 210). Der Wintersportort in den Wölzer Tauern ist vom Mur- und vom Pölstal zugänglich, der Anfahrtsweg von Oberzeiring und Oberwölz ist ausgeschildert.

Wegbeschreibung: Vom großen Parkplatz Lachtal nehmen wir entweder den Sessellift oder wandern hoch zur **Bergstation 1**. Am Ausgang der Bergstation wählen wir die einzige gemächlich ansteigende Wegalternative und halten uns nach ca. 0:20 Std. an einer Verzweigung rechts. Auf der Kammhöhe angelangt, fällt der Blick auf den Tanzstattsee, den Oberzeiringer Windpark sowie auf die Seckauer Tauern. Nach wenigen Schritten flacht der breite Almbewirtschaftungsweg spürbar ab und verlässt die Kammlinie. Wir bleiben jedoch auf der **Kammhöhe:** Auf einer schmaleren Route geht es jetzt, stets der rot-weißen Markierung hinterher, zünftig bergauf, bis wir das **Gipfelkreuz 2** des Hohen Zinken erreichen.

Nachdem wir das 360-Grad-Panorama mit Totem Gebirge, Tauern und Karawanken ausgiebig genossen haben, verbleiben wir in Beibehaltung der bisherigen Gehrichtung zunächst auf dem Gipfelkamm. Sanft fällt der Pfad in der Folge bis zur **Grillerlucke 3** ab. Ein lohnenswerter Abstecher führt vom Sattel zu einem weiteren

Aussichtsgipfel in den Wölzer Tauern, dem 2275 m hohen Schießeck **4** (ca. 1 Std. Gehzeit hin und zurück).

Zurück am Sattel **Grillerlucke** **3**, halten wir uns zunächst auf dem schwach sichtbaren, ebenerdig verlaufenden Saumpfad nach rechts. Trotz unzureichender Markierung ist die Route im weiteren Verlauf eindeutig; sie folgt stets dem Kammverlauf in Richtung Zirbitzkogel nach Süden, während nach rechts der Blick auf die Steirische Krakau fällt. An einem weiteren **Sattel** **5**, kurz bevor der Weg zur Rossalm wieder ansteigt, verlassen wir den Höhenrücken und steigen auf dem eindeutig erkennbaren Weg nach links ins Große Lachtal ab. Dieser endet nach kurzer Zeit an der **Großen Lachtalhütte** **6**.

Etwas oberhalb der Hütte entdecken wir an einem Gatter eine rot-weiße Markierung. Wir folgen dem schmalen Steig, der in einen Lärchenwald hineinführt und den Kleinlachtal-Bach auf einem Holzsteg quert. Auf der anderen Seite gewinnt unsere Route rasch wieder an Höhe, führt aus dem Kleinen Lachtal heraus und endet schließlich an der **Kleinen Lachtalhütte** **7**. Unterhalb der Hütte achten wir an einer Rechtskurve erneut auf rot-weiße Zeichen, denn hier wenden wir uns nach links und folgen dem Weg zurück zum Parkplatz **8** an der Talstation.

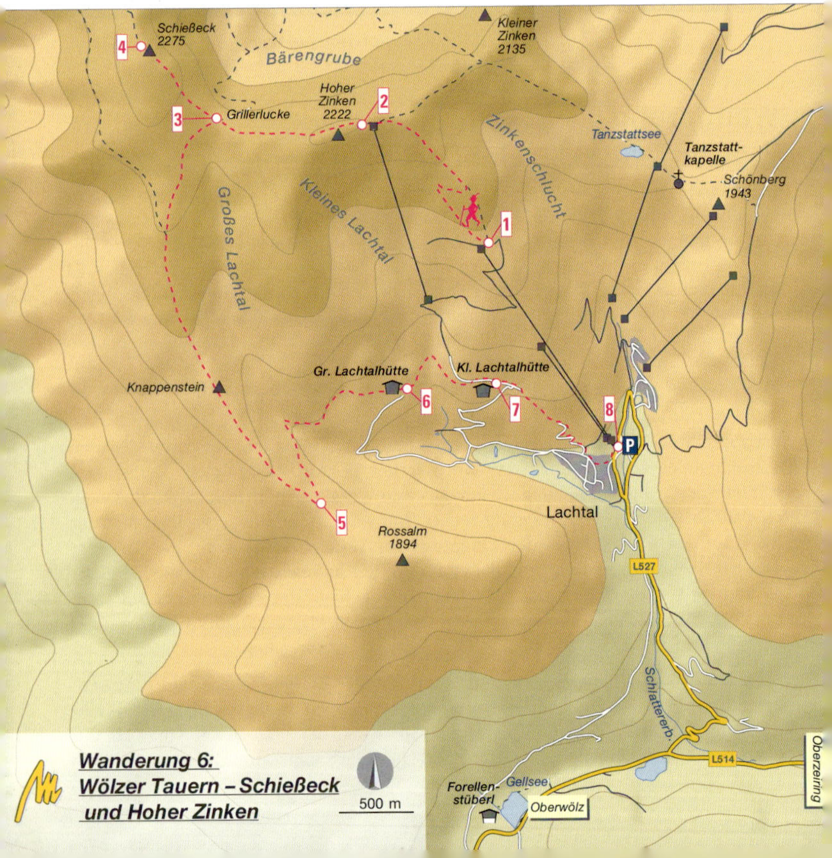

Wanderung 6: Wölzer Tauern – Schießeck und Hoher Zinken

Blick vom Schlossberg auf die Grazer Hausberge

Wanderung 7:
Grazer Hausberge – Buchkogel und Plabutsch

Charakteristik: Der Wanderweg, der z. T. mit dem Fernwanderweg von Klagenfurt nach Mariazell identisch ist (Mariazellerweg 06), verläuft größtenteils durch Wald und gewährt immer wieder Ausblicke auf Graz und die Ost- bzw. Weststeiermark. Schmale Pfade, Forstwege und kurze Asphaltstücke wechseln sich ab, die Route ist überwiegend markiert (Kernstock-Weg, gelbe Schilder und rot-weiße Zeichen). **Dauer**: ca. 4:30 Std. **Einkehrmöglichkeiten**: urige Waldschenke an der Kapelle St. Johann und Paul **5** nach 2 Std., Ausflugsgasthof an der Aussichtswarte Fürstenstand **8** nach 3:30 Std. (jeweils Mo/Di Ruhetag). **Ausgangspunkt**: Bestes Verkehrsmittel für An- und Rückfahrt ist der öffentliche Bus. Hinfahrt: Jakominiplatz – Bad Straßgang (Linie 32), Rückfahrt: Gösting – Jakominiplatz (Nr. 40). Wer mit dem Pkw anreist, verlässt die Autobahn A 9 am Verteiler Graz-Webling und ist innerhalb weniger Minuten am Ausgangspunkt (Parkplätze vor dem Naturbad).

Wegbeschreibung: Start ist am Eingang zum **Naturbad Straßgang** **1** im Süden von Graz, nur wenige Schritte von der Bushaltestelle entfernt ist. Vom Naturbad wenden wir uns nach Süden, passieren linker Hand das Ausflugsrestaurant Volksgoart'n und queren gleich darauf eine Nebenstraße. Auf der anderen Seite führt ein geteerter Weg bergwärts, der in einem Halbbogen einen **Friedhof** umrundet. Am Waldrand stoßen wir erstmals auf die Markierung (Wanderweg Nr. 2; rot-weiße Zeichen) und biegen auf dem ansteigenden Waldweg nach links ab.

Anschließend folgen wir den Kreuzwegstationen zur **Florianikirche** **2**. Sie wurde an der Stelle einer Fluchtburg aus dem 10. Jh. errichtet und nach dem Brand in der Grazer Sackstraße 1670 zum Wallfahrtsziel (der hl. Florian wird als Schutzpatron gegen Feuergefahr angerufen). Der Weg lässt das Kirchlein rechts liegen, quert

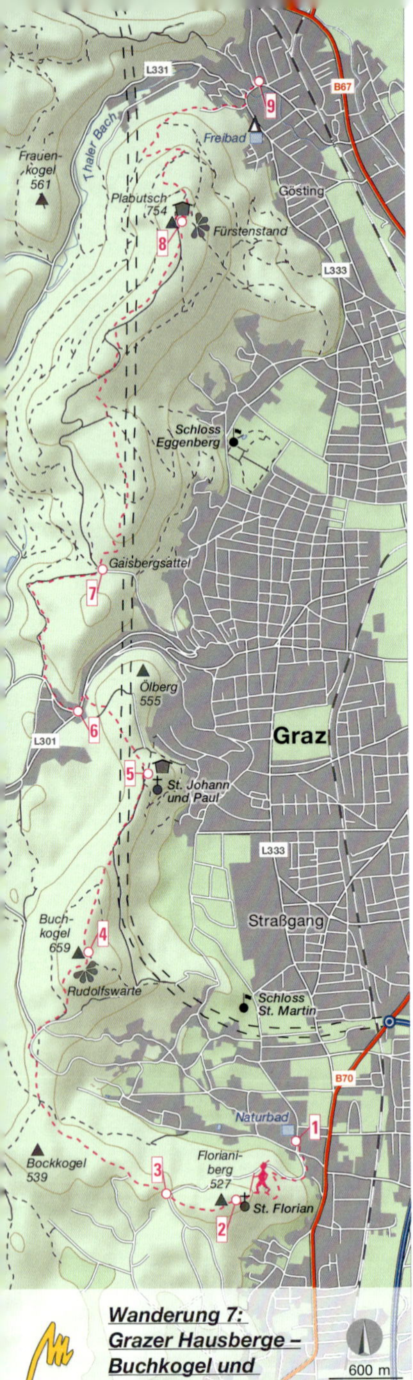

Wanderung 7: Grazer Hausberge – Buchkogel und Plabutsch

breiter werdend eine Lichtung und fällt – mit Ausblicken auf Weststeiermark und Koralpe – zum Ortseingang von **Seiersberg 3** ab.

Erstmals treffen wir hier auf die gelbe Ausschilderung des Kernstock-Wanderwegs und orientieren uns Richtung „Greifgrube-Bildföhre“. In Beibehaltung der bisherigen Gehrichtung führt ein Waldpfad parallel zum wenig befahrenen Sträßchen und folgt dabei stets der Kammlinie. An einer umfänglichen Verzweigung orientieren wir uns abermals an den gelben Wegweisern und passieren in der Folge auf ansteigendem Terrain den Gasthof Orthacker.

Gut 0:15 Std. später stehen wir am Fuß der **Rudolfswarte 4** auf dem Gipfel des 656 m hohen Buchkogels. Von oben fällt der Blick über die Grazer Berge bis zum Hartberger Ringkogel. Nächste Station ist nach etwa 0:30 Std. das **Kirchlein St. Johann und Paul 5**, das wegen der grandiosen Aussicht und v. a. wegen der Jausenstation ein beliebtes Ausflugsziel ist. Gestiftet wurde der Renaissancebau Ende des 16. Jh. von der Erzherzogin Maria Anna von Bayern, die im Innern gleich neben der Schutzmantelmadonna am linken Seitenaltar verewigt ist.

Nach der Einkehr geht's auf dem **Mariazeller Weg** in Richtung „Steinhaus“ weiter. Der Weg fällt zu einer Straße ab, auf der wir uns nach links wenden, um gleich darauf beim Gasthof Dorrer **6** das Sträßchen nach Thal einzuschlagen. Kurz hinter der Grazer Stadtgrenze zweigt der Wanderweg nach rechts ab, wobei hier erstmals das Tagesziel „Gösting“ genannt ist. In der Folge steigt der Weg gemächlich an und mündet schließlich am **Gaisbergsattel 7** mit dem Bildstock „Herrgott auf der Wies“ (1840) auf einen asphaltierten Fahrweg. Der Fahrweg nach rechts führt in zahlreichen Serpentinen direkt zum Fürstenstand, unserem nächsten Ziel.

Spannender ist jedoch die nicht ausgeschilderte und nur hin und wieder markierte Höhenroute über den **Plabutsch-Gipfelkamm.** Hierzu folgen wir der ansteigenden Wegvariante und orientieren uns in der Folge stets an der Kammlinie, wobei wir unterwegs einen auffällig bemalten **Turm** passieren, der sich als Lüftungsschacht für den tief unter uns durch den Berg verlaufenden Plabutschtunnel der Autobahn A 9 entpuppt. Immer wieder kreuzt der Wanderweg (oder eine seiner vielen Varianten) den Fahrweg und endet schließlich nach einigem Auf und Ab an der Aussichtswarte und am Bergheurigen **Fürstenstand 8**.

Nachdem wir den Blick übers Grazer Becken zur Genüge ausgekostet haben, leiten uns die gelben Schilder bzw. die rot-weißen Markierungen in knapp 1 Std. hinunter nach **Gösting.** Unten endet der Fürstenstandweg an einer Straße, auf der wir uns zuerst nach links wenden, um gleich darauf an der Vorfahrtsstraße bzw. am Gasthof zur Sonne wieder nach rechts weiterzuwandern. Wenige Schritte später ist die **Bushaltestelle Gösting 9** und damit das Ziel unserer Wanderung erreicht.

Wanderung 8: Teichalm – die Hochlantsch-Runde

Charakteristik: Der Wanderklassiker im Naturpark Almenland führt u. a. auf den Aussichtsgipfel des Hochlantsch (1720 m). Rund um die höchste Erhebung des Grazer Berglands gestaltet sich das Terrain alpin, weshalb Trittsicherheit vonnöten ist. Ansonsten sind die Wege und Pfade bequem zu gehen, sieht man einmal von den nicht unerheblichen Höhenunterschieden ab. Eine beliebte Variante ist der Abstieg durch die Bärenschützklamm. **Dauer**: ca. 3:30–4 Std. **Höhenunterschied**: Auf-/Abstieg ca. 600 m. **Einkehrmöglichkeiten**: Steirischer Jockl **3** nach ca. 2:30–3 Std.; rund um den Teichalmsee (→ S. 298). **Ausgangspunkt**: Teichalmsee, am schnellsten erreichbar auf der B 64 von Frohnleiten oder Gleisdorf; kurz vor Fladnitz/Teichalm auf Hinweisschilder achten.

Wegbeschreibung: Unsere Wanderung beginnt am **Gasthof Teichwirt 1** am oberen Ende des Teichalmsees. Das erste Zwischenziel, das Hochlantsch-Gipfelkreuz,

Gipfelglück im Grazer Bergland: der Hochlantsch

ist bereits von hier zu erkennen. Am Wegweiserpfosten neben der Telefonzelle vor dem Gasthof wählen wir den Wanderweg 740 (über Hochlantsch nach Schüsserlbrunn). Gleich darauf, bei einem weiteren Wegweiserpfosten, folgen wir dem ansteigenden Almenweg nach rechts. Wenige Schritte später zweigt ein **Pfad** nach links ab und steigt kompromisslos an, wobei wir uns in der Folge stets an den rot-weißen Markierungen orientieren.

Auf der Kammhöhe angelangt, verflacht die Route vorübergehend, um kurz vor dem Gipfelkreuz wieder steiler zu werden. Das felsige Terrain fällt über die Lantschmauern beinah senkrecht nach Norden ab, der Ausblick ist fantastisch. Bei gutem Ausflugswetter herrscht am Gipfel **2** reichlich Betrieb, weil der **Hochlantsch** v. a. für die Grazer ein beliebtes Ausflugsziel ist. Nach der Pause geht es in Fortsetzung der bisherigen Gehrichtung auf der Kammlinie weiter in Richtung „Schüsserlbrunn" (rot-weiße Markierungen, gelbes Schild). Nach einer kurzen felsigen Passage führen steile Serpentinen durch den Wald hinunter zur Jausenstation **Steirischer Jockl** **3**.

Von der hinreißend gelegenen Aussichtsterrasse sind es 198 Stufen hinunter zur Wallfahrtskapelle Schüsserlbrunn, einem Quellheiligtum auf 1363 m. Nach dem – optionalen – Abstecher wenden wir uns von der Jausenstation wenige Schritte auf dem Weg zum Hochlantsch-Gipfel zurück und wählen am gelben Wegweiserpfosten den rechts abzweigenden Wanderweg „Guter Hirte/Teichalm". Der Pfad mündet nach wenigen Metern auf einen geschotterten **Almbewirtschaftungsweg,** dem wir absteigend bis zum nächsten Wegweiserpfosten **4** folgen.

Wer weiter zur Bärenschützklamm (→ S. 243 f.) will, biegt hier nach rechts ab und folgt der Beschilderung zur Jausenstation „Zum Guten Hirten". Zurück zur Teichalm geht es weiter auf dem bisherigen breiten Weg, wobei wir in der Folge sämtliche Abzweige ignorieren. Am Bach erreichen wir den tiefsten Punkt unserer Rundwanderung. Anschließend steigt der nach wie vor bequeme Weg behutsam an, das Gewässer stets zu unserer Rechten, und endet schließlich am Ausgangspunkt **1** der Tour.

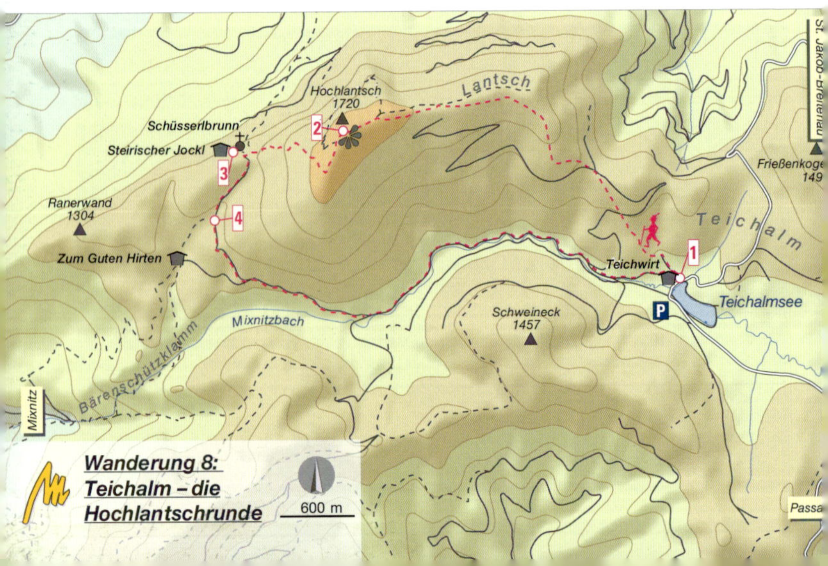

Wanderung 8: Teichalm – die Hochlantschrunde

Wanderung 9:
Die Teufelsteinrunde in den Fischbacher Alpen

Charakteristik: Die unkomplizierte Wanderung führt auf den Teufelstein (1498 m) und auf alternativer Route zurück zum Ausgangspunkt. Der Aussichtsgipfel in den Fischbacher Alpen ist ein legendenumwobener Kultplatz (→ Kasten, S. 300). Wege und Pfade sind verhältnismäßig einfach zu bewältigen und verlaufen überwiegend durch den Wald. Die Route ist ganzjährig begehbar; ein Manko ist die nicht immer zuverlässige Markierung. **Dauer**: ca. 3:30–4 Std. **Höhenunterschied**: Auf-/Abstieg ca. 400 m. **Einkehrmöglichkeit**: Alpengasthof Schanz (Schanzwirt) nach ca. 3 Std. (Mo Ruhetag). **Ausgangspunkt**: am (nicht beschilderten) Wanderparkplatz Zeller Kreuz an der L 114 zwischen Fischbach und dem Mürztal. Schnellste Anfahrt von Fischbach (2 km), Orientierung bietet eine Bushaltestelle am Straßenrand. Keine effizienten ÖPNV-Verbindungen.

Wegbeschreibung: Ein gelber Wegweiser gibt am **Wanderparkplatz Zeller Kreuz** **1** die Richtung zum Teufelstein vor. Vorbei an einer grünen Schranke, wenden wir uns auf dem breiten Forstweg waldeinwärts. An der folgenden Verzweigung halten wir uns links. Gemächlich steigt der Weg bis zu einer **Kreuzung** **2** an. Hier mündet von links der Rückweg von der Schanz auf unsere Route. Wir hingegen biegen an der Kreuzung auf dem ansteigenden Waldpfad scharf nach rechts ab. Gleich darauf queren wir einen Forstweg, orientieren uns an den gelben Schildern und wandern auf einem Almbewirtschaftungsweg bergauf. Wenig später passieren wir die Teufelsteinalm, um nach knapp 0:15 Std. den **Teufelstein-Gipfel** **3** zu erreichen. Der Ausblick, teilweise durch Bäume verstellt, fällt auf Hochschwab und Hochwechsel sowie auf das südliche Alpenvorland.

Von der charakteristischen Felsformation auf dem Gipfelplateau gehen wir wenige Schritte zurück zum gelben **Wegweiserpfosten.** Hier ist das nächste Zwischenziel, die Schanz, leider etwas missverständlich ausgeschildert, weshalb wir den richtigen Einstieg eventuell erst auf den zweiten Blick entdecken. Wir orientieren uns jedoch an den weiß-grünen Markierungen und folgen dem Pfad, der auf der Kammhöhe sanft abfällt. Dieser peilt einige Windräder an, welche die Höhen der Fischbacher Alpen besetzen.

Auf dem Gipfel des Teufelsteins

Dreimal kreuzen wir in der Folge einen Waldweg und steigen – erst zwischen Bäumen, am Schluss auf einem Skihang – zum **Alpengasthof Schanz** **4** ab. An der Landstraße von Fischbach ins Mürztal wenden wir uns wenige Schritte Richtung Fischbach bzw. nach links und passieren das grüne Straßenschild „Schanzsattel". 40 m danach treffen wir auf einen gelben **Wegweiserpfosten**

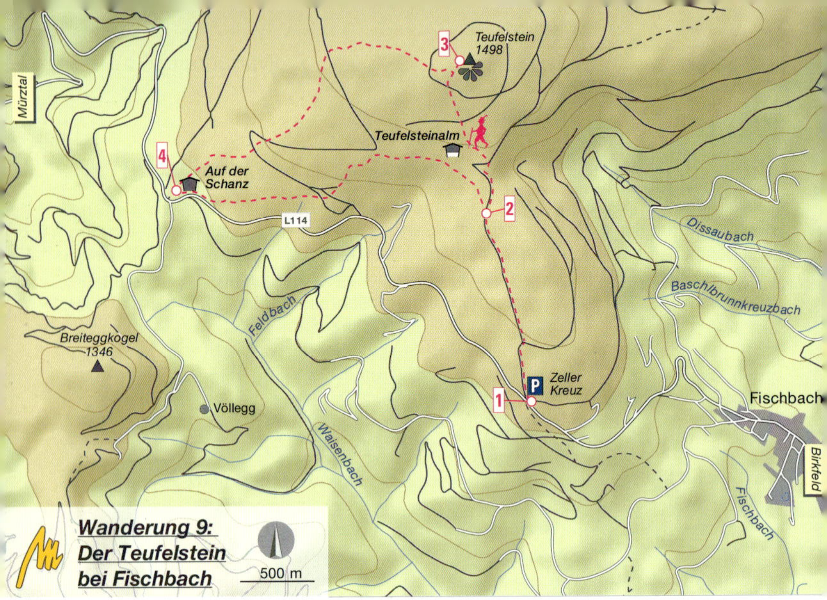

sowie auf rot-weiße Markierungen. Der Wanderpfad führt ansteigend in den Wald hinein und entfernt sich ganz allmählich wieder von der Straße.

Wir ignorieren den ersten kreuzenden **Forstweg,** schwenken jedoch auf den zweiten ein und folgen ihm nach rechts. Nach 400 m achten wir auf die rot-weißen Markierungen und verlassen den Forstweg wieder auf einem abzweigenden Wanderweg. Abflachend führt der Pfad über eine Lichtung bzw. Schonung, die jahreszeitlich bedingt etwas zugewachsen sein kann.

An verschiedenen Verzweigungen geben wir genau auf die Markierungen acht, bevor wir auf eine **gelbe Tafel** stoßen, die uns die Richtung zurück zum Zeller Kreuz weist. Für das letzte Teilstück folgen wir nun den gelb-weißen Markierungen. Nach 10 Min. treffen wir auf den uns bereits vom Beginn der Tour bekannten **Forstweg** **2**, wenden uns hier nach rechts und kehren zum Ausgangspunkt **1** der Wanderung zurück.

Wanderung 10: Im steirischen Vulkanland – der Kaskögerlweg

Charakteristik: Der Rundweg steht stellvertretend für zahlreiche Themenwege im oststeirischen Vulkanland. Das Kaskögerl ist ein Hügel vulkanischen Ursprungs in der Nähe von Gnas; „Kas" verweist auf Kies, der lange Zeit am „Kögerl" abgebaut wurde. Die abwechslungsreiche Wanderung ist rundum familientauglich, mehrere kürzere An- und Abstiege stellen an den normal geübten Wanderer keine größeren Herausforderungen. **Dauer**: ca. 2:30–3 Std. **Einkehrmöglichkeiten**: Getränkestation Obstbau Haas **4**, Gasthof Binderhansl **5** (→ S. 342 ff.). **Ausgangspunkt**: Ortszentrum von Poppendorf. Von Bad Gleichenberg oder Gnas auf der L 217 zum Kreisverkehr Katzendorf und dort der Ausschilderung nach Süden folgen. Alternativeinstieg: Vom Bahnhof in Gnas 1 km zum Kalvarienberg (kurz vor **5**); regelmäßige Verbindungen mit dem „Dschungel-Express" von Feldbach bzw. von Bad Gleichenberg.

Wegbeschreibung: Von der Wandertafel **1** am **Haus der Heimat** in Poppendorf wenden wir uns auf der Dorfstraße südwärts und passieren eine Kapelle. Am Beginn der Linkskurve treffen wir auf einen gelben Wegweiser (Kaskögerlweg), halten uns erst rechts und gleich darauf am **Bach** wieder links. Zweimal queren wir in der Folge selbigen Bach auf einem Holzsteg, steigen darauf durch den Wald an und stoßen auf die Zufahrt **2** zum **Schloss Poppendorf.** 100 m vor dem Schloss führt unser Rundweg links weiter. Wer hingegen bereits zu diesem Zeitpunkt Lust zur Einkehr verspürt, geht bis zum ehemaligen Sitz der Poppendorfer Schlossherren weiter.

Am Kaskögerlweg: Fernrohr in die vulkanische Vergangenheit

Ansonsten fällt der weitere Weg zwischen Maisfeldern in eine Senke ab und gewinnt daraufhin im Wald wieder an Höhe. Am südlichsten Punkt der Wanderroute zweigt ein **Stichweg** **3** zum Buschenschank Fink, einer weiteren Einkehr, ab. In der Folge wendet sich die stets gut ausgeschilderte Route auf der Anhöhe nordwärts, immer wieder erlaubt die Topografie weite Blicke ins Vulkanland. Von einem Schotterweg biegt unser Weg schließlich scharf nach links ab. Hinter einem Gatter erklimmen wir auf Stufen einige Weinterrassen und landen unversehens in einer Apfelplantage. Hinter der Plantage endet der Weg an der **Getränke-Selbstbedienungsstation** **4** eines Obsthofs.

Nach der wohlverdienten Pause wandern wir auf der Zufahrt zum Obstbauernhof zunächst talwärts, um anschließend wieder, vorbei am „Luderkreuz", anzusteigen. Auf dem **Kaskögerl,** dem höchsten Punkt der Tour, quert ein Holzplankensteg eine aufgelassene Kiesgrube im Wald. Die gut sichtbaren Aufschlüsse lassen Geologen- und Vulkanologenherzen höher schlagen, Infotafeln geben Erklärungen. Nach einem kurzen, steilen Abstieg mündet der Wanderweg auf die L 217 Gnas – Bad Gleichenberg.

An der Straße halten wir uns rechts und gelangen gleich darauf zum **Landgasthaus Binderhansl** **5**. Unmittelbar hinter dem Wirtshaus zweigt ein Wiesenweg nach rechts ab (Schild „Museumslinde 250 m") und führt zu einem Aussichtspunkt mit **Picknickplatz.** Einmal mehr erläutern Schautafeln vulkanologische

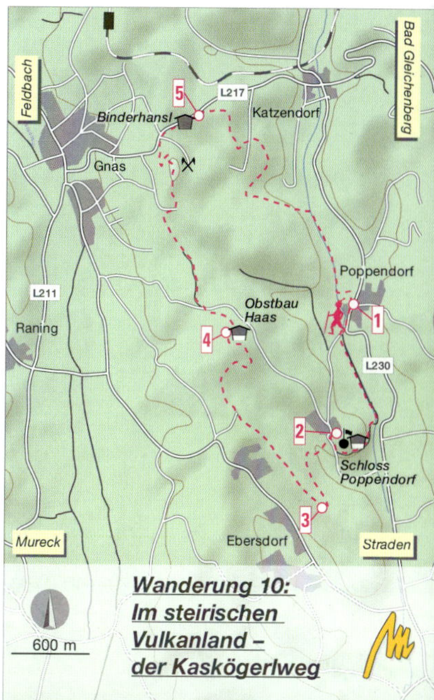

Aspekte der Region, zwei „Fernrohre“ erlauben tiefe Ein- und Durchblicke in die Erdgeschichte. In 0:45 Std. bringt uns dann der Weg zurück zum Ausgangspunkt **1** der Wanderung.

Wanderung 11: Vom Silberberg über den Kreuzkogel zur Sulm

Charakteristik: Der bequeme Rundweg eignet sich auch für Familien mit Kindern. Zahlreiche Einkehrmöglichkeiten unterwegs und hinreißende Ausblicke machen das Wandern zum puren Genuss. Die Runde ist teilweise beschildert (Kaindorfer Genussplatzrunde). **Dauer**: ca. 2:30 Std. **Höhenunterschied**: Auf-/Abstieg ca. 200 m. **Einkehrmöglichkeiten**: Buschenschank Kieslinger **5**, Restaurant Rebenholz am Naturparkzentrum Grottenhof **7** (→ S. 364). **Ausgangspunkt**: Sulmsee bei Leibnitz-Seggauberg (Parkplatz am östlichen See-Ende zwischen der Einmündung der L 669 in die B 74 und der Campingplatzeinfahrt), alternativer Einstieg am Naturparkzentrum Grottenhof.

Wegbeschreibung: Vom **Parkplatz 1** laufen wir zur Bundesstraße, halten uns links und queren sie nach wenigen Schritten. Anschließend geht's die Zufahrt hoch zur **Weinbauschule Silberberg,** wo wir bis ans hintere Ende zum Verkaufsshop **2** laufen. Am überlebensgroßen Standbild des hl. Urban, Schutzpatron der Weinbauern, folgen wir dem Lehrpfad, der ansteigend eine Streuobstwiese quert und danach durch die Weinberge führt. Am Ende einer lang gezogenen Serpentine knickt die Route nach rechts ab und steigt steil bis zur kleinen **Aussichtsplattform 3** auf dem Silberberg an.

An der Kreuzkogelwarte

Wir laufen anschließend ein ganz kurzes Stück zurück und wählen dann die leicht ansteigende Variante nach rechts, die uns zwischen Wald und Wein in rund 0:20 Std. zur **Kreuzkogelwarte 4** bringt. Von der Aussichtswarte fällt der Blick bis weit ins Vulkan- und südsteirische Weinland; die Wallfahrtskirche auf dem Frauenberg und das Schloss Seggau sind ohnehin unsere ständigen Begleiter.

In Beibehaltung unserer bisherigen Gehrichtung wandern wir vom Aussichtsturm weiter. Am Buschenschank Krautgasser trifft der Pfad auf einen geteerten Fahrweg. Hier halten wir uns rechts, wandern das Sträßchen hinunter zu einer Rechtskehre, wo wir uns auf der beschilderten Zufahrt zum **Buschenschank Kieslinger 5** geradeaus halten. Nach der Zwischeneinkehr laufen wir auf selbiger Straße noch ein paar Schritte weiter und biegen bei nächster Gelegenheit im Wald rechts ab (ohne Markierung).

Der **Waldweg** mündet unten auf ein Asphaltsträßchen, auf dem wir uns nach rechts wenden und gleich darauf den Rechtsabzweig ignorieren. Nach 250 m achten wir auf den Wegweiser der Kaindorfer Genussplatzrunde und biegen in den nach rechts abzweigenden **Wiesenweg 6** ein. Im Wald geht's vorübergehend steiler bergab, später passiert unsere Route die hübsch gelegene **Annabrunnkapelle,** um kurz darauf am Buschenschank der Familie Schulter an der Straße zu enden. Auf dieser wenden wir uns weiter talwärts und wandern am Hotel Staribacher (→ S. 364) vorbei zum **Naturparkzentrum Grottenhof 7**.

Der Rückweg zum Sulmsee ist gemütlich: Vom Grottenhof steuern wir einmal mehr die hier viel befahrene B 74 an, überqueren diese und wandern vom Parkplatz noch einige Schritte weiter, bis der **Sulmtalradweg R1 8** unsere Route kreuzt. Auf dem Rad- und Fußweg wenden wir uns nach rechts und wandern durch das Sulmtal

Wanderung 11: Vom Silberberg über den Kreuzkogel zur Sulm

zurück zum Ausgangspunkt unserer Tour. Kurz vor dem Ziel achten wir auf die Wegweiser und queren den Fluss auf einem **Steg.** Auf diese Weise gelangen wir ohne Umwege zurück zum Parkplatz **1**.

Wanderung 12: Entlang der slowenischen Grenze nach Sveti Duh

Charakteristik: Der Rundwanderweg im Leutschacher Rebenland führt teils über slowenisches Terrain. Ziel ist die weithin sichtbare Heiliggeistkirche (Sveti Duh). Für den Abstieg durch die Klamm ist Trittsicherheit gefragt, bei Nässe ist der Weg nicht zu empfehlen. Eine leichter gangbare Ausweichroute führt jedoch ebenfalls zum Ziel. **Dauer**: ca. 4:30 Std. **Höhenunterschied**: Auf-/Abstieg ca. 600 m. **Einkehrmöglichkeiten**: zahlreiche Buschenschenken am Weg (→ S. 374 f.), ein slowenisches Lokal **7** (Cevapcici statt Brettljause). **Ausgangspunkt**: Parkplatz (P3) wenige Hundert Meter südlich von Schlossberg bei Leutschach.

Wegbeschreibung: Vom **Wanderparkplatz 1** an der Hubertuskapelle wählen wir die ansteigende Asphalttrasse (Wanderweg Nr. 1; grün-weiße Markierung). Nach wenigen Schritten führt an einem Gehöft der Pfad über eine Wiesenböschung steil bergauf. Wein löst den Hopfen im Tal ab, während die Route alsbald im Wald spürbar verflacht. Später mündet der Pfad an einem einzeln stehenden Haus auf ein Asphaltsträßchen. Dieses wandern wir bergauf, um es nach 5 Min. an einer scharfen Linkskehre auf einem gemächlich ansteigenden Wirtschaftsweg wieder zu verlassen. 10 Min. später endet dieser am landwirtschaftlichen Hofgut Untere Guess **2**. Dahinter führt ein anfangs kaum sichtbarer Wiesenpfad bergwärts, quert zwei Gatter und endet wenig später am Weingut und Buschenschank **Oberguess 3**.

Ein Teerweg fällt von hier sanft ab und endet bei zwei Teichen und an der Grenze zu Slowenien. Am ersten **Teich** knickt die Route scharf nach links ab, um bei den ersten Schritten im Wald ebenso plötzlich wieder nach rechts abzuzweigen. Über Wurzeln geht es kurz steil bergauf, wenig später endet der Weg am Buschenschank **Postl-Dobay 4**. Von der Zwischeneinkehr folgen wir der Markierung weiter bergauf. Zunächst schattig im Wald, trifft unsere Route hinter einer Pferderanch abermals auf die Staatsgrenze.

Bis kurz vor der Wallfahrtskirche ist unsere Route mit dem Grenzverlauf und der Kammlinie fast identisch, wobei der Weg abermals ansteigt. Hinter dem Buschenschank Krainz führt eine Abkürzung **5** nach links in die Heiligengeistklamm hinab. Wir bleiben geradeaus, und gleich darauf, kurz vor einem Gehöft, biegt unser Wanderweg nach rechts ab und endet am **Parkplatz 6** bei einer weiteren Einkehrmöglichkeit. Der Wirtschaftsweg nach links führt in die Schlucht und ist später unser Rückweg. Zuvor jedoch wenden wir uns auf der Straße nach rechts und steigen – vorbei am Wirthaus Vališer **7** – hoch zur **Wallfahrtskirche Sveti Duh 8**.

Zurück am Parkplatz **6** folgen wir wieder der grün-weißen Markierung, die uns schnurstracks hinunter in die **Heiligengeistklamm** bringt. Jetzt ist Trittsicherheit vonnöten, denn der Pfad durch die Schlucht ist teilweise ausgesetzt, andere Stellen sind mit Stahlseilen gesichert, mehrfach wird auf Steinen der Bach überquert.

Hinweis: Kurz vor den technisch anspruchsvolleren Abschnitten gibt's jedoch die Option, den unteren Teil der Schlucht auf dem Wanderweg Nr. 2 zu umgehen, der an einer Abzweigung auf paralleler Route talwärts führt.

Unsere Wanderung zweigt hier nach links ab, und wir gelangen wieder auf den Grund der Klamm, um an deren Ende auf eine **Teerstraße** 9 zu münden. Hier wandern wir nach rechts weiter, um unmittelbar hinter einer **Brücke** auf einen originell gestalteten Wegweiserpfosten und auf die von rechts kommende Alternativroute zu stoßen. Kurz darauf mündet der Fahrweg an einer Mühle auf die **Straße** 10 von Schlossberg nach Slowenien. Hier geht's nach links weiter, teils neben der Straße, teils auf der anderen Bachseite, ehe wir zum Ausgangspunkt 1 der Wanderung zurückkehren.

NOTIZEN

NOTIZEN

NOTIZEN

NOTIZEN

NOTIZEN

Register

Die (in Klammern gesetzten) Koordinaten verweisen auf die beigefügte Steiermark-Karte.

Die in diesem Reisebuch enthaltenen Informationen wurden vom Autor nach bestem Wissen erstellt und von ihm und dem Verlag mit größtmöglicher Sorgfalt überprüft. Dennoch sind, wie wir im Sinne des Produkthaftungsrechts betonen müssen, inhaltliche Fehler nicht mit letzter Gewissheit auszuschließen. Daher erfolgen die Angaben ohne jegliche Verpflichtung oder Garantie des Autors bzw. des Verlags. Autor und Verlag übernehmen keinerlei Verantwortung bzw. Haftung für mögliche Unstimmigkeiten. Wir bitten um Verständnis und sind jederzeit für Anregungen und Verbesserungsvorschläge dankbar.

ISBN 978-3-89953-862-5

Aktuelle Infos zu unseren Titeln, Hintergrundgeschichten zu unseren Reisezielen sowie brandneue Tipps erhalten Sie in unserem regelmäßig erscheinenden Newsletter, den Sie im Internet unter **www.michael-mueller-verlag.de** kostenlos abonnieren können.

NOTIZEN